西方国家官僚制比较研究

谭融 著

中国社会科学出版社

图书在版编目（CIP）数据

西方国家官僚制比较研究／谭融著 . —北京：中国社会科学出版社，2013.12
ISBN 978-7-5161-3810-6

Ⅰ.①西⋯　Ⅱ.①谭⋯　Ⅲ.①官僚主义—政治制度—对比研究—西方国家、中国　Ⅳ.①D523②D69

中国版本图书馆 CIP 数据核字（2013）第 310208 号

出 版 人	赵剑英	
选题策划	郭沂纹	
责任编辑	郭沂纹	
特约编辑	丁玉灵	
责任校对	王兰馨	
责任印制	张汉林	

出　　版	中国社会科学出版社	
社　　址	北京鼓楼西大街甲 158 号	（邮编 100720）
网　　址	http://www.csspw.cn	
	中文域名：中国社科网	010-64070619
发 行 部	010-84083685	
门 市 部	010-84029450	
经　　销	新华书店及其他书店	
印　　刷	北京市大兴区新魏印刷厂	
装　　订	廊坊市广阳区广增装订厂	
版　　次	2013 年 12 月第 1 版	
印　　次	2013 年 12 月第 1 次印刷	
开　　本	710×1000　1/16	
印　　张	30.75	
插　　页	2	
字　　数	530 千字	
定　　价	82.00 元	

凡购买中国社会科学出版社图书，如有质量问题请与本社联系调换
电话：010-64009791
版权所有　侵权必究

目 录

前言 …………………………………………………………………… (1)

导论 …………………………………………………………………… (1)
  第一节　西方比较公共行政研究的发展 ………………………… (1)
    一　比较公共行政研究领域的产生和发展 ………………… (1)
    二　欧洲比较公共行政研究的发展 ………………………… (5)
  第二节　官僚制研究的相关理论和方法 ………………………… (13)
    一　关于研究范式 …………………………………………… (13)
    二　关于制度主义和结构功能主义的研究方法 …………… (15)
    三　关于历史和政治文化研究 ……………………………… (17)
    四　关于比较研究和模型法 ………………………………… (23)
  第三节　官僚制的理论概念 ……………………………………… (26)
    一　官僚制的概念 …………………………………………… (26)
    二　官僚制的理论研究 ……………………………………… (35)
    三　马克斯·韦伯的官僚制研究 …………………………… (43)
    四　拉梅什·K.阿罗拉的官僚制研究 ……………………… (54)
    五　戴维·毕瑟姆的官僚制研究 …………………………… (62)

第一章　西方发达国家的官僚制 …………………………………… (70)
  第一节　西方国家官僚制的发展 ………………………………… (70)
    一　早期西方国家官僚制的发展 …………………………… (70)
    二　近代以来西方国家官僚制的发展 ……………………… (76)
    三　官僚制存在的必要性和产生发展的原因 ……………… (89)

四　官僚制与民主的关系 …………………………………………（94）
　第二节　西方国家官僚制的类型和关系模式 …………………………（101）
　　一　官僚的内涵和类型 …………………………………………（101）
　　二　政治官僚与职业官僚的关系模型 …………………………（106）
　第三节　英、美、法、德国家的官僚制 ……………………………（111）
　　一　英、美、法、德官僚制研究的视角和分析框架 …………（111）
　　二　英国的官僚制 ………………………………………………（113）
　　三　美国的官僚制 ………………………………………………（121）
　　四　法国的官僚制 ………………………………………………（129）
　　五　德国的官僚制 ………………………………………………（143）

第二章　英国的官僚制 ………………………………………………（154）
　第一节　英国官僚制的历史演进 ………………………………………（154）
　　一　英国官僚制的萌芽时期(1689—1780) …………………（155）
　　二　英国官僚制的确立时期(1780—1870) …………………（158）
　　三　英国官僚制的发展和变革时期(1870—　) ……………（163）
　第二节　英国政府官僚系统的组织结构与官员类型 …………………（167）
　　一　英国政府官僚系统的组织结构与功能 ……………………（167）
　　二　英国政府官僚系统的官员类型与特点 ……………………（175）
　第三节　英国政府官僚系统的权力关系 ………………………………（183）
　　一　英国政府官僚系统的政治关系 ……………………………（183）
　　二　英国政府官僚系统的行政关系 ……………………………（188）
　　三　英国政府官僚系统的社会关系 ……………………………（195）
　第四节　英国官僚制的理论模型 ………………………………………（198）
　　一　英国官僚制的"一体化"特征和代表性 …………………（198）
　　二　英国的政治文化及其"一体化"官僚制 …………………（201）

第三章　美国的联邦官僚制 …………………………………………（203）
　第一节　美国联邦官僚制的历史演进 …………………………………（204）
　　一　20世纪80年代以前美国联邦官僚系统的发展 …………（204）
　　二　20世纪80年代以来美国的联邦行政改革 ………………（209）
　第二节　美国联邦官僚系统的组织结构与官员类型 …………………（217）

一　美国联邦官僚系统的组织结构与功能 …………………(218)
　　二　美国联邦官僚系统的官员类型 …………………………(222)
　第三节　美国联邦官僚系统与总统的权力关系 ………………(225)
　　一　总统对联邦官僚系统的控制 ……………………………(225)
　　二　联邦官僚系统的自主性和对总统权力的抵制 …………(227)
　　三　美国的"分权制衡"体制对总统官僚控制权的限制 ……(233)
　第四节　美国联邦官僚系统与国会的权力关系 ………………(236)
　　一　国会对联邦官僚系统的控制 ……………………………(237)
　　二　联邦官僚系统对立法过程的参与 ………………………(241)
　第五节　利益集团对美国联邦官僚系统政策过程的参与 ……(248)
　　一　利益集团参与联邦官僚系统政策过程的动因 …………(248)
　　二　利益集团参与联邦官僚系统政策过程的方式 …………(248)
　　三　利益集团对联邦官僚系统政策过程的影响 ……………(253)
　第六节　美国联邦官僚制的结构特征与"政治性" ……………(254)
　　一　美国的政治文化与联邦官僚制 …………………………(254)
　　二　关于美国联邦官僚体系的政治性问题 …………………(257)

第四章　法国的官僚制 …………………………………………(261)
　第一节　法国官僚制的历史演进 ………………………………(261)
　　一　封建王朝时期法国的官僚制(843—1789) ……………(262)
　　二　大革命时期法国的官僚制(1789—1804) ……………(264)
　　三　拿破仑帝国时期法国的官僚制(1804—1815) ………(266)
　　四　波旁王朝至第五共和国建立时期法国的官僚制
　　　　(1815—1958) ……………………………………………(268)
　第二节　法国官僚系统的组织结构与官员类型 ………………(270)
　　一　法国官僚系统的组织结构与功能 ………………………(270)
　　二　法国官僚系统的官员类型与特点 ………………………(282)
　第三节　法国官僚系统的政治、行政与社会关系 ……………(287)
　　一　法国官僚系统的政治关系 ………………………………(287)
　　二　法国政府官僚系统内的政治与行政关系 ………………(293)
　　三　法国政府官僚系统的社会关系 …………………………(295)
　第四节　法国官僚制的理论模型与文化渊源 …………………(297)

  一 法国官僚制的理论模型 …………………………………… (298)
  二 法国集权型官僚制的文化渊源 ……………………………… (300)

第五章 德国的官僚制 ……………………………………………… (304)
 第一节 德国官僚制的历史演进 ………………………………… (304)
  一 专制君主制时期普鲁士的官僚制(843—1806) ………… (305)
  二 普鲁士的行政改革与官僚制的发展(1806—1848) …… (312)
  三 君主立宪时期德国的官僚制(1850—1918) …………… (316)
  四 两次世界大战期间德国的官僚制(1919—1945) ……… (321)
 第二节 德国政府官僚系统的组织结构与官员类型 …………… (324)
  一 德国政府官僚系统的组织结构与功能 …………………… (326)
  二 德国政府官僚系统的官员类型与特点 …………………… (337)
 第三节 德国政府官僚系统的权力关系 ………………………… (347)
  一 德国政府官僚系统与政治系统的关系 …………………… (348)
  二 德国政府官僚系统的内部关系 …………………………… (356)
  三 德国政府官僚系统与社会的关系 ………………………… (363)
 第四节 德国官僚制的理论模型与文化渊源 …………………… (365)
  一 德国的"混合型"官僚制 ………………………………… (365)
  二 德国"混合型"官僚制的特征 …………………………… (367)
  三 德国官僚制的文化渊源 …………………………………… (369)

第六章 普鲁士的官僚制 …………………………………………… (373)
 第一节 普鲁士官僚制的历史演进 ……………………………… (373)
  一 绝对君主制时期的普鲁士官僚制(1701—1806) ……… (374)
  二 改革时期的普鲁士官僚制(1806—1848) ……………… (377)
  三 1848年革命时期的普鲁士官僚制(1848—1850) …… (380)
  四 君主立宪时期的普鲁士官僚制(1850—1918) ………… (382)
 第二节 普鲁士官僚的构成、制度规范和官僚统治 …………… (386)
  一 普鲁士官僚阶层的形成和社会构成 ……………………… (386)
  二 普鲁士官僚体系的制度规范 ……………………………… (390)
  三 普鲁士官僚贵族的形成和"官僚统治" ………………… (397)
 第三节 普鲁士官僚制的现代性和落后性 ……………………… (399)

  一 二元性君主制下的普鲁士官僚制 …………………………（400）
  二 普鲁士官僚制的现代性 ……………………………………（401）
  三 普鲁士官僚制的落后性 ……………………………………（404）

结语 关于西方国家官僚制问题的几点思考 …………………………（409）
  一 关于英、美、法、德官僚制的类型 ……………………（409）
  二 关于当代西方各国官僚制的改革 ………………………（411）
  三 关于西方国家高级文官的角色定位 ……………………（415）
  四 关于西方国家职业官僚的政治化 ………………………（419）
  五 官僚制的发展趋势和人类所共同面临的两难困境 ………（428）

参考文献 ………………………………………………………………（433）

前　言

　　官僚制问题是当代各国政治与公共行政过程中的一个重要问题，也是比较政治与比较公共行政研究中的热点问题之一，又被视为比较公共行政研究的核心问题。本人多年从事比较政治研究，较多关注西方国家的政治体制问题，在此基础上逐渐聚焦于西方国家的行政体制研究，由此而关注国外的比较公共行政研究领域。美国著名的比较公共行政学家费勒尔？海迪所著的《比较公共行政》一书，给我以极大的启发，激发了我对西方各国官僚制问题的兴趣。

　　有关"官僚制"的研究，国外的文献很多，五花八门。人们对"官僚制"的定义不一，研究视角也极具歧义。因此，在进行课题研究时，首先要解决的是本课题的研究视角和切入点。这一问题足足困扰了我大约有半年的时间，我一边阅读文献，一边思考自己研究的角度。最终锁定了从政府行政体制的角度入手。

　　在政治学与公共行政学的研究中，一种是宏观研究的视角，即从一国政治理念出发，对政治系统、宪政制度及其运行进行大范围的研究，注重于政治系统和运行机制研究，包括宪政体制的设计以及权力分配关系等。依据戴维？伊斯顿的系统论所展开的研究范围宽广，属于这一范畴。另一种是微观研究的视角，如对政府的某一组织加以研究，了解其组织规则和特有的组织文化以及组织和组织成员的行为等，属于行为科学的研究。本课题选取了中观的研究角度，从宏观的政治系统中抽取出行政系统即官僚系统加以研究。了解一个国家政府中官僚系统的形成发展和组织结构功能，了解一个国家的政治文化以及此种政治文化对其官僚制所产生的影响，了解一个国家的官僚系统与其政治系统和社会之间的关系形态，等等，由此而尝试构建西方各国官僚制的理论模型。

课题研究中遇到一系列问题，首先是官僚和官僚制概念的界定问题，不同的研究视角和研究范畴，对这两个概念的界定有所不同。因此，要研究西方国家的官僚制，须先厘清这两个概念，从而给本课题研究确定一个明确的研究范畴。基于本课题聚焦于西方各国政府行政体制，因此官僚便特指各国政府行政部门中的官员，又区分为政治官僚和职业官僚。所谓官僚制也就定位于各国的政府行政系统。

其次是各国的历史沿革及其在这一过程中所形成的政治文化对其官僚制的影响问题。海迪称法德国家的官僚制为"古典"官僚制，称英美国家的官僚制为"公民文化"背景下的官僚制，其研究是一种跨文化的研究。本课题研究在海迪观点的基础上进一步根据不同国家的政治文化、行政结构特征和关系结构形态，将英美法德各国区分为具有不同特征的官僚制。如将英国官僚制称为"行政一体化"的官僚制，此种"一体化"具有"行政集权性"的特征。基于英国的政党政治和"一党内阁"行政体制，使其内阁和首相得以保持政府官僚系统的"集权性"和"一体化"。英国是一个具有自由主义文化传统的国家，为了保证行政过程的公正性和公平性，长期以来保持着文官中立的传统；其官僚系统的代表性主要通过政府与议会的连接得以实现。

美国是一个典型的具有多元政治文化的国家，其分权体制对联邦官僚制的组织结构和关系结构产生了重要影响。多元政治文化和分权体制使美国联邦官僚系统极具开放性、分散性和渗透性，使之与社会联系紧密，使社会利益集团得以通过多种途径去影响联邦官僚系统的政策过程。"一仆二主"的政治结构和联邦官僚系统组织结构的分散性使国会和总统都不可能单独控制这一系统，由此而使联邦官僚系统获得了更多的自主性。

法国是一个具有悠久历史的、具有深厚行政传统的国家。在其"行政国家"的发展中形成了浓厚的"国家主义"文化传统，"集权主义"和"精英主义"政治文化深深地渗透于法国的官僚制。法国的政治文化和行政体制使其官僚系统具有相对封闭性，与社会保持着相对的隔离性。此种典型"行政国家"体系下的官僚制，政治系统与行政系统联系紧密，显著区别于自由主义文化下奉行文官中立的英美国家。

德国与法国同处欧洲大陆，在政治文化上具有相似性，但其自身的历史发展又使之与法国有所区别。历史上普鲁士官僚制所显现的法律主义和职业主义特征对德国官僚制产生了深刻的影响；长期的君主专制政治又使之具有集权主义传统，使德国官僚制呈现为"集权"与"分权"、"理性主义"与"行政政治化"相混合的特点。

本研究注重对各国官僚制的历史追溯，由此而增强对当代事物认识的立体感。关注在历史演进中所形成的政治文化对各国官僚制所产生的影响，有助于增强对问题认识的内在丰富性。研究中力图将各国的政治体制和社会环境作为各国官僚制的政治与社会生态，分析各国官僚系统与政治系统和社会之间的相互关系和作用。通过对此种关系结构的分析去构建各国官僚制的理论模型。

本项研究还涉及各国学者官僚制研究中较多关注的问题，如西方各国官僚系统中高级文官的角色定位问题、以及当代西方各国政府中职业官僚的政治化问题等。此类问题涉及各国政府行政系统中政治与行政的关系问题，也是比较政治与比较公共行政研究中具有实质性意义的问题，涉及到政府行政系统健康发展的问题。研究中对此类问题给予了较多关注，并提出了自己的看法。

本书是国家社会科学基金项目和天津市哲学社会科学规划基金项目的综合性成果。此课题进行过程中我曾赴美国堪萨斯大学，作为政治学系和公共管理学系两个系的访问学者。在那里遇见德高望重的美国公共行政学家、美国新公共行政学派的旗手乔治·弗雷德里克森教授。见面第二天他便欣然答应作为我在美研究期间的导师。此期间，我就官僚制的概念、内涵、以及对马克斯·韦伯"官僚制"理论的评价等问题向他请教，教授深邃的思想和高尚的人格给我留下了深刻的印象，使我受益匪浅，对我的研究有很大的帮助。

本书的出版得到南开大学高等教育研究所所长、南开大学周恩来政府管理学院行政管理系主任沈亚平教授的大力支持和帮助，并得到天津大通投资集团有限公司董事长李占通先生的支持和帮助。天津师范大学政治与行政学院高建教授和常士闇教授、中国政法大学全球化与全球问题研究中心蔡拓教授、南开大学周恩来政府学院孙晓春教授和沈亚平教授等对本研究成果给予了高度认可，并提出了宝贵意见，给了我很大的帮助。你们的支持和鼓励是我进一步努力的重要动力。本书的完成过程中，我的博士研究生孙宏伟和田小红在英文资料的翻译上给予我极大的帮助，她们不计报酬的辛劳工作令我感动。在此一并表示衷心的感谢！

我本人主持了"西方国家官僚制比较研究"课题，在美国研修期间，搜集阅读了大量相关资料，在此基础上形成了本课题研究的视角和基本思路，独立承担和完成了导论、第一章和结语部分，并参与了其余各章资料的搜集、基本框架的形成以及大量文字工作。参与这一课题的其他成员包括：第二章，毕宇飞；第三章，袁维杰；第四章，柴红；第五章，游腾飞；第六章，郭怡。感谢他们的大力支持与合作，没有他们的参与，这一研究不可能得以顺利完成。

本课题"西方国家官僚制比较研究"到此为止告一段落了，希望这一研究，有助于推动国内比较政治与比较公共行政研究的发展，并对中国目前正在进行和未来将继续发展的政府行政体制改革有所启发和帮助。研究中所涉及的许多问题仍有待进一步探讨。如此庞大的课题，在这样短的时间里做完，难免挂一漏万，存在种种问题，恳请各位同行学者们不吝赐教，予以斧正。

谭 融

2013 年 10 月

导　论

官僚制研究既属于比较政治研究范畴，也属于比较公共行政研究范畴，是一个跨学科的研究领域，尤其在比较公共行政研究领域处于核心地位。因此，本研究将西方比较公共行政研究的发展作为出发点，由此而进入西方官僚制的比较研究。

第一节　西方比较公共行政研究的发展

一　比较公共行政研究领域的产生和发展

自政府出现伊始，政治系统便开始出现。政治系统为了实现其目标，必须组建政府并要求政府的相应行为，由此，公共行政便应运而生。所以公共行政是政府的同生物，由来已久。

然而公共行政研究——即公共行政作为一门特有的学问则是很晚的事情。18世纪时，德国学者试图探讨涉及系统管理政府事务的重商主义财政理论（cameralism），此时，公共行政才开始逐渐成为西欧国家中的一个学术领域和专业。在18世纪普鲁士财政学者（cameralists）的著作中以及19世纪法国公共行政研究人员的著作中，开始出现有关公共行政问题的研究，尽管这些研究"倾向于强调与大陆行政法系统相关的问题"①。

美国人从19世纪后期才开始研究公共行政问题，然而美国人从研究公共行政伊始，就对他国公共行政的经验抱有浓厚的兴趣。出于美国自身的需要，托马斯·伍德罗·威尔逊（Thomas Woodrow Wilson）、弗兰克·

---

① ［美］费勒尔·海迪：《比较公共行政》，刘俊生译，中国人民大学出版社2006年版，第6页。

J. 古德诺（Fank J. Goodnow）和恩斯特·弗伦德（Ernst Freund）等公共行政研究的先驱，都十分注重借鉴欧洲国家的经验来认识和改善美国的公共行政，试图将他国的有益经验运用于美国。20 世纪二三十年代，美国的公共行政研究进入规范和正统时期，以著名公共行政学家伦纳德·D. 怀特（Leonard D. White）为代表的公共行政学家将其视野集中于本国政府的内部管理，失去了以往比较研究的大视野。

第二次世界大战期间，跨越国界的战争帮助人们将视野打开，使西方人看到了完全不同于他们的世界。致使战后人们对于比较政治和比较公共行政研究的兴趣越来越浓烈，研究的主题也越来越多。美国的许多大学和学院相继开设了比较公共行政课程，并于 1953 年成立了美国政治科学协会，成为美国学术界最早出现的涉及比较公共行政领域的协会。此后又形成了著名的比较公共行政的研究群体，这一群体在罗兰·艾格（Rowland Egger）和弗雷德·W. 里格斯（Fred W. Riggs）的领导下，在推动比较公共行政的理论和实践研究方面发挥了积极作用，使美国在 20 世纪六七十年代出现了进行比较公共行政研究的第一个高潮期。

20 世纪 60 年代里格斯在《国际行政科学评论》所发表的《比较公共行政研究的趋势》一文，也即美国比较公共行政研究的代表作之一，概括了比较公共行政研究从规范性研究转向经验性研究，从个别、特殊性研究转向一般性研究，以及从非生态性研究转向生态性研究的三个发展趋势[1]，同时探讨了比较公共行政研究的方法。这一时期美国的比较公共行政研究还涉及：(1) 理论范式的探寻；(2) 关于比较公共行政研究基础性问题的探讨；(3) 关注比较公共行政研究中的欧洲大陆行政法传统；(4) 探讨比较公共行政研究与比较政治研究之间的关系，即比较公共行政研究在发展比较政治研究中的意义；(5) 探讨将比较研究的理论知识运用于解决发展中国家的问题等[2]。

公共行政的比较研究，既是比较公共行政研究领域的问题，也是公共行政研究的核心问题。美国著名政治学和公共行政学家罗伯特·达尔

---

[1] Fred W. Riggs, "Trends in the Comparative Study of Public Administration," In *International Review of Administrative Sciences*, Vol. 28, No. 1. Jan. 1, 1962, pp. 9—15.

[2] See Ferrel Heady, "Comparative Pulbic Administration: Concerns and Priorities," from Ferrel Heady and Sybil L. Stokes, *Papers In Comparative Public Administration*, Ann Arbor, Michigan: Institute of Public Administration, The University of Michigan, 1962, p. 3.

(Robert Dahl)说:"我们一直忽视公共行政比较研究。如果不对公共行政进行比较研究,那么宣称建立'公共行政科学'显然就是空中楼阁。人们也许可以想象有美国公共行政科学、英国公共行政科学和法国公共行政科学,但是否会有一门基于一组普遍原理基础之上、不依赖各国特殊背景的'公共行政科学'呢?"①埃里克·奥特尼欧(Eric E. Otenyo)和南希·S. 林德(Nancy S. Lind)在其《比较公共行政:发展、方法和生态》一书中提出:"对实践有影响的学术成就,如果缺少比较的特点,便几乎被认为是非科学的",书中称比较方法为"公共行政的实践和学术方面的核心"②。基于美国的公共行政研究在相当长一个时期忽视比较研究的倾向,费勒尔·海迪(Ferrel Heady)提出:"现在人们认识到了基于这种狭窄视野研究的限制和危害,我们已经进入到了在行政研究中强调比较分析的新时代。"③加布里埃尔·A. 阿尔蒙德(Gabriel A. Almond)甚至将比较方法视为"人文和科学诸方法中方法论的核心"④。在比较研究的过程中,人们的视野得到拓展,研究中所出现的概念和理论内涵更加充实、丰富,更加具有普遍意义和通用性,研究的成果也产生了更加深远和持久的影响。

1887年伍德罗·威尔逊(Woodrow Wilson)的《公共行政研究》一文,被视为公共行政研究领域的一个界碑。在这篇文章中,威尔逊充分强调比较方法是发展行政原则的基础。马克斯·韦伯(Max Webe)在建构他的官僚制理论模型时,同样采用了比较研究方法,这一方法成为他贯穿历史的权力系统理论的核心。里格斯说:"所有的政治学和对公共行政的任何科学理解都需要比较。"⑤ 在1964年发表的《发展中社会的行政》⑥

---

① Robert A. Dahl, "The Science of Public Administration: Three Problems," *Public Administration Review* 7, No. 1, 1947, 1–11, p. 8.

② Ibid., p. xxi.

③ [美]费勒尔·海迪:《比较公共行政》,刘俊生译,中国人民大学出版社2006年版,第7页。

④ G. A. Almond, et al. *Comparative Politics Today* (7th. ed.), New York: Longman, 2000, p. 33.

⑤ From Eric E. Otenyo and Nancy S. Lind, "Introduction: Essential Readings in comparative administration: Growth, Method and Ecology," in Eric E. Otnyo and Nancy S. Lind, *Comparative Public Administration: the Essential Rreading*, Oxford: Elsevier Ltd., 2006, p. xxii.

⑥ Fred W. Riggs, *Administration in Developing Societies*, Boston, Houghton Mifflin, 1964.

一书中，里格斯通过对不同社会背景的比较去了解公共行政的发展和规律，建构模型，显现出跨文化研究，进一步奠定了比较公共行政研究的基础①。

然而，"认识到需要进行比较研究远比解决比较研究中提出的某些问题容易得多"。海迪认为，比较公共行政研究的重要内容表现为：第一，"指导政府大规模行政的制度安排——组织行政活动"；第二，研究"行政环境或者行政生态"，即"行政子系统与政治系统之间的关系"。"一般而言，前者是后者的一部分并且都与社会相联系。""对这些核心内容进行整合"，"从而为分析各国的特殊公共行政制度并且进行比较研究提供一个基本的框架"②。一方面，将比较公共行政研究锁定于行政系统，研究行政系统的多种类型和"变异"形态，将比较公共行政研究的焦点集中在各国政府官僚制的研究，研究各国功能系统的共性与区别。另一方面，关注政府官僚系统与政体类型的关系，强调公共行政系统是政治体系的组成部分，生存于政治系统的环境之中③。基于此，比较公共行政研究便不可避免地与比较政治研究紧紧联系在一起，并且需要借助于比较政治研究所提供的平台④。这也成为比较公共行政研究的一个突出特点。

一个研究领域的兴起和建构，总要有其系统理论和研究范式，这个问题是迄今为止比较公共行政研究尚未能很好解决的问题。由于缺乏自身相对独立的理论范式，使比较公共行政研究至今还游移于比较政治和公共行政研究现有的研究框架中，尚未能形成自身相对独立的理论体系和研究范式。一些学者称比较公共行政研究是"根深蒂固的经验主义"，"以实践为取向"⑤。由于缺乏明晰的核心概念以及研究范畴和范式的界定，导致

---

① James D. Thompson, ed., *Comparative Studies in Administration*, Pittsburgh: University of Pittsburgh Press, 1959, p. 9.
② ［美］费勒尔·海迪：《比较公共行政》，第6页。
③ 同上书，第6、2页。
④ Alfred Diamnt, "The Relevance of Comparative Politics to the Study of Comparative Administrative," Administration Science Quarterly 5, No. 1, 1960, pp. 87—112.
⑤ See Montgomery Van Wart and N. Joseph Cayer, "Comparative Public Administration Defunct, Dispersed or Redefined," *PAR* 50, No. 2, March-April 1990, pp. 238—248.

学者们至今"争论不断"①。如今，进行比较政治与比较公共行政研究的学者正在努力探寻比较研究的方法和研究框架，试图建构比较研究的理论范式，推进比较研究的发展。

西方国家比较公共行政研究的发展建立在各国公共行政研究发展的基础之上，不同国家显现出不同的特点。以下着重介绍欧洲主要国家公共行政研究的发展及其特点。

二 欧洲比较公共行政研究的发展

在欧洲大陆，自中世纪以来，国家的演进与其公共行政的发展紧密联系，伴随着民族国家的形成和国家意义的大幅上升。16—17世纪，欧洲各国政府责任日益加大，政府职责的内容也日益复杂，涉及军事、经济和社会各个领域。政府的规模日益扩大，政府行政人员的数量也日益增多。在这一背景下，欧洲大陆国家的大学中开始出现关注公共人事培训、研究民族国家结构以及公职管理的研究领域和专业，并设置了相应的教授职位。到18世纪末，几乎每个德国的大学都设置了此类研究领域和教授职位。这一时期法国虽然尚未设立独立的公共行政课程和相应的教授职位，却同样在探讨和寻求这一研究领域的发展。此时期"国家"概念的出现，对于德国和法国公共行政以及公共行政研究的发展起到了推波助澜的作用。18世纪末在欧洲大陆各国，行政学的教科书、期刊不断出现，并得以传播，在这方面，美国人整整晚了一个世纪。

18世纪末的法国大革命引发了欧洲国家的变革，推动了欧洲各国公共行政的发展。君主专制制度的废除，使欧洲各国寻求建立法治国家，要求政府保护公民的权利和自由，因而要求国家建构和加强法律体系。由此，对公共行政的研究也演化为对行政法的研究。19世纪中期，欧洲大陆国家出现了一种新型的公共行政，政府清一色地采用司法方法去训练公共行政人员。20世纪初，法律传统进而支配了整个欧洲大陆政府官僚的教育和训练，强调公民权利和责任与国家的连接。在法国，公共行政学的发展与其特有的政治体制和发展路径相联系，显现出国家的"独特性"。

---

① Fred W. Riggs, *Frontiers of Development Administration*, Durham, NC: Duke University Press, 1970. from Krishna K. Tummala, ed., *Comparative Bureaucratic Systems*, Maryland, Lanham: Lexington Books, 2003, p. 3.

此种"独特性"表现为国家的自我保护，即国家有其清晰的轮廓和特有的功能，并通过相应机制和一系列保护性安排确保国家功能的连续性。作为公共利益的化身，国家超越私人部门的特殊利益，为整合社会和整体原则而建立，而非为个人和派系的利益而存在。在此种意识形态的前提下，国家对于社会具有至高地位和权力，拥有社会、文化和经济的广泛功能。19 世纪末，法国政府通过建立考试录用制度实施文官系统的职业化，赋予文官抵制滥用政治权力的权利，进而通过这一机制去保障国家利益[1]。

（一）法国公共行政研究的发展

法国比较公共行政学的发展显然与法国特殊的国家模型和意识形态紧紧联系在一起，国家的概念有利于公共行政学的发展。18 世纪初，法国便出现了组织科学，成为而后德国财政学理论（cameralistik theory）的重要铺垫。在国家的引导下，法学家和政府官员在实证研究的基础上起草了有关民间组织的法规，起草和编撰了行政词典。此类著作摆脱了以往的教条形式，贴近行政实践，寻求有效管理公共事务的方法。19 世纪，组织学在法国得到更加蓬勃的发展，组织学著作大量出现，有关行政行为规则的原则也逐渐形成。被视为第一个放弃早期传统的法国学者夏尔—让·博南（Charles-Jean Bonnin）认为，要"把行政作为一个学科"，首先要"确定这一学科的总的原则"[2]。主张系统地研究公共行政。寻求公共行政的原则，成为 19 世纪上半叶法国公共行政研究的主要任务。行政学成为一种"社会科学"，通过调查工具、尤其是在统计学的帮助下去掌握有关行政行为的资料，以推动国家行政效率，促进社会福利。

此后一段时间，法国的政治学与行政学经历了一个衰落期，行政法研究的扩大，在一定程度上妨碍了公共行政研究的发展，并导致这个学科长期停滞。直至 20 世纪 50 年代，伴随着新问题和新方法的出现，传统的法律分析方法被打破，出现了新的公共行政研究的视角，公共行政学研究才得以复兴。20 世纪 60 年代，法国的公共行政研究快速发展，法国人将许多方面的研究都归到行政学的门下，使公共行政学研究出现了三种趋向。

---

[1] See Jacques Chevalier, "Changing European States, Changing Public Administration: Public Administration in Statist France," from Eric E. Otenyo, ed., *Comparative Public Administration: the Essential Readings*, pp. 736—742.

[2] Ibid., p. 744.

第一是法律趋向，即在公共行政的研究中寻求更完备的公共行政结构与功能、并强调参考法律文本的趋向。法律趋向的研究者将行政学视为描述性学科，目的在于说明行政；而将行政法视为规范性学科，在研究中采取形式逻辑和演绎推理的方法。对于行政学与行政法之间的关系，强调行政学的研究中不应忽视行政生活中法律所应有的地位；反之，也不应陷入以法律文本来研究公共行政的规范主义局面中。

第二是管理趋向，目的在于发现超越公/私体系的最有效的管理技术。此类学者在研究中将公共行政学研究纳入到管理学的范畴。然而在法国，此种趋向一直受到抵制。20世纪70年代，法国的公共行政学形成了新的原则，进而强调公共领域的独特性，反对将公共行政学简单地等同于效率理论。公共行政的研究者日益超出管理组织的狭窄视角，以更加开阔的视角去关注公共政策问题。

第三是社会学趋向，即试图在社会学概念和方法的帮助下去增强对行政现象的理解。此种研究倾向关注行政功能，其研究建立在观察具体行政状况的基础之上，在研究方法上受到社会学的深刻影响。尽管如此，社会学的研究方法并非为理解行政现象的唯一钥匙。

此时期，文化主义的分析也对法国公共行政学的研究产生了深刻的影响。1963年，米歇尔·克罗齐埃（Michel Crozier）提出了他的这一观点，认为，像任何其他组织一样，公共行政组织也是某种文化传统的产物，因此在分析时须考虑到其国家的特色[1]。如法国的行政制度就显现为典型的具有隔离性和专制权威特征的文化模型，此种传统和文化在制度的转型中具有持久性。这一研究视角关注公共行政的价值取向，给公共行政研究增添了活力。

法国公共行政研究的另一个关注点是行政制度与行政过程。奥特尼欧和林德认为："比较公共行政是公共行政学的分支，重点是比较分析行政过程和制度"[2]，包括行政计划的制订与实施以及地方管辖权等诸种问题。

---

[1] See Jacques Chevalier, "Changing European States, Changing Public Administration: Public Administration in Statist France," from Eric E. Otenyo, ed., *Comparative Public Administration: the Essential Readings*, p. 755.

[2] Eric E. Otenyo and Nancy S. Lind, "Introduction: Essential Readings in comparative administration: Growth, Method and Ecology," from Eric E. Otnyo and Nancy S. Lind, Comparative Public Administration: the Essential Rreadings", p. xxi.

1982年以来，密特朗政府对地方政府进行了改革，这次改革是法国社会、政治及官僚制的一次深刻变革，使地方行政研究占据了特有的地位，成为研究文官与社会间关系的重要方面以及公共行政学研究的前沿。对高级文官的研究，是法国行政制度研究的重要方面，埃兹拉·苏莱曼（Ezra Suleiman）的著作为重要代表。此类研究涉及高级文官在决策过程中的重要性以及文官与政治的关系等重要问题，20世纪80年代以后进而体现为案例研究，与公共政策研究结合在一起。

制度性分析将文官视为历史和社会的产物，关注文官行为与社会的关系、文官行为及行政功能的社会影响、以及外部行为者对政府行政组织所施加的影响等。P. 格雷米翁（P. Gremion）在对法国政治与行政制度、以及行政组织内部权力关系的研究中指出，如果不考虑组织和环境之间相互交织的网络、以及组织内部行为者与社会之间形成的行为系统，便不能进行研究。①

长期以来，比较研究一直是法国公共行政学研究中的弱点。近年来法国学界在欧洲国家更加开放的情况下，试图将法国的公共行政模型与欧洲其他国家相比较，以图在这方面加以补救。

总之，20世纪60年代以来，包括历史学、地理学、公共经济学、语言学和心理学在内的各学科和多种研究方法均涉入公共行政研究领域，共同构筑着法国的公共行政学，使之呈现出多种学科交叉的特征，内容也格外丰富和充实。

（二）德国公共行政研究的发展

德国公共行政研究的发展与其18世纪早期的现代化进程相关联，体现为德国人在尚处于"人治"的君主制时期对"法治"的追求。德国非属传统的宪政国家，长期以来国家认同及国家地位的稳定，均基于公共法律原则以及建立在这一原则基础之上的政府行政组织原则。此种倾向一方面使政府的行政部门保持着超稳定性，甚至在两次世界大战期间，德国的公共行政也依然能够有规律地运作；另一方面则使德国的行政"科学"至今仍笼罩在法学的衣钵之下，公共行政制度也在很大程度上被囊括于行

---

① Jacques Chevalier, "Changing European States, Changing Public Administration: Public Administration in Statist France," from Eric E. Otenyo, ed., *Comparative Public Administration: the Essential Readings*, p. 754.

政法的研究范畴之中。

德国的政府行政模式表现为在公共行政领域中严格与灵活的结合。一方面，通过严格的法律体系去对复杂的行政机器加以控制，使公共行政系统成为一种可靠的机制，使处于这一机制中的人了解法律，知道怎样应用法律；另一方面，此种法律体系并非英美国家体现公民意志的宪法体系，而是在19世纪德国走向现代国家过程中"人治"与"法治"相妥协的产物。[1] 在19世纪后半叶德国的公共行政过程中，成为一种"法制的"职业行政过程。

在此种模式下，一方面，德国的政府行政系统具有高度的稳定性和"可靠性"，相对严格的法律结构成为公共行政的支柱，成为20世纪德国政治结构波动的有力抗衡物；另一方面，德国的政府行政系统呈现为一种抵制外来干扰的、有限的自我改革模式。如19世纪普鲁士公务员考试制度的实施、国家官僚的重组和地方行政的局部性民主化改革、县和地区行政的调整以及第二次世界大战后20世纪70年代的县和地区的行政改革等，均由政府高层官僚所发起。此种改革并非起于社会对官僚系统的批评，与美国式的开放性改革有所不同。

20世纪60年代，在公共行政结构和公共计划改革加速时，德国开始出现公共行政学研究的社会科学取向。此种研究有别于传统的公共法律研究，非仅从行政规范出发，而是更多地面向行政改革，因而又被称为"改革学"，并在公务员培训方面，也以行政学知识取代了法学。由此，公共行政学成为政府文官制研究的学术支柱。在这一过程中，政治学发挥了重要作用。尽管如此，公共行政研究的崛起遭到了公共法学的强烈抵制，因而阻止了公共行政学成为一个强有力的、独立的学科，法学依然保持着对公共行政领域的霸权地位。20世纪70年代德国文官改革的失败，使录用律师为高级文官的模式得以延续，严重限制了非律师人员的公共职业选择。

20世纪60年代末，公共行政在政治生活中的作用成为德国学术界广泛讨论的问题。这一时期，德国人从两个角度去关注政府问题：首先，保

---

[1] See Wolfgang Seibel, "Changing European States, Changing Public Administration: Administrative science as Reform: German public administration," from Eric E. Otenyo, ed., *Comparative Public Administration: the Essential Readings*, p. 759.

守派试图建立起一种民主价值和政治参与的抗衡物；其次，考虑到维护自身统治的需要，政府保留了对政治学的关注，以之为一个重要的学科领域。从而使学术界得以更加自由且切合实际地去研究政府，并将政府视为政治改革的工具。

进入70年代，1973年的石油价格冲击和随之而来的经济衰退使兴起于60年代后期的西德行政改革告终，应对经济衰退所导致的失业成为西德政府国内政策的主要议程。以改革为取向的公共行政研究逐渐让位于复杂的、实证的公共行政研究，涉及国家行政、联邦结构、各州行政和市政等各方面问题。研究普遍采用规范的实证研究方法，探讨政府官僚系统在法律结构和组织结构方面存在的问题。此类实证调查得到政府的大力支持，探讨政府规划能力和方法问题、组织结构的协调问题，在此基础上提出重组官僚系统的主张；探讨西德联邦主义结构改革，即使德国的三个纵向行政层次和广泛的横向专业性层面更加合理化，从而使公共行政活动更加灵活、更具有应变力。20世纪70年代被视为西德新公共行政研究的黄金时期。

20世纪80年代，西德投入了非官僚化的行政改革，对国家和制度性基础加以反思，成为德国行政官僚实施自我改革的体现。这一时期的研究主要涉及三个方面的问题：一是汉斯—乌里齐·德林（Hans-Ulrich Derlien）和雷纳特·梅恩茨（Renate Mayntz）等对高层官僚行为模式的研究，提出西德高层官僚是半政治化和完全职业化的混合型决策者的看法[1]。二是关于公共行政历史的研究，目的在于了解德国国家的特点。T.埃尔魏因（T. Ellwein）等在分析了私人利益和公共利益之间的关系后，得出结论：德国公共行政在完成持久的制度安排上非常成功。[2] 三是进行"行政利益调节"研究，即格哈德·伦布鲁什（Gerhard Lehmbruch）的研究。这一研究假设公共行政借助于专长和组织复杂性，有能力整合和协调相对独立于立法机构或政府行政部门的社会利益。他们的研究支持了

---

[1] See Wolfgang Seibel, "Changing European States, Changing Public Administration: Administrative Science as Reform: German Public Administration," from Eric E. Otenyo, ed., *Comparative Public Administration: the Essential Readings*, p. 769.

[2] Ibid.

这个假设，说明公共权力与私人利益相互依存，由此而促进二者的合作[①]。

进入 90 年代，伴随两德的统一，东德的重建成为此时期德国公共行政研究的重心，成为自 1949 年以来德国构建其政府秩序所面临的最为严峻的挑战。两德的统一使德国的政治制度和行政制度都受到一定的影响，也因而刺激了德国公共行政研究的发展，尤其是涉及权力、资源的重新分配以及多层决策等问题，其中联邦、州和市政三个层级间财政资源的分配成为核心问题。

总之，在德国，行政学的模糊概念自 19 世纪中期便已存在，其公共行政学研究兴起于 20 世纪 60 年代后期和 70 年代早期，最终成为一个"社会科学"领域，得到政治学家、法学家和社会学家的支持。基于德国长期的公共行政传统，一些学者又称六七十年代德国公共行政学的兴起为新公共行政运动。尽管在过去的几十年里，这一研究领域的理论和方法论并没有完成整合，但公共行政问题已经成为研究的核心和主体而得以发展。

（三）英国公共行政研究的发展

英国是一个单一制和议会内阁制国家，在这一体制下，中央政府在具有较为严密的议会多数党的控制之下，较少受到来自他方的约束，呈现为行政一体化的特点。一些学者认为，英国的公共行政学与欧洲大陆相比有较大区别，它自身也缺乏独特的公共行政学派，而是较多地追随美国的思潮[②]。20 世纪 60 年代末至 70 年代初，在英国，以往传统的公共行政学派逐渐消失，公共行政领域几乎变成了公共政策或政府研究。此后继而兴起公共管理研究，关注管理技术和竞争等"应用性"问题。如英国的开放大学（the Open University），70 年代公共行政课程还放在政府研究和政治科学领域，然而到 80 年代末，公共管理的硕士课程便设在了管理学院（School of Management），定位在工商管理（MBA）的课程中。此外，基

[①] Lehmbruch, G. (1987), "Comparative Political Economy of Neo-Corporatism: Inter-Organizational and Institutional Logics," Konstanz, 1987, from Eric E. Otenyo, ed., *Comparative Public Administration: the Essential Readings*, p. 769.

[②] Christopher Pollit, "Changing European States, Changing Public Administration: Antistatist reforms and New Administrative Directions: Public Administration in the United Kingdom," from Eric E. Otenyo, ed., *Comparative Public Administration: the Essential Readings*, p. 777.

于效率和社会发展的需要，会计学和法律学也得到长足的发展。

与英国公共行政学的发展相对应，英国公共行政发展的巨变出现于1979年以来所经历的激烈的反国家改革，它使英国的政府公共行政发生了深刻的变化，学术界也对之进行了重新定义和标签。此期间，英国的保守党政府大刀阔斧地进行了市场化改革，将市场机制引进到国民保健制度和社区护理中。此种市场化的改革和大规模的私有化触及到大部分公共服务领域。

1979年撒切尔执政后的改革，大致可以分为三个阶段：第一个阶段从1979年至1982年，表现为激烈的经济驱动，目的在于减少政府公共开支。第二个阶段贯穿于20世纪80年代后期，尽管这一时期英国政府倡导"3E"（economy, efficiency and effectiveness）原则，然而大多数程序和性能指标主要关注前两项。公共事业私有化居于政府计划的核心地位。第三个阶段为1987年撒切尔大选胜利后，再次获胜的保守党政府非常得意，在许多措施上更加激进，再次发动了一系列公共服务部门的改革。

这一时期英国新右派对以往政府的公共行政提出了以下批评：（1）多元主义和法团主义模式导致国家和强有力利益集团之间的交易，进而造成了更高的公共开支。（2）政府中的职业人员成为自我利益的垄断者，他们要求高薪水，追求自身的职业目标，却限制所提供的服务，而不是回应服务对象的愿望。（3）公共官员关注他们自己预算和地位的最大化，最终使整个公共部门相对无效。（4）政府增长的要害在于逐渐削弱个体的自由。（5）"大政府"削弱了公民的企业精神和自力更生意识。（6）中间偏左的政府错误地追求所谓社会正义的平等观，最终削弱了个人自由和国家的财政自律。（7）国家部门的扩大抑制了私人部门的增长。[1]

20世纪80年代至90年代，保守党政府秉承反国家主义的意识形态和治国理念[2]，理论上依据货币主义、奥地利经济学派的理论、公共选择

---

[1] Robert W. Bacon & Walter Eltis, *Britain's Economic Problem: Too Few Producers*, London: Macmillan, 1978; in Christopher Pollit, "Changing European States, Changing Public Administration: Antistatist reforms and new administrative directions: public administration in the United Kingdom," from Eric E. Otenyo, ed., *omparative Public Administration: the Essential Readings*, p.784.

[2] See Christopher Pollitt, *Managerialism and the Pulibc Services: Cuts or Cultural Change in the 1990s?* Cambridge, Mass: Blackwell Business, 1993, pp.179—187.

理论和自由主义哲学等，通过右翼思想库提供给部长们，贯穿到公共政策中。此种减少公共支出、降低国家调控和税收、恢复"管理权"和对工会的相应限制的政策倾向，突出地表现为新右派主义和管理主义的混合受到商界、金融界和工业上层管理者的欢迎①。

20世纪80年代，伴随着政府公共行政的巨变，英国的公共行政学界也展开了大量的理论研究，进入了公共行政著述的多产期。这一时期，传统的制度性、描述性研究由于公共选择理论、组织理论、会计学理论和公共管理理论的注入而发生了根本性变化，其中公共选择理论成为一个强有力的分析工具。英国的公共行政学领域无论在理论上还是在更加职业化和切合实际方面，都做出了自己的贡献，尽管学界并不认为英国构建了突出的、具有自身特色的公共行政学派。

一般而言，学术界普遍认为，英国公共行政学的研究在文化倾向方面与美国贴得更近，而不是欧洲公共行政学的追随者。与欧洲大陆国家相比，英国的公共行政学在构筑国家的地位和作用时远不能与法国和德国相比拟。

第二节 官僚制研究的相关理论和方法

一 关于研究范式

西方国家官僚制研究是比较政治研究的重要内容之一，并成为比较公共行政研究的核心内容。当我们着手对西方国家官僚制进行研究时，以哪些理论作为支撑，采用什么方法，成为一个十分重要的问题。

关于研究设计，美国著名社会学家艾尔·巴比（Earl Babbie）②说，第一，必须尽量明确要发现的东西；第二，必须采用最好的方法进行研究。"一个设计完好的问题本身，就包含了它的答案。"③德国学者克劳斯·冯·柏伊姆说："没有理论，人们就不能进行经验研究。没有发人深

---

① See Christopher Pollitt, *Managerialism and the Pulibc Services: Cuts or Cultural Change in the 1990s?* Cambridge, Mass: Blackwell Business, 1993, pp. 134—137.

② 艾尔·巴比，美国著名社会学家，先后执教于哈佛大学、夏威夷大学、加州大学伯利克分校和查普曼大学等。其《社会研究方法》一书，成为美国高校的通用教材，并被译成多国文字，是一本具有世界声誉的经典之作。

③ ［美］艾尔·巴比：《社会研究方法》，邱泽奇译，华夏出版社2005年版，第85—86页。

思的理论，无止境的、多种多样的社会现实，就永远是混沌一团。"① 在这方面，各国学者做了很多尝试。

巴比将作为研究依据的理论框架和方法称为"范式"，将之作为研究的一般框架和视角，即"看事情的出发点。"② 他认为，范式提供视角，"形塑了我们所看到的这些事物"，"指引我们以某种方式来看待社会行为"，构成"不同的解释或者理论的基础"，成为"我们用来组织我们的观察和推理的基础模型或是参考框架"③。理论在于解释所看到的东西，理论是被创造出来的，"它提供了观察生活的方式和关于真实本质特性的一些假设"，"可以合理解释观察到的模式"，是对研究对象"系统化"及"关联性"的陈述。理论"赋予范式真实感和明确的意义"，并通过演绎和归纳去加以建构。概念则是"建构理论的基本单位"④。巴比将"达成共识的过程称为"概念化"（conceptualization），认为，"概念"（concept）为归档和沟通的目的所创造，是人们"思维想象（观念）上的共识"以及研究中所达成的共识的结果⑤。任何研究都要从概念的界定开始，阐述概念是研究的重要组成部分，与研究的性质和范畴密切相关。

本研究属于个案研究、比较研究和定性研究。在研究伊始，需设定研究方向和研究视角，从概念界定入手，明确研究的切入点和研究范畴。在此基础上选择适当的研究方法，并尝试采用不同的理论工具和方法进行研究。本研究采用制度主义、结构功能主义、模型法、历史文化分析方法和比较研究法等去对西方国家的官僚制加以研究。在研究之初提出相应的理论假设，进而依据相应的理论假设去分析研究中所搜寻到的资料，对纷繁复杂的资料加以总结和归纳，由此而得出结论，形成新的理论构想和研究模型。

以下分别介绍本课题所采用的研究方法。

---

① ［德］克劳斯·冯·柏伊姆：《当代政治理论》，李黎译，商务印书馆1990年版，第244页。
② ［美］艾尔·巴比：《社会研究方法》，第43页。
③ 同上书，第33页、第33页脚注①。
④ 同上书，第32、43页。
⑤ 同上书，第118—119页。

二 关于制度主义和结构功能主义的研究方法

芬兰社会学家埃里克·阿拉特（Erik Allardt）说："政治科学把制度（方面）的研究提到首位。"[①] 在西方国家，早期的政治科学研究以制度结构为主，对宪法、法律制度和政府加以描述，强调规则、程序和正式的政府组织，表现为结构主义、法律主义和功能主义的取向。20世纪五六十年代，行为主义崛起，学界开始关注人们的行为方式，将传统的制度主义抛在了后面。直至20世纪80年代末，作为对学术研究中"低度社会化"[②]倾向的反应，"制度主义"重新出现，以一种"新"的、研究范畴更加宽泛的面貌去关注"政治生活的组织化"[③]，关注制度所体现的价值和权力关系的方式，不仅关心正式的制度章程与组织结构，也关心政治生活中非正式的惯例，并且较以往更具理论性。一些学者用"再度回归到国家"（return to the state）的表述描绘新制度主义的到来。一方面，它"以某种形式复活'国家'概念"，"将注意力引向制度的和特定行政的历史"[④]；另一方面恢复了对规范问题的关注，但这些规范问题不是以往那种狭隘的仅限于法律规定的研究，而是与"公共利益"（the public interest）和"公民学"（civil science）等观念相联系[⑤]。

西方理论家根据研究的内容和理论方法，对新制度主义加以分类，提出了规范制度主义、历史制度主义、经验制度主义、理性选择制度主义、国际制度主义、社会学制度主义和网络制度主义等不同的类型和方法。本研究趋向于采用前三种，即规范制度主义、历史制度主义和经验制度主义的理论和方法，力求在关注制度结构的同时，关注制度结构所体现的价值

---

① 转自[德]克劳斯·冯·柏伊姆《当代政治理论》，李黎译，商务印书馆1990年版，第71页。

② [英]大卫·马什、格里斯·托克：《政治科学的理论与方法》，景跃进等译，中国人民大学出版社2006年版，第88页。

③ J. March and J. Olsen, "The New Institutionalism: Organizational Factors in Political Life," *American Political Science Review*, 78, pp. 734—749, p. 747.

④ Gabriel A. Almond, "The Return to the State," *American Political Science Review* 82, No. 3, 1988, pp. 853—874; p. 872.

⑤ [美]费勒尔·海迪：《比较公共行政》，第13页；See Martin Landau, "On the Use of Functional Analysis in American Political Science," *Social Research* 35, No. 1, 1968, pp. 48—75, p. 74.

取向和权力关系；追寻制度结构的历史渊源，同时关注此种制度的现实运行和发展。

在新制度主义的理论框架下，制度结构成为研究的重要内容之一。美国著名社会学家塔尔科特·帕森斯（Talcott Parsons）提出，制度是"结构化的要求"，"是社会角色的成套设备"，与角色相比较，结构更复杂、更稳固。"这些结构化的要求在把社会系统作为整体进行观察时，获得了公认的和合法的席位。"① 基于此，一些西方理论家在进行制度研究时，常常不采用"制度"这一概念，而是使用结构、功能和角色等概念，将结构功能主义作为进行制度研究的理论框架，将制度结构的、历史的和意识形态的方法结合在一起使用。在这一理论框架中，结构大体等同于制度，功能则指活动，即通过制度和结构去进行活动、实现功能。

一般而言，结构功能主义者们更加注重规范性研究，他们关注"制度化"行为，通过对制度和角色的研究去发现规范，寻找"秩序模式"②。

早在20世纪四五十年代，一些比较政治研究的学者就曾经批评那种对制度进行法律分析的倾向，抱怨在政治学的研究中没有更好地采用"科学方法"，主张以结构功能主义和政治系统分析作为分析工具，强调对共识、角色和社会化等概念的重视。③ 20世纪六七十年代，美国著名的比较政治学家加布里埃尔·A. 阿尔蒙德（Gabriel A. Almond）通过他的《比较政治学：体系、过程和政策》一书，系统、完整地表达了此种看法。阿尔蒙德将政治社会中的各种角色以及各种角色之间的联系和诸种关系纳入到某种政治体系中，认为此种政治体系是从历史中所继承的"一定类型的文化和结构安排"④。阿尔蒙德认为，此种结构受到保持着长期稳定的政治文化的影响，反之，政治文化也会在长时期内受到此种政治结构的影响。⑤

本课题研究中采用结构功能主义的研究方法，首先，将一个国家的政

---

① 转自［德］克劳斯·冯·柏伊姆《当代政治理论》，第71—72页。
② 同上书，第93页。
③ Bernard E. Brown, et. al., "A Statement by the Editors", *Comparative Politics* 1, 1968, pp. 1—2, p. 1.
④ ［美］加布里埃尔·A. 阿尔蒙德、小 G. 宾厄姆·鲍威尔：《比较政治学：体系、过程和政策》，曹沛霖等译，东方出版社2007年版，第78页。
⑤ 同上书，第85页。

治体系视为一个大的系统，将行政部门作为这个大系统中一个规模较大、不可或缺的重要的子系统抽取出来作为研究对象。将国家政治系统视为政府行政系统的母体和生存环境，政府行政系统生存于其中，与之相互作用。其次，国家政府行政系统的生存环境还包含着一个更大的系统，即社会系统。国家政府行政系统与社会系统发生着诸种关系，呈现为某种相互作用的形态。此外，本课题研究中还对各国政府行政系统的组织结构和功能状况加以梳理，不仅探讨政府行政系统与国家政治系统及社会系统间的关系，还力求发现政府行政系统内部的诸种关系。通过制度主义和结构功能的研究方法，厘清各种关系结构，由此而提出研究的理论模型。

三　关于历史和政治文化研究

（一）关于政治文化的研究

阿尔蒙德在其《比较政治学》一书中，将政治文化定义为"一个民族在特定时期流行的一套政治态度、信仰和感情。这个政治文化由本民族的历史和现在的社会、经济、政治活动进程所形成"。认为此种政治文化"影响着政治体系中每一个政治角色的行动"[1]，是"国民的认知、情感"和"被内化了的政治制度"[2]。美国另一位比较政治学家劳伦斯·迈耶（Lawrence C. Mayer）将政治文化视为"性情方面的特征"，"是个人受到某些刺激时促使其通过一定方式作出反应的内在状态"。"当这些特性被应用于政治对象，并且在人群中广为体现而使之具有典型意义的时候，它们就成为政治文化的一部分。"具体体现为"对权威的态度；对真理的信仰或观念；决策方式上的教条主义和实用主义；对于热爱、疏远、拒绝、信任或猜疑等行为的感觉；认识和见闻；和一些基本的价值观念"[3]。美国东亚问题专家鲁恂·W. 派伊（Lucian W. Pye）认为，政治文化是政治体系（即国家）中客观存在的一套系统的政治主观因素，反映了一个社会的传统和公共机构的精神、公民的爱憎、大众的政治情感、领袖的活动

---

[1]　[美]加布里埃尔·A. 阿尔蒙德、小 G. 宾厄姆·鲍威尔：《比较政治学：体系、过程和政策》，第 26 页。

[2]　[美]加布里埃尔·A. 阿尔蒙德、西德尼·维巴：《公民文化——五国的政治态度和民主》，马殿军等译，浙江人民出版社 1989 年。第 15 页。

[3]　[美]劳伦斯·迈耶等：《比较政治学：变化世界中的国家和理论》，华夏出版社 2001 年版，第 16 页。

方式和活动规范；它使个人的政治行为按照一定的方式运行，使政治体系具有价值取向，并且保证政治体系的某种一致性①。美国政治学家罗纳德·英格尔哈特（Ronald F. Inglehart）则提出，政治文化是一个民族独特的历史经验和人们早期持续学习的结果，它是一种持久的文化因素，成为一个民族特有的、相对稳定的文化模式。此种文化特性势必带来重要的行为后果②，决定着人们的政治取向、对政治制度的态度以及对自身在政治制度中作用的态度。

20世纪50年代中期以来，作为对行为主义的反叛，文化被引入政治学研究，人们对文化展开了广泛的讨论。社会人类学对其他社会科学的越来越大的影响使政治学家们认识到有必要考虑各个国家在文化方面的经验，以及它们对一个国家国民政治倾向的作用。他们将文化与其他概念相联系，视文化为与政治行为相联系的一种价值系统和主导观念系统③，同时将政治文化引入"制度"研究，视之为制度生存的环境因素。如阿尔蒙德在比较政治学的研究中，将其结构功能主义的理论体系与政治文化、政治社会化和政治发展研究相结合，认为社会结构和文化都对政治具有限制性作用，通过社会结构和文化条件来说明不同政治的特点，由此而搭建起新的理论框架。继戴维·伊斯顿（David Easton）的系统理论，阿尔蒙德在其《比较政治学》一书中再次提出"政治体系"的概念，称"政治体系"为"一个生态学的概念"。他认为，"政治体系"概念的提出，使人们注重环境特征以及对政治和公共政策的影响，注重社会政治活动的范围，强调"政治体系"与其环境之间的相互依存关系和相互作用④。

各国的政治现实表明，每一种政治文化类型都同一种政治结构有关。"政治文化与政治结构之间的适应性是保证制度稳定的前提条件，如果两者之间出现裂痕，制度就运转不灵或受到威胁。"马克斯·韦伯同时采用理性主义、文化主义和结构主义进行理论研究，他从文化层面考察宗教伦

---

① Lucian W. Pye & Sidney Verba, *Political Culture and Political Development*, Princeton, NJ: Princeton University Press, 1965, p. 513.
② 转自王乐理《政治文化导论》，中国人民大学出版社2000年版，第171页。
③ [德]克劳斯·冯·柏伊姆著：《当代政治理论》，李黎译，商务印书馆1990年版，第160页。
④ 参见[美]加布里埃尔·A. 阿尔蒙德、小G. 宾厄姆·鲍威尔《比较政治学：体系、过程和政策》，第4—9页。

理与规范秩序，探讨"驱动理性的非理性"因素；从结构出发考察分层模式和组织系统的支配体系，探讨理性和非理性个体背后的逻辑①。认为国家和社会的制度动力就像笼子一般把个体束缚在理性和非理性的两难之中，在其中发挥作用的便是文化因素。

美国著名的政治学家塞缪尔·H. 巴恩斯（Samuel H. Barnes）认为，"对于这个世界的许多地方来说，文化——被视为在大多数环境中关于什么是正确与合适的共享假定——不是个体可以接受或拒绝的东西，而是他们赖以生存的东西。他们不需要相信它，因为他们已经将它内化了。""文化对行为所能施加的约束，在很大程度上与制度所能做的一样。它奖励某些行为，并惩罚一些行为，并像制度一样，为行为和选择设定了范围。"②当我们采用文化分析方法进行比较研究时，我们关注一种文化所产生的效果。我们不是简单地说由于他们是美国人、英国人或者德国人，因此他们会那样做。而是解释为什么美国人、英国人或者德国人会采用那种独有的、各不相同的行为方式。此时，我们注意到了各国的文化及其渊源。此种渊源根植于这些国家早期的社会关系，并且在长期的历史过程中，内化为各民族共享的心理情感。所以"文化不是单个个体的特征"，而是"根植于社会实践和共享理解"③，成为一种世界观。反映为某个"集体"中人们对生活的认识和态度、对社会现实的认知、情感信念和行为都有一种与之相适应的文化。④

总之，在政治研究中、尤其是在政治制度的比较研究中，文化的视角十分重要。因为文化对制度有深刻的影响，任何一种制度都不仅仅是某种结构或规则，不是独立于文化之外的制度。相反，它们存在于特定的文化中，是寓于某种特定文化的制度和规则。此种文化影响着制度和规则的形

---

① ［美］马克·I. 利希巴赫：《社会理论与比较政治学》，载［美］马克·I. 利希巴赫、阿兰·S. 朱克曼编《比较政治：理性、文化和结构》（第九章），储建国等译，中国人民大学出版社 2008 年版，第 350 页。

② ［美］塞缪尔·H. 巴恩斯：《选举行为与比较政》，载［美］马克·I. 利希巴赫、阿兰·S. 朱克曼编《比较政治：理性、文化和结构》（第五章），第 157 页。

③ ［美］马克·霍华德·罗：《比较政治分析中的文化和身份》，载［美］马克·I. 利希巴赫、阿兰·S. 朱克曼编《比较政治：理性、文化和结构》（第三章），第 80 页。

④ 参见［法］莫里斯·迪韦尔热《政治社会学——政治学要素》，杨祖功等译，东方出版社 2007 年版，第 59 页；See Clifford Geertz, "Religion as a Cultural System", in Clifford Geertz, *The Interpretation of Cultures*, New York: Basic Books, Harper Torchbooks, 1973, p.89.

成和运作，并且在这一过程中发展着组织内部的"共享假定"和组织文化。一些学者提出"究竟是文化规范导致了民主制度的恰当运作，还是民主制度的恰当运作本身就是民主规范的起源"[①] 的问题，探讨制度与文化间的关系，揭示出大的社会文化和制度结构的内在文化两种情况，认为制度结构内部的文化除了源自于社会文化，还来源于组织平台、行政法律及制度系统自身的常规行为模式和监督管理情况等，由此而表现出在同样的社会文化之下也可能会出现不同的制度结构和行为方式。当今比较政治研究的趋势是力图将文化主义的研究视角与一直以来更加居于主导地位的制度主义研究方法相结合，从而探讨各国政治发展的普遍性内涵和特殊性。

文化分析是政治研究中最古老的分析方法之一。由于文化作为一种分析单位边界模糊，经常难以鉴别，因而使政治文化分析常常会受到批评。尽管如此，许多政治学研究者依然主张有更加多元和宽阔的胸怀去接纳和包容此种分析方法，而不是抛弃此种方法。

本课题研究中，特别关注各国的政治文化对其政府官僚制以及各国政府权力关系所产生的影响。如基于英、美国家自由主义的政治文化，使其官僚制具有较强的代表性和参与性。基于德、法国家主义和集权主义的文化传统，使这两个国家的官僚制有一定的封闭性，强调国家自主性，政府系统与社会具有相对隔离性。在任何国家中，政治文化都需要与整体社会文化相适应，并保障政治制度很好地溶化在整个社会中。在英国和美国存在着这种适应性，而在德国，政治却自成一体，在政治行为与其他社会行为之间存在一条鸿沟。这也是本课题研究中予以关注的问题。

（二）关于历史文化传统的研究

进行比较研究的学者们在考察各国文化环境的同时，也注意到了此种文化发展形成的历史背景。学者们在研究中发现，从一个国家历史演进的过程中，可以看到文化强劲的内在力量，表现为某些现象有可能在一个国家的历史进程中反复出现，甚至左右着这个国家的历史进程。早在19世纪上半叶，法国人阿历克西·德·托克维尔（Alexis de Tocqueville）在对美国社会加以考察时就发现美国人高度的自治性、组织性和参与性，此种

[①] 参见［美］塞缪尔·H. 巴恩斯《选举行为与比较政》，载［美］马克·I. 利希巴赫、阿兰·S. 朱克曼编《比较政治：理性、文化和结构》（第五章），第158—159页。

传统在美国至今尚存。反之，在法国的政治中，当崇尚权威的政治文化不能被有效地整合到国家的政治体制中去时，法国的政治就难以得到平稳发展，法国便重复性地发生政治振荡。反映了历史进程中政治文化强大的生命力。

可见历史与文化成为社会科学比较研究中的焦点之一，不了解一国发展的历史，也就难以理解贯穿于其中的文化内涵；不了解一个国家的历史和文化，也就无法把握一国的发展脉络以及现今所展现出的特征和未来的发展趋势。长期以来，历史学的方法在政治学研究领域一直发挥着重要功能，两个学科之间存在着紧密的联系。关注制度和进行制度性研究，是政治科学研究中的一个重要方面。当研究者们对保持着相对稳定性的制度结构加以分析和思考时，同时需要了解此种制度结构的来源和发展过程。此种好奇和思考将历史学与政治科学研究紧紧地联系在了一起。

美国学者约翰·G. 冈内尔（John G. Gunnell）将此种对历史传统的追溯性研究称为"一种反省分析结构"，成为"政治理论史学家在对经典的研究中抽象出来的一种模式"[①]。通过对历史的详尽描述去解释当前的状况。此种研究的目的"不是去复活过去知识的死尸"，而是以现在和过去的关系去研究过去，将过去作为具有内在价值的客体，"帮助我们更准确地观察生活中的问题"，"使今日生活更加有生气"[②]。美国历史学家威廉·A. 邓宁（William A. Dunning）曾经赞扬孔德的实证主义社会学，认为他在说明"历史的方法和功效"方面，"可与人类最大的思想成就相媲美"，原因在于他的著述"从历史中归纳文明的进步因素方面"[③]。如今许多政治领域的研究者们越来越多地认识到历史研究方法对政治学研究的重要性，甚至将之视为公民教育的基础。

美国学者马克·I. 利希巴赫（Mark I. Lichbach）和阿兰·S. 朱克曼（Alan S. Zuckerman）说："文化主义者生产着诠释性（interpretive）的理解，而结构主义者则研究真实社会类型的历史动力。""文化主义者研究

[①] [美]约翰·G. 冈内尔：《政治理论：传统与阐释》，王小山等译，浙江人民出版社1988年版，"译者的话"，第2页。

[②] John Neville Figgis, *Studies of Political Thought from Gerson to Grotius*, 1414–1625, Cambridge: Cambridge University Press, 1907, p. 3.

[③] William A. Dunning, *A History of Political Theories from Rousseau to Spencer*, New York: Macmillam, 1920, p. 393.

构成个体和群体身份的规则,而结构主义者则探讨制度背景下行动者之间的关系。"① 尽管结构主义者在总体上保持着对制度研究的兴趣,关注对政府正式组织的分析,但他们并非止步于对制度结构的静态研究,相反,他们关注制度背后的东西,关注历史文化,关注一定历史文化背景下的国家与社会间的关系。

20 世纪六七十年代,历史制度主义研究兴起,继承以往进行宏观分析研究的传统,重新关注"国家和社会结构",不仅通过对制度和历史的比较研究去获得一般性结论,并且关注特殊的历史性结果,形成了厚重的"新制度主义"。此种研究将历史过程中的行为者理解为根植于制度环境中的能动者,使研究要素和研究变量通过背景和环境分析模式化。此种历史与结构的宏观分析成为一种研究方法,关注历史文化和环境因素、以及更大的关系和过程。强调历史和社会科学研究之间的关系,并通过一定的研究工具去对不同案例加以比较,从而形成一种"深度归纳研究"方法②。

如今,在对各国政治加以比较研究的过程中,历史制度主义较多强调国家或国家的某些部分与社会之间的关系;理性制度主义者更多地关注过去的选择所引致的各国特殊的发展路径。马克斯·韦伯则通过世界历史和比较研究去探讨现代国家和组织的现代性问题。尽管历史并不能决定一切,但它有可能限制或排除某些选择。因此,任何一种政治体系都含有历史的遗迹和影响,都在历史过程中继承了一定类型的文化和结构安排③。这些都是本课题研究中特别予以关注的问题,本课题研究在采取结构功能主义的理论构架和研究方法的同时,关注西方发达国家官僚制的历史发展和文化渊源,成为一个分析视角以及最终建构西方各国官僚制理论模型的重要依据。

---

① [美] 马克·I. 利希巴赫、阿兰·S. 朱克曼:《比较政治的研究:传统和理论介绍》,载 [美] 马克·I. 利希巴赫、阿兰·S. 朱克曼《比较政治:理性、文化和结构》(第一章),第 7 页。

② 参见 [美] 艾拉·卡兹内尔松《比较政治中的结构与格局》,载 [美] 马克·I. 利希巴赫、阿兰·S. 朱克曼《比较政治:理性、文化和结构》(第四章),第 113—114、134、126 页。

③ 参见 [美] 加布里埃尔·A. 阿尔蒙德、小 G. 宾厄姆·鲍威尔《比较政治学:体系、过程和政策》,第 178 页。

四 关于比较研究和模型法

（一）关于比较研究

关于比较研究，首先涉及比较研究的必要性问题。在社会科学研究中，要建立具有普遍性意义的理论必须依赖于比较研究，尤其是在政治科学研究中更是如此。如前所述，美国著名政治学与公共行政学家罗伯特·达尔特别强调比较研究的意义，认为如若不进行比较研究，则宣称建立一种"科学"便是空中楼阁，也不可能建立起"一门基于一组普遍原理基础之上"的、依赖于"各国特殊背景的"的科学。[①]

阿尔蒙德从"描述"和"理论建设"两个方面谈及比较研究的意义和可能性。认为比较分析可以为研究者提供各种背景和关系情况，可以防止人们对人类社会的各种可能性视而不见，这对于形成科学理论具有举足轻重的作用。提出在进行比较的过程中，首先要对所采用的政治术语和基本概念进行规定性解释，在此基础上对不同的政治体系加以比较，由此而进行理论建构。其次主张依功能和内部关系对政治结构加以分类，在此基础上进行比较。阿尔蒙德提出，当人们采取此种方法对政治体系进行比较研究时，常常会产生误解，因为人们常常会发现一些"貌似相同的结构"，然而这些结构"实际上可能起着完全不同的作用"。因此有必要深入进去，了解"各种结构在政治体系中是怎样发挥功能的"，在此基础上去加以比较和鉴别。此外，"在检验政治理论的可靠性时，比较分析也同样是非常宝贵的方法"[②]。

制度主义者中的一部分人始终把主要兴趣放在比较方法上，行为主义者则不然，他们不进行宏观研究，而是限制在微观研究上，在研究中以个体而非群体为基点，因此并不重视比较研究方法。一般而言，"功能主义者"和关注政治文化的研究者"都最强烈地要求运用比较的方法"[③]。然而事实是，"认识到需要进行比较研究远比解决比较研究中提出的某些问

[①] Robert A. Dahl, "The Science of Public Administration: Three Problems", *Public Administration Review* 7, No.1, 1947, pp.1—11, p.8.

[②] ［美］加布里埃尔·A.阿尔蒙德、小G.宾厄姆·鲍威尔：《比较政治学：体系、过程和政策》，曹沛霖等译，东方出版社2007年版，第18—20页。

[③] ［德］克劳斯·冯·柏伊姆著：《当代政治理论》，第103页。

题容易得多"①。克劳斯·冯·柏伊姆（KLaus von Beyme）说："只有那些既不全然等同，又不完全不同的现象，才是可以比较的"。认为比较"是对社会科学中缺乏进行实验的可能性的一种代用品"②。

进行比较研究要求进行比较研究的人员通过某种方式搭建起比较研究的框架；需要基于所收集的资料和相应评价，提出理论假设，选择和确定研究路径。最终还需通过经验性比较研究对理论加以检验。

对西方各国官僚制的比较研究，可以着眼于以下几个方面③。首先是进行跨国比较。西方国家官僚制比较研究属于比较政治与比较公共行政研究范畴，这一研究需以各国官僚制研究为基础，搞清拟加以比较的国家的官僚制的情况，包括组织结构和运行特征以及形成此种特征的诸种原因，在此基础上进行比较研究，继而尝试搭建西方各国官僚制的理论模型。其次是进行跨时间的比较，即对一国不同时期的政府行政体系加以比较，通过研究早期政治体系和官僚系统的发展，考察国家官僚系统在历史沿革中的发展变化，探寻对公共官僚制本质的看法。再者是对一个国家不同层级官僚系统的比较，如对美国联邦政府与几十个州和地方政府进行比较研究等。

进行比较研究，需要更加宽广的知识结构和视野，因为此种研究趋于将考察对象的特殊性与一般性理论的探讨相结合，思考一些实质性问题，也正因为此，需要进行系统性的比较。美国文化主义学者马克·霍华德·罗斯（Mark Howard Ross）将文化研究与比较政治研究联系在一起，认为文化分析有助于比较政治研究，可以给比较政治分析提供丰富的背景资料，主张通过诠释去对各国政治和文化加以比较，通过比较性的研究"探讨意义系统和政治身份的结构和强度"④。

（二）关于模型法——即类型学的采用

类型学（typologies）的采用常常体现为理论模型的建构，又与文化研究和比较研究紧紧联系在一起。自 20 世纪 60 年代阿尔蒙德和维巴的

---

① ［美］费勒尔·海迪：《比较公共行政》，第 8 页。
② ［德］克劳斯·冯·柏伊姆：《当代政治理论》，第 103 页。
③ See B. Guy Peters, *Comparing Public Bureaucracies: Problems of Theory and Method*, Alabama, Tuscaloosa: The University of Alabama Press, 1988, pp. 4—21.
④ ［美］马克·霍华德·罗斯：《比较政治分析中的文化和身份》，载［美］马克·I. 利希巴赫、阿兰·S. 朱克曼编《比较政治：理性、文化和结构》，第 59 页。

《公民文化——五国的政治态度和民主》一书出版以来,在美国,除了经验比较主义的类型学外,还出现了将兴趣置于对既定政治文化进行评价的类型学。

理论模型的建构是在对具体制度加以研究和比较分析基础上抽象归纳的结果,目的在于找出政治制度中有意义的、带有共性的因素,找出诸种因素间的关系结构,并了解此种制度的历史渊源及发展演变状况,由此而形成一个系统的轮廓,即理论模型。此种理论模型因而具有重要的解释性内涵。

美国进行比较政治与比较公共行政研究的学者特别关注理论和研究方法问题,强调形成研究的分析框架、依据相应的分析标准建构模型。20世纪50年代后期至60年代,比较公共行政研究的学者们提出了各种不同的理论模型。如罗伯特·V. 普雷斯图斯(Robert V. Presthus)在研究中将那种宽广的、多文化的和无所不包的理论架构与有一定限度的中等范围的理论模式相区别;艾尔弗雷德·戴蒙特(Alfred Diamant)将"一般体系"模式和"政治文化"模式相区别[1];海迪提出"官僚导向型"模式[2];弗雷德·W. 里格斯(Fred W. Riggs)则在其"公共行政的比较研究模型"一文中提出比较公共行政研究的演绎模型体系,即"生态导向型"模式,其中包括衍射模型(refracted model)、融合模型(fused model)和棱柱模型(prismatic model)[3]。此时期,美国比较公共行政研究的学者们在韦伯理想"官僚制"模型的基础上加以修改和变更,运用中观理论,建构了新的"官僚制"模型。德怀特·沃尔多(Dwight Waldo)称此类模型为"带有刺激性和诱发性的""有用的模式"[4]。其优点和感召力在于此种模式"将注意力集中在官僚制的重要结构和功能特征上",同时"被置于一个更大的框架中,这个更大的框架横跨历史和文化",并"与重要的社会

---

[1] Ferrel Heady, "Comparative Public Administration: Concerns and Priorities," in Ferrel Heady and Sybil L. Stokes, *Papers In Comparative Public Administration*, Ann Arbor, Michigan: Institute of Public Administration, The University of Michigan, 1962, p. 4.

[2] James D. Thompson, ed., *Comparative Studies in Administration*, Pittsburgh: University of Pittsburgh Press, 1959, p. 9.

[3] Edward W. Weidner, *The Search for Priorties in Comparative Public Administration*, Mimeo. 1959, p. 22.

[4] [美]费勒尔·海迪:《比较公共行政》,第20页。

变量联系起来"①。

柏伊姆说,"潜藏在比较研究中的,始终是规范的成分"②,然而将此种规范性理论总结归纳出来,却需要采用有效的方法。要依赖于实际有效的概念的界定,通过概念的界定,明确研究范畴,进而依据一定的理论标准去对纷繁的政治现象加以梳理,在经验性研究、比较研究和抽象性思辨的基础上划分类型,建立起含有规范性结论的理论模型。

里格斯认为,一个模型只不过是一个精巧的比喻或示例,是指某种"结构符号和运行规则"③。无论我们愿意还是不愿意,当我们"试着系统地思考任何事情的时候,我们正在使用模型"④。类型或模型的建构是进行区域研究和理论建构的基本工具,在建构模型的过程中建立起一种相关标准和参考框架,帮助人们理解不同因素之间的相关性,对不同国家的情况加以分类,并关注不同模型背后所蕴含的内在价值。模型法的采用有助于提升研究水平,避免因面临大量资料难以梳理而使研究陷于混乱的局面,并且有助于总结出具有实质性意义的结论。

本课题试图从西方各发达国家的官僚制入手,搞清各国官僚制发展的历史变迁、政治文化传统、当代的组织结构特征以及与政治系统和社会系统之间的关系,在此基础上,进行比较研究,并尝试搭建西方各发达国家官僚制的理论模型。

第三节 官僚制的理论概念

一 官僚制的概念

(一) 官僚制概念界定的必要性及其发展

1. 对官僚制概念界定的必要性

要对西方发达国家的官僚制进行比较研究,首先要搞清什么是官僚

---

① Dwight Waldo, *Comparative Public Administration*: *Prologue, Problems, and Promise*, Chicago: Comparative Administration Group, American Society for Public Administration, 1964, p. 24.
② [德] 克劳斯·冯·柏伊姆著:《当代政治理论》,第 120 页。
③ Fred W. Riggs, "The Prismatic Model: Conceptualizing Transitional Societies," in Eric E. Otenyo & Nancy S. Lind, ed., *Comparative Public Administration*: *the Essential Readings*, p. 19.
④ Karl W. Deutsch, "On Communications Models in the Social Sciences," *Public Opinions Quarterly*, Vol. 16, Fall 1952, p. 356.

制，这是一个极具歧义的概念。只有将这一概念表达清楚，方能界定本课题研究的范畴，从而在这个范畴中确定官僚的内涵与类型，进而对各国的官僚制加以比较。鉴于此，本部分首先要界定本项研究对官僚制和官僚概念的界定，并尽可能地描绘其特征，为后面的进一步研究做最基础性的铺垫。

在学界，"官僚制"（Bureaucracy）是一个十分令人懊恼的词汇，人们对它有着强烈的感情色彩，对它的理解也五花八门。人们努力构造理论，以求对这一概念的明确解释，最终导致这一概念出现各种不同的内涵，使人们难以获得一致的解释。因此，当人们谈论"官僚制"时，常常不是在同一个平台上对话，所表达的不是同一件事。如一些人将"官僚制"一词作为贬义词，视之为一种庞大臃肿的、大幅度干预社会和经济秩序的政府体制，甚至将之视为破坏自由的因素。① 那些反对大政府和福利国家的人常常使用这个词汇。一些人将那种矫揉造作、怠惰、冷漠和拖延的政府体制称为"官僚制"，在指责政府这些弊端的时候使用，中国一些词典中对"官僚制"常常做这样的解释。对于"官僚制"所涵盖的范围，有些人将之界定为"文官"系统，又有人将之界定为整个现代组织机构。诸如此类，令人眼花缭乱。此种混乱状况源于人们研究官僚制的视角和方法的不同，包括马克斯·韦伯本人的解释也并不十分明确清晰。官僚制此种意义和概念界定不明确的状况延续至今。

尽管如此，"官僚制"一词却难以摆脱人们的视线，始终显现出强劲的力量，以至于"大多数批评家都认为，保留它比抛弃它有更大的好处"②。一些社会学家和政治学家坚信"官僚制"问题对于学术研究的重要性，包括许多政治家和公众也认为这一问题值得探讨。为了解决"官僚制"概念的界定问题，又得从这一概念的起源开始探讨。

2. 官僚制概念的发展及二元内涵

依照费勒尔·海迪的看法，"官僚制"这一概念的起源迄今并不清楚。英国学者马丁·阿尔布罗（Martin Albrow）认为，人们在考虑"官僚制"的概念时，并没有对形成这一概念的"决定因素"、"时间关系"和

---

① Fritz Morstein Marx, *The Administrative State: An Introduction to Bureaucracy*, Chicago, Illinois: The University of Chicago Press, 1957, p. 16.

② ［美］费勒尔·海迪：《比较公共行政》，第80页。

"背景关系"给予同等重视。他认为,"官僚制概念的形成具有历史性",对这一问题的忽略,"导致在官僚制问题的写作方法上出现明显差异"①。

美国著名的公共行政学家弗里特兹·莫尔斯坦·马克斯(Fritz Morstein Marx)认为,"官僚制"一词源于法语(Bureaucratie),并最初起源于拉丁语,是法语和希腊语的组合。18世纪法国的一位商务部长最早在法语中使用了这个词,用来指运行中的政府。19世纪传到德国(德语为Burokratie),进而传到英语国家和其他国家②。其中,较早将"官僚制"归于一种政体类型的当属法国人蒙西尔·德·古尔内(Monsieur M. de Gournay),他在对古希腊的政体加以分类的基础上,在君主制、贵族制和民主制之外,"辨别出一个新的统治群体和统治方式",提出了另外一种政体类型。尽管他对古典政体分类的这一补充颇为粗率,但却是重要的概念的革新③。

1813年版的《德国外来语辞典》中,将"官僚制"定义为"各个政府机关及其分支所宣称具有的对本国公民的权威或权力"。1828年意大利的一种技术辞典也将"官僚制"解释为"公共行政官员的权力"。《法兰西学院辞典》在1789年收入了"官僚制"(bureaucratic)一词,将之定义为"政府机关的影响,也指一种机关不因需要而膨胀的统治形态"。18世纪中期古尔内曾一方面称"法国法律的真正精神是官僚制";另一方面又认为"官僚病"是法国"后患无穷的病症"。显现出"官僚制"一词的"二元含义"④。此种"二元含义"由于"官僚制"自身的发展和形态得到广泛沿用。

巴尔扎克1836年在他的小说《公务员》中,嘲讽"官僚制"是挥舞着巨大权力的"侏儒"。"然而,在一个带着对庸才的天然好感、带着对一目了然的陈述与报告的偏爱的宪政政府之下,在一个事事过问、处处插手,简言之就像老板娘般的政府之下,官僚制确实被组织起来了。"⑤巴尔扎克的描绘,同样具有"二元含义"。一方面,他对官僚制的描绘有明显的贬义,但同时表明"官僚制"不可或缺。德国哲学家雅各布·克里

---

① [英]马丁·阿尔布罗:《官僚制》,阎布克译,知识出版社1990年版,引言第2页。
② [美]费勒尔·海迪:《比较公共行政》,第80—81页。
③ [英]马丁·阿尔布罗:《官僚制》,第2页。
④ 同上书,第3、1页。
⑤ 同上书,第3页。

斯蒂安·克劳斯（Christian Jacob Kraus），曾经将英国与普鲁士相比较，指出："在英国，平民构成了国家金字塔不可动摇的基础"，"而君主权力受到相当限制的普鲁士国家"，却是"以官僚制的方式统治这个国家"①。18世纪后期至19世纪，欧洲大陆的学者们看到，一方面，国家权威在限制着行政的发展；另一方面，国家事务日益机械而人成了机器。他们一方面看到"官僚制"的出现和力量；另一方面又对政府的此种形态怀有深深的忧虑。

19世纪德国人弗里尔·冯·斯坦因（Freiherr von Stein）对"官僚制"的研究对于官僚制概念的发展至关重要。斯坦因曾领导过这一系统，并在1806年拿破仑击败普鲁士后对德国的这一体制加以改革。他说："我们被官僚主义者所统治。他们领取薪金，拥有书本知识，没有特别的社会活动在支持他们，没有产业。……这四点概括了一切毫无生气的政府机构的特点：由于官吏有薪金保证，所以领薪者有增无减；由于具有书本知识，所以他们脱离现实，生活在文字的世界中；由于不参与特别的社会活动，所以他们对构成国家的任何公民阶级都毫无依赖，他们自身就是一个等级集团，即官吏等级集团；由于没有产业，所以不管风雨变幻，税额增减，不管悠久的权利被破坏还是被保持，他们都稳坐钓鱼台。他们从国库领取薪金，在房门紧闭的办公室中默默地写、写、写，无人知晓，无人问津，无人赞许，并把自己的孩子也培养成同样用途的写作机器。"② 斯坦因对官僚系统的此番描绘反映出他对"官僚制"的定义和评价。

19时期初德国《莱茵信使报》创办人约瑟夫·冯·戈雷斯（Johann Joseph von Görres）从"官僚制"的特质及产生原因的角度定义这一系统，提出："君主制与民主制的结合，是统治者与被统治者间合作与互敬的必要条件，当其不具备时，官僚制就成了结局。"由此揭示了"官僚制"的起源。在《欧洲与革命》（1821）一书中，戈雷斯把官僚制视为与现役军队相似的文职机构，以纪律、提升、集体荣誉和集权制等原则为基础，以行政技术去填补统治者和被统治者之间因缺乏信任而造成的断裂，从而成为国务的原则。这部分人奉行服从原则，聚集在一起，其"价值不是来

---

① 雅各布·克里斯蒂安·克劳斯（Christian Jacob Kraus, 1753—1807），18—19世纪的德国哲学家。[英] 马丁·阿尔布罗：《官僚制》，第4页。
② 同上书，第5页。

自他们自身,而是来自其地位"。德国问题评论家 J. S. 布来奇 (J. S. Blackie) 则认为,"普鲁士官僚制使民族智能滞固,有损居身其外者的活动力与进取心,并导致其谦卑与奴颜婢膝。"① 此种精辟的论述对早期"官僚制"源起的解释和概念的界定具有重要意义。

19 世纪英国著名哲学家和经济学家约翰·斯图尔特·密尔 (John Stuart Mill) 在其《政治经济学原理》(1848) 一书中反对"把所有用于处理社区中众多利益的技能和经验,把所有社会中组织性活动的权力,都集中于居统治地位的官僚制之中",认为"当今统治过分强化的大陆国家的特点,即低劣的政治活动能力的主要成因"。在《论自由》(1859) 一书中,密尔进而对官僚制导致政府干预自由、机构膨胀、冗员日增等问题进行了猛烈的抨击。然而密尔在 19 世纪 60 年代发表《论代议制政府》(1861) 一书时,却对官僚制有了充分的肯定。通过对政府类型的比较,密尔提出,除了代议制,唯一具有高度政治技能与能力的政府形式,就是官僚制,即使在它披着君主制或贵族制的外衣时也是如此。他认为,"政府的工作处于专业统治者手里,这就是官僚制的本质与意义"。这样一个政府"在实际指导事务的人中,积累着经验,获得了屡经实践的与深思熟虑的因袭的准则,并确定了相应的实用知识"。密尔同时在其著作中对"官僚制"与民主制间的矛盾加以辨析,称"官僚制""毁灭于准则的一成不变",因例行公事而窒息。因此强调政府中的人民性,强调必须将"官僚制"置于全体人民的代表这一"躯体"的广泛控制之下②。密尔的论述依然体现出早期"官僚制"概念的"二元性"特征:一方面,它是一种政府形式,是政府官员的集体名称;另一方面,人们看到,这种新的政府形式与社会阶层体系中的新的成分相关联。因此,这一概念既有制度内涵,又呈现为一种群体类别。

1846 年德国法学家罗伯特·冯·莫尔 (Robert von Mohl) 第一次从学术的角度对官僚制概念作出解释,将官僚制归结为行政体制。这一解释为 19 世纪的百科全书所收入,并为人们所接受,对 20 世纪以后官僚制问题的研究起到了重要作用。与毛尔的界定相类似,一些学者将官僚制归结为

---

① 雅各布·克里斯蒂安·克劳斯 (Christian Jacob Kraus, 1753—1807),18—19 世纪的德国哲学家。[英] 马丁·阿尔布罗:《官僚制》,第 5—7 页。

② 同上书,第 8—9 页。

组织体制，成为20世纪组织理论发展的先声。尽管如此，在19世纪的大部分时间里，人们尚未将政府官僚体系视为现代政府的必然特征，有关政府官僚制的系统理论也尚未形成。

20世纪中期，弗里特兹·M. 马克斯（Fritz Morstein Marx）在其《行政国家：官僚制导论》一书中，对"官僚制"做了以下的界定，他说："很明显，'官僚制'是一个含糊不清的词，它可能指非常不同的事情。"首先，它的意思可能是组织类型，用于从事各种专业功能的现代政府，包括行政制度和文官。其次，指履行某些功能的机制和正式的方法。再次，指为了维系经济和社会秩序承担重要责任的政府、以及在特定政治条件下，行政部门所具有的与立法部门和司法部门相联系的重要功能。最后，指易受控制的政府，不是被全体选民所控制，而是被一群权力欲很强的、富有远见的公务员所控制。此外，他还说：从宽泛地使用这个概念的意义上看，官僚组织有几个明显的特点，包括等级制、管辖权、专业化、职业化训练、固定薪俸和常任制。[①] 弗里特兹·M. 马克斯对官僚制的界定趋于理性主义的看法，与马克斯·韦伯的看法颇为接近，体现了现代政府官僚制的内涵。

（二）马丁·阿尔布罗关于"官僚制"的七种解释

基于学界对"官僚制"问题的关注和多种解释，英国社会学家马丁·阿尔布罗（Matin Albrow）在系统研究的基础上，在其《官僚制》（1970）一书中将学界对"官僚制"概念的界定概括为七种解释[②]。分别为：

（1）官僚制即理性组织。官僚制即理性组织的概念，出自马克斯·韦伯的理性官僚组织理论。此种解释将"官僚制"视为一个中性词，从技术角度加以诠释。认为官僚制是纯粹"技术性的"、"价值中立的"组织形式，是"对以完成组织目标和目的的行动的理性的和规定严明的管制"，"特别适合于在大型组织中维持稳定和效率"，是"在行政中能达到最大效率"的正式组织。迈克尔·罗斯金（M. G. Roskin）等的界定类似于马丁·阿尔布罗的这一概括。他将官僚制界定为理想状态下的一种行政

[①] Fritz Morstein Marx, *The Administrative State: An Introduction to Bureaucracy*, Chicago, Illinois: The University of Chicago Press, 1957, pp. 20—22.

[②] 详见［英］马丁·阿尔布罗《官僚制》，第79—110页。

组织，提出："官僚制是一种被设计来有效执行公共政策的理性体系或组织结构。为达到这个目标，官僚制必须遵循一套特定的规则与程序。它有一条清晰的管理链（权威的等级），权责通过它自上而下传递。官僚机构的工作……是一种使政府能够按某种同一性——并因此而具有可预测性——和理性原则运作，并便于内部监督和控制的组织方法。"[1] 此种官僚制概念以效率观为中心，主要是学者的观点，由社会学家所发展，也为管理学家们所接受。

（2）官僚制即组织低效率。在日常生活中，人们对官僚制的解释常常与那种理性组织的解释截然相反，不是将之视为理性高效的组织，而是习惯于将之等同于行政组织的低效率。管理学家马歇尔·D. 狄莫克（Marshall D. Dimock）将官僚制定义为"趋于僵化与非人格化的综合制度性现象"，认为官僚制是行政活力与管理创造性的对立物，它所表达的内涵是：在行政组织的实际运行中表现为组织规模、规章的与日俱增；群体的内向封闭；对年资和安全性的过分强调等。政治学家 E. 斯特劳斯（E. Strauss）在其《统治的文官》一书中提出，官僚制术语指称"大型组织的结构与功能中的诸多缺陷"，包括过分地墨守成规、缺乏创造、拖延不决、报表繁多、重复劳动和部门主义等。尽管此种解释在学理上并不完整，但是基于行政组织及其行为的现实，此种解释较为普遍地为人们所接受。

（3）官僚制即官员的统治权力。西方一些学者认为，官僚制即官员的统治。如哈罗德·拉斯基（Harold Laski）在《社会科学百科全书》中提出："官僚制这一术语通常用于一种政体，它完全由官员控制，以至于官员的权力损害了普通公民的自由。"英国学者赫尔曼·芬纳（Herman Finer）在对欧洲大陆和英国的情况加以比较后得出官僚制意味着官员统治的结论。研究法国文官制度的著名学者 W. R. 夏普（W. R. Sharp）提出，官僚制即"专业行政人员对权力的行使"。比利时学者丹尼尔·瓦诺蒂（Daniel Warnotte）在评论了各种彼此矛盾的官僚制概念后，将官僚制概括为官员日益增长的权势。阿尔诺德·布雷奇（Arnold Brecht）在其《官僚制如何发展与发挥功能》一文中将官僚制定义为"依靠官员的政

---

[1] [美] 迈克尔·罗斯金等著：《政治科学》，林震等译，华夏出版社2001年版，第324—325页。

权",并将官员的权力区分为合法发布命令的权力和完成事务的权力两种类型。他同时提出,无论在哪里,只要有官员,他们就拥有一定类型的权力。哈罗德·D. 拉斯维尔(Harold D. Lasswell)和亚伯拉罕·卡普兰(Abraham Kaplan)在对若干种统治形式进行概述的基础上,提出官僚制即官员精英所构成的统治形式的观点(《权力与社会》1950)。珍·梅诺(Jean Meynaud)也在其《技术统治》(1968)一书中考察了源于专业技术的权力,在此基础上提出了他的分析框架。此种概念界定将官僚制与权力相联系,也意味着将官僚制与公共行政体制相连接。

(4) 官僚制即公共行政体制。一些西方学者将官僚制与公共行政体制相联系。他们在研究中提出,文官体制存在着重大的、与众不同的特征。弗里特兹·M. 马克斯(Morstein M. Marx)将官僚制区分为四种类型:一是监护官僚制,如中国和普鲁士传统的官僚制;二是世袭等级官僚制,即在特定阶层中补充官员的制度;三是政党分赃官僚制,如19世纪英国的官僚制和美国杰克逊体制下的任官制;四是功绩官僚制,指倾向于中等阶级的现代西方社会的官僚制。这四种官僚体制以及其他类型的官僚体制,均与国家的公共人事行政紧密联系。

S. N. 艾森斯塔特(S. N. Eisenstadt)在其《帝国政治制度》(1963)一书中分析了历史上27个帝国的官僚对政治过程的参与,在此基础上将官僚制区分为:第一,为统治者与主要社会阶层提供文职服务的类型;第二,完全从属于统治者的类型;第三,自主的和趋向于自身利益的类型;第四,自我取向、但同时又服务于一般政治而不是某一特定阶层的类型。J. T. 道希(J. T. Dorse)在对发展中国家的研究中,将官僚制定义为政治体制中"公共的"或文职的政府行政的部分。里格斯对传统中国和现代美国的公共行政进行比较,提出,在现代工业社会中,行政机关是"政府中分配物资与服务的机构",行政机关作为立法机关政策的执行者的概念,只有在现代工业社会中才有可能存在,进而提出"公共行政体制"的概念。这些研究均涉及公共行政体制的类型。

(5) 官僚制即官员制。韦伯所论及的官僚制具有官员体制的内涵,他关注行政组织三元结构(决策系统、任命体系和文官体系)中行政官员的行政过程,行政组织的专业体系及其功能成为韦伯官僚制的核心内容。一些欧洲学者十分关注行政系统中等级结构方面的问题,如卡尔·伦纳(Karl Renner)在其《民主制与官僚制》(1947)一书中分析行政体系的相对独立性以及相互间不相统属的情况，研究欧洲社会分层制度中威望分配方式在行政组织中的体现。一些学者研究行政组织中官员的工作方式，探讨官员日常工作的自动化在多大程度上对行政组织产生影响，从行政组织的规模和官员的数量方面对官僚体系加以研究。20 世纪 60 年代，英国历史学家 G. E. 艾尔默（G. E. Aylmer）在其《君王的文官》（1961）一书中，从历史的角度，对查理一世时期的文官体制进行研究，在此基础上，将官僚制定义为特定的行政方法，包括文官系统中的专业化原则、法定等级制和部门划分方法等。美国政治学家华莱士·塞尔（Wallace Sayre）也在研究的基础上开列了一个概括大型复杂行政组织特征的清单，包括：任务的专门化、权威的等级制、规章条例、文档制度、具有专门技能与专门角色的职员等。这些学者均对行政组织中的官员体系和官员控制系统加以研究，将官僚制概念与之相联系。

（6）官僚制即行政组织。一种较为通行的看法是将任何大型组织均视为官僚制。如美国社会学家塔尔科特·帕森斯（TalcottParsons）在其论文集《现代社会的结构与过程》（1960）的序言中提道："现代社会在结构上最显著的特点，是具有专门化功能的大型组织的支配地位，它们被颇不严格地称为'官僚制'。" C. S. 海尼曼（C. S. Hyneman）明确地提出，"作为一个抽象概括，官僚制是大型组织"。斯蒂尔曼二世认为："从公共行政以及总的社会科学研究的立场来看，'官僚制'不只意味着现代组织多种令人烦恼的特征。在严肃的行政研究中，这个词指的是人类的一种组织类型（尤其是政府组织）的一般的、正式的结构因素。从这个意义上说，官僚制具有既好又坏的特征。它是一个中性词，而不只是被用来指组织的一些负面特征。它是一面透镜，通过它我们可以不带偏见地观察卡尔·弗莱德里奇恰如其分地命名的'现代政府的核心'。"① 西蒙等一些行政学家们也将大型组织等同于官僚制。海迪说："大多数社会科学家都是这样来解释官僚制的，即意在识别一种与大规模复杂组织相联系的现象，而没有任何赞成或者反对的含义。这是一种价值中立的用法，这种用法既不视官僚制为英雄，也不将其与恶人画等号，而是视其为具有某些特定特

---

① ［美］理查德·J. 斯蒂尔曼二世编著：《公共行政学：概念与案例》，竺乾威等译，中国人民大学出版社 2004 年版，第 76 页。

征的一种社会组织形式。"①

（7）官僚制即现代社会。马丁·阿尔布罗认为，"组织的界限很难划定。……观察组织在哪里结束，社会从哪里开始，同样是不容易的。等级制、规章条例、分工制、晋升制、任职资格等，在现代社会中处处可见，并不仅仅存在于分立的组织之中。……我们能够说组织是官僚制式的，仅仅因为它们是一个更广义的官僚制——'现代社会'的一部分"。由此作出官僚制即现代社会的解释。此种解释将官僚制概念置于一个更加广阔的领域中去加以考察，揭示社会的内在政体形态和本质特征。加埃塔诺·莫斯卡（Gaetano Mosca）等则提出了"官僚制社会"的概念。詹姆斯·伯纳姆（James Burnham）在其《管理革命》（1940）的著述中提出，社会已被官僚所支配，认为管理群体与政治官员之间没有截然不同的区别，"统治阶级就是管理者"。从"官僚统治的社会"的角度对官僚制问题加以探讨。一些学者将官僚制增长的状况称为"官僚制化"，指称"官僚制化"了的单位和社会，并从社会对官僚的态度及对官僚价值观的遵从或屈从的角度对"官僚制化"现象加以解释，批评当今官僚体系对社会各方面的过度支配。

马丁·阿尔布罗所归纳的学界对"官僚制"概念的七种解释中互有重叠，一定程度上反映了当今各国官僚体系组织结构和运行机制的现实，也反映出人们对"官僚制"概念理解的歧义和模糊性。尽管如此，有一个事实必须正视，那就是，如今各国的官僚体系已日益成为政府的核心，并越来越体现出在现代政府中的不可或缺性。

二 官僚制的理论研究

官僚制进入学术领域，起源于马克斯·韦伯（Marx Weber, 1864—1920），他的官僚制著述引发了大量的评论，并进而引发了学界更加深入的研究。除此之外，意大利著名学者、政治社会学家加埃塔诺·莫斯卡（Gaetano Mosca, 1858—1941）对官僚制问题尤其是对"行政国家"问题的研究也产生了深刻的影响。他与意大利另外两位学者维尔弗雷多·帕累托（Vilfredo Pareto, 1848—1923）和罗伯特·米歇尔斯（Robert Michels, 1876—1936）共同构成精英学派。美国早期关注现代政府行政结构的先

---

① ［美］费勒尔·海迪：《比较公共行政》，第81页。

驱是弗兰克·J. 古德诺（Frank J. Goodnow, 1859—1939），此后于 20 世纪二三十年代出现的美国著名公共行政学家伦纳德·D. 怀特（Leonard D. White），因其对美国联邦公共行政问题全面系统的研究而赢得了尊重。在比较政府领域，英国学者赫尔曼·芬纳（Herman Finer）1932 年出版的《现代政府的理论与实践》一书，论述了公共行政的背景和公共行政的重要意义等问题，成为关于公共行政研究的一个里程碑。德国学者卡尔·J. 弗莱德里奇（Carl J. Friedrich）同样对这一领域做出了杰出和具有影响力的贡献。美国社会学家罗伯特·K. 默顿（Robert K. Merton, 1910—2003）[1] 则被视为官僚制研究的重要代表人物。

以下分别论及部分学者有关官僚制的理论研究。

（一）莫斯卡和米歇尔斯的官僚制研究

莫斯卡对官僚制的研究始于他对古希腊学者传统政体分类的批评，并将其官僚制研究纳入比较政治研究中。对于政体分类，他强调"应以政府的最重要的本质特征为基础"，而不是"以对政治有机体进化的某一时期的观察"、以"细枝末节和表面现象"为基础。莫斯卡提出，"在所有按法规组织起来的社会中，都存在着一种叫做政府的东西。……统治阶级，或换句话说，那些行使公共权力的人，总是少数；在他们之下，我们总是可以看到众多的、千真万确地永远不能参与统治而仅仅屈从于它的人群，他们可以称为被统治阶级"。此种看法成为他政体分类方法的基础。莫斯卡关于官僚制问题研究的代表作是他 1895 年发表的《统治阶级》一书，在其"统治阶级"一书中，他将政府区分为封建制的和官僚制的两种类型。提出，在封建制国家中，统治阶级结构简单，每一成员都能行使经济的、司法的、行政的或军事的职能，对被统治阶级运用直接的个人权威。但是，在官僚制国家中，这些职能被彼此严格地区分开来，并成为统治阶级不同部门的专门活动。存在于这些部门中的是一种群体，它的存在使官僚制国家获得了它的称谓。国民财富的一部分被用于领薪的官员们，此即官僚制。在莫斯卡看来，官僚制意味着一个公共官僚机构，不管与这一机构有所关联的是什么[2]。

---

[1] 罗伯特·K. 默顿（Robert K. Merton）是哈佛大学的资深教授，1997 年获诺贝尔经济学奖。

[2] ［英］马丁·阿尔布罗：《官僚制》，第 20—23 页。

德国社会学家罗伯特·R. 米歇尔（Rober Michel）在其《政党论》（1911）一书中，继续这一论题。他同意莫斯卡的观点，即对于现代国家，官僚制具有必然性。在将官僚制定义为"领薪职员组织"这一点上跟莫斯卡异曲同工，与莫斯卡一起，共同促进了在一般意义上对官僚制的社会学分析[①]。

（二）卡尔·马克思对官僚制的研究

马克思在批评黑格尔的国家权力概念时，使用了官僚制概念。马克思对官僚制问题的论述主要针对黑格尔的论说展开。黑格尔认为，有两个因素在保证官员行动不至于超出一般利益的界限上具有重要意义，第一是等级权威制度；第二是行政当局与体现特别社会群体特殊利益的地方社团保持独立。除此之外，他还坚持官员的价值观与态度应充满正义感与无私精神，认为"在中等阶级中集中着现代国家所需要的忠忱与智能，而官员就构成了这一阶级的最重要的部分"。黑格尔在考察国家与社会之间的关系时，首先将两者分离开，国家代表一般利益，社会则由各种特殊利益汇合而成。然后通过等级制使行政当局的独立权力与官员的高度品德结合起来。[②]

马克思激烈地抨击黑格尔的阐述，认为黑格尔的著作称不上是哲学阐释，因为他的大部分说法可以逐字逐句地在普鲁士法典中找到。马克思认为，"所谓一般利益与特殊利益在理论上的对立，只是一种虚构，并为官僚们论证其特殊利益的正当性提供口实"。认为官僚们的资格证书是其与社会其余部分分离的标志。国家的真正目标，在官僚的秘密的、机械性的行动中，在其对权威的忠忱中，在其对等级制中的更高地位的追求中，变得隐而不显了。马克思提出："在官僚制中，国家利益与特殊个人目的的一致性是这样被确立的：它使国家利益变成了与其他个人目的对抗的特殊个人目的。"马克思同意黑格尔关于官僚是中等阶级的中坚的看法，但同时又提出，假如官员与其他群体彼此冲突的利益需要加以平衡的话，社会将拥有一种怎样的组织呢？结论是，只有在特殊利益真正变成一切人的利益时，施政权力才可能属于全体人民。尽管马克思考察了官僚系统服务于社会中不同阶级的状况，但他依然认为官僚系统仅在某些时候具有重要

---

① ［英］马丁·阿尔布罗：《官僚制》，第 23 页。
② 同上书，第 58—59 页。

性。对此，阿尔布罗认为："马克思之所以忽略了官僚制的概念，简要地说就是因为他与同时代的其他人一样，未能预见到 20 世纪的发展。"① 事实上，马克思并没有对官僚制进行系统的论述，他的论述源于 19 世纪中期官僚制扩张之前，因此他仅在 19 世纪的意义上使用官僚制这一术语。此外，在马克思的理论体系中，他所关注的更多是阶级关系问题，而非官僚制问题。直到进入 20 世纪，后来的马克思主义者才开始将官僚制视为资本主义国家行政管理的普遍形式，但依然保留了将官僚制研究置于阶级分析框架中的观点。

（三）弗里特兹·M. 马克斯对官僚制的研究

弗里特兹·M. 马克斯（Fritz Morstein Marx）是 20 世纪五六十年代美国研究官僚制的重要代表之一，以其所著《行政国家：官僚制导论》为代表。在这一著作中，弗里特兹·M. 马克斯涉及"行政国家"这一论题，他在"权力结构"的框架下讨论"行政国家"的特点，提出"行政国家"权力结构下的组织机构"既有统一的欲望又有冲突的动机"，"也是把多种多样的力量带到一起的机制"。具体表现为"三种原则不可避免地多次碰撞"。第一种原则是"权力或等级制度"。马克斯认为："权力将使一种权力置于另一种权力之下。等级制度的标志是连续的决策级别，高一级的给低一级的下达命令。因此等级制度的影响力是纵向的、向下的"。第二种原则是建议的原则，提出权力与建议二者的关系问题。马克斯认为，"权力的原则与建议的原则形成反作用。如果没有明智的目的，权力就不能保持长期的独立。事实上，权力会在支持的理由中获益，这就是为什么需要建议，为什么好的建议通常不能被忽视。"马克斯提出，大量的专业建议和各种不同观点的增加，推动了协商机制的发展，同时也使权力的纵向驱动力由于侧面的建议而在许多地方受阻，结果使原始的决策通常被改变。由此而提出第三种原则，即对所采取的行动负责的原则。通过负责的原则使行政过程摒弃"任意的权力"，通过协商使权力建立在由建议和协商所获得的支持的基础上，这样就会减少权力的阻力。②

弗里特兹·M. 马克斯通过比较研究提出，在人民统治下的行政体制运行过程中，协调权力、建议和责任是一个难题。"人民统治"的理念，

---

① ［英］马丁·阿尔布罗：《官僚制》，第 59、62 页。
② Fritz Morstein Marx, The Administrative State: An Introduction to Bureaucracy, p. 13.

使人们难以确定在实际过程中谁拥有最后决定权。与专制制度下简单的主仆关系相比，人民统治的行政体制权力分散。"在一个全面发展的议会制度中，人民统治所产生的权力分散，很大程度上通过立法主体和作为执行委员会的内阁之间的宪法联系而得到弥补。多数党的领导人和政府基本上是一体的，都被政治责任所束缚。"然而，"美国模式的国会——总统政府大大增加了权力和建议相互作用关系的多元化"。"事实上，已经产生了这样的趋势，就是政府部门尽量远离其他部门。国会和总统力求满意地完成他们自己的目标"，结果使国家权力的概念变得十分模糊，并且缺少强有力的两党体制加以约束。① 提出了美国制度下政治与行政权力关系面临的困境。

（四）莱因哈特·本迪克斯的官僚制研究

美国著名社会学家莱因哈特·班迪克斯（Reinhard Bendix）是研究官僚制问题的一位重要学者。在他的官僚制研究中，首先给予了马克斯·韦伯的官僚制理论以充分的肯定。认为韦伯所界定的现代官僚制是"现代国家建制中""政府行政机构最富特征的形式"②。他认为，现代官僚制有三个前提：第一，为统治者服务的任务的细致分工和官员与统治者私人事务的逐渐分离；第二，大学训练中法律学者的雇用；第三，军事管制官员向公共行政官员的转化。19世纪，这些前提经由公共职员任用制度的正规化，逐渐接近于韦伯所定义的理想类型。③ 莱因哈特·班迪克斯将此种发展视为"政府事务的规模性与复杂性的副产品"④。认为契约关系的促进、以规定的服务条件为基础进入公共职务、以及雇用方和被雇用方双方都服从于对等原则的实践，均为官僚制化过程的重要环节。⑤

其次，班迪克斯对官僚制进行了比较研究。认为此种比较研究是"对官僚制式的政府行政形态取代非官僚制状态过程的考察"⑥。他提出，在欧洲，从私人服务到公共服务的变迁，经历了长达一个世纪之久的发

---

① Fritz Morstein Marx, *The Administrative State: An Introduction to Bureaucracy*, p. 15.
② ［美］莱因哈特·班迪克斯：《官僚制》，载［英］马丁·阿尔布罗《官僚制》（附录），第129页。
③ 同上书，第134—135页。
④ 同上书，第128页。
⑤ 同上书，第133页。
⑥ 同上书，第129页。

展。如在法国，官僚制"由于君主专制主义而发展起来"，"当革命同时扫荡了贵族中介权和专制君主之时，业已形成的国家行政体制，就扩展了旧王朝体制的官僚制式手段"。然而在英国，早期官僚制的发展却由于君主专制被推翻而受到了抑制。认为英国的官僚制化部分地是不断增长的平等主义的表现，是政府控制机构急剧膨胀以应付工业社会带来的各种问题时，"使公共机关摆脱此前家族和政治特权的羁绊的反映"。此外提出"美国的官僚制化也是行政改革运动的产物"。通过比较研究，班迪克斯提出，"西方的官僚制化是在长期的、各不相同的发展之后，出现了民族国家和为保护国民权力、强化国民责任而提供服务的公共官员组织，摒弃了此前公共职员与家族特权的关系以及官位被视为私产的情况。导致一种观念和共识的增长，即：政府是提供服务的体制，不应被任何争斗于政界的个人或团体占为己有。此种共识"既是政府与公共职员任用制度发展的原因，又是其结果"①。

此外，班迪克斯还对"共产主义社会"的官僚制加以研究，并提出了看法。他认为，共产主义社会"后官僚制"结构的最显著特征在于官僚制化的不仅是公共行政机构，而且还有政治活动。通过执政党所训练的"积极分子""使大部分公众生活政治化"。他认为，"这种集权化的、政治性的控制的程度，说明这一社会缺乏一个相对稳定的、非人格化的和非政治性的规范与规程的体系这种意义上的法律概念。它们对单一政党统领之下集权化决策的坚持，它们在行政等级体制各个层次中对政治控制的贯彻，以及它们提防不受控制的组织化利益出现的努力，也使它们与那些被认为进一步官僚制化程度较低的社会区分开来"②。

通过比较研究，班迪克斯将不同国家的官僚制归为不同的文化模式。认为公共官员的等级意识是历史地产生的官僚制文化模式的一部分，反映了公共官位与统治阶级既得特权的联系。如在美国，由于对行政过程的政治干预变得越来越小，利益群体就变得越来越重要。在那里，"有关利益冲突的立法，得到了细密的处理"。由此他认为，"把官僚制研究与其历

---

① ［美］莱因哈特·班迪克斯：《官僚制》，载［英］马丁·阿尔布罗：《官僚制》（附录），第135—137页。
② 同上书，第139页。

史的、比较的研究方法和组织行为研究联系起来"是"有益的"[①]。

(五) 彼得·布劳和马歇尔·梅耶对官僚制的研究

美国学者彼得·M. 布劳 (Peter M. Blau) 和马歇尔·W. 梅耶 (Marshall W. Meyer) 在其《现代社会中的官僚制》一书中提出,官僚制不是一个新现象,数千年前,在古埃及和古罗马就存在着相对简单的官僚制形式。但在早期,大多数国家都很小,最大的国家也只有一个松散的中央行政,并且除了政府,很少有正式的组织[②]。庞大的国家规模和大量行政问题的出现,推动了官僚制的发展。如古埃及,国家建造和管理水利工程的复杂工作,导致历史上第一个大型官僚体系的出现。在那些有很长边境需要防御的国家和区域,需要通过官僚化的方法去解决军队的有效性问题。国家提高税收和解决军队给养等需求,均对国家行政组织提出了要求。彼得·布劳和马歇尔·梅耶提出,正是基于此,由于英国没有陆地边境,所以在较早的历史时期它仅有一个小规模的军队,这也是英国官僚制化的步伐明显晚于欧洲大陆国家的原因。相比之下,欧洲大陆国家由于漫长的边界线而不得不供养大型军队,导致其官僚制化的步伐加快。此后资本主义的发展要求政府足够强大,以维护国家的稳定和秩序,也就相应要求政府的官僚制化[③]。

布劳和梅耶认为,官僚组织存在的历史条件之一是货币经济的发展。货币经济允许定量计算收入和支出,货币经济也允许支付现金薪酬,因此,在官僚结构中具有持久性和可预见性。除此之外,支持官僚制化的另一个的历史条件是大众教育。教育制度试图培养拥有多种领域知识的"有教养"的人,因此而有利于培植现代官僚。反之,现代官僚制也沿着更加狭窄的专业技术路线再造了学校教育[④]。他们认为,现代国家有千百万公民,有庞大的军队、大型企业、庞大的工会组织和无数志愿者团体,大规模组织要求官僚制化,大规模行政所提出的问题趋于导致官僚制化,致使当代社会官僚制成为一种主要的制度,成为现代性的缩影,成为一种

---

① [美] 莱因哈特·班迪克斯:《官僚制》,载 [英] 马丁·阿尔布罗:《官僚制》(附录),第 148 页。

② Peter M. Blau & Marshall W. Meyer, *Bureaucracy in Modern Society*, NY: Random House, Inc., 1987, 3th. ed., p. 10.

③ Ibid., pp. 28—29.

④ Ibid., p. 28.

历史趋势。我们只有理解了此种制度形式，才能懂得当今的社会生活[1]。

在其《现代社会中的官僚制》1956年版的前言中，布劳和梅耶分析了当代学者们之所以对官僚制问题兴趣日增的原因，认为主要体现为三个方面：第一，现代社会中大规模正式组织（包括等级制行政机制）史无前例的发展；第二，行政发展中所体现出的道德与政治内涵问题；第三，社会的职业化趋势。这一切都推动了官僚制问题的研究。除此之外，马克斯·韦伯官僚制理论的形成进一步推动了这一问题在世界范围内的研究[2]。

布劳和梅耶特别关注官僚制在民主制中的特殊意义，分析官僚制的社会过程和权力关系、以及官僚制与民主之间的关系。提出，尽管"官僚"一词通常被用作"无效"的同义词，然而在其他时候，它也被用来隐喻"无情的效率"。依据马克斯·韦伯的观点，官僚制是如此有效，甚至是权力"过大"。韦伯同时代的人，如伍德罗·威尔逊（Woodrow Wilson）曾相当担心依据官僚制原则组织起来的文官的权力会与民主治理的原则不相一致，当代的左派和右派的评论者也对官僚的权力抱有某种恐惧。因此，对民主社会而言，保持对官僚体系的控制至关重要，保证官僚体系的功能是出于公共利益，而不是为他们自己或特殊利益集团的利益[3]。

布劳和梅耶认为，世界的世俗化，意味着人们花费大量的时间去谋生，用很少的时间去思考。而追求理性主义的结果则是希图有更多的人而不仅仅是特权精英去参与社会活动。提出：为了保护我们自己不遭受官僚主导的威胁，同时能够利用官僚制效率的优势，必须了解官僚制的功能，以至于不被官僚制所征服[4]。布劳和梅耶提出，韦伯的官僚制结构分析主要强调的是官僚制的积极功能，与之同时，韦伯也认同官僚制存在一些潜在的消极后果。如：（1）官僚趋向于垄断信息，使局外人无法明了他们所作出的决定的基础；（2）官僚制处于社会结构之中，一旦充分建立起来，就难以被消除。官僚们具有专业知识，极具专业化，没有他们，大规模的民族国家便无法管理。诚然，个别官员是能够替换的，他们可以以自

---

[1] Peter M. Blau & Marshall W. Meyer, *Bureaucracy in Modern Society*, NY: Random House, Inc., 1987, 3th. ed., p.11.

[2] Ibid., "Foreword in the First Edition" (1956), ppiii – vi; p.6.

[3] Ibid., pp.4—5.

[4] Ibid., p.6; p.13.

愿的或其他方式离开，但在总体上与官僚模型保持一致性的行政模式却是难以改变的。（3）官僚制与民主的关系常常表现为摇摆不定。一方面，官僚制化趋于与民主相伴；但另一方面，也趋于不回应公共舆论。基于官僚体系拥有专业知识，使官僚体系成为一种极其强有力的制度，有能力去抵制迫切要求改革的外部力量。因此，马克斯·韦伯的分析及其他所提出的"官僚制"理论模型是他所称谓的"理想形态"和范例，是一种工具和方法论的建构，用来概括官僚组织形式，是一种纯粹的模型，通过吸收已知的、最为典型的官僚制特征所建构，而非现实存在的普遍的官僚制和社会结构，现实中并不精确地存在此种"理想形态"[1]。

三 马克斯·韦伯的官僚制研究

马克斯·韦伯（Max Weber, 1864—1920）是西方国家最有影响的社会科学家之一，也是现代文化比较研究的先驱。他一生致力于考察世界诸宗教的经济伦理观，试图从比较的角度，探讨世界各主要民族的精神文化气质与该民族的社会经济发展之间的内在关系。通过对中国、印度宗教、古代犹太教和伊斯兰教的研究，提出"没有经过宗教改革的这些古老民族的宗教伦理精神对于这些民族的资本主义发展起到了严重的阻碍作用"的观点[2]。马克斯·韦伯构建了官僚制的权威理论模型，迄今为止，他所提出的官僚制理论尚无人能超过。他对官僚制的理论阐述，主要体现于《重组的德意志中的议会和政府》（1918）和《社会与经济组织理论》（1921）两部著作中[3]。尽管马克斯·韦伯对官僚制的解释存在一些自相矛盾的地方，但与其他研究官僚制的学者相比，他对官僚制概念的解释更为清晰，也更具有内在一致性。

（一）马克斯·韦伯官僚制理论的来源

马丁·阿尔布罗认为，马克斯·韦伯官僚制理论的重要来源之一是德国的行政理论。在德国相当长的历史时期，行政学并非一个独立学科，而

---

[1] Peter M. Blau & Marshall W. Meyer, *Bureaucracy in Modern Society*, NY: Random House, Inc., 1987, 3th. ed., pp. 23—25.

[2] ［德］马克斯·韦伯：《新教伦理与资本主义精神》，于晓等译，生活·读书·新知三联书店1987年版，中译本前言第1页。

[3] 马克斯·韦伯的《重组的德意志中的议会和政府》（1918）一书较晚才译成英文，因此常常为人们所忽略；而《社会与经济组织理论》（1921）一书则是在他去世后才出版的著作。

是融于法学中。韦伯早年攻读法律学并担任律师，因此，熟知作为正规法学课程组成部分的德国行政理论。他对理想官僚制类型的大量论述反映了此种影响。韦伯在其论述中将君主行政与合议制行政加以比较，评价其优劣，将国家行政与效率挂钩等论述，反映了德国早期公共行政研究的内容。

阿尔布罗认为，莫斯卡和米歇尔斯的官僚制理论，也是马克斯·韦伯官僚制理论的来源之一。莫斯卡和米歇尔斯的理论中都涉及官僚制与民主制的关系问题，尤其是马歇尔斯，他一方面在其理论阐述中试图揭示官僚制与民主制两者的不相容；另一方面，由于米歇尔斯不想参与反对官员体制弊端的空谈，在论述中采用了将官僚制视为行政官员群体的中立性概念，并在此基础上证明权力集中的不可避免。此种理论阐述对马克斯·韦伯有重要影响，韦伯在其理论阐述中需要米歇尔斯所采用的"中性"的"官僚制"概念，以致力于他客观社会科学的研究。然而当他经过理论演绎提出"理性"官僚制、探讨"官僚制"的现代性时，事实上他无法保持此种"客观""中立"，也无法回避民主问题。恰恰是韦伯的"理性官僚制"概念，澄清了"官僚制"的实质性内涵，用更加清晰、简洁的方式来论及这一问题。

此外，阿尔布罗认为，马克思主义的创始人犹太裔德国人卡尔·H.马克思（Karl H. Marx）的思想"对韦伯的影响，怎么强调都不过分"。但他认为，马克思对韦伯的影响并不是关于官僚制的论述，而是关于人的异化的一般论题。对这一理论，韦伯在其理性化的理论中有所推进[1]。

阿尔布罗认为，19世纪德国经济社会史学者古斯塔夫·冯·施莫勒（Gustav von Schmoller）关于行政组织发展进程的研究，是马克斯·韦伯理性官僚制理论的又一重要来源。19世纪90年代，施莫勒应邀编纂了《普鲁士文件汇编》（1894），这是一系列有关普鲁士行政制度史的文件的汇集，施莫勒为之写了序言，同年还做了有关德国官员体制的讲演，被视为德国现代公共行政兴起的卓越阐释。施莫勒认为，社会由领袖、职事人员和群众三部分组成，社会发展依赖于这三个组成部分的不断分化；国家间的结构差别源于各国这三者重要性的变异。施莫勒指出官僚制的特征即地位与薪金的等级制、以及在自由契约基础上人们为行政目标效力等，认

---

[1] ［英］马丁·阿尔布罗：《官僚制》，第40页。

为"官位体系,在各个时期的某些特定的国家中,完成了伟大的、确实是无可比拟的成就;即使在它尚未达到无与抗衡的权威地位的地方,它也已经成了现代政治生活中不可或缺的要素"。诚然,他也承认,"必须时时保持警惕,以保证官员的高度素质,防止官僚制的危险"。并提出官僚制是"由正规行政过程中的病态性偏失构成"的看法①。

在上述问题上,韦伯继承了施莫勒的观点,所不同的是,他重新建构了官僚制的理论框架,为官僚制的研究和思考提供了一个新的方向。他力图通过把官僚制等同于现代官员体制而使这一概念中性化,并且提出了控制官僚制这一本质问题,反映出韦伯对现代行政机构发展的深刻的矛盾心理。一方面,他欣赏它,确信它是智力的成就,它的发展不可抗拒;另一方面,他感到忧虑,认为它在侵害着个人和民族的优良性格。

(二)马克斯·韦伯"官僚制"的内涵及研究方法

在马克斯·韦伯的《社会与经济组织理论》一书中,他对"组织"给予极大的关注,认为"组织"是"一种社会关系的秩序化",是一种组织机构,有若干行政人员。此种组织系统有一套支配组织及组织中人们行为的规则,这一特点成为组织的本质。韦伯在其组织结构的讨论中,对权力和权威的概念加以区别,强调对命令的服从要依赖于对命令合法性的信念,相信指令是正当的,服从它是正确的②。合法性思想成为马克斯·韦伯组织理论的基本原则和出发点。

马克斯·韦伯在其组织理论的基础上,构建理性官僚制的理论模型。在他看来,理性官僚制是与封建的"世袭官僚制"全然不同的制度,因为它所依赖的是具有自由身份的、以契约关系为基础的任命者。在韦伯看来,一个官员群体的存在是官僚制概念的本质。他认为,在现代社会中,官员"是一个日趋重要的角色类型","由更多的专业类别构成"。认为官员的概念是官僚制概念的基础,因此,在许多情况下将"官员体制"作为官僚制的代用语,甚至把官僚制看成是一群官员的集体名称。此种对官僚制概念的诠释成为当今人们对官僚制概念界定的一个重要来源③。

马克斯·韦伯不仅视理性官僚制为现代世界理性化过程的一个主要因

---

① [英]马丁·阿尔布罗:《官僚制》,第41—42页。
② 同上书,第26—27页。
③ 同上书,第29页。

素，而且将之视为最重要的社会进程之一。"理性"官僚制成为他最为推崇的理想和纯粹的官僚制类型，所谓法理型权威结构特征成为马克斯·韦伯官僚制理论的核心。

在马克斯·韦伯的官僚制理论中，他对官僚的权力给予了极大的关注，认为，"伴随着官僚化进程的，是官员权力的增长"。而"官僚权力的来源，在于官员掌握的特殊知识"。为了防止官僚权力膨胀、本末倒置和控制组织政策，韦伯在建构抑制官僚积聚权力的倾向、限制官僚权威体制和权力范围的机制方面做了大量探讨。尽管如此，马克斯·韦伯依然认为，"民族的伟大依赖于有才能的领袖的发现，而不是对民主价值的关注"，充分体现出德国政治文化下的权威主义观。

马克斯·韦伯是一位博学多才的学者，他一生博览群书，涉足社会学、哲学、政治学、历史、法律和经济等众多领域，在研究中对"问题架构"、"定义"和"方法"给予特别的关注。他注重比较研究，强调比较研究中"形式结构的区别"的重要性，认为应当将研究的关注点"放在搞清楚各种形式各自的性质特征上"[①]，然后与"理想模型"这种方法论概念放在一起来理解、认识和评价，在研究中采用了历史分类法和"多维度"的类型创建法。德国学者迪尔克·克斯勒称马克斯·韦伯的理论观点是一种"整合调适"的形式，或者是一种"辩证法"，探求一种"规范的秩序"、"社会行动"和"社会秩序"，归根结底是探讨"社会的"存在结构。此种社会存在结构既包括人们面前的"客观"实在，也包括理想的"主观"意向[②]。

（三）马克斯·韦伯"官僚制"理论的理性主义思想内涵

马克斯·韦伯在其"官僚制"问题的研究中，特别关注并提出经济生活中"理性"的主题。他考察资本主义的起因、表现形式和作用，审视它所具有的"革命性的力量"[③]。考察农业生产领域里资本主义逐渐生长所带来的经济、社会、政治、心理和伦理方面的影响，以及诸种因素之间的相互作用。在对资本主义演进的研究中，韦伯区分出"理性"和

[①] [德]迪尔克·克斯勒：《马克斯·韦伯的生平、著述及影响》，郭锋译，法律出版社 2000 年版，第 48 页。
[②] 同上书，第 277—278 页。
[③] 同上书，第 88 页。

"非理性"两种不同性质的资本主义。认为"资本主义精神的发展,最好是从这样的角度,即把它作为理性主义发展之整体中的一个组成部分——而且是能够从基于生活基本问题之上的理性条件中推演出来——的角度来理解"。提出越是理性就越是与大众的要求和大众需求的回应紧密相联系的看法。马克斯·韦伯认为:"理性主义发展史所显示的事实是,在千姿百态的生活当中,理性主义的发展轨迹与各种生活的发展轨迹并非是相应平行的。……理性主义是一个历史概念,它覆盖了不同事物的全部世界。我们的任务将是找出理性思想这一特殊形式是谁之子,天职感召和天职感召之工作奉献的观念是从谁那里滋生出来的。……这种意识理念,曾经是,并且仍旧是我们资本主义文化的最显著的特征因素之一。"这种特征使新教的生活观念"有助于一种理性的资产阶级经济生活的发展"[①]。

韦伯在研究中采取了比较研究的方法,他在探讨中国未能出现资本主义的原因时指出,中国缺乏一种适于资本主义发展的市民意识,缺乏一种"适于资本主义非个人理性'企业'发展的法律形式和社会基础"。他认为,在中国,作为俸禄体系的一个结果,"通过财富的政治性积累,已经造成了一个土地权贵阶层,他们占租了土地,然而这种不稳定的特权贵族既无封建的业务资产阶级的印记,他们仅汲汲于官场,进行纯政治性的冒险投机……一种内部朋比为奸结党营私的资本主义盛行起来了"[②]。韦伯认为,与氏族观念紧密联结的世袭国家的结构,"根源于中国式伦理的观念态度和官僚阶层及仕途追求者的特质"[③]。韦伯将儒教视为一种"凡俗人的内在入世的德性",所谓"入世",即"适应这个世界的秩序要求和习俗规定",最终是适应"一个巨大的政治准则礼法和社会礼仪秩序"。在此种伦理目标下,人们所受到的灌输和教诲是:"不服从比缺乏思想更糟糕。"在此种"官僚政治"下,"如果没有有影响的地位,无论品行如何,一个人也终将无所成就。因此,'在上者'应求的是位,而不是利"。此种特质"适应于官本位的自我保护利益"[④]。

---

① [德]迪尔克·克斯勒:《马克斯·韦伯的生平、著述及影响》,郭锋译,法律出版社2000年版,第95—96、105页。

② H. H. Gerth, tr. and ed., *The Religion of China*, New York: Collier and Macemillan, 1964. pp. 85—86.

③ Ibid., p. 104.

④ Ibid., p. 152, p. 161, p. 143.

此外，韦伯认为，中国还缺少一种重要的因素：现代资本主义的"计算"法则。尽管有着精致的商业和一种极实在的"物质主义"，中国却没有演化出"理性的大规模有条理的商业概念"。而理性的法律结构和管理结构是重要的应计入的因素。现代理性的资本主义企业还要求可计量的劳动技术工具、可计量的法律系统和根据正式法律形式加以管理。没有这些，冒险投机的资本主义和投机商的资本主义及所有政治决定的资本主义形式虽然有可能出现，但是，理性的有着固定的资本和一定计量的私人经济企业则不可能出现①。而此种"理性的概念"，"这种系统严密的形式对于罗马法以及受其影响的西方法律这样一种理性的法学来说，却恰是必不可少的。"② 韦伯说："初看上去，资本主义的独特的近代西方形态一直受到各种技术可能性的发展的强烈影响。其理智性在今天从根本上依赖于最为重要的技术因素的可靠性"，"这在根本上意味着它依赖于现代科学"。然而从另一个角度看，"这些科学的和以这些科学为基础的技术的发展又在其实际经济应用中从资本主义利益那里获得重要的刺激"，此种鼓励"是从西方的社会结构的特性中衍生出来的"，即"具有毋庸置疑的重要性的""法律和行政机关的理性结构"。它表明，"近代的理性资本主义不仅需要生产的技术手段，而且需要一个可靠的法律制度和按照形式的规章办事的行政机关"③。

无论如何，在韦伯看来，在中国从未有过西方意义那样的"资本家伦理"的演进，其生活取向显现为西方类型的自然法系发展的缺乏和相应而来的律师事务的缺乏。结果是没有出现与现代法律体系相关的思想和哲学的逻辑及法德"逻辑"。这些因素阻止了中国城市的发展，阻止了理性的、有可量度功能的行政和司法审判系统的发展，这两者都是贸易发展的必要条件。此种政府管理形式的"非理性"阻止着"理性企业资本主义"所需要的政治基础的出现④。结果是，"没有理性的科学，没有理性的艺术实践，没有理性的思想、法学、医学、自然科学或技术学。既没有神权，也没有人权，能够与这种官僚政治抗争"。"完全不同于西方，这

---

① [德]迪尔克·克斯勒：《马克斯·韦伯的生平、著述及影响》，第168—169页。
② [德]马克斯·韦伯：《新教伦理与资本主义精神》，于晓等译，生活·读书·新知三联书店1987年版，第5页。
③ 同上书，第13—14页。
④ H. H. Gerth, tr. and ed., *The Religion of China*, p. 104.

里没有其他特殊的理性主义的现代因素,能够站出来在那里,或者与官僚政治竞争,或者支持之。"①"新教伦理和禁欲主义派别的伟大成就,则是打破了氏族桎梏的羁绊。这些宗教建立了优越的信仰团体,以及一个与家族相对的共同生活方式伦理。"此种情况表明,恰恰是缺乏"市民和相关的城市生活方式"的演进这一点,使儒教与新教—基督教经济精神有了显著的区别②。

总之,"理性化"是马克斯·韦伯官僚制研究中提出的一个具有现代性范畴的概念,它是西方资本主义生产方式的产物,也是西方自然法学说和宗教发展的结果。韦伯在研究中归纳出工具理性型、价值理性型、情感型和传统型等不同类型,力图探究为什么只有西方产生出特殊的"理性"文化?为什么只有现代西欧才发展起"理性的"科学和技术、"理性的"工业资本主义以及"理性的"官僚式政府组织?为什么欧洲以外的世界、尤其是亚洲没有出现类似的"理性化"过程,而是存在一种更为古老和不同性质的文化?"理性主义"的起因、结构、作用和影响,成为韦伯官僚制理论研究的核心。

(四) 马克斯·韦伯官僚制理论的宗教、文化、政治观

马克斯·韦伯的理性官僚制思想源于他对新教的理解。他说,"我们必须认识到,宗教改革有着广泛的文化影响","其结果常常远离了甚至相反于改革者自己想要得到的那种结果"③。他在考察了美国的社会和政治后提出,"资本主义来源于宗教意识的某种变化,这种宗教意识参与了资本主义精神的产生过程","最终创造出资本主义"④。他将教会视为一种社会组织,提出"一个教会就是一种合作组织"⑤,由此将注意力转向"社会群体",使其对新教的研究与社会学研究相结合。

韦伯在研究中认识到,在意大利和西班牙的天主教文化下,还存在其他许多种资本主义形式。在他看来,资本主义的起因复杂多样,包括现代

---

① H. H. Gerth, tr. and ed., *The Religion of China*, p. 150.
② Ibid., pp. 237—238.
③ 转自 [德] 迪尔克·克斯勒《马克斯·韦伯的生平、著述及影响》,第97页。
④ [德] 马克斯·韦伯:《社会科学社会政治知识的"客观性"》,转自 [德] 汉·诺·福根著《马克斯·韦伯》,刘建军译,河北教育出版社2001年版,第93页。
⑤ Max Weber, *Essays in Sociology*, tr. and ed. by H. H. Gerth and C. Wright Mills, London: Routledge and Regan Paul, 1948, p. 305.

技术、理性管理、货币经济、市场需求、训练有素、恪守纪律的劳动力以及自由的政治环境,等等,这些都是西方世界的城市所促成的。韦伯更加关注的是"资本主义精神"如何与路德宗和加尔文新教的世俗禁欲伦理相融合,从而赋予西方资本主义一种不同寻常的独特性质[①]。

马克斯·韦伯在研究中重视解释历史事实的"文化含义",力图将某种发展过程、将混沌多样的现象、包括多种多样的表现形式、原因、结果和作用归并为一种"理念的"、观念化的过程,试图在"混乱无序"中构建某种概念性的秩序。他一方面探讨研究对象的"理想型";另一方面力图使之与"思想观念"相联系,包括某种"文化意向"、哲学或科学理论思想,形成一种"分析结构"[②],由此建构其概念体系。马克斯·韦伯认为,"'文化'是人们从无意识的无限世界中,根据自己的观点而选取的有意义、有价值的有限片断"。他说:"经验性的现实对我们来说也是'文化',因为现实涉及到人的价值观念,包含着现实中那些对我们有价值的部分,而且事实上也只有这些部分才属于文化。"提出:"我们所从事的社会科学,是一门现实的科学。我们力图按其自身的特点来理解我们周围的生活现实。一方面要把握各个现象形态的联系和文化意义,另一方面要探究它之所以是如此而不是如彼的历史原因。"[③] 从历史学的角度对社会文化生活领域加以探究,同时力图超越特定的历史事件和纯粹的历史思考,去寻求社会文化生活中的普遍关系模式,并强调此种关系模式中权力关系的重要性。

马克斯·韦伯说:"这些概念构成本身是关于人类文化的科学所固有的,而且在某种范围内是不可缺少的。这种思想图景把历史生活中的某些关系和过程都纳入到一种无矛盾的思想世界中,在内容上,这种概念构成有一种乌托邦的特点,它力图通过思想的升华来把握现实的要素。它与生活的经验事实的关系,是作为实际的或臆想的关系而存在于……现实的联系中的,我们可以借助于理想型而使这些联系的特点实际地、直观易懂地展示出来……这一理想型的概念……并不是一个'前提',但它可以为前

---

① [英] 布赖恩·S. 特纳(Bryan S. Turner):《探讨马克斯·韦伯》,载马克斯·韦伯《学术与政治》(附录五),冯克利译,生活·读书·新知 三联书店 1998 年版,第 186 页。
② [德] 迪尔克·克斯勒:《马克斯·韦伯的生平、著述及影响》,第 219、221 页。
③ [德] 马克斯·韦伯:《社会科学社会政治知识的"客观性"》,转自 [德] 汉·诺·福根《马克斯·韦伯》,第 81—82 页。

提的构成指出方向。它也不是现实事物的展示，但它力图为这种展示提供一种清楚的表达手段。"他提出，"社会科学涉及人的精神过程的作用，在重新体验中理解这个过程，是一个颇为特殊的任务，它完全不同于对精确的自然知识作形式化处理。"强调研究者观察问题的出发点和价值取向。他说："什么东西如果成了研究的对象，就会受到研究者及其时代的价值观念的影响。"① 例如，"'国家至上'是我们最后的价值标准，从而也是我们考察国民经济的标准"②。反映了他作为一个德国人的内在文化和价值取向，此种文化内涵和价值取向构筑了他的官僚制思想理论基础。

马克斯·韦伯毕生都在关心政治事务，称"政治"是他的"秘密情人。"③ 在其官僚制研究中，政治关切贯穿于始终。对于政治发展，韦伯断然否定经济发展会促使一个政治幼稚的民族自动走向政治成熟的可能性，他认为，即便在一个自由的民族中，这种政治本能通常也只是"沉淀在大众的无意识层次"，它必须通过"经济与政治领导阶层"得到自觉体现，因为，这种阶层理应承担一种特殊功能，"就是要成为民族政治目标感的担纲者，事实上，这是证明他们的存在价值的唯一政治理由"④。面对俾斯麦的威权政治，韦伯预见到德国未来将是一个缺少自由政治和价值关怀的大规模现代国家。"只是揣着大把来历不明或不雅的银子漫无头绪地得过且过"，"随时都有可能一头栽入政治深渊"。批评俾斯麦的统治"未能产生出一种负责任的政治领导权，未能给德意志民族提供急需的政治教育"⑤。警告他的同胞，寻求未来的出路最关键的并不是两眼紧盯着"被统治者的经济处境"，而是要不断拷问"统治阶级和上升阶级的政治资格"⑥。韦伯认为，重要的问题并不是人民在物质上的安乐，而是在任

---

① ［德］马克斯·韦伯：《社会科学社会政治知识的"客观性"》，转自［德］汉·诺·福根《马克斯·韦伯》，第83—84页。

② ［德］马克斯·韦伯：《民族国家和国民经济政策》，大学就职讲演，弗赖堡和莱比锡，1895年7月8日。转自［德］汉·诺·福根《马克斯·韦伯》，第63页。

③ ［德］马克斯·韦伯：《政治著作选》，［英］彼得·拉斯曼、罗纳德·斯佩尔斯编，阎克文译，东方出版社2009年版，"英译者序"第5页。

④ Peter Lassman and Ronald Speirs, ed., *Weber Political Writings*, Cambridge: Cambridge University Press, 1994, p.21.

⑤ ［德］马克斯·韦伯：《政治著作选》，"中译者前言：韦伯眼中的政治"第4页，"英译者序"第8—9页。

⑥ Peter Lassman and Ronald Speirs, ed., *Weber Political Writings*, p.26.

何特定经济与社会秩序中的人类品质。他认为，政治经济学的全部工作，目的就是要培育"我们认为构成了我们人性之伟大与高贵的那些素质"[①]。批评德国是个缺乏政治教育和政治意志的民族。认为那些不良的发展产生了一种新型的政治家，他们"靠政治"为生，不是"为政治"而生，导致官员统治，不利于真正的政治领导权，不利于德国作为一个世界大国的生存，也不利于负责任的政府和对公众的政治教育。韦伯认为，真正的政治领袖最终受到的约束，来自使他的天职有了方向的那些强有力的内在信念。它超越了任何粗鄙意义上的"权力意志"[②]。

（五）对马克斯·韦伯官僚制理论的评价

马克斯·韦伯的"理性"官僚制理论将官僚制等同于现代行政机构，同时背离以往带有贬义的指称，使之始终成为一个"中立性"的概念，这一点遭到了一些人的批评指责。他们认为，是韦伯对官僚制概念的界定导致了关于这一概念的混乱，并且对"理性官僚制"的合理性提出了质疑。其中较具代表性的是罗伯特·K.默顿的批评。他在其《官僚制的结构与人格》（1940）一文中提出，强调行政中的精确性和可靠性，很可能导致自我拆台。"统治，本来是被用来达到目的的手段，但它却可能自身就成为目的。官僚制的等级晋升阶梯，可以促使官员越出他被认为应当具备的德行——谨慎、守法、循规蹈矩——的界限。由相近的工作条件所决定，官员们形成了一种群体稳固性，它导致对必要变动的对抗。在要求官员服务于公众的地方，支配其行为的非人格化规章，却可能引起与公民个人的冲突。"[③] 默顿认为，韦伯视为理性的那种机构，极易产生出有碍于完成组织目标的意外结果。菲利普·赛尔兹尼克（Philip Selznick）[④] 的看法与默顿相类似。他们二人都认为："韦伯概括的行政机构的正式规范，不足以描述官僚们实际上将如何行事。作为社会人，官僚的性格超出了行政法典的规定。如同其他人一样，他有利益、偏见和畏惧，并参与了朋友关系与团伙关系。"[⑤] 意即官僚机构及其官僚并不像韦伯所描述的那样超

---

① Peter Lassman and Ronald Speirs, ed., *Weber Political Writings*, p. 15.
② ［德］马克斯·韦伯：《政治著作选》，"英译者序"第9、13页。
③ ［英］马丁·阿尔布罗：《官僚制》，第43—44页。
④ 菲利普·塞尔兹尼克（Philip Selznick, 1919— ），美国加利福尼亚大学（伯克利）教授、社会学家，第二次世界大战后美国法律社会学的主要代表人物之一。
⑤ 转自［英］马丁·阿尔布罗《官僚制》，第43—44页。

脱、理性和具有中立性。

批评韦伯理性官僚制理论的一个较普遍的观点是，认为不能脱离组织所处的文化背景来对行政系统加以评价。1928年，德国杰出的法学家鲁道夫·斯曼德（Rudolf Smend）提出，韦伯对行政机构是理性机器即官员是技术职员这种错误概念负有责任。他认为："法官与行政官并非不食人间烟火。他们经受过文化熏陶，是社会人，他们的行动能够对文化统一体发挥作用。他们被文化统一体所限定，服从于它，反过来又对文化统一体的性质发生影响。"[1] 莱因哈特·班迪克斯在其著述中谈及文化制约行政理性问题，提出须同时考虑正式规章和人们对之的态度，否则无法评价组织效率。在其《美国社会中的高级文官》（1949）一书中，他驳斥了那种相信在没有一般社会与政治价值观影响的情况下就能服从规章的看法。认为，所有规章都必然应用于某种特定情况，并且官员要作出哪种情况应由规章支配的判断。在作判断时，官员们常常陷入两难境地，因为"忠实地依从于条文规章，通常要被指责为官僚作风；过分地依赖于创造性地实现法规的精神而不只是其词句，通常又要被指责为滥用权力或干预立法权"[2]。种种批评显现出人们试图从马克斯·韦伯的理想官僚制的理论演绎走向经验性研究的趋势，一方面努力去发现不同文化背景下不同的行政制度；另一方面继续寻求不同行政体制中的共同因素与特征。

需要认真加以探究的是，韦伯到底试图通过他的理性官僚制理论说明什么。在韦伯的理性官僚制理论框架中，所谓"法理型权威"的合理性即合法性体现于三个方面：第一，目的和价值均在法典中得到体现和阐述；第二，法典的抽象规章被用于各种特别的情况，行政在其框架内追求利益；第三，处于这一体制内的人的职责限定于一些特定的任务。其理性官僚制，既包含专业技术，也意味着法律专业知识。行政行为不仅受技术制约，也受规范指导。韦伯曾明确表示，技术包括可计算性、可预见性和稳定性，但不足以达到组织的目的。他认为，德国官僚制中高度的道德水准，促进了它的优越性。他在与法国和美国加以比较时提出："哪一种组织能达到最大的'效率'呢？是更容易导致腐化的

---

[1] 转自［英］马丁·阿尔布罗《官僚制》，第46页。
[2] 同上。

私人资本主义扩张的产物,即纯粹的企业职员制;还是在国家指导下要求高度道德与高度知识的权威主义之下的德国官吏制度?"[1] 很显然,依据韦伯的看法,是后者。韦伯并不把理性官僚制视为孤立的社会现象,事实是,他在关注官僚制的同时关注现代文化理论。他对官僚制的理论阐述之所以无论在发达国家还是在发展中国家,都产生了强烈的影响,是因为他开阔的视野。马克斯·韦伯不是一个视野狭窄的政治学家、社会学家和公共行政学家,相反,他的跨学科和跨国比较的视野和洞察力使之在论述中并不拘泥于细枝末节,而是通过纷繁复杂的现实抽取出实质和精髓,找寻出共同的特征和合理性,建构理论框架。马克斯·韦伯特别强调,出于概念清晰性的考虑,理想类型不得不具有简化和夸张的经验事实。因此,在现实中并没有一个实际的政府行政机构是严格的韦伯定义意义上的官僚制。

四 拉梅什·K. 阿罗拉的官僚制研究

拉梅什·K. 阿罗拉(Ramesh K. Arora)是一位进行比较研究和生态研究的印度政治学和公共行政学家。在官僚制研究中首先关注的是研究方法和理论框架的建构问题。他提出,由于比较公共行政领域的研究缺少一种共同示例,因此在理论建构中出现了概念建构多元化的现象。提出了比较公共行政研究中三种重要的研究方法:第一是马克斯·韦伯的制度研究方法;第二是弗雷德·W. 里格斯的行政生态研究方法;第三是发展行政研究方法。此种对研究方法的分类给比较公共行政研究提供了基于"模式"和"焦点"的研究视角[2],与费勒·海迪和德怀特·沃尔多所采用的研究方法保持着某种一致性。其次,阿罗拉特别关注马克斯·韦伯和弗雷德·W. 里格斯的研究,关注马克斯·韦伯关于政治制度与其官僚制间相互作用的研究以及在跨文化背景下学者们,尤其是里格斯对行政生态的研究。

---

[1] 转自[英]马丁·阿尔布罗《官僚制》,第54页。
[2] Ramesh K. Arora, *Comparative Public Administration* (*An ecological perspective*), New Delhi - 5: Associated Publishing House, 1972, p. 2.

(一) 关于理论模型的建构

阿罗拉提出,卡尔·W. 多伊奇(Karl W. Deutsch)① 所定义的模式是"一种与现存结构或过程中相关要点相一致的符号结构和行为规则"②,里格斯对此持相同的观点。然而在比较行政研究中,"模式"一词却是在一种"不严密"的意义上使用,仅仅试图用它去发展和定义概念、形成假设③。阿罗拉认为,有时"模式"和"理论"可以交换使用。一般而言,"理论"比"模式"更为复杂。正如里格斯在研究中用命题来建构"模型",通过"内在逻辑的一致性和分析的有用性两方面来对之加以评价,不论其真伪"。而"理论"则由假设所形成,"目的在于解释在真实世界中所获得的关系模型"。尽管"理论"也要求逻辑的一致性,"但主要是通过经验资料来检验理论的真伪"④。

阿罗拉提出,社会科学模型的设计有助于人们理解人类行为和进行实证调查,有助于研究者收集和梳理材料、假定变量之间的关系;并可以通过将变量间复杂的相互关系概念化去服务教学。他指出,里格斯和其他几位学者注意到建构模型对于理解社会事实的重要性,他们采用更加切合实际的模型去取代不太现实的模型,区分归纳模式("形象描述")和演绎模式("理想"类型),推进了社会科学的发展。但在实践中并没有纯粹的归纳模式或演绎模式,而是两种特点相结合,同时显现出更加倾向于某种类型⑤。阿罗拉认为,里格斯关于比较公共行政研究趋势的分析,便是对比较公共行政的分类研究所进行的各种尝试。

阿罗拉提出,在比较公共行政及其官僚制的研究中,常常会注意

---

① 卡尔·W. 多伊奇(Karl W. Deutsch)是捷克裔美国教授,曾经在马省理工大学、耶鲁大学和哈佛大学担任教授,因其在学术界和国际政治中的卓越贡献而被美国哈佛大学著名教授斯坦利·H. 霍夫曼(Stanley H. Hoffmann)和塞缪尔·P. 亨廷顿(Samuel P. Huntington)等称为"国际政治学家"。

② Karl Deutsch, "On Communication Models in the Social Sciences," *Public Opinion Quaterly*, XVI, 1952, p. 357.

③ Dwight Waldo, "Comparative Public Administration: Prologue, Performance, and Problems," in Preston P. Le Breton, ed., *Comparative Administrative Theory*, Seattle: University of Washington, 1968, p. 114.

④ Fred W. Riggs, *Administration in Developing Countries*, Boston: Houghton Mifflin Co., 1964, pp. 106—107.

⑤ See Ramesh K. Arora, *Comparative Public Administration (An ecological perspective)*, p. 34.

"结构"(structural)和"功能"(functional)的问题。如费勒·海迪就主张从结构特征的角度出发去研究官僚制,认为官僚制就是大量组织结构的连续体,通过对不同结构轮廓的了解去实现比较官僚制的目的[①]。阿罗拉认为,一种行为模式在特定的组织背景下可能是病态的,但在另一种背景下便可能是"理性的"和"功能性的"。官僚制的病态行为在不同的政治系统中可能有不同的起因。在西方官僚制中,可能起因于过度使用理性,而在非西方国家,则可能起因于缺少理性。因此,从比较的视角研究官僚制,可以将特有行政生态背景下"理性的机构(bureau-rationalistic)"和"病态的机构(bureau-pathological)"视为官僚行为的基础,这个方法可以帮助我们去观察特殊官僚,并有助于探讨特殊社会环境下官僚系统所追求的发展目标的特征和"功能"。阿罗拉提出,在"现代化"国家中,官僚与目标设定和目标达成过程之间的密切联系带来了官僚与其他政治制度成分的密切关系。海迪在其研究中也注意到"发展中"国家的公共官僚比"发达"国家可能更加具有多功能性[②]。

阿罗拉认为,"结构性"研究方法的采用较多地依据韦伯的理想模型,而"功能性"研究方法则为了实现行政目标,关注行政行为的后果。因此,他认为,尽管这两种方法彼此互补,功能性研究方法比结构性研究方法更具生态性,因为前者研究官僚制的行为特色和结构特征是怎样"功能性"地与整个社会制度相联系[③]。

与海迪的看法相同,阿罗拉视官僚制研究为中观的概念建构(middle-range conceptual construct),在他看来,马克斯·韦伯"理想形态"官僚制模型的建构是比较公共行政研究中独特的和最为重要的概念框架。马克斯·韦伯所建构的模型着眼于官僚制的结构特征,包括等级制、专业化和理性的组织结构等。除此之外,还探讨官僚系统与政治系统和其他子系统之间的相互作用,以及经济、社会、文化系统与行政系统间的关系。诸种官僚制的研究方法被用来研究跨文化背景下官僚系统所发挥的作用,由此而引发了官僚制比较研究中的生态观。尤其是在里格斯所建构的理论模

---

① See Ramesh K. Arora, *Comparative Public Administration (An ecological perspective)*, p. 69; Ferrel Heady, *Public Administration: A Comparative Perspective*, N. J.: Prentice-Hall, 1966, pp. 18—19.

② Ramesh K. Arora, *Comparative Public Administration (An ecological perspective)*, p. 86.

③ Ibid., pp. 71—73.

型中，在很大程度上是在研究行政系统的社会环境结构，而非行政系统本身①。

(二) 关于马克斯·韦伯的官僚制研究和模型建构

阿罗拉认为，马克斯·韦伯理想模型的建构是"将历史生活的某些关联和事件联系到一起构成一个综合体，将之设想为是一个内部一致的系统。在本质上，此种建构本身像乌托邦（utopia），通过分析和强调现实中的某些成分所得出"，"此种思想建构在现实中的任何地方凭经验都找不到，它是个乌托邦"②。阿罗拉认为，马克斯·韦伯建构理想模型的方法与对社会现象进行比较分析紧密联系，如通过比较提取它们的共同特征。但对共同特征的表述需要使用通用的概念。韦伯承认在比较的过程中，理解社会秩序中法规的因果成分是必不可少的，这促使他研究历史案例。此种案例和历史经验成为他建构模型的"关键的实例"。他将其理想模型的概念带入特定的案例中，去接近特定的、复杂的历史现实③。可见，理想模型帮助韦伯表达了他"表意的（ideographic）"和"通则的（nomothetic）"的内涵。阿罗拉注意到在马克斯·韦伯关于权力和权威的论述中，一方面强调权力的制度化与实施权力的合法性；另一方面承认权威关系中融合了习俗、偏好、纯粹的物质利益或理想的动机等因素。无论怎样，在韦伯看来，权力的牢固基础都要求一个稳固的关系秩序④。

阿罗拉认为，在韦伯的分析中，官僚制被视为行政运作中能够取得效率的最理性的工具，意即效率水平依赖于理性水平。但韦伯官僚制理想模型的建构，因其静态性而没有包含在不同生态情势下理性的表现和后果的内容。表明韦伯的分析局限于理想形态，而非解释具体的实际情况⑤。尽管如此，马克斯·韦伯的官僚制模型仍然是权力系统背景分析的结果，他根据行政系统运行的社会环境来思考不同类型行政系统的性质，其研究具

---

① Ramesh K. Arora, *Comparative Public Administration* (*An ecological perspective*), p. 45.

② Ramesh K. Arora, *Comparative Public Administration* (*An ecological perspective*), p. 51.

③ H. H. Gerth and C. Wright Mills, tr. and ed., *Max Weber: Essays in Sociology*, New York: Oxford University Press, 1946, pp. 59—61.

④ Max Weber, *The Theory of Social and Economic Organization*, New York: The Free Press, 1947, pp. 152—153; Ramesh K. Arora, *Comparative Public Administration* (*An ecological perspective*), p. 53.

⑤ Ibid., p. 65.

有生态性，也正是此种生态观提升了韦伯式的分析框架在跨文化行政研究中的有用性。韦伯在其历史研究中，证明社会制度诸种因素之间的相互作用可能会引起权力系统与其行政人员的"混合"。此后一些学者的研究进一步证明权力与行政关系的结合，扩展了韦伯的研究成果[1]。

阿罗拉认为，"官僚制"一词可以有两种解释，当采用韦伯式的分析时，是指合法—理性的权力系统的行政人员。当用于比较公共行政研究时，则是指当代国家的行政制度。如今官僚制概念的模糊和不确定性源于此，反映出这一概念内涵的双重性。阿罗拉特别对韦伯关于行政人员"中立性"问题加以分析。认为韦伯认识到官僚和政治领导人两者的过度权力均可能造成功能障碍，主张政治家和官僚间权力的平衡，尽管此种平衡很难实现。韦伯认识到将行政从政治的实践中分离出去是极其困难的；同样，从目标实施过程中分离出目标决定过程也很难。一方面，韦伯认为，如果没有文官，民主会因为分赃制、公共浪费、无规律和缺乏技术效率而苦恼；另一方面，他注意到对官僚加以控制的必要性，因为"官僚也可能在政体中作为一个重要的'利益集团'来运行"。但要有效地控制官僚十分困难，因为日常行政由官僚负责，而官僚掌有专业知识，致使行政功能具有一定的隐秘性。在韦伯看来，政治系统控制官僚的最重要的办法就是议会对政府行政活动的控制，他称赞英国议会调查的实践和控制行政的有效性。反映出韦伯对民主国家限制官僚问题的关注，并将之纳入他对法律秩序问题的讨论中[2]。基于韦伯生活的时代，他始终不喜欢被任何特殊群体垄断的政治制度，而是喜欢各种制度成分相互制衡的政治制度。他倡导政治与行政的分离，但也意识到在现实中，分离政治与行政有很大困难，承认政治家和官僚之间的竞争是一个合法的理性政体的普遍特征。韦伯认为"一个民主国家需要一个有效的官僚制，但是也会被这个官僚制所威胁"。同时认为"可以通过扩大人民参与治理的基础来对社会—政治制度产生拉平效应（leveling effect）"[3]。

---

[1] Max Weber, *The Theory of Social and Economic Organization*, New York: The Free Press, 1947, pp. 152—153; Ramesh K. Arora, *Comparative Public Administration (An ecological perspective)*, p. 72.

[2] Ibid., pp. 80 - 85; Reinhard Bendix, *Max Weber: An Intellectual Portrait*, Garden City, New York: Doubleday, 1962, p. 452.

[3] Ramesh K. Arora, *Comparative Public Administration (An Ecological Perspective)*, p. 95.

(三) 关于里格斯的官僚制研究和行政生态观

里格斯是美国行政生态学的创始人之一,同时也是进行比较政治研究的著名学者。阿罗拉在其著作中对里格斯的理论观点进行了深入的研究,并将里格斯的理论观点与马克斯·韦伯的理论观点加以比较。提出,与韦伯相同,里格斯同样关注行政结构与社会制度间的相互关系和相互作用,但他更加关注发展中国家的情况,认为发展中国家的社会制度具有"高度的多功能特征",且发展中国家的行政结构较少具有严格的"行政"功能,而更多地具有各种"超行政"的功能。可见发展中国家的官僚制"是如此远离合法—理性的模式和纯粹的传统模式,以至于在这个'纯粹'的两分法结构的帮助下研究他们会产生误导的结果"[1]。基于此,里格斯认为,需要建构一种新的概念范畴来研究"原始"与"现代"结构特征混合的社会[2]。由此而使生态发展观得到了很大的重视。里格斯认为"结构—功能主义"的分析框架接近他研究行政制度的生态定位,但他比较公共行政生态研究方法的基本前提是将公共官僚视为社会的基本制度之一,在官僚制与其他社会制度之间的关系背景下去研究官僚制,理解官僚系统的"结构"和"功能"[3]。

阿罗拉注意到里格斯在对发展中国家的研究中所关注的"形式主义"的问题。按照里格斯的定义,所谓"形式主义"(formalism)是指"在形式上的规定与实际的实践之间、在规范与现实之间存在的差异或一致的程度"。这些成分之间的一致水平体现为"现实主义"(realism)的程度;相反,它们之间的差异体现为形式主义。"形式与实际之间的差异越大,制度就越是形式主义的。"[4] 里格斯认为,融合型和衍射型社会,现实主义程度较高,而棱柱型社会则具有高度的形式主义特征。在棱柱型社会中,行政人员的行为不符合法律法规,即使公共行政人员可能会坚持遵守

---

[1] Ramesh K. Arora, *Comparative Public Administration (An Ecological Perspective)*, pp. 102—103.

[2] Fred W. Riggs, Administration in Developing Countries: The Theory of Prismatic Society, Boston: Houghton Mifflin Co., 1964, p. 73.

[3] Ramesh K. Arora, *Comparative Public Administration (An Ecological Perspective)*, pp. 105—106.

[4] Fred W. Riggs, *The Ecology of Public Administration*, Bombay: Asia Publishing House, 1961, pp. 91—92.

一些书面上的法律。通常他们会一丝不苟地坚持和遵守一些法律和规则及技术规定，同时忽略一些与总的条文和目标有关的规定。形式主义行为是由"缺乏实现计划目标的压力，指导官僚行为的社会权力的脆弱，以及对专制管理的巨大放任"所造成①。形式主义的动机则可能来自行政人员的自然"素质"或他在特殊形势下得到的贿赂。因此，在总体上，形式主义与官员腐败的过程结合在一起。

根据阿罗拉的理解，里格斯在其著述中提出了当代政体的三个基本要素：第一，合法化。为了使政府有效地运行，必须得到人民的接受和认可，以构成合法国家。第二，稳定与平衡。政府为了自制与廉正，应该受到相应权力的制约。第三，能力。政府应该有能力制订和实施能够实现预期变化的政治决策②。阿罗拉认为，里格斯的此类思想中融入了韦伯的思想。里格斯认为，"当合理、稳定、平衡的权力存在于官僚和宪政制度之间时，我们可以称这样的政府形式为'平衡政体'"。同时指出所谓"合理的平衡"可以理解为"近似平等"。当一个政体同时存在"合理"和"平衡"这样两个结构条件时，可以说在宪政制度和官僚之间拥有平衡的权力。里格斯认为，"现代化"与民主多元化不可能与"平衡"高度正相关。例如科威特尽管是一个"非常富有"的国家，却没有一个平衡的政体；而印度和菲律宾尽管经济发展水平很低，却似乎拥有平衡的政体。阿罗拉认为："里格斯的分析留下了这样的印象，一个政府越是'现代'或多元，就越有机会拥有一个平衡的政体。"里格斯对不平衡的政体加以分析，提出："政党控制的政体盛行政治分赃，政党的工作者和支持者在官僚体系中占据关键职位，尤其是在广泛的中间层次，包括局、部和代理机构的领导职位，从事官僚体系中几乎所有的专业性工作。"里格斯认为："尽管此种安排可能强化政治组织，也可能导致政府行政绩效的下降。进而言之，一种不受约束的分赃制能够减少政治制度的'合法性'和可信性，可以设想，持续的政府无效将导致大众的犬儒主义（cynicism）和异化（alienation）。"③尽管如此，在里格斯（Riggs）的著述中可以看到，

---

① Fred W. Riggs, "The 'Sala' Model: An Ecological Approach to the Study of Comparative Administration", *Philippins Journal of Public Administration*, VI, 1962, p. 5.

② Ramesh K. Arora, *Comparative Public Administration (An Ecological Perspective)*, p. 95.

③ See Ibid., pp. 89—91.

他依然强调政治的首要性和对官僚的控制。

针对里格斯的观点，阿罗拉认为，研究比较公共行政的大多数学者，由于受到西方文官"中立"传统的影响，似乎很难接受政治影响官僚的思想。他认为，应该认识到区分政策制定与政策实施的困难，尤其是当政治领导人不得不依赖于专家时更是如此。莱因哈特·班迪克斯则强调不应将自由裁量权与权力的滥用混为一谈。认为基于"新"国家中政治结构的状况，可以想见官僚即使没有很强的权力欲，依然能够靠他们作为专家的身份和"现代化"的见解在政治系统中赢得重要地位[1]。因为他们拥有许多最有价值的资源，持有职业性的价值取向，这些偏好提升了他们的责任感。因此，阿罗拉等美国学者认为，和其他机制一样，官僚能够代表公众，也能对公众负责。甚至一些学者认为，在一些国家发展的特殊阶段，有可能"官僚制政体"比"政党控制"的政体更有助于保持政治稳定[2]。

（四）对韦伯、里格斯官僚制理论的超越

阿罗拉认为，在比较公共行政领域，一些基本的概念建构忽视或低估了动态因素。如马克斯·韦伯的理想官僚制模型所描绘的是一种"稳固的国家制度"，而里格斯所强调的则是官僚制与政治系统之间的平衡，尽管他意识到此种平衡可能会被打破。他们均主张以一种"保守"的方式来应对社会变革。阿罗拉认为，他们所提出的模式并不能充分解释变动环境下行政系统迅速变迁的动因[3]。阿罗拉赞同里格斯公共行政研究中的跨文化生态研究，但他认为应该在注重于行政系统与外部环境相互作用的同时，注重研究此种相互作用背景下的社会和行政变革。主张生态观与对新问题的感知相结合，以行政生态为一个重要变量，去关注行政生态性过程中的利益关系等问题。

阿罗拉认为，虽然马克斯·韦伯官僚制理论的发展独立于美国的行政思想体系，但其中渗透着美国行政思想的一些理念。总体而言，韦伯对官僚制的分析源于官僚制对于德国的政治和行政制度具有极大影响的时期，这一时期，德国的官僚制结构显现出等级制、专业化和职业主义特征。基于德国的现实环境与文化，韦伯视官僚体系为国家的仆人，视行政系统为

---

[1] Ramesh K. Arora, *Comparative Public Administration* (*An Ecological Perspective*), p. 94.
[2] See Ibid., pp. 94—96.
[3] Ibid., p. 141.

"稳定的国家"系统。显现出鲜明的行政国家思想和国家观。在韦伯看来，官僚制是一种巨大的、新的社会权力基础，因此力图通过对之加以分析去捕捉这一具有巨大能量事物的实质。在阿罗拉看来，跨文化、跨时段的研究使韦伯的行政分析具有生态特征。他研究激励官僚制发展的社会、文化和经济条件，同时研究在传统和魅力权力系统背景下行政人员的类型，分析不同环境背景对行政结构的影响。此外，也探讨政治制度与行政子系统的相互作用，并支持两者间保持平衡性的观点。由此，阿罗拉对韦伯的行政分析得出结论：第一，在一定程度上是生态性的，研究推动官僚制发展的社会、文化和经济力量，分析官僚制与政治制度之间的相互作用，以及与社会、文化和经济系统的相互作用；第二，一定程度上具有目标取向，承认影响官僚制行为的社会目标的存在；第三，关注现代化问题，但仅仅是观察者的视角，而不关心推动社会变革的问题；第四，在方法论上是跨文化的，但所提出的官僚制模式，更适合于衍射型社会，而不是棱柱型社会系统。基于此，阿罗拉主张比较公共行政研究要致力于建立一种跨文化分析的生态和发展模式，超越美国公共行政理论和韦伯式分析的局限①。

五 戴维·毕瑟姆的官僚制研究

英国学者戴维·毕瑟姆（David Beetham）是一位著名的官僚制问题的研究者，他在其《官僚制》（Bureaucracy）一书中对官僚制问题加以阐述，试图从不同角度给官僚制以定义，从而建立起对官僚制的系统认识，最终构筑完备的官僚制理论。毕瑟姆提出，几乎所有的现代政治派别都把官僚制作为谴责的对象。然而，官僚制却以惊人的生存能力证明自身的不可替代性。由于"官僚制具有处理大规模工业社会复杂的行政管理任务的独特能力"，因此"官僚制不可或缺"，然而官僚制"又问题百出，这就是它使我们面临的悖论"②，因此有必要深入研究官僚制问题。

毕瑟姆对官僚制的研究主要包含以下内容。

---

① Ramesh K. Arora, *Comparative Public Administration* (*An Ecological Perspective*), pp. 172—175.

② [英]戴维·毕瑟姆：《官僚制》，韩明等译，吉林人民出版社2005年版，导言第1页。

(一) 官僚制的内涵及研究路径

官僚制究竟是什么？毕瑟姆说，当对这一问题感兴趣的人们深入这一主题时，立刻就会陷入一种混乱的状态。因为官僚制这一概念被赋予了诸多不同的含义：文官统治、专业化的行政管理体系、组织无效率、公共行政（管理）、非市场体制、非民主组织，等等。研究者们在研究中必须作出抉择，选择不同的研究角度和研究方法。基于此，毕瑟姆对官僚制的研究从对研究的视角和方法的选择入手。首先，针对研究者中的不可知论，毕瑟姆提出，"我认为确实存在一个可辨识的探究主题，即官僚制，虽然它以不同的形式出现"。其次，他提出，基于学界存在一系列对官僚制问题理解的不同，"只有通过分析人们分析这一主题的不同视野及其相互关系，我们才能获得一个一以贯之的官僚制定义和对官僚制的充分理解。只有通过对研究官僚制的主要的不同路径的批判性分析，才能使我们对官僚制有一个系统的、确凿的认识"[①]。分析官僚制研究中的不同视角、对官僚制研究不同路径的梳理，成为毕瑟姆官僚制研究的特点。

毕瑟姆说，当我们研究官僚制这个术语时，"我们将立刻发现各种不同的定义并非是武断的和任意的，而是分别源自于不同的学术背景，如比较政治学、组织社会学、公共行政管理学和政治经济学。换言之，想要理解官僚制概念，就要理解它在特定社会科学领域的不同用法"。首先是比较政治学的研究视角。19世纪，官僚制这一术语的标准用法是指"官僚的统治"，意指一种行政职位为职业文官所占据（把持）的体制，即一种对世袭君主负责的政治体制类型。约翰·S.密尔（John S. Mill, 1806—1873）在其经典著作《代议制政府》（Representative Government）一书中将官僚制视为代议制体制唯一严肃的替代物，并且评价了两种体制的利弊。此种界定所关注的是不同政治体制的特征和在运行中的差别。其次是组织社会学的研究视角，源于马克斯·韦伯的著作。此种研究视角将官僚制视为一种由专业人员依照既定规则持续运作的行政管理体制。此种行政管理体制盛行于不同的政治体制中，无论是君主制还是代议制、乃至一切承担大规模复杂行政管理任务的组织，并且依照专业化的方式加以管理。此种研究方法旨在理解现代社会中组织最为一般的特征和类型。再次是公共行政（管理）学的研究视角。在这一领域，官僚制意味着与私人组织

[①] [英] 戴维·毕瑟姆：《官僚制》，韩明等译，吉林人民出版社2005年版，导言第2页。

中行政管理相对的公共行政管理。强调行政体制由于处于政府领域中而具有不同性质和特征，如强制性特征、与法律的特殊关系、关注普遍利益而不是私人利益，负有公共责任，等等。最后是政治经济学的研究视角。这一角度从经济学的角度、依照收入来源区分不同的组织。由此，官僚制被定义为"非市场的组织"，此种组织多见于公共领域，同时也包括教会、慈善组织和志愿者社团以及政府在市场上出售产品的机构，如铁路公司、汽车制造厂等。此类组织非属严格意义上的官僚制组织①。可见对官僚制不同的界定与不同学科及其研究视角联系在一起。

（二）官僚制模型的建构及比较研究方法的采用

毕瑟姆强调官僚制研究中模型的建构，并且探究由不同学科发展而来的不同的官僚制模型。他认为社会科学研究中模型的建构所具有的用途在于：提供定义方面的检验标准，建立一个规范的标准和解释性框架。毕瑟姆说："我们究竟为什么需要模式呢？理由就是社会是极其复杂的，它向那些试图理解它的人们提出了种种望而生畏的问题。社会科学的典型方法，就是建构社会生活的简单概念或模式，以有助于定义、评价和解释社会的复杂性。"② 因此，"我们需要一种一般的官僚制概念，也需要一种官僚制的类型学。我们既要探讨一般的官僚制，又需要研究特定的官僚制类型"。从而"形成对官僚制实际上是如何运作的系统理解"③。

毕瑟姆在其官僚制的研究中采取了比较的方法，他通过对发达国家官僚制的比较研究提出："在美国，比之于英国或法国，政府行政管理的精神更加接近于工商业，英国、法国的公务员形成了一个较为封闭和排外的精英"④。除此之外，他还对发达国家和发展中国家加以比较，提出"在一个对官僚制的某些基本特征只能提供微弱支持的文化背景中，官僚制是否还能有效率地运作"的问题。他说："一方面，官僚制特有的要求是任人唯贤、非人格性和照章办事的程序，传统社会的关系取决于身份、血缘关系或种族，这两者之间存在脱节。另一方面，在一种提供相对较少的其

---

① [英]戴维·毕瑟姆：《官僚制》，韩明等译，吉林人民出版社2005年版，导言第3—5页。
② 同上书，第2页。
③ 同上书，第40、44页。
④ 同上书，第36页。

他就业机会的经济中,在一种其他政治制度只能得到微弱发展的政体中,政府行政管理的统治性地位,使它难以受到任何系统化的纪律约束。应当承认,要把政府行为中纯粹的行政管理性要素,与在不利环境下'发展经济'和'建国追求'的任务的艰难分离开来是不容易的。然而,这些任务和环境本身影响了行政管理体制的特征。虽然政府行政管理体制仍为传统社会所渗透,但如果脱离了它试图要改变的传统社会,政府行政管理就势必要为相互冲突的文化规范和期望所左右。"[1] 主张将官僚制置于一个更为宽泛的社会和历史背景、以及更为广泛的社会和政治过程中去加以研究,因为官僚制的权力正是从这些过程中产生的。

(三) 有关官僚制权力理论的研究

在关于官僚制权力理论方面,毕瑟姆对马克斯·韦伯和卡尔·马克思的官僚制权力理论进行了考察。毕瑟姆认为他们二人均从历史社会学的角度对官僚权力加以阐述。韦伯的研究路径是将官僚制置于行政管理、权威体系、工业社会中技术知识的作用和组织方式这样一个宽泛的理论范畴,并且认为官僚体系的权力源于它在现代化历史进程中所占据的中心地位。而马克思的研究路径则是将官僚制定位于阶级统治和阶级冲突的理论范畴,认为官僚体系的权力发端于它在阶级社会中所起到的作用,并提出未来官僚制有可能存在于一个没有阶级划分的工业社会的设想。毕瑟姆提出,韦伯和马克思都赞同只有根据官僚系统在历史演化过程中所起的社会作用,才能对这一社会群体和机构的权力有所理解这一观点。但他们对此种过程和作用的看法却不尽相同,在对官僚制的评价上也存在分歧。韦伯持自由主义的、非官僚化精英的立场,认为官僚体系权力的扩张威胁着精英们的价值观,尤其是个人自由的价值观以及杰出个人在经济和政治领域中发挥创造性作用的范围。主张通过制度安排保证官僚体系以外的精英对官僚组织施以自上而下的控制。马克思则代表潜在社会主义工人阶级的立场,认为客观现实是:工人阶级在经济和政治上直接服从于官僚制的控制。因此,官僚系统与非官僚系统精英之间的冲突是次要的,因为他们两者都是同一阶级统治体系的组成部分。制约官僚系统权力的办法,只能通过工人阶级社会行政管理结构的重构产生,以保证官僚制服从自下而上的

---

[1] [英] 戴维·毕瑟姆:《官僚制》,韩明等译,吉林人民出版社2005年版,第38页。

民主控制。①

可见，韦伯和马克思的官僚制理论存在着极大的分歧，包括历史和社会分析的不同以及社会和政治视野的不同。两种理论所持立场都超出了官僚制自身的范围，显现出不同的政治价值观：韦伯持自由精英主义的立场和价值观，马克思则持无产阶级社会主义的立场和价值观。因此，他们对官僚制的论述，不仅涉及有关社会结构和历史发展的争论，还属于政治价值观之间的论争。由此可以看到，马克斯·韦伯官僚制研究的视野并非局限于组织运作和组织效率即组织社会学的范畴。事实上，马克斯·韦伯的研究并未脱离关于社会及其发展这一宏大的理论范畴。从这一角度看，与其说韦伯"关注组织效率问题，不如说是关注官僚制的权力扩张及其对自由主义基本价值的意蕴"，也正是从这一立场出发，他超越了人们所公认的"韦伯式"（Weberian）研究范围，发展了官僚制的理论分析。②

（四）关于官僚制的发展趋势

毕瑟姆认为，韦伯在论述现代社会发展和现代化理论时给予官僚制一个"中心位置"并非偶然。在 20 世纪最初十年中，资本主义工业出现了快速的卡特尔化和托拉斯化，私人企业雇用的办事人员、技术人员和管理人员激增。同时国家不断扩张，进入提供福利和调节经济的新领域，群众性政党随之出现。这些都与官僚制的扩张相联系。此种情况在德国最为突出，致使当时的普鲁士已经拥有欧洲最为发达的官僚制。对此，韦伯的结论是：此种"官僚化"过程非德国或德国类型的国家所特有，它是现代社会的一种普遍特征，是行政管理扩张的需要。此种行政管理的扩张，首先是现代国家的需要——供养常备军、建立统一的法律和税收体制等；其次是资本主义企业的需要。因此官僚制不可或缺。所以韦伯说："认为任何领域中持续的行政管理不用依靠在办公室工作的官员也能得到实行"，这纯粹是一种幻想，"在行政管理领域中，除了官僚制，就只能让一知半解的外行们来滥竽充数"③。

毕瑟姆认为，韦伯的理性官僚制理论，将官僚制作为一种现代制度，

---

① ［英］戴维·毕瑟姆：《官僚制》，韩明等译，吉林人民出版社 2005 年版，第 52—53 页。
② 同上书，第 53—54 页。
③ Max Weber, *Economy and Society*, 2 vols., Berkeley, CA: University of California Press, p. 223；［英］戴维·毕瑟姆：《官僚制》，第二章第 54—55 页。

对现代社会和传统社会加以区分。韦伯的理论概括决不仅仅关注行政管理效率，而是将其理性官僚制与现代社会联系在一起，所体现的是一种由严格限定的规则所派生的权威，强调专门知识，通过适当的手段去实现既定目标，强调责任和成就取向。此种价值取向源于新教伦理，是一种具有现代特征的权威。马克斯·韦伯官僚制所体现的还包括对传统地位差异的消除、使各种职业向有才能者开放的民主化过程。诚然，此种开放是相对的，要求具备相应的教育水准。这一过程意味着大规模公民权的发展和少数人所把持的狭隘特权的消除，显现出社会的平等性。

毕瑟姆认为，应该在现代化理论的背景中、根据大工业社会的功能去理解韦伯的官僚制。在那里，官僚制的结构一方面源于现代权威和技术理性的基本原则；另一方面源于协调经济和国家领域中复杂的劳动分工所要求的层级制。由此而产生了一种引人注目的组织能力，此种组织能力作为一个社会集团的官僚系统的权力的源泉，由此而使官僚系统的权力合法化。

毕瑟姆认为，马克斯·韦伯在强调官僚制的现代性和不可或缺的同时，对官僚制保持着高度的警惕，认为官僚制以及随之而来的官僚体系权力的扩张威胁着自由主义价值，其中最为直接的是形成了对个人自由的威胁。此外，韦伯提出，官僚体系的权力也对那些处于领导地位的决策提出了挑战，尤其是在后者缺乏相关专门知识时，此种倾向可能会导致工具主义盛行，使手段超越于对目的的坚持。由此而探讨面对势不可挡的官僚化趋势，如何保证个人自由和官僚体系权力正当性的问题。韦伯希望在个人自由"得以保障的张力和竞争中形成一种社会力量的平衡"，以此来制约官僚体系的权力。强调官僚系统的行政管理和技术功能要服从于政治领袖的价值定向和目标导向，而不是使自己成为主宰者，由此去保证官僚系统权力的正当性[①]。

（五）关于官僚制与民主的关系——政治与行政的关系

毕瑟姆认为，官僚制研究中包含着政治哲学问题，政治哲学为研究中的价值判断以及考察实现某种价值所必要的社会与制度条件提供了理论框架。他认为，从哲学分析出发，并结合自由主义原则的民主理论，

---

① 参见［英］戴维·毕瑟姆《官僚制》，第54—59、92页。

才能为认识官僚制提供一个支点①。官僚制研究涉及政治哲学和价值取向的重要问题即官僚制与民主的关系问题，也即政治与行政关系问题。

毕瑟姆说："政治与行政的分界线应该划在哪里？它们之间有什么关系？……官僚制度的权力根源是什么？在什么条件下民主本身会促使官僚制度的权力扩张，民主制度和实践应该采取什么样的形式来控制官僚制度的权力？"毕瑟姆认为，"当前世界民主政体的种种问题，与官僚制所引发的种种问题都是相关的"。鉴于此，"要想对官僚制度有一个明确的理解，恰当的做法就是持有民主理论的立场，而不是个人主义的立场，后者在很大程度上将政治领域看成是市场的剩余，因此对政治组织的问题几乎没有什么兴趣"。反对将政府视为市场的看法。毕瑟姆反对对民主制和官僚制简单给予"好"还是"坏"的看法，认为这样的看法忽视了对问题必要的详尽的分析，然而此种分析是非常必要的。他提出，如果人们视官僚制为具有现代工业社会特征的普遍专业化和依法行事（rule-government）型的行政管理，那么就应该探讨采取何种方式去与民主原则协调一致；除此之外，还应探讨在怎样的条件下，官僚制的这些特征（专业化、依法行事）会演变为一种反民主的力量②。

毕瑟姆提出："现代民主秩序在政治家与行政管理者之间进行了各自的角色分工，并采取了极为不同的专业化形式，这种现代秩序保留了古代雅典人在所有公民有能力做的事与专家有能力做的事之间所作的区分，前者指目的的评价和决定，后者指技术评价和决定运用什么样的手段。政治家，作为代表，只不过是代表公民们进行政治活动，此时用以区分他们的不同之处，并不在于出众的品质和专长，而是在这时候他们的职位允许他们从事这样的活动。他们在法律和政策方面做出决定并非仰仗他们的个人权利，而是代表他们的选民。他们的能力恰恰取决于他们的代表性，最终对法律和政策的检验就在于，这些法律和政策是否为他们所代表的选民所接受。因此，选举就等同于任命民主政治家的方法，以及行使职责过程中的开放性、回应性和解释责任的准则。""另一方面，行政人员的责任也取决于提出建议与实施法律和政策这些专业服务的质量。他们并非通过代表性的选举而产生，而是由于他们的专业和技术特长而被任命的。他们对

---

① 参见［英］戴维·毕瑟姆《官僚制》，第97页。
② 同上书，第101—102页。

政策的关注首先在于政策的可行性——这些政策是否能够得以实施以及如何实施——而不是政策的可接受性。但是，他们对本身并不负责任：他们的责任在于服从，把选民决定或者批准的法律和政策作为指令来加以接受。"由此而建立起一种"民主的行政管理系统"，此种行政管理系统并非是在专业化的官僚缺席的状态下，而是要求此种官僚机构在运行时秉承一定的文化价值和规范[①]。

综上所述，毕瑟姆从官僚制的内涵与研究路径、官僚制模型的建构与研究方法、官僚制权力理论、官僚制发展趋势和官僚制与民主间的关系等方面对官僚制问题进行了全面深入的研究，对官僚制理论的建构和研究的发展做出了重要贡献。

[①] 参见［英］戴维·毕瑟姆《官僚制》，第104、107页。

第 一 章

西方发达国家的官僚制

官僚制伴随着国家和国家功能的出现而衍生,在长期的历史过程中,随着不同国家政治文化的发展形成和政治、经济、社会的变迁,各国的官僚制呈现出不同的特征。本章追溯西方国家早期和近代以来官僚制的发展历程,分析西方国家官僚制产生发展的原因以及与民主的关系,在此基础上探讨英、美、法、德国家的高级文官和职业官僚政治化等问题。

第一节 西方国家官僚制的发展

一 早期西方国家官僚制的发展

(一) 早期欧洲大陆国家官僚制的产生

官僚制是国家和政府的衍生物,由来已久,它产生于各国早已存在的管理制度,同时又是民族国家形成和各国工业化进程的产物。17、18世纪制度化管理理念的出现被视为推动各国跨越式发展的革命性创新,19世纪各国的行政制度开始扩张,使管理理念进一步合理化。如今要了解与人们生活攸关的各国官僚制的意义,有必要了解其形成和发展的历程。

在西方国家中,一般认为,欧洲大陆国家官僚制的形成要早于英、美国家。但追根溯源可以看到,官僚制并非欧洲人的专利。德国文化理论家艾尔弗雷德·韦伯(Alfred Weber)认为,所有古文明的历史都源于"官僚制度"的形成。在古埃及和古巴比伦,居于法老及其最高统治者之下的传教士、统治集团及文职官员等都是这些国家中最早的官僚阶层。"这一以农业(渠道系统)为主要生产力的阶层很可能就是历史上最具集权性的官僚。以黄河、长江和印度河流域农业生产为主要生产力的中国和印度文明古国也显示出类似的集权型的官僚制趋势。"①

罗马帝国衰落后，在原来罗马帝国的地域中出现了一种由中央行政机构及行政部门控制的、由多种独立个体组成的新型社会，并在农业社会的基础上建立起封建臣属制度。法国政治家、历史学家弗朗索瓦·基佐（Francois Guizot）认为，这一时期，有三种力量竞相控制社会，即"争取人的基本自由、建立早期君主制的尝试和封建主义的新生力量"。此种"未开化的封建君主制是一种脆弱的制度。它的建立主要是为了制造战争，进而有效地维护永久性的战争，引起混乱和自我毁灭"②。此种制度无法提高农业生产力，却由于长年的战乱和争斗，最终加速了封建制度的毁灭。

随着社会的迁移，商品经济逐渐得以发展，此时财富不仅包括土地，还包括货币与商品。随着交换需求的增加，自给自足的农业经济渐渐地无法满足人们的需求。新的生产方式的出现使封建贵族不再能够独揽社会财富，并出现建立在日益强大的私有制基础上的新的社会生活方式。伴随着城镇的发展、社会新的财富形式的出现和人们新的社会生活方式的出现，传统的封建贵族制度受到冲击。城镇经济实力的增长，使中世纪的城市形成自己的势力范围，并试图独立于此前统治着他们的封建领主。此时的城镇形成独立的市政机构，管理城镇律法、金融、贸易和手工业等事务。管理成为城镇行政官员的事情，政府由此而逐渐形成。

在社会和经济转型期，利益的追求和"技术的进步带来了欺诈"③，为了维护各方利益，保护各行业人员的生产独立性和产品质量，城市中出现了行会。经济的增长推动了资本的聚集，各种商品不断增加以满足社会日益增长的需求。此时商品不再只为满足特殊的顾客和少数人的需要，而是面向整个社会。此时期各领地诸侯间的争战与合作以及由此引发的社会经济冲突，推动了中央集权君主制国家的形成，国家政府管理系统在此种情境下得以发展。

---

① Henry Jacoby, *The Bureaucratization of the World*, Translated from German by Eveline L. Kanes, Berkeley & Los Angeles: University of California Press, 1973, p. 10.

② Ibid., pp. 11—12.

③ Henri Pirenne, *Economic and Social History of Medieval Europe*, NY: Harcourt, Brace and Co., 1937, p. 184.

(二) 法国早期国家官僚制的发展

在西方国家中,法国被视为中世纪中央集权君主制发展的先驱。当人们研究西欧现代国家和官僚制的发展时,常常会追溯到法国。中世纪中央集权的专制君主制建立起来后,在专制王权体制下,君主大权独揽。君主指令的实施要求一个被委派的、履行特定职责的专职人员的群体,由此而在君主体制下产生了一个官员阶层,这一阶层的出现意味着国家官僚体制的开始。随着君主制国家的发展,服务于国王与履行国家管理的职能逐渐分离,出现了大臣和书记员的官职,逐渐形成专司国家管理的官员集团。此时期在法国,还出现了一些法律界人士,这部分人数量不多,但有很强的独立性。当时也属于这一圈子的法国大法官吉约姆·德·诺加莱(Guillaume de Nogaret)写道:"法律界人士非属贵族阶层,但国王授予了他们爵位。"[①] 这些人成为君主的代理人。

法国中央专制集权君主制建立后,行政管理的专职化便显现出必要性。13世纪时法国王室设有三个委员会:司法委员会、财政委员会和大议会。国家权力自上而下,国家体系开始形成。起初君主的法令是由传话员或国王的代理人传达给臣民,如今则由负责财政、律法和军事事务的专职官员去执行。在此基础上逐渐形成官员等级阶梯制度。从法国中央专制集权君主制时期有关国家管理的资料中可以看到,最初负责皇家土地的官员后来成为地方性官员,受到负责各地军事、律法和财政的官员的监督。继而这些地方性官员的税收权被剥夺,转移到专门管理税收的国家专职官员手中。正是通过国家官吏对各种权力的行使,君主权力日益得以集中。

早期法国国家功能的发展与军事和税收紧密相关,使军队成为国家的军队,使国家财政官僚体系得以发展。14世纪,法国国家议会建立了税收委员会,市民对常规性税收的抗拒进一步强化了中央集权。随着国家军队的日益强大,地方贵族势力被大大削弱,这些贵族转而依附于中央,使地方的分离势力进一步瓦解。随着国家统一性的增强,法国国家开始推行重商主义政策,统一货币和度量衡,由国家出资修建、拓展道路和运河,制造火药,建造工厂,实施贸易垄断,等等。原本一些相对独立的社会功能如今被纳入国家管辖范围。

国家权力地位的上升进一步推动了国家官僚阶层的形成。这一阶层成

[①] Henry Jacoby, *The Bureaucratization of the World*, p.14.

员的地位非由其家族、门第所决定,而是决定于所任职务。16 世纪,法国的国家官僚阶层形成为一个独立的阶层,法国人称之为"第四等级"。他们以其特有的长袍为标志,为社会贵族阶层所不屑。在那些贵族看来,此类高级官员的地位是人定的,而他们自己的地位则是与生俱来的,因而更加高贵。然而事实上,法国王子罗昂(The Prince De Rohan)不得不承认,到 17 世纪上半叶,此时在法国人眼中,"穿长袍的工作人员(意即官僚们)已经较真正的贵族更加重要"[1]。

一些学者认为,现代国家的官僚制形成于 17 世纪。此时期专制国家的政策对国家官僚制的形成具有重要的推动作用。德国哲学家威廉·弗里德里希·黑格尔(Wilhelm Friedrich Hegel)认为,衍生于早期封建主义的绝对君主制首先保留了早期封建主义的特征,同时,此时期的封建诸侯已成为国家官员,必须遵守国家法令[2]。这一时期,国家经常派监察官去调查地方司法官和财政官的行为,以免使国家行政管理系统为个别官员的不当行为所侵蚀。派往地方的监察官成为绝对专制国家的代理人,进而发展成为一种国家官职,开始具有现代性内涵。此后类似的委任进一步产生于其他领域,使法国的国家行政官僚体制开始发生根本性变化。

(三) 早期普鲁士官僚制的发展

早期的普鲁士官僚制被认为是西方国家官僚制的典范,对西方国家官僚制加以研究,有必要追溯早期普鲁士官僚制的起源。

在早期普鲁士官僚制的发展过程中,军队成为指导官僚职业行为的典范。古斯塔夫·施莫勒(Gustav Schmoller)说:"资产阶级商业观的本质和军队卓越的纪律对普鲁士官僚制的发展至关重要。"[3] 与法国早期国家官僚制形成发展过程相似,早期普鲁士国家官僚制的形成,军队和税收成为重要因素。

17 世纪末,普鲁士中央政府行政体系得以发展,出现了新的政府行政阶层。此时期,普鲁士的地方政府拥有自己的行政、军事和财政部门,一度呈现为中央和地方两种势力并存的情形。在与中央政府的角逐中,地方势力逐渐被削弱,最终不得不屈从于中央。18 世纪时,普鲁士的国家

---

[1] Henry Jacoby, *The Bureaucratization of the World*, p. 19.
[2] Ibid., p. 22.
[3] Ibid., p. 28.

官员在社会上享有较高地位，尽管如此，此时的他们仍然只是国王的代理人，普鲁士国王腓特烈二世（Frederick II）[①]曾宣称自己是官僚系统的首脑。至18世纪末，国家的地位得以提升，官员开始从本质上转变为国家官员，而非如同以往那样在身份上只是国王的臣仆。19世纪，随着国家意识的进一步提升，官僚的概念在普鲁士得以形成，并被广泛采用，官僚也真正受到重视。

早期普鲁士的官僚制存在于专制君主制之下，在高度集权的政治体系中，官僚体系逐渐得以发展壮大，并逐渐在专制君主和日益强大的国家官僚系统之间，显现出互不信任的氛围。尽管如此，官僚系统明确的职责分工和严格的纪律规则仍使之获得了声望，官僚阶层所履行的义务和享有的特权——免税权和不受司法追究等——以及作为国家代表的身份，终使这一阶层享有特殊的社会地位[②]。此时期，国家严格控制着社会经济和人们的生活，正如诺瓦利斯（novalis）[③]在18世纪末时所抱怨："自从腓特烈·威廉一世（Frederick William）去世后，普鲁士国家的运行非常像工厂，机器似的行政机构对于社会和社会效率变得非常重要。"[④]

(四) 早期西方的国家理性观

与中世纪欧洲大陆国家官僚制发展同期，欧洲国家的哲学家提出了有关国家理性的思想，此类思想对早期欧洲大陆国家官僚制的发展产生了重要影响。具体体现为：

(1) 霍布斯的国家理性观。早期西方的国家理性观源于中世纪，如霍布斯的国家观。霍布斯是绝对主义国家论的倡导者，同时倡导理性原则，反对暴政。其理论提出，理性国家权力理论能够很好地服务于秩序良好的社会。霍布斯主张保护资产阶级的财产，但前提是要服从于国家。他认为，只要服从于国家，一切都是可以容忍的。关于国家职能，霍布斯认为，国家应当管理所有事务，国家意志高于个人意志。但也应给予公民一

[①] 腓特烈二世（Friedrich II, 1712—1786），1740年至1786年任普鲁士国王，史称腓特烈大帝，被视为欧洲"开明专制"君主的代表。

[②] Hans Rosenberg, *Bureaucracy, Aristocracy and Autocracy: The Prussian Experience* 1660-1815, Cambridge, Mass, 1958, p.101.

[③] 诺瓦利斯（novalis, 1772—1801），德国诗人，早期浪漫派代表人物，原名弗里德里希·莱奥波尔德·封·哈登贝格，诺瓦利斯为笔名。

[④] Henry Jacoby, *The Bureaucratization of the World*, p.34.

定自由，如买卖自由、与他人订立契约的自由、选择职业的自由和子女教育的自由，但对外贸易应由国家控制。霍布斯认为重商主义说到底其实是国家社会主义经济理论，他对商人持怀疑态度，认为商人有反叛倾向。他说："商人这个职业获得的是私利，是人民不共戴天的敌人，他们唯一的骄傲是他们通过富有智慧的买卖变得富有。"19世纪的理论家路德维希·费尔巴哈（Ludwig Feuerbach）和现代的约瑟夫·维埃拉图（Joseph Vialatoux）等人认为：霍布斯主张抑制个人自由，倡导"理性的权威"。在他看来，个人自由会导致专制和集权，提出发展和平和公益事务的重要性，因而被人们称为是一个严谨且品行端正的人①。与霍布斯相同，理性国家政治经济理论的倡导者安·德·蒙克莱田（Antoine de Montchretien）也主张由国家对经济加以控制，认为国家对经济的控制能够使得国家变得富有。

（2）乌托邦国家理性观。乌托邦观点的产生伴随着现代国家的生长。此种思想不同于虔诚、忘我的宗教观，在本质上是理性的。此种理论观点崇尚中央集权，认为一旦传统的地方权力被日益集权的中央政府体系所取代，此时国家便犹如一件完美的艺术品②。

（3）丹尼斯·阿莱（Denis Vairasse d'Allais）的国家理性观。法国早期作家丹尼斯·阿莱也提出了他的国家主义理性观。认为人人都平等地居于自然法之下，主张由国家去寻求更大的平等性。诚然，丹尼斯·阿莱承认，在此过程中，负责分配的政府行政官僚们在衣食住行方面要比普通公民好得多③。

理性合理使用国家权力的观点影响了18世纪的政治哲学。此时期百科全书学派（Encyclopedist）和重农主义者（Physiocrat）德尼·狄德罗（Denis Diderot）和伏尔泰（Voltaire，笔名；原名François-Marie Arouet）等都寄希望于开明的专制统治，赞扬普鲁士、中国、埃及甚至亚历山大二世时的俄国为开明统治的典范。启蒙思想运动时期，西方国家出现行政福利国家的构想，启蒙思想家们主张通过行政福利国家赋予人们一定的自由。此种国家理念一定程度上借鉴了霍布斯（Thomas Hobbes）的极权化

---

① Henry Jacoby, *The Bureaucratization of the World*, p. 39.
② Ibid., p. 40.
③ Ibid.

国家思想和尤斯第（Heinrich Gotelob Von Justi）的行政化国家思想，希望通过此种明智的行政国家理念去实现民众的幸福。

早期西方国家官僚制和国家理性思想的兴起，成为对传统地方主义势力和贵族势力的抑制，使传统贵族的特权被削弱，由此而引发传统封建贵族对倡导理性主义国家的普遍反对。在德国，由于历史上众多小公国的存在，使地方势力被削弱的程度明显低于法国，德国国家主义理性观也一度遭遇到极大的阻力。18世纪在德国极有声望的，既是颇具学问的贵族、律师，也是奥斯纳布克（Osnabruck）公国官员的尤斯图斯·莫泽尔（Justus Moser）曾激烈地反对此种抽象的理性主义，认为新制度有可能会危及公众的自由。他将地方政府与中央行政官僚制加以对比，认为中央行政长官试图从理论层面上统治全国，希望能够给每个中央官员高于地方官员的权力。提出如果要保留自由，那么立法的多样性就很有必要①。

法国学者布莱克·冯·哈勒（Albrecht von Haller）曾分析法国绝对专制君主制创造了什么和毁灭了什么，激烈抨击"官僚制国家"（bureaucratic state），对现代国家理论持敌视态度。路易斯·G. A. 德·博纳尔（Louis G. A. de Bonald）和约瑟夫·德·迈斯特（Joseph de Maistre）等也提出重建自然国家（natural state）的主张。博纳尔提出，人类干预的唯一后果是阻止了社会形成的自然状态。迈斯特则提出，革命精神传播的思想是：社会拥有一种人类必须遵守的、无可改变的自然秩序②。问题在于：当今时代是否能够仰赖此种反对国家理性的思想去重建"自然"国家，此种思想能否在当今时代得以实现。

二 近代以来西方国家官僚制的发展

（一）19世纪欧洲的社会转型和官僚制的发展

伴随着封建主义经济基础和封建社会制度的终结、新的资本主义生产方式的兴起，在日趋衰落的封建土壤上出现了两个人群：一个是无产且失业的人群；另一个是追逐私利的工业企业主，个人主义应运而生。当封建制度瓦解、市场经济建立时，社会面临变更，许多人失业、流离失所、陷于贫困，一些具有理性主义思想的理论家进而提出由国家建立劳工制度的

---

① Henry Jacoby, *The Bureaucratization of the World*, p. 44.
② Ibid., pp. 44—46.

主张。在此种情况下，欧洲的官僚行政国家意识到国家服务于民众的职能和重要性，试图通过采用强制和福利双重体制去重建秩序，改变由欧洲经济转型所引发的混乱。此种政策与由资本主义生产方式所引发的个人主义形成对峙。

资本主义经济的发展意味着先进的科学技术替代了旧有的生产方式，从先进科学技术中衍生的科学理性进一步取代了传统的封建思想。此时，由新兴资产阶级占领政府行政职位的现代国家开始超越它的创始者——封建专制君主制——在资本主义的土壤上迅速繁衍，国家行政体系进一步得以发展。当亚利西斯·德·托克维尔（Alexis de Tocqueville）1832 年审视美国的民主时，注意到利己主义的发展导致国家社会职能的增强和对社会更大的控制。托克维尔说："这些人从不使自己的注意力离开个人的事业而去操劳公事。他们的自然倾向，是把公事交给集体利益的唯一的大家都可看得见的永久存在的代表去管理，这个代表就是国家。"① 托克维尔研究了大革命前的法国，惊奇地发现现代国家事实上是从旧有的政权中发展而来。大革命并没有阻止中央权力的集中，相反，它促进了国家行政体制的发展，封建特权的废止有助于国家行政权力的增强。早在大革命初期，法国的米拉波伯爵（comte de Mirabeau）② 等人便指出：法律面前人人平等与专制国家的原则并不相冲突，"法律面前人人平等促进了行政权力的集中。事实上，一年的大革命要比君主专制时期任何时候都有利于中央权力的提升。"③

托克维尔分析美国民主时，总结了政府活动扩大重要性的一般理性。认为，现代国家人人平等的思想反映了民主理念，然而追求平等有助于权力集中，使国家活动反映于社会公共生活的方方面面。托克维尔还指出官僚制度对个人的影响，提出现代工业把人们聚集在一起，不仅使人们丧失了社会联系，也失去了以往寻求保护的地方政权。因此，人们需要一种权威体系为之提供保护，由此而赋予中央政府以更大的权力。功能日增和日益复杂化的国家行政组织需要更多的官员，导致官僚人数不断增加④。卡

---

① ［法］托克维尔：《论美国的民主》（下册），商务印书馆 2004 年版，第 844 页。
② 米拉波（comte de Mirabeau, 1749—1791）法国大革命时期的作家、外交家和撰稿人。
③ Henry Jacoby, *The Bureaucratization of the World*, p. 53.
④ 参见［法］托克维尔《论美国的民主》，第 845—846 页。

尔·马克思赞同托克维尔的观点，认为当政府形式发生改变时，行政国家继续聚集更多的功能和职责。他在《路易·波拿马的雾月十八日》中写道："如果说议会共和国的倾覆包含有无产阶级革命胜利的萌芽，那末这一事实的直接的具体结果就是波拿巴对议会的胜利，行政权力对立法权力的胜利。""这个行政权力有庞大的官僚机构和军事机构，有复杂而巧妙的国家机器，有五十万人的官吏队伍和五十万人的军队，——这个俨如密网一般缠住法国社会全身并阻塞其一切毛孔的可怕的寄生机体，是在君主专制时代，在封建制度崩溃时期产生的，同时这个寄生机体又加速了封建制度的崩溃。"第二个波拿巴统治时期，法国的国家机器进而"大大地巩固了自己的地位"，"一切变革都是使这个机器更加完备，而不是把它毁坏"[1]。

长期以来，一直存在这样一种历史观，认为资产阶级的自由主义限制了国家权力。然而历史现实并没有兑现19世纪的自由主义理想，资本主义社会制度将人从封建束缚中解放出来，自由取代了封建束缚；宗教自由结束了神学对知识的垄断，给人们带来了更多的思想自由；行会制度的废止使个人获得了选择职业的自由权力。然而当封建主义的衰退导致个人自由主义蔓延时，人们开始怀疑自由主义是否真的有益于社会公益，一些人甚至认为，封建关系不仅限制了自由，同时也保护了自由。德国著名的政治、经济学家阿道夫·瓦格纳（Adolf Wagner）在19世纪时提出：尽管自由主义要求政府减少干预，然而事实是，政府干预不仅没有减少反而有所增加。在法律、国防、文化和福利等领域，在政府活动增加的同时经济自由得到认可，经济自由主义得以发展的时期官僚制发展的步伐并未减慢，使人感到极具讽刺意味[2]。

19世纪以来西方各国官僚制的发展显现出不同的路径和特点。在德国前身普鲁士官僚制的发展过程中，普鲁士国家特有的经济政策推动了国家经济的繁荣，造就了普鲁士国家强大的官僚体制。在英国政府官僚制的发展历程中，表现出立法部门权力日益受限、国家行政功能日益加大的趋势。自由主义意识和理性观的发展培植了更多科学实验人才，扩大了政府

---

[1] ［德］卡尔·马克思：《路易·波拿马的雾月十八日》，载《马克思恩格斯选集》（第一卷），人民出版社1972年版（1976年印刷），第690—692页。

[2] Henry Jacoby, *The Bureaucratization of the World*, p. 55.

的信息渠道，从而进一步强化了政府行政部门，使政府行政部门逐渐取代了议会的一系列功能。

（二）拿破仑当政时期法国中央集权行政官僚体制的发展

美国历史学家亚伦·B. 史必泽（Alan B. Spitzer）曾详细阐述了拿破仑当政时期法国"超级政府"[①] 的行政制度。此时期法国国家行政权力得到极大扩展，并日益居于至高地位，作为第一执政的国家行政权力的执掌者拿破仑操控一切。为了保证国家行政权力的行使，拿破仑建立起自上而下高度集权的国家行政体系，并通过对地方行政区层级的调整，建立起郡、区、市（公社）三级地方行政体系，各级地方政府完全隶属于中央。为了保证这一集权体系的运作，拿破仑以行政官员任命制取代了大革命时期的官员民选制，建立起高度中央集权的政府官僚体系。

法国历史学家乔治·威尔（Georges Weill）认为，法国的文官制（civil service）起源于拿破仑当政时期。此前法国政府中已经出现专职的监察官（Commissaire），各省也有自己的官员，但这些官员各自为政，并不视自己为国王委任的官员。拿破仑当政时期，所有官员均由国家委任，官员均须服从中央权威。据威尔所称，1814 至 1815 年间，法国高度中央集权的国家官僚制曾遭遇主张分权的势力的反对，双方力量的博弈曾使高度集中的中央行政权力受挫，人们寄希望于重建以往的地方政权。尽管如此，当人们向昂古莱姆（Duchess D'Angouleme）公爵建议将权力归还于地方时，公爵回复道：我们还是更喜欢向各省委派官员。使回归地方权力的愿望未能实现。威尔引用法国哲学家鲁瓦耶—科拉尔（Pierre-Paul Royer-Collard）的话说："中央集权推进了行政国家的形成，并使我们为中央权威控制的官员所统治。"[②] 尽管在 1821 年和 1828 年法国先后经历了一些改革，但并没有导致任何改变，中央政府不愿意削减自身权力，官员们也不愿意放弃自己的权力和利益。地方政权的抗争反而使法国的中央集权官僚制进入了发展的黄金时期。保守的封建利益的代表和激进的"自然国家"理论的支持者最终都倒向了国家一方，守旧者和激进派都未能扭转新制度迅猛发展的趋势。

[①] Alan B. Spitzer, "The Bureaucrat as Proconsul: the Restoration Prefect and the Police Générale", *Comparative Studies in Society and History*, VII, No. 4, 1965, pp. 371—372.

[②] Henry Jacoby, *The Bureaucratization of the World*, p. 47.

(三) 英国现代官僚制的发展

1. 19 世纪 50 年代以前英国官职制的发展变化

英国的一些史学家追溯英国早期行政发展的脉络,认为英国政府的行政制度始于诺曼王朝(1066—1135)后期,亨利二世执政时期(1133—1189)得到全面发展[①]。诺曼王朝和金雀花王朝(1154—1485)时期英国的政府行政制度中,开始出现一些理性行政的因素,同时也开始出现集权制下的行政监督和控制。亨利二世当政时期,对政府行政的监督控制职责由国王的顾问、御前会议和财政部承担。此时期,法院和大法官法庭(chancery)逐渐与议会分离,政府财政署(exchequer)的金融控制权被区分为皇室财政控制和议会津贴控制两部分。中央行政以财政署、大法官法庭和王室内务部为核心。伴随着王权的扩大和延伸,王室内务部(household office)逐渐演变为履行政府公共职能的部门。12 世纪至 14 世纪漫长的 200 年间,英国政府中的行政职能逐渐发生分离,出现了财政部、内务部和其他部门,各部门争夺权力,力求扩大自身势力范围。1215 年大宪章颁布后,各部门争夺权力的趋势进一步加剧。伴随着政府事务的日益复杂化,愈加细致的职能分工的需要也更加明显。

随着政府职能的扩大,政府中越来越需要有能力的官员,由此使政府的任职资格逐渐发生变化。为了摆脱来自贵族的压力,国王着手寻求训练有素的官员,其中包括一些法律人员和牧师。早期英国国王专制独裁统治下的政府行政体系中充满政治庇护和裙带关系,在这种情况下,官员任职资格的缓慢变化成为一种对照。1688 年光荣革命后,英国逐渐确立了资产阶级的君主立宪制,王权被削弱,议会成为最高立法机关。但从 17 世纪到 18 世纪初,官吏的任用仍然受国王和枢密院的控制,将官职作为恩赐物的封建官吏制度没有改变。

19 世纪初,随着英国议会制度的发展,英国的两党制逐渐形成,出现了不同政党交替执政的政治局面。随之,重要官员的任免权也转移到了政党手中。两党频繁更迭,政府官员经常发生大规模的换班。新上台的执政党把官职作为战利品,公开进行"分赃",形成了"政党分赃制"。政党对官位的"分赃"导致了官场上营私舞弊、卖官鬻爵的盛行,使昏庸

---

① Carl J. Friedrich, *Constitutional Government and Democracy: Theory and Practice in Europe and America*, 4th ed., Waltham, Massachusetts: Blaisdell Publishing Company, 1968, p. 39.

无能之辈纷纷获得权位。官场的腐败直接损害了英国工业资产阶级的利益，妨碍了英国资本主义经济的发展，致使英国朝野改革政府人事体制、建立低消耗、高效率的廉价政府的呼声与日俱增。

英国的官吏制度改革最初体现为政府中"政务官"和"事务官"类别的出现。1694年，英国政府公布法律，首先限制印花税局的工作人员参与党派竞争，规定此类部门的服务人员不得为国会议员。1699年，又将这一法律规定扩大到其他政府机关的人员。1700年，英国政府颁布《吏治澄清法》，进而明确规定："凡接受皇家薪俸及年金的官吏，除各部大臣及国务大臣外，均不得为议会下院议员。"[1] 从此，英国的官吏开始有了"政务官"和"事务官"的区分。1805年，英国财政部首先设立了常务次官的职位，其官职相当于副大臣。1830年，几个主要的部也设立了常务次官。1833年，各部都设立了常务次官。此后，英国政府高层的官员系统也正式分为两大类，一类是政务官，包括首相、各部大臣、副大臣和政务次官；另一类是事务官，即常任文官，包括常务次官、副常务次官、助理次官和主管等。前者与内阁共进退，随内阁的更迭而更迭；后者则长期任职，不与内阁共进退。英国政府政务官与事务官的分野，有利于内阁更迭时政局的稳定和政府工作的连续性，也有利于提高政府的工作效率。

19世纪40年代和50年代，英国完成了工业革命，而政府的官吏制度却无法满足英国工业资本主义和工业资产阶级发展的需求。尽管自18世纪末以来，英国议会针对"恩赐官职制"的弊端对吏治进行了一些变革，使"恩赐制"让位于"推荐制"，但依然保持了以个人亲疏好恶为前提的任用制度，致使英国的自由党人下决心进行根本性的变革。

2. 19世纪50年代后英国现代文官制度的确立

19世纪50年代至70年代，是英国官制进行根本性改革的时期，它始于英国东印度公司的人事制度改革。1853年，东印度公司的任用特许状期满，向议会请求延长其任用期限，议会籍此提出改进东印度公司考选制度的条件。议会委派了以麦考莱为首的三人委员会，对东印度公司进行人事制度改革。于是，麦考莱三人委员会提出了一个改革公司人事制度的报告，建议通过公开考试取仕。

---

[1] 谭融：《公共部门人力资源管理》，天津大学出版社2006年版，第59页。

在东印度公司进行人事制度改革的同时，英国财政大臣格拉斯顿授意斯坦福·诺斯科特爵士和查尔斯·屈维廉爵士就英国国内的官制进行全面调查，提出改革意见。经过两年的调查，1854年，他们提出了一个《关于建立英国常任文官制度的报告》（通称《诺斯科特—屈维廉报告》）。报告尖锐地批评了英国文官制度的弊端，主张从根本上革新吏治，并提出了四条基本原则：[①] 第一，采用公开的、竞争性的考试录用文官。针对英国官员制度中的腐败混乱状况，强调："要得到第一流的人选，必须求助于竞争。"第二，官员的提拔应按工作成绩，而不是依据资历。第三，区别智力性工作和日常性、机械性工作，分别由受教育程度不同和水平不同的人员来承担。不同类别的官员要通过不同水平、不同标准的考试予以选拔任用。第四，建立统一的文官制度，对各部门人员实行统一管理。

1854年2月，《诺斯科特—屈维廉报告》正式提交议会讨论，却遭到议会中保守势力的强烈反对，使报告提出的原则仅部分地得以实现。

1854年10月，由于英国政府机构的混乱状况和政府官员的昏庸无能、玩忽职守，使英国在克里米亚战争中失利，伤亡惨重。为了平息朝野上下对政府的不满，1855年5月政府颁发了关于文官制度改革的第一个枢密院令，即《关于录用王国政府文官的枢密院令》。根据命令成立不受党派干涉的、独立主持考试的三人委员会。1870年，英国政府又颁布了第二个枢密院令，规定凡持有文官事务委员会及格证书但未经考试者，一律不得担任任何事务官职。从此以后，一切文官职位的任用，都必须通过公开竞争考试（部分最高级官员和外交部、内政部的官员除外）。根据枢密院令，文官分为执行政策的上层和办理日常事务的下层两大类，文官的等级结构也相应划分为两大等级。以上种种改革使英国的现代文官制度得以确立。此后，英国的文官制度又经过多次调整和改革，使文官制度的等级结构不断完善。

3. 1968年英国的富尔顿改革

第二次世界大战后，随着政府职能的扩大和政府机构的膨胀，英国政府中的文官队伍也迅速膨胀。1968年，英国文官的人数达76万人，其中专业技术人员数量的增长尤为显著，在国防部、环境事务部等专业性较强的部门中专业人员的数量已达52%至60%。随着科学技术的飞速发展和

[①] 参见谭融《公共部门人力资源管理》，第60页。

各国间经济竞争的日趋激烈,专业技术人员在政府中的作用也越来越重要。然而英国的文官系统仍以19世纪中期建立的体系为基本结构,并在发展中形成了以"通才"为主体的等级结构。英国重"通才"、轻"专才"的传统封闭的等级结构越来越显露出与日益系列化和专门化的政府工作之间的尖锐矛盾。于是,在工党政府的倡导下,英国于1968年进行了重大的文官制度改革。

1966年,工党领袖、英国首相威尔逊责成苏斯格斯大学副校长富尔顿组成12人委员会,对英国文官系统的组织结构、录用、管理和培训等状况进行调查,并提出改革建议。两年后,委员会提出一份报告,通称《富尔顿报告》。这个报告历数英国文官制度的若干缺陷,包括:第一,行政岗位过于偏重任用非专业人员,导致行政人员博而不专;第二,政府部门中专家数量小,且无职无权;第三,多数文官缺乏职业训练,不具备既懂专业、又会管理的素质;第四,文官过于封闭,与社会交往联系太少,不能适应社会发展的需要;第五,人事管理制度不完善,官员系统烦琐的分类和等级制度,妨碍了人尽其用,等等。主张对英国的文官制度进行全面改革。

《富尔顿报告》提出了158项改革建议,其核心是要打破英国政府人事体制中的"通才"结构,建立一个能够适应新形势的重视专才的文官体制。改革建议中最重要的内容包括:(1)实现行政管理的专业化;(2)改革"通才"官僚结构,削弱"通才"对决策的影响;(3)变政府的"封闭结构"为"开放结构";(4)设立文官学院;(5)鼓励文官之间或文官与其他工作部门之间的相互流动,以增加文官系统的活力;(6)建立文官事务部推行改革方案。在首相威尔逊的支持下,1968年的改革取得了一定的成就:设置了文官事务部,加强了对文官事务的领导;开办了文官学院,加强了对文官的专业培训;政府部门的管理一定程度上得到改善,提高了行政效率;大多数部增设了政策顾问;在一定范围内建立了"开放结构",使专家的地位有所上升,作用有所增强。但在改变"通才"结构这一根本目标上却未能取得成效,次官以上的职位仍然为行政类人员所把持,专家仍难以进入最高决策层,统一的等级结构也未能真正建立。1979年,撒切尔上台执政,撤销了文官事务部,重新恢复财政部掌管政府人事工作的旧体制,宣告了富尔顿改革的失败。富尔顿改革失败的原因主要是由于它遭到了来自政府中下层行政人员和高级文官的共同抵制。富尔顿委员会主张全面建立"开放结构",使行政人员面临来自专业技术人员的强有力的挑战,所以他们不愿意推行这种矛头针对自己的改革政策,导致了改革的失败。

尽管如此,英国政府的文官制度改革并没有停止,20世纪70年代以后,尽管英国政府的文官制度改革进展缓慢,但在一定程度上仍继续朝着《富尔顿报告》的改革方向发展,朝着降低成本、提高效率、建立更加科学规范的文官管理制度的方向发展。

对于英国的官僚制,卡尔·弗莱德里奇(Carl J. Friedrich)的评价是:英国拥有高效率、负责任的政府官僚制。此种官僚制显现出6个方面的特点:(1)功能多样性;(2)明确任职资格;(3)控制、监督的集中化和一体化;(4)客观中立性;(5)精确、一致和持续性;(6)享有自由裁量权。此种官僚制由英国的宪政主义所衍生,与英国的宪政主义传统相协调[1]。

(四) 美国联邦官僚制的发展

美国自建国以来就反对封建王权和贵族制,基于此,从一开始,美国人所关心的并非政府的行政制度,而是宪政制度,关注政府部门间和联邦与州之间的权力分配关系。美国早期的社会经济基础使美国政府在建国后的一个历史时期里毋须走到前台去承担社会管理职责。尽管如此,自美利坚合众国建立以来,美国的联邦官僚制便随之建立起来。美国自建国以来,其联邦官僚制的发展主要经历了四个阶段。

1. 绅士政府时期(1789—1829)

美国建国初期,政府行政体系并不完善,联邦政府没有一套可以遵循的人事制度,官员的任用也没有一定的标准。即便如此,保罗·P·凡·里佩尔(Paul P. Van Riper)认为,"在美国联邦政府形成时期,美国政府的公共机构是当时世界上最有能力的,当然,它也是最少受腐败影响的机构之一"[2]。这一情形的出现与华盛顿等立国者及此后几任总统的理念和实践有很大关系。华盛顿认为:"政府的公共人事管理机构和官员必须忠

---

[1] Carl J. Friedrich, *Constitutional Government and Democracy: Theory and Practice in Europe and America*, pp. 57—58.

[2] Paul P. Van Riper, *History of the United States Civil Cervice*, Evanston, Illinois: Row, Peterson and Co., 1958, p. 11., 转引自石庆环《20世纪美国文官制度与官僚政治》,东北师范大学出版社2003年版,第10页。

于宪法，必须有道德和有能力。"[1] 因此，在选拔和任用联邦官员时注重个人的品格和能力。美国建国初期，并不像欧洲国家那样可以继承以往的国家官僚系统，在此基础上加以改革，而是一切从头开始。尽管华盛顿政府对联邦官员提出了很高的道德标准和要求，但这一时期并没有真正建立起官员制度，且政府规模很小。

此外，此时期美国联邦官僚机构显现出"贵族化"的特征，因而又被称为"绅士政府"[2]。表现为开国总统华盛顿重视名门望族，任用的政府要员多为家产丰厚、门第显赫的独立战争中的功臣。第二届总统亚当斯用人看重学历，尤其是大学文科的毕业文凭。第三届总统杰佛逊同样认为充当文官的必要条件是受过高等教育。总统的个人意志左右着重要官员的任用，而重要官员大都出于高贵的门第，因而形成了此时期"贵族"政府的特征。这些被任命的高级官员随党派的兴衰而兴衰，随总统的更迭而更迭。一般官员的任用也主要取决于同重要官员的私人关系。从华盛顿到门罗执政的50多年中，基本沿袭这一官员制度。

2. 政党分赃制时期（1829—1883）

第二个时期被称为"政党分赃制"时期，主要特点为实行政府官员的"更换制"。19世纪20年代，资产阶级的统治日趋强化，两党制逐渐形成。每任总统上台，便将官职分配给竞选中的支持者和自己的亲信。托马斯·杰佛逊成为这一制度的首创者。1800年他在大选中获胜，上台后清洗了上届总统亚当斯卸任前任命的大批官员，换上了民主—共和党人。基于政党政治的考虑，杰佛逊总统对联邦官僚的任命并不像此前的总统那样重视门第，也强调要"器重受过教育和有能力的人"，但更注重所任用的官员"必须能够保证在各方面与政党进行有效合作并对政党表示忠诚"[3]。1829年民主党的鼻祖之一安德鲁·杰克逊当选总统，进一步主张实行轮换制。他既反对官员的"贵族制"，也反对官员的常任制。杰克逊认为，有能力的人不一定只存在于富有阶层中；并指出，官员的长期任职会导致政府的腐败，会使官员渐渐变得对公众的利益漠不关心，而将官职

---

[1] David H. Rosebloom, Centenary Issues of The Pendleton Act of 1883: The Problematic Legacy of Civil Service Reform, NY: Marcel Dekker, 1982, Preface, p. v.

[2] 参见谭融：《公共部门人力资源管理》，第65页。

[3] Frederick C. Mosher, *Democracy and the Public Service*, New York: Oxford University Press, 1968, pp. 64—65.

视为一种财富,提出"官职应该属于选举的胜利者"。他上台仅三个月,就撤换了近千名官员。在他任期的8年内,先后撤换了约1/5的联邦政府官员[①]。

"政党分赃制"使平民有更多的机会进入政府任职,扩大了政府官员的选用范围,使政府的代表性有所扩大。但"政党分赃制"带来了更多的问题,"一朝天子一朝臣"的频繁人事变动造成周期性的政治动荡,导致社会的不安定。由于官员的任职不是靠能力,而是靠党派关系,许多没有真才实学善于投机钻营的人占据了重要官职,使工作效率大大降低;周期性的人员更换削弱了工作人员的工作积极性和责任心,造成政府部门工作秩序混乱,也使政府对工作人员的专业化培训受到冲击。更有甚者,既然是"分赃",就有可能"分赃"不均,政府的职位总是有限的,对诸多职位分配的结果所带来的不满情绪常常使总统自身陷入困境。1881年,美国总统詹姆斯·加菲尔德被一个谋求驻巴黎副公使职位不成的人刺杀身亡。惨痛的教训使美国的统治者看到了改革官制的必要性,美国的官制改革势在必行。

3. "功绩制"时期（1883—1978）

第三个时期被称为"功绩制"时期。1883年,共和党总统阿瑟为争取在1884年大选中击败民主党,向国会提出了《调整和改革美国文官制度的法案》,由于这一法案是由俄亥俄州的参议员彭德尔顿提出,又被称为《彭德尔顿法》。法案在国会的欢呼声中得以通过。《彭德尔顿法》的主要内容是:（1）政府文职官员必须通过公开竞争考试择优录用,考试应着重于实际工作需要的才能和知识;（2）官职对任何符合报考条件的人开放,不再依据党派关系;（3）凡通过文官考试被录用的人员,不得因党派关系等政治原因被革除职务;（4）文官政治上保持中立,禁止文官参加政党政治活动和提供政治捐款;（5）由总统任命不同政党的成员组成"文官委员会",对联邦文官实行统一管理[②]。

《彭德尔顿法》的颁布实施,奠定了美国现代政府官职制的基础,标

---

① 谭融:《公共部门人力资源管理》,第65页。
② Ronald Johnson, et al, *The Federal Civil Service System and the Problem of Bureaucracy: The Economics and Politics of Institutional Change*, Chicago: The University of Chicago Press, 1994, pp. 32—33.

志着美国以"功绩制"为核心的现代文官制度的建立。此后,美国政府公开考试录用的文职人员数量不断增多。1884年,美国政府中通过考试任用的公职人员仅占政府人员总数的10%,到20世纪70年代末达到90%以上[1]。在《彭德尔顿法》通过后的近一百年的时间里,为了适应联邦政府发展的需要,美国国会又先后通过了一系列法律,如1920年的《文官退休法》、1939年的《哈奇法》、1923年和1949年的《职位分类法》、1970年的《政府人事管理法》等,使美国的文官制度不断得以完善。

4. 强调积极、主动、灵活的官职制时期(1978—)

20世纪70年代以来,在美国的联邦官职制中出现了一种区别于以往的新的理念,由此美国联邦政府出现了持续的、不断改革的趋势。

在《彭德尔顿法》制定后的近百年的时间里,美国联邦政府的官职制基本上沿袭了这一法律的基本原则,然而国家政治经济的发展表明,这部法律所规定的联邦官职管理模式已不能完全适应新的形势。联邦政府规模的日益扩大,政府职能和政府工作复杂性的增强给官职制带来了新的问题;常任文官制度一定程度上助长了官僚主义习气的蔓延;对文官的过度保护影响了政府的工作效率和工作质量。政府文官制度的改革迫在眉睫。

1977年3月卡特当选总统,他向国会提出了改革文官制度的计划。他在致国会的咨文中指出:"这个制度有严重缺陷,已经成为官僚主义的迷宫。这座迷宫忽视功绩制,容忍拙劣的工作表现,容许滥用雇员的政治权利,使每件人事行动都陷入繁杂拖拉的公事程序、延误和混乱的泥沼。"[2] 卡特推动文官制度改革的基本出发点是要加大功绩制的力度,增强行政首长的权力,使政首长在文职人员的使用和工作调配方面具有较大的灵活性。卡特政府中的总统行政委员会也在对美国文官制度现状进行调查的基础上提出,择优制度对于保护政府机构不受保荐制度的侵害,对于提高人事管理水平和行政工作效率起到了积极的作用。但是现行的文官体制远非完善,表现出一种消极的、保护过度的文牍主义作风,使行政首长的管理权力受到过多的限制。主张采取更加主动、灵活的人事管理方

---

[1] 谭融:《公共部门人力资源管理》,第66页。
[2] 同上书,第67页。

法，使行政首长在人事上有较大的裁夺权①。

1978年10月，美国国会通过了《文官改革法》，对美国联邦政府的官职制进行改革。《文官改革法》明确了联邦政府人事工作应遵循的九项功绩制原则②，内容包括：（1）政府面向社会各个阶层招聘雇员，以公开、公正的考试保证人人机会均等；（2）所有雇员和求职者，不论其政治派别、种族、肤色、宗教、祖籍、性别、婚姻状况、年龄或残疾状况，在人事管理的各方面，均应受到公正合理的对待；（3）同工同酬，工资待遇应适当考虑到私营部门雇主支付的全国和地方的工资率，对工作成绩优异者给予适当的鼓励和奖赏；（4）所有雇员应保持正直、高尚的品质，关心公众利益；（5）有效率、有效益地使用联邦文职人员队伍；（6）雇工工作成绩良好应继续留用，工作成绩不好应加以改进，如不改进应予以调整，直至解雇；（7）为雇员提供有效的教育和训练的机会，以帮助他们改进工作；（8）保护雇员免受专横行为或个人好恶之害，以及被迫为政党的政治目的而从事活动，禁止雇员利用影响或权力干预选举；（9）保护雇员不因合理揭发违法行为或现象而遭受打击报复。

此外，《改革法》还规定在以下几个方面进行改革③：

第一，改组人事管理机构，撤销1883年建立的文官委员会，成立人事管理局和功绩制保护委员会，由这两个机构分担原文官委员会的职能。

第二，建立"高级行政职位"，将大约8000名司、局级以上的常任文官列入"高级行政职位"系列，把高级文官的工资从整个文官职务工资中分离出来，变为"级随人走"，以解决"级随职走"所带来的人事调动上的问题。此项改革的目的在于提高管理的灵活性，加强行政领导。

第三，推行功绩工资制，根据高级文官和13等至15等中级文官的工作实绩以及对他们所主管单位工作成绩的正式评价予以加薪，工作成绩显著的另给予现金奖励。

第四，改革考核制度，联邦政府各机构的主管人员，必须提出每个职务的关键性考核内容和有关工作表现的客观标准，以评价雇员的工作，剔除主观臆断性。

---

① 谭融：《公共部门人力资源管理》，第67页。
② 同上书，第67页。
③ 同上书，第67—68页。

第五，下放人事管理权，把原来由中央人事部门独揽的人事管理权力下放给各部门。

第六，改革处分程序，规定实施惩处的单位提出惩处的"具体的证据"便可，简化处分程序，惩处单位在所决定的惩处日期的30天前向被惩处者提出书面通知。受惩处者可以向"功绩制保护委员会"和"平等任用机会委员会"提出申诉，也可以向法院提出申诉，但法院仅对行政部门处分的程序问题进行裁决。

《改革法》还在其他一些方面进行了改革，如对退伍军人的优待办法、对妇女、黑人和少数民族的照顾等方面做出了规定。此后，美国政府还提出要使政府工作效率赶上私营企业的问题，并试图改变一流人才大量流向私营企业的状况。

1978年美国的文官制度改革在上述各个方面都取得了成绩，但由于国会的限制，在建立功绩工资制和考核制度的改革方面未能完全达到预期效果。1978年改革的核心内容是建立激励机制，提高行政部门的工作效率，它标志着美国联邦官职制进入了一个更加注重绩效的时代。

20世纪90年代，美国在坚持联邦官职制基本原则的基础上，进一步强调建立在绩效基础上的管理模式，反对只注重规则不注重结果的管理模式，试图打破僵化、墨守成规的官职制，提高联邦官僚系统的活力和政府管理中的灵活性，以适应新世纪发展的需要。

三 官僚制存在的必要性和产生发展的原因

（一）西方国家官僚制存在的必要性

一些学者认为，如今，"民主由于诸种原因正在衰落，其中的主要原因为：高度分化的政治以及社会问题的日益增加"[1]。此种情况导致人们重新思考政府的适当角色问题，同时要求政府不断地去解决各种问题，以保持政权的合法地位。事实是，为了维护社会的安定和人民的安全，社会需要一种职业性工具，如消防、警察机构等。在这些方面，如果政府不能发挥有效作用，它又该以何种方式去维护自身的合法地位？

西方发达国家的政府官僚系统在本质上是合法选举产生的政府的工

---

[1] Ezra Suleiman, *Dismantling Democratic States*, Princeton: Princeton University Press, 2003, p.1.

具,是一种专业性的机制,在本质上服务和从属于民选政治系统。在现实的政治过程中,合法选举的政治领导人如果不拥有有效的工具,便难以对国家进行治理。在实践中,民主秩序的保障不仅需要国家,还需要一种廉洁、训练有素的官僚机器,方能提供优良、有效的治理。埃兹拉·N·苏莱曼(Ezra N. Suleiman)说:"好的治理、区别于坏的治理或不民主的治理的关键在于政府工具,即国家官僚,它有助于或有损于良好、负责任、有效和合法政府的建构。"他认为,"现代大众民主的发展与现代官僚制相辅相成","现代民主国家建立在官僚结构的基础上",正是"官僚结构巩固了这个国家"。国家确保民主程序、进行战争、建立福利国家、进行税收和创建教育体制等,每个目标的实现都离不开这一高度组织的、基本上属于非政治性工具的作用[1]。

美国学界多年来一直讨论"撤出"和"找回"国家的问题,对此争论不休。然而此类问题在欧洲大陆国家却没有很大反响。因为在欧洲大陆国家中,国家的作用一直是一个不争的事实。在当今时代、尤其是全球化时代,公民比以往更加依赖国家来保证自身安全,以免受外来威胁。马克斯·韦伯认为,国家是任何其他组织所不能替代的,政府官僚系统作为国家的工具,长期以来一直被认为是一个不可或缺的机制,甚或是宪政民主的前提。即使在当代社会,政府官僚工具的缺失或者脆弱依然会成为社会转型的障碍。如今,伴随着政府决策权由立法机构向行政机构转移,行政自由裁量权日益加大,政府的大部分政策倡议由政府中的高级职业官僚提出,使之对政策的形成发挥着主导作用,在政府过程中较之选举官员发挥着更多且更加持久的作用。从这个意义上看,罗伯特·D·帕特南(Robert D. Putnam)说:"现代政府体制本质上是由官僚来管理的。"[2]

(二) 西方国家官僚制产生发展的原因

西方国家官僚制的兴起主要源于以下原因:

第一,国家干预范围的扩大和政府预算规模的提升。20 世纪以来,西方各国社会经济领域的地位不断上升,国家对社会干预范围不断扩大。

---

[1] Ezra Suleiman, *Dismantling Democratic States*, Princeton: Princeton University Press, 2003, p. 7.

[2] Robert D. Putnam, "The Political Attitudes of Senior Civil Servants in Britain, Germany, and Italy", in Mattei Dogan, *The Mandarins of Western Europe: The Politic al Role of Top Civil Servants*, NY: John Wiley & Sons, Inc., 1975, p. 87.

此种国家性质的变化具体反映为国家预算规模的不断扩大。在欧洲大陆国家，20 世纪初，各国的国家预算仅包括相关公共服务的行政支出，占国民生产总值的比重不到 10%。然而两次世界大战后，伴随着政府对社会干预范围的扩大，公共支出不断增加，政府行政支出也日益膨胀。1938 年，欧洲各国政府行政支出大约占国家预算的 5%，到 1949 年上升为 40%。[1] 国家预算的扩大和政府行政支出的增加，有助于政府行政规模的扩大和作用的提升，使西方各国政府官僚体系的地位和作用日益显著。起初，各国国家预算的核定是立法机构的功能之一，然而随着时间的迁移，立法机构逐渐丧失了这一功能，使政府预算权转移到政府行政官僚、尤其是政府相关财政部门的官员手中。在法国，宪法限制议会参与预算的编制过程，议会无权提出增加或减少预算支出的提案，议会对预算的编制和最终确定均处于无力状态，政府掌控着整个预算过程。

第二，议会的衰落。20 世纪以来，西方各国、尤其是欧洲国家议会权力日益衰落，部分立法权转移到行政部门。相当多的立法创议权掌握在政府行政部门手中，其中大量立法创议权由政府行政部门中的高级文官所提出。议会立法委任权使政府行政部门拥有制定各种行政规的权力。詹姆斯·克里斯托弗（James B. Christoph）说："在英国，议会仅制定一个政策框架，然后授权内阁各部去确定具体细节。部长进一步将行政立法权委任给高级文官。"[2] 罗兰·吕菲约（Roland Ruffieux）也提出："文官在普通立法过程中的作用是持续存在的"，"高级文官行使着立法创制权、仲裁权和决策权"。达姆加德（Damgaard）说，如今"许多贴着立法标签的任务成为行政工作"，"通常由官僚起草议案并开始立法过程"，"90%的草案由内阁起草，官僚事实上担负着各部门的立法工作"[3]。在法国，1958 年宪法限定了国民议会开会的周期，使国民议会难以控制自身的议事日程，并削弱了议会的议案修改权，使政府议案常常不通过议会辩论便形成为法律。

雅克·洛特曼（Jacques Lautman）认为，当代各国行政权力在发展中

---

[1] Robert D. Putnam, "The Political Attitudes of Senior Civil Servants in Britain, Germany, and Italy", in Mattei Dogan, *The Mandarins of Western Europe: The Politic al Role of Top Civil Servants*, NY: John Wiley & Sons, Inc., 1975, p. 5.

[2] Mattei Dogan, *The Mandarins of Western Europe: The Political Role of Top Civil Servants*, p. 7.

[3] Ibid., p. 7.

呈现出这样一种趋势，即权力从议会转向行政集团，继而从行政集团转向高级行政集团的权力双重转化①。此种权力的转移更多体现于经济财政领域和社会事务方面，而非制度结构方面。在欧洲大陆国家中，此种权力的转移，反映出以往集中于政治系统和政治领袖的权力出现了分散化的趋势，政府行政权力的上升是对代议制衰落的一种弥补和补充，在一定程度上成为"民主实践的替代品"②。

（三）影响西方国家政府官僚系统权力地位的因素

在西方发达国家中，影响政府官僚系统权力地位的因素包括以下方面：首先，是行政体制因素。具体表现为：第一，行政集权化。行政集权化有利于提升政府高级行政官员的权力地位，这在法国表现得十分突出。第二，内阁的不稳定性。欧洲大陆国家多党体制下内阁的频繁更迭，客观上强化了长期任职的职业官僚的权力地位，削弱了政治官僚的权力地位。此种情况以法国第三共和国和第四共和国为最严重。第三，内阁部长职位和议员身份不相容。在欧洲大陆一些国家如法国，宪法禁止兼有议员和政府行政官员双重身份，此种情况客观上导致大量职业官僚力求在政府系统中寻求发展。加之法国任期政治官僚与常任职业官僚之间界限并不十分清晰，使许多高级文官逐渐向政治官僚的方向发展。

在法国第五共和国中，有一半以上的部长来源于政府中的高级文官。长期作为政治官僚"羽翼"和"幕僚"的高级职业文官，原本就处于"准政治"的位置上，此种职业地位为其日后的转换做了重要铺垫。这些具有长期工作阅历和深厚职业经验的高级文官一旦转变为政治官僚，以往的经历便成为雄厚的资本，帮助他们成为颇有实力的政治家。法国单一制国家体制也有利于高级职业官僚权力地位的提升，使之不仅在中央行政体系中发挥作用，同时在地方行政体系中发挥重要作用。在这一点上，单一制国家政府官僚的作用与联邦制国家有所不同。

其次，是政党体制因素。在一些欧洲国家中，高级文官履行实施政策而非制定政策的功能。在"强政党"政治体制下，政治领袖更有能力占

---

① See Alfred Diamant, "Antibureaucratic Utopias in Highly Industrialized Societies", Journal of Comparative Administration, May, 1972, pp. 3—34.

② Mattei Dogan, The Mandarins of Western Europe: The Political Role of Top Civil Servants, p. 19.

据整个政治舞台和掌控政府的决策过程。然而在一些"弱政党"体制下的多党制国家中,由于执政党更迭频繁,政党联盟不断重组,鼓励了职业文官系统的发展和力量的壮大。英国属于前一种情况,即强政党之下的政府行政一体化类型。在英国一党政府的行政体制下,"官僚的政治权力与其政治化程度之间具有不一致性","当较强的且组织良好的政党控制了包括行政等级制度在内的整个政治体系时,高级文官便可能出现较高程度的政治化"①,此时政党对政府职业官僚系统有较强的控制。在这种情况下,高级文官并不能在决策过程中发挥其应有的作用。

法国历史上曾属于后一种情况,即典型的"弱政党"、"强行政集权"的状况。在欧洲大陆国家中,法国的政府官僚系统一直居于国家的重要地位,在国家政治动荡、政党联盟重组和内阁政府频繁更迭的情况下发挥重要作用。法国的历史传统和政治文化使人们至今仍称法国第五共和国是"现代官僚的伊甸园"②。这些高级文官并不将自己系于某个政党,但他们事实上却享有重要的权力地位。德国的政党制度又称"两个半政党体系",其政党和政府行政系统都处于相对中间状态,呈现为行政集权与分权的混合形态。美国基于分散性和多元性的政治体制,政府极具开放性,属于弱政党、弱政府行政体制的类型。

再次,是政府精英的流动性因素。根据马太·多甘(Mattei Dogan)的看法,影响高级文官政治化的另一因素是政府精英的流动性。在一般情况下,如果职业精英不容易从常任的职业性职位流动到有任期的政治性职位,表明职业精英即高级职业官僚的政治化程度相对较低。英国、美国属于此种情况。反之,如若职业性官僚较容易在政治职位与行政职业性职位之间流动,高级职业官僚的职业成为一种"高贵的职业",此类高级职业官僚的党派性便会大增,政治化程度也将大大增强。德国和法国的情况属于此种类型。内维尔·约翰逊(Nevil Johnson)说:"在英国,重要的国家政治精英的成长环境截然不同于行政官僚的成长环境。从行政领域流动到政治领域并不受人们欢迎。而德国的情况恰好相反。德国的政治精英通常是从行政领域进入的,政治与行政之间的流通很容易,结果就出现了官

---

① Mattei Dogan, *The Mandarins of Western Europe: The Political Role of Top Civil Servants*, p. 14.
② Ibid., p. 13.

僚化的政治和政治化的官僚。"①

总之，许多因素影响着政府官僚系统的权力地位，不同国家中政府官僚系统的制度结构状况是这些国家政治与社会结构中诸种特征的结果。在多元民主国家中，普选权普遍适用，公众政治参与程度较高。在这一过程中，政党成功地调动着公民们参与政治事务的积极性。此种情况表现出：公众的参与性越强，提出要求的社会利益集团就越多，社会要求政府提供的公共服务也不断增多。如此便需要一个更具规模的政府官僚集团去为社会提供相应服务，以满足社会的要求。与之同时，公众的参与性越强，对诸种利益和资源的竞争更加激烈，便不可避免地会出现政府行政仲裁机构来协调诸种利益关系。此外，公众的参与性越强，也就越要求政府系统的代表性和回应性，客观上加大了对政府组织系统的需求，间接导致了政府组织规模的扩大，进一步加大了政府行政官僚的影响力。公民参与性的加大以及对政府代表性和回应性要求的增强，提升了政府官僚体系及官僚对政府决策过程的敏感性，因此也一定程度提升了政府官僚的影响力。

四　官僚制与民主的关系

（一）国家统一、宪政制度和官僚制

任何一个国家都需要由政府去履行其功能，因此也必然存在某种政府形式。现代国家的政府形态常常与其宪政体制和宪政状况相联系，然而有效政府的产生，又建立在国家统一的基础之上。因此，历史的逻辑为："国家的统一促使有效政府的产生，之后，现代宪政主义才有可能取得实质性的发展。"② 处于分裂状态下的国家，不能建立起稳定有效的政府，也难以实现国家的宪政。因此，英国历史上比较早建立起宪政体制，与之较早地实现国家的统一，并由此而建立起稳定的政府相关联。弗莱德里奇因而称英国为"现代政府行政制度的先驱之一"③。反之，德国统一进程缓慢，直至19世纪后期才逐渐发展为统一的国家，其宪政体制的建立也

---

① Nevil Johnson, "Some Remarks on the Political Role of the Bureaucracy in Britain and Western Germany," paper presented at a panel of the European consortium for Political Research, University of Mannheim, 1973, p. 13.

② Carl J. Friedrich, *Constitutional Government and Democracy: Theory and Practice in Europe and America*, p. 11.

③ Ibid., p. 58.

十分艰难。然而，正是由于国家发展历程中举步维艰，政治上极不稳定，也就使此类国家极为珍重国家的统一和权威。在此类国家如法国和德国中，国家军事和税收的发展推动了政府的发展，使适应国家发展的政府功能及其实现其功能的组织结构在宪政制度出现之前得以发展。

在欧洲大陆，历史上促使国家统一的一个重要因素是军事因素，在与地方贵族的斗争中，在邦国间的冲突中，军队得以发展。军队和政府二者相互支持，一些现代管理手段从军队中发展起来，进而对政府组织的形成和政府管理产生影响。此种情况一定程度解释了德国统一前普鲁士官僚体制的出现，以及此后德国政府官僚制的一些特点。

考察西方各国的发展历程可以看出，英美国家现代政府的起源与欧洲大陆国家有所不同。在英美国家，是先有宪政制度的发展，后有现代政府及官僚制的发展。欧洲大陆国家则先是强有力的政府行政体制的发展，现代民主宪政体制姗姗来迟，大大晚于政府行政体制的发展。各国宪政主义和政府行政体制发展历程的不同，导致其政府官僚制发展特点的不同。

（二）官僚制与民主

埃兹拉·苏莱曼（Ezra Suleiman）提出，官僚制和民主之间是怎样的关系呢？官僚制是保持民主所必须的吗？官僚制会妨碍民主的健康发展吗？不断寻求削弱国家治理工具的改革运动会给民主社会带来怎样的后果？他的结论是：关于官僚制发展对民主治理的影响需诉诸于比较研究，在不同传统文化的社会中情况有所不同[1]。苏莱曼提出，在一些人看来，作为国家和政府的工具，官僚系统如今似乎不再拥有在民主治理中的重要性，甚至视之为可有可无。然而在他看来，政府官僚制对于民主不可或缺。他认为，尽管人们不停地批评政府官僚，尽管政府官僚制普遍缺少社会的支持，但政府官僚系统依然是民主社会中一种重要的机制，应当以一种严谨的态度去判定政府官僚制的重要性。由于国家的治理必定要涉及规则的制定和实施，也就需要治理的具体手段和工具。况且如今国家治理所涉及的范围较以往更加宽泛，这一切均与政府官僚系统的功能和作用紧密相关联。在现实中，政府官僚系统与资本主义经济和民主政治都有密切的联系，而不像美国新公共管理运动中所宣称的，资本主义经济和民主政治

---

[1] Ezra Suleiman, *Dismantling Democratic States*, pp. 7—8.

的发展都不再依赖政府官僚机构所承担的角色[①]。

德怀特·沃尔多（Dwight Waldo）认为，不能将官僚制和民主视为对手，也不能将官僚制视为民主的补充[②]，意即二者缺一不可。诚然，民主和官僚体制之间具有不同的原则和运行方式，政府的行政官僚体制寻求效率，要求相应的集权性；而民主则寻求权力的分散与制约。因此，马克斯·韦伯认为官僚制和民主二者间会有潜在的冲突，"在一定条件下，民主有可能引起官僚组织破裂和堵塞"[③]。但韦伯同时认为，官僚制与民主之间又有着强有力的联系，二者对于维持资本主义秩序都很必要。约瑟夫·熊彼特（Joseph A. Schumpeter）则反复提出，民主秩序的功能如若没有国家专业性官僚工具是不可能实现的。他对马克斯·韦伯的观点加以发展，明确指出官僚制是民主必不可少的成分，将专业官僚体系列为民主秩序所必需的五个条件之一。他还提出，官僚制"不是民主的障碍，而是民主必不可少的补充，同样也是现代经济发展必不可少的补充"[④]。熊彼特认为，由于政府的掌管通常不能满足社会的需求，使运行无效成为常事，因此需要训练有素的官僚而不是由业余人员去进行管理。民主政治本身并不能产生像样的城市政府[⑤]。正如马克斯·韦伯所认为的，在现实世界中，任何一个现代国家都需要拥有一个训练有素、由大量专业人员组成的官僚系统，依照层级原则和规则去运作。马克斯·韦伯认为："官僚制在'去人性化'上越是完美，在公务的喜爱、仇恨和逃脱可预测的纯粹个人的、非理性的情感元素上便越是成功。这是官僚制的特性，也是它特殊的优点"[⑥]。尽管20世纪后期，对马克斯·韦伯的看法以及对国家功能性体系的批评十分流行，但现实表明，正如19世纪80年代伍德罗·威尔逊所提出的，除非国家有一个可靠、有能力的政府官僚体系，否则不可能

[①] Ezra Suleiman, *Dismantling Democratic States*, p. 19; pp. 21—22.

[②] Cited in Louis C. Gawthorp, *Public Service and Democracy: Ethical Imperatives for the Twenty-first Century*, NY: Chatham House, 1998, p. 27.

[③] Charles H. Sisson, *The spirit of British Administration*, London: Oxford University Press, 1966, 2nd. p. 38.

[④] Joseph Schumpeter, *Capitalism, Socialism, and Democracy*, NY: Harper, 1949, 3rd. ed., p. 206.

[⑤] Ibid., p. 293.

[⑥] Max Weber, "Bureaucracy," in Hans H. Gerth & Charles W. Mills, *From Max Weber: Essays in Sociology*, NY: Oxford University Press, 1962, p. 216.

真正实现民主。

一个巩固的民主需要以有序、透明、合法的方式去履行它的功能,要做到这一点,国家必须具备一个任其支配的有能力的工具。民主思想家胡安·林兹(Juan Linz)和阿尔弗莱德·斯杰潘(Alfred Stepan)等学者指出了民主转型中专业官僚的重要性,以及对巩固民主、建构公民社会、建构自治的政治社会和法治的重要性。提出无论人们怎样看待国家的角色,一个现代、专业的官僚制是巩固民主所不可或缺的,甚至提出"没有国家,就没有民主"的看法①。意即没有有效的国家工具,民主便不可能真正得以实现。为了保护公民的基本权利,履行公民所要求的基本服务,民主政府需要有效地推行其政策;为了有效地履行其功能,支付诸种基本服务的费用,国家不得不征税,由此而需要具备下达指令、制定和实施规则的能力。凡此种种,都需要一个强有力和有效的国家官僚体系。

弗莱德里奇不是马克斯·韦伯官僚制理论的崇拜者,但依然相信没有政府,就没有民主,相信没有高效的官僚系统,政府就不能运行。他在《宪政府和民主》一书中说道:"对政府的真正研究不得不从了解官僚制开始……因为没有官僚制,政府就不能运行。"由于官僚体制与国家能力相关联,因此,专业化的官僚系统不得不和宪政体制并存。"只有中央行政政府建立后,宪政化才能得以发展。所以,不是民主和官僚制的问题,也不是宪法主义(constitutionalism)和有效行政的问题。"弗莱德里奇认为,"所流行的官僚制和民主之间的对立是一个高谈阔论的口号,它危害了民主的未来,也使宪政体制不能有效地运行、不能迅速而有效地行动、不能生存"②。国家权力要求保有国家政府的合法地位,它成为公民权利的基本保障。

斯蒂芬·霍姆斯(Stephen Holmes)在一篇研究俄罗斯问题的文章中说:"今天的俄罗斯极度痛苦,自由的价值受到国家无能和专制权力的威胁。私有化不是真正的解决办法,它本身也是问题。没有某种运作良好的公共权力,就不能阻止彼此伤害,就没有个人安全……因为严酷的国家机关,1977年勃列日涅夫宪法(Brezhnev Constitution)中的权利变得没有保护。因为政府缺少资源和目的,1993年叶利钦宪法(Yeltsin Constitution)

---

① Alfred Stepan, Arguing Comparative Politics, NY: Oxford University Press, 2001, p. 18.
② Ezra Suleiman, Dismantling Democratic States, p. 37, p. 39.

中的权利变得不能实施。"霍姆斯提出,"权力加强自由","权利和自由依赖于有力的国家行为"①。当政府工具不能正常运作时,公民的基本权利便无法得到有效保障。

弗里特兹·莫·马克斯认为,现代官僚机器十分复杂,因此需要对之加以劳动分工,使其内部成为合理的组织,这与对自由裁量、专制控制和集权政府加以限制有所不同。认为现在的趋势绝不会对民主政府构成威胁②。林兹和斯杰潘也提出,一个国家首先必须是一个"有用的"的国家,而"有用的"国家就必须拥有一个专业化的国家机构。英国和法国自19世纪为了统治他们遥远的帝国,便开始发展训练有素的国家精英,这绝非偶然。"同样,这些精英也管理了他们自己的社会。"③

如今人们提出了一些有关政府的新的理念,此种理念在寻求更加有效的政府的理由下,蕴含着无视政府专业体系的不可或缺性。这些理念挑战了人们以往的信仰,即民主需要仰赖于专业官僚体系。尽管种种新的理念看上去似乎有一定的道理,但毋庸置疑的是,官僚制作为一种功能体系和国家工具依然是国家权力的重要组成部分,它的存在对保持民主必不可少。政府官僚体系是现代国家不可或缺的组成部分和工具,任何国家缺少了有效的政府官僚系统都无法运行。

如上所述,在当今社会与政治的发展过程中,官僚制的发展和官僚体系权力的延伸不可避免。然而在这一进程中,官员任用中的问题和官员对权力的滥用,使人们屡屡感受到民主权利和民主价值受到侵犯和侵蚀,从而对官僚制问题给予越来越多的关注。官僚制与民主制间的关系,涉及公共官员的职能、官僚体系权力的行使和权力范围等问题。对于此类问题有种种不同的看法,一些人认为,社会日益"官僚制化"是因为官员拥有过多的权力,有必要回归到适当的职能。另一些人则认为,官员必然要拥有越来越大的权力,问题在于如何保证权力被明智地行使。人们普遍认为,官僚体系对于民主制的威胁主要源于官员权力的过度行使。英国大法

---

① Stephen Holmes, "What Russia Teaches US Now: How Weak States Threaten Freedom", *American Prospect*, July-August, 1997, pp. 32 - 33; Stephen Holmes and Cass Sunstein, *The Cost of Rights: Why Liberty Depends on Taxes*, NY: W. W. Norton, 1999, p. 14.

② Fritz Morstein Marx, *The Administrative State: An Introduction to Bureaucracy*, Chicago, Illinois: The University of Chicago Press, 1957. Forword, p. vi.

③ See Henry Parris, Constitutional Bureaucracy, London, Allen & Unwin, 1969, p. 48.

官休厄特（Lord Hewart）在其《新专制主义》（1929）一书中提出，问题的根源在于越来越多的立法权和司法权被委托于现代文官机构。已经通过的成文法，允许随后由文官来完成它们的细节；为部门而制定的规章条例的条款，具有了法律的力量；行政部门做出的决定，公民在法律上没有依据加以反对。解决这些问题，必须明确衡量民主公共行政的标准，明确官员的责任制。通过相应措施保证官员的行动受到监督，并在必要时得以纠矫或受到惩罚。[①] 人们在研究中提出，无论何时何地，只要这种设置失灵，就会出现"官僚化"现象。除此之外，法律的实现和制约机制的有效性还依赖于行政官员自身的价值取向和自我约束。马丁·阿尔布罗认为，"在捍卫民主制上，官员对民主价值的信奉，比任何正式控制制度都更为重要"[②]。

（三）官僚制与市场

早期倡导个人自由和经济自由主义的资产阶级反对政府干预个人生活，一些经济学家认为，国家不应干预经济。一些哲学家和诗人也在其作品中表达了类似的看法，如康德（Immanuel Kant）在其著作中提道："所有政府的本质在于使个人得到幸福，政府不应干预私人生活。"歌德（Johann W. Goethe）也表达了同样的看法[③]。康德和歌德的观点体现了早期自由资本主义时代的精神。

在市场经济下，竞争的刺激带来了新的生产方式，引进了新的产品，打开了新的销路。然而竞争有时也会导致毁灭，由此而需要相应的机构加以管理。如当生产集中于联合股份公司时，就要求相应的行政机构作为信用机构，要求相应的货币机构作为其资金来源。在私人资本的运营过程中，也需要相应的国家管理机构为之服务并加以协调。一种看法认为，自由是成功企业家生活中的必备要素，而不是忍受被管制。在一个自由经济国家中，责任与自由密切相连。企业生产他们认为值得生产的东西，努力开拓市场，并确定他们认为合适的价格。他们为自己所做的一切负责，假使生产不成功，他们必须承受所有损失，甚至考虑到全军覆没的可能性。然而埃德加·萨林（Edgar Salin）在研究了第一次世界大战后西方国家的

[①] 参见马丁·阿尔布罗《官僚制》，第111页。
[②] 同上书，第113页。
[③] Henry Jacoby, *The Bureaucratization of the World*, p. 61.

经济状况后指出：20世纪的企业家丧失了承受失败的能力，一旦企业家无法监控整个生产过程，国家便必须接管这一监控①。这一看法成为对国家政府官僚系统干预和管理社会的合理性与合法性的论证。随着资本主义经济的发展，私人企业日益与社会民众和国家官僚体制发生冲突，导致了社会民众对国家干预的诉求。

19世纪以来西方国家发展的现实表明，政府诸种行政功能的出现一方面是日益复杂的现代文明发展的结果；另一方面则是市场内在机制中的缺陷所致。人们对资本主义经济和过度私利主义给社会带来的不平等性的反对，导致了相应的社会改革运动，由此而产生了一系列有关社会安全的法律制度，推动了国家功能的提升。亚当·斯密（Adam Smith）认为，政府应具有三个综合性职能：第一是外部防御的职能；第二是保护公民免受非正义侵扰的职能；第三是超越个人能力的发展公共设施的职能。作为亚当·斯密经济理论阐释者之一的让·巴蒂斯特（Jean Baptiste）则提出：国家干预在某些领域具有重要性，国家应通过经济补贴和刺激去鼓励生产、建设公共道路和通信设施。但国家税收应受到限制，以避免国家机器权力的滥用②。

20世纪七八十年代以来，美国展开了一场"重塑政府"（reinvention of government）③运动，认为政府应当跟随私人部门，学会竞争，并满足消费者的需求，由此节约政府开支，恢复民众对政府的信任。美国的"重塑政府"意味着将私人部门的企业家精神应用于公共部门，提高公共部门之间的竞争，在政府中创造赢利的环境，还意味着撤销许多公共部门。此种观点在美国为反对政府干预的人所赞许。尽管英国同美国一样，自20世纪70年代末以来开展了一场"新公共管理"运动，但在追寻私人企业步伐方面较之美国程度相对较低。此种希望公共部门与私人部门保持更多一致性的想法，并不新颖，也不与马克斯·韦伯的官僚制理论相违背。马克斯·韦伯的官僚制理论所针对的就是包括政府、企业在内的所有大型组织，并曾经声称，"现代国家类似于企业"④。

---

① Henry Jacoby, *The Bureaucratization of the World*, p. 65.
② Ibid., p. 63.
③ "reinvention of government"，国内学者译法不同，或译为"政府再造"。
④ Max Weber, *Essays in Economic Sociology*, ed. by Richard Swedberg, Princeton：Princeton University Press, 1999, p. 110.

在这里，一个需要探讨的问题是，政府官僚系统的任务究竟是什么。美国学者唐纳德·凯特尔（Donald F. Kettl）认为："在一系列改革背后的主要思想一直是'管理主义'（managerialism），由于传统官僚的等级制已变得不适用，因此改革者试图用灵活的方法来代替权威和刻板的方法。传统方法注重结构改善过程，而改革者则追求政府机构的稳定和市场竞争中的经费。"[1]

然而与英美国家不同，自上个世纪后期以来，欧洲大陆国家所提出的是要实现"国家现代化"（state modernization）而非"重塑政府"，目的在于试图改变公务员对公民的态度，取消秘密的和过多的官僚程序，减少公共雇员人数，减少浪费，改善政府公务员的"生产"能力。之所以出现此种改革趋势，是因为欧洲大陆国家庞大的政府官僚体系导致过于繁重的税收、以及官僚不称职的现象十分严重。但这些欧洲大陆国家的改革十分谨慎，此种改革是在维持现有体制基本现状基础上的改革，即在改革的同时并不打破现有的秩序和公共空间；在改革的同时还要维护政府官僚系统及其官僚的既得利益。可见欧洲大陆国家的现代化进程与英美国家的"政府再造"和新公共管理运动有很大区别。

第二节　西方国家官僚制的类型和关系模式

一　官僚的内涵和类型

官僚一词，英文为 Bureaucrats，对之，学者们有多种解释。石庆环博士认为，所谓官僚，是指政府中的行政官员，即政府的正式雇员，他们是政府政策制定和实施的主体。[2] 理查德·J. 斯蒂尔曼二世（Richard J. Stillman II）在他的《公共行政学：概念与案例》一书中对官僚这一称谓作了较为宽泛的解释，将所有为美国联邦政府效力和受雇于各个州和地方政府部门的人员均归于官僚的范畴，包括政治任命官员、专业职业人员、普通公务员、工会组织化了的工人和合同雇员五类人员，每类人员的

---

[1] Donald F. Kettl, "The Global Revolution in Public Management: Driving Themes, Missing Links," *Journal of Policy Analysis and Management* 16, No. 3, 1997, p. 447.

[2] 石庆环：《行政集权：现代美国官僚政治研究》，东北师范大学博士学位论文，2004 年 3 月，第 1 页。

来源、招募程序、晋升阶梯、动机和角色,乃至对政府公共政策的影响均有所不同①。

法国著名公共行政学家米歇尔·克罗齐埃(Michel Crozier)从法国文官"阶级特权"(caste privileges)的角度加以分析界定,认为法国行政体系的核心之一是文官资格的限制和文官的封闭性②。法国前总理皮埃尔·孟戴斯—弗朗斯(Pierre Mendes-France)曾对法国官僚这一"特权阶级"加以评价,提出:"一些文官为了私人部门的重要职位而放弃了行政职位。许多私人公司的经理来自文官群体中;这种情况同样存在于银行中。决策者(内阁部长)和政策实施者(各部成员)之间形成的紧密关系常常影响着商人,形成为一个拥有特权、永久性、强有力和团结一致的统治阶层。"③

一些学者将西方国家政府中的职业官僚区分为"专才"(specialists)和"通才"(generalists)两种类型。而另一些学者则认为,事实上大多数官僚都属于"通才"类型。可以做一个这样的估计,即在西方国家中,政府高层职业官僚中"通才"所占比例相对较大。

帕特南(R. Putnam)将政府官僚区分为古典(或传统)类型和政治类型。称韦伯官僚制理论框架中超脱于政治以外的类型为古典(或传统)官僚,将之归为"服务于国民利益或国家利益,诉诸于合法性、客观标准和实用性技术去应对公众事务"的官僚。此类官僚"倾向于将所有政治问题转化为行政问题"。称融政治与行政于一体的类型为政治官僚④。帕特南认为,古典官僚和政治官僚的区别在于不同类型的官僚对政治的态度不同,古典官僚为"一元论"的公共利益的代理人,一般特征为避开政治。政治官僚则是"多元"决策过程的参与者,在政治信仰方面更加多元化。政治官僚更加了解政治现实,了解政策制定时讨价还价和妥协的现实需要。他们关注政党和压力集团的地位和作用,同时也较多关注政治自由和平等等价值理念。相比之下,政治官僚更多为"问题导向型"或

---

① 理查德·J. 斯蒂尔曼二世编著:《公共行政学:概念与案例》,竺乾威等译,中国人民大学出版社 2004 年版,第 274 页。

② Mattei Dogan, *The Mandarins of Western Europe: The Political Role of Top Civil Servants*, p. 18.

③ Ibid., p. 19.

④ Karl Mannheim, *Ideology and Utopia*, NY: Harcourt, Brace, 1946, p. 105.

"方案导向型",而"古典官僚"则更多为"程序导向型"或"规则导向型"①。

一些研究高级文官问题的德国学者提出,"古典官僚运作的前提是认为能够客观地解决问题,而无须考虑社会与政治环境"②。因为此类官僚本身具有"无党派性",所以他们的判断也是中立的和客观的。其结果是,古典官僚表现为抵制或不认可议会、政党或压力团体的作用。在此类官僚看来,无能的、具有党派性的政治家往好里说是无知,往不好里说是不利于国家的长远利益③。赫伯特·雅各(Herbert Jacob)在对俾斯麦政府时期文官制的研究中提出:"德国行政人员④在德国政治中起着关键性作用,他们更像做出宣判的法律专家,而不是提倡党派归属的政治集团。"⑤ 他对战后德国官僚制的研究得出同样结论,提出:德国官僚认为他们是不受党派性干扰的国家机器的一部分,认为国家在专家的控制下运作。尽管少数具有民主观念的官僚认为,代表多种公共观念的组织和政党对于民主生活必不可少,然而大部分德国官僚对大众参与政府事务持一种根深蒂固的怀疑主义的看法,认为政党和议会是"分离性要素",在民主生活中并不能起积极作用。政党和议会可能带来"外部力量对内政的干涉",同时"非专业性的演说"会带来"妨碍专家工作"的后果⑥。

在当今的政治环境下,西方国家的一些职业性官僚认为,在公共行政过程中,技术因素较之政治因素更重要。古典官僚关于公众利益的一元论的观点与政治家们政治多元论的观点的不同,形成两种不同的政治态度。职业官僚认为他们比政治家对政策领域有更深入的了解,政治家在政策办公室任职的时间很短暂,不了解具体情况。而职业文官具有长期任职、视

---

① Mattei Dogan, *The Mandarins of Western Europe: The Political Role of Top Civil Servants*, p. 90.

② Ibid., p. 89.

③ Edward·C. Page and Vincent Wright, *Bureaucratic Elites in Western European States*, Oxford: Oxford University Press, 1999. p. 4.

④ 这里的"行政人员"指政府的职业性官员。

⑤ Mattei Dogan, *The Mandarins of Western Europe: The Politic al Role of Top Civil Servants*, p. 91.

⑥ John Herz, "Political Views of the West German Civil Service," in Hans Speier and W. Phillips Davison, eds., *West German Leadership and Foreign Policy*, Evanston, Ill.: Row, Peterson, 1957, pp. 111—113.

野开阔和职能专业化的特点,对决策往往持有不同于政治官僚的观点。由于政治官僚任期较为短暂,因此力求在任期内实现自己的政策目标,只有这样,他们才有机会赢得下一次竞选。所以政治官僚不会制定一些需要花费较长时间来完成的政策,尽管这些政策可能在技术上处于优势地位。而在单一部门或机构内任职的职业文官想要的政策可能完全不同,他们持有的政治见解以组织为基础,而非以党派为基础。他们参与政治是为了保护并促进组织及其组织所代表的利益的发展,而不一定是为了政党和政治事业。

由于种种原因,在西方各国,许多部长及其内阁成员感到,他们在实施政策的过程中总是会遭受挫败。事实是,在实际政策过程中,现实政治和观念政治之间常常会有一定差距。作为政治家,需要有一种更加规范的制度性安排,使职业官僚能够服务于政治领袖,同时保持其专业性、稳定性和党派中立性。

克里斯托弗通过问卷调查提出"政治官僚比古典官僚更加支持基本的民主价值"。其调查统计数据表明,尽管对于限制政治自由,英国人比德国人和意大利人更加谨慎,但在这三个国家中,职业官僚都认为应当谨慎地控制政治动员,防止社会动荡。相反,政治官僚在制定政策过程中较少遵循法律主义原则,更加激进,纲领性更鲜明,政治性更强。克里斯托弗通过调查发现,英国、德国的上层文官对本国的政治制度不甚信任,甚至对政治压力感到反感。他们不赞成多元主义和政治自由主义,对政治平等和大众政治参与抱有疑虑。他们视自己为国家长远利益的捍卫者,认为自身所履行的职责既稳妥又合法。克里斯托弗认为,这些职业文官在履行其职责的过程中不走极端,也不过于理想化,避开与其他参与者讨价还价,努力维护政府的威望和形象。克里斯托弗通过调查得出结论:在英国、德国和意大利,对于公民和公共利益的回应性取决于古典官僚和政治官僚二者间关系的平衡性[①]。

马太·多甘(Mattei Dogan)在学者们各种分类的基础上,根据官僚制的发展及功能状况将官僚区分为传统型官僚和现代型官僚。将地方行政长官和军事首领等归属于传统类型;将当今国家政府中承担重要职能的国

---

① Mattei Dogan, *The Mandarins of Western Europe: The Political Role of Top Civil Servants*, p. 106, p. 109.

家机构的领导者、决策制定者、部长助理以及行政人员等归为现代类型。其中特别强调财政官员,认为此类官员在当代的政府公共行政中发挥着重要作用,并将公共企业经理等也归为现代型官僚。马太·多甘认为,在当代的政府公共行政过程中,传统型官僚不断衰退,现代型官僚不断壮大[①]。

帕特南和阿伯巴奇(Joel D. Aberbach)认为:西欧国家如德国和英国等的现实表明,在政治过程中,显现出政策制定、政策实施、利益协调和思想表达几种功能。其中政策实施是传统官僚的基本职能,其他三种原为政治家的专利,然而如今,政策制定、利益协调和思想表达已成为职业官僚与政治家共享的职能。职业官僚与政治家二者间出现了一种"现代的""新型"关系,在扮演角色方面趋于融合。[②] 美国政治学家乔尔·A. 阿伯巴奇等在其《两种人:官僚与政客》一书中将官僚区分为政客和职业官僚两种类型,认为这两种人之间的关系构成了西方官场的基本格局。[③]

在本研究中,笔者将西方国家政府行政部门中的官僚区分为政治官僚(political executives)和职业官僚(career civil servants)两种类型,试图对二者加以比较并解析二者间的关系模式。苏莱曼说,对政府中的政治官僚和职业官僚加以区别是很有必要的,一方面需要对两种官僚加以区分并明确其规范;另一方面也成为研究分析政府中政治与行政关系的一种框架。[④] 在西方发达国家中,一般而言,政府行政部门中政治官僚与职业官僚的主要区别在于:职业官僚一般通过公开竞争性考试进入政府,经由职务晋升达至政府高层;而政治官僚则由选举产生的政治家经政治任命而任职。在政府行政部门中,政治官僚是台前的表演者,成为众人关注的焦点;而职业官僚则是幕后工作者,控制着信息渠道和专业领域。政治官僚有一定的任期,职业官僚则终身任职;政治官僚有鲜明的党派性,而职业

---

① Mattei Dogan, *The Mandarins of Western Europe: The Political Role of Top Civil Servants*, p. 16.

② Edward·C. Page and Vincent Wright, *Bureaucratic Elites in Western European States*, Oxford: Oxford University Press, 1999, p. 4.

③ [美] 乔尔·D. 阿伯巴奇等:《两种人:官僚与政客》,陶远华等译,求实出版社 1990 年版,"译者前言",第 1 页。

④ Ezra N. Suleiman, "From Right to Left: Bureaucracy and Politics in France," in Ezra Suleiman, ed., *Bureaucrats and Policy Making: A Comparative Overview*, NY: Holms & Meier, 1984, p. 107.

官僚原则上奉行党派中立原则。在西欧国家中，许多职业官僚须经法律培训方能获得进入政府部门的资格，因为在欧洲人眼中，法律法规对于形成行政意义上的政治决策非常必要。也就是说，决策须通过司法语言予以表达。一般而言，在西欧国家中，现代政府职业官僚常常由那些有教养、才华横溢的人担任，很少是拥有纯粹科学和技术背景的人员，这一点与美国有很大的不同。

二 政治官僚与职业官僚的关系模型

美国学者 B·盖伊·彼得斯（B. Guy Peters）在西方学者政府官僚制比较研究的基础上加以归纳分类，提出了各国政府官僚系统中政治官僚与职业官僚的五种关系模型，分别为[①]：

（1）"正式的合法化模型"（formal legal model）。在此种模型中，政府中的政治官僚拥有决策权，职业官僚服从于政治官僚，二者间呈现出相互分离的关系结构特征。正如美国公共行政学的创始人伍德罗·威尔逊（Thomas Woodrow Wilson）所言，政治与行政二者呈现为二元结构，政治官员与职业官员之间相互分离。根据这一模型，政治官僚与职业官僚在政府过程中扮演不同的角色，发挥不同的作用。政治官僚承担政治性职责，文官则承担功能性职责[②]。这一模型通过对政府过程中政治官僚与职业官僚的实际责任、作用和相互关系的比较研究得出，以美英国家为代表，成为政府官僚系统关系结构的规范模型。

（2）"乡村生活模型"（village life model）。在此种模型中，政府系统中的政治官僚与职业官僚二者呈现为相互融合的关系模式。在当今西方各国政府中，由于文官的政治录用机制及政治社会化状况，使政府行政部门中的政治精英与行政精英在价值观上有所趋同，在组织结构上相互融合，好似共同生活于一个"村落"（即政府组织系统中），共享管理国家的权力，形成一种"行政—官僚政治"（executive-bureaucratic politics），共同抵御来自外部的干预[③]。在这样"村落"中，"共生"并"共享"国家行

[①] See B. Guy Peters, *Comparing Public Bureaucracies: Problems of Theory and Method*, The University of Alabama Press, 1988, pp. 149—159.

[②] Ibid., pp. 149—150.

[③] Ibid., pp. 150—151.

政权力的政治精英与职业精英信守着这样一种信念：双方的合作有利于他们的职业生涯。在此种关系模式下，政治官僚与职业官僚二者间显现为高度的流动性，而不加以人为的限制。曼瑟尔·L. 奥尔森（Mancur Lloyd Olson, Jr）称他们是"同一个团队里不同的表演者"①，呈现为水平式的精英利益关系结构，并显现出明显的"文官政治化"特征。此种模型以欧洲大陆国家尤其是法国、德国为代表。

（3）"功能模型"（functional model）。此种模型是对"乡村生活模型"的拓展，并区别于"乡村生活模型"。在"乡村生活模型"中，政府行政部门上层的政治精英与职业精英融合在一起。而在"功能性乡村生活模型"中，政治精英与职业精英则是通过相应的功能而融合在一起。同一功能体系（如医疗、教育或国防体系等）中的政治官僚与职业官僚保持紧密的联系，并与同一领域中的其他行为者如国会委员会和利益集团等保持密切联系，而与其他行政领域的文官和政治精英较少联系②。此种模型显现为垂直性的整合，强调政府官僚系统与社会或社会相关领域的连接。美国政治过程中出现的"铁三角"（iron triangles）或"问题网络"（issue network）等属于此种模式。

（4）"冲突模型"（adversarial model）。此种模型所解析的是政治官僚与职业官僚二者间相互作用的关系结构。在这一关系结构中，政治官僚与职业官僚双方竞相角逐，争夺政策控制权。职业官僚认为他们所做的是最为正确的事情，因而常常不服从政治官僚。表现出政治官僚与职业官僚之间多种形式的冲突，其中甚至渗透着浓厚的党派政治，显现出一种文官政治化的趋势，尤其是当一个国家长期处于一个政党执政的情况下。美国里根政府和英国撒切尔政府时期，都突出地显现出文官政治化即政府行政党派化的趋势，导致文官的不满及职业官僚对政府人事行政的抵制。

（5）"行政国家模型"（administrative state model）。此种模型为职业官僚日益主导政府决策的模型，其内涵为：当代政府行政工作的复杂性和技术含量日益增强，政府工作负担日益加重，由于立法机构和外行的政治官僚没有能力处理现代政府的决策工作，使决策任务落在职业官僚身上，导致政府决策权集中于政府行政部门的职业官僚手中，使政府中的职业官

---

① J. P. Olsen, *Organized Democracy*, Oslo: Universitersforlaget, 1983, p. 120.
② B. Guy Peters, *Comparing Public Bureaucracies: Problems of Theory and Method*, p. 153.

僚控制着政府机构的程序。职业官僚建构、推进和延缓着政府决策,由此而出现了不同于传统意义的决策模型。盖伊·彼得斯认为,此种形态成为当代各国政治制度中的一种制度性形态。

盖伊·彼得斯所概括的西方国家政府行政部门政治官僚与职业官僚的关系模型从不同侧面体现了政府行政官僚体系的关系结构,反映出政府行政组织中的政治与行政关系。在"正式的合法化模型"中,政治官僚掌有决策权。职业官僚履行政策实施的功能。反之,在"行政国家模型"中,职业官僚则既是政策的制定者,又是政策的执行者。在"乡村生活模型"和"功能模型"中,政治精英与职业精英融合在一起,共同面对立法者和社会利益集团,以维护自身的特权地位。

在不同的关系结构中,解决政治官僚与职业官僚二者间冲突的方式有所不同。在"正式的合法化模型"中,冲突常常通过法律或等级性指令去解决。而在"行政国家模型"中,由于决策权从选举、任命的政治官僚那里转移到了职业官僚手中,因此减少了双方在政策过程中的冲突。在"乡村生活模型"和"功能模型"中,政治官僚与职业官僚二者联系较为紧密,因此双方的冲突常常能够通过协商得以化解。

此外,在不同的关系模型下,政治官僚与职业官僚间互动的形态有所不同。在"功能模型"和"行政国家模型"中,二者间的互动主要建立在与政策相关的专业知识的基础上。在这两种互动模型中,政策过程的主体和参与者运用专业知识去维护自身所推行的政策,抵制来自政治方面的干预。而在"正式的合法化模型"中,政治官僚的合法统治地位为职业官僚所接受,显现出全然不同的互动性关系模式。在"乡村生活模型"中,政治官僚与职业官僚相互承认对方的精英地位,因此而融合在一起。

西方国家政府行政部门中影响政治官僚与职业官僚间关系的因素还表现于以下方面:一是国家的政府体制和政府制度形态。不同的政府体制呈现出不同的政治官僚与职业官僚的关系结构形态。英国是一个由政党作为重要媒介的议会内阁制国家,在多数情况下为一党政府,由一党所维系的政府更多地体现出一体性。也正因为此,在政府过程中更多地强调职业官僚的非党派性和中立性。反之,法国自1958年以来建构了总统制和议会内阁制混合型政府体制,其政府体制显现出复杂性和多党派性,加上法国的精英主义政治文化,使其政府官僚体系也呈现出混合形态,即政府中的政治官僚与职业官僚常常混杂在一起,并且很容易发生二者间的转换。

在相应的政府制度形态下，政治官僚的规模也影响着政治官僚与职业官僚间的关系。在英国，当执政党发生更迭时，仅有几百名政治官僚会发生更迭；然而在美国，一旦发生党派更迭，新上任的执政党领袖总统便会重新任命几千人。政府行政部门中政治官僚系统的规模和人员数量直接关系到与行政部门中职业官僚之间的关系。政治官僚系统规模大、人数多，在一定程度上左右着政治系统控制政府决策的力度。

二是政府官僚的教育状况和职业模式。英国的政府官僚体系为通才结构，其高级政治官僚也在很大程度上显现为通才结构特征，此种教育状况和职业模式使英国的政治官僚和高级职业官僚难以深入到一些实体性的事务中。反之，在美国，政府官僚体系为专才结构，属于功能性的教育模式，即更加注重专业知识的教育模式。在此种模式下，文官更加熟知专业知识，有可能利用自身在政策领域中的专业知识去与那些不熟悉专业知识的政治精英相抗衡。此种模式有助于政府中的职业官僚运用自身的专业知识和技能去与特定政策领域的利益集团相联系，并与之保持紧密的关系。此种专业知识和社会联系成为一种资源，使政治官僚难以对之实施控制。

以德国为代表的欧洲大陆国家，政府官僚教育体系中渗透着法律主义传统。职业官僚在进入政府获得法定身份前，往往要先接受法律学的训练，获得法学学位。此种传统使接受了此类教育的职业官僚更愿意接受合乎法律形式的角色功能定位，习惯于将法律主义规范纳入政府的职业行为规范中。此种教育模式下的官僚系统关系结构具有某种倾向于正规合法化关系结构形态的特征。

法国政府官僚的教育形态突出地表现为国家行政学院（ENA）所进行的高级政府官僚教育模式。法国国家行政学院给予学员的是有别于、并明显高于一般高等院校的教育，给予学员以切合国家现实的深厚的理论与实践性训练，将其学员培养成为与众不同的人，使之形成特有的社会阶层——国家官僚精英阶层。这部分人毕业后，以国家高级精英的身份，或者步入政府高层，或者进入国家或私人企业，成为法国国家的"栋梁"[①]。

此外，政府官僚的职业结构也影响着不同官僚集团间相互作用的形态。法国等欧洲国家有高度一体化的官僚精英集团，其成员有明显的认同

[①] B. Guy Peters, *Comparing Public Bureaucracies: Problems of Theory and Method*, p.173.

感。在此类国家中，职业官僚不仅仅履行其功能性职能，同时是国家精英集团的组成部分。他们仰仗所拥有的专业知识和特权地位在社会上获得声望，并能够较好地管理社会。在政府官僚的关系结构中，职业官僚自身的角色定位起着重要作用。各国政府中职业官僚的角色定位具有一定的心理因素，但更多是社会结构因素和文化模式的产物。

三是政府对社会的开放性状况。当一个国家的政府具有较大的开放性，政府的行政系统具有较大的渗透性，能够与社会及社会利益集团保持更多联系时，政府中包括政治官僚在内的政治系统对职业官僚系统的控制力就会相对减弱。在此种情况下，职业官僚体系便有可能利用其社会联系拥有更多资源去与政治官僚体系讨价还价。美国属于此种情况。反之，当一个国家的政府体系具有相对封闭性，以维护"国家利益"或"公共利益"为准则去限制政府官僚的行为和社会回应性时，政治官僚与职业官僚的关系就会更加紧密，政治官僚对职业官僚的控制也更加严密。

总之，在当代西方发达国家中，政府行政部门中政治官僚与职业官僚间的关系结构和影响因素成为各国政治与行政制度研究的焦点之一。此种关系结构在政府决策、政策实施和官员履行日常事务方面发挥着重要作用，二者的相互作用对于民主国家中高效功能体系的建构至关重要。

当我们讨论西方国家的官僚制时，不可避免地会涉及政府系统中的政治与行政关系问题，也就不可避免地涉及西方国家传统的政治与行政两分问题。在一个国家的政府行政运行过程中，有时需要将政治与行政相分离，如此，才可能更加公平、公正、准确地去履行国家政策，处理好行政事务。但在很多时候，两者又不可避免地联系在一起，政府中的职业性官员所执行的政策常常是由政府中政治性官员制定的，此时，决策的实施是政策过程的一部分，也是政策最终能够得以实现的关键。事实上，在整个政策过程中，职业官僚在多数情况下也参与了决策过程，因此，政治与行政的二分只能是在一个特定的层面上去探讨，既要在特定的情况下有所区别、有所分离，又不可在理论和实践过程中使之绝对化。

关于西方国家政府官僚体系应当发挥何种作用、以及如何恰当地发挥作用的问题涉及政治系统对职业官僚系统的控制问题，涉及政府官僚系统作用的规范问题，以及政府官僚系统的利益代表性问题等。如今，西方国家政府行政官僚政治化的倾向日益显著，尤其是政府高级职业官僚与政治系统的关系更为紧密。在此种情况下，文官中立性的原则被削弱，政府官僚在公共政策过程和社会资源分配中的倾向性越来越受到人们的关注。

第三节 英、美、法、德国家的官僚制

一 英、美、法、德官僚制研究的视角和分析框架

对英、美、法、德官僚制的比较研究，是一个颇具难度的论题，对其研究视角和方法，学者们有诸多思考和探讨。所提出和采用的方法之一是跨国比较研究。美国比较公共行政学家费勒尔·海迪所采用的即为此种研究方法，他将法、德国家的官僚制归于"古典"官僚制，而将英、美国家的官僚制称为"公民文化"背景下的官僚制，在两个不同的框架下去分析法、德和英、美国家官僚制的文化基础和特征。

海迪认为，一些欧洲大陆国家的官僚制大体上属于马克斯·韦伯所描绘的"古典"官僚制，以法国和德国最为典型。在一些重要方面，这两个国家的政治文化具有相同点，具体表现为：首先，在过去两个世纪里，这两个国家在政治上都经历了持续的不稳定，呈现出政治变革突发性、激烈性和频繁性的特点。与之相对应的是，在此种极度动荡和不稳定的状况下，"法国和德国的行政制度和官僚制度都具有良好的连续性"[①]。19世纪形成的普鲁士官僚制成为统一后德国政府的核心制度，此种政府行政模式被一直保留下来。同样，法国在大革命前就创立起一套庞大的政府行政系统，服务于法国的政治和社会。大革命后这一政府行政系统得以延续，并进而发展完善，保持着效忠于国家的特性。法国和德国政府官僚体系的稳定性和有效性，如同这两个国家历史上政治的不稳定性，"成为法国和德国共有的一种标志性现象"[②]。此外，海迪还提出法德两国官僚系统"强调理性、非人格性和绝对性的基本品质特性"[③]，认为此类特性恰与马克斯·韦伯所描绘的现代官僚制的特性相吻合。具体体现为：第一，通过专门训练来实现专业化公共服务；第二，承认官僚机构在政治领域中阐释

---

① ［美］费勒尔·海迪：《比较公共行政》，第214—215页。
② 同上书，第214—215页。
③ 同上书，第221页。

法律的合宪性。① 在此种理论框架下，一方面，官僚精英主动涉足政府事务，包括参与政策制定和项目规划；另一方面，具有在法律意义上的合法性。

与法、德国家相对应，海迪将英、美国家称为"公民文化"背景中的官僚制，将之视为"行政制度的变异形式"。意即与马克斯·韦伯所描绘的官僚制不同的官僚制类型。此种类型的官僚制在政治文化方面强调多元主体参与，强调一致性与差异性并存，允许变革但强调温和的变革②。与法、德国家相比，英、美两国在历史上政治相对稳定，此种特有的环境允许它们在政治上采取循序渐进的方式去发展变革其制度结构，也极少发生剧烈的政治动荡导致政治进程中断和改革发展方向突发性的改变。此种环境有利于这两个国家建立起稳定的民主制，并得以长期保持。在此种平稳的政治环境中，英、美两国的政府官僚系统得以发展，并在总体上保持着与其政治发展的协调一致。也正是基于这样的发展历程，英美国家政府行政专业体系的形成明显晚于本国宪政体制的建立，从而也大大晚于法德国家政府官僚系统的形成。在高度发达的多元参与政治文化和民主政治体制下，长期以来，英美国家更多强调文官的中立性和政府官僚系统的代表性和渗透性。

诚然，尽管海迪将法、德和英、美国家的政府官僚制归为两大类型，但这并不意味着每种类型国家的政府行政制度完全一致。事实上，不同类型国家中每个国家的政府行政制度都有其独有的特点，以致有的美国学者认为可以将这四个国家作为四种不同类型加以比较分析。

除了以政治体制和各国总的历史文化为背景进行国别比较外，还可以对不同国家官僚体系的形成和发展进行跨时段的比较，了解不同时期各国官僚制的发展以及与该国政治体系发展之间的关系。此种比较研究通过各国不同时期的历史资料搭建起研究框架加以研究。一些学者还对一个国家或若干国家的政府官僚系统进行跨层级的比较研究，以了解一个国家或多个国家的纵向政府行政体制和地方政府的情况。

---

① Heinrich Siedentopf, "A Comparative Overview," in Donald C. Rowat, ed., *Public Administration in Developed Democracies*, New York: Marcel Dekker, 1988, pp. 340—343.

② ［美］费勒尔·海迪：《比较公共行政》，第246—247页。

二 英国的官僚制

(一) 英国的文官制传统

在追溯现代文官制的起源时,亨利·帕里斯(Henry Parris)提出,文官制是一个拥有"专职机构、工薪人员、系统的录用机制、明确权力划分和统一退休规则"的服务体系。英国的文官制是具有身份保障的久任制,"当政府更迭时得以保留"[1]。此种永久性有助于行政与政治的分离。英国的文官制度区别于政治的、议会的、王室的体系,具有"社会性、永久性、统一性、非政治性和匿名性"等特征[2]。可见,英国的文官制是非政治性的,不依赖于政治任免权。然而英国的文官制又是通才结构的,高级文官以通才为主,政府高级职业官僚履行着政府政策的创议权。

在英国,政府文官是一种受尊重的职业,是通过标准化公开竞争性考试予以录用、终身任职的官职。文官除了有以上提到的常任、无党派性和匿名性等特征外,注重职业道德也是一个重要方面。尽管人们一般认为英国现代文官制建立于19世纪中期的英国文官改革和1854年的《诺斯科特—屈威廉报告》(Northcote-Trevelyan Report),然而基于英国长久以来形成的渐进式国家发展模式,许多19世纪中期以来就已提出的改革思想和措施,直至20世纪才逐渐得以实现。20世纪以后英国政府文官体系逐渐发展成为具有一定凝聚力和共同价值的政府官僚体系。

根据克里斯托弗的调查数据统计,英国政府中的职业官僚对于政治权威有较好的回应,但英国政府中的职业官僚却不具有欧洲大陆国家职业官僚的权力地位,不像欧洲大陆国家的职业官僚那样能够在国家政治过程中发挥主导作用。原因在于,在英国,代议制的出现早于政府官僚制,英国深厚的代议制传统使其议会较之政府官僚体系具有更加重要的权力地位[3]。事实上在英国,高级文官并非为"专家",相反,他们属于英国的"通才"阶层。相对而言,英国政府系统中的"专才"较之"通才"更加传统和接近于"古典"官僚类型。此类官员更加强调政策过程中的专

---

[1] Henry Parris, *Constitutional Bureaucracy*, London, Allen and Unwin, 1969, p. 27.
[2] Ibid., pp. 22—24.
[3] Charles H. Sisson, *The Spirit of British Administration*, London: Faber and Faber, 1959, p. 112.

业技术性，而非政治回应性，对于平等、自由等观念也不那么关注和倾心。反之，倒是那些"通才"性的高级文官对政治更加敏感，更具有政治意识，也更加注意对政治权威的回应。

（二）当代英国的官僚制改革

20世纪以来，英国官僚制的变革突出地反映于80年代以后，源于1979年撒切尔上台执政。爱德华·佩奇（Edward·C. Page）和文森·莱特（Vincent Wright）用"管理主义"、市场化、机构功能化和政治化概括此时期英国政府官僚制的发展变化[①]。

所谓"管理主义"（managerialism）是指将私人部门的管理方式引进政府系统的理念。20世纪七八十年代，西方国家出现"管理主义"运动，又称"新公共管理"运动，这场运动建立在"私人部门是最好的"信念的基础之上。"管理主义"主要指职业管理，强调：（1）有明确的行为标准和能够加以测量的绩效；（2）克勤克俭、节约资源；（3）引入私人部门的管理机制；（4）注重产出[②]。"管理主义"理念与科学管理原则相类似，注重明确目标的设定；通过指标测量去衡量绩效；根据绩效结果对工作人员实施奖罚[③]。20世纪80年代保守党领袖撒切尔当政时期，依据此类原则对政府文官体系加以改革，实施财务管理改革方案（Financial Management Initiative）和经济改革的"3E"（经济—economy、效率—efficiency、效能—effect）方针等。

所谓"市场化"（marketization）是指将市场引入政府系统的运转，成为20世纪80年代以来英国保守党政府实施的最为重要的改革，建立在制度经济学派思想的基础上。制度经济学派的学者认为：效率是选择市场和等级制的决定因素，市场要素包括竞争、信息和价格，引进市场机制有可能会获得更好的整体收益。诚然，其他经济学家也提出了不同看法，认为在公共部门中，那些市场因素有时会使其有效性收益相当小，甚至是负

---

① Edward·C. Page and Vincent Wright, *Bureaucratic Elites in Western European States*, Oxford University Press 1999, p. 179.

② Christopher Hood, "A Public Management for All Seasons?" *Public Administration*, 69 (1), 1991, pp. 3—19, pp. 4—5.

③ Christopher Pollitt, *Managerialism and the Public Services*, 2nd., Oxford: Black-well, ed., 1993, p. 56.

面的①。尽管如此，20世纪80年代以来，英国政府依然在整体上引入以市场为导向的原则和管理方法。这一大刀阔斧的改革标志着英国从传统的政府官僚制转向更加强调等级控制和效率性的政府官僚制。

所谓"机构功能化"（agencification）是指将政府行政系统的职能加以分割。随着20世纪80年代后期英国政府《政府管理机制的改进：下一步》（Efficiency Unit, 1988）文件和措施的出台，英国政府进而对制定政策的机构和实施政策的机构加以区分，明确划分政策制定功能和运行管理功能。政策执行功能由行政长官所负责的"下一步机构"（next step agencies）履行，保持于政府高层。履行政策执行功能机构的运行状况由其他部门通过绩效指标加以测量和监督。随着相应执行性机构的建立和政策制定权的严格控制，使政府高层文官丧失了原有的一些功能，权力地位有所下降。但从另一个层面看，伴随着政府机构职能的分化和部分权力的下移，管理职能凸显出来。

所谓"政治化"意即打破政府中政治性事务与行政性事务之间的屏障。历史上，文官中立是英国文官制的重要特征，成为英国早期反对政党分赃、实行功绩制的重要标志之一。英国政府的文官政治化尤其是高级文官的政治化始于撒切尔上台执政，此后延续到梅杰政府乃至工党首相布莱尔政府时期。英国高级文官的政治化集中体现于大量的政治任命。撒切尔政府时期，首相频繁插手于高级文官的任命，常以与之政见或观念相同为任免标准，并对政府高层官员实施强制和高压手段。一些高级文官因不堪忍受此种压力而离职，留下的高级文官迫于政治压力，"积极行动者"（即迎合执政党意向的文官）日益增多，破坏了英国政府长期以来的文官中立原则。在政党政治的压力下，高级文官的客观性和超脱性受到侵扰，从而也侵蚀了政府行为的公正性和公平性。20世纪八九十年代，英国出现的高级文官政治化的现象，不仅使英国职业文官以往的政治中立和匿名性原则受到侵蚀，政府各部大臣与文官的关系也随之发生变化，政府中的高级职业官僚越来越丧失了自身的相对独立性。高级文官与内阁政治系统联系日益紧密的状况，使各部大臣在决策过程中越来越依赖这些高层顾问，使高级文官集团发展成为政府中"不合法的高级政治化阶层"②。

---

① Edward · C. Page and Vincent Wright, *Bureaucratic Elites in Western European States*, p. 180.
② Ibid., p. 275.

(三) 英国政府中的高级文官

根据 1854 年的《诺斯科特·屈威廉报告》（Northcote Trevelyan Report）的规定，英国文官所提供的行政服务分为两种，一种是大学毕业生所做的"智力工作"，另一种是下层人员所做的"制作性职务"。进入文官队伍需要通过国家文官委员会组织的竞争性考试；文官的晋升取决于绩效，而不是裙带关系；不同部门应该融入一个统一的行政服务体系，在这个行政体系下，文官的流动和晋升发生在部门之间①。毋庸置疑，英国的高级文官属于"智力工作"范畴。人们一般认为，传统的英国文官制是非政治性的。基于此，苏莱曼认为，应该搞清究竟什么是政治。他认为，首先，"文官之所以被说成是与政治无关的一种方式，是因为将政治定义为选举政治家，而文官不是选举产生的。"其次，之所以称英国的文官制是非政治性的，是因为"将政治描绘为政府的正式行动。由此议会政治定义为：通过议会立法批准政府所做的事。内阁则作为多数党的代理人而行动。"在这一前提下，文官被说成是非政治性的，因为他们仅仅是给部长提出建议以及执行议会制定的法律。此外，"政治的另一个定义是政府的公开争论，包括议会、媒体和竞选中的争论"。而文官则禁止参与公开性的争论，英国文官在白厅（Whitehall）的讨论是封闭的。② 根据英国政府文官部（The Civil Service Department）的规定，"禁止行政实习生和那些同等级别的人从事政治活动"③。意即政府行政部门中的文官不得从事政党政治以及关于公共事务的争论。英国政府的此类规定是基于认为文官公开参与政治活动会削弱他们作为部长秘密政策顾问的有用性、以及削弱公众对他们公平性的信心。像法国高级文官那样参与政党或议会政治、辞职参加议会选举、或有机会成为部长一类情况对于英国人来说很陌生，很少发生。在英国，想要成为部长需要在离开大学后足够长的时间里去高强度地参与和体验政治职业领域中的事情和寻找机会。

在英国，高级文官最初仅包括政府中 1—3 类处于开放性结构中的职

---

① *Report on the Organization of the Permanent Civil Service*, 1854, Reprinted in the Fulton Report, Cmnd. 3638, Vol. 1, 1968.

② Richard Rose, "The Political Status of Higher Civil Servants in Britain," in Ezra Suleiman, ed., *Bureaucrats and Policy Making: A Comparative Overview*, NY: Holmes and Merer, 1984, p. 138.

③ Civil Service Commission, *Appointments in Administration*, 1981, London: HMSO, 1980, p. 23.

业文官。1996年4月1日,为了建立一种新的、范围较广的、有凝聚力的高级文官制,英国政府进而将处于管理等级的第四、五级职业文官也纳入了高级文官的范畴,构成一种新的高级文官结构。依照英国的官方文件,建立新的高级文官制不仅有利于"增强部门高层管理系统的凝聚力,而且加强了广泛的文官系统的凝聚力"[1]。强调要保证文官系统完整性、政治中立性和客观性的特征,进一步增强政府官僚系统的责任感并且要在变革中保持文官系统的持续性,使之成为政府的有效工具[2]。20世纪90年代英国政府所建立的新的高级文官系统成为英国政府职业文官系统的管理层,又被描绘为"企业资源系统",意即它更适用于政府的核心战略,可以在更广泛的范围内去协调行政部门的工作,承担更多的管理职责乃至领导和代表性职责,并有可能以一种更广泛的视野去看问题。认为此种新型的高级文官结构不仅有利于政府政策的实施和运行,还适用于包括大型私人企业在内的其他领域的高层管理[3]。

英国政府行政类文官的录用强调总体能力,而不是强调与政府工作相关的具体技能,属"通才"结构。所谓"古典主义"及文科的毕业生优势通常较大,与欧洲大陆法律学毕业生占据优势、以及美国更偏重于公共行政专业领域毕业生的情况形成对比。英国政府中高级文官的录用、培训、交流等人事管理机制均有利于高级文官的一体化。英国文官晋升体系中的"快速通道"成为一种特殊的录用和晋升渠道,打破了英国文官系统中逐级晋升的传统,为选用大学毕业生入职并为其快速培训和晋升提供了方便。

在英国,如若将政治定义为通过合法权力去维持公共秩序的话,文官作为国家政权中的管理者,其重要性并不逊于政党政治家。因为英国政府中的文官更多地强调政策的重要性,强调政策过程;更多关注政府政策的具体实施方案和实施行动;强调通过协调和消除冲突去实施政策的重要性。诚然,由于制定政策属于政治过程,政策本身并不具有中立性,而高级职业文官常常会参与政府政策的制定,因此不可避免会与政治系统发生

---

[1] Cm 2627, *The Civil Service: Continuity and Change*, London: HMSO, 1994, p. 37.

[2] Cm 2748, *The Civil Service: Taking Forward Continuity and Change*, London, HMSO, 1995, p. 3;1997, p. 309.

[3] Cm 2748, *The Civil Service: Taking Forward Continuity and Change*, London, HMSO, 1997, pp. 308—309.

联系。当政府高级职业官僚给决策者提出政策建议时，他们必须直接或间接地支持一种行动路线，不可能去除政策中所包含的政治色彩。因此一些人认为，英国政府中的高级文官事实上具有一定的政治性。但这并不意味着他们在从事着政党政治活动。尽管如此，英国文官仍须保持党派中立性的外在形象。根据英国1911年《官员保密法》（The Official Secrets Act）的规定，每名文官必须宣誓："不泄漏所获得的任何信息"，这也成为文官受到保护的法定依据。一般情况下，英国政府会议的书面记录较少对外透露，既使是首相私人秘书对公开性政府管理的指导也被限定为机密。[①] 由此，英国的高级文官相对于其他西方国家更多地呈现出党派中立性的特征。

一些学者认为，正是这种保持党派中立性的能力和特点使英国政府高级文官对政治和政府政策有更加广泛的视野，此种素质支持和限定着他们特定的职位。正如有的政府高级文官所言："我没有时间成为政治家。在政府办公的效率会影响一个人的观点……使你在许多情况下很难区分不同的政党。""如果你在情感上关注政党政治，你就不能成为文官。因此，我想我是一个真正的无政府主义者。"[②]

相比较而言，英国政府中的高级文官更加社会化，而不像法国政府中的高级精英那样，经国家特有的行政学院训练而成。英国的政府高级精英是经竞争性程序对多年渴望此类角色的人加以仔细筛选和培养所形成。这一过程提高了高级文官形成过程中的角色社会化。此外在英国，在总体上，政治系统很少对文官的晋升施加影响，首相作为政府文官部名义上的首脑，通常受到很强的约束，并阻止文官以大臣为庇护人得以迅速晋升。各部大臣没有晋升文官的权力，在晋升环节上大臣依仗自身权力施加影响的尝试往往事与愿违。由于各部大臣为部门中的任期官员，与此类政治官僚有密切关联的文官，一旦大臣经改组转移至其他部，或因执政党选举失败而离职，便会发现自己步履蹒跚。文官属常任的职业官僚，任何试图通过党派关系而获得短期利益的尝试都将危及他们的前途。与欧洲大陆国家

[①] See Peter Hennessy, "Secrecy Shrouds No. 10 Directive on Open Government," *The Times*, 27 November, 1979, and "Civil Servants Given Guide on What not to Say and to Whom," *The Times*, 22 May, 1980.

[②] Richard A. Chapman, *The Higher Civil Service in Britain*, London: Constable, 1970, p. 115f.

相比，政党标签成为英国高级文官职务晋升的障碍。相反，服务于不同政党和不同政治家的能力成为一名成功的高级文官的必备条件。与美国相比，英国的高级文官团体显得更为持久，是较为牢固和稳定的团体。一般情况下，白厅中的高级文官在退休前职务更换率较低，文官个人也不期望以白厅为通往其他职业的跳板。高级文官多半为终身从事一种职业的人。

在英国，高级文官的道德靠整个文官系统加以保持，也成为每个进入这一系统的文官必须遵守的准则。英国中央政府白厅中有极具有效性的高级文官自我调节团体。在这个系统中，希望晋升为高级文官的人员首先必须是社会上的忠诚之人，在社会道德层面上有上好的表现。正如罗德·巴尼尔（Lord Balniel）所说：此种道德和价值取向"与其说是经过有意的努力而建立起来的，不如说是被那些刚刚得以成功进入或仍然满怀希望、渴望进入这个系统的人所维持着"[①]。道德品行的保持成为英国文官社会化的一种体现，由此也使英国的高级文官得以汇集于一种良好的道德约束之下。因此在实际工作方面，一般认为，英国的高级文官在服务于社会方面较具特色。

总之，英国政府官僚制的变迁是渐进式的，20世纪70年代末到90年代后期近20年间属于英国政府官僚制的变革期。英国政府官僚制的现代化进程不可避免地改变了英国政府中的高级文官体系，形成一个"具有民族性、政治性、文化性和管理性的高级文官体系"，并使之发展成为一个"异质性的群体"[②]。罗宾·巴特勒（Robin Butler）提出，英国的高级文官体系是一个统一的但并非始终不变的系统，改革中所引进的私人部门的奖惩和用人机制至今运行良好。如今英国政府的高级文官系统由部门经理和各部门高级行政人员组成，形成为一个小型、待遇优厚、长期任职、具有很强凝聚力的高级精英集团。英国的保守党政府称"建立小型的、薪水优厚的高级文官系统是整个国家的共同利益所在"[③]。

（四）英国职业官僚的政治化

夏洛特·索斯曼（Charlotte Sausman）和雷切尔·洛克（Rachel Locke）认为，政治化这一术语有许多不同的含义，是一个综合性的术语，

[①] Lord Balniel, "The Upper Classes," *The Twentieth Century*, No. 999, 1960, p. 432.
[②] Edward·C. Page and Vincent Wright, *Bureaucratic Elites in Western European States*, p. 200.
[③] Cm 2627, *The Civil Service: Continuity and Change*, London: HMSO, 1994, p. 44.

反映某种变化着的关系、行为和结构。克利福德·A.莱特（Clifford A. Wright）则从两方面对"政治化"加以界定：第一，文官的政治行为有所增多；第二，对政府官僚的政治性控制有所增多[①]。传统的英国政府的职业文官制强调"公正性"、"中立性"和"客观性"，如今发生了相应变化。具体而言，英国政府职业官僚政治化的主要表现为：（1）政府对官僚的政治控制增多；（2）各部大臣较以往更加专断和坚持己见；（3）权力在高级文官和部长之间转换。与以往相比较，如今文官传统的录用晋升机制和任期发生相应变化，职责范围较以往模糊，党派性较以往有所增强，政治系统的官员与以往相比更加听不进文官的不同意见，等等。

在英国，对文官系统政治性控制的增强体现为政治官僚更加注重于任命那些忠实于自己的人员担任重要职位，以至于首相亲自介入高级文官的任命，使高级文官的任命呈现出个人化特征。撒切尔政府时期，许多政府高级文官的任命都实行外部任命，此种任命主要出于首相个人的原因或政治原因。20世纪90年代初，大约有1/3的政府高级职位对外开放。基于新公共管理理念和"市场化"取向，前首相布莱尔认为，私人部门比公共部门更擅长于管理。基于此，此时期的外部任命多为高级管理职位，而非政策顾问职位。一些特殊政策领域如药物管理和移民问题等也在一定程度上实行外部任命。但政府部门中最为重要的高级文官的职位仍采取非开放的任命方式。[②] 高级文官任命的政治性倾向，导致20世纪八九十年代英国政府中的高级文官变得越来越缺乏自主性，也使一些具有宽泛管理经验的人员进入政府高级文官系统中。

20世纪80年代以来，英国政府政治系统试图通过加强对高级文官的任命去改变传统的政府官僚体系，通过创建新的政府行政结构去增强对政府官僚系统的控制，克服官僚系统的繁文缛节，强化以内阁首相为核心的行政机构，确保官僚体系对政府行政任务的完成。为了实现这个目标，首相内阁不仅改变了高级文官的任命方式，对其任期、任职条件和权力结构

[①] Charlotte Sausman and Rachel Locke, "The British Civil Service: Examining the Question of Politicisation," in B. Guy Peters and Jon Pierre, ed., *Politicization of the Civil Service in Comparative Perspective: The Quest for Control*, 2004, p. 102.

[②] Charlotte Sausman and Rachel Locke, "The British Civil Service: Examining the Question of Politicisation," in B. Guy Peters and Jon Pierre, ed., *Politicization of the Civil Service in Comparative Perspective: The Quest for Control*, p. 103.

都进行了改革,并大刀阔斧地削减了政府文官的数额。20世纪80年代以来英国内阁首相所进行的文官改革,突出地反映了首相对文官系统的不信任。撒切尔执政时期,认为文官部不能很好地执行她所希望进行的提高政府文官效能的改革,于1981年撤销了文官部,同时撤销了中央政策评估机构。在撒切尔看来,这两个由文官所组成的机构提出的政策建议与政府的设想相去甚远。工党首相布莱尔上台后,进而在中央政府行政系统中进行改革,大大扩展首相私人办公室的规模,强化其功能,建立了10个政策小组和内阁办公室,使之服务于首相本人。10个政策小组在决策创议方面发挥重要作用,由此而削弱了各部大臣的权力地位[①]。此类改革意味着首相和内阁权力的增强以及高级文官权力的下降,反映出日益变化的社会和政治环境提高了民众对政府的期望值、要求政府增强自身的适应性的趋势。

评价英国高级文官的政治化需要注意两点,首先,高级文官的政治化在现时期已成为当代西方各国的共同趋势。随着政府活动复杂性的上升和范围的扩大,选民对公共服务的期望迅速提升,政治官僚对职业官僚提出了越来越多的要求。此种变化着的政治与社会环境将高级文官推向了日益政治化的境遇。其次,英国高级文官的政治化是指政治官僚对文官即职业官僚系统的控制,而不是指高级文官由政治中立走向参与党派政治和议会政治。如今,英国的政府官僚制越来越趋于适应不断变化的社会和政治环境,关注持消费主义取向的选民、关注媒体。保持高度的智力性和中立性,坚持功绩制和公共责任基础上的选拔和晋升原则,依然是当代英国政府官僚制的特点。

三 美国的官僚制

(一) 当代美国的官僚制改革

20世纪60年代以来,美国出现了一种称为"坏政府的流行文化"[②],意即人们对政治家和政治制度的不满不断增加。此种不断增长的怀疑日益

[①] Peter Hennessy, "The Blair Style of Government: An Historical Perspective and an Interim Audit," *Government and Opposition* 33, 1, 1998, pp. 3—20, p. 18.

[②] Joseph S. Nye, Jr. & Philip Zelikow, "Conclusion: Reflections, Conjectures, and Ruzzles," in Joseph S. Nye, Philip Zelikow and David C. King, *Why People Don't Trust Government*, Cambridge: Harvard University Press, 1997, p. 276.

削弱美国的政治制度和政治权力，由此而出现了在特定情势下对"坏政府"状况的回应。1979年，吉米·卡特（Jimmy Carter）在研究民意调查结果的基础上提出，"公民和政府之间的鸿沟从来没有如此之宽"，"信任危机"使政府的有效运行变得困难①。罗纳德·里根（Ronald Reagan）也声称"政府不是解决我们的问题，政府就是问题"②。20世纪80年代，里根政府开始了大刀阔斧的政府行政改革。

比尔·克林顿（Bill Clinton）任总统后不久，为了重塑政府，进而大张旗鼓地发展国家合作伙伴（national partnership），目的在于创建一个"做得更好花费更少"的政府③。为了给这一目标铺平道路，1993年3月，国家建立了绩效评估办公室，分为两部分：一部分负责审查联邦机构的工作绩效；另一部分负责审查联邦政府的采购、预算和人事政策。并设立了"重塑实验室"（reinvention laboratories），为改革进行研究设计、提出建议。此种改革实际上为美国联邦政府的运转设置了诸种障碍。

美国"重塑政府"的基本文化变革是实现"企业主义"（entrepreneurism）。正如戴维·奥斯本（David Osborne）和特德·盖布勒（Ted Gaebler）所言："为了融化你的脂肪"，"我们必须改变驾驭政府的基本动机，必须将官僚机构转变成企业化的机构，准备去除过时的措施，愿意做得更好且花费更少，渴望吸收新的思想"④。由此管理理论家和专家们努力像私人部门那样去改变公共部门的运行方式。

其次是顾客取向（customer orientation）。这一新范式的倡导者提出，顾客取向在官僚制中涉及机构和性能改革：强调可衡量的输出，将权力下放给更低层次的服务提供者。诚然，经纪人在服务于顾客、倡导企业精神的同时，要将纯粹个人动机的企业主义最小化。此种过程要通过强调公共精神去予以实现。这一看法成为对美国"重塑政府"时强调"企业主义"

---

① Jimmy Carter, "Television Address on Energy Crisis," July 15, 1979, Cited in Seymour Martin Lipset and William Schneider, *The Confidence Gap: Business, Labor, and Government in the Public Mind*, NY: Free Press, 1983, p.13.

② [美] 詹姆斯·M. 伯恩斯等：《美国式民主》，中国社会科学出版社1993年版，第631页。

③ See Clinton's Remarks Announcing, *The National Performance Review*, March 3, 1993; *The National Performance Review: A brief History*, Washington, D.C., January 1999, p.1.

④ David Osborne and Ted Gaebler, *Reinventing Government: How the Entrepreneurial Spirit is Transforming the Public Sector*, Mass: Addison-Wesley, 1992, p.23.

和"顾客导向"的重要补充。

美国"重塑政府"过程中强调的第三个方面是结构改革,倡导实现扁平化的等级制度(flattening hierarchies)。改革者批评官僚组织的无效和具有负面作用的劳动分工。主张合并高层机构,包括管理预算、采购、人事和实施政策的机构,实行团队式工作。扁平化的另一方面是减少政府规则和层级,通过政府结构的扁平化将大的官僚机构分解成准自治机关(quasi-autonomous agencies)

在"重塑政府"过程中,强调削减公共服务,在可能的情况下使之私有化或外包;实现履行同样功能的同类政府机构间的竞争,以提高效率;下放权力。很显然,这些改革均具有管理性质,但在整体上,改革的目标在于改变政府官僚体系在美国社会中所扮演的角色,反映出美国人对政府公共服务及其机构的怀疑主义(skepticism)态度。这一点成为美国20世纪80年代以来"重塑政府"运动的关键。[①]

在美国,基于新公共管理运动(NPM)的发展,公共利益概念发生了相应的变化,传统的需要公共行政服务于公共利益的看法被动摇。因而唐纳德·F. 凯特尔(Donald F. Kettl)和约翰·J. 迪路莱(John J. Dilulio)说:"新公共管理的成功在于建立和推动了新的公共利益的概念。"认为企业主义、绩效和顾客满意高于一切,"重拾'一般利益'的概念和老的定义明显不会有助于新公共管理"。提出"古典理论不适合高科技、通讯快速发达、相互依赖的组织……以及在行政和立法机构之间制度化紧张状况下的行政世界"[②]。一些人因此批评美国的新公共管理运动"以顾客代替公民","对私人部门能做什么没有限制","对政府应该做什么不明确",导致"公共利益"缺失[③]。

美国将公民作为顾客有其历史传统。正如迈克尔·桑德尔(Michael Sandel)所言,事实上,19世纪20世纪之交美国的进步主义运动(the progressive movement)就"鼓励美国人勇敢地面对这个有着巨大商业和中心市场的客观世界,不再作为传统社会的成员和新国家主义的承担者,而

---

① H. George Frederickson, "Comparing the Reinventing of Government with the New Public Administration," *Public Administration Review* 56, no. 3, May-June, 1996, p. 267.

② Donald F. Kettl and John J. Dilulio, ed., *Inside the Reinvention Machine: Appraising Governmental Reforms*, Washington, D. C.: Brookings Institution, 1995, p. 53.

③ Ezra Suleiman, Dismantling Democratic States, p. 50.

是作为开明的、有权利的消费者"①。桑德尔认为,试图将公民视为纯粹顾客的看法,与那种要求保持民主政体的公民的观点是对立的,美国的历程说明了这一点。它表明:"20 世纪基于顾客的改革,此种转变远离了共和国传统的追求,远离了公民的政治经济。"②

公民转变为顾客所引发的问题,涉及政治与社会两个层面,两者有本质的区别。社会责任感来自于公民对公共财产和公共价值的认同,而顾客在购买商品和享受私人部门和政府所提供的服务时,则被鼓励最大限度地寻求自身利益。新公共管理运动中,企业家精神及政府所呼吁的竞争与公共利益概念并不相协调,由此而使共同利益或公共利益的概念渐渐地"从公共管理的激烈争论中消失"。因为在新公共管理运动中,公共利益的概念"变得很难界定",而此种"新的企业精神可能并不比老概念优越。"③

苏莱曼认为,政治包括冲突,国家创建制度去解决多种利益间的冲突。然而顾客并非是一个集体。④ 新公共管理作为一种工具,所寻求的不是政府的仲裁。当公民变成顾客以及国家放弃其公正性承诺时,政府便失去了作为公共利益代表的形象和作用。苏莱曼提出,推动公共服务对其客户更加敏感只能在有限的意义上加以解释,即公共服务不仅是为公务员和公共组织的利益而存在,而且要为客户提供有效和礼貌的服务。对于庞大、沉重的欧洲国家官僚体系而言,这是一个重要的进步。但这些国家大都不愿意以美国的方式去发展顾客,这部分是由于公务员自身的地位和分量,部分是由于公共部门工会的力量,部分归于此种信仰,即对"全职的公民"和"短暂的顾客"的看法。⑤

事实是,在美国,公共利益的概念一直没有很大的吸引力,因此呼吁国家捍卫或代表集体利益常常表现得很无力,此即欧洲大陆国家与美国的

---

① Michael J. Sandel, *Democracy's Discontent: America in Search of a Public Philosophy*, Cambridge: Harvard University Press, 1996, p. 221.

② Ibid., p. 30.

③ Donald F. Kettl and John J. Dilulio, ed., *Inside the Reinvention Machine: Appraising Governmental Reforms*, p. 52.

④ Donald F. Kettl, "Building Lasting Reform: Enduring Questions, Missing Answers," in Donald F. Kettl and John J. Dilulio, ed., *Inside the Reinvention Machine: Appraising Governmental Reforms*, p. 59.

⑤ Ezra Suleiman, *Dismantling Democratic States*, pp. 56—57.

重大区别。与美国的情况不同，至今在欧洲大陆国家，"公共利益"的概念依然保有强大的力量。人们普遍认为政府依然有存在的理由，它与国家普遍准则的应用、社会的稳定和政府的合法性紧密联系在一起。

（二）美国联邦政府中的高级文官

在美国，高级文官并非是一个清晰的概念，休·赫克罗（Hugh Heclo）称美国的高级文官"是一个集政治、政策和行政内涵的复杂的主体"①。研究美国联邦政府的高级文官，不仅需要考虑美国联邦政府中正式的职位等级制，还需要考虑美国联邦政府中不甚规范的归类。与欧洲国家相比，美国联邦政府中的高级文官具有难以控制和更具渗透性的特点，其行政结构也不像法国等欧洲国家那样具有高度的精英性。与其他国家相同，美国联邦政府中的高层文官同样具有双重性，一方面是政府中立性的职业官僚，另一方面又具有"非正式"的政治化技术官僚的内涵，以满足政府对他们的双重需要：既承担对政府行政机器的监督功能，同时承担有关政治部长个人顾问的职责。

如前所述，美国现代的政府官僚制形成于美国民主宪政体制建立之后，伴随着美国经济的快速发展。19世纪80年代为了摆脱"政党分赃制"，使政府行政机器免受政党政治的不良影响，美国进行了文官制度改革，开始强调文官中立，导致美国联邦政府中政治系统与行政系统的清晰划分。早期美国联邦政府的文官制改革中，人们较少关注高级文官，那些倡导实现政府管理现代化的人也较少关注高级文官。因为在一般情况下，高级文官与政府管理的程序化和技术专业化联系并不那么紧密。美国人更多关注他们的民主制度，因具有代表性而拥有相应权力的美国国会政治家和白宫都不像其他国家那样重视政府中的高级职业官僚精英。所以，与其他国家政府高层文官的特点不同，在美国联邦政府的发展过程中，高级文官并非是一个地位显著的主体，相反，它是一个既崇尚民主又强调专家治国的复杂的高级人事行政系统。在某种程度上，美国联邦政府高级文官系统的存在是美国政府内在需求和政治社会外在需求的产物。

在总体上，美国的联邦政府官僚、包括政治官僚与职业官僚较之英国、法国和德国的政府官僚更具有代表性。美国较多政府官僚来自于技术

---

① Hugh Heclo, "In Search of a Role: America's Higher Civil Service," in Ezra N. Suleiman, ed., *Bureaucrats and Policy Making,: A Comparative Overview*, p. 8.

和科学等专业领域，不同于欧洲国家的政府官僚主要源于法律或人文领域的精英。相比较而言，美国的政治官僚和职业官僚较少基于家族门第而任职。较之欧洲人，美国人不大容易在政府系统中创建一个"政治精英阶层"，由此而使美国的政府官僚呈现出一些"不同于伦敦、巴黎和波恩政府官僚的特征"[①]。

与英国的情况相似，美国政府的职业行政人员趋向于在政府文官体系中发展其职业生涯，他们所拥有的专业技能成为支持其职业发展的基础，也成为他们升迁的阶梯。尽管基于他们曾经接受的良好教育，使之比普通公民更具有白领气质，但他们不会像欧洲大陆国家那样形成一种具有一定集权性和特权的高级精英集团。在美国，政府高级职业官僚几乎不会上升为政治任命官僚的层级。作为职业官僚，他们讨厌"华而不实"。对一些高级职业官僚而言，当他们担任行政助理、特别助理或助理秘书等职、或处于政府中政治性部长下属的位置时，常常会感到不安[②]。

美国联邦政府高级文官的组织结构常常呈现为非垂直状态，而是呈现为水平状态。他们并非政府行政组织中政治官僚的副手，而是属于承担特别功能的随行人员、联络人员或公共事务分析家等，主要在政策问题上发挥作用。所以美国联邦政府中的高级文官不是一个可操控的系统，他们与政治社会的连接十分广泛。此种状况从一个侧面反映出美国联邦政府行政系统作为一个控制系统的脆弱性，同时反映出现代政府的双重性，即政府中大量技术性工作和政策制定过程的复杂性和内向性，以及政策制定过程中需要依赖于广泛社会支持的外向性。

总之在美国，无论是1978年文官改革，还是当前的实践，都没有像欧洲大陆国家那样有一个十分清晰的、基于法律性规定的、正式的高级文官集团。尽管如此，仍然有必要关注处于美国联邦政府高层的职业官僚的功能及其现实发展。

（三）美国联邦职业官僚的政治化

早在19世纪二三十年代，安德鲁·杰克逊（Andrew Jackson）任总统期间（1828—1836），美国政府中实行政党分肥制（spoils system），并得

---

① Hugh Heclo, "In Search of a Role: America's Higher Civil Service," in Ezra N. Suleiman, ed., *Bureaucrats and Policy Making: A Comparative Overview*, p. 15.

② Ibid., p. 17.

以制度化，联邦政府职位成为政党政治家的恩赐物，由此而使联邦雇员都对政党政治家负有义务。此种情况同样存在于州和地方政府中，导致卖官鬻爵、官场腐败的现象发生。19世纪80年代美国进行文官制度改革，1883年国会颁布《彭德尔顿法》，使美国政府文官制度从此贯彻功绩制、实行文官常任并保持政治中立，反对对政府常任职业官僚的选拔实施政治控制。

美国联邦政府实行对政务官进行公开政治任命和对职业文官非政治化予以承诺的双重体制。在政治层面，每任总统上台，都要对数千个政府高层职位予以政治任命，其余常任联邦雇员则依据功绩制予以录用和晋升职位，此类官员职务常任，其政治参与和政治活动受到法律限制。

20世纪七八十年代美国联邦政府展开的大规模政府行政体制改革，试图在文官中立性和提高政府对社会需求的回应性二者间找到一种平衡，一方面，要确保政府行政体系中的大部分职位不受政治的干扰；另一方面，政府行政系统中一部分职务设置的目的在于确保政府行政首脑的指令得以贯彻实施。20世纪80年代以前，美国政府行政部门中的政治任期官员与中立性常任官员并存，保持着基本的平衡关系。然而80年代后的政府行政体制改革打破了此种平衡，给政府的传统格局带来了新的压力，导致了联邦政府高层常任文官的政治化趋势。

以往基于美国有数千名高层政治官员的政治任命机制，使美国得以较好地处理政府中政治官僚与职业官僚二者间的关系，使在其他国家中以往便存在的职业官僚政治化的问题长期以来在美国得到比较好的解决，政治任命的公开化也在很大程度上降低了政府职业官僚政治化的程度。然而20世纪80年代以来，为了加强政府的回应性，美国的政府行政体制出现了政府职业官僚系统的政治化趋势。与其他西方发达国家不同的是：在美国政府职业官僚系统上面，有两个政治领导——国会和总统。其他西方民主国家的政治化主要表现为"首相及其同僚利用政治任命打破文官中立性"，而在美国，不仅行政部门对政府职业官僚系统的回应性问题有发言权，立法机构也拥有对公共职业官僚的监控权，国会在文官管理方面发挥一定作用，主要通过对政治任免权的限制去防止总统权力的膨胀，保证政府行政职业系统的功绩制。20世纪80年代以来，美国国会对政府行政部门关注力的提升是对政府行政改革后行政部门中政治系统加强对联邦雇员控制的回应。尽管国会无权具体干预政府行政职业体系人员的任命，但可以通过出台有关行政程序管理条例、通过监督、报道等来实施控制。

在美国，尽管自1883年《彭德尔顿法》颁布以来政府行政部门建立起功绩制，但事实上对职业文官的政治任命一直存在。小布什2000年上台后，在政府行政高层任命了4500名政治官员，此种政治任命的形式蔓延到行政部门履行管理和政策建议职能的职业性管理系统，由此而使总统及行政部门政治系统中的同僚能够对行政部门的政策过程获得实质性的控制，包括对政策制定过程和政策实施机构的控制。总统有自己的行政办公室和行政人员，此类人员的存在成为对政府其他行政机构中行政官僚的抗衡，以保持总统在政府行政部门中的行政首脑地位。

如今，美国联邦政府行政政治化的趋势进一步增强，总统对一些新设置的行政职位实行政治任命，并对一些高级职业文官职位的选择予以政治控制，在任命时参照政治标准和个人因素。在任命过程中，总统有时也任命一些非属本党的人员在行政机构中任职，以求更好地完成相关领域的工作，同时协调与其他政党之间的关系。但总体而言，当今美国政府显现出越来越多党派性的任命。尽管如此，基于美国的传统和体制因素，此种试图加强政府行政系统政治化的努力并未能真正加强总统对政府行政官僚的控制。政治任命的增加，使内阁部长和内阁部长以下的一些政治官员获得了掌管自己管辖领域事务的权力。美国分散性的政府体制和多元文化传统使这些政治任命的官员不仅效忠于总统，同时享有一定的自主性。长期以来形成的政府行政的功绩制原则，给美国的政府行政系统及其行政官员打下了深刻的烙印，相应的法律、法规、政府行政结构及运行机制等均对政府行政部门的功绩制原则予以保障，并不断强化。因此，尽管政府行政政治化的趋势使行政部门的功绩制面临威胁，功绩制原则依然在美国联邦政府的人事行政制度中居于核心地位。

1978年卡特政府时期所颁布的《文官改革法》进一步完善了政府行政制度中的功绩制，同时也推动了美国政府官僚制的政治化。这一法案确立了政府中的"高级行政职位"（Senior Executive Service），使总统有权力任命10%的政府高级职业文官[①]。改革拉近了政府高层职业官僚与政治系统的关系，使政府中的高级文官成为总统政治任命的部分，增强了此部

---

① B. Guy Peters, "Politicization in the United States," in B. Guy Peters and Jon Pierre, ed., *Politicization of the Civil Service in Comparative Perspective: The Quest for Control*, p. 131.

分官员对总统的忠诚性，也使总统和政府各部的部长有权奖惩和撤换这部分高级职业官僚。

四 法国的官僚制

（一）法国的高级文官

法国的高级文官区分为技术性和非技术性两大类型，分别由法国国家行政学院和巴黎综合工艺学校统一招考和培养，毕业后进入国家重要部门，成为政府高级行政人员和高级技术人才，居于政府和社会的上层，成为担任国家高级行政领导、行政决策和行政管理工作的高级职业官僚。法国高级文官中包括一些无需经由竞争性考试直接任命的官员，此类官员的任职资格较为宽松。尽管并不要求此类官员必须为执政党成员，然而政治因素仍然是此类官员任命时需要考虑的重要因素，要求此类官员须保持对政府一定程度的政治忠诚。此类官员承担着较为重要的职责，地位处于政治官僚与职业官僚之间，不受一般公务员法的管辖。

在法国，常任性的高级文官有可能通过"临时外调"的方式转入政治官僚体系。中下层文官则通过职级晋升和职等晋升得以升迁。职级晋升随职业官僚在政府中服务年限而自动进行，仅以增加薪金为标志。职等晋升除通过竞争性考试的方式外，还可通过业务考核等其他方式。此种晋升表明职业官僚升迁至更高的行政等级，意味着地位上升、威望提高、责任加重。文官的晋升取决于资历和上一级的选拔，建立在各部门职业委员会建议和上级决策的基础上，根据职业委员会拟定的制度进行。在法国，职业官僚享有信仰自由和与个人有关的其他自由，还享有宪法规定的言论自由和政治自由。在工作之外，有权在保持其基本义务的前提下发表见解，有权加入各种社团和工会，有权参加集会、罢工和竞选等活动。根据公务员法的规定，国家公务员必须履行忠于职守、廉洁奉公、严格服从上级以及在工作中不得发表个人政见等义务。与其他一些国家不同，法国文官有权参与党派活动以及国家或地方的竞争性选举，一旦获胜，便从此步入政治生涯。

法国政府中的高级文官是一个特殊的、在很大程度上进行着自我管理的社会集团，从某个角度看，它是一种社会概念而非法律概念。这一社会集团居于政府高位，享有某种政治特权并扮演着参与政府决策的角色。在组织层面上，法国的政府高级文官由国家行政部门中的高级管理人员

(包括中央行政主管、各部部长以及各办事处的主管等）以及政府重要机构（如政府财政检查团、国务委员会、审计法院、地方长官军团和外交使节团）的成员组成。法国政府高级文官的范畴具有一定的内在复杂性，它并非是一个边界分明的、统一的集团。尽管如此，不可否认的是，法国政府中的高级文官无论在法国的政治过程中还是在法国的政府过程中都是一种重要的、不可或缺的政治力量，常常在国家面临巨大政治危机时仍坚持履行管理和协调功能。当政治家们陷入意识形态纷争和困境时，高级文官发挥着调节政治激情和制定政府发展计划的功能，由此而保证国家在面临危机和困境时稳定前行。尽管法国的高级文官阶层内部也存在种种竞争，然而这些高级文官清晰地认识到，是国家的共同利益将他们联系在一起。他们尤其清醒地意识到："自己既不属于政治世界，也不属于日常管理世界。"[1] 此种特点同时也表现为一种重要的关系结构，成为法国公务员等级制基础上的一种特殊的社会阶层和社会等级结构。

在西方国家，文官政治中立被视为一个高尚的原则。但一般而言，此种原则只要求中下层文官遵守，在高级文官中则不然，一些高级文官并不遵守这一原则，相反，他们欣然步入政治领域，并从中获益。法国政府的高级文官进入政治系统担任部长职务时，他们并不感到窘迫，也不会遭遇任何道德困境。政府高级文官在政治领域中、尤其是在决策系统中作用越来越重要，甚至转身直接进入到政治系统中。苏莱曼认为，事实上，法国国家给予政府行政精英特别的自由度，并以这样或那样的方式给这个特权群体以补贴。由此使此种政治与行政系统间的跨越成本很低，没有危险。他认为，法国政府中的此种现象，有助于培植政府行政领域和社会的不平等[2]。此种国家政治—行政关系结构使法国高层政治官僚与职业官僚联系紧密，通过对政府官僚的分类，使政府的高级官僚与政府中下层官僚和社会相分离，并在一定程度上鼓励政府高级文官进入政治领域。此种制度也是法国第五共和国近几十年中高级文官不断进入政治领域的原因。

第五共和国时期，诸种因素进一步推动了这一趋势，国家的资助使政府行政精英渴望进入政治系统的欲望进一步加大。20 世纪 80 年代以来，

---

[1] Luc Rouban, "The Senior Civil Service in France," in Edward · C. Page and Vincent Wright, *Bureaucratic Elites in Western European States*, p. 65.

[2] Ezra Suleiman, *Bureaucrats and Policy Making: A Comparative Overview*, p. 127.

法国国家行政学院学员的数量不断增加，高级文官担任部长职位和进入内阁的数量有所增多，一些资深的高级文官在政治领域获得成功。一些政府中规模较大的强势机构抑制了来自其他方面的竞争，保证了自己的"成功"，从而进一步希图在行政系统外寻找出口和利益。此时，政治职业对他们更加有吸引力，也更便于他们获取更大的"成功"和利益。诸种因素加速了高级文官政治化的进程。

其实，从政原本是一个极具风险性的职业，无论是民选还是政治任命，对于在政治系统中寻求一席之地者都具有很大的不确定性和不安全系数。然而在法国，政府高级文官在去除从事政治职业的风险方面十分成功，他们能够很容易地进入或退出政治系统，可以不辞去现职便参加竞选和参与政治活动。如若不能在政治领域获得成功，他们能够很容易地回到高级职业文官系统。高级文官的职位作为永久职位，一直为他们保留着，不会因进入政治职业体系而蒙受经济利益即薪金方面的损失。此种体制给政府高层精英带来了极大好处，使他们游刃有余、进退自如，使政府行政系统内部呈现出一种明显的不平等。政府津贴成为政府高层精英发生各种专向时的一种特殊保障，使政府高层拥有特权的群体从中获益。苏莱曼说："法国政府高层的此种运作并不为法国社会中大多数人所知，显现的依然是一种政党分赃制，成为一种为政府行政精英提供特权的制度，为不同政党所共同分享。"[1]

第五共和国以来，法国政府中一些技术性部门的部长们批评法国文官日益走向"政治世界"，称此种情况为"政治系统对技术领域的殖民化"[2]。早在法国政府官僚系统建立之初，法国曾经存在关于政府"行政体系须独立于政治因素"[3] 的思想，认为政府中的行政事务非属政治问题，应由中立性的文官去处理，因此要保护文官免受侵扰，防止文官介入政治。长期以来在法国，文官十分惧怕政治，行政官员对承担责任的恐惧进而强化了此种态度。一般而言，在政治官僚们看来，行政职业官僚仅在政府行政结构内行事，无须考虑政治问题和介入内阁的决策过程。然而在

---

[1] Ezra Suleiman, *Bureaucrats and Policy Making: A Comparative Overview*, pp. 129—130.

[2] Jeanne Siwek-Pouydesseau, "French Ministerial Staffs," in Mattei Dogan, *The Mandarins of Western Europe: The Political Role of Top Civil Servants*, p. 196.

[3] Ibid., p. 206.

现实中，法国政府高层职业官僚的活动与内阁的活动并无根本性区别，相反，政府高层职业精英与政治精英形成具有共生性的精英集团和社会阶层，显现出法国政府中政治体系与行政体系的紧密联系。法国政府官僚系统的工作推动了内阁的发展，导致内阁重要性的上升和进一步集权化以及内阁对政府行政官僚系统协调监控功能的强化。

尽管在法国，高级文官的政治化程度相对较高，然而与之同时，高级文官凭借自身的专业能力和自我管理、自我控制的能力，也经常抵御来自外部的政治干预。如20世纪90年代后期，政府采取措施从国家行政学院选派新任管理者到高级文官所在的部门进行为期两年的"锻炼"，这一举措最终因受到行政部门高级文官的抵制而被取消。20世纪90年代以来，法国政府高级文官的政治化趋势大大增强，高级文官与政治系统及政治官僚之间的关系较以往更加含混、或者说更加密切。虽然法国的高级文官与政治系统有着密切的联系，但在公开场合、尤其是在接受采访或调查时，他们往往表现得很谨慎，并不愿意公开谈论他们的政治参与和表达自己的政治偏好，也较少介入政治斗争，而是坚持认为自己所代表的是国家的利益。

在过去的半个多世纪中，在法国，无论社会发生了怎样的变化，无论发生何种政治变革，法国政府高级文官始终居于政府重要地位，并且保持着自身的强大。与典型的"盎格鲁—撒克逊模式"即英美国家相比较，法国模式强调集体规范的支配和整合，而非"盎格鲁—撒克逊模式"所体现的个性化职业特征。尽管此种个性化在法国政府的行政制度中也有所体现，但法国政府系统中更多体现为团体性的职业管理，使个人价值与整体价值相结合，显现出法国特有的国家行政文化。

20世纪60年代以来，面对政府分权改革和欧盟一体化进程、以及法国经济发展中日益崛起的大型企业，高级文官也逐渐增强自身的应变力，并不断调整自身的职能。在西方国家大规模市场化改革浪潮中，法国高级文官秉承"变"中"不变"的原则，既没有接受英美式的新自由主义观点，也没有遵从米歇尔·克罗齐埃（Michel Crozier）所提出的"在法国创造出一种新的管理模式"的建议①。在纷繁复杂的社会变动时期，政府运行不再像以往那样建立在专业绩效的基础之上，而是建立在社会能力和

---

① Edward C. Page and Vincent Wright, *Bureaucratic Elites in Western European States*, p. 88.

智力能力相混合的基础上。政府中的人们相互竞争，在文官政治化的趋势下，一部分人遭受着专业领域的不平等待遇，法国的高级文官也由此而生活在一种复杂的、呈现出某种分裂性状态的世界中。在这一状况下，政治化趋势扩散于整个公共事务中。高级文官凭借他们在政府中的地位和所固有的政治联系，与政治官僚共享着权力，发挥着他们的作用。在社会的变动中，他们使自身行为既保留以往的刚性，又努力增强适应性。在政府权力发生相应分化的情势下，凭借自身对错综复杂的权力的熟知，使自己立于不败之地。在国家地位发生相应变化，欧洲日益一体化和市场日益开放的情势下，使自己屹立于国家与国际政治的舞台，依然能够保证自身在政府中的地位和作用以及个人职业生涯的发展，成为国家、政府变动中稳定持久的结构性因素。

（二）法国的政府精英

在法国，国家承载着一种特殊的训练政府高层次官僚的义务，并赋予这一群体特殊待遇。法国特有的政治文化使这一群体享有合法地位。法国的国家行政学院（ENA）承担着这样的一种职责，即建立起一种高度制度化的国家精英培养体制，为捍卫国家的整体利益培养和塑造一个强有力的政府高层官僚系统，通过此种制度构建起法国政府高层的政治—行政系统。从这个意义上可以说，在法国，是"国家创造精英"[①]。此种方式不同于盎格鲁—撒克逊国家政府精英的培养方式，即通过传统的著名院校及功绩制培养国家精英的方式。

从法国社会与文化层面看，法国政府高级文官是法国社会精英中最为重要的部分。有关法国文官的民意测验表明，民众认为文官是一个有诚信且能干的整体。尽管也有种种批评，但较少直接涉及高级文官，原因在于高级文官居于政府上层，普通民众较少能够直接接触到这一层面，因此对此知之甚少。媒体有时会关注作为社会精英构成部分的高级文官，但并没有对这一政府及社会阶层提出明显的挑战。高级文官中受到较多批评的常常是技术专家，然而与之同时，政府中的高级技术人员也常常受到社会的称赞，认为他们较之私人企业的同类人员更具合法性。事实上在实践中，政府高级技术人员是政府中相对封闭的精英集团，他们更多关注技术性问题，而非社会问题。尽管如此，基于他们在政府中的地位和责任，他们的

[①] Ezra Suleiman, *Bureaucrats and Policy Making: A Comparative Overview*, p. 109.

技术性工作更多地考虑国家的利益，而非仅仅为了金钱，因而被赞颂为是社会成功的典范。正是基于法国文官集团尤其是高级文官集团的社会和政治地位，大多数法国人希望他们的子女能够进入到这一行列。

在法国，国家在政策过程中一般遵循两个原则：一是保持精英的地位；二是强调政府政策与行政的集中性。在此种原则基础上创造了一个具有自觉意识和自信的精英群体。此类精英在政府中占据着重要地位，认为自己比他人更具有领导能力，并对自己享有的权力地位和特权有满足感。对法国政府精英的评价一般集中于平等性方面，虽然法国的教育制度被一些人称赞为是"培养社会中一流人才的制度"，但同时也被批评为是一种"非民主"的制度[1]。尽管如此，在法国，基于传统，人们大都接受此种文化和政府体制。

法国的精英文化和政府精英制度源于进入政府高层的精英的教育背景和资历，此种制度在很大程度上垄断了成为精英的渠道，将其他一些社会群体排除在进入政府精英群体的通道之外。苏莱曼认为，相对于其他国家而言，法国政府精英标准的制度化程度很高，但它不是简单的"能力标准"，还包括"认知标准"[2]。迄今为止，法国政府行政改革的目标之一是要保持高标准的用人制度，此种改革较少与教育制度改革相联系，而更多的是与政府权力的集中相联系。法国政府精英的此种特权地位与法国经济结构和政府行政的集中化密切相关。法国的政府精英在总体上反对大众参与和权力的分散化还与其自身的既得利益相关联，目的在于避免使自身利益受到分权结构的侵扰。因此布洛克—莱恩（Bloch-Laine）认为，分权化是减弱政府行政集团中精英主义的最有效且无害的方式[3]。事实上，迄今为止，在法国，无论是左派还是右派都没有对政府的基本结构加以改革，原因在于二者都认为法国的政府精英制度具有一定优势，认为此种制度给国家提供了相对有能力、有奉献精神和忠诚的政府官员，从而使无论是国家公共部门还是私人部门都保持着相对的稳定性。因此至今法国的政府精英制度结构始终保持着稳固的地位。

---

[1] See Ezra N. Suleiman, *Elites In French Society: The Politics of Survival*, Princeton, New Jersey: Princeton University Press, 1978, p. 276.

[2] Ibid., p. 279.

[3] Ibid., p. 280.

苏莱曼在解释法国政府精英制存在的原因时认为，由于一些社会比其他社会更趋于冲突和不稳定，在明显动荡的情况下，这些社会的维持常常依靠那些具有稳定性的制度和团体，从而导致此种团体在社会面临危机、不稳定和改革时极力设法保护自身的主导地位和特权。[1] 法国社会在历史上一直十分动荡，经历了深刻的经济与政治变革。如今在政治上，法国成为世界上的民主国家之一；在经济上，成为最富有和拥有先进技术的发达国家之一。然而，法国的渐进式民主化发展模式和精英在社会中的地位几乎没有改变。此种制度有一种限制性的门槛，允许终身任职，并要求保持一种"优秀品质"。苏莱曼称法国的精英集团为"后贵族统治集团"，认为当今法国并非呈现为"贵族政治的终结"，相反，这部分人依然在设法保护自己和相应制度，力图避免社会改革给自己带来不利影响。苏莱曼认为，每个社会都由精英管理，每个社会都有各自精英产生的方式，但没有一个社会像法国那样成功地使"精英形成机制"制度化。[2] 维尔弗雷多·帕累托（vilfredo pareto）用"精英流动"（circulation of elites）理论对精英的变革加以解释，提出，精英在不同社会部门内流动，目的在于不断革新自我以保证自身的持续存在[3]。加埃塔诺·莫斯卡（Gaetano Mosca）在研究政府精英变革问题时说："一种分析性的研究是对统治阶级必须具有的综合的一般性例证的补充说明。我们必须找到各种统治阶级所拥有的不变特征、以及他们整合和解体的间接原因所具有的变量特征。不变特征和变量特征之间有着密切的关系。"[4] 约瑟夫·熊彼特（Joseph Schumpeter）在其"社会阶层的扩大化"一文中也提出了同样的看法。认为阶层结构是根据不同家庭的社会价值所划分的等级结构，它更可能指的是社会价值，一旦这种价值得到实现，那么将会很牢固地被确立下来。阶层结构牢固和永久地形成是需要予以特殊解释的特殊问题，从本质上讲是特殊"阶层问题"[5]。

---

[1] See Ezra N. Suleiman, *Elites In French Society: The Politics of Survival*, Princeton, New Jersey: Princeton University Press, 1978, "Introduction", p. 3.

[2] Ezra N. Suleiman, *Elites In French Society: The Politics of Survival*, p. 4.

[3] Ibid., p. 5.

[4] Gaetano Mosca, *Ruling Class*, NY: McGraw-Hill, 1939, pp. 336—337.

[5] Joseph Schumpeter, *Imperialism and Social Classes*, New York: Meridian Books, 1971, p. 160.

这些看法均为经验研究基础上得出的结论，苏莱曼试图用这些理论对法国政府精英及其精英制度的统治地位和稳定性作出解释。他认为，此类问题具有政治内涵，并涉及意识形态方面的问题。他将此类研究归结为精英的适应性问题，意即研究为何一些精英能够成功地适应变化着的经济和政治环境，从而巩固他们的权力，而另外一些精英却不能。认为了解法国精英适应社会变化所采用的方式是理解法国精英能够长久保持其地位的关键之一，将精英定义为"精英集团中具有一定程度凝聚力和自我意识的成员"。此部分人集中于组织结构中，此种组织结构与其权力地位紧密相连[1]。苏莱曼认为，尽管政府行政精英一定程度上受到自身所受教育及社会阶层归属的影响，但其行为更多是受他们所拥有的权力地位的支配，涉及他们地位的合法化问题。正如马克斯·韦伯所说："每一种体制都努力构建其合法性。"[2] 法国的政府精英体制能够得以保持，表明尽管此种体制与当今的民主理念不相一致，但法国的政府精英却维护了此种制度的合法性以及自己在国家与社会中的合法地位。

拉尔夫·达伦多夫（Ralf Dahrendorf）认为，与法国相比，德国的政府精英缺乏自我意识和自我认可心理，他们缺少关系网，因而缺少"凝聚力"，而且有某种"防范心理"[3]，因而严重削弱了自身的能力和地位，无法形成一个真正的组织或阶层，也就成为一种所谓的"抽象的精英"[4]。相比之下，法国的政府精英更具组织性，当其精英结构和共同利益受到挑战时，能够团结一致支持和维护自身利益及其现存精英结构。此种优势使法国政府精英在国家机构内外具有高度的流动性，也在一定程度上增强了法国政府精英的社会适应性，体现于他们对自身的再定位、对自身发展范围的扩展和领域的转移。此种适应性有利于他们在国家政策发展过程中进行深思熟虑，以使国家政策的发展适应于社会的发展变化。此种职业转换和适应社会的需要也要求和帮助这些国家政府精英避免过于狭隘和退化，

---

[1] Ezra N. Suleiman, *Elites In French Society: The Politics of Survival*, p. 9; See Gaetano Mosca, *Ruling Class*, pp. 37—40.

[2] Max Weber, *The Theory of Social and Economic Organization*, New York: The Free Press, 1965, p. 325.

[3] Ralf Dahrendorf, *Society and Democracy in Germany*, New York: Doubleday & Co., 1967, p. 269.

[4] Ibid., p. 277.

以满足社会不断发展的需要。

(三) 法国的精英教育制度

法国是西方国家中最具正式精英机制的国家，如上所述，原因在于法国国家致力于创建国家精英。要了解法国的精英结构，须从创造精英的教育制度入手。

早在19世纪初期，法国国家的统治者就十分明确，国家不仅要培养那些致力于为国家提供服务的精英（如军官、工程师和教师等），还要培养那些使国家"繁荣富有"、建造"良好秩序的社会"所需要的精英[1]。因此在法国，长期以来国家垄断着教育，使教育成为国家政治的衍生物。法国国家对教育的垄断形成了两个准则和传统：第一，教育制度的发展不容许与国家为敌；第二，国家承担培训国家领导者的责任。由此，国家掌有培养国家高级精英的垄断权。正如拿破仑所言："没有一所学院和教育机构的建立能够脱离帝国大学（imperial university）。"[2] 所谓"帝国大学"是掌握在法兰西帝国即拿破仑手中的大学，这一理念曾经是支撑法国教育的不可更改的哲学。在拿破仑看来，教育制度集中于国家之手有独特的目的。首先是政治目的，并要通过对教师的灌输去实现这一目的。拿破仑反复宣称："建立教师团体的主要目的是确立一种政治和道德思想的指导方式。"[3] 在拿破仑看来，国家教育服务于主权国家和公共利益。他说："我想创建的不是主权握于罗马手中的耶稣会，而是有用的、服务于公共利益的耶稣会。"教育存在的理由及真正功能在于它是国家权力的道德支撑。由于公共教育可以传播学说，因此它可能成为一种公共危险。此外，拿破仑还认为，教育应控制在国家手中还在于它具有政治稳定的作用。公共利益依靠的是秩序和稳定的基本原则，没有秩序和稳定，社会就不可能有活力。"国家是一个整体，这个整体有一定的关系，这些关系是一系列的原则，这些原则是国家起源和依靠的准则。因此，国家需要有一种教义，不仅拥有它，而且要加以教化和渗透，使之成为国家稳定的保障。"为了确保教育对国家稳定的作用，最重要的是不应存在敌对的机构，因为这些机构可能会扰乱国家教育所完成的任务。国家应该全权控制教育，以确保年

---

[1] Ezra N. Suleiman, *Elites In French Society: The Politics of Survival*, p. 17.
[2] Ibid., p. 18.
[3] Ibid., p. 19.

轻人能够接受符合此种教义的教育。在诸种教育体制中，"高等教育是最重要的统治工具"①。

除了服务于公共利益和维护政治稳定之外，在早期的法国统治者看来，国家控制教育的另一个重要功能是保证社会的统一性，这一点也是拿破仑改革中所期望实现的最为重要的目标之一。在拿破仑看来，实现统一性就是教育的职能，学校的目的不仅仅是教化，更为重要的是——学校是忠实于国家的机构。所以，学校的职责不仅仅是教育，而是"根据国家要求提供培训"。"国家有权力指导学校"，对于公共教育所培养的公民最重要的要求是：公民要"思考国家认为他们应该思考的东西"，"期待国家需要他们期待的事情"。"通过多种渠道把国家的道德内容传递给他们，这就是大学的基本目的。"② 正如希波利特·泰恩（Hippolyte Taine）所言："拿破仑把自己看成是法学家，意在使人们执行他的命令，而不是批评；使人们遵循法律，而不是批判法律。"③ 拿破仑经常表达这样的思想：军事和教会的组织原则象征着一个社会最需要的东西：等级结构、统一性、秩序、功能和忠诚。他力求在所有关系密切的机构中建立起此种等级结构。由此而构成法国精英主义教育的基础。诚然，法国的公共教育也培养对社会有用的、高素质的人才，但归根结底是要服务于国家，这才是根本。可见法国的高等教育为培养法国的国家精英发挥了重要作用，此类精英进而成为国家重要的政府行政官员，形成为法国国家精英结构的基础。

第二次世界大战后法国创建了国家行政学院，集中录用培养国家高级非技术精英，成为非技术精英人才步入政治生涯并获得成功的捷径。国家行政学院的毕业生不仅得以进入政府高层和内阁各部，甚至有可能获得高级政治职位。国家行政学院的创建和精英培养路径成为一种关系网，使政府中的非技术精英具有更大的凝聚力，在国家政府中发挥更加重要的作用，使法国政府精英的凝聚力要比德国更加强大。

（四）法国职业官僚的政治化

自第五共和国以来，法国政治和行政过程中的政治与行政的关系不断变化。盖伊·彼得斯（B. Guy Peters）和乔恩·皮埃尔（Jon Pierre）等人

---

① Ezra N. Suleiman, *Elites In French Society: The Politics of Survival*, pp. 19—20.
② Ibid., p. 21.
③ Ibid., p. 23.

认为，法国的政府官僚制表现为"政治和行政之间永久性的相互作用"。基于此，有必要解释法国文官"为何无论是自然而然地还是在功能方面均趋于政治化"①。

在法国的历史上，在政府行政政治化和政府行政保持政治中立两种趋势的交替更迭过程中，职业主义曾经被视为民主进步的重要标志之一。传统的、"学术"的看法曾经将政治系统视为由选举产生的具有回应性的政治官员系统；而政府行政系统则是不允许其他因素介入的实施管理的官员系统。在法国政府的行政实践中，一个公共管理者即行政官僚能够同时处理许多程序性事务，实际政策的实施未必会遵循一般性的概念化构想，也未必能够最终实现政府既定的目标。

尽管如此，伴随着时代的变迁和国家的变动，如今法国政府中公共行政和政治中立的内涵不断变化，使法国的"行政政治化"与"职业主义"形成其特有的内涵。如今在法国的政治与行政现实中，行政政治化不仅体现为这两个系统之间的角逐，还有另一层含义，即文官本身是选民的一部分，有一定数量，因此法国政府必须重视这股力量。为了保护"公共利益"和使政府精英免受大众的干扰，法国选举产生的政治领袖和政府高级文官之间表现出一种特有的游戏规则：呈现为具有实用性意义的非正式的合作关系②。

人们在评价政府中的政治—行政关系时，常常会采用一些政治化的衡量标准。如今，越来越多政府高级文官介入政治的事实表明，文官的职业化生活和政治性活动的界限消失，二者融为一体。政府高层职位的变化以及职业官僚进入政治性职位的情况，越来越演化为政治—行政关系的实质性的变化。

1. 结构政治化：政治与行政相互渗透的模式

第五共和国时期法国政府中政治与行政之间的关系可以描述为一种结构政治化模式，此种模式依赖的是新政权的精英结构和技术专家治国论的理论基础。第五共和国反对党派政治，戴高乐主义者认为，党派政治是导

---

① Luc Rouban, "Politicization of the Civil Service in France: From Structural to Strategic Politicization," in B. Guy Peters and Jon Pierre, ed., *Politicization of the Civil Service in Comparative Perspective: The Quest for Control*, p. 81.

② Ibid.

致第四共和国失败的主要原因。第五共和国的制度架构建立在法国政治体制与公共行政体制相互间关系的基础之上，显现为政府行政居于议会之上的特点。基于历史和现实的原因，政府官僚体系居于政治生活的核心地位。

1958年以来，法国政府高级文官与选举产生的政治官员之间的关系特征表现为：首先，高级文官居于法国政治生活的核心地位。在法国，政府中的文官约有50万人，数量超过政府其他人员，占法国职业人口的22%[1]。文官系统控制着电力、公共交通等公共垄断部门，处理诸种国家行政事务。在这种情况下，居于政府高层的职业官僚便在政府的公共行政过程中发挥着主导作用。其次，在法国，文官职业是个人迈入国家政治生涯的阶梯，法国共和国的每一位总统、总理和大部分部长都来自于文官系统的等级阶梯。此种情况显现出法国政治与行政世界二者结构功能的融合。

在法国，大部分学者强调政府职业属性的同质性。政治家和高级职业文官可能来自于同一所学校——法国国家行政学院，这所学校同时为政府培养政治精英和行政精英，为其日后的政治或国家行政职业生涯创造条件。在此种环境下，居于内阁和总理僚属最高层的政府高级文官在政府的政治化结构中发挥着关键性作用。

在法国的政治与行政过程中，政府的高级职业文官成为政治与行政权力的协调者。他们在政府中的职位使之得以发挥协调性职能，并向政治官员提出有关行政机构运行方面的建议，向政治系统表达行政机构的需要。法国的高级行政职位（包括内阁成员和各部部长）的政治任用均来自于政府官僚系统，尤其是来自于政府高级文官体系，而非对私人部门和公共部门领域之外的其他部门开放（除了少数专业化的法律专家外）。从1958年到1972年，高级文官进入政治系统成为各部部长和内阁成员的比例达到90%[2]。一些评论家指出，法国右翼政党上台有助于政府高级文官的进一步政治化。但法国政府职业官僚的政治化不同于美国的政党分赃制，属于结构性政治化，而非政党政治化。

---

[1] Luc Rouban, "Politicization of the Civil Service in France: From Structural to Strategic Politicization," in B. Guy Peters and Jon Pierre, ed., *Politicization of the Civil Service in Comparative Perspective: The Quest for Control*, p. 84.

[2] Ibid., p. 85.

2. 政治化模型的转变

20 世纪 70 年代末，瓦勒里·吉斯卡尔·德斯坦（valéry Giscard d'Estaing）上台执政，打破了第五共和国以来法国政府中政治与行政的平衡关系结构。尽管此时期法国的高级文官仍处于政府决策的中心，但总统要求文官做出有利于总统方案的明确承诺。高级文官不再是中立性的专家，反之，须致力于总统所拟定的政治方案。此时期高级文官职业自主性的丧失源于法国总统关于政治—官僚互动关系的新构想。在新的方针下，不再需要文官去寻求新的解决问题的方案，而只需要顺从于在竞选中获胜的总统，因而要求文官忠实于总统的政策。

1981 年，左翼候选人赢得了总统竞选，加速了法国政府政治化模型的转变。左翼政党的上台意味着中产阶级的胜利，然而原有的国家结构则是由政府中的上层文官所垄断。新上台的左翼执政党试图从根本上打破第五共和国以来法国政府的政治—行政关系模式，在政策过程中划清党派归属与政策取向二者间关系，导致政府结构与决策过程的相应变化，来自高级文官的部长人数比例有所下降。文官的社会背景也发生了相应变化，更多来源于中产阶级群体。

3. "策略性"政治化：政治—行政关系的新模式

1981 年后法国政治—行政关系结构的变化并非表明法国政府官僚政治化趋势的减弱，相反，使法国政府官僚体制的政治化程度加大，使文官进一步成为政治权力的附属物。此时期政府官僚系统政治化的一个重要方面是在公共行政领域内创建政治网络，通过政治网络进而控制政府官僚的公共生活和决策过程。此种变化依靠的是制度化的策略，目的在于强化内阁的地位。此种策略的实施使文官失去了原有的相对独立性。有关对法国政府 500 名高级管理人员的调查表明：20 世纪 90 年代，法国文官的政治化趋势得以增强，政府行政系统中的政治官僚尤为欢迎这一趋势，甚至希望进一步加大职业文官政治化的力度[1]。

对于法国职业官僚政治化趋势加大的原因，一些高级文官认为，这是一个全球性的趋势，与政府的决策过程有一定的关联性，是政府决策过程

---

[1] Luc Rouban, "Politicization of the Civil Service in France: From Structural to Strategic Politicization," in B. Guy Peters and Jon Pierre, ed., *Politicization of the Civil Service in Comparative Perspective: The Quest for Control*, p. 92.

转变的结果。具体可归结于三个方面：第一，选举官员希望更加彻底地实施政府规划的愿望所致；第二，选举官员希望更加严格地控制公共行政领域；第三，法国社会的全面发展推动了这一趋势。

如今法国职业官僚政治化趋势进一步加大已是一个不言自明的事实。以往高级文官仅参与日常的政治决策过程，如今却从属于政府的政治等级结构，职业角色发生转变。从专业学校毕业的、掌有专门技术的高级职业官僚对政治化没有过多的意识，因为他们所掌握的专业技术使之未受到来自政治系统的过大压力；而那些行政性高级职业文官却不可避免地卷入政治化的漩涡。

如今，政府行政官僚系统政治化的内涵已发生相应变化，不是指从其他机构任命政治官员或任命趋于党派化，也不是指传统的民选政治家或政治任命的政治官僚与保持政治中立的高级文官共同决策的结构政治化。在以往的政治化趋势中，文官尽管支持政府策略但毋须做出政治忠诚的承诺。而如今在政府的政策过程中，不仅要求文官支持政治系统，还要求文官做出政治承诺，使政府高级文官从属于政治系统及其决策过程。此种政治化被称为"策略性的"政治化，要求高级文官在特殊政策领域中支持和维护政治决策。此种变化一定程度侵袭了法国传统的职业行政理念，即文官服务于国家、而非服务于特殊政治权威的理念。

当今法国政府行政领域政治功能的加强，并不意味着高级文官"职业合作主义"精神的削弱，行政政治化的趋势并没有对法国文官传统的职业结构构成威胁。相反，政治化趋势与高级文官的职业生涯相交织，帮助高级文官获得更多成功的机会。此外，当今法国政府政治—行政关系政治化策略模式的特点还体现为：第一，在政府的政治日程中出现了诸多新的专业化问题，如环境保护与安全健康问题、扶助弱老病残问题以及社会职业性培训问题等。在处理这些领域的问题时，政府高层文官的社会和专业技术能力必不可少，他们不再是政治游戏中的掮客，而在解决政治与社会问题的过程中要承担起切实的责任。第二，当今法国政治—行政关系政治化的策略模式是法国1981年至1995年间制度改革和欧洲一体化的产物。前者使地方政治家和地方行政官员的制度性权力和专业地位日趋重要；后者所导致的权力分散在很大程度上改变了欧洲各国政府高级文官的职业地位，有利于具有专业技术和法律知识的职业文官的发展。权力分散的过程和欧洲一体化的进程要求高级文官更多地在专业网络结构中工作，要求他们与私人或公共利益集团密切合作。这在某种程度上打破了以往法国政府官僚服务于国家和"整体利益"、而不顾忌社会需求的状况。

五 德国的官僚制

（一）德国官僚制的特征

在马克斯·韦伯的官僚制理论中，现代政府行政系统应该是保持合法理性秩序的系统。政府权力不仅基于法律，还依赖于技术理性工具。马克斯·韦伯所构建的官僚制理想模型，目的在于实现此种工具理性的最大化。然而在实践中，政府官僚存在一种避开自身工具性作用去为自己谋取权力地位的趋向，成为马克思所称的剥夺者的一个变种。早在18世纪初，法国人就已提出官僚制的概念，用来抨击专制暴君和政府官员为一己之利的统治，由此而提出对政府官僚加以立法控制的思想。依据马克斯·韦伯的思想，是要在代议制民主基础上，给政府官僚确定一种合法的工具性角色：即由民选议会代表表达民意，在政治执行者的指挥之下，由官僚去具体实施民意。但此种理想的模型并不完全符合现实，事实是，随着国家对社会干预的增强、公共部门规模的扩大以及政府在公共规划中的主导地位，政府官僚系统的决策功能日益显著。正如阿尔弗雷德·格罗瑟（Alfred Grosser）所言："无论在何处，立法的创制权都会逐渐转移到行政机构手中。立法机关通常批准，有时会修改，但很少反对。"诚然，阿尔弗雷德·格罗瑟也提出，此种描绘也可能夸大了政府官僚系统所拥有的"立法权"，"多数情况下他们仅仅是参与了立法程序"[①]。尽管如此，政府中的高级官僚在政府决策过程中仍然是一个重要变量。

基于长期的历史传统，在德国，政府官僚系统有着明显的"韦伯式"官僚制的特征，即其官僚制的工具性特征。尽管关于官僚制的实证研究并不多，大多数研究西方官僚制的学者依然视德国为现代官僚制的典型和楷模。

德国的官僚制最早源于统一前的普鲁士，从18世纪末到19世纪中期，普鲁士政府中的职业文官有效地承担起政府的职责，在现实的政治实践中逐渐形成为国家统治精英。德国统一前的普鲁士，其发展历程呈现为

[①] Renate Mayntz, "German Federal Bureaucrats: A Functional Elite between Politics and Administration," in Ezra Suleiman, *Bureaucrats and Policy Making: A Comparative Overview*, p. 175.

政府官僚位居于专制君主的统治之下，无论是社会精英还是政府中的精英都无法与君主权力抗衡。尽管此时期资产阶级已经在发展形成中，但力量弱小，政治上不成熟，更不存在能够影响政府决策的社会自治群体。早期的普鲁士官僚制，一些土地贵族通过接受训练及表明其能力的考试得以进入政府官僚系统，凭借所接受的优等教育、此后的行政经历和所习得的政治技巧，成为国家的栋梁和国家发展的推动力。

1848年后，在宪法改革过程中，一部分有改革倾向的文官参与其中，使普鲁士的总体境况发生了变化。尽管普鲁士的君主并不十分欢迎宪政改革所建立起的新制度，但还是采取了容忍的态度，使普鲁士宪政改革所建立的新的制度成为政府官僚系统生长的温床和土壤，成为政府官僚阶层形成发展的基础。在新制度下，官僚须明确自己在政府中的职位，使具有一定理性工具性质的政府官僚制得以发展。与此同时，尤其是1870年之后，新的竞争性的精英在普鲁士经济、科学和文化领域发展起来，政府官僚作为统治精英的地位有所削弱。政府试图将文官限定在传统君主制所建立的政治秩序中，官僚越来越多受到政府纪律的约束，逐渐从积极的政治生活中退出。

研究德国官僚制问题的阿博特·L.洛厄尔（Abbott L. Lowell）认为，德国统一前的普鲁士官僚制与同期其他国家相比较，既不是高度集中的，也没有严格的等级制。此时期，普鲁士政府各部门相互独立，政府官僚只是履行自己的本职工作，非属一种有凝聚力的组织。此种官僚体制中不存在政党政治之下的政治庇护和政治任命体制，因为这一时期政府并没有给反对党以任何权力地位。在君主专制制度下，政治忠诚成为任命和晋升中的重要因素[1]。德国统一后，俾斯麦所创立的政府官僚制，一定程度上成为普鲁士官僚制的延续。这一时期政府官僚愿意且能够涉猎由选举产生的政治领袖们所处理的诸种事情。此种制度与韦伯理想形态的古典官僚制不同，受到韦伯的大力抨击，成为德国由中世纪封建官僚制向现代政府官僚制过渡的一种形态。

1919年，魏玛共和国建立。依据1919年2月魏玛共和国发布的法令，文官可以加以选择，如若觉得不能忠诚地服务于共和国政府可以提前

---

[1] Abbott L. Lowell, *Government and Parties in Continental Europe*, London: Kibgnabs Green and Co., 1896, p. 293.

退休，但大多数文官仍选择继续任职，此时期有 10% 的普鲁士政府官员在政府高层行政部门中工作①。政府高层文官须诉诸于非党派性的规范，专职服务于社会公共福利，而无须提供政治性支持和体现个人忠诚，此为文官继续工作和获得保护的前提。由此而大大降低了政府高级文官政治活动的水平。魏玛共和国时期，政府试图通过人事政策和措施向官僚灌输民主价值理念，力图使执拗、保守的官僚实施社会民主政策。尽管如此，政府的基本人事政策并没有改变文官的基本职业取向，即政府的职业官僚要坚持中立和服从的规范。

20 世纪 30 年代希特勒上台后，在使官僚服从于其意志方面更加强势。他所采取的人事措施迅速瓦解了魏玛宪法灌输给政府官僚系统的民主社会主义成分，明确使政治党派性成为官僚获得和保持职位的条件，文官录用的标准为始终无条件地支持民族—社会主义（NS）国家，并使国家官僚受到国家社会主义党的直接控制。雷纳特·梅恩兹（Renate Mayntz）说："或许可以豪不夸张地说，在此之前，德国文官从来被没有如此的工具化，发挥如此卑屈的作用。"②

纳粹统治时期的状况对此后德国的官僚制产生了两重影响：一方面，它强化了人们关于文官非党派性的理想，认为文官的相对独立性有利于抵制专断的政治统治。一些政府官僚希望避开政治控制、维护自身权利。为了完成所管辖范围的任务，他们不仅需要具备专业知识和必要的资源，同时要求一定的可任意活动和独立决策的范围，由此而要求一定程度的自治。此种要求包含着一定的危险性，使官僚在政治决策过程中强化自我和扩大自身偏好，甚至谋求达到自身目的。另一方面，文官似乎又不可能不介入政治。这两种倾向在此后新的民主宪法、新的联邦共和国文官政策和政府人事措施的重建中均得以显现。因此，雷纳特·梅恩兹认为，面对风险是德国政府高级官僚精英的特征和生存环境，也显现出它的权力所在。这个团体为了获取利益会运用它的影响力，高级文官发挥政治作用的内涵在于能够获得利益。这也成为德国高级文官精英群体的特点③。

---

① Renate Mayntz, "German Federal Bureaucrats: A Functional Elite between Politics and Administration," in Ezra Suleiman, *Bureaucrats and Policy Making: A Comparative Overview*, p. 176.
② Ibid., p. 177.
③ Ibid., pp. 174—175.

肯尼思·汉福（Kenneth Hanf）在分析"除社会和政治因素以外影响波恩官僚制的因素"时指出，"传统普鲁士价值观已不再适合西德的官僚制"。拉尔夫·达伦多夫（Ralf Dahrendorf）则提出德国的"行政精英几乎没有呈现出自由的特征"的看法[1]。鲁道夫·威尔德曼（Rudolf Wildenmann）在1968年《德意志联邦共和国的精英》一书中提出德国官僚趋于反政治的看法，指出，居于主导地位的德国文官认为："德意志联邦共和国的公共福利和公民的整体利益主要受到利益集团持续不断的要求的干扰。"在本质上，不是政党和议会、而是文官保证了德意志联邦共和国合理性的公共政策的实施[2]。由此得出结论：德国文官制度的问题在于持续性的古典官僚制的终结。莱斯利·查普曼（Leslie Chapman）认为，以往的古典神话建立在黑格尔关于国家与社会区别的基础上，此种神话是保守性的官僚为抵御政治环境的侵扰而建立的一种意识形态的防护。此种神话一方面是抗衡民主潮流的壁垒，另一方面是抗衡纳粹政治的壁垒[3]。然而从历史的角度看，这一神话已成为过去。在第二次世界大战后半个多世纪德国的民主化进程中，德国的官僚体系承担起了更大的责任，因此也逾越了以往古典官僚制所建构的屏障。

德国政府职业官僚生存环境的结构特征之一是德国政治的集中化程度，它直接影响到德国政府高级文官履行职责的形态。此外一个国家发展的历史也在很大程度上影响着这个国家官僚制的发展状况，如前面所言的国家行政的发展早于其宪政制度发展的现象，德国属于此种情况。此种历史演变对一个国家政府行政体制的形态和特征有很大影响。政府官僚体系存在的社会政治环境，体现为公民社会的形成状态及公民权利意识的水平，有较多具有实质性意义的社会群体的存在，并能基于利益关系相互结照，便有可能从外部为政府官僚提供支持，从而提高政府行政官僚的影响力。政府行政官僚体系存在的社会政治环境中最为突出的是政治系统的形态，如稳定和强有力的政治领袖会强化对政府官僚系统的控制；反之，多元化或政党政治的分裂性则有利于政府行政官僚系统权力地位的加强。德

---

[1] Ralf Dahrendorf, *Society and Democracy in Germany*, pp. 240—241.

[2] Mattei Dogan, *The Mandarins of Western Europe: The Politic al Role of Top Civil Servants*, p. 113.

[3] Ibid., p. 116.

国的政党政治具有多元化特征，相对而言，其政府行政官僚系统的稳定性便较为突出。在德国，有组织的利益团体也具有一定的多元化特征，但与美国相比较数量有限。规模较大、一体化程度较好的全国性组织一般代表一些规模相对较大、人数较多的利益群体，如德国工会建立于工业、而不是手工行业的基础之上，形成为较强有力的工人协会。这些政治性背景对于政府中高级文官的地位、作用以及履行职责的行为方式均具有重要影响。

此外，国家的宪政结构及政府的组织结构状况也影响着一个国家政府官僚的地位、作用和行为。与法国相比较，德国的国家政治集中化程度明显逊于法国，宪法权力中大部分立法权归于联邦政府，而政策执行权则主要为各州（lander, states）所掌有。联邦政府在国防、铁路运输和邮政领域负全责，税收权由法定的联邦和各州政府共同管理。这些因素都会对德国的政府官僚体制产生相应的影响。

如今，德国政府官僚系统的目标也发生了相应变化。就其功能定位而言，逐渐从"服务于国家"向"服务于公众"转变，尤其是下层文官的客户取向不断增强。转变的另一个方面体现为政府职业官僚系统由以往传统的中立性规范朝着越来越认同于社会特殊利益集团的方向发展，高级职业官僚政治意识和政治作用增强。当今德国政府职业官僚的发展变化还表现为"国家雇员"意识的增强，意即视国家为雇主，自己为有利益地被雇佣的雇员，而非视自己为拥有特权和特别责任的官员，那种作为居于特殊地位的官员的意识有所减弱。

（二）德国的高级文官

在德国，多数政府高级文官源于中产阶级和中产阶级以上家庭，但并不高于社会其他精英群体，如企业管理层、大学教授或包括律师在内的自由职业者等专业性群体。德国政府高级文官在社会背景、录用和工作形态等方面都不像法国政府高级文官那样具有很高的同质性，也不像法国政府高级文官那样具有很高的社会声望。德国的高级文官不具有像法国高级文官那样在具有很高地位和声望的国家行政学院接受过专门训练的阅历，也没有像英国高级文官那样在一个或几个专门培养精英的学校中接受共同教育的状况，由此而妨碍了其高级文官共同特征的形成。德国政府行政系统中的高层文官大多在德国大学中学过法律，德国政府较为倾向于录用有文官家族背景的人员，成为突出的特点。在德国，高级文官更多表现出个人对特定部门的忠诚，而非呈现出一种整体性。高级文官在联邦和各州政府部门之间有相对较高的流动性，尤其是在联邦和各州特定部门之间流动性更为明显。

在德国的政治与公共行政过程中，要求政府中的政治与行政系统共同遵循政府的总的政治与政策取向。在此基础上，依据相应标准录用职业官僚，这部分官员成为政府中特殊的职业类别。在德国，人们常常用"政治官僚"来称谓职业文官中可以"暂时退休"的特殊群体[1]。这一群体在政府中发挥着重要作用，尤其是在确定政府目标的过程中发挥重要作用。此类"政治官僚"在联邦政府中担任国务秘书和助理秘书长（即部门主管）等，他们并非政治任命的官员，而是通过晋级得以进入这一特殊领域的政府高级官员。原则上规范文官的准则适用于筛选此类官员，但由于其特殊地位，他们很容易迂回和避开一些约束。基于他们的特殊身份，这部分官员只有在极特殊的情况下（如犯有刑事罪）才会被辞退。一般情况下他们甚至不会被随意调到他们不愿意去的部门。当一名"政治官僚"被确定为临时退休时，他仍可依据其等级和年龄等条件享有相应的退休金[2]。

德国政府对职业文官的相应约束，归根结底是为了保证政府的政治与行政权力，避免政府政策过多地受到功能性高级职业文官的干扰。政府官僚诸种关系的协调主要体现于联邦政府高层，目的在于保持政府官僚政治的同质性和信任的最大化。政府注重于使用其信任的官员在政府高层任职，并要求政府中的高级职业官僚愿意并能够维护政府的利益。对于下层政府职业文官，则通过政府行政层级加以控制。历史上，普鲁士政府高级行政职业官僚与政治系统有紧密的联系，他们本身也成为政府统治精英的组成部分，在政治上享有很大自由。此种传统至今对德国的政府官僚制依然有深刻的影响。

在德国，一方面，政府高级职业官僚与政治系统有一定的连接；另一方面，从其职业体系看，联邦政府中的政治系统与文官系统又有着明显的

---

[1] "暂时退休"制度主要通过西德1953年的《联邦文官法》(The Federal Civil Service Law) 和以后的几个附加法加以认定。

[2] Renate Mayntz, "German Federal Bureaucrats: A Functional Elite between Politics and Administration," in Ezra Suleiman, *Bureaucrats and Policy Making: A Comparative Overview*, pp. 183—184.

不同。基于两者录用模式和职业界限的不同，两个部门并不容易交叉，尽管一些政党骨干基于其职业能力得以进入政府职业官僚系统，一些职业官僚也由于某种原因进入到政治系统，政府的国务秘书群体变得越来越政治化，政府职业官僚的录用过程也显现出政治化的趋势。但在多数情况下，高级职业官僚通常不会改变其职业性的身份而成为政治性官员，职业官僚系统归根结底属于政府的功能系统，政治官僚系统的职业模式也不同于政府高级职业官僚系统，尽管二者需要合作并保持相应的平衡性。

20 世纪 80 年代以来，德国的政党逐渐走向"卡特尔化"（cartelization），即政党联盟化。在这一过程中，政党逐渐摆脱了一些传统的社会职能，增加了一些新的职能，政党的地位和作用日益增强。具体表现为政党不仅通过在议会中的代表即议会党团予以施政，执政党在拥有行政决策权的联邦机构及其地方下属组织中均有自己的代表。德国政党政治的变化对政府的高级文官产生了重要影响，使德国高级文官与政治权威间的关系、高级文官的凝聚力、职业道路、作用和基本素质等方面均发生了相应变化。具体可从以下几个方面加以分析。

（1）联邦政府行政决策过程较以往更加趋于政治化，政府的行政化趋势有所减弱。在德国，政府行政决策的政治化很大程度上体现为政党政治的强化，即政党在公共决策中地位上升，使政府决策权日益从行政官僚手中转移至政治竞技场。政府官僚在与政治权威进行的行政决策权角逐中处于下风，导致政府官僚系统的权力有所下降，权力范围缩小。

（2）联邦政府中政治协调机制不断强化，使政府行政系统的功能发生分化。20 世纪 80 年代以来，协调政治与行政关系的主要机构总理府（Chancellery）加强了对各部门的控制，削弱了政府各部门的自治权，并将以往政府各部门的政治辅助性机制提升为各部门直接附属的政治领导，强化了政治对行政性活动的控制。政治系统与行政官僚系统相比较获得了更加重要的地位和更大的影响力，使政府行政部门中的行政官僚"不得不努力尝试与那些固执己见的政治官员们共处"[1]。

（3）政府高级文官的地位和作用下降，参与政策制定的机会减少。

---

[1] Klaus H. Goetz, "Senior Offials in the German Federal Administration: Institutional Change and Positional Differentiation," in Edward. C. Page and Vincent Wright, *Bureaucratic Elites in Western European States*, p. 149.

政府的高级文官从以往议程设定和政策创议的角色演变为政治上高度敏感的政策协调者。无论在与政治领袖的关系上，还是与非行政性政策制定者的关系上，部长级行政官员的自主性都越来越小，越来越处于一种被动的地位。相反，政治敏感性却日益提高。

（4）政府高级文官的政治技巧有所提升。所谓政治技巧，包括评价政治趋势及政策创议的能力；在广泛的政府提案中对特殊事务的洞察力；在政策制定过程中影响、控制其他行为者（其他政府部门、议会、地方政府和利益集团）的能力；设计能够最大化地实现部长实质性目标程序的能力等。对高级文官政治态度和政治角色的比较性研究表明：德国联邦政府的大多数高级文官重视行政工作中的政治观，并且意识到其重要性。政府行政过程的政治化要求高级文官提高自身的政治技巧，有效地运用部门以外的通信网络和各种信息；要求高级文官提升自己综合内外导向的能力，不仅注重政府行政系统内部的横向纵向沟通，而且须保持与其他部门、尤其是与相关领导部门和政治系统之间的联系；此外还须频繁地与政府行政系统以外的议会组织和利益集团的代表保持联系[①]。

德国政府官僚系统中高级文官的组织变迁和角色的变化是德国政治体制发展变化的重要结果之一。德国政党政治、议会政治和政府决策过程的相应变化对德国政府官僚系统的发展产生了重要影响。

对于德国联邦政府高级文官政治化的趋势还可以从另一个角度去理解：从政府组织结构上看，政府的政治系统与职业官僚系统明显属于不同的组织系统和职业群体。但政府的高级职业官僚在服务于政府的过程中不可避免地会显现出"政治性"，原因在于政府高级官僚常常充当推动政策发展的角色，这一工作成为他们职业生涯中的主要内容，从而使之不可避免地会介入"政治"，但此种"政治"所显现的是一种"政策取向"，而非"权力取向"[②]。由此可以对政府中的政治系统与高级职业官僚系统的功能和职业取向加以区别。政府中的高级职业官僚系统恰恰是通过发展政策和项目的功能去显现自身优势，去与政治系统保持平衡。

[①] Klaus H. Goetz, "Senior Offials in the German Federal Administration: Institutional Change and Positional Differentiation," in Edward. C. Page and Vincent Wright, *Bureaucratic Elites in Western European States*, p. 149.

[②] Renate Mayntz, "German Federal Bureaucrats: A Functional Elite between Politics and Administration," in Ezra Suleiman, *Bureaucrats and Policy Making: A Comparative Overview*, p. 201.

与法国相类似，传统上，德国政府官僚在总体上代表公共利益，政府的文官系统也并非如同英美国家那样，显现为一种政治中立性的工具。德国的政府官僚制发展于政治集中化和国家行政权力扩张的过程中，在这一过程中，政府高层官僚迅速崛起，发挥了显著的作用。

（三）德国职业官僚的政治化

在德国，对职业官僚政治化的分析可以从以下三个方面加以考察。首先是联邦部长的角色显现出政治与行政领域的交织，成为德国政府行政职能和制度政治化的一个侧面。其次是政府高级职业官僚的角色、政治价值和工作方式状况，成为德国政府行政行为政治化的另一个侧面，其中高级职业官僚的文化倾向和政治态度值得关注。再次是政党政治的庇护对公共官僚的职业性和政治中立性的侵蚀，表现为政府中的职业官僚同时承担着政党体制中的工作和任务。

在德国，联邦政府各部所处的政治环境迫使高级职业文官承担政治职务，为此高级职业文官不仅需要掌握政治技巧，还需要对自身相应的角色有所把握，使高级文官的职能政治化与其职业主义并行不悖。20世纪的最后25年，是德国政府行政职能政治化最为典型的时期。1998年德国政府的更迭显现出对行政职业官僚加以政治控制的制度化机制，满足了在政治忠诚和专业化机制二者间保持平衡的需要。

在德国，部长官僚制的组织结构和高级文官的管理规则成为文官政治化的突出表现和重要因素。德国的情况反映出一种矛盾的现象：其一，以绩效为基础的常任职业文官怀有强烈的珍视宪法、法律的传统和"国家主义"精神，但德国的官僚制传统中包含着违背文官公平考核的原则。其二，德国政府依据法律所建立的相对严格、详细的文官管理系统同时又是一个以牺牲文官的职业素养为代价的、在任免权方面加以严格限制的制度性体系。德国的文官管理体系中呈现出许多漏洞，并且接受政党政治的干预。表现为在联邦部长的行政官僚体系中没有集中录用职业官僚的人事管理机构；联邦政府机构中表现出明显的分散性特征，并呈现出高度分散的人事制度。在德国联邦政府体系中既没有统一的录用和晋升制度，也没有正式的选拔高级职业官僚的机制。政府中的高级文官被视为具有党派性，由此而构成德国官僚制的文化特征，影响着德国政府的政治与行政运行以及各部门中的职位流动和晋升。基于此，德国联邦政府中的高级职业文官处于一种相对政治化的环境中，政治与行政二者间界限模糊。基于联邦各部所面临的政治环境，高级文官需面对政治与行政功能的双重挑战。随着政治环境的变化，政党和利益集团在决策过程中发挥越来越多的作用，政府中的行政精英也面临越来越多的政治性任务。

长期以来，德国的政党政治状况使德国成为一个具有悠久"联盟政府"传统的国家，此种状况给原本就渗透于政党政治中的政府高层文官施加了更大的压力，使政府高级文官在其行政工作过程中不得不揣摩部长和内阁大臣的心思，还需考虑联盟政治的各种因素。联邦官僚还需照顾到议会中反对党的意愿，在决策过程中与之加以协商，由此而形成德国式的协商性政治文化，使议会中政府的议会党团和反对党之间呈现为某种合作的趋势。各种社会利益集团的游说一般不针对议会机构，而主要围绕联邦各部的部长级官僚展开，通过直接或间接地接触政府高级官员去表达其利益诉求。诸种因素均对政府高级文官构成一定影响，使政府高层的某些职位更加强调政治技巧而非技术专长。如克劳斯·H. 格兹（Klaus H. Goetz）在其《高级文官职业调查》（1997）一书中所说，"职业培训是为了获取政治技巧"[①]。

以上所涉及的德国文官角色政治化的问题，呈现为德国官僚制中特有的行政文化模式。所谓官僚制中的"行政文化"是指政府中行政官僚所持有的一系列主导性信仰、态度和角色感知，此种信仰、态度和角色感知成为政府职业官僚行政行为的主要影响因素。适当的行政文化有助于政府行政功能的实现，也成为既定体制有效运作的重要先决条件。阿伯巴奇（J. D. Aberbach）认为：官僚对社会和政治环境的回应在很大程度上取决于官僚自身的信仰。德国政府官僚同时认同于"古典官僚"和"政治官僚"两种模式，"古典官僚"具有"以规则或程序为导向"的特征，而"政治官僚"则依据政治和会问题来组织活动。"古典官僚"严格按照单一的"公共利益"行事，而"政治官僚"则持有更加多元的观点，关注各种政治势力（如政党和利益集团等）对政策的影响。"古典"亦即技术官僚在决策过程中更趋于技术标准而不是政治标准，他们视政治家为行政领域的干预者，对之表示不满。而"政治官僚"的责任则不限于行政角

---

① Eckhard Schroter, "The Politicization of the German Civil Service: A Three-Dimensional Portrait of the Ministerial Bureaucracy," in B. Guy Peters and Jon Pierre, ed., *Politicization of the Civil Service in Comparative Perspective: The Quest for Control*, p. 61.

色，同时在决策过程中发挥重要作用，包括拟订和协调政策提案、建构政治支持和调解利益冲突等。德国的联邦政府官僚精英系统将两种官僚结合在一起，使二者相交融，形成为统一体，由此而构成德国联邦政府特有的高层文化。在此种文化下，人们称"波恩或柏林各政府部门的高级文官是政治官僚的典范"[1]。

根据西方国家学者对德国联邦官僚系统的调查，德国联邦各部门中大多数官僚认为职务的政治性是他们职业的组成部分，被调查的上层精英官僚中有 3/4 以上的人都表示愿意接受具有政治性的职务。20 世纪 70 年代以来德国政府高层官僚中支持"政治灰色区域"的比例提升了 45%[2]，职业官僚们在这个灰色区域中寻求自身的立法性角色。在他们看来，政府决策是政治家和职业官僚共同作用的产物。大多数职业官僚重视政治协商，认为政治协商有助于满足文官的职业要求。在此种行政文化主导下，政府行政精英的角色由以往单纯的行政与组织方面向权力和政策导向型角色转变。大部分行政精英极具有协调能力，强调将政治指令传达至下层官僚机构，并通过文官与其他社会集团之间建立有效的连接去消除公共行政与外部世界的隔阂。

从比较的视角看，德国的官僚制存在于一种"较为平静的政治环境"中，显现出"对政治的容忍"和政治与行政相交融的状态[3]。相比之下，美国的政府官僚制则处于一种兼有开放性和制约性的政治环境之中。

由此可得出结论：德国传统的、作为公共行政技术专家角色的古典官僚制如今已大大衰落。20 世纪七八十年代以来，德国官僚制制度与功能政治化的趋势日益增强，国际性的新公共管理改革并没有导致德国此种趋势的回转。笔者将德国的官僚制模式称之为"混合模型"，即职业官僚与政治系统保持密切的联系，"政治化"的部长官僚与以绩效为导向的职业官僚能够和谐共存，并没有因此种政治与行政的混合状态而导致政府内部的纷争。

---

[1] Eckhard Schroter, "The Politicization of the German Civil Service: A Three-Dimensional Portrait of the Ministerial Bureaucracy," in B. Guy Peters and Jon Pierre, ed., *Politicization of the Civil Service in Comparative Perspective: The Quest for Control*, p. 67.

[2] Ibid., p. 68.

[3] Ibid., p. 69.

第 二 章

英国的官僚制

本书所指的英国官僚制，涉及英国中央政府的行政系统，而不包括英国的地方政府。因为英国虽然是一个单一制国家，但同时又是一个有着悠久地方自治传统的国家，还被称为"地方分权型单一制"国家①。因此，英国的地方政府官员不隶属于中央文官系统，在管理体制上与中央政府有很大不同。故而本研究集中于英国中央政府，而不涉及英国地方政府的行政体制问题。

第一节　英国官僚制的历史演进

中世纪的英国并未建立起如同东方封建大国那样规模庞大、复杂的官僚系统，为数不多的各类官员由国王任命，并被视为国王的仆人，领取皇家薪俸。那时中央行政机构的数量不多，权限模糊，一个部门可以同时拥有行政、司法、财政和军事等多种权力，或者在不同程度上与其他部门分享这些权力。尽管中世纪英国已经出现了诸如文书署、财政署这样的机构，也已产生文官、国务大臣的职务称谓，但尚不属于现代意义上的政府官僚体制。海迪在对英美两国官僚制的比较中指出，"英美两国一直没有建立起来一个强大胜任的官僚组织，直到代议性政治机关决定对此提出要求并将此要求规定下来为止"②。现代英国政府官僚制脱胎于1688年英国资产阶级革命后议会和王权的斗争，与其内阁制度和政党制度相伴而生。

---

① 卓越：《比较政府与政治》，中国人民大学出版社2004年版，第85页。
② ［美］费勒尔·海迪：《比较公共行政》，第249页。

一　英国官僚制的萌芽时期（1689—1780）

1688年光荣革命后，英国建立了君主立宪制。此后，议会逐渐确立了自己在国家政治生活中的地位。尽管如此，在一段时间里，英王的权力尚未丧失。根据英国学者贝梯·肯波的看法，从光荣革命到1832年议会改革，英国国王和下议院的关系经历了三个阶段：第一，国王和下议院划分权力关系的时期（1689—1716）；第二，双方保持均衡权力关系的时期（1716—1783）；第三，双方关系破裂的时期（1784—1832）[1]。可见在1783年之前，国王和议会之间保持着某种平衡关系，共享立法权和行政权，在国王、议会和内阁三者间形成一种权力均衡状态。然而此种均衡终究无法阻挡王权衰落的趋势，终于使权力从国王手中转移至内阁和议会，使内阁制度、政党制度和议会制度得以迅速发展。

（一）行政权由国王向内阁转移

光荣革命后，议会通过《权利法案》确立了对国王立法权的限制，司法机关得以独立。然而国王仍掌握着相当大的行政权，大大小小的官员仍由国王任命，奉行恩赐官职制。18世纪，行政权逐渐由国王向内阁转移，这一过程大致经历了三个阶段：（1）威廉三世和安妮女王时期；（2）乔治一世和乔治二世时期；（3）乔治三世时期。

威廉三世和安妮女王时期是国王和议会"确定关系"的时期。这一时期的主基调是限制王权，强调议会至上。此时期议会权力与国王权力相分离，但议会对国王的行政权力并未多加干涉，国王仍可依照个人好恶任免官员。如安妮女王坚持"臣为君仆"的观点，先后任命几名宠幸亲信为要臣。大臣们依然忠实地为王室服务，听从国王的命令，对国王负责。[2]

乔治一世和乔治二世时期，由于这两位国王对英国政治的不熟悉和厌恶，使行政权力逐渐落入内阁手中，大臣的任命方式和负责方式也发生了变化。由于乔治一世不懂英语且常年居住在德国汉诺威领地，很少参加内阁会议，以至于1717年，议会决定国王无须出席内阁会议。

---

[1] [英]贝梯·肯波：《国王与下院，1660—1832》，第5页。转引自阎照祥《英国政治制度史》，人民出版社1999年版，第204页。

[2] 李秋成：《十八世纪英国内阁在宪政中的地位》，西南政法大学，硕士学位论文，2003年，第14页。

1721年乔治一世任命财政大臣罗伯特·沃波尔（Robert Walpole）主持并领导内阁会议，使沃波尔成为实际行政权力执掌者。在税收方面，沃波尔取代国王直接向议会提交征税法案，如1723年扩大消费税的征税范围，1733年推出新的消费税法案，要求对烟、酒开征消费税以取代原先的关税，这些法案遭到下议院的否决。此外，国内经济和财政方面的决策也出自沃波尔之手。在大臣任免方面，沃波尔强迫与其意见相左的汤森辞职，并任命自己的宠信担任各种政府公职及教会职务[①]。1742年，沃波尔失去对下议院的控制，被迫辞职。此后，内阁与国王和议会关系的光谱上逐渐向议会靠拢，内阁与国王渐行渐远。沃波尔辞职后，乔治二世任命其宠臣罗德·卡特列特主持内阁。此人依仗是国王的宠信，在下议院中竭力维护汉诺威王室在德意志的利益，很快便失去下议院的信任而辞职。1743年，亨利·佩勒姆主持内阁，恰逢1745年叛乱，佩勒姆希望乔治二世任命皮特为国防大臣以打击叛军，但因皮特在下议院中多次反对国王介入欧洲事务，乔治二世对之十分厌恶，因此否决了这一提议。佩勒姆内阁毫不退让，于1746年2月10日带领全体阁员和其他非阁员大臣辞职。乔治二世恼怒之下任命并非下议院议员的巴斯勋爵为财政大臣，受命组阁。然而巴斯勋爵因缺少下议院的支持竟然邀不到入阁大臣，他与卡特赖特的双人内阁仅维持了两天便草草下台。无奈，乔治二世只好请佩勒姆等人复职。佩勒姆内阁再次上台后对国王提出了苛刻的要求，即对幕后大臣和其他皇室大臣进行一次大清除。包括巴斯勋爵在内的一大批国王宠臣被免职，仅宫廷副总管因国王的乞求而得以幸免。此事件后，内阁摆脱了国王的控制，掌握了大臣的任免权。伴随着行政权力由国王向内阁转移，王室事务和国家公共事务逐渐得以区分，大臣的身份性质也发生了变化，不再仅仅是国王的仆人，还是政府官员，不仅对国王负责，还对议会和公众负责。

乔治三世即位后，试图重新控制内阁，执掌行政权力。他将政府中绝大部分的官员任命权掌握在自己手中，根据议会投票情况发放官职薪俸，企图以此控制议会，与下议院多数党争夺对内阁的控制权。1761年至1770年期间，先后换了6届首相，其中除老皮特因健康状况不佳主动辞

[①] 李秋成：《十八世纪英国内阁在宪政中的地位》，西南政法大学，硕士学位论文，2003年，第30页。

职外，有 3 名首相均因迫于国王的压力而辞职，辉格党首相罗金厄姆侯爵则直接被国王所罢免。此种情况于 1770 年宫廷党中间分子诺斯勋爵被任命为财政大臣后结束。1782 年，完全迎合国王旨意、不顾下议院意见的内阁因失去议会支持而倒台。诺斯在给乔治三世的信中说："……陛下深知，在这个国家里，圣上不可执意反对下议院深思熟虑的决议。"① 从此乔治三世的个人统治告终，此后国王不再直接行使行政权力，而是通过大臣及大臣领导下的各部行使。

（二）政务官与事务官初步分离

如上所述，18 世纪的英国，国王的权威还有着广泛的基础，恩赐制仍然是主要的人事制度。国王一方面任命议员担任政府职务以换取议会的支持；另一方面令行政官员进入议会以控制下院，使政府官员与议员之间没有界限，引起议会的不满。为了限制国王权力，议会通过了一系列法案控制领受职薪者进入议会和参与政治活动。

（1）1694 年议会通过立法，规定印花税局的工作人员不得为国会议员，此后这一法律推广并应用到其他税种的官员。

（2）1700 年议会通过《吏治澄清法》，规定"凡接受皇家薪资及年金的官吏，除各部部长和委员外，均不得为议会的下议员"。

（3）1701 年通过的《王位继承法》规定，国王任命的官员（除大臣一级的高级官员外）以及 1705 年 12 月 25 日后设立的官职任职者不得担任下议院议员。议行相对二分的原则开始出现。

（4）1707 年通过《任职法案》规定，凡议员得到国王任命或从国王那里领取薪俸后，便失去议员资格。

（5）1712 年法律规定，禁止高级邮政官员从事一切选举活动。②

由于这一时期国王和议会在权力对比上处于均衡状态，这些法律并未完全得到实施。《吏治澄清法》于 1705 年被废除，《任职法案》多次被威廉三世所否决，直到 1707 年做了有利于国王的修改后，才由安妮女王签署。此后很长时间里，下议院中仍有不少议员在政府和宫廷中任职、领取薪俸而未失去议席。尽管如此，这些法律的历史作用仍不可低

---

① 李秋成：《十八世纪英国内阁在宪政中的地位》，西南政法大学，硕士学位论文，2003 年，第 31 页。

② 杨柏华、仝志敏：《外国人事制度》，劳动人事出版社 1987 年版，第 95 页。

估，它们标明政府部分官员开始与政治生活相分离，成为英国官僚体制的一大变革。

政务官与事务官的初步分离为 19 世纪英国文官制度的确立奠定了基础。尽管如此，此时期英国的事务官与现代意义上的文官仍有本质上的区别，正如亨利·帕里斯（Henry Parris）所言，1780 年以前的事务官是"non-civil、non-permanent、non-service"，而"civil、permanent、service"则构成现代文官制度的三大特征。所谓 non-civil 是指当时的事务官与政务官没有明确的界限，尤其是位于大臣之下和初级办事员之上中间地带的政府官员，既从事政务也从事行政事务。所谓 non-permanent 是指 1780 年之前的官员无论是事务官还是政务官都希望能够永久任职，事实上，这一时期许多官员的任职时间都很长，但任职时间具有很大的随意性，不受法律保障。所谓 non-service 是指事务官只属于某个部门、为某个部门所雇用，并不存在统一的文官体系。[①]

18 世纪是英国官僚制的萌芽期，这一时期，政治是英国社会生活的重心，国王和议会间的权力博弈处于政治漩涡的中心地位，行政事务数量不大，尚未成为人们关注的焦点。此时期政府中出现的政务官与事务官的分离主要出于议会对国王权力的限制，而非出于对行政效率的考量。伴随着国王从政治舞台的幕前退出，英国的议会制、内阁制和政党制日趋成熟，英国的官僚制也逐渐得以建立。

二　英国官僚制的确立时期（1780—1870）

亨利·帕里斯（Henry Parris）称，英国的官僚制是"立宪官僚"与"立宪君主"的对应，君主和文官构成英国政治中两个永久性因素，当国王超脱于政党政治之上，文官退居于政党政治之下，两者都离开政治领域时，英国的官僚制旋即建立起来。18 世纪末，随着国王逐渐离开政治领域，英国的官僚制开始萌芽。到 19 世纪，文官逐渐离开政治领域，使英国的官僚制得以确立。如果说英国官僚制的萌芽始于国王与政治领域的剥离，英国官僚制的确立则始于文官与政治的分离。

---

① Henry Parris, *Constitutional Bureaucracy: the Development of British Central Administration Since the Eighteenth Century*, London: George Allen & Unwin, Ltd., 1969. pp. 23—27.

(一) 文官与政治的分离

在英国，文官与政治的分离源于两大原因：一是对国王权力的限制；二是政治活动与行政活动复杂性的加大。二者的分离是一个渐进的过程，对国王权力的限制主要发生于 18 世纪，延续至 19 世纪初；19 世纪中期政治活动和行政活动的复杂性日益凸显，最终促成了文官与政治的分离和文官制度的确立。

如前所述，18 世纪国王仍控制着行政权，国王被视为政府行政部门的代表。国王一方面在议会中安插政府官员，另一方面授予议员政府公职，以此来控制议会，引起了议会的不满。1733 年当两名财政部官员亨利·肯索（Henry Kensall）和克里斯多夫·蒂尔森（Christopher Tilson）进入下议院后，有人不无忧虑地提醒道："他们是这个国家有头有脸的绅士，他们能够担当议员，但是不久我们将会看到财政部甚或其他部门大大小小的官员都将进入下议院，他们上午来议会为自己部门的政策投票，下午则围坐大臣左右商讨政策。"与此同时，政府中位高权重的职位如果有空缺且与议席相容，此肥缺非议员莫属，纽卡斯尔形象地说："全世界都不能阻止国王将此类职位授予议院中人。"[①] 因此便出现这样一种现象：即在议会、行政机构和选举中活跃着国王强大的助力军，这些人中有上至威斯敏斯特的雄心勃勃的政客，有下至偏远郡区密切关注百姓生活的平民。面对此种情况，议会一方面力图减少议员担任行政官职的数量，另一方面则力图限制中下层文职人员参与政治活动。

从 1700 年的《吏治澄清法》、1701 年的《王位继承法》到 1707 年的《任职法案》，议会连续通过法律削弱国王对议会的控制，以实现国王所统辖的行政部门与议会的分离。1782 年，伯克和福克斯进入内阁，着力开展行政改革，包括整顿财政机构、褫夺干薪闲职等。这场改革与其说是致力于提高政府行政效率、减少行政成本，不如说是为了消除国王的恩赐官职制、实现宪政制度的平衡和议会的独立。此次改革使英国政府行政发生了一些有益的变化：一支效率更高的、政治上相对中立的文官队伍逐渐建立起来，与政治中立相对应的职务常任原则逐渐得以确立。福克斯说："职务常任是对抗国王的一副盾牌，没有什么办法能比职务常任更好地抵

---

① Henry Parris, *Constitutional Bureaucracy: the Development of British Central Administration Since the Eighteenth Century*, London: George Allen & Unwin, Ltd., 1969, pp. 33—35.

御国王的任意伤害。"[①] 1816 年，利物浦内阁通过议会立法将文官薪金由政府各部自筹自管改为由议会核定，为以后政府各部门实行统一的级别工资制作了重要的准备，进一步推动了文官统一性的形成。

18 世纪 90 年代以前，无论是政治活动还是行政活动都相对简单，议会开会不多，选区事务较少，利益集团、公共舆论都未得到充分发展。然而 18 世纪 90 年代以来，伴随着反对党的出现和英国两党制的逐渐成型，国家政治生活日益复杂，使大臣们不得不投入到议会的各种事务中去。在小皮特担任首相期间，重要的部门政策必须一条一条地加以讨论和接受检查，使大臣们被议会事务纠缠得精疲力竭。加之行政事务的日益复杂和烦琐，大臣们越来越难以兼任两职，由此使政治与行政的相对分离、处理政务与处理行政事务的政府行政官员的区分成为趋势。

(二) 常务次官的出现和政府行政部门结构的初步形成

1. 19 世纪英国的行政官制

18 世纪末英国政府中存在两类官员：一类是大臣（minister），一类是次官（under-secretary）。前者社会地位较高，参与选举的力量强，与宫廷和议会均保持着良好关系，较少甚至不参与日常行政事务。后者出身门第相对不高，没有选区，在王室毫无影响，在议会中也仅参与与其所在部门相关的事项，又被称为"次大臣"（sub-ministers），沃波尔称之为"第二或第三等级的大臣"（ministers of the second or third place）。此类官员由于在政府部门中承担着最为繁重的工作而不可或缺，扮演着重要角色，历经多次内阁更迭而不衰。在议会中，他们成为宫廷党和行政党（the Court and administrative party）的重要支持者，支持国王任命的任何大臣。19 世纪英国政府行政改革中涉及最多、影响最大的正是这一群体。与那些处于政府上层的达官显贵（他们习惯于授权下级处理行政事务，自己几乎凌驾于行政事务之上）和下层文官（他们日复一日地在政府部门中应付着繁杂的行政事务）不同，次官身兼两职，一边在议会中帮助处理议会事务，一边又在部门中帮着查办行政事宜。由于分身乏术，使次官发生分化：其中一部分较多地扮演政治角色，成为与内阁共进退的政务次官（junior minister）；另一部分较多地扮演行政角色，成为内阁更迭时留任的

---

① Henry Parris, *Constitutional Bureaucracy: the Development of British Central Administration Since the Eighteenth Century*, London: George Allen & Unwin, Ltd., 1969, p. 36.

高级文官，即常务次官（permanent secretaries）（见图2—1）。

```
部门 (Department) ┬ 大臣  (Ministers)
                  └ 次官  (Under-secretary) ┬ 政务次官 (Junior minister)
                                            └ 常务次官 (Permanent secretary)
```

图2—1　英国行政官制的演变

资料来源：Henry Parris, *Constitutional Bureaucracy: the Development of British Central Administration Since the Eighteenth Century*, pp. 40—42.

以财政部为例，1804年，大臣被区分为财政大臣（financial secretary）和议会大臣（parliamentary secretary），财政大臣属政治职务。1805年建立助理次官职位（assistant secretary），此后被称为常务次官（permanent secretary）。乔治·哈里森（George Harrison）成为财政部的第一位常务次官。此后直至1830年，其他各部门也陆续设置常务次官一职，使英国政府中大臣之下、低级文官之上的官员结构基本形成。

2. 政府行政部门结构的变化

19世纪以前，欧洲各国的行政组织普遍采用委员会形式，英国也不例外。英王采用委员会形式的原因在于：其一，委员会中官员间相互监督、彼此制约，不会导致个人权力过大，并能避免王室财政的浪费。其二，委员会由若干名委员组成，不仅增加了王室在下议院中代表的数量，也增加了国王恩赐官职的数量，从而成为国王控制政府和下议院的工具。其三，对苏格兰和爱尔兰等偏远地区而言，地区之间以及这些地区与伦敦之间的通信不便，相对于长期驻守在威斯敏斯特的大臣部，委员会更有利于沟通。

尽管如此，这一体制仍显现出其局限性。委员会庞大的规模、成员间权责的混乱使之难以适应行政发展的需要，议会也很难对之实施有效监督，导致委员会体制逐渐衰落，最终由大臣部体制[①]取而代之。1832年，英国中央政府有12个大臣部及16个委员会，到1853年克里米亚战争之后，大臣部已成为英国政府稳定的组织形式，大臣个人负责制、文官匿名

[①] 大臣部是指：按照法律或传统惯例的规定，某一政府部门的所有权力皆由一人掌握，此人必须是上院或下院议员，并就该部门所有事务对议会负责。

性等英国官僚制的重要原则逐渐建立起来,并在此基础上建立起英国的现代文官制。

(三) 英国文官制的建立

1854年,英国政府提出《诺斯科特—屈威廉报告》,此后,1855年和1870年两次发布枢密院令,标志着英国文官制度的确立。英国政府行政系统的三大块:大臣部(ministerial department)、各部的官职结构(包括政务次官和常务次官)和文官体系均建立起来,使英国政府的官僚系统得以确立。

英国文官制的确立与19世纪中期英国议会制度和政党制度的发展密切相关。19世纪中期,英国完成了工业革命,工业资产阶级日益壮大,并在议会改革后在下议院中占据了优势地位。代表工业资产阶级利益的自由党人屡次当政,力图建立一个廉洁高效的政府。与此同时,两党制的建立使政党分肥盛行,内阁和政府高级官员频繁更迭,政府政策的连续性和稳定性得不到保障。1848年,英国首相委派乔治·屈威廉(George Trevelyan)和斯坦福·诺斯科特(Stanfford Northcote)考察各部门的人事状况并提出改进意见。二人于1854年拟定并提出了《关于建立常任文官制度的报告》,又称《诺斯科特—屈威廉报告》。该报告批判了英国文官制度的种种弊病,从文官录用、晋升及分类三个方面提出了改进意见。内容为:第一,由枢密院教育委员会负责,实行公开竞争考试录用制;第二,将政府文官区分为高级和低级两大类,前一类为行政管理和政策性职务,通过以大学课程为基础的考试择优录用,一般以牛津、剑桥等第一流大学毕业生水平为录取标准,年龄限制在19—25岁之间;后一类为大量的办公室工作,由低级文官担任,一般以中学文化程度的考试为录用标准,年龄限制在17—21岁之间。第三,严格文官工作考核,实行功绩晋升制。此外,报告还提出要建立统一的文官制度,以实现文官在部门间的自由调动。该报告提交议会后引起强烈反响,因保守派的反对最终被内阁撤回。

1855年,时任首相的罗德·帕麦斯顿(Lord Palmerstone)在党内自由主义势力的压力下,未经议会讨论直接以枢密院的名义颁布了文官制度改革的正式法令《关于录用王国政府文官的枢密院令》,宣布成立不受党派干涉的三人文官事务委员会(Civil Service Commission),独立处理文官的考选事宜。成为英国现代文官制的起点。1858年,议会通过养老金法(Superannuation Act),规定未持有文官事务委员会的证书者不得领取年金。至此，经考试被录用的公务员获得了身份保障。1860年，议会又任命了5人委员会，调查各机关的吏治状况。委员会指出：文官应划分为高、低两级，低级文官永远不得晋升高级职位。[①] 1870年，英国政府再次颁布枢密院令《文官制度改革令》，重申公开考试录用文官、文官委员会保持相对独立、以及文官分为高低两类等原则，再次强调，凡未经考试、非持有文官事务委员会及格证书者，不得从事任何事务官职；在财政部的监督下，文官委员会有权独立决定录用文官的基本条件；高低两类文官分别按不同标准进行考试。使英国的文官制得以初步确立。

三 英国官僚制的发展和变革时期（1870— ）

1870年后，英国政府行政系统进入发展和变革期，行政机构的数量增加，规模扩大，但基本延续了19世纪中期确立的大臣部体制。这一时期英国政府行政系统最明显的变革是其文官制度的发展和改革。大体上分为两个阶段：第一阶段是1870年至第二次世界大战时期，侧重于文官制度等级结构的逐渐完善；第二阶段自第二次世界大战以来，为文官制度整体变革时期。在这一时期的改革中，19世纪中期以来所确立的文官价值受到挑战，高级文官日趋政治化，传统的大臣部体制也出现了新的变化。

（一）文官等级结构的逐步完善

1870年至第二次世界大战期间，英国的文官制经历了多次调整和变革，旨在完善文官制度的等级结构。

19世纪中期英国文官制度建立后，文官内部区分为高级文官和低级文官两个等级。1875年，莱昂·泼莱番（Lyon Playfan）委员会对官员招募、升迁及等级结构进行调查后发现，高级文官人数过多，一些简单事务也由高级文官担任，阻碍了低级文官的升迁机会，因此建议裁减高级文官，并将低级文官分为成年以及学童两级。1890年，马修·怀特·里德利爵士（Sir Mattew White Lidley）委员会认为，两大类的等级结构过于简单且界限不清，主张进一步提高高级文官的标准以压缩规模，同时在第二级中增加抄写级。1906年，财政部备忘录在原有两大等级中增设中间级，负责处理较第二等级更复杂的工作，如审计、会计等。中间级成为后来执行级的前身。1920年，改组委员会在格莱斯顿委员会建议的基础上，进

---

① 张金鉴：《西欧各国政府》，台北三民书局1976年版，第79页。

而将公务人员划分为四级。1945年至1968年间，文官进一步划分为一般行政人员（包括行政级、执行级、事务级和助理事务级）和专业人员（法律、统计、科学、公务专业、医务、会计和邮政7类人员），在此基础上形成战后英国文官的等级结构，即将文官分为行政级、执行级、专家级、办事员级、助理办事员级和勤杂人员级六个等级。这一等级结构一直延续到1970年年底（见表2—1）①。

除完善英国文官等级结构、统一文官级别和工资标准外，此期间还建立了文官管理处和文官编制委员会，以加强对文官工资和人员调配的管理，改善长期享有文官人事管理特权的财政部和其他部门的关系，建立起比较完善的文官管理体制。尽管如此，此期间英国文官制度中的封闭性也逐渐显现，如1875年规定，第二级文官服务满10年且必须经有关大臣和财政大臣推荐，再由文官事务委员会发给新证书才有资格晋升到第一级；1890年这一期限缩短到8年，但两类官员间的流动依然缺乏。此种情况成为第二次世界大战后文官改革的一大焦点。

表2—1　　　　　　　1870—1970英国文官等级结构的变迁

1854—1870	1875		1890		1906	1920		1945—1968	
高级文官	一类文官		一类文官		第一级	行政级		一般行政人员	行政级
低级文官	二类文官	成年级	二类文官	成年级	中间级（执行级前身）	执行级			执行级
				学童级					事务级
									助理事务级
		学童级		抄写级	第二级	事务级		技术人员	法律、统计等7类人员
						助理事务级			

资料来源：杨柏华、仝志敏：《外国人事制度》，第98—102页。

---

① 杨柏华、仝志敏：《外国人事制度》，第98—102页。

(二) 第二次世界大战以来英国的文官制度改革

1.《富尔顿报告》及 1968 年改革

第二次世界大战后英国的国内外形势发生了重大变化，这些变化对英国文官制的发展产生了重要影响：文官的工作范围不断扩大、工作专业性不断增强。19 世纪中期建立的文官制度已不能满足需要。1966 年工党首相威尔逊任命富尔顿为首的 12 人委员会对英国文官的组织结构、录用和管理等方面进行调查并提出建议。1968 年该委员会提出《富尔顿报告》，经英国政府批准以此为蓝本展开了 1968 年的文官改革。

《富尔顿报告》指出了英国文官制度的种种缺陷，提出 158 项改革建议，着眼于改革英国官制的"通才"结构和封闭性。具体表现为英国文官过于重视通才的优势，低估特殊技术的作用，在高级文官中尤为如此，人们因此称英国的高级文官为"有才华的门外汉"。文官中科学家、工程师和其他技术人员数量过少，并被排除在高级决策和管理之外，不能得到应有的权力、责任和机会。行政人员与专业技术人员、高级文官和低级文官、文官与社会工业企业人员之间等级森严、难以逾越。专业技术人员置身于行政人员领导之下，形成"外行领导内行"的局面。低级文官被终身禁锢于自己的等级内，不得擢升为高级文官。文官很少与社会接触，更谈不上与工、商业部门的雇员有所交流。基于此，报告建议改革的重点为：变通才为专才，变封闭为开放。具体措施包括三个方面：第一，建立"开放结构"，建立包括一切非工业部门职位在内的统一等级结构，建立上下级文官、行政文官与技术文官之间的沟通交流渠道，鼓励文官之间以及文官与其他工作部门之间的相互流动。第二，设立文官学院。第三，设立文官部，在首相控制之下，由一位内阁大臣（通常为掌玺大臣）负责，接管由财政部负责的文官管理事务。

此次改革取得了一定成果，通过设立文官部和文官学院推进了文官的管理和培训工作，简化了文官级别，使文官队伍中专家人数有较大增长。但总体而言，此次改革并未达到预期的效果，《富尔顿报告》中关于各类官员相互交流的建议被讽刺为"脱离实际的臆想"；文官部受到财政部的掣肘，领导文官部的内阁大臣在内阁中地位偏低且对文官事务不感兴趣，使文官部名存实亡，于 1981 年撒切尔上台后被撤销；文官学院建立不久便因出现财政问题，不得不接受财政部的控制，且文官学院的成绩不作为晋升依据，使文官学院形同虚设。① 究其原因，学界多认为此次改革触犯了高级文官及中下层文官的共同利益，从而引起了后两者的共同抵制，使改革流于失败。

2. 撒切尔改革

20世纪80年代撒切尔上台后进行的一系列改革，被认为是自1854年《诺斯科特—屈威廉》报告以来对英国传统文官制进行的最为深刻的一场变革。如果说1854年的改革建立了英国文官制、奠定了文官制的基础和基本原则，1968年的《富尔顿报告》对前者进行了修补，那么20世纪80年代的改革可以称为对英国传统文官制度的颠覆。在这场改革中，传统的文官统一性和部门统一结构被打破，从而引起英国文官传统价值及一些宪政原则的变化。

撒切尔从其"新右派"或"新自由主义"的立场出发，② 对公共部门尤其是文官充满了不信任，认为"文官只会花费纳税人的钱，而不会创造多大效益"③，因此上台后便大力缩减文官规模，截至其任期，使文官规模比1979年减少了20%。1988年，撒切尔领导的效率小组成员伊布斯（Sir Robin Ibbs）发布了《伊布斯报告》（*Improving Management in Government: the Next Steps*），核心为在部门内设立行政代理机构，目的在于将部门中直接提供公共服务的部分转移到类似企业化运营的行政代理机构，部门中只保留部分文官专职于政策制定工作。这在一定程度上提高了政府行政效率，节约了行政成本，但也引发了管理上的自主性与对议会负责性之间的矛盾。梅杰和布莱尔延续了撒切尔的做法，同时修补了撒切尔改革带来的一些问题。梅杰上任后颁布《市民宪章》和白皮书，重申文官政治中立、职务常任和匿名性等传统价值。布莱尔则强调建立"合作政府"，试图对行政代理机构改革造成的碎片化加以调和。

20世纪80年代以来英国文官改革所呈现的另一个趋势是高级文官政

---

① 阎照祥：《英国政治制度史》，第438页。

② 撒切尔是英国首相中少数以其姓名加后缀ism称为主义的人，"新右派"或者"新自由主义"都不如"撒切尔主义"（Thatcherism）本身更为贴切：撒切尔主义是经济自由主义（economic liberalism）和社会威权主义（social authoritarianism）的混合，其核心就是亲市场、注重个人责任。

③ Patrick Dunleavy, *Developments in British Politics* 8, New York: Palgrave Macmillan, 2006, p. 264.

治化,此种趋势始于撒切尔时期,以后得以延续。具体表现为:一方面,首相大量插手高级文官的任命,以其是否与自身政见相同为标准遴选人才,从而大大侵蚀了高级文官政治中立的传统;另一方面,大量引进外部人员担任高级文官,在首相办公室、内阁办公厅和各部部长办公室设置无固定任期的政治顾问。由此,大量政治性人员进入传统的政府功能系统,使以往的高级文官或者迫于政治压力离职,或者在任职中需小心翼翼地迎合政治官僚。在此种情况下,传统的大臣个人负责制也受到威胁。

第二节 英国政府官僚系统的组织结构与官员类型

一 英国政府官僚系统的组织结构与功能

从组织结构上来看,英国政府官僚系统主要包括三个部分,即政府各部(department)、行政代理机构(executive agencies)和非部门公共组织(non-departmental public bodies,民间称半非行政组织)[①]。其中,政府各部是主体,其他二者是位于部门内或由部门资助的、具有一定独立性的半行政机构。

(一)中央政府各部及其功能

1. 中央政府各部的构成

2010年保守党和自由民主党组成的联合内阁上台后,建立了19个部门,此外还包括不管部大臣、上议院议长兼兰开斯特公爵、下议院议长兼掌玺大臣、议会秘书、内阁办公厅、检察官和党鞭,构成英国中央政府(见图2—2所示)。依照所处理事务的性质,英国的中央政府部门分为国家安全(国防部和内政部)、对外关系(外交部)、全国事务(财政部、教育部、卫生部、文官部、交通部)和地方事务(苏格兰事务部、威尔士事务部和北爱尔兰事务部)四类。从图2—2中可以看到,英国中央政府各部的名称并不统一,有办公室(office)、部(department、ministry)等称谓。称谓不同一方面是机构长期发展演化的结果,如财政部(HM Treasury)由国家秘书处(Secretariat of State)所衍生,而国家秘书处则是由古代国王的秘书处演变而来;教育部(Department of Education)

[①] Cabinet office: Government Structure, http://www.cabinetoffice.gov.uk/content/government-structure/.

外交部（Foreign and Commonwealth Office）1 名

财政部（HM Treasury）2 名

司法部（Ministry of Justice）1 名

内政部（Home Office）1 名，同时兼任政府公平部主管大臣

国防部（Ministry of Defense）1 名

商务部（Department for Business, Innovation and Skills）2 名

劳资部（Department for Work and Pensions）1 名

能源部（Department of Energy and Climate Change）1 名

卫生部（Department of Health）1 名

教育部（Department for Education）1 名

社区和地方政府部（Department for Communities and Local Government）1 名

交通部（Department for Transport）1 名

环境粮食和农村事务部（Department for Environment, Food and Rural Affairs）1 名

国际发展部（Department for International Development）1 名

文化部（Department for Culture, Olympics, Media and Sport）1 名

北爱尔兰事务部（Northern Ireland Office）1 名

苏格兰事务部（Scotland Office）1 名

威尔士事务部（Wales Office）1 名

政府公平部（Government equalities office）[①] 内政部主管大臣兼任

不管部大臣（Minister without Portfolio）1 名

上院议长兼兰开斯特公爵（Office of the Leader of the House of Lords）1 名

下院议长兼掌玺大臣（Office of the Leader of the Commons）1 名

议会秘书（Parliamentary Secretary）

内阁办公厅（Cabinet Office）2 名

首相办公室（Prime minister's office）1 名

副首相兼枢密院大臣（deputy prime minister, Lord President of the Council）1 名

检察官（Law Officers）1 名

政府党鞭（Government Whip, Vice Chamberlain of HM Househol

下院党鞭（Whips-House of Commons）1 名 上院党鞭（Whips-House of Lords）

图 2—2 2010 年 7 月英国中央政府组成[②]

资料来源：Cabinet Office：*List of Ministerial Responsibilities：including Executive Agencies and Non-Ministerial Departments*，July 2010，pp. 8 – 61. http：//webarchive. nationalarchives. gov. uk/20101201150033/http：//www. cabinetoffice. gov. uk/media/416777/lmr100701. pdf.

[①] 政府公平部是本届内阁新成立的部门。负责执行 2010 年通过的《平等法案》（equalities act）并就与平等有关的事项进行决策。该部门设国务大臣一名（兼内政部主管大臣）、议会政务次官一名（兼内政部议会政务次官），是一个由内政大臣负责的独立部门。

[②] 各部的主管大臣均为入阁阁员，其中财政部、商务部、内阁办公厅各有 2 人入阁，加上首相、副首相、不管部大臣和掌玺大臣等，共计 29 人，以上各栏中的数字为阁员数额。

由枢密院的委员会演变而来；卫生部（Department of Health）和国防部（Ministry of Defense）则经国会立法所设置①。另一方面也反映了组织形式的差异。英国中央政府各部有两种形式：第一种是首长制，由部长一人单独负责和主持部务，通常称为 department 或 ministry；第二种是委员会制，由若干委员共同负责，又称 board。此种形式经 19 世纪中期改革后，除财政部仍保留了委员会形式，由 7 名委员组成，包括首席财政大臣（first lord，通常由首相兼任）、度支大臣（chancellor of the exchequer）和 5 名下级财政委员（junior lords）外②，基本已为大臣部所取代③。

2. 中央政府各部的组织结构与功能

如图 2—3 所示，英国中央政府各部主要由随内阁变更而进退的政务官与保持政治中立、职务常任的文官两部分人员组成。前者居于各部的决策和领导地位，后者提出政策建议并负责执行政策。政务官一般包括 1 名主管大臣（secretary of state）、1~3 名国务大臣（minister of state）和 1~4 名议会政务次官（parliamentary under-secretaries of state）。主管大臣是各部的最高领导，就部门所有事务向议会负责；国务大臣负责部门中某一方面的事务并担任政治领导；议会政务次官负责保持本部门与议会间的关系，并负责由部长分配的其他方面的任务（详见图 2—4）。各部的主要组成人员是文官，包括常务次官（permanent secretary）、副官（deputy secretary）、次官（under-secretaries）、助理次官（assistant secretaries）和主任（principal）等。常务次官位于文官序列的顶端，是部门文官的最高领导，负责向大臣提供政策建议和本部门行政事务。各部根据业务和职能划分为（division）、处（branch）、科（section）三个层次④。根据英国文官的匿名性原则，文官均向大臣负责，再通过大臣向议会负责。图 2—3 显示的是英国中央政府一个典型的部的内部结构。

---

① 张金鉴：《西欧各国政府》，第 62 页。
② 2010 年新内阁上台之后，财政部这 5 名财政委员（Lord Commissioner of HM Treasury）分别是：迈克尔·万宝（Michael Fabricant）、詹姆斯·达德里奇（James Duddridge）、杰里米·莱特（Jeremy Wright）、布鲁克斯·纽马克（Brooks Newmark）、安吉拉·瓦克森（Angela Watkinson）。其真正角色是政府党鞭（government whip）。
③ 指 19 世纪中期发生的英国行政组织形式的变化，大臣部（ministerial department）逐步取代委员会（board）成为最主要的组织形式。
④ 王名扬：《宪法与行政法》，北京大学出版社 2007 年版，第 33 页。

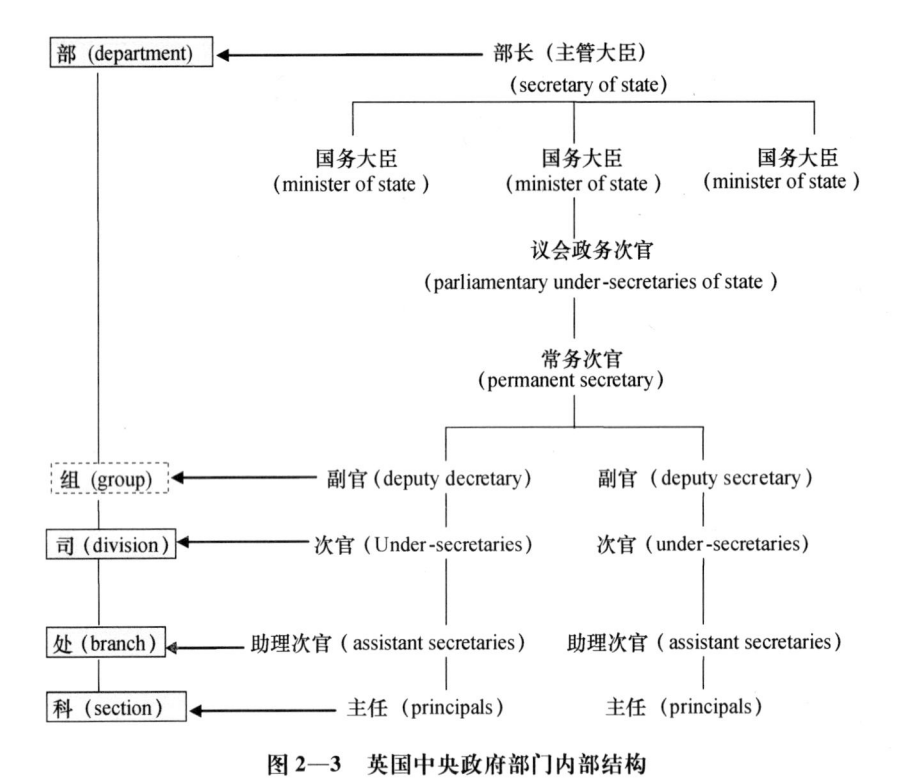

```
部 (department) ◄─────────── 部长（主管大臣）
                              (secretary of state)
                    ┌─────────────┼─────────────┐
              国务大臣         国务大臣         国务大臣
        (minister of state) (minister of state) (minister of state)
                              │
                         议会政务次官
                  (parliamentary under-secretaries of state)
                              │
                           常务次官
                      (permanent secretary)
                    ┌─────────┴─────────┐
组 (group) ◄─── 副官 (deputy decretary)   副官 (deputy secretary)
                    │                      │
司 (division) ◄── 次官 (Under-secretaries)  次官 (under-secretaries)
                    │                      │
处 (branch) ◄── 助理次官 (assistant secretaries) 助理次官 (assistant secretaries)
                    │                      │
科 (section) ◄── 主任 (principals)          主任 (principals)
```

图2—3 英国中央政府部门内部结构

资料来源：Dennis Kavanagh, *British Politics: Continuities and Change.* 4thed, London: Oxford University Press, 2000, p. 295.

图2—4所示的教育部由1名主管大臣、2名国务大臣和2名议会政务次官组成。主管大臣在总体上负责该部的事务，就该部所有事务向议会负责；国务大臣分管儿童和家庭方面的事务，如早期教育、儿童人权和特殊教育等；国务大臣分管学校事务，如办学许可、学校去官僚化和国家课程改革等。议会政务大臣分别协助两位国务大臣负责各自领域的相关事项[①]。

---

① 财政部的内部结构和官员名称与其他部门有所不同，在下文中予以介绍。

```
                    教育部主管大臣
              (Secretary of state for education)
                   迈克尔·戈夫（下院议员）
                (The Rt Hon Michael Gove MP)
         ┌─────────────────────────────┴─────────────────────────────┐
国务大臣(主管儿童和家庭事务)                           国务大臣(主管学校事务)
Minister of state (children and families)              Minister of state (schools)
  萨拉·蒂瑟尔（下院议员）                                  尼克·吉布（下院议员）
    [Sarah Teather MP]                                     [Nick Gibb MP]

议会政务次官(协管儿童和家庭事务)                    议会政务次官(协管学校事务)
Parliamentary Under Secretary of State           Parliamentary Under Secretary of State
    (Children and young families)                              (Schools)
   提姆·劳顿（下院议员）                                  希尔·奥夫勋爵
    [Tim Loughton MP]                                [Lord Hill of Oareford]
```

图 2—4　英国中央政府教育部组织结构（2010 年 7 月）

资料来源：Cabinet Office：*List of Ministerial Responsibilities*：*including Executive Agencies and Non-Ministerial Departments*，July 2010，pp. 23—25. http：//webarchive. nationalarchives. gov. uk/20101201150033/http：//www. cabinetoffice. gov. uk/media/416777/lmr100701. pdf.

3. 非大臣部

英国除一般意义的部外，还有一种"非大臣部"（non-ministerial department）。此类机构在名义上附属于部长，实际由一名非政治性长官领导，享有独立权力，部长仅就其活动负政治责任[1]。如皇家铸币厂便属此类机构，在名义上受财政部经济大臣领导。截至到 2010 年 7 月，英国中央政府中有此类部门 22 个[2]。非大臣部与下文中所涉及的行政代理机构和半非行政组织具有相似性。

（二）行政代理机构及功能

行政代理机构（executive agency）是 20 世纪 80 年代撒切尔文官改

---

[1]　王名扬：《宪法与行政法》，第 33 页。
[2]　Cabinet Office：*List of Ministerial Responsibilities*：*including Executive Agencies and Non-Ministerial Departments*，July 2010，pp. 86—93. http：//webarchive. nationalarchives. gov. uk/20101201150033/http：//www. cabinetoffice. gov. uk/media/416777/lmr100701. pdf.

革中所建立的机构，此后延续下来，又被称作政府机器，意指政府的运作机器，负责直接提供公共服务。行政代理机构的建立，使传统的政府部门被分成两部分：一部分为政策核心部门，此类部门人数少、规模较小，负责政策制定和对行政代理机构的管理；另一部分即行政代理机构，负责执行政府政策、提供公共服务，此类机构中包括大量中下层文官。

行政代理机构与其母部的关系可以概括为：首先，行政代理机构是政府的组成部分；其次，行政代理机构具有一定的自主性。行政代理机构与其母部之间非传统的上下级隶属关系，而是一种松散的契约关系，母部为之制定框架性文件，就代理机构的规模、目标、与部长和部门高级文官的关系、财政体制、人事管理等作出规定，并至少三年对之进行一次评估，以决定是否修改框架文件或撤销该机构[1]。代理机构在框架性文件的约束下拥有管理上和财政上的独立性，其人员录用、考绩、组织与薪酬均由其行政长官控制。代理机构建立后，部长和高级文官负责制定政策，部门不再直接提供可由代理机构提供的服务；代理机构在管理上实行目标管理、绩效管理等企业化管理方式。自主性、执行性和企业性构成行政代理机构的三大特征。

行政代理机构建立的初衷在于削减文官和政府部门的规模、节约行政成本、提高行政效率，并在一定程度上实现这些目标。1979年，英国文官系统的人数为73.5万人，截至2002年，此类人数下降至48万人，其中有73%以上的文官在98个行政代理机构中供职[2]。行政代理机构的建立使政府回应性和行政效率有所提高。从20世纪80年代末至今，英国政府行政代理机构的数量呈增加的趋势，反映了它的功用。至2010年7月，英国中央政府各部门（包括内阁办公厅、总检察长办公室）下设行政代理机构共计56个。各部门下设代理机构的数量、规模和类别有所不同。如司法部（Ministry of justice）下设6个代理机构，分别是皇家法庭（HM courts service）、皇家土地注册局（HM land registry）、国家罪犯管理局

---

[1] Cabinet Office: *Executive Agencies: A Guide For Departments*, 2006, p.181. http://www.civilservice.gov.uk/wp-content/uploads/2011/09/exec_agencies_guidance_oct06_tcm6-2464.pdf.

[2] ［英］比尔·考克瑟等：《当代英国政治》，孔新峰、蒋鲲译，北京大学出版社2009年版，第327页。

(National offender management service)、国家档案局（National archives）、公共保卫局（Office of the public guardian）和审裁服务处（Tribunals service）。其中，国家档案局同时也是非大臣部（non-ministerial department），皇家土地注册局亦是非大臣部及营运基金机构（trading fund）①。

对行政代理机构的评价有所不同。有学者认为，代理机构与其母部的关系有所疏远，使政策制定和执行之间鸿沟加大，带来负责与控制方面的问题，一些言辞激烈的批评家甚至称之为"不负责任的半非行政组织（Quangos）"②。

（三）非部门公共组织及功能

非部门公共组织是半非行政机关的官方称谓，文官部将之定义为：由政府部门建立或接收的组织，给它们提供资金去完成政府想完成但又不愿由某个大臣或部门直接负责的任务。③ 此类机构与部门的关系表现为：首先，受政府某部门的财政资助，负责人由部门委任并接受部门的最终控制；其次，享有一定的独立性，不是政府部门的组成部分，不直接对大臣或民选政治家负责。

与行政代理机构相比，非部门公共组织的历史要久远些，在19世纪中叶就出现了诸如王室代理人一类的准行政机关，20世纪40年代日益盛行，1968年富尔顿改革后再度得以发展。非部门公共组织包括执行性机构、咨询性机构、裁判机构和独立监察机构四种类型。

（1）执行性机构是履行事务性、行政性、规制性或商业性功能的机构，如环境局、区域发展局和国家博物馆、展览馆等，拥有人事和财政上的自主权。此类机构雇员中绝大部分不是文官，财政资金一部分由部门资助，一部分通过收费等自筹。

（2）咨询性机构负责就广泛领域的问题向大臣提供独立的、专业性的建议，如低薪委员会（Low Pay Commission）和公共生活规范委员会（The Committee on Standards in Public Life）等属于此类。

---

① Cabinet Office: *List of Ministerial Responsibilities*: *including Executive Agencies and Non-Ministerial Departments*, July, 2010, pp. 62—81.

② "Executive Agency: Issues and Reports", from Wikipedia, *The Free Encyclopedia*, http://en.wikipedia.org/wiki/Executive_ agency: issues and reports.

③ ［英］约翰·格林伍德、戴维·威尔逊：《英国行政管理》，汪淑钧译，商务印书馆1991年版，第182页。

（3）裁判机构负责在某一法定领域行使裁判权，如估价裁判所（Valuation Tribunals）等。

（4）独立监察机构以往被称作监督狱政视察委员会（Boards of Visitors），负责监狱管理、移民遣送及移民羁押等事务。

咨询性机构、裁判机构和独立监察机构在人事和财政方面的自主性弱于政府中的执行性机构，雇员由政府资助部门的文官充任；自身没有财政收入，所有花费均来自政府资助。

截至2009年3月31日，英国政府所资助的非部门公共机构有766个，其中包括192个执行机构、405个咨询机构、19个裁判机构和150个独立监察机构[①]。与此前相比，1997年以来，此类机构总数下降了10%，政府通过不断缩小此类机构的数量和规模来解决此类机构所引发的责任和控制问题。2010年，英国内阁发布了《非政府公共机构报告》，建议取消和合并200多个非部门公共机构，并将其中一部分转移到私人部门，此举被英国人称为"准行政机构的火祭"[②]。

非大臣部、行政代理机构和非部门公共组织是英国中央政府中传统大臣部以外的三种组织形式，其官方程度表现为：行政代理机构＞非大臣部＞非部门公共机构。三种机构又呈现出多样性，某些行政代理机构同时又是非大臣部，如司法部下属的皇家土地注册局（行政执行机构），亦是非大臣部及营运基金机构。机构形态的多样性及功能的特殊性打破了英国传统的中央政府部门一体化的组织结构，使之变得碎片化，并由此引发了一系列责任与控制问题。由于此类机构不直接受控于各部大臣，各部与此类机构之间呈松散的监督与被监督关系，致使传统的部门大臣就部务向议会负责的机制失去效用，机构负责制难以得到保障，某些组织的领导者也对自己的身份地位感到困惑。1997年以来英国政府试图缩小此类组织的数量和规模，也是希望解决此类问题，从而更加理性地去面对这类组织。

---

① Cabinet Office：*Public Bodies* 2009，pp. 5—7. http：//www.civilservice.gov.uk/wp-content/uploads/2011/09/PublicBodies2009_ tcm6 - 35808. pdf.

② "Non-Departmental Public Body"，from Wikipedia，*The Free Encyclopedia*，http：//en.wikipedia.org/wiki/Non-departmental_ public_ body.

二 英国政府官僚系统的官员类型与特点

英国政府官僚系统在人员结构上包含两个部分：第一部分是集议员、执政党成员及政府于一身的政治官僚；第二部分是保持政治中立、职务常任的职业官僚。两部分官僚之间界限鲜明，相互间较少融合和角色上的互换。作为部门"政治主人"的政治官僚，通过大臣负责制领导文官，就部门事务向议会负责。文官则给政治官僚提供政策建议并执行其决策。政治官僚与职业官僚各成体系，统一于中央政府组织结构中。

（一）政治官僚及特点

1. 政治官僚的构成

政治官僚，也称政务官，是指由政治任命产生的与政党共进退的官员。在议会内阁制的政治体制下，英国的政治官僚是议会多数党执政后，首相从下议院（有极少数来自上院）多数党中委任的100名左右的政治官员[①]。大选中获胜的多数党议员中大约有1/4至1/3的议员有望得到任命[②]。就其任职范围而言，一般包括各部主管大臣、国务大臣和议会政务次官，还包括不管部的兰开斯特公爵兼上议员议长、掌玺大臣兼下议院议长、主计大臣兼内阁办公厅主管大臣等。各部中的政治官员构成政治官僚的主体（详见图2—5）。

（1）主管大臣（secretary of state）。主管大臣为第一级大臣，担任各部的政治首长，并为入阁大臣。主管大臣负责本部事务，在内阁及委员会中代表本部、并为本部在议会中进行辩护；此外，还参与内阁的整体决策和部门协调。依据在议会和政党中的权力地位和声誉等因素，主管大臣的地位有所区别，财政大臣、外交大臣和内政大臣居于最高地位，卫生大臣、能源大臣、国防大臣、北爱尔兰大臣和苏格兰大臣等居于中等地位，教育大臣和威尔士大臣地位相对较低。

[①] 根据1975年下院取消资格法规定，在下院持有议席并可参加表决的大臣人数不得超过95人，以保证下院的独立性。

[②] ［英］比尔·考克瑟等：《当代英国政治》（第4版），第297页。

```
┌─────────────────────────────────┐
│ 主计大臣兼内阁办公厅主管大臣      │
│ 兰开斯特公爵兼上院议长            │         部长（主管大臣）
│ 掌玺大臣兼下院议长                │
└─────────────────────────────────┘
```

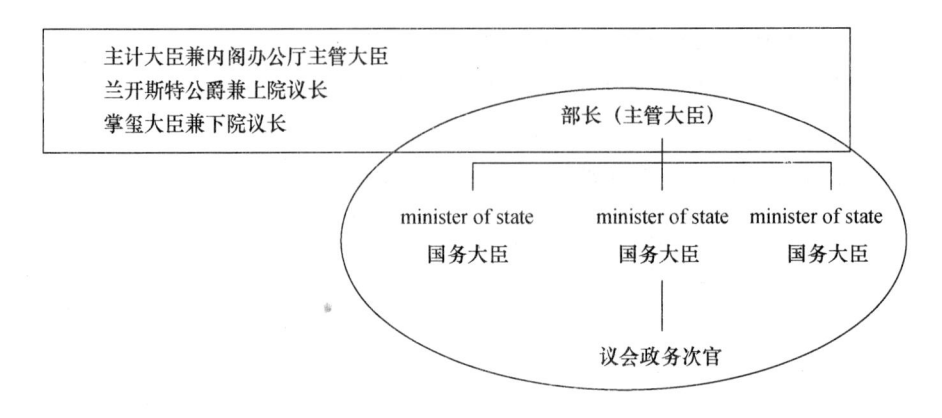

图 2—5　英国中央政府的政治官僚①

资料来源：Cabinet Office：*List of Ministerial Responsibilities*：*including Executive Agencies and Non-Ministerial Departments*，July 2010，pp. 75. http：//webarchive. nationalarchives. gov. uk/20101201150033/http：//www. cabinetoffice. gov. uk/media/416777/lmr100701. pdf.

（2）国务大臣（minister of state）。国务大臣属中级大臣，地位居于主管大臣和议会政务次官之间。通常在主管大臣所负责的部中任副职，协助主管大臣领导该部。同主管大臣一样，国务大臣经首相提名、由英王任命。一个部中一般设 1—3 名国务大臣。国务大臣一般非入阁大臣，此类大臣虽不入阁，但常被邀请列席内阁会议，讨论与其部门主管事务相关的问题。

（3）议会政务次官（parliamentary under-secretary）。议会政务次官属下级大臣，亦称初级大臣（junior ministers），基本职责为协助大臣联系议会，提供议会的情况供大臣决策时考虑；协助大臣动员议员支持本部乃至整个政府的决策。在某种情况下，亦可在大臣领导下负责该部的特定职责。一个部中一般设有 1—4 名议会政务次官。此类政治官员与主管大臣和国务大臣不同，完全由首相任命而非英王任命，直接向大臣而非议会负责。

---

①　方框内为入阁阁员，其余为不入阁阁员。按照惯例，财政部有两名大臣进入内阁。其余由首相根据政治官僚的党内地位或者其他需求决定是否入阁，本届政府除财务部外，商务部和内阁办公厅均有两名大臣入阁。

2. 政治官僚的一体化特点

英国中央政府中的政治官僚即政务官最鲜明的特点是其政治性，与执政党共进退，体现出因其政治性而得以聚合的一体化特性。具体表现为两个方面：第一，与议会议员和政党成员身份相融合；第二，属政治家及行政门外汉。

由于英国实行议会内阁制，政府所有大臣均来自议会多数党，使英国的政治官僚身兼执政党党员、议会议员和政府大臣三职。如果首相希望任命某非议会成员为大臣，须授予此人终身贵族身份，使之具有上议院议员的身份。此种情况使英国政治官僚形成一种特殊的职业发展轨迹：若想成为大臣，必须先进入议会，成为下议院议员。由此担任议会议员期间，便成为任大臣的学徒期。[①] 在英国，一名典型职业政客的职业生涯是：普通下议院议员→议会政务次官→国务大臣→主管大臣（入阁大臣）。以撒切尔为例，她33岁进入议会，前10年是后排议员，1970年被任命为教育部大臣，6年后成为保守党领袖，最终成为英国首相[②]。此种大臣与议会议员和政党身份的融合使英国的政治官僚形成为一个整体，这些大臣在进入政府之前，已经在议会党团中合作多年，彼此熟识。他们在议员生涯中向那些已任大臣的前辈学习各种执政常识和技巧，如何回答议会质询和怎样向议会负责等。更为重要的是在这一过程中习得民主宪政精神，得执掌行政权力之后，权力再大，都仍须受到议会的制约，而不能抛开议会独断专行。

（2）政治家兼行政门外汉。如上所言，英国政府大臣的职业生涯始于议会，所熟悉的是议会事务而非行政事务，首相选任大臣时也较少注意其所主管业务所具备的专门知识，多着重于政治背景和在议会中的经验和应对能力。在英国官僚制的发展过程中，由议员担任大臣其初衷并非希望大臣能够"治"国，而是希望借此使议会能够控制行政。发展至今日，尽管行政权力已完全掌握在内阁手中，大臣仍然是议会控制行政的中介。因此中国台湾学者张金鉴在谈到英国的政务官与事务官时曾这样表述："政务官统而不治，事务官治而不统"，"政务官在成事而非做事，政务官

[①] 蒋劲松：《议会之母》，中国民主法制出版社1998年版，第288页。

[②] Charles Hauss, *Comparative Politics: Domestic Responses to Global Challenges*, New York: West Publishing Company, 1994. p. 89.

振其纲领,事务官行其细目"①。由于政务官任期短暂不定,亦无法熟知政府部门事务。可见英国的政治官僚属政治家范畴,他们熟稔与议会、内阁、利益集团和社会的周旋,而生疏于部门具体事务的管理,大量庞杂的部门事务均由文官系统去处理。

(二) 职业官僚及特点

职业官僚也称文官或事务官,是经公开竞争考试择优录用、保持政治中立和职务常任的政府公职人员。英国的现代文官制度是发达国家文官制度的鼻祖,在上述文官特征方面保留最为完整和最为典型。1931年汤姆林文官调查委员会 (Tomlin Commission) 报告提出:文官是指在政治或司法职务以外以文职资格录用的、报酬全部由议会所通过的款项支付的英王公仆。根据这一定义,英国文官仅包括在中央政府及其他行政代理机构、以及在半非行政组织中任职的常任官员,不包括地方政府官员和国有企业职员等。

总体而言,政治中立、职务常任和匿名性②构成英国文官制度的三大宪政特征,等级性与半封闭性则是英国文官系统的两大结构特征。此种特点使英国文官系统如同一个黑箱,文官们在其中默默无闻地服务于任何一届政府,显现出明显的工具性和功能性。外界看到的只是隐藏于政府组织形式之下的文官的整体形象,在这一整体形象下,文官系统区分为高级文官和中下层文官,二者体现出不同的特点。

1. 高级文官及特点

英国的文官系统分为行政级、执行级和办事员级三个等级 (见表2—2)。其中内阁秘书兼文官长 (为常任文官) 是英国文官系统的最高领导者,位于内阁办公厅内,由首相任命并就所司文官事务向首相负责;1—5级文官即行政级文官为英国的高级文官,包括常务次官、副官、次官、助理次官和主任。

---

① 张金鉴:《西欧各国政府》,第77页。

② 匿名性 (anonymity) 是英国文官制的一大特色,基于大臣负责制而产生,指大臣代表各自部门对议会和公众负责,文官则秘密向大臣提供政策建议,而不能公开与议会或公众接触,违反此一规则被视为是对英国文官政治中立原则的损害。

表 2—2　　　　　　　　英国文官系统的等级结构

类别	名称	等级
行政级	议会秘书兼文官长（Cabinet secretary）	0
	常务次官（permanent secretary）	1
	副官（deputy secretary）	2
	次官（under secretary）	3
	助理次官（assistant secretary）	4
	主任（Principal）	5
执行级	特等执行官（senior executive officer）	—
	高等执行官（Higher executive officer）	—
	行政学员（Administration trainee）	—
	执行官（Executive officer）	—
办事员级	事务官（Clerical officer）	—
	助理事务官（Clerical assistant）	—

资料来源：N. H. Gibbs, *The British Cabinet System*, 2nd., Westport, Conn: Greenwood Press, 1978, p.87.

高级文官位于政府行政部门金字塔的上层，与政治官僚直接接触，负责为之提供政策建议、协助制定政策。如果说英国存在一个一体化的政治官僚系统，大臣们同为议员和执政党成员，且在议会中共事多年，彼此熟识，则同样存在一个一体化的政府职业官僚系统。高级文官很早便进入政府文官系统，在其中任职多年，彼此有着相似的社会教育背景，形成一种半封闭的等级结构，英国学者帕特里克·敦利威（Patrick Dunleavy）称之为"封闭的群体"。以下将从等级结构、人事机制和社会教育背景几个方面分析英国高级文官的特点。

（1）半封闭的等级结构。在英国的文官系统中，统一性和封闭性成为其两大结构特征。长期以来，英国的文官建立起一套自上而下等级分明的结构体系。高级文官居于上层，在其内部形成特有的层级结构（如图 2—6 所示）。首先是内阁秘书兼任文官长，如上所述，这一职务负责所有文官事务。由于这一职务由首相任命并就所有文官事务对首相负责，因而又人们形象地称为"首相级文官总长"。其次是财政部常务次官，由于除考选以外的文官薪资和人力等均由财政部负责，因此财政部常务次官的地位仅次于内阁秘书。财政部常务次官除了管理财政部的人事行政外,对其他各部的文官具有统领职能,因此而被称为"内阁级文官长"。再次是其他各部的常务次官,主要负责本部的人事事宜,因而被称为"部级文官长"。由此使英国高级文官形成一体化的层级结构。

```
内阁秘书兼文官长(位于内阁办公厅) ————→ 首相级文官总长
Cabinet secretary (head of home civil service)
        ↓
财政部常务次官(位于财政部) ————————→ 内阁级文官长
Permanent secretary to HM treasury

各部常务次官(位于其余各部) ————————→ 部级文官长
Permanent secretary
副官  Deputy secretary
次官  Under secretary
助理次官 Assistant secretary
主任  Principal
```

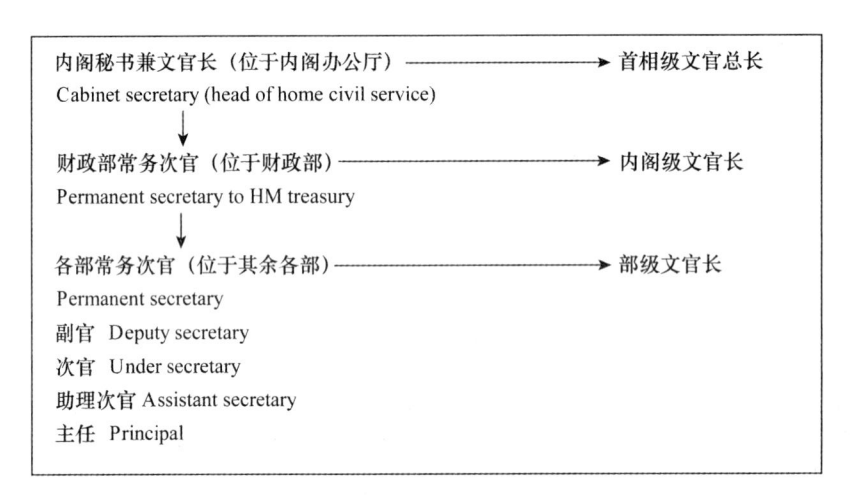

图 2—6　英国高级文官内部的等级结构图

资料来源:陈怡如:《英国文官长制度》,《行政管理学报》2003 年第 4 期,第 6 页。

如上所述,英国的文官体制具有相对封闭性的特点。1968 年的《富尔顿报告》指出了这一点,为此而倡导建立"开放结构",主张使 1—3 级的高级文官系统成为开放结构,向任何类别和等级的人员开放;3 级以下的文官则仅向文官系统内部开放,以建立一个统一且开放的文官体系。这一改革仅取得局部性效果,并未使英国高级文官的半封闭性得到根本改观。大部分文官升至执行官(属于执行级)后,便在一个专门的部里工作一辈子,度过其职业生涯。

(2)高级文官的人事机制。在半封闭的等级结构下,英国高级文官的录用、晋升、培训和交流等人事机制均有利于推动并促使高级文官的一体化。

首先是英国高级文官的录用机制。英国的高级文官有三大来源:一是直接从大学录用,又称"快速通道";二是从下面逐级晋升而来;三是外部任命。"快速通道"是英国文官一种特殊的录用和晋升机制,指选用大学毕业生入职并为其提供快速的培训和晋升通道。此种人员由中央统一选拔（负责机构有 RAS、CSSB 等），随后由各部门挑选到部门中任职。经"快速通道"进入文官队伍的大学毕业生，从 21 岁或 22 岁进入文官队伍直至退休，退休后方能到私人部门任职，不存在由私人部门转入文官队伍的可能性，因此被称为"封闭的集团"。通过此种渠道录用的高级文官几乎占英国高级文官的一半。[1] 英国高级文官的任命中，1—2 级文官由首相根据文官长的建议任命，文官长的建议则基于高级文官任用委员会（Senior Appointment Selection Committee）从各部提名的候选人中筛选出的人员。其余高级文官由各部自行录用和提升而来。

其次是高级文官的晋升机制。以上提到"快速通道者"构成英国高级文官的主要来源。"快速通道者"具有特殊的晋升机制，一般文官升至执行官后便会遭遇到天花板现象，终其一生停留在这一等级。而"快速通道者"进入文官系统后，定级为行政学员，随后可晋升为高等执行官，之后越过特等执行官直接晋升到主管一级，大部分"快速通道者"能够至少晋升到助理次官一级。[2] 当然，要想获得更高职位，除积累行政经验外，还需谋求与政治官僚的良好关系。因此曾经在财政部、内阁办公厅或首相办公室任职，从而与首相、内阁大臣等有密切的联系，对于晋升更高级职务具有重要作用。如 20 世纪末的两位内阁秘书兼文官长罗伯特·阿姆斯特朗（Sir Robert Armstong，1979—1987）和罗宾·巴特勒（Sir Robin Butler，1987—1997）曾长期在首相办公室和财政部任职。

再次是英国高级文官的培训机制和流动性。不同于法国的专家治国传统和美国工商业企业与文官之间的广泛交流，英国的高级文官系统呈现为"通才"特征。尽管英国也有文官学院为文官提供多种培训课程，但英国政府仍然认为积累部门实际工作经验是最好的培训方式。因此，英国文官的培训主要通过"在工作中学习"和职责演练的方式去实现。[3] 此种培训方式通过部门间和职位间的交流，使文官在工作中向其上级和侪辈学习、积累经验，类似一种学徒式的培训。由此在英国文官系统中产生了一种社

---

[1] Patrick Dunleavy, *Developments in British Politics* 8, New York: Palgrave Macmillan, 2006, p. 300.

[2] 龚祥瑞：《英国行政机构和文官制度》，人民出版社 1983 年版，第 77 页。

[3] Edward C. Page and Vincent Wright, *Bureaucratic Elites in Western European States*, London: Oxford University Press, 1999, p. 189.

会化过程，使年轻文官不仅从上级官员那习得行政管理知识和工作经验，同时吸收文官系统的重要价值规范如"政治中立"、"通才"和"公共服务意识"等。

（3）精英化的社会教育背景。英国的高级文官多为男性白人，出身于中产阶级且毕业于牛津、剑桥。根据1996年英国内阁办公厅的统计，60%的1级文官、63%的2级文官和45%的3级文官毕业于牛津和剑桥，使英国的高级文官无论在教育背景、还是在社会阶层方面均处于社会上层，属于社会精英阶层。正如英国广播剧《是，大臣》中所塑造的汉弗莱爵士的形象，出身于社会中上层阶级，毕业于牛津剑桥、满腹经纶，极有教养且善交际、能说会道、心思缜密，不腐败，堪称英国高级文官的典型。但当大臣性格倔强任性、威胁到政治行政的整体利益时，也擅长欺骗和隐瞒[①]。

总之，英国的高级文官是一个一体化的群体，体现为精英主义、通才结构和半封闭特征，表现为具有较高社会和教育背景的人更加容易被录用。此种录用机制也使英国高级文官的精英主义特征得以强化。在英国的高级文官中，通才占据了2/3，他们在长期的职业生涯中与政治官僚形成特殊关系，熟悉内阁和议会政治，因而成为大臣决策的助手。英国高层文官的学徒式培训进而强化了此种通才模式。英国高级文官的相对封闭性、精英主义和通才结构特征使这一系统成为一个高度聚合的同质性群体，其中半封闭性的等级结构进一步强化了此种同质性，进而使英国的高级文官群体成为一个"封闭的群体"。

2. 中下层文官及特点

中下层文官指5级以下（不含5级）的文官，包括执行级和办事员级（参见表2—2）。相对高级文官而言，中下层文官居于文官金字塔的底端，与政治官僚距离较远，主要负责政策执行和事务性的事宜。中下层文官的特点主要为：等级性、封闭性和不完全的政治中立性。与高级文官相同，中下层文官同样具有等级性和封闭性的特征。中下层文官区分为执行级与办事员级，各级别内部又划分为若干个等级，各等级官员的流动遵循逐级晋升的原则。与高级文官的局部性开放结构不同，中下层文官呈封闭

---

① Edward C. Page and Vincent Wright, *Bureaucratic Elites in Western European States*, London: Oxford University Press, 1999, pp. 192—194.

结构，职位空缺时仅从本机关同性质人员中升任，不得任用其他机关或不同职类的人员，显现出明显的封闭性[①]。

英国文官遵循政治中立的传统原则，然而高级文官和中下层文官之间又有程度上的不同。根据1949年马斯特曼委员会制定的有关文官政治中立的报告，中下层文官遵循不完全政治中立的原则：低级文官，如通讯员、清洁工等可以参加全国或地方政治活动，但如果要参加议会竞选，应在提名日前辞去现职，如未能当选，应在公布选举结果一周内恢复原职；中级文官，如打字员、办事员等，除议会候选活动外，经本部门批准，可以参加大部分政治活动；其余文官，主要是高级文官，除经批准后参加地方政府的政治活动外，不得参加全国性的政治活动[②]。

第三节　英国政府官僚系统的权力关系

一　英国政府官僚系统的政治关系

以上对英国政府官僚系统官员类型的介绍表明，英国政府官僚系统中包括政治官僚和职业官僚两大类型，政治官僚显现出与议会和政党组织相融合的特征，职业官僚则显现出既相对独立于政治官僚、又受控于政治官僚的特征。因此在分析英国政府官僚系统的政治关系时，须将两种类型的官僚分别加以分析，以揭示英国政府行政官僚的政治权力关系类型。

（一）英国政府官僚系统与议会的关系

1. 政治官僚与议会的关系

基于英国政治官僚与议会议员身份的融合，当代英国各政党一旦赢得选举，即由本党的下议院议会党团派出党魁、辅之以上议院本党贵族成员出任大臣。使其政党骨干兼具议员和大臣两种角色。尽管如此，英国中央政府中政治官僚与议会的关系并非仅仅是身份融合如此简单的关系，而是在两种角色融合的表象下显现出议会内阁制的宪政原则和传统。由于议会是英国的最高权力机关和立法机关，政府必须保有议会的信任才有可能持续执政。由政治官僚——诸大臣——所组成的政府须通过内阁的集体责任

[①] 陈珮婷：《英国高级文官制度之研究——考选与任用之观点》，台湾大学，硕士学位论文，2007年，第61页。

[②] 龚祥瑞：《英国行政机构和文官制度》，第80页。

制和大臣个人负责制向议会负责。因此，尽管现时期英国政府的内阁事实上掌握着立法权和行政权，成为最高权力执掌者，甚至有的学者认为"西方发达国家中，现代英国政府权力之大，仅仅次于法国"①。尽管如此，英国议会内阁制的宪政原则和议会对内阁政府的牵制，使之不会走上行政专权的道路，内阁及政府各部以及其政治官僚仍须依议会意志、在保有议会信任的前提下行使其社会治理权，而非行使专制权力。

2. 职业官僚与议会的关系

在英国，文官奉行政治中立和匿名性原则，不与议会直接发生关系，而是通过各部大臣就其部务向议会负责。根据1975年的《下院剥夺资格法案》（House of Commons Disqualification Act），文官不得参加下议院选举，若要参加议会选举，必须放弃文官职位，目的在于使文官服务于任何政党所控制的政府。此种文官中立原则在英国不仅仅是一种文件上的规定，它成为内化于文官系统的重要价值规范，为文官所认可和接受。20世纪80年代以来，撒切尔政府进行一系列行政改革，被指称造成英国高级文官的政治化。原有的大臣个人负责制难以满足议会控制行政的要求，致使文官不得不出现在议会面前，就其所负责的事项向议会说明，并接受议会特别委员会和行政监察专员的调查。此种现象被认为破坏了英国文官的匿名性原则，使之具有了政治化的危险。尽管此种忧虑并非杞人忧人，但英国的高级文官仍然不会像欧洲其他国家那样成为政治化的群体。这些高级文官选择成为文官而非寻求政客生涯，就是出于对政客变幻不定的政治生涯的厌恶。英国高级文官的政治热情事实上并不那么高涨，近年来英国高级文官政治化的倾向多是政治控制的结果，而非高级文官自身的选择②。

（二）英国政府官僚系统与政党的关系

1. 政治官僚与政党的关系

英国实行议会内阁制，内阁须获得下议院多数党支持才能保持。英国的政党政治造就了英国的内阁政治。在长期的历史发展过程中，英国形成了两党制，政党在维系内阁稳定方面起到了举足轻重的作用。如果说英国

---

① 蒋劲松：《议会之母》，第697页。

② Mattei Dogan, *The Mandarins of Western Europe: the Political Role of Top Civil Servants*, New York: Sage Publications Inc., 1975, p. 31.

政府是议会和政府行政部门的融合,那么此种融合的中介和助力便是政党。因此,英国的政治官僚,也即政府的组成部分,融合于政党之中,从其意欲当选为议员开始,在整个政治生涯中依赖于政党。在全国性选举中,选民投票通常是对政策的选择,而政策通常由某个政党所提出,候选人也主要由政党所提出。若无政党的提名和支持,想在选区中当选为议会下议院议员几乎不可能。在进入议会开始议员的职业生涯后,议员要受到严格的政党纪律的控制。议会党团中的党鞭采用各种手段去保持本党成员的一致性,不服从者可能会冒丢掉额外津贴、被停止参加议会党团活动、乃至被取消议员资格的危险。英国议会党团中的成员大多数能够自我约束、遵守政党纪律,如同内化于文官的政治中立原则一样,遵守和服从政党纪律的原则同样内化于政治官僚中。因为他们的政治前程与所归依的政党紧密联系在一起,一荣俱荣,一损俱损。若所在政党能够成功地获得议会多数上台执政,该党的议会政党领袖、督导长、督导及前排议员等便马上能够身兼二职,成为内阁或政府中的重要成员,并进而依赖本党议员的支持去争取政府政策的通过,从而进一步取得议会信任、维系议会多数。

英国政府中的政治官僚之所以能够成为一个高度团结的整体,得益于组织严密、纪律严明的政党。党内的高度团结,使内阁得以成为集行政和立法权于一身的英国事实上的最高权力执掌者。

2. 职业官僚与政党的关系

英国的职业官僚即文官奉行政治中立原则,且文官越接近于顶端,受到的政治限制就越加明显,成为不同于欧洲其他国家的一大特征。根据1949年马斯特委员会的报告,工业文官和低级非工业文官可参加该报告所列出的政治活动;打字员和事务级文官经部门批准可参加全国性的政治活动(执行级文官不包括在内);其余文官即中上层文官经部门批准可以参加地方的政治活动,但禁止参加全国性的政治活动。除此之外,中上层文官可以投票,成为政党的消极党员,但不能参与政党公职的竞选或出任党内职务。文官若参加议会竞选,须辞去文官职务。中上层文官若竞选失败则不能官复原职,低级文官参加竞选失败虽可官复原职,也仍要受到一定条件的限制[①]。由此可见英国文官在参加政党和议会等政治活动方面受

[①] Donald C. Rowat, *Public Administration in Developed Democracies: A Comparative Study*, New York: Marcel Dekker, Inc., 1988, p.74.

到严格控制。

（三）英国政府官僚系统与首相的关系

1. 政治官僚与首相的关系

在英国议会内阁制下，选民直接选举下议院议员，在下议院获得多数席位的政党成为执政党，该政党领袖经国王任命成为首相。作为内阁中第一人，首相受命组阁，将本党重要的下议院前排议员囊括于新组建的政府中。英国首相的产生源于惯例，传统上实行集体内阁制。因此英国的政治官僚与首相之间首先是一种同僚关系，正如学者理查德·罗斯（Richard Rose）所言："自上而下，英国政府更像是一座山脉，而非金字塔。"首相和内阁共同构成英国政府的领导层，并共同对议会负责[1]。诚然，首相的权力并不止于此，丘吉尔曾将这一点阐释得很清楚，他说："第一和第二、第三、第四的位置不存在可比性，第一就是第一。"[2] 首相身兼下议院执政党领袖和政府首脑于一身，有权组建和改组内阁、任免内阁和政府成员及其他重要官员；领导内阁和政府各部，主持内阁会议、决定内阁会议日程，决定各部的权限、组织机构和领导人，各部提交内阁委员会及内阁会议讨论的事项均须事先通知首相。由于英国首相的地位和权力均来自于宪法惯例，而非法律明文规定，使首相运用权力甚至有些"随心所欲"。正如帕特里克·邓利维（Patrick Dunleavy）所言："首相选择做他想做的即可。"[3] 首相处于英国既有的集权政治和行政机器的顶点，与政治官僚乃至整个政府官僚系统形成领导和被领导的关系。尽管如此，人们尚不认为就可以称英国政府为"首相政府"，因为尽管首相的权力很大，但他的权力仍要受到来自宪法的、政治的、行政的和个人的诸多限制。仅就首相对政治官僚的任命权而言，首先，首相必须任命执政党成员；其次，他（或她）在任命中必须考虑到党内不同派系的利益平衡关系等。英国内阁集体负责的传统尚存，抛弃这一原则，首相的权力便不复存在。

2. 职业官僚与首相的关系

就首相与职业官僚间的关系而言，一方面，部分职业官僚尤其是高级

---

[1] Richard Rose and Ezra N. Suleiman, *Presidents and Prime Ministers*, Washington D. C: American Enterprise Institute for Public Policy Research, 1980, p. 1.

[2] Patrick Dunleavy, *Developments in British Politics* 8, p. 259.

[3] Ibid., p. 255.

文官由首相任命，为首相及其政府服务；另一方面，职业文官有自己的相对独立性。

首先，英国的文官长以及1～2级的高级文官由首相任命，但任命权不完全掌握在首相手中。如同首相对政治官僚的任命要受到党内诸多因素的限制，首相对高级文官的任命要根据文官长的建议作出，而文官长的建议又基于高级文官任命选拔委员会（Senior Appointments Selection Committee）根据各部门的建议而提出。因此，首相对高级文官任命的控制程度取决于首相与文官长的关系，如果首相不甚积极，则他会采纳文官长的意见；反之，如果首相比较强硬，他便可能直接参与挑选高级文官的过程，甚至全部删除上呈的名单，另作考虑[1]。如撒切尔政府期间，常以是否与其政见相同作为任命高级文官的标准，在很大程度上控制了高级文官的任命。

其次，首相与职业官僚发生关系的另一个途径是设在首相办公室下的首相私人办公室（PM'S private office）。该办公室设主任秘书1名，副秘书4名，任期三年，均由从各部借调来的文官担任[2]。主任秘书通常来自财政部或外交部，其他4名副秘书分别负责内政、外交、经济和议会事务等不同政策领域，成为首相与各部联系的中介，亦成为高级文官进一步谋求职业发展的重要途径。

（四）英国政府官僚系统与内阁的关系

内阁处于英国中央行政的顶端，是英国政府的最高决策机关，也是解决政府部门之间争端的"最高法院"，由首相及其同僚约20人组成。各部主管大臣即政治官僚进入内阁成为入阁大臣，参与内阁决策，作为内阁成员向议会承担集体责任，并就本部门事务向议会负责。其余大臣包括国务大臣、议会政务次官等非入阁大臣[3]负责本部门的决策与管理。

传统上，内阁和财政部共同控制和管理英国政府的文官系统。内阁主要通过内阁办公厅（Cabinet Office）中的内阁秘书处（Cabinet Secretary）实现对文官的控制。内阁秘书处由大约30名从其他部门借调而来的高级文官组成，辅助处理内阁事务、负责内阁与各部的协调沟通，成

---

[1] Edward C. Page and Vincent Wright, *Bureaucratic Elites in Western European Sates*, p. 184.
[2] 曹沛霖、徐宗士：《比较政府体制》，复旦大学出版社1993年版，第103页。
[3] 财政部例外，有1名国务大臣入阁。

为首相和内阁控制政府文官系统的重要工具。内阁秘书兼任文官长，由首相任命，负责所有文官事宜的最高决策，并就高级文官的任命向首相提出建议。

统览英国政府官僚系统的政治关系，有两个特点：第一，政治官僚与英国的政治系统包括议会、政党和内阁相融合，成为英国政治系统的组成部分；第二，职业官僚因其严格的政治中立原则与政治系统保持距离，但最终仍在很大程度上受首相和内阁的控制。

二 英国政府官僚系统的行政关系

英国政府官僚系统的行政关系主要涉及英国政府官僚系统的内部权力关系，包括财政部与中央政府各部的关系、各部大臣与高级文官的关系、高级文官与中下层文官的关系等方面。

（一）财政部与中央政府其他各部的关系

台湾学者张金鉴曾说，英国政治制度中占最重要地位者，除议会和内阁外，就是财政部[1]。财政部有很多称谓，如"所有政府部门的中央部门"、"各部之上的部"、"超级大部"，等等，表明财政部超越于英国中央政府其他各部之上，具有特殊的地位和作用。英国中央政府财政部在英国中央政府各部中的首要地位源于英国的历史，财政部是英国历史上最古老的部门，依王室特权而建，其法律权威源于英国的宪法习惯而非制定法，此种传统延续至今。英国政府财政部的重要性主要体现于其组织结构和功能上。

1. 财政部的组织结构

在总体上，英国政府的财政部与英国中央政府其他各部结构相类似（见图2—7），由政治官僚和秉承政治中立原则的职业官僚所构成。但仔细观察，财政部的构成与功能又有其独特之处。英国的财政部由首相兼任第一大臣，这一传统源于英国历史上的政治惯例，1721年英王乔治一世不再出席和主持内阁会议，内阁会议由第一财政大臣沃波尔主持，沃波尔因此被视为英国第一任首相，由此而形成由首相兼任财政部大臣的政治惯例。首相虽然在名义上作为财政部第一大臣，但并不参与该部的日常管理，仅以其象征性意义使财政部在中央政府各部中居于第一和核心的地

---

[1] 张金鉴：《西欧各国政府》，第64页。

位。真正执掌财政部大权的是度支大臣，一般由执政党中除首相以外居于第二位或第三位的首相亲信担任。财政部秘书的地位也很重要，其他部门只是大臣入阁，财政部却是度支大臣和财政部秘书两人入阁，此外下议院多数党的首席党鞭也由财政部的一名政务次官担任。财政部中的职业文官包括2名常务次官（其他部门均为一名），1名负责人事，1名负责财政[①]。负责人事的常务次官除了担任财政部的文官长外，还与内阁秘书轮流兼任中央政府文官长一职，居于各部常务次官之首。

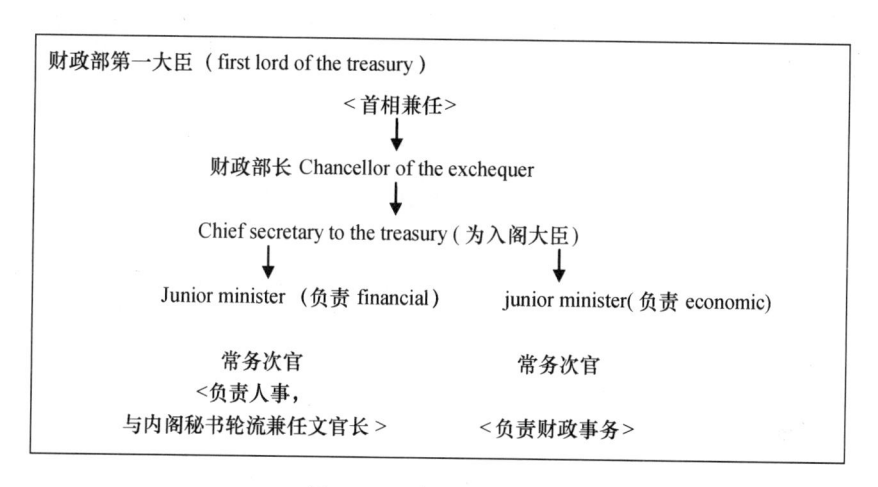

```
财政部第一大臣（first lord of the treasury）
              <首相兼任>
                 ↓
          财政部长 Chancellor of the exchequer
                 ↓
         Chief secretary to the treasury（为入阁大臣）
           ↓                          ↓
   Junior minister（负责 financial）  junior minister（负责 economic）
           ↓                          ↓
       常务次官                      常务次官
       <负责人事，
   与内阁秘书轮流兼任文官长>         <负责财政事务>
```

图 2—7　财政部组织结构

资料来源：N. H. Gibbs, *The British Cabinet System*, 2nd. ed., Westport, Conn: Greenwood Press, 1978, p. 131.

　　财政部与其他部门的不同还在于：自1714年以来英国中央政府财政部的权力一直掌握在一个由7名委员组成的财政委员会（见图2—8）手中。19世纪中期后这一委员会名存实亡，但仍保留了委员会的形式。7名委员中度支大臣是财政部权力的实际掌权者，其他5名财政委员均为政府下议院议会党团的党鞭。

[①] Winmer K. Walker, *Government in Britain and the New Commonwealth*, London: George G. Harrap, 1965, p. 83.

> 首席财政大臣（first lord of treasury）：首相兼任
> 度支大臣（chancellor of the exchequer）：实际财政部部长
> 财政委员（junior lords）5 名：政府在下院党鞭

图 2—8　财政部财政委员会结构

资料来源：Cabinet Office：*List of Ministerial Responsibilities：including Executive Agencies and Non-Ministerial Departments*，July 2010，p. 87. http：//webarchive. nationalarchives. gov. uk/20101201150033/http：//www. cabinetoffice. gov. uk/media/416777/lmr100701. pdf.

2. 财政部对其他各部财政和人事的控制

亨利·帕里斯曾这样描述财政部和其他各部的关系："其他部门就像汪洋大海上的小舟，各自沿着自己的航线行驶，几乎不会热络地相互联系；财政部则相反，它与其他各个部门始终保持接触。"[1] 财政部相对于其他部门的优先性在于它对各部财政和人事的控制。

财政部掌握着各部财政资金的发放，并负责监督检查各部财政支出的细节；对各部的行为进行财政指导和管理；协调各部政策、尤其是协调各部与经济相关的政策和行为。如奈杰尔·劳森（Nigel Lawson）所言："财政部是名义上兼实际上的第一部门，对政府咬的每一口饼都要插手过问。"[2] 财政部对各部事务的干预，使各部对财政部的权力过大感到担忧。一项下议院财政委员会报告提出，"社会保障部认为，财政部正在负责福利改革进程"，而"贸易工业部认为，财政部已经接管了微观经济政策"[3]。在英国，人们对此种抱怨司空见惯，财政部掌有大权的状况被称之为"财政部的古老权威"[4]，由来已久。

由于政府机构和人事管理成为公共财政支出的重要部分，在 20 世纪

---

[1] Henry Parris，*Constitutional Bureaucracy：the Development of British Central Administration since the Eighteenth Century*，p. 247.

[2] Edward C. Page and Vincent Wright，*Bureaucratic Elites in Western European States*，p. 197.

[3] ［英］A. W. 布拉德利、K. D. 尤因：《宪法与行政法》，刘刚、江菁等译，商务印书馆 2008 年版，第 673 页。

[4] ［英］特伦斯·丹提斯、阿兰·佩兹：《宪制中的行政机关：结构、自治与内部控制》，刘刚等译，高等教育出版社 2006 年版，第 113 页。

的大部分时间里，财政部还是英国政府人事管理的重要机构。1968年富尔顿改革前，财政部与文官委员会共同构成文官管理机构，其中文官委员会居于独立地位，专门负责文官考试事宜；财政部则负责文官的薪酬和录用条件的设置，控制文官队伍的规模和高级职位的建立与撤销等。财政部内设人事处，向各部门人事办公室提供建议，以保持文官的统一性。财政部常务次官兼任内阁秘书与文官长，成为文官系统的首脑。1968年富尔顿改革后，成立了新的文官部，将财政部的文官管理权转移至该部。1981年文官部被撤销，一部分文官管理权归还给财政部，另一部分权力则转移给内阁办公厅下的管理与人事办公室。1983年以来，文官长改由内阁秘书兼任，地位逐渐居于财政部常务次官之上。尽管财政部仍然掌握着一部分文官管理权，然而大部分权力已转移至内阁办公厅[①]。

总之，财政部是英国中央政府中重要的协调和监督部门，尽管这一权力逐渐转移到内阁办公厅，但财政是庶政之母，故而财政部对于其他部门的监控作用依然存在。

(二) 各部大臣与高级文官之间的关系

1. 大臣个人负责制及对大臣与高级文官关系的影响

英国中央政府各部门呈现为等级化的集权特征，在这一框架下，大臣个人负责制成为调整大臣与文官关系的基本前提，大臣个人负责制与文官的匿名性和政治中立性相伴。具体表现为：议会将行政权力授予大臣，文官保持匿名性，所有行动以大臣的名义进行，大臣就部门事务向议会负责。19世纪中期前，英国的文官曾经并非匿名，他们具有强烈的责任感，希望能够直接向议会报告，并在媒体上发布自己的观点和看法，与特别委员会和利益集团直接接触，以促进公共利益[②]。19世纪中期后，英国逐渐建立起文官职务常任、政治中立和保持匿名性的原则和制度，由此而建立起大臣的个人负责制。

19世纪大臣个人负责制建立的初衷是使议会得以通过大臣去控制行政，然而伴随政党政治的发展，议会权力下降，使内阁在事实上控制

---

① [英] 特伦斯·丹提斯、阿兰·佩兹：《宪制中的行政机关：结构、自治与内部控制》，第65页。

② Henry Parris, *Constitutional Bureaucracy: the Development of British Central Administration since the Eighteenth Century*, p. 106.

了立法和行政权力，从而使具有集权性和封闭性的英国中央政府官僚系统得以强化，使大臣和高级文官系统之间形成了彼此合作和相互保护的关系。具体而言，在匿名性原则和大臣个人负责制的庇护下，文官可以与利益集团代表或其他社会群体就政策和利益问题加以协商，而不必担心会受到议会或外部舆论的干预；通过这种半封闭性的磋商，制定出详尽的、包括各种可行和不可行因素的政策报告，提出政策建议，上报至常务次官，常务次官再将政策报告提交给大臣，大臣就此报告对议会负责。在此种体制和运行机制下，整个过程井然有序（见图2—9），避免了诸多麻烦和争议。

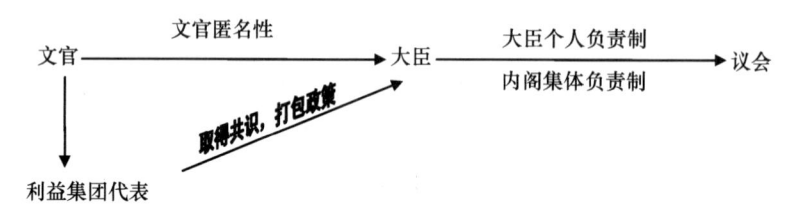

```
文官 ——文官匿名性——→ 大臣 ——大臣个人负责制——→ 议会
 │            取得共识，打包政策↗   内阁集体负责制
 ↓
利益集团代表
```

图2—9　英国中央政府部门内大臣与文官运作关系

资料来源：Mattei Dogan, *the Mandarins of Western Europe: the Political Role of Top Civil Servants*, p. 40.

文官因大臣个人负责制保证了文官的中立性、匿名性和职务常任，使文官得以避免议会和社会对其行为及所管辖事务的干预。反之，文官的匿名性和大臣负责制也使大臣得以垄断和掌控着文官的政策建议，使外界无法知晓其细节，使整个政策过程如同黑箱[①]。此外，为了保持内阁集体的完整性，首相极力遮掩大臣的个人责任，政党的纪律约束也使执政党后排议员不会对政策提出过多质疑，从而使大臣受到内阁集体责任和政党纪律的保护。在这种体制下，议会通过大臣控制行政的初衷难以实现。相反，大臣个人负责制促进了文官、大臣和内阁之间的层层保护关系，进而强化了英国政府官僚系统的集权性、封闭性和一体化。

2. 高级文官的政治化

如前所述，政治中立是英国文官最为重要的特征，且越趋近于文官金

[①] Mattei Dogan, *The Mandarins of Western Europe: the Political Role of Top Civil Servants*, p. 33.

字塔的顶端，对政治中立的要求越高。因此，英国高级文官不会像欧洲大陆国家那样流动到政治官僚系统中去。一般而言，英国的政治官僚和高级文官是各自具有很强同质性和彼此迥异的两个系统。然而20世纪80年代和90年代，英国出现了高级文官政治化的现象，文官的匿名性和政治中立等原则受到破坏，大臣与文官间的关系也发生了变化。

C. 克利福德（C. Clifford）和文森·莱特（V. Wright）将高级文官的政治化定义为两点：一是自下而上的政治化，即文官承担越来越多的政治事务，越来越多地参与到政治活动中去；二是自上而下的政治化，即政府对文官控制的加强。英国文官与政治领域存在天然的分离，因而，英国高级文官的政治化主要体现在第二点上，即政治官僚的控制[①]。英国高级文官的政治化始于20世纪80年代撒切尔上台执政，延续至此后的梅杰政府和工党首相布莱尔政府时期，集中体现于大量的政治任命。撒切尔政府时期首相大量参与高级文官的任命，常常以是否与其政见相同作为任免标准。此种极端政治化和个人化的任命方式使得1979年至1985年间，有43个常务次官和138个副次官迫于政治压力离开文官队伍，其中包括文官长和副文官长。留下的高级文官迫于政治压力，其中"积极行动者"的比例逐渐超过传统的"谨慎者"的比例[②]。此期间首相大量任命外部人员进入政府任高级文官，在首相办公室、内阁办公厅和各部部长办公室中任命了大量的政策顾问，使高级文官的权力被架空、首相的权力得以急剧增长。

在当代西方各国的政府行政发展中，高级文官的政治化成为一种趋势。原因在于政治活动范围的扩大和行政事务复杂性的增加，由此而给政府行政系统提出了更多要求，选民对政府所提供的公共服务也寄予了更多期望。此种变化了的政治与社会环境推动了高级文官的政治化。此外、英国高级文官的政治化更多的是指政治官僚对文官系统控制的加强，而不是指高级文官由政治中立走向参与党派政治和议会政治。一些人说，英国政府中的高级文官本身就是"政治动物"，意指高级文官对政治的敏感性。基于对内阁、议会和利益集团政治的了解，使高级文官有可能给大臣提出

[①] B. Guy Peters and John Pierre, *Politicization of the Civil Service in Comparative Perspective: the Quest for Control*, London: Routledge, 2004, p. 102.

[②] Edward C. Page and Vincent Wright, *Bureaucratic Elites in Western European States*, p. 199.

政策性建议，帮助大臣应对议会的挑战。长久以来，英国的高级文官对于党派政治持尊敬而非鄙夷的态度，表明他们自身已经融入到英国政府的一体化政治文化中，在自己的领域中兢兢业业地履行职责，最大限度地服务于大臣[1]。由此也表明，英国高级文官的政治化并不会走得太远。伴随着大量政治任命所导致的责任保障方面的问题，英国政府和社会各界均倾向于认为：保持大臣负责制仍然是协调高级文官与大臣间关系以及保持政府行政责任制的重要宪政原则。

（三）高级文官与中下层文官之间的关系

英国实行统一的文官制，在这种统一性之下，高级文官与中下层文官在考试录用和晋升方面又有诸多不同，尤其是晋升制度使高级文官与中下层文官之间形成了一种相对的封闭性。

在考试录用方面，首先是录用标准不同：行政级（即高级文官级）任职条件为20—27年、大学毕业并持有一等或二等荣誉学位；执行级要求任职者17.5—21年、大学或文法学校（吸收优质学生的中等学校）毕业；事务级要求更低。其次是录用机构不同：行政级和执行级由中央文官管理机构统一组织考试录用，事务级则由中央委托各部录用。在晋升方面，传统上整个文官系统包括高级文官和中下级文官均显示出较明显的封闭性（见图2—10）。以高级文官为例，大学毕业生经考试进入行政级，由副主任（assistant principal）做起，任职7年后经考试升任主任（principal），再任职11—12年可望升任次官（assistant secretary）。在这一过程中，资历成为晋升的重要条件[2]。

此外，由于录用条件的限制，使高级文官成为牛津、剑桥等名校精英的集合地，以较低条件录用的执行级文官很难晋升为高级文官。1968年《富尔顿报告》中严厉批评了这一点，由此而建立起"开放结构"，使1—3级高级职位向文官内部及其他职业团体开放，但效果十分有限。如1971年所建立的行政见习生制度，使执行级中的行政见习生有可能越级晋升为主管，成为如今英国高级文官的重要来源；而大多数其他中下层文官只能最多升任至执行级。如海迪所言，在20世纪的百年里，只有三位常务次

---

[1] Mattei Dogan, *The Mandarins of Western Europe: the Political Role of Top Civil Servant*, p. 31.
[2] 李广训：《各国人事制度》，台北五南图书出版公司1983年版，第101页。

官是从执行官途径升上来的，其余大部分均来源于行政见习生。①

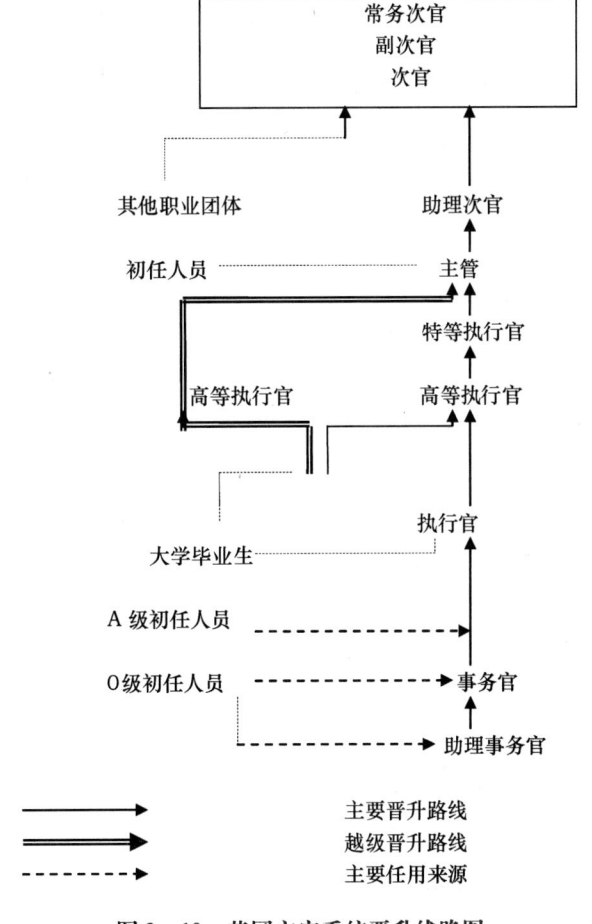

图 2—10　英国文官系统晋升线路图

资料来源：龚祥瑞：《英国行政机构和文官制度》，人民出版社1983年版，第77页。

三　英国政府官僚系统的社会关系

（一）英国政府官僚系统与社会利益集团的关系

在英国，社会利益集团游说的对象和程度依次为：行政人员/政府部

---

① ［美］费勒尔·海迪：《比较公共行政》，第251页。

门/部长/媒体/议会①。可见政府官僚系统成为社会利益集团游说的主要目标,此种局面因英国特有的政治与行政体制所决定。英国在其政党政治的基础上形成了内阁对行政权和立法权的主导地位,内阁成为英国事实上的最高权力机构。相对而言,议会的地位呈下降趋势,议员因受到政党纪律的约束,独立性相对较差,所能发挥的作用受到限制。因此,除非利益冲突过大以致无法与政府达成一致,或者利益集团本身影响较小无法接触到政府大臣和文官,利益集团一般不会将议会作为首要诉求对象。反之,由于政府须就其政策向议会负责,为了使其政策得到议会的支持,需要在将政策提交议会之前权衡各方利益,因而也为利益集团的游说提供了方便。此种情况与美国利益集团极力游说国会委员会及其成员的路径极为不同。

在英国,在政府决策之前协调各方利益已成为一条不成文法则,并通过一系列制度或非正式途径予以保障。如在部门或部门之间设立咨询委员会,由利益集团代表、相关领域的专家、文官和大臣共同组成,由级别较低的行政级文官牵头加以协商,或者通过文官和利益集团代表之间的非正式沟通加以协商。在这一过程中,文官可以获取与政策相关的技术和信息,同时可以向利益集团灌输"行政现实主义"的思想②,以达成共识或使利益集团作出让步。基于英国文官的匿名性原则,文官和利益集团之间的协商也在幕后进行。

爱德华·佩奇(Edward C. Page)将利益集团与官僚的关系区分为两类:美、德属于一类,利益集团参与比较广泛,能够协商的事务的范围比较大。原因在于美德两国的政府行政所面对的利益集团的压力更大,两国政府对于利益集团的态度也更加开放。英、法属于另一类,即利益集团与政府不可协商的事务的范围比较大,政府在二者间关系中处于较为强势的地位,有权决定可以就哪些问题与利益集团进行谈判、何时进行谈判等③。英国与美国同属崇尚自由主义政治的国家,允许多种利益集团存在,也鼓励利益集团参与到政策过程中,但在政府官僚系统与社会利益集

---

① [英] 比尔·考克瑟等:《当代英国政治》(第4版),第232页。
② Mattei Dogan, *The Mandarins of Western Europe: the Political Role of Top Civil Servants*, p. 48.
③ Edward C Page, *Political Authority and Bureaucratic Power: A Comparative Analysis*, 2nd ed., Hertfordshire: Harvester Wheatsheaf, 1992, p. 116.

团的关系上与美国有所不同,这与英国的"共识"文化和"公共利益"观念相关联。英国虽然重视利益集团的决策参与,但力求达成共识和避免冲突。英国人相信公共利益的存在,因此彼此能够在协商过程中为公共利益做出让步,从而使这一过程从容有序。

此外在英国,尽管在政府与社会利益集团的关系结构中,文官成为联系政治精英与社会利益集团的中介,成为各种咨询委员会的牵头人,与利益集团代表发生着正式或非正式的接触,英国的文官价值仍不赞成政府文官与利益集团保持过于密切的联系,"公共服务意识"仍然是英国文官的传统价值。尽管英国文官保持着政治中立和匿名的特性,但他们视自己为公共利益的代表,因此和利益集团之间不会形成一种类似日本 20 世纪 40 年代中期曾出现的那种"商业—官僚合作"关系[1]。这也是英国文官政治中的一大特点。

(二) 英国政府官僚系统与私人部门的关系

传统上,英国的政府官僚系统与私人部门之间呈现为一种彼此相对隔离的关系状态。集中体现于政治官僚、文官与私人部门之间的流动上。就政治官僚而言,大臣在进入议会前,可能在私人部门做过不同类型的工作,然而一旦成为议会成员,就心无旁骛,不再与私人行业打交道,而是注重于议会经验的积累。在政党政治的背景下,议员不可能依靠个人去谋求其政治前途,而必须将自身与所归属的政党紧紧联系在一起。一名内阁成员在担任大臣和入阁前,一般须至少在上议院或下议院任议员达 15 年之久。所以英国的政治家又被称为职业政治家[2]。相对而言,英国文官的外部流动性也比较差,如 1992 年奥顿在检视了 1992 年英国的文官状况后发现:大部分文官的外部经验都是在进入文官系统前获得的,进入文官系统后,文官就很少进进出出了。在英国,高级文官中或许有退休后进入私人部门任职的,但半路出家从私人部门到文官系统任职的却不多见[3]。英国的文官几乎在政府中终其一生,由此形成了独有的文化和相对封闭性,对外部人员有排斥感。所以,英国的精英阶层包括政治精英、行政精英和

---

[1] Charles Hauss, *Comparative Politics: Domestic Responses to Global Challenges*, New York: West Publishing Company, 1994, p. 77.

[2] Mattei Dogan, *the Mandarins of Western Europe: the Political Role of Top Civil Servants*, p. 110.

[3] Edward C. Page and Vincent Wright, *Bureaucratic Elites in Western European States*, p. 191.

商业精英等，但不同领域的精英各自保持相对独立性，并不相互渗透。

基于英国政府官僚系统的相对封闭性，一些批评家提出，英国的"政治参与仅存在于选举中"。此种情况因英国的代议制所造成，正如一位学者所言，"一个在下议院拥有多数的政府不情愿选择一种直接负责方式，而更倾向于选择传统的间接负责方式"①。使文官较少与社会直接接触，而是通过大臣去对议会负责，再通过议会、尤其是议会选举间接地面向社会。

第四节　英国官僚制的理论模型

一　英国官僚制的"一体化"特征和代表性

（一）英国官僚制的集权性和"一体化"特征

综合其特点，英国的官僚制体现出集权性和"行政一体化"的特征。此种一体化以英国的政治体制为基本前提。

首先表现为英国政府行政权力与立法权力的融合。英国著名宪法学家白芝浩曾经说："英国宪法的有效秘密在于行政权和立法权之间的紧密联合，一种几乎完全的融合。"②早先，内阁是议会选出的治理行政的委员会，行政权和立法权融于议会之中，议会是英国政治和行政权力的中心；如今，随着政党政治的发展，议会的立法权被转移至内阁，在保持议会信任的前提下，内阁成为英国政治权力的中心。正如沃尔特·白芝浩（Walter Bagehot）所言，美国的政制是一种复合性的政制，在这种政制下，最高权力被分置于诸多的实体和职能机构中；而英国的政制则是一种简单的政制，在这种体制下，解决所有问题的最终权力掌握在同一些人的手中③。早先这个人是国王，宪法上是议会，政治实践中是内阁。内阁居于英国政治与行政系统的顶点，控制着文官系统，并就所有行政事务向议会负责。整个政府行政系统在内阁这一权力顶点下极为统一，文官聚集于各部，各部聚之于内阁，内阁聚之于首相，并最终共同聚之于议会中的多数党。在政治上突出地表现为行政权力与立法权力的一体化和相互融合。

---

① Donald C. Rowat, *Public Administration in Developed Democracies: A Comparative Study*, p. 82.
② ［英］沃尔特·白芝浩：《英国宪法》，夏彦才译，商务印书馆2005年版，第62页。
③ ［英］约翰·格林伍德等：《英国行政管理》，第62页。

其次表现为在内阁核心权力之下,政府官僚系统的集权性和一体化。具体表现为:

第一,英国官僚制统一集中的权力顶点是内阁,按照约翰·格林伍德的说法,"内阁既是中央行政机构的顶点,又是范围较大的政治系统的顶点"[①]。内阁既拥有行政权,又拥有立法权。内阁实行集体责任制,使之既能保持统一性,又能有效地协调各部利益。

第二,英国政府官僚系统自上而下形成一个统一的权力结构。内阁作为权力中心,构成与各部的等级关系。各部大臣进入内阁,就政府行政事务向议会集体负责,并作为部长接受内阁的指导和协调。各部中大臣为最高行政首脑,就其部务向议会负责。

第三,英国政府中,政治官僚与职业官僚形成各自的等级关系,二者相互对应、层层控制(见图2—11)。政治官僚中最主要的成员为入阁大臣,对首相负责;其次为非入阁的部门主管大臣。文官系统中内阁秘书兼文官总长处于职业官僚的顶点,由首相任命,接受首相的领导,负责文官政策的制定和高级文官的任命等重大事宜。文官长兼财务部常务次官地位仅次于文官总长,除负责财政部的文官事宜,还负责其他部门人事事务的协调。文官向负有政治责任的大臣提供政策咨询和建议,同时服从大臣的领导,忠实地执行大臣的决定。对此张金鉴指出:"英国有着极为坚强的传统:常任事务官对于政务官都是非常忠实可靠的,不管他本人内心是否赞成部长的决策或计划,但在工作上则忠实热忱地不折不扣去作努力的执行。"[②] 在职业官僚内部,高级文官因其教育背景和社会阶层的相似性,显示出较强的同质性。高级文官与中下层文官之间等级分明,相关政策建议由下至上层层上报至常务次官,再上报至大臣,路径清晰严密,显现出典型的一体化特征。

第四,英国政府官僚系统的一体化特征还体现为政治官僚和职业官僚在政治文化上的融合。英国的文官秉承政治中立原则,远离党派纷争,但这并不意味着文官就是纯粹的工具,没有独立的人格和意识。相反,基于英国的传统,英国的文官对政党政治保持着尊敬的态度和心理,与政治官僚配合默契。他们认为自己同政治官僚一样,都是公共利益的代表,因此

---

① [英]约翰·格林伍德等:《英国行政管理》,第62页。
② 张金鉴:《西欧各国政府》,第63页。

在履行职能的过程中保持着对政治的敏感，力图在平衡各方利益和有效应对议会的前提下为大臣提供良策，使整个官僚系统运行有序。基于英国政府官僚系统及其政策过程的集权性和一体化，以及政府官僚系统在整个政治系统中的优势地位，使政府官僚系统成为利益集团的主要诉求对象，反映出英国政府政策过程的特点。

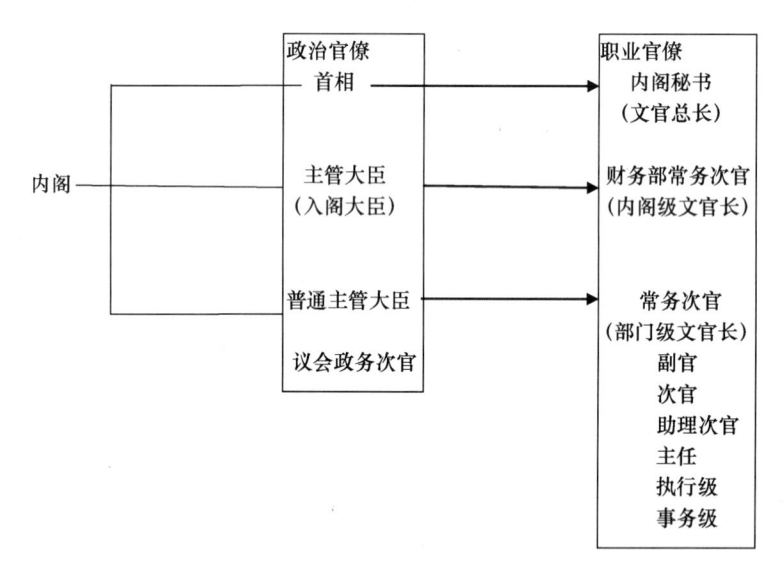

图 2—11　英国一体化政府官僚系统结构图

资料来源：陈怡如：《英国文官长制度》，《行政管理学报》2003 年第 4 期，第 6 页。

（二）英国官僚制的代表性

在英国，政治官僚产生于民选代表，因而自然地显现出其代表性。文官非由民选产生，且职务常任，因此常常遭到质疑。人们批评文官凭借其专业知识和任期等方面的优势，凌驾于大臣之上，成为"英国的统治阶级"。

在对英、美、法、德四国官僚制的比较研究中，海迪将法、德两国归为"古典"官僚模式，将英、美两国归为"公民文化"背景下的官僚模式①，认为二者的区别在于代表性和回应性的不同。英美两国文官制度都

---

① ［美］费勒尔·海迪：《比较公共行政》，第 247 页。

是经由代议机关提出要求后方建立起来，因此自建立之日起便强调其代表性和对公民的回应性。就英国而言，由于通过议会制实行间接代表制，使英国文官不直接与公民接触，文官政治中立的原则也使之不与议会直接接触，而是通过大臣代其向议会和公众负责。因此，英国政府官僚系统的代表性显现为间接性，文官依据政治中立和匿名性原则，在幕后服务于大臣，通过大臣和议会去间接地回应公众和社会。英国文官所形成的一些独特价值即对于政治的态度，增进了其回应性，使之在进行政策设计、提供政策咨询和政策建议的过程中，力图将社会公众的利益体现于其中，帮助大臣去应对议会的要求，从而间接地回应社会和公众。

一项对英国、德国和意大利文官政治态度的调查表明，反政治的情绪在意大利很普遍，在英国和德国则不明显。英国文官表现出更多地对政治的尊重，[①] 相应地也显现出文官对于政治和公共利益具有更多的回应性。与法国和德国不同，英国文官对党派政治没有那么大的热情，也不愿意离开行政职业转而服务于社会其他精英群体。

二 英国的政治文化及其"一体化"官僚制

英国是一个具有渐进式政治发展传统的国家，其官僚制的发展也不例外。英国的官僚制是英国政治自然发展的结果，政府的行政权力由国王转移至议会，再由议会转移至内阁。在权力的转换过程中并未出现美国式的权力分立的局面，相反，政府的行政权力始终集中掌握于一个主体手中。在当今的政治实践中由内阁执掌，形成行政集权性的一体化政府官僚体制。出现此种现象与英国特有的政治文化相联系。

阿尔蒙德在对英美两国政治文化的比较中指出，虽然英美两国政治文化都属于公民文化，但体现出不同的"臣民与参与者"的组合程度。在美国，参与者的角色占据相当大的分量，因此公民对政府的不信任感很强；相反在英国，顺服的臣民角色更为普遍，因而民众对政府的信任感更强。英国的臣民能力出现于公民能力之前，但并没有随公民能力的增长而削弱其臣民能力。换句话说，尽管现代社会政治能力和参与取向更为普遍，但英国依然保持了对政府独立权威的极大敬意，使英国同时具有高水

[①] Mattei Dogan, *The Mandarins of Western Europe: the Political Role of Top Civil Servants*, p. 31.

平的政治能力和行政能力[①]。英国宪法学家沃尔特·白芝浩持类似的观点，认为英国民众普遍存在一种"崇敬心"和"政治满足感"，数量上占多数的愚者希望由数量上占少数的智者来统治，这个数量上的多数愿意并渴望将选择统治者的权力赋予经挑选的少数人行使，并对之表示忠诚和服从[②]。虽然一些人批评白芝浩的观点具有贵族倾向，然而英国历史上的贵族政治培育了英国国民对权威的恭敬和顺从之心，却是一个不争的事实。由此而显现出英国恭顺型的政治文化，此种政治文化造就了民众对政府的信任和对政府权威的尊重，使英国建立起行政集权的一体化官僚体制。此种恭顺传统和相应的政府体制，使政府行政组织凝聚在一起。英国的政府行政集权并没有使英国人对政府产生一种美国式的不信任，相反，人们表现出对政府及权力机构的服从，显现出英国式自上而下行政集权式的官僚体制和民主[③]。

[①] [美]加布里埃尔·A. 阿尔蒙德、德尼·维巴：《公民文化：五国的政治态度和民主》，马殿军等译，浙江人民出版社1989年版，第544页。

[②] [英]沃尔特·白芝浩：《英国宪法》，第276页。

[③] David Marsh, "Understanding British Government: Analyzing Competing Models," *British Journal of Politics and International Relations*, Vol. 10, 2008, p. 263.

第 三 章

美国的联邦官僚制

  在美国政治学和公共行政学界，对美国联邦官僚制的研究一直是一个热点。美国著名政治学家詹姆斯·M. 伯恩斯（James M. Burns）认为，官僚系统是指金字塔形、具有等级制结构的大型公共组织或私人组织，每位工作人员通过执行命令层层向上级负责。官僚系统限定每个工作人员的角色或责任，基于有关规则进行决策，根据相关工作的技术水平雇用和擢升人员。现代意义上的官僚组织是指具备计划性和效率性、同时杜绝独裁者或暴君式的个人专断行为的组织①。托马斯·E. 帕特森（Thomas E. Patterson）持同样观点。他认为，从形式上看，官僚制就是一套组织和控制制度，以三个原则为基础：（1）等级权力：指一组命令链，官僚机构的上层官员和单位借此对中层官员和单位行使权威，后者又控制下级官员和单位；（2）工作专门化：每一个工作岗位的职责都得到明确界定，组织内有精细的劳动分工；（3）形式化规则：官僚机构实施其行为的标准化程序和既定条例②。伯恩斯和帕森斯的此类界定是对官僚制的一般意义的界定，此种界定将大型组织中的行政系统称为官僚制，对政府部门、公共部门和私人部门并不加以区分。本书的研究主要针对政府，因此所涉及的"官僚制"主要涉及美国联邦政府中的行政系统。

---

  ① ［美］詹姆斯·麦格雷戈·伯恩斯等：《民治政府——美国政府与政治》，吴爱明等译，2007年版，第400—401页。
  ② Thomas E. Patterson, *The American Democracy*, New York：Mcgraw-Hill Company, 2005, 7th., p.415.

第一节　美国联邦官僚制的历史演进

一　20世纪80年代以前美国联邦官僚系统的发展

20世纪80年代以前美国联邦官僚系统的发展可以以19世纪60年代美国内战（1861—1865）为界，前后分为两个阶段。

（一）内战前美国联邦官僚系统的状况

在美国联邦官僚系统发展的第一阶段，美国联邦政府的行政组织并不十分发达。在宪法意义上，联邦政府从属于国会，其行为多属于被动性和执行性。新中国建立初期，美国联邦政府行政部门中设立了战争部、海军部、国务院和财政部。由著名政治家托马斯·杰斐逊（Thomas Jefferson）、亚历山大·汉密尔顿（Alexander Hamilton）和亨利·诺克斯（Henry Knox）分别担任联邦政府的第一任国务卿、财政部长和战争部长。此时期，这些著名政治家履行职责时所发挥的作用，只是他们个人施展才能的结果，而非政府行政属性的结果。汉密尔顿曾为控制国会领袖的行为而到处游说，因而遭到詹姆斯·麦迪逊（James Madison）的严厉批评。麦迪逊认为，汉密尔顿是要建立像英国君主那样的总统特权；而杰斐逊则为"整个立法行为都在财政部的领导之下"的现象感到愤愤不平[①]。

早期美国联邦政府行政组织的行为仅涉及财政、对外政策、国防和邮政等几个领域，职责有限，政府机构中的人数也很少。如国务院中除国务卿外，只有9名成员。在美利坚合众国建立后的半个世纪中，联邦政府雇员仅4800余人，在华盛顿工作的约500人，其余分散于全国各地。这一时期，美国联邦行政组织的发展与美国经济的发展没有直接关系，私人企业追寻自己的目标，并没有和政府建立起密切联系。在相对简单的经济关系和社会环境下，政府的功能相对简单，人们没有把政府的作用看得很重要，政府组织也不具备管理和控制社会与经济事务的机制。

（二）内战后美国联邦官僚系统的发展

内战后，美国联邦官僚系统进入第一个发展期，此时期也是美国联邦官僚系统迅速发展的时期。

[①] Peter Woll, *American Bureaucracy*, New York: W. W. Norton & Company, Inc., 1977, pp. 35—36.

1. 美国联邦行政组织发展的第一次高潮

在这个阶段中,美国联邦行政组织的发展先后出现过三次高潮。19世纪下半叶到20世纪初为第一次高潮,此期间美国社会经济组织与美国政府的关系发生了急剧的变化。新的工业部门开始对整个国家的发展产生影响,并在某种程度上要求政府给予援助和保护。这一状况突出地表现于铁路系统。此时期美国交通运输系统的迅速发展推动了整个国家工业经济的发展,因此,美国联邦政府希望进一步扩大这一系统,使之遍及全国。交通运输部门也感觉到政府援助的重要性。交通运输部门的发展需要自然资源,需要机器加工业的配合,仅靠自己的力量已无法满足要求,需要政府提供各种直接或间接的帮助。企业家们逐渐认识到,良好的政治环境对于工业发展至关重要,需要通过政府的作用去保持政治的稳定,以保证经济的发展。

这一时期,伴随着工业经济的迅速发展,在经济领域中逐渐出现各种问题,经济关系日益复杂,欺诈行为大量出现,贿赂行为盛行,一些实力雄厚的工业企业滥用权力的现象十分明显。垄断资本在石油业、钢铁业、民政事业和交通运输业等各个领域的发展,给小企业、小生产者和农业经济的发展带来困难,导致各种利益冲突。一些弱小经济集团为了保护自身利益,希望加强政府对私人经济领域的干预,而那些富有实力的经济集团则要求继续保持经济上的自由放任主义。

美国内战前后,各州曾采取各种办法抑制工业企业滥用权力的现象,然而由于各州在管理上缺乏统一性,加上各州政府力量微薄,难以与实力雄厚的大工业企业相抗衡,致使此类管理活动难以奏效。人们感觉到,必须由国家通过法律手段去统一协调解决问题。19世纪后期,美国联邦政府对经济实施管理和控制的触角开始延伸到国家经济的各个领域。联邦政府通过贷款、免税和直接出面保护等多种措施支持铁路部门,使之得到大量补贴。此时期政府还兼并了大量土地,雇用包括移民在内的数万名工人,修筑铁路、公路,形成包括原边疆地区的全国范围的交通体系。

1887年,美国联邦政府州际贸易委员会建立,为了更好地处理和解决国家经济管理中的问题,国会赋予联邦州际贸易委员会特定的管理权,并使此类机构相对独立于总统、国会和法院。委员会的形式较之国会更具有管理能力,并且有利于保持政策的稳定性和连续性。州际贸易委员会具有职能专一的特点,此种形式有利于居于其中的行政官员的掌握专门知识、应对专门问题。美国联邦州际贸易委员会的建立标志着国家开始掌有一定的经济的管理和控制权，成为美国联邦官僚系统迅速发展的历史性事件。

美国联邦州际贸易委员会建立之初，并不具有立法和司法功能，仅具有立法和司法方面的咨询性功能。然而实践表明，不具有相应的司法权和立法权，委员会的管理便不可能真正具有有效性。此后，随着时间的推移，此类独立管制委员会逐渐享有了准立法权和准司法权，即在其管辖范围内的规章制定权和行政司法裁判权，成为美国联邦官僚系统发展演进的一个重要标记。

美国联邦州际贸易委员会建立的意义还在于：它是反对政党分赃的产物，尽管在州际贸易委员会建立之初，功绩制原则还不清晰，还仅仅是一种模糊的尝试，然而伴随此类种独立机构的发展，功绩制成为贯穿美国联邦官僚体系统的基本原则。内战后至20世纪初，美国联邦政府设立了一系列机构，如司法部（1870）、邮政部（1872）、农业部（1889）、商业部和劳动部（1913）等。美国国会还通过一系列法律，建立起相应的管制委员会，如联邦储备委员会（1913）、联邦权力委员会（1920）和美国关税委员会（1916）等，使美国的联邦官僚系统得到了快速的发展。

2. 美国联邦行政组织发展的第二次高潮

美国联邦行政组织发展的第二次高潮发生于"新政"时期至第二次世界大战后初期。这是美国联邦行政组织发展过程中最为重要的时期。经历了19世纪末20世纪初政府行政功能的演变，此时，对经济领域实施国家监控和管制已成为政府行政部门的职责，国家的触角几乎延伸到一切经济领域。占压倒地位的"新政"理论强调政府要对国家的繁荣负责，这一理论成为美国联邦行政组织进一步发展的依据。

20世纪三四十年代，美国国会通过了一系列新的管制性法律。如1934年的《通讯系统法》、《安全交易法》，1935年的《国家劳工关系法》和1938年的《民航法》，等等，并相继建立了一系列联邦独立机构，如联邦通讯委员会（1934）、民航委员会（1940）和联邦海事委员会（1936）等，成为美国联邦政府机构、尤其是独立管制机构发展的重要时期。50年代，美国联邦政府进而建立了卫生部、教育与福利部等内阁级大部，联邦政府雇员的数量也急剧上升。1933年罗斯福当政时，美国联邦政府雇员仅为60万人，到1953年共和党总统艾森豪威尔任总统时，已上升到 250 万人，其中仅 30 年代至 40 年代 10 年间，联邦政府雇员的人数就增长了 40%[①]。

3. 美国联邦行政组织发展的第三次高潮

20 世纪六七十年代，美国联邦政府进入了一个新的发展时期，出现了联邦行政组织发展的第三次高潮。至 80 年代初，美国联邦政府文职官员的数量增加到 290 万人[②]，并且建立了房屋与城市发展部（1965）、交通运输部（1966）、能源部（1977）、教育部（1979）、环境保护署（1970）、消费产品安全委员会（1972）、未来商业贸易委员会（1975）和邮政价格委员会（1970）等一系列新的机构。各行政机构以不同形式增强了自身的权力地位。为了适应"冷战"的需要，国防部日益转向总统，利用战后国会权力地位的下降，通过总统的军事权来扩大自己的实力。越战时期国防部几乎达到权力的顶峰，每年得到的拨款几乎是国家预算的 60%，数额在 550 亿美元以上[③]。

这一时期美国联邦行政组织的发展还突出地表现为许多福利救济机构的出现。为了满足公共福利事业的需求，美国政府充分发挥社会保险管理局和退伍军人管理局等福利性机构的作用，向社会发放大笔救助款项。仅 1960 年美国联邦政府通过社会保险管理局发放的补助金就达 110 亿美元。70 年代，联邦政府发放的年补助金额较以往增加了 6 倍。1960 年，美国政府通过退伍军人管理局发放的补助金为 30 亿美元；到 70 年代，这一款项的数额增加了 4 倍多，受益者达 8000 万人次，其中包括 2900 万退伍军人及其家属[④]。美国政府社会福利计划的发展和此类开支的迅速膨胀，直接导致了相关机构数量的增加和规模的扩大。

在履行社会福利政策的过程中，相关机构享有极大的独立裁夺权，有权对各类事项和各种争议作出裁决。从正规的行政结构上看，一些机构本应隶属于内阁级行政大部，如社会保险管理局应归属于卫生、教育与福利部统辖，但在政策实施过程中，这些机构事实上并不受大部的控制。

[①] 谭融：《权力的分配与权力的角逐——美国分权体制研究》，天津大学出版社 1994 年版，第 82 页。

[②] 同上书，第 83 页。

[③] 同上。

[④] 同上。

20世纪70年代美国国会的改革、国会委员会和小组委员会数量的增多以及内在权力结构的变化同样刺激了美国联邦行政机构的发展。面对来自国会和总统权力相抗衡所导致的压力的加大，联邦行政组织不断增强自身实力，以摆脱来自政治决策圈子的控制，甚至为此而与国会结成联盟。

经过200年的变迁，美国联邦政府中出现了一个规模庞大、权力分散的行政组织系统，由于它的"半独立"地位，被人们称为华盛顿的"第四个政府部门"。

美国联邦政府行政组织之所以迅速发展，究其原因，主要包括：

（1）由社会、经济和科学技术的发展所推动。美国制宪初期，联邦政府之所以不具有庞大的行政组织，是因为那个时代社会尚不存在这种需要。经济的发展和社会关系的日益复杂推动了政府内在结构的变化，特别是科学技术的发展使各种相应常设性机构得以出现。为了跟上科学技术发展的步伐，行政机构不断扩大规模。

（2）政府理论的转变。在19世纪的大部分时间里，自由放任主义理论在美国居于主导地位，政府极少干预企业事务。自由竞争的资本主义时代，政府的干预常常被视为越权。然而，随着资本主义的发展，到19世纪末，人们逐渐改变了原有的信条，开始感觉到政府适度干预的必要性。政府理论发生了相应变化，进而推动了管理专门领域的行政机构的出现。

（3）社会福利事业的发展。美国的社会文化历来鼓励个人奋斗，人们信奉社会竞争，很少寄希望于政府救助。然而大萧条改变了一切，当人们陷入难以自拔的困境时，便开始将眼光转向政府。政府采取行动、扶助贫困、建立社会福利基金，建立老年人和贫困者积蓄资金。社会福利事业的发展使政府管理职能加大，经济干预领域进一步拓宽，从而导致了政府行政组织的迅速膨胀。

20世纪70年代以来，越来越多的美国人认为，美国联邦行政系统的权力过大，组织规模过于庞大，导致联邦政府财政支出急剧上升。里根上台后，力图从根本上改变自"新政"以来强调的国家干预的管理理论。提出不能指望由政府去解决社会存在的许多问题、尤其是财政问题。他说："政府不是解决我们的问题，政府就是问题。""我们要把官僚主义从我们的背上卸下来,从我们的记事本上清除出去。"① 里根主张削减政府组织及经费,减少社会福利,将权力交还给企业和地方。里根的削减计划遇到了极大的阻力。首先,由于社会事务的日益专业化,每个政府机构都管理着社会某一专门领域的事务,裁撤此类机构会给行政组织的内部设置带来一系列连锁反映。其次,行政机构所管辖的每个领域,都与某种社会利益相关联,为了保护自己的利益,各利益集团坚决抵制总统的改革计划。

美国公众对政府行政组织的看法也十分矛盾。他们一方面感到政府规模过大,权力过大,干预过多,有损于他们自身的利益,希望取消重叠机构,缩小政府规模,减少财政支出和预算赤字;但另一方面又期望政府更多地为社会服务,增加投资,增设监督机构。因此,要改变联邦官僚系统的现有格局十分困难。尽管如此,此后美国历任总统依然对联邦官僚系统进行了相应改革。

二 20 世纪 80 年代以来美国的联邦行政改革

20 世纪 80 年代以来,西方国家掀起了行政改革的浪潮,改革以增强回应性、减少规制、市场化和弹性化为导向。这一时期,美国联邦官僚系统的变革主要表现为:第一,里根政府对联邦行政系统的改革;第二,克林顿政府时期的"重塑政府"改革。

(一) 里根政府时期美国联邦行政系统的改革

20 世纪 80 年代,在保守行动主义思想的推动下,里根采取了一系列改革措施,反对大政府和政府干预。他大量起用政治上忠于其思想的官员,依靠各种专业委员会(如经济事务委员会、贸易委员会、人类资源委员会、自然资源与能源委员会等)忠实地推行其改革政策;并加强总统管理和预算办公室监督执行和预算拨款的权力,使之成为推行总统改革政策最强有力的权力机构。基于建立"小政府"的考虑,里根政府大规模地削减联邦财政经费,大幅度削减各政府机构的预算,包括制定《环境保护法》的联邦环境保护局、制定《消费产品安全标准》的消费品安全委员会、制定《食品与药物安全法》的国家食品药物管理局、制定

---

① [美] 詹姆斯·M.伯恩斯等:《美国式民主》,谭君久等译,中国社会科学出版社 1993 年版,第 631 页。

《航空法》的联邦航空管理局以及制定《公路交通法》的国家高速公路交通安全管理局等联邦行政机构的预算均被削减。里根认为,联邦政府的大量法规妨碍了企业追求生产利润,他主张减少政府法规,使企业放手生产。里根政府的政策在一定程度上得到了美国民众的支持。诚然,这些政策较大程度上反映了私营企业家的利益,因此获得了企业家的支持。

里根政府时期,一些事件的发生从另一方面促使里根政府对联邦政府机构实施改革。1979年,位于美国宾州的三里岛原子能发电厂发生事故,损失惨重。人们认为事故原因在于原子能使用控制委员会的原子工厂建设安全标准定得不合适,在相关企业的影响下有所降低,合格证申请手续不严格。同年在芝加哥,一架民航客机失事,机上270名乘客遇难。舆论纷纷谴责联邦航空管理局失职,没有认真检查飞机设计的安全标准,呼吁对政府管理体制的老化和官僚化状况加以改革。里根政府借助于社会改革的呼声,大幅度削减这些机构的经费,并进行裁员。1983年,美国联邦环保局的年度预算被削减了29%,科研经费削减了55%。消费品安全委员会在里根上台的1981年时行政拨款为4200万美元,工作人员812人。到1986年里根第二任期时,行政拨款减少为3370万美元,削减了20%,人员也减至568人[①]。

里根的政府行政改革也带来了一些问题。如在联邦航空管理局,一则由于里根政府大力压缩航空控制管理规定,二则由于航空管理局的行政拨款被削减,导致航空质量检查员罢工抗议。于是里根下令一次性解雇了罢工的11300多名航空质量检查员,使剩下的检验人员不足,导致好几起重大事故发生。1989年3月24日,埃克森公司的瓦尔德茨油船因船长酗酒,由没有驾船证的三副掌舵,在美国的阿拉斯加海湾触礁。联邦政府应急机构因经费被削减对事故反应不力,致使24万桶原油(每桶24加仑)流入海湾,造成严重污染和巨大经济损失。尽管事后埃克森公司承担了经济责任,但立即将全国销售网的汽油价格每加仑提高近20美分,将损失转嫁给美国公众。此外,由于里根主张给银行和企业自由,反对以往政府发布的《银行信贷条例》,致使很多中小银行做无本生意,借空贷空,哄抬利息。其中林肯借贷银行的违规操作便为一例。案发后国会会计局对全

---

① [美]蓝志勇:《行政官僚与现代社会》,中山大学出版社2003年版,第108页。

国清查的估算表明：全国信贷损失达 5000 亿美元。①

里根政府对联邦行政系统的改革反映出一些问题。首先，联邦行政官僚体系在长时期的运行中出现膨胀和老化的状况，导致社会公众的不满。因此任何政府都需要经常进行改革。但对政府官僚系统的改革是一件复杂的事情，需要务实和讲求实效，而非简单化。现实表明，当今社会，政府仍须保持适度的功能。里根政府对美国联邦行政系统的改革表明，政府保持适当的规模和适度的功能是一个重要问题，政府规模过大、功能过强会导致机构臃肿、行政经费增多，会制造过多的繁文缛节，妨碍市场效益和社会发展。然而，如若政府规模过小、功能过弱，又可能使政府不能很好地履行职责，导致管理缺失，从而使公众的利益受到侵害，使社会遭受损失。

其次，里根对美国联邦行政系统的改革表明，虽然政府官僚系统不可能完全没有政治倾向，不可能完全与政治系统相分离，但政府官僚体系过于政治化，也会出现问题，从而导致政府行政系统的异化。政府行政官员坚守其独立于政治之外的专业化道德行为准则，对保证国家政府行政系统的相对稳定性，保证政府行政行为的科学化和法制化均具有重要的作用。

（二）克林顿政府时期的"重塑政府"改革

1992年，克林顿在竞选中获胜，1993年入主白宫。作为民主党领袖，克林顿所奉行的政策与里根有所不同。克林顿政府更加关注社会弱势群体，试图通过政府的权力和资源分配，去调节社会关系，维护社会弱势群体的利益。在政府改革方面，克林顿政府采用戴维·奥斯本和特德·盖布勒"重塑政府"②的口号，进行了政府行政改革。

与里根的"小政府和私有化"改革运动不同，克林顿政府并不否认政府功能，改革旨在提高政府效率。副总统戈尔领导的"全国绩效评估委员会"负责政府机构改革，包括改变联邦政府工作人员的工作习惯，评估政府机构内部的组织文化状况和政府工作人员的工作绩效。戈尔领导

---

① ［美］蓝志勇：《行政官僚与现代社会》，中山大学出版社2003年版，第108页。
② 戴维·奥斯本和特德·盖布勒于1992年发表了《重塑政府：企业家精神如何改造政府》(Reinventing the Government: How the Enterpreneurial Spirit Is Transforming the Government) 一书。书中"重塑政府"的表达，既有政府改革的内涵，又有接纳新的信息技术，将之运用到政府管理中的意思。这一词成为20世纪90年代民主党人入主白宫后改革的口号，并风靡全球。

的"国家信息高速公路基础工程"(National Information Infrastructure: Agenda for Action)开启了当代美国的信息工业革命。美国联邦政府还于1993年成立了"州和地方政府公共管理全国委员会",以推进州和地方政府改革。

克林顿政府上任后首先要解决的是严重的政府财政赤字问题。他在1993年的施政演说中说:"12年前,里根总统站在这个讲台上告诉美国人民,如果我们的国债用1美元面值的纸币堆砌起来,可以达到67英里的高度,但今天,这个国债已经是达到267英里了。"克林顿说:"我告诉你们这些不是要怪罪什么人。我就是来到这儿来接受这个责任的。……我们必须面对事实……我们必须认真面对我们存在的问题。"克林顿提出:"要改革政府,我们必须使它量入为出。这需要从上做起,就从白宫做起。"克林顿兑现了他的允诺,他上任伊始,就发布政令让各个部门都削减管理经费。在几周的时间里,将白宫的雇员削减了25%,并削减了10万个联邦政府职位,节约了90亿美元的开支。与之同时,国会也采取了类似措施。克林顿的改革措施取得了实效,1999年,美国联邦财政预算30年来第一次达到收支平衡,没有从社会保障基金里透支,42年来第一次预算盈余。以致克林顿在2000年的年度施政演说中自豪地说:"在1992年(竞选年),我们只有一个施政蓝图,今天我们有了结果。"[①]

克林顿政府期间对联邦政府内部管理制度的改革,强调以"结果为本"代替以"规则为本"的制度设计,力图改变政府官员只对规则负责、不对结果负责的公共管理哲学,以及只重投入、不重产出的思维方式。这一时期的行政改革体现出非官僚化的制度改革取向。

首先,强调在新的信息社会技术背景下实现新的目标。所谓新目标,是指政府应更具有回应性、责任心和效率。要实现这一目标,必须进行非官僚化的制度性设计。政府组织的官僚化是工业时代的产物,它"利用其层次系统的权威和功能的专门化,使大规模的复杂任务得以有效专业化地去完成"。官僚制强调"纯技术性优越性……精确、速度、细节分明……减少摩擦、降低人和物的成本,在严格的官僚主义治理中这一切都

[①] 2000 State of the Union Address, Thursday, January 27, 2000. 引自[美]蓝志勇《行政官僚与现代社会》,第135—137页。

提高到最佳点"①。然而，随着时代的变迁，官僚化的治理模式——"理性与效率"——的机械性官僚体制逐渐显现出它的不适应性：刚性有余，弹性不足；强调统一性，忽视差异性和多样性；重视局部效率和效益，忽视总体效应；强调理性，忽视价值。伴随着信息时代的到来，急需有一种更具创新性的政府行政体制去改变以往那种以理性、技术和效率为主线的官僚体制。

其次，强调新时期政府功能定位的市场化。这一改革取向在理论上源于美国诺贝尔经济学奖获得者詹姆斯·M. 布坎南（James M. Buchanan）的公共选择理论和奥斯本与盖布勒的企业家政府理论。

布坎南"将人们从互相交换中各自获益的概念应用于政治决策领域"②，重点研究"政府的失败"问题。他认为，政府作为公共利益的保证人，其作用是弥补市场经济之不足，其效应该较政府干预以前更高。然而在现实中，政府的活动并不总是那样有效，原因在于政府的政策不能确保资源的最佳配置。由于政府部门或公共事业部门的领导人行为的灵活性和动机的自利性，使他们的行为不倾向于最大限度地增进公共利益，而是依据自己获得的信息和个人效用最大化原则进行决策。如果政府以外不能产生一种约束机制，不能提供一种良性压力，以确保任何人处于某一特权地位时均不能过多地牟取私利，那么再高尚的执政官也不能保证公共利益不被他或他的后继者所损害。因此，需要有一种硬约束机制去约束政府行为，并由公民真正地而非形式地控制此种约束机制。

布坎南认为政府低效率的原因是：缺乏竞争机制；缺乏降低成本的激励机制；政府机构自我膨胀；监督信息不完全；政府的寻租行为。针对此种状况，布坎南主张创立一种新的政治技术，以提高社会民主的水平。此外，他还主张在公共部门恢复自由竞争，以改善官僚体制的运转效率。公共选择学派的理论家们主张将企业的竞争机制引入政府，在政府行政系统内部建立起竞争结构，允许若干"办事机构"在某些行政工作的分配上彼此展开竞争，使政府在对各个行政部门的实际生产费用上形成更加准确

---

① ［美］戴维·奥斯本、特德·盖布勒：《改革政府：企业精神如何改革着公营部门》，上海译文出版社1996年版，第13—14、5页。

② 此为瑞典皇家科学院对布坎南公共选择理论的评价。引自丁煌《西方行政学说史》，武汉大学出版社1999年版，第377页。

的概念；主张行政部门最高负责人个人可以占有本部门节省下来的部分预算费用；并允许办事机构的负责人将节约的资金用于预算外活动的投资，由此去加强各公共事业部门之间的竞争；采用由私营企业承包公用事业的政策，依靠市场经济去生产某些"公益"，等等。布坎南还构想了约束政府权力的赋税改革机制，认为赋税制度的公共选择对于约束政府的无限增长具有关键作用，主张限制政府的征税数量，由此而限制政府的权力。

奥斯本和盖布勒的企业家政府理论反映于他们的著名论著《改革政府：企业精神如何改革着公营部门》一书中。在对待政府的态度上，奥斯本和盖布勒并不赞成那种"把政府视作一种不得不忍受的邪恶"的观点，认为政府"是我们用来作出公共决策的一种机制"，"是我们解决共同问题的方式"。提出，政府的问题在于"陈旧体制的桎梏"，使政府公务员的"创造力得不到发挥，精力遭到浪费"。奥斯本和盖布勒认为："工业时代的政府官僚机构既庞大又集权化，提供的服务千篇一律地标准化而又不看对象，因而不足以迎接变化的信息社会和以知识为基础的经济的挑战。"主张将"企业家"一词引入"公营部门"和"第三部门"，"用新的方法来使用资源，创造最大限度的生产率和实效"[①]。

奥斯本和盖布勒认为，任何一种类型的政府体制都是特定社会环境的产物。官僚制的政府组织形式之所以在过去的很长一个时期能够发挥作用，是因为在很大程度上适应了当时社会的需要。在人们生活节奏较慢、整个社会处于金字塔式结构下、居于塔尖的人比其他人更能获得信息和作出决策的情况下，官僚组织是一种相对稳定的职业；显现了公开、平等的精神；为社会提供了基本的社会服务。然而如今社会环境发生了变化，人们"生活在一个变化令人吃惊的时代"，"生活在全球性市场的时代"，"各种经济组织受到巨大的竞争压力"，"普通老百姓取得信息的速度几乎同他们的领导者一样快"，"受过教育的职工对命令指挥感到反感，要求有自主权"，生活在"微型化市场"时代的顾客们"习惯于高质量和广泛的（地）选择机会"，"大多数政府机构要完成日益复杂的任务，所处的各种环境竞争性强，变化迅速"。"为了要抓住这些机遇"，奥斯本和盖布勒说，"我们必须对工业化时代的体制机构

---

① ［美］戴维·奥斯本、特德·盖布勒：《改革政府：企业精神如何改革着公营部门》，"前言"第4—5页。

的残余加以重塑改造"①。

奥斯本和盖布勒借用了 19 世纪法国经济学家 J. B. 萨伊的企业家概念和内涵，提出了"企业家政府"的概念。根据萨伊的定义，企业家一词既适用于私营部门，也适用于公营部门和第三部门。所谓企业家精神是指能够用新的方式使用资源，以创造最大限度的生产率和实效。虽然奥斯本和盖布勒并不主张政府像企业那样运作，但他们认为："政府不可能像企业那样运作这一事实并不意味着它不可能更有企业家精神。任何机构，无论公营和私营，都可以有企业家精神。"在他们看来，"很少美国人会真的要求政府像一个企业那样行事——因为私人利润而关起门来迅速作出决策。如果它真的这么干，民主将首先受到损害。但是大多数美国人要求政府减少官僚主义。在官僚主义行为和企业家行为之间是一个巨大的连续体，政府肯定可以在这个区域内调整自己的位置"②。

在以上改革理论的基础上，20 世纪 90 年代，克林顿政府在联邦政府推动重塑政府运动。然而国会对改革却缺乏热情，它有选择地支持压缩规模和有限的几项改革建议。1994 年，美国国会通过了《联邦劳动力重构法案》（The Federal Workforce Restructing Act），这一法案鼓励早退休，以压缩政府规模，但对基本的制度改革如公务员体制、预算体制和采购体制等的改革却不感兴趣。1994 年，美国国会通过了克林顿政府提出的《采购体制改革法案》（The Federal Acquistion Improvement Act of 1994），这一法案仅对政府的采购体制做了有限度的放松，成为国会对政府改革支持力度最大的举动。1995 年，美国国会否决了克林顿政府提出的放松文官体制的《文官改革法案》，进而使人们感到国会是政府行政改革的阻力。正如唐纳德·F. 凯特尔（Donald F. Kettl）所说："国会是一种关注输入方面的制度，而国家绩效评论则关注输出方面，国会很少关心结果，并且国会在事实上长期使自己陷于权力制约的狂热之中，也使其无暇关心行政部门一直注重的绩效问题。"③ 克里斯托弗·H. 弗尔曼（Christopher H. Foreman, Jr.）也认为，"立法机关很少关心效率"，这种制度不能"有效

---

① ［美］戴维·奥斯本、特德·盖布勒：《改革政府：企业精神如何改革着公营部门》，"序—美国的改革"，第 13—17 页。

② 同上书，第 23 页。

③ Donald F. Kettl, *Reinventing Government: Appraising the National Performance Review*, Washington D. C.: The Brookings Institution, 1994, p. 49.

地对付哪怕是最简单的行政问题"①。

20世纪90年代克林顿政府重塑政府的内容之一是放松规制。1993年，副总统戈尔发表了题为《从繁文缛节到以结果为本——创造一个花费少、收获多的政府》的报告，提出系统化地放松规制的战略方案。1993年9月11日，克林顿签署12861号行政令，要求所有政府行政部门在3年之内取消旧的内部规制。1993年9月30日继而签署第12866号行政令，严格规制出台前的审查。尽管克林顿政府放松规制的改革遭到国会的抵制，但还是取得了一些成效。1993年，美国国会通过了《政府绩效与结果法案》（Government Performance and Result Act），这是自20世纪60年代以来美国国会监督体制的第一次根本性转变，它表明国会开始转变思路，向以"绩效"和"结果"为基础的监督体制转轨。

克林顿政府时期行政改革的一个重要方面是对"市场责任机制"（Market Accountability System）的探索。1993年，克林顿签署了第12862号行政令，要求联邦政府部门制定"顾客服务至上"原则。1994年美国联邦政府中有100多个行政部门制定并公布了服务标准②。然而美国政府在向"市场责任机制"的改革和转轨中，也遇到了种种问题，反映出向消费者负责的控制机制与传统的责任机制之间的冲突。以往在美国的政府权力监督体制中，总统、立法部门和司法部门均分别享有对行政部门的监督权。改革中，行政部门的决策权与执行权出现了分离，部分执行职能转移到一些非政府部门中，这就使监督的战线拉长，环节增多，使以往的行政监督系统出现了不适应的状况。由于承包商只对法律和相关合同负责，而政府尚未能完善通过法律和合同去对非政府系统的承包行为加以监控的市场责任机制，导致政府责任失效。反之，由于承包商的责任是政府交付的，他们在履行职责的过程中遇到问题，常常需要政府提供相应帮助，政府又不能保证真正负责，由此常常引发问题。因此，美国政府在改革中进而探讨建立"对立法机构和对消费者同时负责的混合责任机制"③。

此外，美国政府的行政改革也对传统的行政模式提出了挑战。长期以

---

① Christopher H. Foreman, Jr., "Reinventing Capital Hill," *The Brookings Review* (Winter), 1995, p. 35.
② 宋世明：《美国行政改革研究》，国家行政学院出版社1999年版，第377—378页。
③ 《美国1994年国家绩效评论报告》，第72页。引自宋世明《美国行政改革研究》，第379页。

来，在美国联邦政府的行政发展中一直强调政治与行政分离，由此去保证政府行政管理制度的公正性。然而，"重塑政府"的理论强调政府"掌舵而不是划桨"，"把掌舵和划桨分开"①，此种改革在实践中使职业性文官和专业化官员在为社会提供公共服务的过程中拥有更大的自主权，作用有所加大。它一方面打破了以往政府行政部门中金字塔式的管理模式；另一方面，也使职业化官员和专业官员在公共政策过程中地位有所提升。

为了推进行政改革，减少来自行政部门的阻力，里根政府和克林顿政府虽然对政府行政机构和人员进行了裁减，却没有减少政治任命官员的数量。里根政府时期，政治任命官员的数量由以往的2000多人增至3000人。克林顿政府期间，政治任命官员的数量与里根政府时期基本持平。政府中政治任命官员数量增多的目的在于强调总统对官僚系统控制的加强。

迄今为止，美国政府的行政改革还在继续，对20世纪80年代以来美国联邦政府行政改革的分析评价也不断变化着，对美国联邦政府行政改革理论依据的争论仍在继续。它表明，政府的行政改革是一个复杂的系统工程，涉及诸方面问题，尤其是涉及政府体制问题，涉及政府与社会与市场间的关系问题等，许多理论与实践问题有待于进一步分析、评价和思考。

第二节 美国联邦官僚系统的组织结构与官员类型

对于美国联邦官僚制的范畴，美国学者有两种解释，一种将美国联邦政府行政部门包括总统、总统白宫班子、内阁级各部和独立机构、以及政府公司等统称为联邦政府官僚系统；另一种将联邦官僚系统限于包括内阁级各部及下属机构、独立机构和政府公司等政府行政组织，而不将总统和总统的白宫班子包括在内。本书采取第二种解释。以下将对美国联邦官僚系统的组织结构与功能以及官员类型加以分析和梳理。

---

① ［美］戴维·奥斯本、特德·盖布勒：《改革政府：企业精神如何改革着公营部门》，第1、11页。

一　美国联邦官僚系统的组织结构与功能

在美国，宪法中并没有对联邦官僚系统做出明确规定，美国联邦政府中的行政机构大多是通过国会立法或国会授权总统所建立。如前所述，18世纪美国建国时只有四个部，以后美国联邦行政系统逐渐扩大。随着社会经济的迅速发展，政府职能有所扩大，政府机构也不断增多。以下对美国联邦官僚系统的组织结构状况加以阐述。

（一）内阁级各部

美国联邦政府中，内阁级各部是联邦官僚系统中最为重要的组成部分和职能部门，由国会通过立法设立。各部中除司法部由总检察长统辖外，其余由各部部长统辖。各部部长由总统提名、经参议院批准任命，对总统负责，并共同组成内阁。各部内的机构一般为三个层级：部、司局和处。各部除部长外设一至二名副部长和若干助理部长，部长、副部长和助理部长均属于政务官。内阁各部的基本功能是执行法律和行政政策。各部部长拥有各种助手协助本部从事计划、预算、人事、法律和公关等各种事务。司局、处和办公室等属于执行机构，由局长或主任领导。多数司局只设副职一人，也有的不设副职，只设专业助理或助理局长。局长或主任等均有明确的职责权限，属于职业文官范畴。这些机构相对稳定，局级以下官员均长期任职。

美国联邦内阁级各部在设置上一般表现为以下特点[①]：

（1）各部的内部机构一般分为机关管理机构和业务机构两种类型。机关管理机构的设置各部大体相同，而业务机构的设置，由于各部的职能不同而不尽相同。一般而言，在各部中，除行政管理、人事和预算机构外，均设有以下机构：

一是法律总顾问及其办公室。法律总顾问由总统提名、参议院批准任命，是各部的主要法律官员，担任各部和部内其他主要官员的法律顾问。

二是监察长及其办公室。1978年，美国国会根据卡特总统的改组计划制定了监察长法，规定各部（和独立机构）均设立监察长，监察长由总统提名、参议院批准任命，职责为进行和监督同本部各项计划及业务有关的审计和调查；协调和监督本部的活动，以促进节约和效益的提高，防止和消除舞弊行为。

---

① 参见李道揆《美国政府和美国政治》，商务印书馆1999年版，第454—455页。

三是管理和裁决涉及本部所制定的规章条例的案件及其他争端的机构。

四是沟通本部同国会、联邦政府其他各部和机构、传媒和公众之间关系的机构，如"国会事务办公室"、"公众事务办公室"等。

（2）各部及司局乃至处级机构均在全国各地设立办事机构，以处理当地属于联邦职责范围的事务。

由于各部建立的时间、背景和职责各不相同，使其内部机构的设置状况和规模有所不同，在政府中的地位也不尽相同。

美国联邦政府内阁级各部分别为[①]：

a. 国务院（Department of State，1789— ）

b. 财政部（Department of the Treasury，1789— ）

c. 国防部（Department of Defense，1947— ）[②]

d. 司法部（Department of Justice，1870— ）

e. 内务部（Department of the Interior，1849— ）

f. 农业部（Department of Agriculture，1862— ）

g. 商务部（Department of Commerce，1903— ）

h. 劳工部（Department of Labor，1913— ）

i. 卫生与福利部（Department of Health & Human Services，1979— ）

j. 住房与城市发展部（Department of Housing & Urban Development，1965— ）

k. 运输部（Department of Transportation，1966— ）

l. 能源部（Department of Energy，1977— ）

m. 教育部（Department of Education，1979— ）

n. 国土安全部（Department of Homeland Security，2002）

o. 退伍军人事务部（Department of Veterans Affairs，1930— ）

美国联邦政府把全国50个州、关岛、波多黎各和维尔京群岛划分为十个标准联邦大区，各大区的办事处分别设立在波士顿、纽约、费城、亚

[①] ［美］施密特、谢利、巴迪斯：《美国政府与政治》，北京大学出版社2005年版，第300—301页。

[②] 美国联邦国防部1947年由战争部（Department of War，1789）、海军部（Department of Navy，1789）和空军部（Department of the Air Force，1947）合并而成。

特兰大、芝加哥、达拉斯、堪萨斯城、丹佛、旧金山和西雅图。各部及其司局、处多数在这些城市设立大区办事处,在大区办事处以下设置地区办事处,再下一层级设置地方办事处,使有的部、局办事处的数量十分惊人。如农业部中负责向农场主提供用于生产和修建住宅的长期低息贷款的农场主家园局,便在全国设置了2200个地方办事处;卫生和公众服务部的社会保障局在全国设有10个大区办事处、6个服务中心、1300多个地方办事处。一些独立机构也在全国各地设立为数众多的办事处。美国联邦政府280多万文职官员中,仅有12%—13%(约35万人)在首都华盛顿工作,其余人分散在全国各地乃至海外。[①]

(二)独立机构

美国联邦政府中那些不从属于内阁级各部、也不从属于政府有限公司、直接隶属于总统的机构被称为独立机构。这些机构的组织形式各不相同,独立程度也有很大差异。大致可分为两类:独立行政机构(Independent Executive Agencies)和独立管制机构(Independent Regulatory Agencies)。

所谓独立行政机构是指那些为特殊任务而设立的行政管理机构,涉及的领域包括:建设和美化首都,促进艺术人文学科和自然科学的发展,发展航天航空事业,处理相关对外事务,处理社会福利问题,处理信贷事务,处理人事管理事务和劳资关系,保障公民权利,促进国家行政效能,管理选举以及提供各种公共服务。此类机构有:国家首都规划委员会、美术委员会;国家艺术和人文学科基金会;国家航空和航天局;美国新闻署、美国国际开发合作署、美国国际贸易委员会、国际广播委员会、美国军备控制和裁军署;铁路退休委员会、退伍军人局;农场信贷局、联邦住宅贷款银行委员会;联邦人事管理局、联邦劳工关系局、民权委员会;美国行政会议以及联邦选举委员会、兵役局、小企业局、行政服务总局和中央情报局等。

独立机构中的特殊形式为独立管制委员会,它们是国会出于特定需要而设置的机构,主要职能是对私营企业加以监督和管制。独立管制机构享有在其管辖范围内制定相关规章条例的准立法权,以及受理和裁判管辖权范围内申诉案的准司。

---

① 谭融:《比较政治与比较公共行政》,南开大学出版社2008年版,第106页。

法权。出于摆脱总统与党派政治控制的基本思想，此类机构在原则上保持政治中立，成员由两党共同组成，任期长于内阁级各部的行政首长，最短者为 5 年，最长者为 14 年，并且交替更换。独立管制委员会的委员由总统提名、参议院批准任命，委员会主席由总统在委员中指定，副主席由委员选举产生。但总统不得任意辞退委员会成员，只有在他们"无效率、失职、渎职"的情况下才能予以辞退。委员会对总统保持相对的独立性，目的在于保证委员会在执法判案的过程中能够客观公正。

美国历史上第一个独立管制机构州际商业委员会成立于 1887 年，此后陆续建立了联邦储备委员会、联邦贸易委员会、联邦通讯委员会、联邦电讯委员会、证券和交易委员会、国家劳工关系委员会、平等就业机会委员会、环境保护署、消费品安全委员会和核管制委员会等。

（三）政府有限公司

美国政府行政系统中，还有少量通过国会立法设置的政府有限公司。此类有限公司是介于工商企业和正规政府机构之间的一种组织。从理论上说，这些有限公司所提供的服务完全可以由私人部门承担，但美国国会认为，附属于政府部门的有限责任公司能够为公众提供更有力的服务。此外，从美国战后的发展情况看，虽然美国政府没有像英国政府那样对一些私营企业实行国有化，但政府的确从事着越来越多的工商业活动。为此，也就产生了相应的隶属于政府的公共服务如公共邮政服务以及工商业组织如田纳西河流域管理局、圣劳伦斯河航道开发公司和进出口银行等。公共邮政服务的存在是由于没有私人企业愿意承担邮局亏损的风险；田纳西河流域管理局和圣劳伦斯河航道开发公司则负责完成那些私人企业承担不起的巨大公共建设工程。

政府有限公司与其他政府机构的区别主要有两点：第一，享有如同私营企业式的较大的行动自主权，有权自行制定预算，以自己的名义向银行贷款，有权取得、发展和处置其不动产，并自行采取各种财政措施。公司的行政组织与私营企业相似，采取董事会形式，董事由总统提名，经参议院批准后任命，但享有身份保障，总统不得随意罢免[1]。但这些公司毕竟为政府所拥有，政府对其活动仍保持基本的控制。此类企业公司很少能赢利，它们依赖于国会的年度拨款，这使得它们必须对国会负责，即在国会

---

[1] 李道揆：《美国政府和美国政治》，第 460 页。

的指导原则下运行,并接受国会对其组织机构和政策的批评。

二 美国联邦官僚系统的官员类型

理查德·J.斯蒂尔曼二世(Richard Stillman Ⅱ)在其《美国官僚制:现代政府的核心》及《公共行政学:概念与案例》的著述中,将所有为美国联邦政府效力和受雇于各州和地方政府部门的人员均归于官僚的范畴,包括政治任命官员、专业职业人员、普通公务员、工会组织化了的工人和合同雇员五类人员。每类人员的来源、招募程序、晋升阶梯、动机和角色、乃至对政府公共政策的影响均有所不同,称这些不同的官员体系为"官僚亚系统"。他提出,任何一种亚系统类型都必然会影响它的工作内容、政策方向和决策。系统中任何一个机构内部团体间的平衡与不平衡对于系统的特征及其运作都具有重要影响[1]。

本书将美国联邦官僚区分为政治官僚和职业官僚两种类型,以下分别论及这两种官僚。

(一)政治官僚

所谓政治官僚是指美国联邦政府行政部门中政治任命的官员,其中大部分由总统提名、经参议院批准任命。包括:内阁各部部长、副部长、助理部长、独立机构首长、管制委员会主席和委员以及总统办事机构的高级官员等,又被称为"政治行政长官"。此类官员基于政治纽带而被任命,任期受到限制,在其管辖范围内拥有决策权。根据斯蒂尔曼二世的解析[2],政治任命官员在公共组织中居于高层,占据着突出的职位,他们处理大量重要的政策问题。成为连接竞选承诺和官僚机构业绩的桥梁。居于高位的政治任命官员与民选总统有着紧密的个人关系纽带、甚至是长期的友谊,对行政首脑的议程有更多的回应,对推进总统议程的作用十分重要。职位相对低些的政治官员显现出比较明显的专门化特点,同时为一些领域的专家,对内与所辖范围的下属机构相联系,对外则与一些与所辖目标相关的支持性团体相联系。美国总统在任命高级官员如内阁级各部的部长、高级顾问和助手时,历来有重视专家的传统。近年来,美国总统所任

---

[1] [美]理查德·J.斯蒂尔曼二世:《公共行政学:概念与案例》,中国人民大学出版社2004年版,第274页。

[2] 同上书,第276—283页。

命的政治官员显现出年轻化的趋势。

斯蒂尔曼二世认为:"官僚机构内的这个层次是一个模糊的世界,在这个世界里,表象常常比工作实践更有价值。因此,参与者花费大量时间作秀,以便表现出他们正在为恰当的人做恰当的事,并且通过各种渠道去收集和阅读有关他们自己的地位和其他人意图的信息。"在那里,高处不胜寒,争夺势力范围的斗争最激烈,赌注也最高。"决定最终结果的是运气而不是个人技艺。"尽管政治任命官员在高度不确定的领域中工作,但最终他们仍是政府所有管理过程的核心。用学者詹姆斯·费弗纳的话说,他们在帮助行政首脑"恰如其分地行事"方面起了非常重要的作用[①]。

(二) 职业官僚

所谓职业官僚是指那些在一些领域中有特殊专长,经公开竞争考试被择优录用的常任官员。其中也包括一小部分因职务性质特殊而依法免除考试被录用的人员。职业官僚若无重大过失可终身任职,但在政治上必须保持中立,不得参加党派活动。

具体而言,美国联邦政府中的职业官僚又可分为专业人员和普通公务员。专业人员包括专业精英、直线专业人员、专业技术辅助人员和行政专家等。其中,专业精英位于政治任命官员之下,是职业官僚的核心部分。他们在专业人员中资历最高并最有声望。他们控制着行政系统,通过掌握人事政策和优先安排顺序,指挥和引导着整个专业体系乃至行政体系。直线专业人员位于高级精英之下,他们是官僚机构中的行动者和中心任务的执行者,主管着公共机构的日常工作。专业技术辅助人员有独特的专业技能,工作涵盖面广。他们受雇于行政部门,享有高薪,在行政系统中担任高级行政官员的顾问,通过其专业技能对政府政策施加影响。行政专家是指政府行政组织中的预算官员、项目官员、计划人员和金融、采购、审计、供应等官员,此类职位多由新兴的专业人员团体中的常任官员(如预算、人事、采购专员)担任。此外,政府专业行政体系中还包括一些专职人员的助手,这部分人承担较低层次的工作。目前,美国政府中此类人员承担的责任不断增加,由于他们的工作报酬较低,因此,使用这部分人能使政府在不降低政府绩效的前提下降低成本。

[①] [美]理查德·J.斯蒂尔曼二世:《公共行政学:概念与案例》,中国人民大学出版社2004年版,第283页。

专业性职业官僚系统具有明显的等级结构特征，等级建立在教育、技能、资历、责任、能力和经验的基础上。基于现时期专业技术在社会发展中的突出作用，一些美国学者称美国社会现今处于"科学时期"、"技术化时代"和"后工业时代"。人们看到，政府中的专家接受过良好的教育并富有经验，他们在政治与公共行政过程中承担重要职责，具有重要的影响力。面对健康、住房、城市改造、交通、福利、教育、贫穷和能源等众多公共议题，"政府公务人员以及与政府公务员相关的人员以自己的专业技能和技术知识采取行动。他们最先察觉问题、设计程序，敦促将这些东西交给总统和国会；帮助国会游说者通过对这类问题的立法，然后关注这些问题的管理"。弗雷德里克·莫舍说："行政管理的……大部分已经由专业人员（包括科学家）控制"，"政府内外的专业化趋势是不可逆转的，也不会减缓下来"。盖·本凡文斯特称此种情况为"专家的政治"，塞缪尔·比尔则称美国是由"技术政治"统治的社会[①]。

职业官僚的另一种类型为公务员。公务员系统建立在功绩制的基础上，职位安排基于开放、竞争性考试。此类官员实行职务常任，这一职业特点使他们在处理各种事务时趋于现实，甚至保守。长期的实践使他们养成了谨慎处理政策问题的风格，他们深知，如果在一些政策议题上发动猛攻，便有可能使自己陷入毫无必要的政治争议中。此种争议费时费力，却产生不了切实可行的结果。基于此，他们主张通过渐进、持久的努力去获取成就，而不是像渴望成功的政治官员那样期望"迅速搞定"和"直接见效"。此种谨慎态度和工作作风也源于常任公务员对自身生存安全的考虑。在一个政治任命官员不断变换的环境中，常任公务员、尤其是居于顶层的常任公务员，深知自己的职位安全系于不与任何党派有太密切的联系，否则会在政治上受到影响。为了维护自身利益，常任公务员也常常会花时间去编织在官僚系统内的网络，建立起横向、纵向的联系，甚至建立起某种同盟，并通过此种网络和同盟去影响公共政策。

美国自1883年《彭德尔顿法》以来，建立起现代文官制，贯彻功绩制，反对政党分赃，要求政府中的文官即职业官僚保持政治中立。继《彭德尔顿法》之后，1939年，美国联邦政府出台了《哈奇法》，目的在

[①] 引自［美］理查德·J. 斯蒂尔曼二世编著《公共行政学：概念与案例》，第283—284页。

于强化1883年《彭德尔顿法》所作出的规定，进一步强调美国文官改革的理论基础——政治与行政二分，实现行政的"去政治化"。根据这部法律，行政系统应具有专业性、独立性和科学性，政治不宜介入行政运作。并进而对行政人员的政治参与加以严格限制，规定文官除不得利用职权影响选举结果外，也不能介入选举活动和参与政党管理事务。《哈奇法》涵盖的范围很广，禁止所有联邦官僚系统的文官参与任何政治活动或政治宣传，并且禁止威吓、胁迫全国性的选举；禁止承诺给任何人职位、回馈或福利以交换其对某特定候选人的支持或反对。

由于《哈奇法》的规定过于严厉，出台后引发了争议，甚至两度面临被质疑是否合宪的挑战。国会先后两次通过修正案，适当放宽限制，都被总统否决。1993年《哈奇法修正案》进一步放宽联邦政府对文官政治参与的限制，终于获得通过，但仍禁止文官运用职权或影响左右选举结果，且文官不得作为"有政党性选举"的候选人参选。

第三节 美国联邦官僚系统与总统的权力关系

一 总统对联邦官僚系统的控制

根据《美利坚合众国宪法》，总统是行政首脑，因此，很多学者在提及美国政府的时候，常常将美国总统及其联邦行政系统统称为行政部门，较多关注立法机关对行政部门的授权和控制，而忽视了总统与联邦官僚系统之间的关系。事实上，虽然根据美国宪法总统是行政首脑，但他并不因此而实际掌有控制联邦行政系统的全部权力。历届美国总统都强调总统应掌管政府行政部门的一切，因为总统是联邦行政部门中唯一民选并直接对选民负责的行政长官。然而在美国的分权与制衡体制下，获得总统职位并不意味着能够控制整个联邦官僚系统。美国宪法也没有约束联邦官僚系统、使之对总统负责的明确表述。诚然，尽管如此，作为行政首脑的总统还是可以通过任命官员、重组政府和编制预算等权力去尽可能地控制联邦行政系统和官僚体系。

多年来，美国总统一直试图加强对联邦官僚系统的控制，以图强化总统权力，重建一元化的政府行政系统。克里斯多弗·凯利（Christopher Kelley）认为，小布什总统期间，曾力图通过加强对联邦官僚系统的控制去强化总统权力，以应对"水门事件"和越战后总统权力弱化的趋势。

根据凯利的分析，小布什政府与之前的里根、老布什和克林顿总统一样，都是在"一元化（unitary executive）行政"理论的指导下加强对联邦官僚系统的控制，以使政府部门的行为保持一致性。"一元化行政理论假定内部政治环境的敌对状态，并寻求通过各种方式来保护总统办事机构的特权和推进总统的政策偏好。"[①] 该理论的核心思想是：总统拥有宪法所赋予的对行政部门的最高控制权以及对武装部队的最高指挥权，并且，他必须运用各种手段去确保法律的忠实执行。基于此，总统不仅有权拒绝执行他认为违宪的法律，而且有权依照有利于行政部门执法的方式来解释法律。为了加强对联邦官僚系统的控制，总统增加了大量政治任命的官员、包括任命实施外包业务的官员，反映出总统对官僚系统的不信任。

除此之外，总统还采取包括签署声明、发布行政命令、重组政府、政治任命、监管审查和控制行政预算等多种措施去强化对联邦官僚系统的控制。美国学术界对总统控制联邦官僚系统的行为和影响有两种不同看法。一部分人认为，总统对联邦官僚系统的控制对美国政治政策有重要影响。夏皮罗认为，小布什政府对联邦官僚系统的监管比任何前任都要严格。[②] 纽约大学的保罗·莱特（Paul Light）认为："与过去相比，当局对联邦官僚系统的控制更加协调和集中。"[③] 一些学者提出，小布什政府对联邦官僚系统的控制体现出亲商业团体、忽略环境、福利和消费者权益保障的特点[④]。持相反看法的人则认为小布什的行为并没有带来上述改变。支持小布什政府的人认为，鉴于21世纪所面对的如此复杂的环境，美国政府应该拥有一个更强大的行政部门和单边行为[⑤]。但这并不表明小布什在控制官僚系统方面取得了巨大成功，在他们看来，"尽管布什政府试图严格控

---

① Christopher S. Kelley, "Rethinking Presidential Power-The Unitary Executive and the George W. Bush Presidency," Presented at 2005 meeting of the Midwest Political Science Association, 2005, pp. 11—12.

② Stuart. Shapiro, "An Evaluation of the Bush Administration Reforms to the Regulatory Process," *Presidential Studies Quarterly*, Vol. 37, 2007, p. 270.

③ Paul Singer, "Administration by the Horns," *National Journal*, March 25, 2005.

④ The National Resources Defense Council, *Rewriting the Rules: The Bush Administration's First-Term Environmental Record*, 2005, p. iv.

⑤ Brian. Mannix, "A Midterm Grade for the Bush Administration," *All Business. com*, September 22, 2003.

制官僚系统的决策,但目前尚不清楚是否达到了预期目的"①。

事实是,美国历届总统都试图在任期内最大限度地实现自己的目标,为此而力图更有效地控制联邦官僚系统。然而,美国"分权与制衡"的政治体制使总统对联邦官僚系统的控制不仅受到来自官僚系统的抵制,还面临来自国会、各种社会组织和法院的抵制与挑战。

二 联邦官僚系统的自主性和对总统权力的抵制

美国联邦官僚系统处于政策输出领域,履行着实施法律、法规和规章的功能,又被称为功能系统。② 弗朗西斯·E. 鲁尔克(Francis E. Rourke)认为,在政府的实际运行过程中,官僚的行为有可能偏离他们所应该扮演的角色,官僚有可能通过一定的政策倡议使民众接受其主张,从而实现自身利益。在一些政策领域,官僚的专业知识使他们更有资本任意行事,国会或白宫仅仅是通过设置模糊的准则去对他们加以限制。因此,在国会、总统与官僚的"主—仆"关系上,一些官僚的行为凸显出他们就是自己的主人③。在特定的政策领域,总统对联邦官僚系统的外部制衡只是表面的和敷衍了事。根据鲁尔克的研究,官僚的权力来自四个方面:专业知识、民众支持、长期任职和领导能力,这四点使官僚系统在面对总统时有较大的自主性。专业知识赋予他们在处理某些问题或推行某项政策时拥有权力;民众的支持使他们得以接近政治权力中心,能够通过自身能力去动员政治支持、限制反对力量;长期任职使之有可能组织和推动某些项目的实施;具有领导能力使官僚系统能够运用自身的专业知识,有效动员民众,从而保证自身在政策过程中立于不败之地④。

丹尼尔·卡彭特(Daniel P. Carpenter)研究联邦官僚系统在何种情况下更多地显现出自主性。他认为,当官僚的行为表现出以下特点:即官僚

---

① Colin. Provost and Paul Teske ed., *President George W. Bush's Influence over Bureaucracy and Policy*, New York: Palgrave Macmillan, 2009, pp. 2—3.

② [美]加布里埃尔·阿尔蒙德、小 G. 宾厄姆·鲍威尔:《比较政治学:体系、过程和政策》,曹沛霖等译,东方出版社 2007 年版,第 290 页。

③ Francis E. Rourke, *Bureaucratic Power in National Policy Making*, Boston: Little. Brown, 1986. pp. ix - x.

④ Francis E. Rourke, *Bureaucracy, Politics and Public Policy*. 3rd., Boston: Little. Brown, 1984, pp. 9—10.

的行为与自己的意愿相符，或更多强调自我的行为方式，或者不作为，而不是按照政治家和利益集团的期望行事，则他们的行为就是自主的。具体表现为：（1）官僚系统有其特有的利益和意识形态，与总统、国会和利益集团的利益和意识形态不相一致。（2）官僚具有自身特有的组织能力，包括分析问题的能力、规划创建新项目的能力、有效率地管理项目和解决问题的能力、以及防止腐败的能力等。官僚系统具有创造精神，并且有能力按照自己的偏好采取有效的行动和实施革新。（3）官僚系统的自主性能够获得政治合法性，或者官僚系统能够获得强高的组织声望，显现为官僚系统有很强的能力使政治授权者及其公民相信它们能够提供收益和解决问题的方案。然然，此种信任需基于多种途径，由此而获得支持，并建立起政策联盟[①]。

从以上学者的分析中可以看出，美国的联邦官僚系统在实际运行中不仅履行着多种职能，还有可能在一定程度上摆脱总统的控制，显现出一定的自主性。其原因在于：

（1）信息不对称。在"委托—代理人"模型中，官僚的自主性主要被归结为"代理人"问题，意指总统和官僚系统之间信息不对称。具体表现为官僚系统隐藏其偏好、以及总统面临某种道德风险和政策不确定性。隐藏偏好是指官僚系统常常故意对总统隐藏自己真实的政策意向，总统掌有信息的限制使之将错误的人选安排在政府行政部门，导致政府行政系统最终偏离总统的意愿。道德风险是指总统常常难以评估官僚系统在特定工作环境中所取得的成效，官僚因此可以通过欺骗或"搭便车"隐瞒自身情况。政策不确定性是指只有政策执行者即行政官僚才了解政策的具体细节，而总统并不了解真实情况。兰德尔·L. 卡尔弗特（Randall L. Calvert）等提出："不完全信息会带来很多问题，使民选官员无法准确了解官僚的偏好。实际上官僚系统在决策时需先收集与决策相关的信息，而民选官员很可能并不知晓这些信息。"[②] 丹·伍德（B. Dan Wood）在对美国环境保护署（EPA）的研究中表达了同样的看法，宣称当官僚系统与

[①] Daniel P. Carpenter, *The Forging of Bureaucratic Autonomy：Reputations, Networks, and Policy Innovation in Executive Agencies*, 1862 – 1928, Princeton：Princeton University Press, 2001, p. 4.

[②] Randall L. Calvert, et. al., "A Theory of Political Control and Agency Discretion," *American Journal of Political Science*, Vol. 33, 1989, p. 595.

总统的偏好相冲突时，官僚系统能够有效地抵御政治压力。只有当政治委托人和官僚代理人之间达成共识时，总统的控制才具有有效性①。

（2）官僚系统层级的复杂性。层级复杂性是指基于政府行政部门的特质，官僚系统本身具有复杂的层级结构。在官僚系统的实际运行中，层级化的组织结构并不能保证命令的畅通无阻，它有可能导致官僚系统内部层级控制的失效。美国大量的文献资料探讨组织决策过程中的"非线性"现象，意即在正式组织中，专业知识和正式职务地位是官僚的权力来源。当二者发生冲突时，在上下级之间就会出现不清晰的命令线②。况且在层级化的组织中，常常存在正式的上级无法控制掌有专业知识的下属或拒绝僵硬的"命令—服从"关系的情况，需通过上下级之间的双向互动调整相互间关系。当组织目标过于模糊或组织单元层次过于分散时，组织的下属单元便有可能参与到组织资源和组织影响力的竞争中，从而提升部门利益而非追寻组织目标③。

（3）官僚系统的规模庞大。20世纪以来，美国联邦政府不仅规模不断扩大，政府的责任也日益细碎和复杂，为总统对联邦官僚系统的控制设置了诸多障碍。实际上，"现代美国联邦政府、特别是行政部门官僚的工作，已经深入到国家的每一个社区，并触及公民从生到死的每一个细节。在这种情况下，总统难以给官僚提供明确的方向。即使总统能够毫无障碍地下达命令，各行政机构能够毫无疑问地遵从总统的指令，情况也是如此"④。此外，由于美国政治的多元性和权力重叠交叉的状况，使总统要想领导行政部门须付出更多的努力。当总统希望实现他的政策目标时，不仅要处理与某些部的关系，还要处理与部以下的局的关系。

（4）功绩制的贯彻和对联邦官员的保护。1883年美国国会通过《彭德尔顿法》，建立起文官管理制度和功绩制。这一法律规定，政府根据能

---

① B. Dan. Wood, "Principals, Bureaucrats and Responsiveness in Clean Air Enforcements," *American Political Science Review*, Vol. 82, 1988, p. 234.

② Thomas H. Hammond and Gary J. Miller, "A Social Choice Perspective on Expertise and Authority in Bureaucracy," *American Journal of Political Science*, Vol. 29, 1985, p. 28.

③ Charles E. Lindblom, "The Science of 'Muddling Through'," *Public Administration Review*, Vol. 19, 1959, p. 88.

④ Norman C. Thomas, *The Politics and the Presidency*, Washington, D. C.: A Division of Congressional Quarterly, 1997, p. 248.

力择优录用人员，而不是根据个人的或政治的偏见录用人员。为了保持国家政治的稳定和政策的连续性，文官职务常任并保持政治中立。1940年美国国会通过法律进而健全人事录用程序，严格执行辞退规则，将文官保护制度扩展到整个联邦行政系统。法律赋予文官以身份保障权，即行政首长非因法定程序和法定事由不得随意辞退官员，以保证文官公正地履行职责。功绩制对于保护政府机构不受政治保荐制度的侵害起到了积极作用。20世纪中期以前，许多美国总统都曾倡导过功绩制，如罗斯福新政时期，联邦官僚系统曾与总统共同度过较长的"蜜月"。罗斯福曾将那些支持他的人安置于政府中，并使他们得到功绩制的保护，以保证"新政"政策的实施。杜鲁门在1948年竞选前也曾将许多行政机构置于功绩制的保护之下，以防止竞选失败可能带来的政策转向。20世纪50年代以前，美国总统并未将行政官僚系统视为敌人，在他们看来，联邦官僚体系对国家经济生活具有积极作用。然而具有讽刺意味的是，这种由总统所倡导的功绩制，最终却转变为总统控制行政官僚系统的最大障碍。

为了改变功绩制对文职官员的过度保护，以及它所造成的妨碍行政首长权力、影响行政效率的弊端，1978年，卡特在国会的支持下进行了重大的文官制度改革。根据国会通过的文官制度改革法，总统将联邦行政系统中司局级以上的常任文官单独组成"高级文官班子"，让高级文官担任一些具有政治含义的职务，调整他们的工资体系，以求更好地发挥这些高级专业人才的作用。使高级文官更接近政治圈子，使之与中下层文官圈子相对分离，从而使执政党和政务官获得对文官上层的更多控制，使行政首脑和各部部长获得更多的用人权。改革降低了对文职官员处分的要求，简化了处分程序，规定某单位只要能够提出"具体的"、"在一个有理性的人看来是充分的"证据时便可进行处分。目的在于建立一种有效的威慑力，激励行政官员努力工作[①]。卡特的改革得到了国会的支持，取得了局部性成功，但不可能从根本上改变功绩制。行政首长的人事行政权仍然受到法律的严格限制。

（4）独立机构官员的身份保障。根据美国的法律，总统任命的独立管制机构官员的任期为5—14年，在其任期内，除非因"无效率、不履行职责或渎职"一类原因，总统不得随意辞退。这一规定意味着总统

---

① 谭融：《权力的分配与权力的角逐——美国分权体制研究》，第100页。

不得因政治原因随意辞退某些政务官员。关于总统对独立管制机构官员的辞退权问题，一直是个争论问题，新政时期曾一再被提出，联邦最高法院也曾经在汉弗莱的遗产管理人"拉思本诉美利坚合众国"一案的审理中对此类问题做过判决并加以论证。汉弗莱是1931年由美国总统胡佛提名，参议院批准任命的"联邦贸易委员会"成员。根据1914年美国国会制定的《联邦贸易委员会法》，委员会成员的任期为七年，总统无权随意辞退。然而罗斯福上任后，却在1933年7月给汉弗莱的一封信中要求他辞职，理由是只有总统自己选择的人才能更有效地推动委员会的工作。罗斯福在另一封信中提出，汉弗莱的政策理想与他不一致，并明确指出要任命他所充分信任的人担任这一职务。很显然，罗斯福辞退汉弗莱是出于政治原因，是因为汉弗莱在委员会所应采取的政策问题上与总统意见不同。1933年10月，罗斯福在汉弗莱拒绝辞职的情况下，下达了辞职通知。而汉弗莱则坚持认为，他的被辞退属于非法。1934年，汉弗莱去世，他的代理人拉思本为他被非法辞退期间被克扣工资而起诉。诉状涉及两个问题，第一，《联邦贸易委员会法》对总统在该法所陈述的条件之外辞退委员会成员是否有所约束？第二，这种约束是否合宪？针对诉状中提出的问题，联邦最高法院作出了裁决，指出，第一，《联邦贸易委员会法》对总统辞退权的约束符合宪法原则，委员会是"中立性"、"非党派性"的，它不仅仅为某一政党的政策服务。因此，总统对其成员的辞退权要受到约束。第二，由于独立管制机构拥有半立法权和半司法权，所以，出于分权原则，总统对行政管制机构官员的辞退权也应该受到限制。通过此类案例的审理，法院维护了行政组织中政务官员的身份保障权，一定程度上维护了联邦官僚系统的自主性，进一步限制了总统控制行政官僚系统的权力。

美国学界对美国联邦官僚系统的自主性问题主要有以下几种看法：其一是将官僚系统视为政治化机构。早在1949年，诺顿·郎（Norton Long）就称"行政的生命线即权力……官僚机构会培育自己的支持者来保持自己在政治体系中的地位"[①]。以后一些学者沿用这一看法，认为官僚系统能够利用自己在政策问题上的专业知识以及政策执行中的技巧、富有凝聚

[①] Norton Long, "Power and Administration," *Public Administration Review*, Vol. 2, 1949, p. 257.

力的专业精神及有效的领导来获得资源和权威，并且能够动员外部支持去抑制政治机构的控制。此外，官僚能够代表不同的社会利益。此种看法给官僚系统以一种政治化的定位，因而将官僚系统称为"第四部门"。

其二是将美国联邦官僚系统视为政策创制者、一种"创造性"组织，意即它在接受来自政治机构的信号时，会选择那些符合组织需要和能力的信息。在美国的政策过程中，联邦官僚机构的角色不仅仅是简单地将中央的政治决定转化为实际运作，而是扮演一种创造性的角色，从多方获得有效支持，同时不打破中央的支持[1]。就像丹·伍德（Dan Wood）和理查德·沃特曼（Richard Waterman）所说："官僚系统不仅仅是一个空白的民主权力的容器，仅回应政治委托人希望他们做的事。官僚系统有自身的权力，有时会利用自己的权力来改变与其他行为体的关系……政治家和官僚之间的关系是双向的：政治家传递信号，官僚在一段时间内作出回应；官僚传递信号，政治家在其他时间做出回应。""某些时候，官僚对民选政治家的正确对抗恰恰与民主和公众的偏好一致。"[2] 目前美国学界对这一问题看法不一。一些学者提出，尚没有足够证据显示官僚系统对政治机构的不顺从是官僚自主性的结果，认为为什么官僚所做的事与政治系统告知他们应该做的事不一致还是个谜，究竟官僚系统是否是政策的创制者，为什么官僚系统的行为与政治系统的期望存在一定差距，还需进一步加以探究。

其三是将美国联邦官僚系统视为回应政治系统任务目标的组织系统。持此种观点的学者认为：公共官僚系统是对政治要求作出理性回应的组织。此种回应在一种复杂的环境下做出，在此种环境中，政治机构的合法命令和监督仅是一系列相互冲突的信号。这一观点基于这样一种假设：即官僚系统的回应是政治输入和官僚自主性合力的结果，而非完全自主的结果。托马斯·H. 哈蒙德（Thomas H. Hammond）认为，官僚自主性"早期的定义是指官僚按照自己的意愿行动，但这一定义并没有将官僚机构置于特定的政治环境中。导致我们并不清楚官僚机构实施的政策是否是自己

---

[1] John T. Scholz and Hengwei Feng, "Regulatory Enforcement in a Federalist System," *American Political Science Review*, Vol. 80, 1986, p. 1270.

[2] Dan Wood and Richard Waterman, *Bureaucratic Dynamics: The Role of Bureaucracy in a Democracy*, Boulder, CO: Westview Press, 1994, p. 126.

希望的"①。此种概念的模糊性混淆了政治责任和官僚行为自主性之间的关系。在一个民主社会中,政治权力的合法性来自于大众的同意和授权,大众通过选举过程表达和传递其意愿,代议机构则拥有决策权。只有在获得代议机构的授权或委托的前提下,非选举官员才拥有自主性。因此,应该将官僚系统的自主性置于更加宽泛的政治体系中去加以考察。大量证据表明,官僚在决策时必须考虑民选机构的偏好,其行为要受到一定的政治限制,而不能只做他们自己想做的事。如果官僚系统成为完全独立的权力实体,而不是回应民选政治家的意愿,便损害了民主原则。

三 美国的"分权制衡"体制对总统官僚控制权的限制

如前所述,人们在分析美国政府的时候,常常把总统与联邦行政系统统称为行政部门,然而经过深入研究和仔细观察会发现,将二者简单统一起来的看法并不符合事实。虽然根据美国宪法,总统是行政首脑,但他并不因此而实际掌有控制联邦行政系统的全部权力。美国学者理查德·诺伊施塔特(Richard E. Neustadt)在杜鲁门离任前谈及即将上任的艾森豪威尔时说:"他将坐在这里……命令说,'做这个!干那个!'但却什么也没有发生。可怜的艾克,这不是一种军队式的组织,他遭到明显的挫折。"②即使这位总统不是一位将军,他也会有同样的挫折感,而这种挫折恰恰是他自己的行政系统所导致。

罗斯福也有过同感,有一天他说:"……今天早晨我醒来时,第一个看见的便是《纽约时报》上关于我们的海军将在一项军舰制造计划中花费20亿美元的消息。我,海军的总司令只能从新闻刊物中第一次读到这一消息"③,意即事先他对此事毫不知情。自美国第一任总统华盛顿当选总统以来,此类事情便不断发生,无论是在国家遇到危机的时期还是在国家和平时期都一样。

寻根溯源,是美国宪法使总统与其行政系统相分离。虽然美国宪法中

---

① Thomas H. Hammond, "Veto Points, Policy Preferences, and Bureaucratic Autonomy in Democratic System," in George A. Krause and Kenneth J. Meier ed., *Politics, Policy, and Organizations: Frontiers in the Scientific Study of Bureaucracy*, Ann Arbor: University of Michigan Press, 2003, p. 76.

② Richard E. Neustadt, *Presidential Power*, N. Y.: Wiley & Son, Inc., 1960, p. 9.

③ Marriner S. Eccles, *Beckoning Frontiers*, ed. by Sidney Hyman, New York: Alfred A. Knopf, 1951, p. 336.

有"行政权属于美利坚合众国总统"的规定①,但没有对总统控制行政系统的权力作明确的规定。宪法的模糊性和美国宪法中渗透着的权力分享原则使国会有可能去干预行政官僚系统的事务,甚至干预原本应该属于总统权力范围的事务。美国的宪法制度分散了行政部门自身的权力,使任何单一的政治组织、任何个人和集团都不可能有效地控制它。即使宪法对美国总统控制行政系统的权力作出明确规定,权力分制的政治设计也使总统无法充分行使他的控制权。

在美国的分权体制下,国会和总统都是官僚系统的"主人",二者相互竞争以寻求对官僚系统更大的影响力。特雷·莫伊(Terry M. Moe)说:"官僚是许多政府委托人的'部分代理人',并非仅从一个部门获得完全的授权,总统和国会之间的竞争决定了对官僚的授权并没有一致的理解……美国政治的背景本身就是竞争性的政治委托人,不同委托人之间本身就有激烈的竞争,这自然强化了官僚的自主性。"② 有关管制政策的经验研究发现:总统和国会之间的竞争以及他们信息传递上的不一致,导致官僚的不服从和自主。莫伊在对国家劳工关系委员会(NLRB)的研究中发现,"在影响国家劳工关系委员会方面,所有政治权威(国会和总统)都有强大的基础(即单一的政治权威都有强大的权力去影响官僚系统的行为),然而官僚系统该服从谁的命令却是个很大的问题"③。

此外,总统对联邦官僚系统的控制也在很大程度上需要国会的支持和配合。在联邦政府建立之初,制宪先辈们不仅对创设总统一人的行政首脑表示出极大的担忧,而且对总统一人独自垄断联邦官僚系统更是表现出极大的反感。为了防范总统个人独裁,宪法不仅规定联邦政府在总体上实行三权的"分立与制衡",而且规定行政部门由总统、国会和最高法院多元管理和监督。尽管20世纪以后、特别是第二次世界大战以后,总统权力不断扩张,然而国会对联邦官僚系统的控制并没有从根本上减弱。总统也意识到"在控制官僚系统方面,想争取到国会的支持与合作是比较困难

---

① 《美利坚合众国宪法》第二条第一款,载于李道揆《美国政府和美国政治》附录二,第780页。
② Norton Long, "Power and Administration," p. 257.
③ Dan Wood and Richard Waterman. Bureaucratic Dynamics: The Role of Bureaucracy in a Democracy, p. 126.

的，因为总统与国会议员各自有不同的选民基础和政治观点"[1]。

根据美国宪法，国会有权通过立法建立行政机构，并有权对这些行政机构加以控制。第二次世界大战时期间，为满足战争时期的特殊需要，国会曾经从与总统相竞争的宪法结构中后退，授予总统管理国家事务和完全控制行政组织的特殊权力。1941年，美国国会通过的《战争权力法》，授予总统建立行政机构和控制行政组织的极大权力。法律规定，总统在认为必要的时候有权下达命令、重新分配各种行政机构的职责权限。即使在这种情况下，一些美国学者认为，美国总统仍然没有成为一个独裁者。因为在国会权力退却的时候，政治冲突便突出地显现于行政官僚系统与总统之间。行政部门内部的角逐使美国宪政体制中权力制衡的"民主"过程得以保持。战时尚且如此，何况和平时期。尽管美国宪法规定总统必须宣誓"竭尽全力维护、保护和捍卫合众国宪法"，赋予总统"行政权"[2]，使之保证法律得以忠实地实施，但如果总统不能说服行政官僚系统按照他的意图去做，这一权力便只能停留在宪法条文上，无法付诸实现。在一般情况下，国会常常是总统的对手，它通过赋予行政机构各种法律权力，去增强行政官僚系统的实力，使之与总统权力相抗衡，从而进一步使总统在行使权力的过程中遭遇危机。

可见，在美国的宪政体制下，联邦官僚系统既是总统的下属，又是国会的"官员"，随着现代决策对专家需求的上升以及总统与国会之间权力角逐的加剧，使国会更倾向于赋予职业官僚更多权限。当代美国总统权力的扩张在某种程度上威胁到国会的权力地位，使国会希望通过将一些行政法律解释权转移到职业官僚身上去牵制总统的权力，因此，在实际上扩大了联邦官僚的权力，从而增强了官僚系统与总统抗衡的力量。

在美国"分权制衡"的政治体制中，总统作为核心人物，权力要受到来自多方面的牵制。保持政治平衡和寻求政治支持的努力一定程度削弱了他自身的权力，使他甚至无法要求他的下属无条件地服从命令。与之不同的是，在各种平衡势力中，行政官僚系统能够凭借它所拥有的宪法和法

---

[1] George C. Edwards, *Presidential Leadership: Politics and Policy Making*, New York: St. Martin's, 1999, pp. 285—286.

[2] 《美利坚合众国宪法》第二条第一款，载李道揆《美国政府和美国政治》附录二，第780、782页。

律权力、它所获得的各种政治支持、行政组织的凝聚力和统一性以及它所拥有的专业技能和由此而获得的大量信息，使自己处于一种相对自如的地位，不仅能够与国会保持某种平衡关系，还能够与总统保持相应的距离和平衡关系。

多年来，美国总统一直试图通过行政重组去实现其控制行政组织的目的。然而总统的重组计划却常常遭到抵制，行政官僚系统运用它的多种资源成功地削弱了总统的权力。早在新政时期，总统罗斯福的行政委员会就曾经提出将各独立机构并入行政大部、并将这些机构享有的半司法权归于行政法院的建议。1949年和1955年，专门研究行政改革问题的胡佛委员会又多次重申这一意见。总统杜鲁门也在胡佛委员会建议的基础上提出各种变革行政管制机构的主张，目的在于给总统以更大的监督权。60年代肯尼迪当政时，虽不曾提出改组计划，但也曾建议增设机构，并主张加强部分行政委员会主席的权力，如加强民航委员会、联邦贸易委员会等机构主席的权力，试图通过自己选择和任命的委员会主席去实施控制。

然而残酷的现实是，这些建议无一为国会所接受。针对肯尼迪的建议，参议院指出，总统必须向国会提交关于行政改组的提案，不得自行其是。1964年，国会通过改组法明确规定禁止总统通过改组计划去建立新的行政机构。国会虽然赋予总统任命委员会主席的权力，但不允许扩大委员会主席的权力。1965年以后，国会延长了一些重组法的期限，使总统在一定程度上拥有改组行政机构的权力，但这种权力仍然有一定的限度，仍无法使总统成功地控制行政官僚体系。

所以，在很大意义上，美国联邦官僚系统抵制总统改组计划的力量源于它与国会的紧密结合，与联邦官僚体系结成联盟的各国会委员会将保护这些机构不受总统的控制视为自己的特权，并将此种权力视为自身进行政治角逐的资本。社会利益集团的支持和行政官僚系统自身的职业特征也增强了行政系统抵制总统重组行政机构的力量，成为官僚系统与总统权力抗衡的砝码。

第四节　美国联邦官僚系统与国会的权力关系

根据美国宪法，联邦政府行政系统中的所有机构、包括内阁级各部、各独立机构和政府有限公司等均是国会的产物，国会有权通过立法建立行政机构，并以法律形式阐明他们的职责权限。根据宪法原则，国会与联邦行政组织之间的关系应该是立法与执法的关系，并通过正常的法律关系，在国会与行政系统之间建立起一种监督和被监督的关系。然而当今美国政府中，行政官僚体系与国会之间权力关系的突出特点是行政组织在取得自身合法地位和接受国会授权的同时，也取得了国会所赋予的"委任立法权"，由此发生"立法权"的相对转移，大大削弱了国会对联邦行政系统的监督。

一 国会对联邦官僚系统的控制

（一）国会控制联邦官僚系统的权力

在美国，"国会涉及到社会生活中人们可能想到的每一个方面"[①]，宪法也赋予国会控制和影响联邦官僚系统的广泛权力，包括专属的立法权、拨款权、任命批准权、弹劾权、调查监督权等，随着总统对联邦官僚系统影响力的增强，国会也通过各种方式去影响和控制联邦官僚系统。国会控制联邦官僚系统的权力主要包括：

（1）立法权。美国国会被称为世界上最具权力的国会。在19世纪大部分时间里，在美国的政治生活中，居于支配地位的国家权力机构是国会，而不是总统。根据联邦宪法，国会可以通过立法创建、改组或撤销联邦机构，以之影响联邦官僚系统的决策和行为。

（2）拨款权。国会的财政权又称"钱袋权"，是国会制约政府最有力的权力之一，也是国会监督和制约政府行政部门最重要的手段。概括起来，美国宪法规定的国会所拥有的财政权包括征税、拨款和举债的权力。据此，参众两院分别设立了预算委员会和拨款委员会，并设立了两院的助理机构国会预算局和审计总署，以帮助国会行使其财政控制权。在美国，财政预算包括两个部分。一部分为强制拨款，毋须国会每年以拨款法的形式作出决定，包括：社会保障、医疗保障、医疗资助、国债利息等，约占总预算的2/3。除非通过法律加以修订，否则此类拨款必须强制执行。另一部分为可支配性拨款，需要经由国会批准和总统签署。通常所说的拨款

---

① Sunil Ahuja and Robert Dewhirst, "Congress in the Twentieth," in Sunil Ahuja and Robert Dewhirst, eds., *Congress Responds to 21th Century*, Columbus, Oh: The Ohio State University Press, 2003, p. 1.

指可支配性拨款，总统每年与国会发生争执的也属于这部分拨款①。通过拨款，国会可以左右联邦官僚机构的规模、预算和行动。因此，联邦官僚系统的许多机构都试图与国会对应的委员会和小组委员会保持良好关系，以争取在国会与总统的预算谈判中获得对自己更加有利的分配结果。

（3）任命批准权。美国宪法规定："总统提名，并经参议院同意，任命大使、其他使节和领事、最高法院法官和任命手续未由本宪法另行规定而应由法律规定的合众国所有其他官员。"② 需要经国会批准任命方能生效的联邦官员包括：内阁级部长、副部长、助理部长；联邦政府管理性机构的负责人；最高法院大法官和联邦法院法官；驻外大使；国际法院的美国籍法官、检察官等。总统为了避开国会的审查和批准，还增加了一些不需要国会批准的高级职位，并建立了总统办事机构，自行任命总统办事机构的人员，如总统国家安全事务助理、总统贸易代表、白宫办公厅主任等。在实际政治运作中，总统虽有权决定被提名人选，但其中有的人选若遭参议院坚决反对，便不可能被任命。

（4）弹劾权。根据美国宪法第2条第4款的规定，国会可对犯有"叛国罪、受贿赂或其他重大罪过的"总统、副总统和联邦政府的所有官员进行弹劾③。弹劾程序为：由众议院提出弹劾议案；司法委员会首先审理，受理后，通常举行听证会就有关指控进行调查；司法委员会以多数票通过弹劾议案后，提交全院大会进行审议。全院大会先进行辩论，再对指控逐一进行表决，只要有一项指控获得简单多数的支持，有关官员即遭弹劾。否则，弹劾案将被推翻；再由参议院充当法官角色对弹劾案进行审判；审判结束后，参议员进行投票，当获得出席并参与投票参议员2/3赞成票时，弹劾案成立，否则被视为无罪。

美国制宪者在建立弹劾制度时，既考虑到对不称职官员的制约，又不愿使之成为政治斗争的工具被频繁使用。截至1992年为止，国会共提出60余个弹劾议案，其中15人遭弹劾，但仅7人被判有罪而被革职，且多数是法官。由于联邦政府官员可以被免职，因此可以不通过国会的弹劾程

---

① 与非：《美国国会》，中国民主法制出版社2001年版，第89页。
② 《美利坚合众国宪法》第二条第二款，载李道揆《美国政府和美国政治》，附录二，第782页。
③ 《美利坚合众国宪法》第二条第四款，载李道揆《美国政府和美国政治》，附录二，第782页。

序即被辞退，所以多年来这一程序多针对法官或总统。

（5）调查监督权。国会的调查监督权具有实质性意义，通过调查监督帮助国会收集信息、了解事实，确保国会制定的法律得到切实执行。具体包括要求联邦官僚在国会召开的听证会上作证和向国会传递相关信息，国会有权传唤证人、索取记录，对拒绝作证和出示记录的人，有权发出藐视国会的传票，对之采取行动。国会还经常通过要求官僚机构提交报告的方式监督官僚机构，近年来此类报告的数量迅速增加。

（二）国会控制联邦官僚系统的方式

在美国，国会除通过以上宪法权力对联邦官僚系统加以控制外，主要通过"警察式"和"火警式"两种方式对联邦官僚系统加以控制。具体表现为：

（1）"警察式"（police patrol）的控制。"警察式"监督是指国会通过调查和监督机制去控制联邦官僚系统。如通过对预算增减的控制、通过召开听证会等调查联邦官僚的失职行为等。此种控制要求国会投入相当多的时间和资源。"警察式"监督机制基于这样一个前提：对官僚系统失职的惩罚能够改变官僚系统官员的动机，从而增加官僚系统顺从的可能性[1]。"警察式"的控制也有一定的局限性，即当国会认定某一机构违规，议员必须有动力和能力去实施制裁，并重新确定该机构的发展方向。然而事实上在这方面存在问题，国会因参众两院和委员会体制，权力十分分散，常常难以通过制裁某行政机构的法律。即使国会通过了针对某官僚机构的立法，也不能保证法律真正得以实施。尽管监督有时也会产生效果，但多数情况下主要起威慑作用。

（2）"火警式"（fire alarm）的控制。所谓"火警式"的控制主要指程序控制。1946年美国国会通过《行政程序法》，内容主要包括：明确行政机构特别许可的范围，通过行政程序如保持纪录、信息公开、通告和评论以及公民参与等对联邦官僚系统加以控制[2]。一些人提出，国会可通过行政程序来降低自己相对于官僚系统的信息劣势，通告和评论规则的制定

---

[1] Morris P. Fiorina, "Legislative Choice of Regulatory Forms: Legal Process or Administrative Process?" *Public Choice*, Vol. 39, 1982, p. 66.

[2] Matthew D.. McCubbins, et. al., "Administrative Procedures as Instruments of Popular Control," *Journal of Law, Economics, and Organization*, Vol. 3, 1987. p. 243.

以及信息公开化的要求有助于国会议员纠正官僚系统的不轨行为。国会还可通过事先安排的方式、即创制决策标准来控制官僚系统,为选民服务。"火警式"的控制确定了官僚系统制定政策时必须遵循的步骤,一般包括:收集特定种类的信息,以个别方式咨询利益相关各方。如具有潜在生态后果的法规《国家环境政策法》便要求官僚系统提供有关环境影响状况的说明,说明需对法规和该机构采取的措施对降低环境危害的可能效果进行分析[1]。

"火警式"控制方式对于国会控制官僚系统的作用主要体现为:第一,为官僚系统的运作设定了特定范围和方向。第二,为官僚系统设定一定的行动规则,以符合民众意愿。第三,帮助官僚系统进入一种特定的运行状态。要求官僚系统的决策要随选民意愿的改变而做相应调整。"火警式"的控制使国会能够有效地控制官僚系统的运作,但所设定的一些行政程序给官僚系统的运作设置了障碍,也增加了官僚系统处理日常事务的成本。

(三) 国会控制联邦官僚系统的实际效果

一些学者认为,从整体上看,美国国会对联邦官僚系统的控制缺乏明显效果。而另一些学者则认为此种看法低估了国会在官僚系统运作过程中所具有的利益和对官僚系统行为所产生的影响。克里斯托弗·弗尔曼提出,非正式监督在各种不同情况下经常发生,它可能采取直接或间接的形式,尤其是间接形式的监督对官僚系统决策的形成具有一定效用[2]。乔尔·阿伯巴奇认为,各种类型的审查消耗了国会大量的注意力和资源,授权、拨款和监督委员会都参与了大量主动和被动的监督[3]。尽管为了适应日益复杂的政策要求,国会的专业性能力如今有所提高,但行政官员仍比议员和国会雇员更了解自己的日常活动。

一些学者认为,国会对联邦官僚系统的审查呈现出灵活性和分散性,因而怀疑国会监督的有效性。提出对官僚系统进行全面监督需要大量的人

---

[1] William Keefe and Morris Ogul, *The American Legislative Process*: *Congress and the States*, Englewood Cliffs: Prentice Hall, 1989. p. 213.

[2] Christopher Foreman, *Signals from the Hill*: *Congressional Oversight and the Challenge of Social Regulation*, New Haven: Yale University Press, 1989, p. 12.

[3] Robert J. Spitzer, *President and Congress*: *Executive Hegemony at the Crossroads of American Government*, New York: McGraw-Hill, Inc. 1993, p. 113.

员，因此，有必要创建一种国会官僚体系。认为当国会的小组委员会政治越来越强调对官僚系统的监督时，国会实施强有力审查的能力却变得越来越弱。因为委员会权力向小组委员会的转移，会进一步模糊立法和官僚责任之间的界限，进而干扰了理性监督。与国会委员会相比，小组委员会更加依赖于被他们监督的官僚，从而加强了行政机构的权力[1]。

二 联邦官僚系统对立法过程的参与

（一）"委任立法权"的发展

美国联邦官僚系统对立法过程的参与首先表现于美国国会"委任立法权"的发展。所谓"委任立法权"是指国家行政机关在立法机关的授权委托下，制定行政法律规范的活动。美国宪法中并无此类规定，它是美国联邦官僚系统在政治实践中根据实际需要逐渐发展起来的一项权力。伴随着社会发展和政府职能的急剧扩张，"行政国家"开始出现，从而推动了政府权限的相应调整，导致议会将大量有关解决社会经济问题或行政机构重组问题的立法委托给政府行政部门去处理，由此而导致"委任立法权"的出现，联邦官僚系统因而从国会获得了大量授权。"委任立法权"的出现，一定程度削弱了国会对联邦官僚系统的控制。

"委任立法权"的发展，可以以"新政"时期为界，划分为前后两个阶段。"新政"时期前，国会授予联邦行政系统"委任立法权"的行为常常受到攻击，甚至被视为违宪。此类行为即使偶尔被认可，所授予的权力范围也很窄。1890年，美国国会曾通过了一部《关税法》，这部法律授权美国总统在发现一些国家向美国索取不平等不合理的税务时停止其自由进口"糖、蜜、咖啡、茶叶和皮革"[2]，总统根据这一权力，停止了上述商品的自由贸易。总统这一权力的行使受到了抨击，一些人甚至向联邦最高法院提起诉讼。1892年，联邦最高法院在审理这一案件时，支持了国会这一权力的委任，同时指出，"总统被要求去做的事仅仅是实施国会的法律，而不是立法"，总统"仅仅是附属于立法部门的一个职位"[3]。这一事

---

[1] Samuel. Kernell, *Going Public: New Strategies of Presidential Leadership*, Washington D. C.: CQ Press, 1997, p. 213.

[2] Peter Woll, *American Bureaucracy*, p. 158.

[3] Ibid.

件表明,此时期国会授权行政部门立法的行为,尚不为人们所接受,或者至多只是一种极为有限的认可。

1922年,美国国会再次通过了一部《关税法》,这部法律赋予总统比以往更多的自由裁夺权。法律规定,总统有权根据情况自行调整税率。通过这部法律,国会较为正规地赋予了总统一定限度的立法权,这一授权获得了联邦最高法院的认可。尽管如此,也仍然是局部性的、有限度的权力委任,尚未出现国会大幅度授予联邦行政部门"委任立法权"的状况。

"新政"时期,国会委托联邦行政部门立法的行为开始发生质的变化。仍以关税问题为例,自"新政"时期开始,国会完全放弃了在此类问题上的立法权,将之转移到总统和政府关税委员会手中。权力的转移,使行政部门与国会在关税问题上的权力关系发生了根本性变化,使总统和关税委员成为有关关税问题的法律制订者,成为主动制定法律并行使此类权力的一方。国会则在关税问题上被动地行使"立法否决权",权力地位明显下降。

1933年,美国国会为推行"新政"政策,通过了一部分对当时复兴美国经济具有重大影响的《工业复兴法》,这部法律笼统地宣布国会处于紧急时期,指出国会的政策是通过各种手段促进流通、增加州际贸易和对外贸易的数量,并将完成这一政策的权力委任于总统及其下属机构。显然,这一法律授予行政部门极为广泛的权力,行政部门完全可以在这种笼统的、模糊不清的法律原则下去制定一系列具体的经济政策。这一全面授权的法律当时遭致联邦最高法院大法官的坚决反对,他们认为,这种权力的全面委任事实上是国会完全放弃经济权力的反映。但是,联邦最高法院的抵制并未能抑制住国会"委任立法权"的发展。

继新政之后,第二次世界大战的特殊背景和战时特殊需要进一步推动着"委任立法权"的发展,但从总体上看,这一时期国会授予行政部门的委任权力比新政时期有所减少,尽管国会权力委任标准的模糊不清仍然造成了大量的行政自由裁夺权,但行政部门自由裁夺权的范围受到限制,行政部门不得在自己认为必要的时候任意将权力从一个领域扩展到另一个领域。如州际贸易委员会的委任立法权仅限于铁路、货运和航运业的某些方面,联邦通信委员会的此类权力仅限于广播、电视、电报和电话业,绝大部分管制机构和非管制机构的权力也被限制在确定的管辖范围内。法院的监督，使各行政机构在对国会所赋予的权力加以解释的时候十分谨慎，必须加以自我约束和自我限制。

第二次世界大战时期行政委任立法权发展的另一个结果是这一制度的更加规范和制度化。权力范围的限定、授权目标和方向进一步明确，国会与联邦行政系统之间权力委任与被委任的关系更加确定和合法化。这一时期，国会除赋予行政管制机构各种行政立法权以外，还赋予那些非管制机构同样的行政自由裁夺权。如国会授予国防部陆军部长"获得为保持和支持军队所必需的物资与设备"的权力、"获得军事组织、军事设施和给养……"的权力。其中包括"控制导弹"、"控制现代化标准装备项目"的权力、"获得军队履行其使命所需要的此类供给储备"的权力等。国会还赋予空军部长为保持空中优势购买必要的飞机和大型导弹弹体的权力。国会授予国防部各部门的委任立法权甚至超出了国防政策的范围[1]。

尽管如今美国国会中部分议员仍坚持行政机构是"国会的机构"这一看法，然而政治现实表明，立法过程已不再仅仅是国会、国会委员会、总统和政党之间的事情，联邦行政组织也不再是总统和国会控制下的纯粹的中立性职业官僚体系。他们除了经常向国会提供立法建议外，所制定的规章也成为立法的组成部分。各联邦行政机构制定的规则常常成为国会立法的具体填充，行政机构实施立法的过程，成为更具有实际意义的立法过程。

（二）"铁三角"现象

在美国的政府体系中，存在着一个特别的"副政府系统"，由对特定领域有管辖权的国会委员会、相关的官僚机构以及该领域的利益集团共同组成，成为在特定领域中的一种联合，又称"铁三角"。三者间结成牢固的同盟，在政策领域中保持一致性，共同排斥来自外部的影响和干扰。这三方面的人员共同商定哪些问题进入政治议程以及如何解决这些问题，共同控制该领域政策的制订和执行，使其他政治主体如作为整体的国会、总统以及普通公众对公共政策的影响力受到限制。在美国较为突出的例子是美国的农业政策领域，国会中的农业委员会、农业部和全国农业联盟一类的农业利益集团三者保持着密切联系，共同制订相关政策。

---

[1] Peter Woll, *American Bureaucracy*, p. 165.

"铁三角"的存在似乎使美国的联邦官僚体系显现出某种"代表性",在政策过程中发挥了重要作用。以至于彼得·沃尔(Peter Woll)说:"在国会立法形成过程中,联邦政府的许多管理机构往往是国会最主要和最关键的利益集团。"[①] 与国会在立法过程中寻求政治力量支持一样,官僚系统在着手实施和执行新的立法的时候,也需要获得支持。在许多情况下,官僚系统在此前已经从某些利益集团那里获得了这种支持。由于各联邦官僚机构有明确的政策管辖范围,并且在长期的运行中与一些相关利益集团结成牢固的联盟,使它们在实施某项政策时,能够获得支持,并且可以利用这样的支持去影响国会立法。与国会相比,"职业官僚所获得的利益集团的支持,不仅是比较经常的,而且是比较稳定的"[②]。

(三)联邦官僚系统得以参与立法的原因

美国联邦行政官僚系统之所以能够在较大程度上参与立法,原因主要包括以下几个方面:

第一,美国联邦行政官僚系统之所以能够在较大程度上参与立法,其中一个重要的原因在于国会立法的模糊性。美国国会在立法过程中,为了维护议员自身的利益,防止矛盾的尖锐化,常常使法律含义广泛,内容模糊,伸缩性大,从而将公共政策的实际制定权让度给了官僚系统。法学教授安东尼·斯卡利亚在国会作证时提道:"国会模糊而又无标准可言的法规制定授权行为的不断增加,目前已使我们身陷尴尬的境地。也就是说,人们认为国会能够通过立法否决权控制行政机构的错觉,使其自身更加乐于继续将基本的政策决定权让予行政机构。"[③] 另一些人则批评国会过多干预了行政决策,认为由信息不灵的立法者进行微观管理势必动摇高效、有效的政策实施。

第二,从美国的政治现实看,政策制定的实际权力寓于某种政治模式之中,取决于政策制定者所获得的政治支持的状况。基于美国国会的分散化特征,使国会的决策过程显现出分散、多变的趋向,使任何集团都无法控制这一过程,也使国会的立法过程常常陷于困境。与国会相

---

① Peter Woll, *American Bureaucracy*, p. 124.
② Nelson Polsby, "Political Change and the Character of the Contemporary Congress," in Anthony King, *The New American Political System*, Washington, D. C.: The Aei Press, 1990, p. 29.
③ Philip J. Harter, "Negotiation Rulemaking: A Cure for Malaise," *Georgetown Law Journal*, Vol. 71, December 1982, p. 2.

比，行政官僚系统更具完整性和统一性，显得更有力量。由于各联邦行政组织有明确的政策管辖范围，并且在长期运行中与一些相关利益集团结成牢固的联盟，使它们在实施某项政策时，能够获得支持。各行政组织在实施政策的过程中也采取各种措施去争取获得相应的支持。如美国的国防部，作为一个庞大的行政组织，拥有雄厚的资金，并且有军事工业集团长期与之联盟，成为它长久的支持力量，使国防部长实际掌有制定政策、下达命令和采取行动的权力和实力，使国防部与国会相比处于更加有利的地位。

第三，立法权的转移是现代国家行政事务日益复杂化的发展趋势所致。在现代社会中，决策需要专门知识、专业情报和信息，决策除了取决于法律因素、政治因素和经济因素以外，还在很大程度上取决于技术因素。国会曾通过增加雇员、吸收专家帮助立法、增设国会研究机构、以及建立和完善委员会和小组委员会制度等措施来满足决策过程中的专业化需求，但这一切都不可能使它在决策过程中的专业化程度达到与行政官僚体系相匹敌的程度。

国会和联邦官僚系统的政策能力状况还与它们各自的组织模式相关联。联邦官僚体系中的官员多为非政治任命的官员，他们长期任职，长久地拥有对某一领域的管辖权，因此能够积累较多关于某一领域的专业知识和实际经验。这一优势使他们在决策过程中行动自如，处于有利的地位。而国会议员的地位则不那么稳定，他们需要经常为自己的连任竞选而费神，否则可能面临落选的危险。这种相对不稳定的状况从总体上削弱了国会的专业政策能力。

从国会的人员构成上看，国会所雇用的专家中，有许多人来自行政机构。他们将行政机构中的大量信息和涉及具体问题的基本看法带进了国会。在这个意义上，当行政部门在一定程度上成为国会的信息源时，行政部门也就在某种程度上左右着国会的政策取向。

第四，与国会相比，联邦官僚系统受到的政治干扰相对较少，这也是它在决策过程中与国会相比处于更有利地位的原因之一。尽管各行政机构和行政官员也有他们的支持者，有他们自己的"选民"，但这种关系并不发生于选举过程中，绝大多数行政官员不经选举产生，所以他们不像国会议员那样为争得选票而受制于"选民"。职务常任使他们的行为有较大的回旋余地，因而在政策取向上能够更多地保持一致性和持久性，并能够用更加充足的时间和技术优势去赢得更为稳定和持久的政治支持。

与联邦官僚系统的情况不同，参与选举不仅耗费了国会议员大量的时间，还直接影响议员们对政策的态度和选择。为了赢得选票，议员们更多关注自身和地方的问题，而不是国家的整体利益和政策选择。相反，联邦官僚系统在政策过程中则常常是力图赢得一些强大的社会集团的支持，从而使自己的政策取向更具有吸引力和影响力。组织结构和政治关系的不同使联邦官僚系统的政策取向比国会更具有远见。

第五，联邦行政官僚系统立法权的发展，还与它自身公关能力的发展相关联。为了赢得支持，各行政机构通常建立自己的公关部，并花费大量时间和资金去进行各种直接或间接的游说活动。整个联邦行政部门每年在公关和公共情报规划方面要花费数亿美元，除游说宣传外，行政机构还常常运用特权为国会议员提供免费旅游、免费医疗等许多优惠，以联络感情或作为支持自己政策的报答。尽管国会也采取一些手段去监督和制止行政机构的不正当行为，如要求行政官员到国会委员会去答复有关他们非法公关手段的问题等，但事实上很少真正严肃认真地对待此类事情。当行政官僚系统感到他们的行为受到国会威胁的时候，便转向总统，以总统为保护伞，以执行总统计划为由去抵制国会的干预。

多年来，美国国会曾多次制定法规限制联邦行政组织的游说宣传，但政府官僚系统的游说一刻也未曾停止过。国会反对行政组织雇用"公关专家"，行政官僚们便以其他名目去雇用此类人员。国会以其拨款权来限制行政组织的行为，行政官僚们便利用自身的职权自行决定怎样综合利用和支付他们现有的资金。总之，联邦行政官僚系统不断地利用国会的弱点、利用国会所需要的政治支持、利用自己所拥有的雄厚资本去施加影响，与国会相抗衡。

美国的一些政治观察家认为，联邦行政官僚系统公关和游说能力的发展，给美国的民主政治带来了威胁，出现了行政官僚系统日益控制立法过程的趋势，削弱了立法权，破坏了原有的分权体制。他们认为，国会应对这一现象负责，由于国会在组织结构和功能方面的缺陷，导致了行政官僚系统权力的膨胀。在美国，立法权的转移在很大程度上是国会有意识的行为，当需要国会作出决断的问题比较复杂、且涉及范围较广的时候，国会常常不愿意自行作出决断，而是将矛盾转移。由于明确的决策有可能会触犯一些集团的利益，从而使国会失去支持，为了避免此类情况发生，国会宁可将详述法律的权力转让给行政组织，而不是由它自己去加以解释。

当然，国会将立法权委任于行政组织并不意味着它自身权力的放弃。它一方面将部分权力委任于行政部门；另一方面，又牢牢地把持着对行政官僚系统的控制与监督权，以保持与行政部门间的平衡关系，防止行政部门权力的膨胀。国会的监督措施包括：（1）审查行政官僚系统的政策实施状况，了解行政系统对国会立法的完成情况和实际效果，同时了解行政官僚系统在政策实施过程中是否改变了原有的法律内涵。（2）审查行政官僚系统的组织结构和人事状况，包括文官系统、外交部门和军事部门的组织状况等。（3）对行政官僚系统决策过程的审查。联邦行政官僚系统在政策实施过程中，要经常向国会提供各种资料和报告，以便国会了解行政组织具体制定某项政策的原因和程序。（4）审查行政预算。国会通过对联邦行政预算、拨款和支出的监督控制去限制行政组织的行为。（5）为了监督联邦官僚系统，国会还逐渐地使总统的权力制度化，使之成为牵制行政组织、保持权力平衡的重要工具。

在美国的政治实践中，由于联邦官僚系统在行政过程中拥有发展和详述法律的权力，因此似乎较国会赢得了更多"制定法律"的权力。随着国家政府的发展和政府职能的扩大，国会也赋予联邦官僚系统越来越多"立法权"，这不仅出于政府行政事务发展的需要，也由联邦官僚体系自身的专业化特征所致。对某一政策领域的长期经验使行政部门了解应采取什么方式去解决政策过程中的问题，从而使他们不仅是政策的执行者，同时成为政策的倡导者和制定者。

美国联邦官僚系统参与决策是美国立法过程多元化的反映。美国的联邦官僚体系不仅是自上而下的层级式的控制系统，同时也显现出内部组织结构分散化和多样化的特征。决策过程不仅表现为联邦行政系统与国会之间的竞争，还表现为外部利益的渗透和行政部门内部的竞争。就整个国家政治系统而言，联邦官僚体系对公共决策过程的参与是美国政治过程中权力间相互渗透趋势日益显著的体现，公共决策过程已成为各种权力结构之间、各种相互冲突的利益之间激烈竞争、讨价还价和协调、妥协的过程。

第五节 利益集团对美国联邦官僚
系统政策过程的参与

一 利益集团参与联邦官僚系统政策过程的动因

美国是一个极具多元政治文化的国家,其联邦官僚系统也呈现出明显的开放性,突出地表现为与社会利益集团间的关系。以下为利益集团对美国联邦官僚系统政策过程参与状况的分析。

一般而言,利益集团的需求和官僚系统的动机在本质上有所不同。在美国,联邦官僚系统代表国家,并具有一定的中立性特征;而利益集团则代表相对狭窄的利益,利益集团游说官僚系统的目的在于希望政策过程更加有利于自身利益的实现。尽管利益集团和官僚系统二者的目的并不一致,但在公共政策过程中常常能够合作,原因在于:一方面,官僚系统本身就是多元的,很少会用一个声音说话,不同的机构有不同的政策偏好,因而给利益集团的游说和参与提供了机会;另一方面,无论是利益集团还是官僚系统,在面对来自国会、总统和社会多方面压力的时候,常常需要寻求支持与合作,以求得自身目标的实现。官僚系统在政策制定和执行过程中需要利益集团为之提供信息,并配合和维护政策的实施。官僚系统在与总统和国会的互动过程中需要利益集团的支持和施加影响。反之,利益集团要成功地游说国会和总统,也需要争取官僚系统的支持。美国分权体制下政府决策的分散性、利益集团和官僚系统二者间的相互需求为双方的合作提供了基本动力。

二 利益集团参与联邦官僚系统政策过程的方式

在美国,社会利益集团影响联邦官僚系统有直接和间接两种方式:直接方式包括参与听证会、通过咨询委员会以及双方人员间的来往去影响联邦官僚系统及其官僚的行为。间接方式则是通过游说国会和动员大众来影响官僚系统及其官僚行为。

(一) 直接参与方式

在美国,联邦官僚系统有制定规章的权力,通过规章的制定去实施相关法律,对诸种资源加以分配,并对有关的社会活动加以调节。为此,国会通过《行政程序法》(Administrative Procedure Act)规范联邦官僚系统的此类行为，要求行政机构将拟议中的规章刊载在《联邦公告》（Federal Register）上，允许相关利益方对之发表意见。此即公告和听取意见的程序，成为利益集团参与政府决策、与官僚系统进行沟通的最常见的方式之一[①]。利益集团常常通过咨询委员会提出意见，参与联邦官僚系统的决策，目前为美国联邦官僚系统提供政策咨询的委员会多达 1000 个[②]。此外，利益集团还可利用官僚系统召开的征求民众意见的会议和听证会等机会参与决策。

1. 通过咨询委员会参与联邦官僚系统的决策

当联邦政府机构的一些动议引起利益相关者强烈反对，而又无法通过公告和听取意见的程序来完成规章制定工作时，往往需要通过咨询委员会来打破僵局。咨询委员会由各个政策领域的利益集团成员组成，可以通过帮助政府机构制定决策议程、为决策中的具体议题草拟报告、代表政府服务对象和利益集团表达意见等方式参与政府的决策过程。咨询委员会的运作要遵守《联邦咨询委员会法》（Federal Advisory Committee Act）所要求的程序和规范。根据《联邦咨询委员会法》，咨询委员会代表的构成要能够体现利益平衡关系，要具备平衡各方面利益的能力[③]，以防止委员会受制于某个或某些利益相关者，提出片面的咨询报告。如全国饮用水咨询委员会（National Drinking Water Advisory Council）的成员中，5 名来自公共事业和其他饮用水制造者，5 名来自州和地方政府，5 名来自环境、消费者及其他公共利益集团[④]。咨询委员会的会议必须公开举行，并且要提前发布《联邦公告》，使人们得知会议信息。会议举行期间，公众有权旁听，并且可以在得到会议主席认可的情况下进行口头陈述或提交书面意见。

咨询委员会还常常通过"协商制定规章"（negotiated rulemaking）程

[①] ［美］小威廉姆·格姆雷、斯蒂芬·巴拉：《官僚机构与民主——责任与绩效》，俞沂暄译，复旦大学出版社 2007 年版，第 102 页。

[②] 总务管理局的委员会秘书处（the Committee Management Secretariat of the General Service Administration）关于咨询委员会的网上数据库，参见 http：//www.fido.gov/facadatebase.

[③] Mark P. Petracca, "Federal Advisory Committee, Interest Group, and the Administrative State," *Congress and the Presidency*, Vol. 13, Spring 1986, p. 84.

[④] National Drinking Water Advisory Council, "National Drinking Water Advisory Council 2012 Roster," http：//water.epa.gov/drink/ndwac/member.cfm.

序来促进利益相关者和利益集团对官僚机构决策的参与。"协商制定规章"程序并非一个独立完成的程序,是对美国行政程序法所规定的"公告—评论"(notice and comment)这一非正式规章制定程序的补充。其法律依据为美国国会1990年通过的《协商制定规章法》(Negotiated Rulemaking Act)和1996年通过的《行政争议处置法》(Administrative Dispute Resolution Act)。根据这两部法律,行政机关在公布拟议规章之前,需设立一个由受管制的企业、商业行会、公民团体及其他受影响的组织的代表和行政机关公务员组成的协商委员会;委员会举行公开会议为拟议规章进行协商;一旦委员会达成共识,行政机关便以达成共识的规章为拟议规章,再进入"公告—评论"程序[1]。

"协商制定规章"程序的发展旨在解决以往规章制订过程中因相互对抗而导致的耗资和拖沓状况。作为一种新的行政程序,"协商制定规章"程序的优势在于利益相关者能够直接参与规章制定,使利益各方能够就多种方案进行协商,从而加强规章的合理性和可接受性,防止规章所体现的利益的片面性。诚然,此种"协商制定规章"程序也存在一定的局限性,往往仅在利益相关者数量有限的情况下方能得以进行,当所涉及的相关利益的代表人数过多时,便很难达成共识。从1983年到1996年20多年间,美国联邦官僚机构只进行了67次此类程序,最终也只发布了的35个经协商制定的规章,并未像设计者所预计的那样真正发挥作用[2]。

2. 通过参加听证会参与联邦官僚系统的政策过程

美国联邦官僚系统在政策过程中除了建立咨询委员会以及遵循"协商制定规章"程序外,还经常召开公众会议和听证会,使普通民众和利益集团有机会参与作证并对一些问题提出意见。2000年3月至5月,为了讨论火车在通过高速公路和铁路坡度交叉点时鸣笛的问题,联邦铁路局在美国各地共召开了10场听证会[3]。

---

[1] See Negotiated Rulemaking Act, §564, §565, http://www.archives.gov/federal-register/laws/negotiated-rulemaking/.

[2] Cary Coglianese, "Assessing Consensus: The Promise and Performance of Negotiated Rulemaking," *Duke Law Journal*, Vol. 46, April 1997, p. 1271.

[3] Department of Transportation, Federal Railroad Administration, "Use of Locomotive Horns at Highway-Rail Grade Crossings," *Federal Register*, March 22, 2000, p. 15298.

1946年，美国国会通过《行政管理程序法》，要求联邦官僚系统从当年起，在制订某些法规的时候，必须提交一个"法规评述"[1]。尽管该法律没有官僚系统在制定法规时必须举行听证会的规定，但许多管理法规还是要求在特定情况下要举行听证会。因此，一些管理机构制订法规过程中所举行的听证会，成为与法规相关的利益集团"游说"政府行政部门的极好机会。一些利益集团甚至通过听证会的形式与相关政府行政机构建立起长久的联系。近年来，许多利益集团还为一些政府机构提供书面法规评述，"与参加听证会和陈述观点相比，利益集团所作的书面法规评述，对职业官僚制定某些法规的影响更大和更有效果"[2]。如美国职业安全与卫生管理局（Occupational Safety and Health Administration）曾经举办听证会，探讨该局是否应公布新的法令和规定致癌物质的曝露标准，听证会记录多达25万页，其中大部分由利益集团所提供。

3. 通过人员流动影响联邦官僚系统的政策过程

利益集团也可通过人员流动来影响官僚系统的政策过程。美国学者用"旋转门"理论来概括利益集团和官僚之间的人员流动。所谓"旋转门"是指政府和利益集团之间人员的双向交流[3]。

一些利益集团、特别是拥有雄厚经济和金融实力的利益集团，为了保证政府的政策有利于自身，不仅与政府机构保持长期的联系，而且还设法影响某些政府机构的人事安排。官僚系统在人员的选拔和考核时，也会考虑到利益集团的态度。

在实际政治中，一个有利益集团背景或得到利益集团支持的政府官僚，与完全没有此种背景的政府官僚的晋升速度和处境很不一样。20世纪80年代以前，美国联邦信息交流委员会所管辖的广播事业局的许多高级职业官僚，都与广播工业的利益集团有着密切的关系和交流。通过广播工业局的支持，许多高级职业官僚能够"平步青云"。克林顿政府时期的

---

[1] William T. Gormley, "Interest Group Intervention in the Administrative Process: Conspirators and Co-Conspirators," in Paul S. Hermson, *The Interest Group Connection: Electioneering, Lobbying, and Policymaking in Washington*, Chatham, N. J.: Chatham House Publishers Inc., 1998, p. 214.

[2] Cornelius Kerwin, *Rulemaking: How Government Agencies Write Law and Make Policy*, Washington, D. C.: Congressional Quarterly Press, 1994, p. 203.

[3] 李道揆：《美国政府和美国政治》，第303页。

联邦商业部部长也与企业界保持着密切的联系[①]。

(二) 间接参与方式

在美国，利益集团影响联邦官僚系统政策过程的间接方式主要有两种，一是通过直接游说国会来对联邦官僚系统施加影响；二是通过动员社会公众去影响联邦官僚系统的决策和政策实施过程。

1. 通过游说国会影响联邦官僚系统

利益集团通过游说国会影响联邦官僚系统的一般做法为：利益集团向国会有影响力的议员施加压力，再由国会议员将利益集团的意向传递给联邦官员。许多利益集团常常利用国会与联邦官员之间的特殊关系去对联邦官僚系统施加影响。有时利益集团还通过促使国会召开听证会的形式，去迫使联邦官僚机构修改法规。甚至当行政机构拒绝利益集团的要求时，说服某些居于关键性位置的国会议员用减少拨款的方法，去威胁政府管理机构[②]。

20世纪90年代初期，佛罗里达一名有影响的开发商本·H. 克瑞芬（Ben Hill Griffin）提出在捐赠的760英亩的土地上建一所佛罗里达海湾大学时，鱼类和野生动植物局的生物学家们表达了强烈的反对意见。科学家们警告说，克瑞芬的计划将在大学周边方圆好几英里开启"史无前例"的开发浪潮，从而破坏宝贵的湿地资源[③]。面对这些警告，克瑞芬的一名说客劝说佛罗里达民主党参议员鲍勃·格拉汉姆（Bob Graham）站在开发商的立场上进行干预。经过这名说客在亚特兰大与鱼类和野生动植物局的官员会面后，鱼类和野生动植物局做出了让步。此后，克瑞芬的支持者又获得了佛罗里达共和党参议员康尼·麦克（Connie Mack）的首肯。麦克与佛罗里达工程兵部队司令联系，促使部队认可此事，使规划得以立即实施。尽管军官们内心仍持有不同意见，但还是同意了这一规划。于是，在一片"生态灾难"的批评声中，佛罗里达海湾大学于1997年迎来了第

---

① 谭融：《美国利益集团政治研究》，中国社会科学出版社2002年版，第144页。
② William T. Gormley, "Interest Group Intervention in the Administrative Process: Conspirators and Co-Conspirators," p. 218.
③ Michael Grunwald, "Growing Pains in Southwest Florida," *Washington Post*, June 25, 2002, Sec. A.

一批学生①。

如果利益集团的成员直接进入国会委员会，则对联邦官僚系统的影响更为明显。如若某公司所在地有代表在国会委员会中，则这些公司受到联邦官僚机构制裁的可能性就比那些没有代表在其中的公司要小。

2. 通过社会动员影响联邦官僚系统

美国是一个利益分散和多元的社会，任何政府决策都不可能满足所有人的愿望和要求。在美国，利益集团具有某种利益聚集的功能，它们常常可以通过地域、职业或思想意识和价值理念等将具有某些共同利益的社会民众组织起来，利用普通民众的情绪去支持或反对某些政府行机构的政策。以致有些学者认为："动员基础民众的支持，是利益集团'游说'职业官僚最有效的方法之一。"②

随着信息技术的发展，利益集团还可通过政府网站去了解政府的政策和施政行为，进而对联邦官僚系统的政策过程施加影响。在当代政府电子治理的过程中，政府机构允许公民通过在线参与机制对拟议中的规章提出意见。1999年，美国联邦环境保护署和劳工部有2/3的规章在制定过程中允许接受"电子意见"③，为利益集团参与联邦官僚系统的政策过程提供了方便。

三 利益集团对联邦官僚系统政策过程的影响

阿伯巴奇和罗克曼认为，利益集团的影响力随着时间的迁移而有所不同。20世纪70年代初到80年代中期，利益集团对联邦官僚系统的影响有所下降，此后又重新回升④。不同利益集团对政府的影响也有所不同。小威廉·T.格姆雷和斯蒂芬·J.巴拉对利益集团参与官僚系统决策的现象提出质疑，认为利益集团参与官僚系统决策导致出现两个更广泛、更具

---

① Michael Grunwald, "Growing Pains in Southwest Florida," *Washington Post*, June 25, 2002, Sec. A.

② Cornelius Kerwin, *Rulemaking: How Government Agencies Write Law and Make Policy*, Washington, D. C.: Congressional Quarterly Press, 1994, p. 203.

③ U. S. General Accounting Office, "Federal Rulemaking," pp. 8—9, http://www.gao.gov/assets/120/112501.pdf.

④ Joel Aberbach and Bert Rockman, *In the Wed of Politics: Three Decades of the U. S. Federal Executive*, Washington, D. C.: Brookings Institution Press, 2000, p. 30.

规范性的问题：即此种参与能否使官僚决策更加民主、是否有助于提高官僚系统制定政策的能力，从而制定出高质量的、站得住脚的政策的问题。①

利益集团参与联邦官僚系统的政策过程并渗透于联邦官僚系统所产生的影响，可以从几个方面去加以分析：首先，由于利益集团的规模、资金、成员资格、专业水准和影响力各不相同，并非所有利益集团都能有效地参与和渗透到官僚系统的政策过程中，只有那些资源雄厚的利益集团才有足够的能力参与其中。其次，利益集团对联邦官僚系统的影响随政策领域的不同而有所不同。在一般的公共政策制定过程中，利益集团有充分的时间去影响官僚系统的决策。但如果遇到危机事件，需要迅速做出反应，此时决策圈子比较小，利益集团所起的作用也就比较小。当政策涉及国家安全，保密性较强时，利益集团常常很难施加影响。再次，利益集团与联邦官僚系统的联系与意识形态及其政策取向相关联。一般而言，商业性集团和政策取向保守的社会团体倾向于与共和党政府保持更多的联系；反之，劳工联盟和带有自由主义色彩的社会团体则倾向于与民主党政府保持较多的联系。近年来，公共利益集团如环境保护和消费者集团对联邦官僚系统政策过程的影响日益增强。

第六节　美国联邦官僚制的结构特征与"政治性"

一　美国的政治文化与联邦官僚制

（一）美国的多元主义政治文化

美国曾经是英国的殖民地，逐渐发展成为一个移民国家。长期的历史及其地理环境等因素，使之形成了自己的政治文化，包括多元主义、个人主义和自由主义等，其中最为突出的是其多元主义的政治文化。

1961年，罗伯特·达尔（Robert Alan Dahl）通过考察纽黑文的权力结构和城市重建、公共教育政策和政治任命等问题的决策过程，发现纽黑文的权势集团或权势人物各拥有自己的领域和在特定领域的影响

---

① ［美］小威廉姆·格姆雷、斯蒂芬·巴拉：《官僚机构与民主——责任与绩效》，第122页。

力，而在其他领域则没有影响力。也就是说，在纽黑文并不存在一个对所有领域都有影响力的权势集团或人物，在他的《谁统治：美国城市中的民主和权力》一书中，达尔说："不同问题领域的领导者似乎并不来自这个共同体的某个单一的同质阶层"，因而权力是分散的或多元的。达尔把这种权力由许多个不同领导集团分掌的政治体系称作"多头统治"或"多头政体"①。

达尔非常强调利益集团对于多元民主的重要性，他认为，达尔多元民主理论所说的"多元"主要包括两层含义：第一，各种各样的组织或利益集团并立存在，相互竞争；第二，权力资源高度分散，社会存在多元权力中心，其中任何一个中心都不可能完全占有主导地位。因此，民主不是人民的主权，不是多数人的统治，也不是"单一"的少数人的统治，而是"多重"少数人的统治②。在达尔看来，一个多元的社会意味着：意见的多元性、利益的多元性、冲突的多元性以及权力的多元性，将权力多中心原则视为民主社会的重要特征。

在1982年发表的《民主及其批评者》一书中，达尔进一步论述了多元社会的本质。认为，这样一个社会首先具有现代性的品质，包括高水平的财富、收入、消费水平和教育水平、高度分化的职业、大量的城市人口、农业人口明显降低以及农业在经济上重要性的相对降低；其次是具有社会动态属性，即经济增长和生活水平的提高等；再次是具有多元主义特征，即有大量相对自治的团体和组织。达尔说："为此，我想特别地称这种社会为现代动态多元社会（modern dynamic pluralist society），将具备这种特征的国家称为现代动态多元国家。"达尔进一步提出：为什么MDP社会支持多头政体？他提出两个理由：第一，MDP社会抑制权力集中于任何一个单独的一元化行为者手中，同时众多相对独立的行为者在不断分散权力。他说："一个MDP社会的特征是政治资源的分散，比如金钱、知识、地位，以及参加组织；战略地位的分散，尤其是经济的、科学的、教育的以及文化事务；商谈地位的分散，既有公开的，也有隐蔽的，涉及经济事务、科学、交流、教育以及其他方面。"第二，MDP社会以种种方式支持民主信仰。"MDP社会经济增长的方式培育了这样一种信仰，即联

---

① ［美］罗伯特·达尔：《论民主》，柏光、林猛译，商务印书馆1999年版，第98页。
② 同上书，第98页。

合的财富可能由于支出的增加而被分享;在政治生活中,政治游戏不一定是零和(zero-sum)的;如果政治不是零和的,那么,政治对手就不一定是死敌;协商与讨价还价能够导致互利的妥协。"①

达尔的多元主义理论在很大程度上与美国的情况相契合,正是在美国多元社会的基础上,形成了美国多元主义的政治文化,从而在政治过程中得以显现。

(二) 美国的多元主义政治文化与多元、开放的联邦官僚制

美国的多元主义政治文化对美国联邦官僚制的影响主要表现为以下方面:

第一,美国的多元政治文化与分散性的政治、社会结构特征使其国家权力结构呈分散状态,国家政治系统呈为分散性结构特征,国会、总统和联邦官僚系统分享着立法权和行政权。一方面,联邦官僚系统利用此种分散性的政治结构去参与立法和行政决策;另一方面,在政治与行政过程中,联邦官僚系统同时面临"一仆二主"(即国会和总统二主)乃至"一仆多主"(即国会、总统和社会利益集团多主)的状况。

第二,美国的多元政治文化不仅使美国的政治体制呈现为立法、行政和司法三权分立,遵循"分权制衡"原则,联邦行政部门本身也呈现出"分权"的结构特征,即联邦行政首脑和联邦官僚系统二者的相对分离,使总统无法完全控制联邦行政系统。监督控制联邦官僚系统的多元权力主体结构使联邦官僚体系在受到总统过大牵制的情况下,转向他方去获得支持,由此而削弱总统的控制力。

第三,美国联邦官僚体系本身也呈现为多类型、多层级的结构特征。联邦官僚掌有多种专门知识和专业技能,各种类型的机构表现为不同的组织结构和功能,使整个联邦官僚系统呈现出分散性和多元性特征。加上美国国会和相关法律对联邦总统控制联邦独立机构的限制,妨碍和削弱了总统对联邦官僚系统的控制。

第四,美国政治文化的多元性和社会结构的分散性,使美国成为世界上利益集团数量最多和参与性最强的国家。美国的多元政治文化使联邦官僚系统极具开放性,由此而使社会利益集团有可能参与和渗透到联邦官僚

---

① 罗伯特·达尔:《民主及其批评者》,曹海军、佟德志译,吉林人民出版社2006年版,第348—349页。

系统中去参与其政策过程,甚至与联邦官僚系统结成联盟,共同游说国会、抵制总统的权力。

总之,在多元主义政治文化下,美国的联邦官僚制呈现出多元、分散的结构特征,在实际运行中则表现为开放性和极具渗透性的特点。

二 关于美国联邦官僚体系的政治性问题

(一) 美国联邦官僚体系的"政治性"

"政治"一词涉及的面很广,谈到某种事物具有"政治性",涉及这一事物的性质、所拥有的资源、有关权力的分配和使用等问题。"政治"常常与"权力"相联系,而"权力"则与"政策过程"联系在一起,涉及决策过程和政策实施过程。根据马克斯·韦伯的传统官僚制理论,行政组织应该是纯粹的执行系统和效能机制,然而在美国的政治实践中,人们认为,政府行政组织在很大程度上颇具政治性。

在美国,联邦行政体系拥有丰富的资源。由于行政系统中机构设置相对稳定,绝大部分文职官员职务常任,因而拥有雄厚的信息资源。行政机构的成员有专门知识,又长期涉足某一领域,积累了丰富的经验,此种技术资源使他们在实施政策的过程中得心应手,进退自如。

美国联邦官僚系统存在于一个高度负责的政治环境中,在它之上有强大的总统权力,经常向它下达行政指令,服从命令的行政规范使之必须认真实施上级下达的政策;同时有来自国会监督和财政限制的巨大压力。为了更好地推行政策,行政组织不得不唯唯诺诺、小心谨慎地与国会周旋和协调关系。除此之外,行政组织还要面对来自公众的压力。美国联邦官僚系统是一个频繁与公众接触的系统,在政策实施过程中,常常会触及一部分公众的利益,也经常遭遇来自公众的挑战。社会组织和利益集团常常利用各种手段向联邦官僚系统施加影响。

尽管如此,犹如大自然中任何一种生命都会顽强地寻找适合自己的生存条件、并努力适应恶劣的自然条件一样,美国联邦官僚系统建立起一种特有的、适合于自身的权力结构,形成一种特有的"权力"资源。它在政策过程中建立起各种联系、形成不同的关系网络,努力在支持和反对力量之间寻求并保持平衡。联邦官僚系统一方面对总统负责,依靠总统的权力地位生存;另一方面又利用国会反对总统的政治倾向去赢得支持,与总统的权力相抗衡。联邦官僚系统与政府以外的各种社会利益集团结成联盟，凭借强有力的利益集团的支持，去增强自身的自主性，减缓对总统及相关机构的依赖。美国联邦政府中的许多部门如农业部、劳工部、商务部等都与具有全国规模的强大的社会利益集团保持着联系，联邦官僚系统中的卫生、教育与福利部，基于它们专业化程度高和业务范围广，因而较其他部更能保持自身的相对独立性，也更有可能摆脱总统的控制。尼克松任总统时，曾试图缩小卫生、教育与福利部的业务范围，以削弱此类部门的独立权力。然而结果是：总统的这一举动不仅遭到行政组织的反对，同时也遭到与卫生、教育与福利部密切联系的社会利益集团强有力的抵制。

美国联邦官僚系统中最具独立性的是独立管制机构。自新政以来，这些机构一直受到各种指责。批评者认为此类机构过于独立，与它们所控制的工业集团保持着过于密切的联系，不能真正为公众的利益服务。但这些批评只能局部地改变这些机构的面貌，并不能从根本上对之加以变革。例如，对于民航局而言，来自各方面的批评只能使它较多地关注消费者的利益，而不能促使国会从根本上改变其组织结构和权力结构。又如在美国，许多人长期以来一直要求改组甚至撤销州际贸易委员会，但由于交通运输系统的利益集团对州际贸易委员会的强有力的支持，使改组或撤销这一机构的意见完全没有实现的可能。美国联邦官僚系统从政府内外获得的各种不同程度的支持，成为它赖以生存的政治资本，使它虽然面临来自多方的监督和控制，却能够左右逢源。

美国联邦官僚系统的"政治化"倾向突出地反映于它的政策实施过程。从美国的政治实践中可以看出，如今联邦官僚系统已不仅仅是执行法律的功能体系，行政官僚在实施政策的过程中，有权对法律加以解释，有自由裁量权，甚至享有对特定行政诉讼案加以裁判的权力。政策实施过程成为联邦官僚系统综合行使行政权、立法权和司法权的过程。这些权力的行使对美国政府的权力分配关系、乃至对社会的政治生活和经济生活都产生着极为深刻的影响。

美国联邦官僚系统日益政治化的趋势还表现为行政官员个人行为的政治化倾向。在美国联邦官僚系统中，有90%以上的官员属于职业文官范畴。在原则上，他们必须保持"政治中立"，不参与党派竞争，忠于职守，客观、公正地履行职责。然而在政策实施过程中，行政组织及其官员为了维护自身利益，不断积蓄和维护其权力资源，与政府内外政治性或非政治性的集团和个人保持着诸种联系，并且在政策过程中摆出姿态，迎合各种利益集团的需要，使行政行为成为一种讨价还价的过程。在这种情况下，联邦官员在行政过程中常常出现各种"短期"行为，甚至背离应遵循的行为准则，陷入政治漩涡。总之，如今美国联邦官僚系统已不是人们原有印象中那种地位超然、无足轻重的纯粹功能体系，已发展成为美国权力分配关系中令人关注的重要组成部分。

（二）美国联邦官僚体系与美国的宪政民主

在美国宪法中，没有关于联邦官僚系统运行的详细规定，因此，在早期的美利坚合众国中，究竟由谁来控制各个相对独立的联邦行政机构是一个模糊的概念。此种模糊性源于制宪者对行政首脑走向专制的警惕，源于制宪者所设定的分权制衡原则。

汉密尔顿在《联邦党人文集》中曾论及总统应负有行政责任的观点，认为应该建立一种有生气、有能力、象征统一的总统制。早期美国的公共行政学家也认为，总统应该掌有全部行政权力。然而事实是，美国制宪者们的宪政设计使联邦行政系统在实际运行中内在结构发生了变化，使联邦官僚系统不可能完全处于总统权力的控制之下，部分行政组织在一定程度上摆脱了总统的控制。

在美国政治中，没有哪种力量能够单独行使它对联邦官僚系统的控制权。美国的宪政设计使联邦官僚系统的控制体系模糊不清，美国宪法在分散政治权力的同时也分散了联邦官僚系统的控制体系和联邦官僚系统本身。问题在于：如今美国联邦官僚系统权力地位的"崛起"是否符合美国的民主宪政原则？应该说，尽管当今美国政府行政官僚系统的发展已经使美国制宪者原本设计的三权分立的政治结构有所变化，但并没有违背美国宪政民主的基本精神。

美国的联邦官僚系统非属民选的代表性组织系统，然而基于其开放性和渗透性，使它如今具有一定的代表性。当美国的"民主"政治出现僵局，当总统和国会无法协调一致时，行政官僚成为一种平衡力量，在两者间进退自如，一定程度缓解了双方的尖锐对立。联邦官僚系统自身的决策能力和政策实施能力使之不至于过多地受到来自各方的牵制；它与社会利益集团保持着广泛的联系，却又无需卷入选举的政治漩涡，此种地位使联邦官僚系统在整个政治体系中发挥着微妙的作用，使它在政策过程中具有制约总统和国会的作用，并在整个分权制衡的民主宪政体系中占有一席之地。

从当今政治的发展趋势和社会发展的需求看，美国联邦官僚系统在美国宪政体系中的相对独立性以及它在公共政策领域中的重要地位不会有大的改变。为了维持自身的生存和权力地位，联邦官僚系统会继续寻求来自各方的政治支持，并仰仗它所拥有的丰厚资源和实力去与各方保持长久稳定的联系，在美国的宪政发展和公共政策过程中发挥作用。

第 四 章

法国的官僚制

法拉尔·海迪（Ferrel Heady）曾指出："法国的经验特别具有意义，因为其专制主义行政体制对后来的民族国家官僚组织产生了重大影响，更晚一些的韦伯和其他学者精心阐述的官僚组织理论也受到了它们的深刻影响。"① 法国政治家阿兰·佩雷菲特（Alain Peyrefitte）则认为："法国乃是西方的中国。"② 当今世界各国都面临来自现代官僚制的挑战，因此研究法国的官僚制具有特殊的意义。

第一节 法国官僚制的历史演进

任何制度的发展和完善都有其特有的历史文化根基，对法国官僚制的研究有必要对其制度的演进加以梳理。法国官僚制的发展经历了漫长的历程，早在封建王朝时期，随着王权的建立与加强，法国逐渐建立起绝对君主专制制度。法国的官僚制正是在中央集权的封建专制君主统治下开始萌芽的。1789年法国大革命的爆发摧毁了封建王朝，同时也使法国的官僚制出现了现代性的转折。拿破仑第一帝国时期，中央集权的政府官僚体系得到极大发展，并确立了现代法国官僚制的基本框架。从波旁王朝至第五共和国建立前，尽管法国政府官僚体系在机构配置和人员配备上不断发展，但在体制框架上保持了拿破仑时期的样式，秉承了拿破仑当政时期官僚制的基本特征。以下分四个时期对法国官僚制的历史演进予以梳理。

---

① ［美］费德勒·海迪：《比较公共行政》（第6版），刘俊生译，中国人民大学出版社2006年版，第200页。

② ［法］阿兰·佩雷菲特：《官僚主义的弊害》，孟鞠如等译，商务印书馆1981年版，第420页。

一 封建王朝时期法国的官僚制（843—1789）

公元 843 年，根据凡尔登合约，法兰克帝国被划分为三个国家，法兰西作为一个独立的国家在法兰克帝国西部地区建立。这一时期，与欧洲大陆其他国家一样，法国被诸种离心势力所包围，强大的封建割据势力，使法国在 14 世纪初仍然是多个封建自治公国的结合体。封建割据势力削弱了王权的力量，加之其边境的可渗透性使法国的"建国"历程极为艰难。中世纪法国先后经历了封建割据君主制、等级君主制和高度中央集权的绝对君主制几个阶段。专制集权成为法国政治文化的源泉，深刻地影响着法国政府行政体制的形成和发展。伴随着王权的日益强大，先前各据一方的封建诸侯渐渐失去了自己领地的统治权，使立法、行政和司法大权集中到国王一人手中。此时，专制君主要维持自身的统治地位，不仅要依赖于王室部门的专业化，还要靠对王室部门的有效指挥和控制。

随着绝对专制君主制的建立，为了进一步加强王权，国王逐步建立起中央行政管理系统，并对具体行政职能加以划分，推动了政府官僚体系日益走向专业化。这一时期，设立了由国王直接领导的御前会议，作为最高中央行政管理机构。早期，御前会议的成员主要是亲王、公爵、伯爵、主教和其他世袭贵族。这些人依照门第和等级选拔，不具有专业化倾向，反之，具有很强的独立倾向，对国王的忠诚度较低。弗朗索瓦一世（François de Angouléme，1494—1547）在位时，那些由国王亲自选拔、受过较高教育、具备专门知识和才干并忠实于国王的大臣逐渐居于御前会议的核心地位。国王通过召开御前会议与这些大臣讨论和决定国家重大问题，使御前会议成为王室的内阁。由国王选拔的、具有一定专门知识和才干的大臣也在一定程度上推动了中央行政管理机构的专业化程度。早期，居于御前会议之下的中央行政机构较为单一，通常只包括掌玺大臣、财政总监和国务秘书，国家管理职能的划分并不明确，政府官僚系统的专业化倾向也不明显。到 16 世纪亨利二世（Henri II，1547—1559）时期，御前会议掌握着最高行政权，但其下的中央行政机构已划分为财政、内务、外交、司法（即掌玺）、陆军和海军六个部，各部大臣分掌部务，各自为政，彼此独立。其中财政大臣为首席大臣，即王室首相，代表国王总揽包括工业、商业、交通和税收在内的诸种内政事宜；内务大臣负责国王宫廷事务、首都事务和国教事务；外交大臣负责外交事务和国家驻外使节；司法大臣负责保管国玺并管理全国的司法工作；陆军大臣负责全国陆军和边防事务；海军大臣负责海军和殖民事务等①。六部制为后来的路易十三、路易十四等所沿用。伴随着中央行政职能的划分，法国中央行政体系初具规模。

与之同时，随着专制王权的加强，中央对地方的控制也逐步增强。为了满足中央控制地方的需要，中央集权下的地方政府官僚体系也逐渐建立起来。封建王朝早期，对国家的管理建立在从宫廷到世袭领地的系统之上，尤其是在封建割据时期，封建领主在自己的领地上设有行政机关，不经领主许可，国王的官吏甚至不允许出现在其领地内。随着封建割据被打破，王权日益强大，地方行政体系的中央集权性日渐增强。国王腓力二世（Philippe II Auguste, 1165—1223）在位期间，为了抑制封建割据，派代表驻守各地，在各地建立国王机关的基层机构。将全国领土划分为若干行政区，并设置地方行政长官巴伊一职分辖各区。此时虽然地方行政已逐渐向中央集中，但作为国王代表的地方行政长官巴伊权限仍较小，仅限于审理诉讼纠纷、征收捐税和召集民兵等事务。路易九世（Louis IX, 1214—1270）在位时对地方行政系统加以改组，将全国划分成若干省和区，大的区设监督官主事。除司法、警察和财政事务仍隶属于国王和首相外，监督官作为国王在地方的代表享有广泛权力。监督官的设置加强了中央对地方的控制，进一步推进地方行政体系的中央集权化，并由此建立起地方政府官僚体系。路易十三（Louis XIII, 1624—1642）当政期间，黎塞留首相通过改革监督官的机构设置，将之由早期国王的临时代理人变成国王的常设代理人。作为王室在各省的代表，监督官掌管征税、指导工作、官员录用、战争供给和公共工程等多种事务②。并代表国王监督地方行政、财政、司法等一切活动，地方任何举措都必须经其同意方能采取行动。这一举措极大地削弱了由贵族把持的省长的权力，进一步强化了中央集权的地方行政体制。路易十四（Louis XIV, 1643—1715）当政时期，监督官仍然是国王在各地的代表，由路易十四亲自任命，对地方行政、司法和财政事务实行严密的监控。可见封建专制时期，法国的地方政府官僚体系呈现出高度的中央集权性。

---

① 马啸原：《西方政治制度史》，高等教育出版社2000年版，第73页。
② Brian Chapman, *The Profession of Government*: *The Public Service in Europe*, London: Allen & Unwin, 1959, pp. 13—14.

到大革命前夕，法国已经形成了完备的、以中央集权为特征的、自上而下的政府官僚体系。在中央，国家的所有行政事务均由御前会议管辖，大权掌握在国王一人手中。在地方，则由监督官掌管诸种行政事务，监督官成为国家政府在各省的代理人。尽管各省都设有省长，但日常的国家事务均由监督官主持。监督官通常由政府从行政法院的下级成员中遴选，随时可撤换。在监督官之下，是由其任命、设置在各地县、并可任意撤换的总督代理。总督代理从监督官那里获取权力，监督官从财务部那里获取权力，财务部则从大臣那里获取权力，大臣又从国王那里获取权力，由此而形成自上而下的政府行政官僚体系。可见法国的封建专制君主在创造法国国家与行政统一性方面的功绩不可小觑[①]。

尽管封建王朝时期初步形成了法国国家官僚制的一些特征，如专业性、等级性、从属性和持续性等，为以后的政府所承袭，但在严格意义上，此时期法国的"官僚制"仍非属现代意义上的"官僚制"。马克斯·韦伯认为，近代欧洲社会产生的官僚制，是由具有自由身份的官吏组成的官僚制，官吏是根据基于自由意志的契约加以任命的[②]。然而，这一时期在法国，虽然国家的管理开始与宫廷内部的服务区分开来，那些负责管理国王家庭事务的官员也与那些负责管理国家事务的官员区分开来，但这些官员在本质上仍然是国王的奴仆，在身份角色上并不代表国家和公众。此外，这一时期官职任用的主要方式依然是恩赐制与鬻卖制，国王将官职赐给贵族、僧侣等特权阶层，官吏则必须绝对服从君主的意志，他们不受任何法律约束，同时享有许多特权。鬻卖制的盛行导致法国政府冗员充斥，丑闻百出，政治极度腐败。

二 大革命时期法国的官僚制（1789—1804）

1789年，法国大革命结束了法国的封建王朝统治，使法国发生了根本性变化。启蒙思想运动为这一变化提供了思想根基，其中，卢梭的"公意"思想给法国打下了深刻的烙印。卢梭认为，国家是集合个人并居于个人之上的有机体，它具有基本的和可知的社会准则，拥有一种不屈从

---

① Peter Morris. *French Political Today*, Manchester: Manchester University Press, 1922, p. 4.
② 黄小勇：《现代化进程中的的官僚制：韦伯官僚制理论研究》，黑龙江人民出版社2003年版，第135页。

于占任何比例的个人要求的"意志"①，是一种超越于个人和政府之上的国家意志，而统治者必须为这种"公意"服务。在这种"公意"思想的指导下，法国大革命给法国人带来了现代民族国家的概念。它将国家概念非人格化，用国家取代国王，国家不再是国王的私有财产，而是民族的遗产，国家是这个民族构建自己的政府并提供公共服务的机器②。伴随国家概念的非人格化，法国的官僚制出现了现代性的转折。此种转折主要体现于以下两方面：

首先，官僚的效忠对象由国王转变为国家，初步形成了非人格化的政府官僚体制。随着国家观念的转变，法国大革命针对旧的政府官僚制进行了彻底的变革。主要措施包括：第一，废除了旧的官职世袭和买卖制度，规定各级官员均由选举产生，且在本质上都是暂时性的。第二，废除了担任公职的身份和财产资格限制，规定任何公民都能平等地按其能力担任一切公共职务。第三，废除了长期以来国王以个人意愿任意任用行政人员的惯例，开始以考选形式录用行政人员。第四，清除政府官僚的特权思想，规定所有公职人员都必须接受人民的监督，不得将公共职务视为殊遇或褒奖，而应视为义务。此种变革使法国政府官僚的角色和地位发生转变，政府官僚不再是国王的奴仆，不再是某个人的代理人，而成为国家的公仆和公共权力的工具。他们不再依据个人的意志行事，而是依照法律行事，而法律表达的则是国家的意志。

其次，法国大革命摧毁了君主专制体制，使国家出现了立法、行政和司法三权的分立。根据法国1791年宪法，国家立法权由国民议会执掌，行政权由国王以及他管辖下的部长和官吏行使，司法权则委托给经选举产生的法官。此时，国王是国家全部行政权力的最高首脑，但他必须依法治国。部长在国王的"管辖"之下行使行政权，不得兼任国民议会的代表，且不得干预立法和司法工作。可见政治、行政和司法权的分立使政府行政机构和政府官僚开始独立于其他机构，行政功能的专一化开始形成。

尽管如此，此时期法国国王作为行政首脑还拥有若干立法权，国王行

---

① ［美］迈耶等：《比较政治学：变化世界中的国家和理论》，罗飞等译，华夏出版社2001年版，第16页。

② Brian Chapman, *The Profession of Government: the Public Service in Europe*, p. 25.

政权的行使也不断受到国民议会的干预，立法权与行政权两者仍混淆在一起。第一共和国时期，立法权与行政权进一步分离，政府官僚系统的专一化倾向更加明显。第一共和国期间颁布的1793年宪法规定，国家的最高行政权由执行会议负责行使。执行会议由24人组成，经国民议会选举产生，其成员不得兼任议会议员。作为最高行政机构，执行会议的活动以法律和法令为依据，并需向国民议会报告活动情况。执行会议每届期满时更换半数成员，以保证其工作的连续性。

法国大革命时期虽然建立起一系列行政制度，也曾一度以地方自治制度取代中央集权制，但这些制度并没有得到很好的实施，一些制度甚至自制定之日起便被束之高阁。尽管如此，国家概念的非人格化、法国大革命所发生的行政思想的现代性转变，给法国现代官僚制的形成和发展带来了深远的影响。从某种意义上可以说，法国大革命留下的更多的是思想，而不是制度。

三 拿破仑当政时期法国的官僚制（1804—1815）

法国大革命后实行的议会民主制和地方自治制度，导致了行政权力的软弱无力，一度使法国陷入严重的无政府状态。拿破仑当政后，采取了一系列改革措施，确立了国家行政权力的至高地位。

为了保证行政权力的行使，拿破仑建立起自上而下高度集权的行政体制。中央行政机构由以拿破仑为首的国务会议和财政部、外务部、国防部、司法部和内务部5个部组成。出于专业化的目的，各部进一步划分为若干司、局，一些部还在巴黎以外设立办事处。此外，拿破仑还通过对前国王时期的行政委员会的改组，创立了行政法院。该法院除了为拿破仑提供法律咨询和政策建议，还负责对行政机构的工作实施监督，从而成为政府行政系统的控制机构。拿破仑通过对地方行政区层级的调整，建立起省、郡、公社三级地方行政体系，各级地方政府完全隶属于中央，其中省作为中央的分支机构，向内务部负责，行使区域管辖权。

为了保证自上而下政府行政集权体系的运作，拿破仑以行政官员任命制取代了大革命时期的官员民选制，建立起中央集权的政府官僚体系。各级公职人员均由中央政府任免，大臣和各级地方行政长官（除地方市长和市议会议长外）由拿破仑直接任命。此时期的官员任命制与大革命前的封建官僚任命制有所不同：官员招募于全国各地，大多出身于资产阶级。这些官员在异地任职，但隶属于中央，由中央政府发放薪俸，成为中央政府实施行政统辖的工具。

此时期，拿破仑运用自上而下高度集权的政府官僚体系，提高了行政效率，实现了对地方的严密控制。正如拿破仑的内政部长夏普塔尔所形容的："行政制度的力量完全在于能够确保不折不扣地贯彻政府的法律和法令，……执行法令一竿子插到底，从部长直到被治理的百姓，不容中断；它把政府的法律和法令以电流的速度传达到社会组织的基层去。"①

随着政府行政地位的提高和行政职能的扩大，行政官员的队伍迅速扩大。拿破仑当政时期，法国全国的官吏人数达50万人之多。为了有效地管理这支队伍，拿破仑对旧的官僚体制进行改革，颁布了法国历史上第一部《公务员条例》，建立起功绩主义的政府管理体制。条例规定，任何被认为有才能的人不论其党派或过去如何都可以担任政府官职；将公职人员进入行政部门任职时间的长短、在行政部门中的地位、过去在行政部门以外的工作经历，均作为划分等级的标准和发放薪金的依据。由此建立起以才能为标准的官员选拔制度以及官员等级、薪金和培训等相关制度②。此外，为了能够给国家持续不断地提供能够胜任工作的官员，拿破仑当政时期还创办了专门的综合性技术学校，对官吏进行专业技术培训。如当时所建立的巴黎综合工艺学校便专门培养高级技术官员，该校大部分学生毕业后都进入政府行政部门工作，成为法国高级公务员职系之一——高级技术官员团——的成员。

拿破仑当政时期是法国现代官僚制的创立期。这一时期建立起来的法国国家官僚体系延续了以往的中央集权传统，使国家行政权力得到了极大的扩展，甚至居于至高地位。作为国家行政大权的执掌者、法国的第一执政者拿破仑操纵一切，显现出浓厚的行政权威主义色彩。此外，通过强调秩序、等级、责任和专业化，创造了高效运转的政府行政官僚体系。由此而使法国由混乱走向有序，逐渐形成了行政治国的传统，并在此基础上构建了现代法国政府行政官僚体系的基本框架。正如汪达尔所言："今天的

---

① [法]乔治·勒费弗尔：《拿破仑时代》（上卷），河北师大外语系《拿破仑时代》翻译组译，商务印书馆1978年版，第91页。

② 洪波：《法国政治制度变迁——从大革命到第五共和国》，中国社会科学文献出版社1993年版，第240页。

法国是生存于拿破仑遗留给它的行政结构和民法中的。"①

四 波旁王朝至第五共和国建立时期法国的官僚制（1815—1958）

19 世纪至 20 世纪上半叶，法国政局一直动荡不安，封建王朝复辟和资产阶级反复辟的斗争异常尖锐，国家政体在帝制和共和制两者间不断更迭，共和体制本身也一直动荡不安。尽管如此，法国的政府行政体制却在基本结构和运作等方面保持着相对稳定。政府行政体制的稳定保证了国家机器的正常运转，一定程度上弥补了政治体制不稳定所造成的危害。与此同时，这一时期法国的国家官僚制不断得以发展，使政府行政管理体制日趋规范和统一。具体表现为：

（1）法国政府行政系统的组织结构日趋完善。伴随着产业革命的完成、经济的发展和城市人口的增加，法国政府职能的范围不断扩大，行政机构日益增多，政府的官僚队伍迅速膨胀，使法国政府行政管理体系进一步官僚化。横向上，政府行政组织进一步分化，专业化倾向更加明显。政府机构根据业务性质划分的部门由 1789 年的 6 个发展到第二次世界大战前的 10 多个乃至第二次世界大战后达到近 30 个②。随着政府部门数量的增加，各部的职能分工更加细化。纵向上不仅沿袭了自中央至地方的集权性行政管理体制，各个部门内部也形成了层级分明的等级结构。虽然各部门内部的机构设置存在一定差异，但大多数部从上到下分为部长、部长办公厅、司（或局、委员会）、处和科（或室）五个层次。行政组织横向上的专业化和纵向上的等级化，表现出法国政府行政官僚系统组织结构的不断完善。

（2）法国政府行政系统的管理体制日益系统化。第二次世界大战前，法国政府行政体系一直缺乏系统的管理，处于分散、混乱的状态。第二次世界大战后，法国逐步建立起系统的政府官僚管理体系，主要包括行政与公职总局（政府最高人事管理机构）、公职最高委员会（最高人事协商与咨询机构）、中央行政法院（最高人事司法仲裁机构）、财政部预算司（人事监督机构）和行政与技术对等委员会（人事协议机构）等③。这套

---

① 张台麟：《法国政府与政治》，台北五南图书出版有限公司 1995 年版，第 47 页。
② 洪波：《法国政治制度变迁——从大革命到第五共和国》，第 234 页。
③ 周敏凯：《比较公务员制度》，复旦大学出版社 2006 年版，第 54 页。

管理机构的建立实现了对法国政府官僚体系管理的系统化，形成较为完整的、自上而下的统一的政府官僚管理体制。设立在政府行政系统内的人事机构具有相对独立性，主要体现为拥有独立的预算和编制，并有权就官僚系统的管理问题直接向议会和政府提出意见、建议和报告。法国还借鉴英国政府官僚系统中的品位分类制，将政府官员依工作内容的难易程度、责任大小、所需文化程度和资格条件分为五类，明确各类职务的内容、报酬和要求，为政府官员的招募、考核、晋升、工资报酬、福利、退休及编制预算等提供依据。

（3）法国政府行政系统的管理日趋规范化。由于法国政府官员均属于公务员范畴，因此在录用、升迁、培训和报酬等方面都受公务员制度的约束。第二次世界大战前，法国的公务员制度就已经有了一定的发展，历届政府在公务员的选拔、晋升、工资、退休和纪律等问题上制定了一些单项法规和部门法规，但没有统一的公务员法。1946 年，在法国公务员联合代表大会的强烈要求下，法国政府制定并通过了法国第一部统一的公务员法规——《法国公务员总章程》。此后，法国政府在修改、补充和完善的基础上，颁布了新的《法国公务员总章程》，对公务员的范畴、录用、报酬和社会福利、鉴定和晋升、以及惩戒等各方面作出更加详尽的规定，使法国政府官僚系统的管理日趋规范化。

（4）法国政府行政系统的培训日趋制度化。所谓"培训"，指根据官员所任职务和工作需要对其进行再教育的过程。大革命以来，法国政府一直十分重视教育对培育国家公民的作用。拿破仑当政时期进一步提出建立"帝国大学"的想法，希望运用统一的思想去培养为帝国服务的人才。伴随着"专家治国理论"在法国的兴起，历届政府都很重视教育，对政府官员知识更新和素质的要求也日益强化，并使官员的培训日益制度化和法律化。

法国政府先后颁布了《公职人员地位法》、《继续教育法》等，对公务员的培训事宜作出规定。规定指出，公务员有接受培训的权利和义务；对新录用的人员要进行入职培训；在职公务员每 3 年至少要接受一次知识更新和提高能力的培训。为了更好地对公务员加以培训，法国政府还建立了专门的培训机构。1945 年建立的国家行政学院成为专门培训高级"通才"官员的学校；而巴黎综合工艺学校则专门负责高级技术性官员的培训。通过各类培训使公务员的知识和技能与社会发展同步，以实现专业行政体系的高效运转。

第二节 法国官僚系统的组织结构与官员类型

法国政府的行政组织即官僚系统大体分为中央和地方两个层次。中央政府行政组织以国家的名义行使权力，其管辖范围遍及全国。地方政府行政组织是中央政府根据需要在地方设置的行政机关，在特定区域内行使中央行政机关授予的权力，故称"派驻机构"[①]。当代法国的政府行政组织结构是单一制下的中央集权垂直结构，中央对地方政府的行政机关具有主导性[②]。此外，还可依其职能范围的不同，将在中央和地方政府任职的官员区分为政治官僚和职业官僚两大类别；并依其职位的高低和职能重要性的不同将职业官僚区分为高级文官和中下层文官。以下分别对法国政府官僚系统的组织结构和功能、以及官僚的类型和特点加以分析，由此了解法国官僚系统的内在运行机制。

一 法国官僚系统的组织结构与功能

法国中央政府行政机构主要包括中央政府各部、政府咨询机构和独立行政机构三个部分，如上所述，地方政府行政机构又被视为中央在地方的派驻机构。

（一）中央政府各部及其功能

法国中央政府各部是中央政府为实现既定行政目标而设置的中央常设行政机构，通常设在首都巴黎。各部有其专门的职责权限，在部长的直接领导下，负责国家某一方面的行政事务。法国的宪法和法律没有对中央政府各部的设置作出规定，所设置的数量、各部的名称以及相关职务的名称和数量等完全由总统和总理根据需要自行审定。第五共和国以来，每届政府中央各部设置的数量不同，一般保持在20个左右。国防部、教育部、外交部和内政部为各界政府所必须设置。2008年法国政府改组后，总理弗朗索瓦·菲永（Franois Fillon）所组建的中央政府设有15个部，包括：

[①] 王义：《西方新公共管理概论》，中国海洋大学出版社2006年版，第219页。

[②] Samuel Humes, *Local Governance and National Power: A Worldwide Comparison of Tradition and Change in Local Government*, London: Harvester Wheatsheaf, 1991, p. 146.

生态、能源、可持续发展和城乡规划部，内政、海外事务和领土单位部，外交和欧洲事务部，经济、工业和就业部，移民、融入、国家认同与共同发展部，掌玺司法部，农业与渔业部，劳工、劳动关系、家庭及团结事务部，教育部，高等教育和研究部，国防部，卫生、青年、体育与自愿组织部，住房和城市事务部，文化与传媒部，预算、公共账簿与公职部[①]。

多年来，法国中央政府各部的设置及职权范围随政府更迭不断的调整，然而其内部结构却相对稳定。通常情况下，部内从上至下大致分为5个层次，分别为：部长；部长办公厅；司、局、委员会；处；科。在现实政府过程中，有时会根据形势的变化和需要予以增减。如外交部曾因业务繁多在部长办公厅和司局之间增设秘书长一职，有些部或只设部和处两个层次[②]。在总体上，各部在部长的领导下，各司其职，各负其责，上下呈金字塔结构，等级分明。

1. 部长

部长是法国中央政府各部的最高行政长官，负责领导本部门的工作，并在全国范围内管辖本部门所负责的行政事务。部长本身是内阁成员，属政治官僚范畴，因此同时具有政治功能。在法国，部长级行政官员大致分为四类，包括：国务部长、部长、部长级代表和国务秘书，均由总统根据总理的建议任免，并随内阁的改组而进退。四类人员在法律上地位相同，但在实际政治中地位则不尽相同。

在四类部长级行政官员中，国务部长的政治地位最高，其意见和建议常常对政府的决策具有重要影响。通常情况下，国务部长分管一个重要的部，如分管财政部、外交部、国防部或内政部等。国务部长的任命主要基于政治意图，有时是为了照顾前任总理或有名望的政治家，有时是为了安排有势力的政党代表以平衡政府中的政治力量。

部长的政治地位仅次于国务部长，并具有广泛的职权，表现为：代行总理委托的权力，执行总理的命令；参加内阁会议并参与决策；在总理领导下主管一个具体部门的工作，保证政府职能在所管辖领域的实现；确定

---

① 任进：《比较地方政府与制度》，北京大学出版社2008年版，第73页。
② Andrew Knapp and Vincent Wright, *The Government and Politics of France*, New York: Routledge, 2001, p. 177.

所管辖部门的机构设置、职责权限并选任下属工作人员等[①]。部长的人选通常来自两个方面：其一是由议员出任部长，但宪法规定议员和部长的身份不得重叠，以使政府摆脱议会和政党的控制，从而加强政府的稳定性；其二是由高级文官出任部长，此类人员大多属专才，以往未在政界中担任过职务。第五共和国初期，职业官僚出身的政府组成人员占到整个政府成员的1/3以上[②]。

部长级代表职位的设置始于皮埃尔·莫鲁瓦（Pierre Mauroy）[③]的第二届政府，大致分为两类：一是直接隶属于总理的部长级代表，政治地位与部长相同，负责协助总理领导某个方面的专门事务；二是隶属于某个部长的部长级代表，政治地位略低于部长，负责协助部长完成某个方面的工作。一些部长级代表所在的部通常规模相对较小或技术性较高，有的部长级代表或者专门负责一个办事机构。

国务秘书的政治地位次于部长级代表，又被称为低级部长。这一职位通常分为三类：一是独立国务秘书，负责领导一个部级部门的工作，职权相当于部长，有单独的预算，有权提出法案和改革意见。二是总理府国务秘书，直属于总理府，受总理委任负责处理某项特定任务，待遇与各部部长基本相同。三是部长的国务秘书，相当于副部长，通常依据部长本人的资历、地位和部的任务而设立，负责协助部长处理某方面的重要工作，政治地位低于前两类国务秘书。国务秘书一职的设立主要基于让更多人进入政府领导层，以扩大政府政治基础的考虑，同时有助于减轻总理和部长的工作负担。

可见在法国，中央政府各部部长的身份具有政治和行政双重属性，其功能也显现出此种双重性，成为连接法国政治与行政的重要纽带。

2. 部长办公厅

部长办公厅是部长的辅助机构和参谋班子，在中央各部的内部机构中地位特别重要。职责主要包括：向部长报告部内情况，监督和协调部门工作；负责联系总理府、其他部长办公厅、相关政治家、新闻机构以及与部

[①] 袁晖、曹现强：《当代西方行政管理体制》，山东人民出版社2000年版，第202页。

[②] 吴大英、沈蕴芳：《西方国家政府制度比较研究》，社会科学文献出版社1996年版，第327页。

[③] [法]皮埃尔·莫鲁瓦（1928— ），法国社会党政治家。1981—1984年任三届法国总理。

长所在选区；给部长提出有关咨询意见方面的建议；领导秘书处工作等①。

部长办公厅的成员主要包括办公厅主任、办公室主任、总务长和技术顾问等②。其中，办公厅主任是部长的主要合作者，是部长与下属机构间联系的桥梁。办公厅主任拥有较大实际权力，可以代表部长签署决议和文件、接见来访者、处理和协调部内各机构之间的矛盾和关系等，故而有"副部长"之称。

总务长在部内的地位和作用，依其与部长的关系而不同。如果与部长关系密切，在部内的地位就比较高，便能被授予较为广泛的权力，如处理部长的政治性文件，代表部长联系地方官员和参加政党活动等；如果与部长关系较疏远，在部内地位就比较低，只能被授予一般日常事务处理权。

技术顾问代表部长指导各司、局和委员会的工作，成为部长与各司、局及委员会的联系人。技术顾问通常有较高的文化素质和专长，多源于高级文官集团。

部长办公厅的所有成员均由部长自行任免，通常政治考虑是任命的首要条件。其中多数人为部长的亲信，直接对部长个人负责。部长办公厅的设立则有助于部长控制和协调部内工作，一定程度上抑制了职业官僚的影响，也使部分高级文官趋于政治化。

3. 各级业务部门和管理部门

业务部门是指各部内负责实施本部门业务的机构，主要包括司、局、委员会，处，科三个层级。在理论上，业务部门不具有行政决定权，但由于业务部门中大部分成员为职业官僚，他们职务常任、且精通业务，而部长的职务是更迭的，且十分繁忙，因此部内许多决定需依靠业务部门的专业人员作出。

管理部门是指各部负责内部管理的机构，主要职责是为各部业务活动的开展提供服务，包括财务管理、人事管理、物资管理和文献资料管理等。由于各部管理活动的性质基本相同，近年来法国政府显现出合并或合用管理机构的趋势，规定几个部合用某个部的某个或某些管理机构，或专

---

① 潘小娟：《法国行政体制》，中国法制出版社1997年版，第43页。
② Mattel Dogan, *The Mandarins of Western Europe: the Political Role of Top Civil Servants*, New York: Sage Publications, 1975, p.197.

门设立为政府各部门服务的后勤机构和研究机构，以压缩政府规模，减少行政开支。

(二) 政府咨询机构及其功能

法国自19世纪中叶就设立了政府咨询机构。咨询机构的设置是基于行政决策和行政管理的需要，对各领域发生的问题加以研究，在此基础上提出意见和建议，供高层决策者参考。在政府的实际运行过程中，不同咨询机构的设立目的又不尽相同，有些是为了利用政府以外的专门知识而设置，有些是为了协调几个行政机关间的工作而设置，有些则是为了沟通行政机关与民众之间的意见而设置。

依据地位和作用的不同，法国的政府咨询机构又可分为三类：由共和国总统直接领导的咨询机构，由总理直接管辖的咨询机构，以及附属于一名或若干名部长的咨询机构。具体包括中央行政法院、经济和社会委员会、以及相关专业咨询机构如最高司法委员会、最高国防委员会和最高公职委员会等。

1. 中央行政法院

中央行政法院创立于1799年，创立之初便具有行政监督和咨询两大功能，19世纪以来，进一步增加了司法职能。如今既是受理行政诉讼的中央国家机关，也是重要的中央政府咨询机构。具体职能包括：

(1) 接受内阁政府的咨询，提出意见。根据法国宪法的规定，内阁向议会提出的法律草案以及依议会授权制定的法令草案，均需咨询中央行政法院的意见。此种咨询属强制性咨询。此外，内阁和各部部长还可就行政文件和行政问题咨询中央行政法院的意见。此种咨询包括强制性咨询和非强制性咨询两种情况。中央行政法院负责审查内阁提交的法律、法令和条例草案是否与现行的其他法律和法令内容协调一致，如有冲突，则需提出解决意见。

(2) 监督检查政府各部门的行政行为。行政法院负责监督和检查政府各部门的行政措施是否合法以及工作效率如何，如发现问题则需及时纠正，并提出改进意见。

(3) 审理行政诉讼案件。中央行政法院受理行政诉讼案件的范围包括法律规定的作为一审的案件、地方行政法庭的上诉案件、以及对专门行政法庭的裁决申请复审的案件等。

(4) 指导下级行政司法机构的工作，并负责裁定行政司法机构内部的管辖权争议。

中央行政法院的院长由总理兼任,其余组成人员包括副院长、庭长、副庭长、组长、顾问、审查官和助理办案员等。实际工作由副院长统辖[①]。副院长通常从顾问中选任,庭长、副庭长和组长也均由顾问担任。行政法院还设有秘书长一职,由审查官担任,负责主持行政法院秘书处的工作。中央行政法院的初级成员多数源于法国国家行政学院(ENA)的优秀毕业生,高级成员主要从内部晋升,也有少部分从高级文官和专家学者中选任。行政法院还设有特别顾问一职,均从高级文官和各界专家学者中任命。特别顾问只参加行政庭[②]的工作,不得介入行政诉讼活动。

中央行政法院在职能范围上身兼三职,呈现为混合多元性功能。其一,作为咨询机构为中央政府提供咨询;其二,作为监督机构监督中央政府行政系统的行政措施和工作效率;其三,作为司法机构负责审理行政诉讼案件。中央行政法院的成员呈相对独立的特征,即作为监督和行政司法机构保持其职权的相对独立性,同时作为咨询机构与高级文官和专家学者保持着密切的联系。

2. 经济和社会委员会

经济和社会委员会是法国中央政府的另一个重要的咨询机构,是政府决策的内脑。依据宪法规定,该委员会的主要职能为:根据政府的请求,对政府提交给它的法律草案、法令、命令以及法律提案提出意见;指派委员向议会申诉该委员会对提交给它审议的法律草案或法律提案的意见和建议;接受政府有关经济与社会问题的咨询;凡有关经济与社会性质的任何规划或法律草案(财政法律草案除外),政府均需提请经济与社会委员会提出意见[③]。宪法的这一规定反映了经济和社会委员会在政府政策制定中的重要地位。

此外,经济和社会委员会还是一个半官方半民间的机构,是法国中央行政体系中一种特别的机构。其成员包括各行各业的民间人士,代表性十分广泛。委员会的成员通常包括:雇佣人员代表,企业代表,农业组织代

[①] 刘峰、舒绍福:《中外行政决策体制比较》,国家行政学院出版社2008年版,第75页。

[②] 行政庭主要负责:(1)依法审查、受理和执行非诉讼性行政执行案件;(2)负责接受行政案件的法律咨询,宣传法律、法规,促进行政机关依法行政。行政庭中的特别顾问只承担咨询功能,不得干预行政诉讼活动。

[③] 郑楚宣等:《当代中西政治制度比较》,广东人民出版社2002年版,第252页。

表，中产阶级代表，住房、节约、公共卫生、消费和建设合作社问题的社会活动家代表，其他社会活动家代表，海外领地的经济和社会活动家，经济、社会、科技、文化界知名人士及通晓海外经济和社会问题的著名人士等[1]。委员通常由各类职业组织选派或由政府直接任命。该委员会下设办公厅和若干专门委员会，分管不同方面的问题。各专门委员会负责对分管的问题进行研究审查，在此基础上起草报告、意见和草案等，将之提交委员会全体会议讨论，最终意见须经全体会议讨论通过方可提出。

介于其重要的职能和广泛的代表性，经济和社会委员会常被作为政府与民众之间、不同社会阶层之间以及不同利益团体之间对话、协商和沟通的场所，因而又被称为"第三议会"[2]。尽管如此，由于经济和社会委员会的意见并不具有约束力，决策机关可自行决定是否采纳。

3. 专业咨询机构

专业咨询机构是指在某一个或某几个方面为政府决策和行动提供咨询、发表意见和提出建议的机构[3]。在法国，几乎每个部都设有自己的专业咨询机构，因此此类机构的数量非常之大。其中比较重要的专业咨询机构包括最高司法委员会、最高国防委员会和最高公职委员会。

最高司法委员会是法国最高的司法监督和咨询机构，协助总统履行职责，保证司法独立。最高司法委员会的主要职能包括对最高法院法官、上诉法院首席法官及其他法官的任命提出意见和建议；就特赦问题向总统提供意见。此外，最高司法委员会还是法官纪律委员会，有权对法官的行为进行裁决。

最高国防委员会是法国的最高军事咨询机构，主要职能是研究有关国防的各问题，为政府的国防事务决策提供咨询。该委员会由有关部长和高级文官组成，必要时吸收其他部长和有关人士参加。

最高公职委员会是法国公务员事务的最高咨询机构，负责对有关公务员的问题提供咨询意见。值得注意的是，最高公职委员会对有关公务员法律法规草案提出的意见具有强制性。该委员会的委员由行政部门的代表和公务员工会组织的代表共同组成，均经政府任命产生。

---

[1] 吴大英、沈蕴芳：《西方国家政府制度比较研究》，第360页。
[2] 刘峰、舒绍福：《中外行政决策体制比较》，第74页。
[3] 潘小娟：《法国行政体制》，第49页。

（三）独立行政机构及其功能

法国的独立行政机构主要设立于20世纪70年代或80年代，随着法国行政改革的深入在众多领域中设置。法国政府之所以设置独立行政机构主要出于以下几点考虑：第一是为避免政府过度干预和控制公众生活；第二是为保证传媒的中立性，防止其成为政府的代言人；第三是为了保证经济生活公平有序，防止拥有资本者随心所欲，从而操控国家经济生活。可见独立行政机构的设立体现了法国政府试图在行政机关和被管理者之间设立中立性的仲裁机制的愿望[1]。

法国独立行政机构的主要职责是在由民选机构或由当选者直接监督的机构作出的政治选择和属于行政机构业务的管理服务之间发挥中介调节作用，并在其职权范围内行使监督权[2]。为保证其有效履行职责，法律赋予独立行政机构以法规制定权、调查权、劝告建议权、报告权和处罚权等。

独立行政机构作为一种新型的政府行政机构，具有以下特点：其一，是一种权威机构，能够通过制定法规、采取特别措施、提出建议和劝告等方式行使行政决策权。这一特点将其使之与咨询机构和司法机构有所区别：咨询机构没有决策权，而司法机构所作的决定属司法性而非行政性。其二，属于行政机构，设置于某个既存的公法人内部，本身不具有法人资格，在预算上隶属于国家机关。此种非法人化的特点使之不具有申诉权，因而与其他公共机构有所区别。其三，具有独立性，不受其他国家机关的领导，活动也不受行政等级的约束。但这并不意味着它可以任意恣为，它仍需接受行政法庭和行政法院的司法监督。若独立行政机构的行为非法，行政法官有权宣布取消其行为。

作为法国行政机构中的一种新型组织，独立行政机构在整个行政系统中的地位极具独特性。主要表现在：首先，为了保证公正执法，独立行政机构的成员享有独立身份地位；其次，独立行政机构的成员通常由最高司法机关（中央行政法院、最高法院和审计署等）和最高权力机关（共和国总统、国民议会议长、参议院议长）共同任命，或由不同的最高权力机关任命，使其成员之间相互监督，以确保其依法行使权力；再次，独立行政机构的成员有任期限制，且不得连任，但原则上在任期内不得被

---

[1] 邓龙：《法国的行政组织结构分析》，《科教文汇》（上半月）2006年第12期。
[2] 转引自潘小娟《法国行政体制》，第52页。

罢免。

目前，法国的独立行政机构主要包括：竞争委员会、市场委员会、证券交易委员会、消费者安全委员会、民意调查委员会、最高视听委员会、银行监督委员会、滥用条款委员会、接触行政文件委员会、法新社最高委员会、广播电视质量委员会、国家信息与自由委员会、出版社和通讯社对等委员会、国家竞选运动监督委员会、调解员和电影调解员等。

（四）中央派驻机构及其功能

如前所述，中央派驻机构是法国中央政府根据需要在地方设立的分支机构，隶属于中央某部。其主要职责是在特定区域内执行中央政府的决策。

中央派驻各级地方政府的机构可分为专门权限派驻机构和一般权限派驻机构两种类型。专门权限派驻机构是中央各部设在地方的分支机构，主要职责是具体执行中央各部在地方的事务。此类机构除隶属于各部外，还需接受双重领导：既要接受上级部门即所属部的领导，还需接受所在地区的大区长或省长的领导。此类机构的设立一方面保证了中央政府各部的决策在地方得以实施，另一方面也使部分行政决策权得以下放到地方[1]。为了保证中央各派驻机构的活动协调一致，此类机构还须接受一般权限派驻机构的领导。一般权限派驻机构主要是指作为国家代表的大区长、省长、副省长、市镇长及其相应的附属机构。此类职务和机构在一定区域内代表国家和中央政府管理国家在地方上具有综合性质的事务，成为最重要的地方国家行政组织。

除此之外，无论是专门权限派驻机构，还是一般权限派驻机构，均可依据设置层级的不同，分别纳入到大区级派驻机构、省级派驻机构和省级以下派驻机构三个层级中。

1. 大区级派驻机构

法国中央政府派驻各大区的机构包括：

（1）大区级专门权限派驻机构。中央各部设在大区的专门权限派驻机构大约有30个，包括大区电信局、大区劳动和就业局、大区财政机构等。随着法国政府权力下放政策的推进，中央政府行政机关不断将执行重心下移至派驻机构，导致派驻机构人员的增加。1998年，法国中央政府

---

[1] 郑楚宣等：《当代中西政治制度比较》，第256页。

官僚仅4万人，然而中央机关驻地方机构的人员却多达206万人①。同时，中央派驻地方机构的权限也不断加大。1992年，法国《关于共和国地方行政管理的法律》对中央政府行政机关与派驻机构的权限作了明确规定，中央行政机关只负责具有全国性的任务以及法律规定不能放至地方的任务，除此以外其他事务均由中央派驻机构负责执行。

（2）大区级一般权限派驻机构。大区级一般权限派驻机构主要包括大区长及其附属机构。法国权力下放法案实施之后，大区正式成为省以上一级地方政府。目前法国共有22个大区，每个大区包括2～8个省。按1983年1月的法律规定，法国大区政府的职能范围主要为：在经济计划和社会发展方面"协助国家计划的制定和实行，并制定本大区的计划"②。

大区长通常由大区所在地的省长兼任，作为国家的代表，执行国家在大区的事务。1982年5月法国的国家法令对大区长的职权作了明确规定：第一，代表国家和政府在本大区行使权力。首先，作为国家在大区的法律上的代表，有权以国家的名义与大区签订合同；其次，作为总理和各部部长的直接代表在大区行使职权，监督国家法律法规的执行；再次，有权以国家代表的身份出席一切地方仪式。第二，作为大区的代表行使权力。此类权力偏重于经济发展和领土整治方面。第三，领导本大区内的专门权限派驻机构。在这方面，大区长的权力十分广泛，包括拨款审核权、财产管理权、人事管理权、决策和监督权及担任大区级专门权限派驻机构各行政委员会主席的权力等。可见大区长既能代表国家和中央政府行使特定的权力，也能以地方首长的身份推行本大区的经济社会政策。尽管如此，法国政府也通过一些法律对大区长的权力加以限制。首先，军事机构不属于大区长监控范围；其次，诸如税收业务、统计机构的业务、公共开支的支付、与教育有关的活动以及劳动立法的监察等，也不属于大区长的职权范围。③

大区还设有若干个附属机构辅佐大区长的工作，包括大区事务总秘书处、大区行政协商会、大区国库主计官等。其中，大区事务总秘书处由大

---

① 宋世明等：《当代西方公共行政决策体制及其借鉴价值》，《国家行政学院学报》2001年第3期。
② 倪星：《法国地方政府的职能与机构设置》，《地方政府管理》1997年第8期。
③ Samuel Humes, *Local Governance and National Power: A Worldwide Comparison of Tradition and Change in Local Government*, pp. 176—177.

区事务秘书长领导，主要负责协助大区长行使属于大区的行政权力。大区事务总秘书处内设有若干特派员，从经总理任命并隶属于内政部长的高级文官中选任，负责协助大区事务秘书长的工作。大区行政协商会则是一个研究和咨询性机构，主要关注公共投资对大区经济和社会生活的影响，并就此提出意见和建议。大区行政协商会的成员主要包括大区内各省的省长、大区事务秘书长、大区国库主计官及有关国家派驻大区机构的负责人等。大区行政协商会秘书长由大区事务秘书长兼任。大区国库主计官在大区经济事务中发挥着重要作用，主要就财政和经济效益等问题给大区长提供意见和建议，并接受大区长提出的关于大区投资或给予私营企业补助金方面的政策咨询。

2. 省级派驻机构

中央政府派驻各省的机构包括：

（1）省级专门权限派驻机构。由于省在传统上是法国主要的行政区域和各部在地方的专门行政区，因此法国中央政府各部设在各省的专门权限派驻机构的数量要远多于大区[1]。省级专门权限派驻机构通常包括省农林局、省税务局、省装备局、省青年和体育局、省卫生和社会事务局等。这些派驻机构既要接受中央对口部的领导，又要接受所在省省长的领导，在中央政府的统一领导下开展工作。

（2）省级一般权限派驻机构。省级一般权限派驻机构主要包括省长、副省长及其附属机构。法国权力下放法案实施后，虽然大区作为省的上一级地方行政单位，但并没有改变省作为国家主要行政区域的地位。目前法国共有96个省，省政府的职能主要包括：通过省的预算和社会救济贷款；决定对公立公益机构的津贴；决定省、专区、法庭和保健事业的建设；分配各区的税款份额；管理治安；向中央政府申诉有关省内事务的意见和愿望；对区划的变动和市镇名称的更换提出意见，等等[2]。

法国政府进行地方分权改革以前，省长具有双重身份，既是国家在省级地方的代表，也是各省的最高行政长官。法国进行地方分权改革之后，地方行政管理权逐渐转移到地方民选代表手中，省长不再是省的最高行政

---

[1] 任进：《比较地方政府与制度》，北京大学出版社2008年版，第75页。
[2] 李和中、陈广胜：《西方国家行政机构与人事制度改革》，社会科学文献出版社2005年版，第156页。

长官，地位发生了变化，改称为"共和国专员"。1988 年法令取消了这一称号，恢复了省长的称谓。省长作为国家在省内的代表，掌有国家在省内的全部行政权力。省长除了维护国家在各省的利益、监督国家法律法规的执行、领导行政管理工作外，还享有一些专门职权，如代表国家执行法律和政府的决定、向政府提供情况、维护治安权、防务权、民事安全权、行政监督权、司法治安权、经济方面的职权、领导地方的国家行政机构、以及组织和监督选举等①。省长不向省议会负责，相反，将省议会置于自己的监督之下。可见省长的职务兼具行政性和政治性。省长通常由内政部长和总理提名，经部长会议讨论通过后，由总统以命令形式任命。人选主要来自于任职两年以上的副省长、高级文官、中下层文官和非公职人员②。在省长的任命中，政治因素居于主导地位，省长的职务不具有保障性，政府可随时撤换。

各省还设有若干名副省长协助省长工作，在省长的领导下行使权力。副省长既可同时兼任专区的行政长官，负责专区的行政工作，也可担任省府秘书长、省长办公厅主任等职务。副省长同样通常由内政部长和总理提名，并由总统颁布法令任命。人选主要来自隶属于内政部的高级文官、毕业于国立行政学院的国家文官、省府工作部门的负责人、主要专员或具有高等教育文凭的其他人员③。

各省还设有若干附属机构协助省长工作，主要包括省长办公厅、省府秘书处、特派员和省府工作部门等。其中，省长办公厅是省长最重要的机构，主要负责治安问题和政治事务，可经省长授权代省长签字。省长办公厅主任通常由副省长担任，属省长官员团职类。省长办公厅下设各类处室协助办公厅主任处理各项业务。省府秘书处由省府秘书长领导，位于省府各工作部门之首，负责省府的行政事务。当省长职位空缺或省长不能履行职务时，省府秘书长可代理省长行使各项职权。省府秘书长通常也由副省长担任，属省长官员团职类。必要时省府可设特派员专门负责解决某一方面的问题。特派员通常也由副省长担任。此外省府还设有若干司局，主要

---

① ［英］伊夫·梅尼等：《西欧国家中央与地方关系》，朱建军等译，春秋出版社 1989 年版，第 83 页。

② Ezra N. Suleiman, *Politics, Power, and Bureaucracy in France: The Administrative Elite*, New Jersey: Princeton University Press, 1974, p. 241.

③ Ibid., p. 243.

是辅助省长决策并加以实施，司局中的人员均为国家公职人员，经国家考试合格选用。

3. 省级以下派驻机构

中央政府派驻省级以下地方的机构主要分为专区派驻机构和市镇派驻机构。

专区作为省以下的一级行政区划，是省的派出机构，并非一级地方自治体。目前，法国有324个专区。在专区内，中央专门权限派驻机构主要包括财政、税务、宪兵、装备机构等。专区一般权限派驻机构主要指专区行政长官及其附属机构。专区的行政长官由副省长担任。省府所在地的专区不设行政长官，其职能由省府秘书长行使。任专区行政长官的副省长是国家在专区的唯一代表，其主要职权是在省长的领导下负责监督国家法律法规的实施，执行中央政府的指令。专区还设有主任秘书，负责协助副省长的工作。

市镇作为一级地方自治体，其市、镇长既是国家在市镇的代表，又是市镇的行政首长。作为国家代表，市镇长代表国家履行某些特定职能，负责贯彻国家的法律和条令；作为市镇行政首长，市、镇长负责执行市镇自治的公务，执行市镇议会的决议，主持市镇行政委员会的工作，掌握市镇的行政与治安权。市、镇长通常由市议会议员互选产生，任期6年，可连选连任。市长之下还可设市长助理，市长助理作为市长的高级辅助人员，行使市长所委托的职权。

二 法国政府官僚系统的官员类型与特点

如前所述，本书所指的官僚是指在政府行政系统中任职的、非选举产生的官员或公务员。依据任命方式的不同，政府官僚可区分为政治官僚和职业官僚两种类型。依据职位重要性和层级的不同，职业官僚又可划分为高级文官和中下层文官。

（一）政治官僚及其特点

在法国，位于中央政府的政治官僚大约在500名左右，主要是部长、部长办公厅和各部门的行政首长，包括国务部长、部长、部长级代表、国务秘书、司局长、处长、大区长、省长、大使和公使、知事、警察所总务长、特任行政监察官、大学区总长等。此类官员非经竞争性考试而任职，而是直接由总统任命，政治成为任命过程中的主要因素。被任命者并不一定与总统属同一政党，但必须保证对政府的忠诚。此类官僚与总统共进退，承担着重要职责，他们不受一般公务员法的约束，也不享有职业保障，随时可被撤换。

（二）职业官僚及其特点

在法国，职业官僚又被称为"文官"，主要指那些在国家或地方行政部门长期任职并正式拥有某种行政级别的公务人员。依据职位分类的原则，法国将此类官员归于不同的职类、职系、职等和职级。职类的划分以职位为基础，即按工作性质、业务种类、技术难度、责任大小和所需资格加以划分[1]。

法国的职业官僚主要分为 A、B、C、D 四类，A 类官僚为高级文官，其余三类分别为中下层文官。在职类以下，依据各个专业体系，将职位区分为性质不同的若干职系。如 A 类职业官僚被划分为技术性高级文官集团和非技术性高级文官集团两个职系。在职系之下，进而依据工作的难易程度和承担责任的大小，将职业文官纳入不同的职等。如 A 类文官进一步被区分为三个职等。在职等之下，还区分为若干职级，与薪俸直接挂钩，在同一职级的文官享有同样的薪金待遇。法国政府通过对职业文官进行四个层次的划分，构建起一个从上到下具有清晰等级阶梯的职业官僚体系。

1. 高级文官及其特点

高级文官即上述 A 类文官，指那些承担领导、计划、决策和管理性工作的职业官僚[2]。依据职业特点和所掌握的专业知识，高级文官又进一步区分为国家高级文官、高级公务员和高级技术人员三种类型。前两类是非技术性高级文官，后一类属于技术性高级文官。不同类型的高级文官在行政系统中承担着不同职责，发挥着不同功能。国家高级文官主要履行政府的监督、咨询和司法职能，集中于行政法院、审计院和财政监察机构。高级公务员分中央和地方两个层级，中央高级公务员主要负责协助总理处理行政事务，拟定政府法令和规章，推动政府一般命令的实施。享有发布执行任务的训令、协调各方工作和人事配备等权力。地方高级公务员主要

---

[1] 陈学明：《法国的公务员制度及其给我们的启示》，《中共四川省委省级机关党校学报》1998 年第 3 期。

[2] 倪越：《西方文官制度》，劳动人事出版社 1990 年版，第 109 页。

协助大区长、省长或海外领地高级专员和总督的工作。高级技术人员负责行政部门内的科技行政工作,管理国有企业、公共事业及国家计划内的科研工作等。

法国高级文官集团具有相对封闭性和精英主义传统,突出地体现在录用机制上。法国高级文官的录用通常采取一般性竞争考试的方式,技术性和非技术性官员在录用程序上有所不同。技术性高级文官的招考通常由巴黎综合工艺学校统一进行,招考对象主要来自在职公务人员。通过考试录取的技术性高级文官,须经巴黎综合工业学校培训2至3年,培训期满考试合格者方给予正式职位。对这类人员的培训,主要是为适应科学技术的发展,力图使科学技术与行政才能相结合。要求学员不仅要懂技术,还要懂管理,并能够为国家利益尽职尽责。受训学员中,最终仅有20%—25%的优等生能够取得进入政府高级技术官员团的资格[1]。

非技术性高级文官的招考通常由国家行政学院统一进行,分为外部招考和内部招考。外部招考面向持有高等教育文凭的大学毕业生,内部招考则面向具有一定服务年限(一般为5年)的在职公务人员。录用考试的程序分为笔试和面试两轮,只有顺利通过两轮考试的候选人才有可能进入高级文官集团。高级文官的录用考试竞争激烈,且考试内容难度大。此类高级文官每年录取名额仅100—140人,录取的比例是外部招考人员占2/3,内部招考人员占1/3[2]。因此,要想进入非技术性高级文官系列十分困难,也使这一集团具有相对封闭性。通过考试被录取的候选人,还须经国家行政学院培训两年,培训期满后根据两年中的综合成绩,由高到低排列名次,根据名次先后选择工作职位。通常只有那些最优秀的学生(约占毕业生总数的20%)才有资格成为非技术性高级文官集团的成员[3]。法国高级文官集团成员的录用与培训机制使法国的高级文官具有明显的精英主义的特点和倾向。

法国高级文官集团具有很强的流动性,除了通过晋升流向政治官僚体

---

[1] 龚祥瑞:《文官制度》,人民出版社1985年版,第154页。
[2] 潘小娟:《埃纳与法国行政:法国国立行政学校》,第41页。
[3] Roy Jumper, "Recruitment Problems of the French Higher Civil Service: an American Appraisal," *Political Research Quarterly*, Vol. 10, No. 1, 1957, pp. 38—48, p. 45.

系外，还可以流向公私企业和政治系统。首先，高级文官可以通过"临时外调"的方式流向政治官僚系统。进入高级文官集团的ENA（国家行政学院）的毕业生在经过大约4年的见习锻炼后，便有可能被派到一个行政部门（如部长办公厅）承担"临时外调"任务，以财政助理监察员和民政官员的身份，在该部门参与决策工作，成为部长不可缺少的合作者，从而有可能被安排在中央某个部门的领导岗位上。在法国，政治官僚系统的成员很大一部分是经由这个途径进入的。其次，高级文官向企业的流动，主要有两种方式：第一是通过政府委任的方式进入公共企业的董事会，担任董事长或董事职务；第二是通过高级文官自己的力量流入私人企业，并在企业中担任重要职务。再次，高级文官向政治系统的流动，主要有三种方式：经选举进入议会成为议员；经选举成为总统；作为多数政党联盟的领袖被任命为总理。

法国高级文官介于政治官僚和中下层官僚之间，与政治系统保持着密切的联系，并承担着相应的管理职能。他们地位特殊，在整个政府行政系统中发挥着十分重要的作用。他们不与政府共进退，长期居于国家政府的各个部门，有丰富的经验，久而久之，形成一股势力，被称为是法国政府中"有势力的王子"[①]。

2. 中下层文官及其特点

中下层文官主要包括B、C、D三类职业文官。其中，B类文官属于中层文官，承担各类执行性的工作，具体职务包括政府各部门的行政秘书、各级派驻机构的行政秘书、财政机关的监督员、邮政监督员以及公共事业机构中的技术员等。此类文官在高级文官的领导下负责各种法律、法规和政策的执行，并在执行过程中作具体解释和相应规定。担任B类文官的人员需要具有解析、品评、创意、乃至决断的能力。

C类职业文官属于下层文官，主要承担行政执行中的辅助性工作，属操作性较强的岗位，如速记员、打字员、办事员、行政助手、税务调查员、邮局营业员、档案管理员、技术工人和监工等。他们在A类高级文官和B类中层文官的领导下承担政策和法规实施中的具体事务。D类文官是最低等级的职业文官，承担比较简单的工作。此类人员主要包括办公室值班人员、行政机关勤务人员、公文信差和门卫人员等。伴随着法国的行

---

① 洪波：《法国政治制度变迁——从大革命到第五共和国》，第247页。

政体制改革，法国政府通过教育和培训逐步将 D 类文官并入 C 类①。

中下层文官的录用依据具体职类的不同而有所区别。B 类文官的录用要通过一般性竞争考试；C 类文官的录用则采用专门性竞争考试的方式，入职前还须接受专门的职业培训。随着 D 类文官并入 C 类，政府逐渐取消了 D 类文官的招录。与 A 类文官由巴黎综合工艺学校或国家行政学院组织招考不同，B 类和 C 类文官的招考由各用人部门自行组织。各职类录用考试的程序分为笔试和面试两轮，考试内容包括一般文化考试、一般技术考试和专业技术考试三个方面，具体内容各有所异。A 类和 B 类文官的考试内容主要涉及写作、演说、外语、法律、经济地理、法国文学、法国财政、法国商业及航海政策、国际公法和私法等②，但 A 类文官还须经过特别考试，难度也大大高于 B 类文官的考试。C 类文官的考试主要涉及打字、速记、拼写及书法、算术、几何、地理、物理和化学等③。

中下层文官的培训大体包括职前培训和在职培训两部分。B 类和 C 类文官在通过上述两轮考试被录用后，还需在正式分配岗位之前经过一定期限的职业培训，经培训合格者方能被授予正式职务。在总体上，B 类文官的职前培训内容较 C 类文官更为广泛，也更加严格。在职培训针对所有公务人员。法国在职的公务人员每 3 年至少要接受一次更新知识和提高能力的培训，进修期间工资照发，且保留其晋升和退休的权利。除了按照相关部门的规定定期接受在职培训外，在职公务人员还可提出进修要求。

中下层文官的晋升主要包括职级晋升和职等晋升两种类型。职级晋升是根据职业文官在公职系统中服务的年限自动进行，以提高薪金为标志。职等晋升意味着职业文官职务的上升，除需通过竞争性考试外，还要经过选拔和业务考核。B 类文官甚至有望通过参加一般性竞争考试进入 A 类高级文官集团。B 类文官若报考巴黎综合工艺学校或国家行政学院，需通过考试取得培训资格，经培训合格的文官便能成功地进入 A 类高级文官集团。

值得提及的是，与英国不同，法国的职业文官并不奉行政治中立原

---

① Vaucher Paul, "A Reform in the French Civil Service," *Public Administration*, 2007, Vol. 20, No. 3, pp. 145—147.
② 林小禅：《英、美、法的公务员录用制度》，《人才瞭望》2003 年第 8 期。
③ 秦宣：《世界主要国家公务员制度》，中国大百科全书出版社 1995 年版，第 92 页。

则。在法国，职业文官除享有信仰自由和与个人有关的其他自由外，还享有言论自由和政治自由。在工作之外，他们有权利在遵守克制和保留义务的前提下发表任何见解，有权利加入各种社团组织和工会，有权利参加集会、罢工和竞选等活动。当然，他们同时也须履行忠于职守、廉洁奉公、严格服从上级以及工作中不得发表个人政见等义务。

第三节 法国官僚系统的政治、行政与社会关系

法国的官僚系统处于总统和总理的行政领导下，作为政府的行政功能系统，随着法国国家行政权力——特别是总统权力——的不断增强，日益居于立法权之上，呈现出极强的稳定性。政府官僚通过与政治权力的亲密合作，或通过相应途径使自身成为政治权力的执掌者，使法国的国家行政系统与政治系统日益融合，呈现出明显的行政政治化倾向。同时，国家行政系统内呈现为严格的等级制和封闭性特征。行政系统与社会之间也显现出相对封闭的单向性流动状态。本章将对法国政府官僚系统的政治、行政和社会关系加以梳理，为建构法国官僚制的理论模型提供依据。

一 法国官僚系统的政治关系

法国官僚系统与政治系统的关系可以从法国半总统制、半议会制政治体制的角度加以分析。在法国的政治体制下，立法、司法、行政三权分属不同的权力机构，但此种分权体制较多强调权力间的分立，在权力间制衡方面相对弱化。随着第五共和国的建立和总统权力地位的增强、以及法国行政首长双头制的出现，法国国家行政权力日益显现出高于立法权和司法权的趋向，法国的国家官僚也一直承载着某种政治角色。近年来，政治官僚和职业官僚相融合的趋势愈加明显，表显现出法国官僚与政治系统间特有的关系结构。

（一）法国总统与官僚系统的关系

法国第五共和国期间，作为国家元首的总统，由原来的间接选举产生改为由公民直接选举产生。总统由以往对议会负责变为对全体公民负责，摆脱了以往议会的限制，大大提高了总统的权力地位。第五共和国时期，总统拥有宪法赋予的广泛权力，不仅掌着行政大权，还拥有制约和干预立法乃至介入司法的权力。总统由第三、第四共和国时期的"虚位"元首

转变为拥有实际权力的"君主般"的国家元首。正如戴高乐所言："选举总统的人民已经把国家不可分割的权力完全赋予总统，除了由总统授予并维护的权力以外，不存在任何其他的权力。"① 戴高乐所言意味着总统作为国家权力的中心，凌驾于立法、行政和司法三权之上。第五共和国宪法还极大地削弱了议会的权力，总统所拥有的解散议会权在很大程度上抑制了议会的倒阁权，保证了行政系统的稳定性。

法国第五共和国宪法虽然规定实行"行政双头制"，即国家行政权由作为国家元首的总统和作为政府首脑的总理共同行使，但在行政权力的运作上，总统作为国家权力中心实际掌有国家行政权。主要体现于：首先，总统拥有广泛的人事任免权。依据宪法，总统有权任命总理、并根据总理提出的辞职要求解除其职务。总统的这一权力将总理置于自身的控制之下，使总理必须忠实地执行其意志。此外，总统有权依据总理的提议任免政府其他成员，包括中央各部部长、行政法院成员、大使和特使、审计院的审计官、省长、政府驻海外领地代表、将军级官员以及中央行政机构的负责人等②。虽然宪法规定总统这一权力的行使要依据总理的提议，但实际上总统往往能够绕开总理将自己的亲信安插到这些重要岗位上。吉斯卡尔·德斯坦（Giscard d'Estaing，1974—1981）当选总统后，曾在20个大学校长职位上安插了10名左右"总统的人"，他们中多数人曾以法国民主联盟竞选人的身份参加竞选，另外2名曾参加过德斯坦的竞选委员会③。法国总统享有的广泛的人事任命权使他得以控制整个行政体系。

其次，法国总统享有掌控内阁会议的权力。法国总统虽然不是政府成员，但他有权召集和主持内阁会议，有权决定内阁会议的议程和内容，从而得以操控政府活动。由于内阁会议不采用投票表决的方式决定待议事项，因此实际上只起为总统提供咨询的作用，并不真正拥有决策权，使行政决策权实际上由总统掌有。正如戴高乐所说："召开内阁会议的主要目的，就是让总统为政府的设想和准备制定方针、确定目标，并对政府的计划和（给）执行部门下达指示。"④

---

① 国际关系研究所：《戴高乐言论集》，世界知识出版社1964年版，第482页。
② 张立荣：《中外行政制度比较》，商务印书馆2009年版，第313页。
③ 曹沛霖、徐宗士：《比较政府体制》，复旦大学出版社1993年版，第193页。
④ ［法］戴高乐：《希望回忆录》（第1卷），翻译组译，上海人民出版社1973年版，第283页。

再次，法国总统还享有"保留的职权"，即可以撇开政府运用其特权处理重大问题的权力。第五共和国宪法规定，法国总统在外交、军事以及一些紧迫问题的处置上拥有"保留的职权"。这就意味着"一件事情只要变得重要了，那么它就属于共和国总统的管辖范围"。"在这些职权范围内，大家都得听从总统，包括政府也是如此。"[1] 因此，法国宪法虽然没有像美国宪法那样规定行政权属于总统，但法国总统通过不受制约的行政任命权、主持内阁会议并无须经过表决的决策权以及宪法所赋予的"保留的职权"，实际上掌握国家的行政大权，成为事实上的行政首脑。

总统强大行政权力的实现，除宪法和法律制度的保障，还有赖于政府官僚的支持，除总统所任免的政治官僚外，高级文官也成为总统权力行使的重要合作者。协助总统工作的办事机构总统府的成员，通常从中央行政机关的高级文官中"借调"过来，成为总统所信任的专家和密友、乃至总统的私人合作者。总统府成员主要包括秘书长、办公室主任、私人参谋长、总统府发言人、特别顾问和特派员等。其中，秘书长作为总统最重要的助手，协助总统对重大政治问题作出决定，同时协助总统指导和监督政府各部事务，因此而被称为"宫廷代理人"。办公厅主任主要负责总统本人和总统府内部的日常事务，被称为总统的"管家"。总统特别顾问的主要职责是对体制改革加以设计，并提出建议；就社会、经济发展等重大问题制定战略规划；在总统参加国际会议前，为总统做细致、具体的准备工作，因而被称为总统的"智囊"。总统府的要员们与总统保持着亲密接触，成为总统的亲信，他们的意见常常对总统的决策具有重要影响。由大量高级文官所组成的总统府成为法国政府的决策中心，总统权力的扩大反过来也使这些高级文官的地位有所提升。因此格林指出，高级文官已经成为"法国政治生活的垄断者"，声称"法国是保持全能精英集团专注于政治分析的唯一国家"[2]。总统府的职位也成为对支持总统的高级文官的回报，使高级文官进一步政治化。一些学者提出，在政策制定、社会改革和经济发展等方面，法国的高级文官已经如此地接近了政府的最高层，以至

---

[1] [法]雅克·夏普萨尔、阿兰·朗斯洛等：《1940年以来的法国政治生活》，全康康译，上海译文出版社1981年版，第389页。

[2] John Girling, *France: Political and Social Change*, New York: Routledge, 1998, pp. 82—83.

于政治的世界和行政的世界目前正融合在一起①。

(二) 法国总理与官僚系统的关系

依据宪法规定,总理作为政府首脑由总统任命。总统在任命总理时,若议会多数党与总统属于同一政治派别,总统便能够有较广泛的选择权;若议会多数党与总统分属不同的政治派别,总统通常只能从反对派中选任总理,以便获得议会多数党的赞同。在行政二元体制下,作为政府首脑的总理虽然与总统共同分享行政权,但此种权力的分享并不意味着"平分秋色",总理实际上处于从属于总统的地位。总理一职成为连接议会和总统的"纽带",不仅要代表内阁和整个行政系统向议会负责,接受议会监督,还要向总统负责。当议会对内阁提出不信任时,总理必须代表内阁提出辞职,使总理在实际上成为总统行使行政权力的"避雷针",使代表"国家持续性"的总统得以免受议会和舆论的"雷击"。此种体制保护了总统,也在某种程度上维护了政府行政系统的稳定。

在实际行使国家行政权力的过程中,总理虽然处于从属地位,但作为政府首脑仍拥有部分行政权力,如负责领导政府的日常活动,对重大政策问题享有创议权;负责国家法律的实施和政策的执行,就此对议会负责;除宪法规定的例外情况,负责副署总统的文件、法令和命令;负责国家防务;向总统建议任免政府各部部长和国务秘书的权力;任免总统职权以外的所有文职和军职人员的权力,等等。

从总理享有的权力中可以看出,宪法虽然规定了总统和总理各自的权力范围,但并不明确,如宪法规定总统是武装部队的统帅,又规定总理负责国家防务,此类模糊的规定使总统在很大程度上取代了总理,成为行政决策权的执掌者,使总理成为总统的"大管家",总理所领导的内阁也成为总统的"白宫班子"。对此,戴高乐曾经指出:"总统任务的性质、范围和期限意味着他不应无休止的(地)全神贯注于应付政治、议会、经济和行政上的经常事务,相反,这是法国总理的复杂任务。"② 在现实中,此种情况出现于总统与总理以及与议会多数派同属一个政治派别时。当法国政坛处于"左右共治"状态的时候,即总统与总理、以及与议会多数

---

① Jean-Louis Quermonne and Luc Rouban, "French Public Administration and Policy Evaluation: The Quest for Accountability," *Public Administration Review*, Vol. 46, No. 5, 1986, p. 398.

② [法] 戴高乐:《希望回忆录》(第1卷),第482页。

派不属于同一政治派别时,总理和内阁便有可能发挥一定的作用。此时,居于总统的反对党的地位成为一种筹码,有利于总理和内阁与总统讨价还价、共同商讨和决定内外政策。正如罗伯特·埃尔吉(Robert Elgie)所指出,"法国宪法制度设计的特点已经把行政官内部的竞争制度化",当总统和总理某一方面试图增加对政策过程的控制权而损害另一方面的权力时,这种制度安排就"在这两个机构之间制造出一种持续性紧张局面"[①]。

同样,作为政府首脑的总理,无论是行使行政决策权,还是行使行政执行权,都离不开政府官僚的支持。作为总理的办事机构,总理府成为政府官僚辅助总理工作的主要场所。总理府下设办公厅、总秘书处和军事办公室三个机构,成员主要来自高级文官集团。总理府办公厅作为总理府的重要机构之一,是总理的参谋部,负责联系总统府办公厅,监督中央各部的工作,收集部长们的建议,为总理出谋划策。由此总理府办公厅的高级文官成为总理的重要信息渠道,尤其是办公厅的正副主任直接与各部部长发生工作联系,因而成为联系各部部长和总理的"枢纽"。总理府总秘书处负责协助总理进行决策,总理行政决策地位的软弱使这些高级文官的权力也受到限制。尽管如此,无论权力大小,总理府中的高级文官都是总理的忠实伙伴、甚至是总理的私人合作者。

(三)法国议会与官僚系统的关系

法国议会作为国家最高权机构之一,主要行使立法权和行政监督权。在第五共和国宪政框架下,立法权作为议会传统权力日益被削弱,逐渐转移到行政部门和总统手中。议会行政监督权的行使,也由于诸种原因,大大减少。使法国议会"从世界上最强有力的机构变成了一个最弱的机构"[②],并在一定程度上被置于行政权力的控制之下。

就议会立法权而言,尽管宪法规定"法律应由议会投票通过",但议会无论在立法范围方面还是在立法程序方面都受到政府的诸多限制。第五共和国宪法以列举的形式限定了议会的立法范围,并规定:"不属法律范围以内的事项具有条例性质",以此种模糊条款扩大行政立法领域,使政府通过颁布大量条例扩大自身的立法范围和权限。密特朗政府时期曾试图

[①] Robert Elgie, "The Prime Minister's Office in France: A Changing Role in a Semi-Presidential System," *Governance*, Vol. 5, No. 1, 1992, p. 113.

[②] 殷惠林:《谈谈法国的"半总统制"》,《世界知识》1988 年第 12 期。

通过各种改革扩大议会的权力，提出政府在颁布条例前要先进行立法，但在实施中仍然是"速度与效率的需要占了上风，议会还是被冷落一边"[①]。法国宪法规定："政府为了实施其施政纲领，可要求议会授权它在一定时期内以法令的形式对于属于法律范围内的事项采取措施。"这就使议会的部分立法权通过条例制定权和委托立法的形式转移到政府手中。第五共和国宪法还赋予政府对议会议事日程、具体提案讨论的程度及有关文本的决定权，由此而剥夺了议会领袖的议事日程决定权，使议会立法权处于政府行政部门的控制之下。一些西方学者因此认为法国"政府制约着立法过程"[②]。

就法国议会的行政监督权而言，主要包括对中央政府的调查权、质询权和弹劾权。虽然宪法规定议会可以通过这些权力去监督政府，但出于稳定政局的需要，议会对政府的监督权常常受到限制。首先，宪法规定议会两院均拥有对政府工作的调查权，可就某一特定问题设立专门委员会进行调查，并有权发布调查报告。但如果调查建议是由少数党提出，政府便会通过种种手段阻挠调查进程，并封锁消息，阻挠议会向新闻界和公众公布调查结果，使议会调查权的效果甚微。其次，宪法规定议会每周要保留一次会议专供议员向政府提出质询、进行答辩。但要求议会的质询不致引发对政府的信任问题，也不会导致政府辞职。加之在答辩中，一些官员不是宣读冗长的稿子，就是敷衍、拖拉甚至拒绝答复，使质询和答辩流于形式。再次，宪法规定国民议会可通过弹劾追究政府的政治责任，甚至迫使其辞职。但在实践中，国民议会弹劾权的行使受到严格的程序限制，导致最终"有花无果"。如宪法规定弹劾案至少要有 1/10 的议员签名才能受理，且必须在弹劾案提出 48 小时后才能进行表决，只有获得绝对多数票弹劾案才能通过，弃权和没有出席的议员都被算作政府的支持者，加之议会原本就有支持政府的多数派，因此弹劾案的成功率极低。从 1959 年到 1985 年，国民议会曾 26 次弹劾政府，仅 1962 年一次获得成功[③]。可见作为监督政府有力手段的议会弹劾权，实际上被架空。

[①] 曹沛霖、徐宗士：《比较政府体制》，第 224 页。
[②] Peter Morris, *French Political Today*, p. 53.
[③] 田为民、张桂琳：《比较政治制度》，新华出版社 2004 年版，第 157 页。

二 法国政府官僚系统内的政治与行政关系

在法国政府的运行中,可以看到,政府中政治官僚与职业官僚之间存在诸种关系和交互作用,在高级文官和中下层文官之间则保持着相对隔离性。法国政府官僚系统内部的特殊关系一方面促使官僚进一步政治化,另一方面显现出封闭性的特征。

(一) 政治官僚与职业官僚之间的关系

在法国,政治官僚与职业官僚之间最为显而易见的关系是:政治官僚是各级政府行政部门的行政长官,各级政府中的职业官僚在其领导下实施法律、法规和政策。由于职业官僚职务常任,不与政府共进退,因此他们对本部门的业务要比政治官僚更加熟悉,这就在较大程度上抑制了他们的上司——政治官僚——的权限。职业官僚在各部门的职责是协助其行政首长处理行政事务,将政府的命令付诸实施,起草法律、规章或政府决议草案,并有权发布为执行政务所必需的训令。通过履行具体职责,职业官僚事实上掌握着各部门的实际权力,成为政府各部门的导航员[1]。

以部长办公厅为例,1970年,在20个部长办公厅中有17个为高级文官所控制,财政监督团和省级长官团两个高级文官集团占据了各部部长办公厅人员的25%[2]。供职于部长办公厅的高级文官们,成为部长的私人咨询师,为部长决策提供咨询、提出建议、准备备选方案,并监督和指导决策的实施,实际上控制了政府的决策过程,发挥着某种政治性功能。尽管部长在挑选部长办公厅成员时,也会考虑专业技能方面的因素,但更多还是基于其政治信仰。

20世纪80年代以来,法国高级文官的晋升呈现出强烈的党派色彩,那些能够成功获得晋升的高级文官通常与其行政长官保持着个人和政治的双重关系。供职于部长办公厅的高级文官通常为部长的亲信,或通过与部长之间的合作建立起亲密的私人关系,在党派归属上也与部长保持一致。各部部长的继任人通常由部长从其办公厅成员中挑选。据统计,第五共和

---

[1] Ezra N. Suleiman, *Politics, Power, and Bureaucracy in France: The Administrative Elite*, p. 167.

[2] Ibid., p. 248.

国以来，有超过 1/3 的部长是从高级文官中所提拔[1]。因而安德鲁·海伍德说，此种晋升方式使法国高级文官如今更像是政治帮派的大杂烩，而不是超越政党政治的行政机构[2]。

可见法国的职业官僚、尤其是高级职业官僚与政治官僚间的界限十分模糊，两者间的转换也相对容易。正如马太·多甘所说，如今第五共和国的走廊已成为那些现代高级行政官员的"天堂"[3]。此种情况在很大程度上显现出法国高级职业官僚浓厚的政治化倾向，也因而实现了中央政府对职业官僚的政治控制。

（二）高级文官与中下层文官之间的关系

法国传统的公职概念中强调权力和等级原则，显现出较为严格的等级制度。因此一些学者认为，法国的政府官僚体系呈现出韦伯所提出的官僚制特征。如前所述，法国政府官僚体系中的等级制主要通过职位分类制度得以实现，即依据职类、职系、职等和职级的分类标准进行横向分类和纵向分级，由此而呈现为金字塔形的组织结构。

法国政府中，上级官员有权在行政活动中领导和指挥下级官员，并有权就其职业状况作出相应决定；下级官员必须接受和服从上级的领导。通过层层隶属关系，使整个行政系统形成"一条统一的、自上而下的、层级节制的指挥服从等级链"[4]。高级文官居于这一链条的上端，领导其管辖范围内的中下层文官，通过下达命令的方式传达政府决策，履行其行政职责。中下层文官处于链条的下端，必须接受上级领导、服从上级命令，保证政府政策的具体实施。通过严格的纵向隶属关系保证中央政府的严格控制和决策的贯彻。

此种严格的等级制度使法国政府纵向等级流动较差，中下层文官要想走进高级文官体系必须通过巴黎综合工艺学校或国家行政学院组织的统一考试，获得进入这些学校学习的资格才有可能。中下层文官报考这两所学校，需要满足两个条件：年龄在 46 周岁以下且具有一定服务年限（一般为 5 年）。非技术性文官每年仅有约 100—140 人进入国家行政学院学习，

---

[1] ［美］费德勒·海迪：《比较公共行政》，第 225 页。
[2] ［英］安德鲁·海伍德：《政治学》，张立鹏译，中国人民大学出版社 2006 年版，第 433 页。
[3] Mattel Dogan, *The Mandarins of Western Europe: the Political Role of Top Civil Servants*, p. 11.
[4] 邱晓万等：《从精英主义看法国高级公务员制度》，《党政论坛》2008 年第 2 期。

此种内部招考的录取比例仅占总录取名额的大约 1/3[①]，最终毕业生中也只有 20% 的学员能够步入高级文官集团。技术性文官进入巴黎综合工艺学校学习的，最终成为高级技术性文官的比例仅为 1/2000。所以对于中下层文官而言，向上流动、进入高级文官系统的渠道十分狭窄，显现出政府行政内部系统明显的封闭性。

三 法国政府官僚系统的社会关系

在国家主义文化传统和卢梭"公意"思想的影响下，法国官僚系统在整体上与社会处于相对隔离的状态。此种隔离性的内涵为：作为国家意志的体现者，国家官僚系统要尽量避免为各种私人利益所干扰。具体提现为作为国家精英阶层的政府官僚系统，与普通公众保持着某种隔离，显现出国家官僚体系对于社会的相对封闭性。尽管如此，就政府官僚个人而言，他们却能够较为自由地进入私人领域，并在私人部门中担任重要职务，呈现为官僚系统与社会间单向流动的形态。

（一）法国政府官僚系统与公、私经济部门之间的关系

法国政府官僚系统作为国家行政事务的管理者，与私人部门之间为管理和被管理关系。20 世纪 80 年代初，法国曾进行大规模的企业国有化，使国家与经济部门保持密切的联系。如今，虽然私营经济在法国居于主导地位，但国有企业在国民经济中仍占有相当比例，法国的国有企业大约有 2000 个，国有企业员工占全国就业人口的 10% 左右。由于国有企业通常涉及国家经济命脉，因此政府行政系统一直对之加以严格的管控。20 世纪 80 年代后期以来，随着西方各国的市场化改革，国家行政力量从国有企业中逐渐后退，但法国政府仍保留了对国有企业高层管理者的任命权。与之同时，通过与国有企业签订合同，中央政府在一定程度上保持着对企业经济行为的掌控。

基于法国政府与经济领域的密切联系，使政府中的高级文官能够较容易地进入经济部门，也在一定程度上强化了政府行政系统与私人企业之间的联系。具体而言，一方面，高级文官可以通过政府委任的方式进入国有企业的董事会，担任董事长或董事职务。有数据显示，法国国有企业董事会中 1/3 的董事来自于高级文官，甚至董事长也大多出自高级

[①] 潘小娟：《埃纳与法国行政：法国国立行政学校》，第 41 页。

文官集团①；另一方面，高级文官还可通过其他方式进入私人企业，并在私人企业中担任重要职务。有关方面估计，法国 500 家最大的公司的总经理，至少有 1/3 来自以往的高级文官②，由此而使政府行政系统的影响进一步扩展到私人经济领域。以上两种情况使前政府精英在经济领域的精英阶层中占据了相当比例，使法国的官僚精英得以与企业精英相结合。③

（二）法国官僚系统与利益集团之间的关系

在法国，传统上利益集团主要通过影响立法去对政府施加影响。然而随着总统权力地位的上升，法国政府行政部门的权力得到了极大的扩展，以致凌驾于议会立法权之上。因此，利益集团便开始将注意力转移至行政部门。一般而言，利益集团影响行政部门的方式包括提供信息、对话协商、打入政府和施加压力等④。行政部门基于自身需要，也愿意跟利益集团保持接触。首先，通过与利益集团接触获取信息，有利于使政府行政决策更趋合理；其次，通过推动各利益集团之间的协商，有利于推动政府政策的制定与实施；再次，通过与利益集团之间的政策沟通，有助于提前预见反对力量的状况，以使政府处于有利地位。

在法国，政府行政部门与利益集团的接触是通过官方或半官方的途径进行的。与美国的利益集团主要通过院外游说活动去接触政府官员不同，法国的利益集团与政府的对话主要在各类委员会中进行，通过委员会给政府各机关提供咨询性意见和建议的途径去反映利益集团的利益要求。由于委员会的意见和建议对政府机构并不具有约束力，因此利益集团对政府决策的影响作用也不十分明显。

在国家主义传统的影响下，对法国人而言，如果"团体利益"试图对国家的意志施加影响，国家就会有危险⑤。因此，作为国家公意的代

---

① 文克勤等：《法国政府与国有企业关系及我们的思考和建议》，《中国人才》1995 年第 8 期。
② 《法国政府机构》编写组：《法国政府机构》，上海人民出版社 1978 年版，第 33 页。
③ Douglas E. Ashford, *Policy and Politics in France*, Philadelphia: Temple University Press, 1982, p.78.
④ 吴国庆：《当代各国政治体制——法国》，兰州大学出版社 1998 年版，第 265—268 页。
⑤ ［法］西耶斯：《论特权：第三等级是什么？》，冯棠译，商务印书馆 1990 年版，第 57 页。

表，政府官僚系统要千方百计抵制利益集团对政府决策的影响。一些政府部门常常是在不与任何利益集团进行协商的情况下作出决策的。

（三）法国政府官僚系统与民众之间的关系

随着国家经济和社会的发展，法国政府官僚系统的权限范围不断扩大，几乎涉及人们生活的方方面面。尽管如此，基于法国的国家主义传统，对于普通民众而言，官僚是国家的公共官员而非公共服务者，更多地代表了国家的利益。法国国家官僚在人们心目中这种高高在上的地位，使国家官职成为年轻人向往的职业。但如前所述，普通公民要想进入这一系统，尤其进入高级文官系统十分困难，不仅要经由非常严格的选拔程序，而且报考文官需要具备相应的教育背景，尤其是高级文官的报考资格要求更加严格。法国的公务员考试十分严格，内容有较高难度。20世纪80年代，平均录取率只有11%左右[1]。考试合格者还需经过一个时期的职前培训，尤其对高级文官而言，培训的要求十分严格，最终只有成绩名列前茅者方能幸运地进入高级文官系统。除此之外，在职文官通过内部招考进入高级文官集团的比例甚小，除考虑职业技能因素外，还要考虑政治因素。因此在这种选拔机制下取得优胜者通常非等闲之辈，大多来自社会的中上层，其中相当比例的入选者，其父母本身就是高级文官[2]。这种状况使一般平民对此种高级官职只能望而却步。克罗齐埃因而称法国的官僚政治"是现代社会封闭式体系中最为壁垒森严的"[3]。

第四节 法国官僚制的理论模型与文化渊源

综上所述，法国的官僚制在总体上属于集权型，它不仅体现为中央政府官僚系统内的等级性集权，还表现为中央政府对地方政府的纵向行政集权。法国的集权型官僚制呈现为封闭性、精英一体化和行政政治化的特

---

[1] 中华人民共和国人事部国际交流与合作司：《外国公务员制度》，中国人事出版社1995年版，第203页。

[2] George Vernardakis, "The National School of Administration: Training for the Higher Levels of the French Civil Service," *International Journal of Public Administration*, Vol. 12, No. 3, 1989, p. 568.

[3] Michel Crozier, *The Bureaucratic Phenomenon*, Chicago: The University of Chicago Press, 1964, pp. 193—194.

征。此种集权型官僚制模型和特征的形成不仅是其特有的政治与行政体制所导致，还是其深厚历史文化传统的产物。

一　法国官僚制的理论模型

（一）法国的集权型官僚制

法国的官僚制承袭了法国长期以来集权主义的文化传统，使之深深地植根于政府的官僚体制中。具体表现为：首先，法国的政府官僚系统突出地显现为集权性等级制。此种纵向的等级制保证了下级官僚对上级官僚的服从以及上级官僚对下级官僚的指挥控制权。法国政府正是通过此种严格的等级体系保证国家政令得以层层贯彻实施，从而保证整个国家行政系统的完整性和统一性。

其次，通过从中央到地方的层级制，使中央得以控制地方，从而保证国家政令在地方的贯彻实施。尽管改革后，大区长、省长、专区区长以及市镇长的权力地位均有所削弱，使法国的高度中央集权制有所疏缓，然而国家的一般权限派驻机构仍负有监督地方政府的使命，从而保证在权力适度下放的情况下国家意志在地方的实现。

再次，法国第五共和国所设定的半总统制强化了总统权力，从而赋予行政权力凌驾于立法权和司法权之上的地位。此种政治设计保证了政府行政系统的稳定性，也进一步强化了政府行政系统的集权性。

（二）法国集权型官僚制的特征

法国的官僚制在其特有历史文化背景和制度体制支持下所呈现的封闭性、精英一体化和行政政治化的倾向，共同构成了法国官僚制的特征，使之区别于其他国家。

1. 封闭性

法国的政治文化中原本就具有一种封闭性倾向。当某个法国人进入到一个颇具影响的集团时，他（她）便本能地设法限制其外人进入，同时保持一种疏远、保密和限制交际的管理方式[1]。法国的官僚制建立在此种文化基础之上，显现出内部封闭性和外部封闭性两个方面。所谓内部封闭性是指政府官僚系统内各层级之间缺乏畅通的流动渠道，使中下层文官向

---

[1]　［法］米歇尔·克罗齐埃：《论法国变革之路——法令改变不了社会》，程小林译，上海译文出版社1986年版，第35页。

上流动的途径狭窄，因而很难向上流动。所谓外部封闭性则是指政府官僚系统与社会之间相对隔离，使普通民众很难进入政府官僚系统，通常毕业于巴黎最好的6所大学的学生才有机会进入这一领域[1]。在法国的教育体制下，除非出身于社会中上层家庭的孩子，普通家庭的孩子很难进入此类大学，使众多来自于社会下层家庭的人从一开始就被排除在外。此种封闭性还反映为政府的决策较少受到利益集团的影响，民众的意愿难以有畅通的渠道反映到政府系统中。根据法国长期的传统，利益集团所代表的是私人利益，较之于国家"公意"微不足道。政府官僚视自身为公共官员和国家意志的代表，因而避免与利益集团接触，致使作为政府外部制约机制的利益集团作用孱弱。为了有效地控制利益集团，政府将之纳入官方或半官方轨道，通过委员会的方式反映利益集团的意愿，以"公意"为基准对民众的利益诉求作出判断。

2. 精英一体化

所谓的精英一体化是指行政精英、政治精英和商界精英相混杂，并同源于社会上层集团的特点。从上述法国高级文官的招录过程中可以看到，法国的高级文官集团、尤其是非技术性的高级文官集团所接受的教育和培训是一种通才式教育。在法国社会和官场上，通才比专才有更高的声望。高级文官、尤其是非技术性的高级文官成为法国政府行政领域的精英。在法国的通才文化下，这些行政精英能够比较容易地转化为政界精英或商界精英。通过靠拢政党和参加竞选进入政界；或者通过职务晋升或被委任于某种重要职务，承担起政治职责，从而进入政治精英圈子。有数据显示，第五共和国的部长中1/3来自高级文官，甚至有的总统和总理也来自于高级文官。如今法国国会议员中越来越多的人源于以往各类高级文官。20世纪80年代社会党获取政权后的一段时间里，国民大会中有近半数的议员来自文官。目前来自于文官的议员比例大致保持在40%左右[2]。除此之外，高级文官还通过政府委任和自行流动的方式进入商界，担任私人经济部门的重要领导职务。据统计，法国最大的公司中有近一半的行政主管来

---

[1] Edward C. Page and Vincent Wright, *Bureaucratic Elites in Western European States*, Oxford: Oxford University Press, 1999, pp. 135—136.

[2] Mattel Dogan, *The Mandarins of Western Europe: the Political Role of Top Civil Servants*, pp. 210—216.

自于政府高级文官。由此政府高级文官成为法国政治、行政和经济精英的源泉和主体，形成高度一体化的法国上层精英体系。法国著名学者埃兹拉·N·苏莱曼（Ezra N. Suleiman）认为，这种精英一体化特征使法国的"铁三角"甚至要比美国的更加强大[1]。法国政府高层的现任文官和前任文官基于背景、经历和价值观所建立起的私人职业网络，深深地渗透到法国的政治、行政和经济领域，影响着政府的决策。

3. 行政政治化

如今，作为现代官僚制普遍趋势的行政政治化现象在法国愈加突出。如前所述，与英国不同，法国的文官并不奉行政治中立原则，他们不仅能够加入各种社会组织，作为利益集团的代表影响政府决策；还能够参加政党活动，参与中央或地方的政治选举。对于高级文官而言，政治性偏好甚至是官员职务晋升的重要衡量指标，使法国的文官具有很强的政治化倾向。法国高级文官为了实现职务升迁所编织的私人网络，以及法国上层精英的一体化特征，使得法国的政府官僚体系中充斥着政治，呈现出政治与行政的一体化。

法国政府官僚对政治领域的渗透，还与法国政治体制中行政权与立法权的混淆相关联，尤其是在第五共和国半总统制和半议会制的体制下，总统作为国家政治权力的中心和国家行政权力的代表，牢牢地掌有政治和行政权力，并使其行政权力凌驾于立法权之上，通过第五共和国的体制性设计，实现了行政权对立法权的有效控制。此外，法国政府中的文官长期占据着政府行政部门的重要职位，熟知其职权范围内的事务，在事实上占有重要资源，使之不仅在政府行政过程中不可或缺，同时在政治领域中享有一席之地，使政治系统在决策过程中不得不依赖于这部分人，从而使之在一定程度上履行着政治职能。正如费勒尔·海迪所说："法国的高级文官已经如此接近了政府最高阶层的政策制定、社会改革和经济发展部分，以至于政治的世界和行政的世界目前正在融合在一起"[2]。

二 法国集权型官僚制的文化渊源

法国集权型官僚制的形成有其深厚的历史根基，并受到其独有的文化

---

[1] Ezra N. Suleiman, *The Elite in French Society: the Politics of Survival*, New Jersey: Princeton University Press, 1978, p. 374.

[2] ［美］费勒尔·海迪：《比较公共行政》，第302页。

传统的影响。从法国官僚制的历史演进过程中可以看到，法国的行政体系自封建王朝时期便呈现出集权性，拿破仑当政时期进而将之固化于行政体制中。作为拿破仑行政体制的承袭者，当代法国的官僚制依然显现出高度的集权性，蕴涵于此种制度结构中的历史文化传统是其深层次的原因。居于法国主导地位的国家主义文化传统奠定了法国官僚制的基调，在权威主义与反权威主义文化传统相互博弈的法国历史长河中，集权主义得以留存，并深深地渗透于法国的官僚制中。

（一）国家主义的文化传统

所谓国家主义，即国家最高权力观和国家中心主义原则[①]。此种观念和原则对内体现为整体主义，追求统一和秩序；对外体现为主权主义，追求国家利益和威望。伴随着近代民族国家的发展和各国具体实践的不同，国家主义在不同时期和不同国度呈现出不同形态。

法国的国家主义传统萌芽于封建王朝时期，此后随着法国大革命的爆发，现代民族国家概念在法国诞生，使国家主义观在法国逐渐形成。拿破仑当政时期，建立起高度体现国家主义的制度体系，使此种文化在法国得以巩固。第二次世界大战德国人入侵时期，战争带给法国人的耻辱感，进一步强化了法国人的国家主义意识，并使之在战后深深地嵌入到法国的政治制度中，进而渗透到法国政府官僚体系的建构中。由此，作为一种深厚的政治理念，国家主义为法兰西民族所推崇和信仰，并作为一种制度，深深地渗透到法国政治与社会的各个层面。作为法国政治生活中最为根深蒂固的传统之一，国家主义在法国的具体实践中呈现出独有的特色，表现出国家超越政府之上，在制度设计中突显出国家集权性和行政国家主义。

在此种文化传统下，法国公众表现出对国家的依赖，具体体现为对政府、乃至对政府行政官僚系统的依赖。法国历史上的动荡不安使民众产生了对强大中央集权政府的渴望，虽然历经制度结构的多次变迁，法国人依赖于集权国家的传统延续至今。在法国的政治文化中，存在着对政治团体的不信任，因而民众更加倾向于依赖和服从于国家和政府。在法国人看来，如果政府不介入，重要的事情就搞不好，唯有政府才能确保公共秩

[①] 蔡拓：《全球主义与国家主义》，《中国社会科学》2000年第3期。

序，是政府取代了上帝[①]。普通民众出于个人需要，也只能依赖于政府。此种文化传统同时要求政府行政人员必须以国家利益为重，绝对效忠于国家。法国政府官僚的严格考录制度及其特殊培训体系从制度上保证了国家主义观的延续，将国家意识内化为政府官僚的个人意识，从精神层面强化国家主义政治，使政府官僚面对社会诸种利益的"侵袭"时，得以以国家利益为重，维护国家利益至上的原则，保证国家意志的实现。

(二) 权威主义和反权威主义的文化传统

长期以来，权威主义和反权威主义的政治传统渗透于法国人的政治生活，既反映了法国人对中央集权的尊崇、对权威的渴求，又反映了法国人对议会民主和个人自由的追求、对权威的厌恶、恐惧和排斥。造成这种相互矛盾的文化并存的原因为：其一，由于法国民族国家建立的过程十分艰难，历史上法国的边境战争不断，历经磨难的法国人十分缺乏安全感，渴望建立一个强大的、中央集权的政府；其二，大革命使人们意识到对无限的权力加以限制的必要，同时法国的政治过程使法国人对直接面对面的权力关系感到厌恶和恐惧。因此，大革命后，两种相互冲突的观念导致了"行政式"和"代议式"两种不同宪政体制的更迭。前者体现法国人对中央集权的需要及中间团体的缺席，后者则体现法国人极端的个人主义和对大革命集权的恐惧。两者交替更迭，导致法国政治动荡不定。第三、第四共和国时期，法国终于摆脱了君主制，走向议会共和制，然而那种反权威的政治形态依然无法挽救法国政治的危机局面。此期间恰恰是法国潜在的"权威性"力量——强有力的中央集权官僚体系——使法国政治得以延续，使法国的政治与行政获得了某种相对"平衡性"。法国的政府行政系统显现出浓厚的官僚色彩和"非个人化"行政风格，此种体制既维护了法国的中央集权传统，又有效地避免了"革命性"的面对面的直接权力关系，集权性的官僚政治使法国政治文化中权威主义和反权威主义传统在一定程度上有所融合。反之也可以说正是由于法国的政治文化传统造就了法国的集权性国家官僚制。

总之，法国漫长的历史长河孕育了其独特的国家官僚制，法国的政治文化对这一国家体制的形成和发展产生了深刻的影响，形成了法国自上而

[①] Jean-Luc Bodiguel, "Political and administrative traditions and the French senior civil service," *International Journal of Public Administration*, 1990, Vol. 13, No. 5, p. 708.

下的集权型官僚体制，显现出国家政府行政系统的强劲有力。在法国的历史进程中，国家官僚制的保持，一定程度弥补了法国政治的不稳定性，保证了国家机器的持续运转。第五共和国宪政体制的设计承袭了法国长期以来尊崇权威和反权威的传统，构建起行政双头体制和中央集权性的单一纵向行政权力结构，使行政权力优先于立法权和司法权，居于国家权力中心，突出地显现出"行政国家"的特征。法国政府中政治官僚与职业官僚之间能够相互转换，呈现出明显的官僚政治化倾向。政府官僚与企业精英的紧密连接，显现出法国高层精英一体化的倾向。基于法国的国家主义传统，政府行政官僚行政以维护国家整体利益为名，与社会保持着相对的隔离性，呈现出一种封闭性。尽管20世纪80年代以来法国的地方分权改革使法国高度的中央集权体制有所疏缓，但并没有从根本上改变法国的国家行政体制，法国的集权型官僚制也得以继续保持。

第 五 章

德国的官僚制

在长期的历史进程中，德国的官僚系统秉承近代普鲁士官僚制的特征，始终保持着对国家的高度忠诚和国家行政体制的稳定。费勒·海迪在比较研究中将德国官僚制纳入"古典"官僚制类型。基于历史和文化的原因，德国的官僚制在实际运行中呈现为集权与分权的混合性，显现出国家主义和理性主义并存的特征。

第一节 德国官僚制的历史演进

对某种政治和行政制度加以研究，需了解此种制度的历史演进，由此对此种制度的内涵有更加深刻的理解。因此，对德国官僚制的研究，有必要对其制度的演进加以梳理，搞清这一制度发展的来龙去脉。

德国是一个有着悠久行政传统的国家，德国官僚制的发展与其中央集权制国家的建立紧密联系。德国的官僚制最早萌芽于神圣罗马帝国时期（962—1806），然而神圣罗马帝国在历史上并非是一个统一的中央集权国家，它地处欧洲大陆中部，地域辽阔，长期处于王权和教权的争斗之下，诸侯混战，呈现分裂割据的局面。17世纪后，由宗教冲突所引发的30年战争进一步加剧了这一地区的混乱局面。30年战争后，这一地域建立起以普鲁士为代表的德意志各邦，各邦建立起君主专制制度，各邦的政府官僚体系也随之发展起来，成为各邦君主控制本邦的重要工具。

19世纪初（1807—1821），普鲁士的两位首相斯泰因和哈登堡对普鲁士的政府行政体制实施改革，使其官僚制逐渐形成。此后，普鲁士中央集权下的政府官僚体系迅速发展，奠定了日后德国现代官僚制的基础。霍亨索伦王朝（1415—1918）以来，德国经历了多次政治变迁，政府官僚系统在机构配置和人员配备上不断发展变化，但其官僚体制的基本性质却始终未发生太大改变，基本上秉承了普鲁士的国家至上和法律主义传统，保持了普鲁士官僚制的基本特征。

一 专制君主制时期普鲁士的官僚制（843—1806）

（一）德意志第一帝国早期的政治

德意志第一帝国是在法兰克王国解体后，根据843年的《凡尔登条约》所形成的独立国家。9—11世纪，德国一直处于分裂割据的局面，各大公国和主教区是拥有立法、行政和司法权力的实体，德意志帝国只是公国和主教区的松弛的联合体。帝国处于一种分裂状态，中央权力十分软弱，当遇到重大事务时，皇帝需召集诸侯和主教到宫廷开会商议后方能作出决定，使召开宫廷会议逐渐成为帝国的基本决策机制和宪法惯例[①]。尽管如此，此时期，宫廷会议的召开仍不规范，非定期举行，有时甚至为了废黜旧皇、选举新王，各方诸侯还会甩开皇帝自行开会。虽然宫廷会议有对重大事务做出决策的权力，但无权干预和决定各公国和主教区的行政事务，所作出的决策也常常因各领地和直辖市的反对而无法施行。这一时期，行政权力分散成为德意志王国的突出特点。所谓行政权力分散，不仅指德意志王国徒有虚名，各大公国和主教区各自为政，还表现为中央权力极度分散。中央的重要官吏，分别由大公国的公爵和主教区的主教担任，且职务世袭。

1347年，卢森堡家族的查理四世被选为帝国皇帝，在各大诸侯的压力下于1356年颁布了"黄金诏书"，诏书明确规定皇帝须由美因茨、科隆、特里尔三大主教以及波希米亚王、莱茵的巴拉丁伯爵、萨克森公爵、勃兰登堡的边地伯爵7个诸侯选举，肯定了7个诸侯的"选帝侯"地位，在中央层面上形成了君主选举制。在君主选举制下，选举会议在法兰克福举行，由美因兹大主教召集并主持，依照少数服从多数的表决方式作出决定。并且每年召开一次选侯会议，一切全国性的重大问题均由选侯会议作出决定。各诸侯在其领地内享有独立的行政、司法和军事权、货币铸造权、矿藏开采权和赋税征收权，各领地诸侯世袭，由长子

[①] 蒋劲松：《德国代议制》（第一卷），中国社会科学出版社1997年版，第78页。

继承。

"黄金诏书"肯定了德国封建割据局面的合法性,被一些学者称为"德国多头政治的根本法"①。依据"黄金诏书",选侯会议垄断了国王的选举权,在实际上成为德意志帝国的最高权力机关。在选侯会议外,有时还召开由所有诸侯、伯爵、自由领主和主教代表参加的宫廷会议或城市代表大会,起初这三种会议分别召开,后来在三种会议的基础上形成了帝国议会,由选侯指派代表出席帝国议会。选侯对帝国议会的操控,进一步抑制了皇帝的权力,使此时期德意志的政治更加分散。此种分裂割据的局面使帝国议会无法成为一个强有力的整体,常常作不出决议,即使作出某项决议,也无法在各自为政的诸侯国中得以推行,更谈不上有共同的机构去使之付诸实施。在这种情况下,德意志帝国只是一个名义上的国家,没有也不可能建立起统一的国家政府和行政官僚体系。一盘散沙的帝国不可能有效地利用自身的优势资源,在抵御外来侵略上表现得力不从心。在经历了30年战争的痛苦后,最终被大革命后的法国逐出了历史舞台的中心。

(二) 普鲁士官僚制的建立

德国此后建立起稳定高效的官僚制,被人们视为西方国家官僚制的典范②,追根溯源,大约始于普鲁士王国时期。17世纪上半叶,当法国国王路易十四大声疾呼"朕即国家"的时候,德意志各邦正陷于30年战争(1618—1648)的泥沼之中。30年战争后,德意志的分裂割据局面更加严重,整个地域分裂成296个小邦国,其中最大的邦国便是由霍亨索伦家族统治的普鲁士③。作为德国近代历史上最重要的邦国,普鲁士在发展中逐渐形成了自身的官僚体制,这一制度对后来的德意志帝国乃至今天的德国都产生了重要的影响,建构起一种德意志式的国家官僚制。

---

① 马啸原:《西方政治制度史》,高等教育出版社2000年版,第96页。

② Henry Jacoby, *The Bureaucratization of the World*, California:University of California Press, 1976, p. 28.

③ 普鲁士(Preussen)作为政治地理概念,有三个含义:第一,中世纪曾在德意志骑士团统治下的、波罗的海沿岸的普鲁士人领土;第二,1701年至1918年在德意志霍亨索伦家族统治下的普鲁士王国,它是德意志帝国和德意志联邦内的一个邦国;第三,1918年霍亨索伦王朝覆灭后所设立的隶属于德国的邦国。上述三者之间,存在着领土、历史、精神和文化的延续性。真正充当德国历史上重要角色的是1701年至1918年的普鲁士王国。

历史上在普鲁士，一直存在着一个特殊的"官僚群体"，这一群体的出现和形成与普鲁士自身的历史发展相关联。早期，普鲁士并不是一个具有共同信念和生活方式的民族统一体，而只是一个特殊的政治集合体。在这种情况下，官僚体系成为形成普鲁士国家政治凝聚力的重要因素。由于普鲁士的经济和社会发展乏力、滞后，使国家逐渐在政治和社会生活中居于至高地位，代表"国家"的官僚阶层主导着国家的发展，推动着普鲁士的前行，在历史的进程中扮演了重要的角色。

1. 普鲁士官僚体系的建立

近代普鲁士行政的发展始于1537年霍亨索伦家族颁布的《宫廷条例》，这一条例是指导当时宫廷日常生活的规章。由于那一时期宫廷和国家没有区别，君主的家事和国家事务几乎等同划一，君主身边的官员既是官僚又是仆人。因此，16世纪以前普鲁士并没有真正的政府官僚机构。16世纪后期，随着各邦国君主间交往的增加，宫廷中逐渐产生了官僚机构，并不断扩大，1562年普鲁士发布的《宫廷条例》反映了这一变化。该条例不再对首相和参议议事厅提出职责方面的要求，只是对宫廷事务加以指导，使首相和内廷大臣的职责开始发生分离，邦国行政也随之逐渐与宫廷事务相分离。

1604年，为了满足日益复杂的行政事务的需要，普鲁士国家开始设置相对稳定的顾问议事机构——枢密院，成为第一个负责内外政策的中央政府机构。枢密院会议由首相主持，讨论在宫廷范围内未处理完结的行政和司法事务，并负责与各邦的来往事务。此时期普鲁士以"所有地方权力的联合体"的形式组成[1]，国家的行政体系呈现为"双重机制"[2]，既有国家的行政机构，各领地又同时存在各自的行政机构。呈现出各领地政府行政系统与中央政府行政系统并驾齐驱的状况。

30年战争后，德意志大大小小各邦都建立起自己的专制政权，在此种情况下，建立强有力的中央集权成为普鲁士王国的迫切目标。弗里德里希·威廉一世继位任选王侯时，"他所拥有的不过是一些散乱的领

---

[1] ［德］马克斯·布劳巴赫：《德意志史》第2卷，陆世澄等译，商务印书馆1990年版，第490页。

[2] 徐健：《近代普鲁士官僚制度研究》，北京大学出版社2005年版，第20页。

地，这些领地各有其政府机构"①，为了巩固中央集权，威廉一世一方面以"为人民谋福利"的名义，实行"开明专制"；另一方面则运用暴力手段加强中央集权，将军队管理制度应用于政府财政、邮政等行政领域。同时建立贯彻执行君主意志的常设性行政机构，统一政府官僚体系和行政程序。在官员的任用上，普遍采用才能标准和考试的方法，由此奠定了德国公务员考试任用制度的基础，初步形成了早期普鲁士的文职官员阶层。

1651 年，威廉一世进而改组政府。在国家政府的行政阶梯中，国王居于最高位，为国家最高行政领导人，拥有最后决策权。在国王领导下，原本作为国王顾问的枢密院成为国家最高行政机关，以中央政府而非国王家仆的身份发挥作用，辅助国王工作。为了避免个人专断，枢密院实行合议制，并按照不同政务领域，下设外交部、内务部和司法部 3 个部门。枢密院中还设有财政管理委员会、军事管理委员会和王室领地管理委员会。其中军事委员会规模最大，也最有权威。1657 年，枢密院进一步被划分为 19 个部，其中 8 个部负责处理外交和帝国事务，7 个部负责处理各领地事务，3 个部负责处理各领域的具体事务②。此后各部逐渐演变为政府行政机构。地方事务则由中央派遣监察员予以监督。

17 世纪 60 年代，普鲁士王国枢密院的机构设置主要集中于外交、内务和军事三个领域，中央对各领地的管辖范围仍十分有限。此后，为了强化中央权力，普鲁士政府以税制改革为突破口，逐渐将各领地的税收统一纳入中央政府系统，引发了从中央到地方政府行政系统的深刻变革③。近代普鲁士官僚制便是以财政体制变革为主要形式，在中央政府不断集权的过程中形成的。

1689 年，普鲁士中央建立了财政部，统一负责王室领地的税收，1713 年改称财政总局。1712 年，原来设在中央的军事财政署改为军事总署，统一负责地方的征税工作。财政总局和军事总署成为普鲁士中央政府的最高行政机构。为了进行征税以维持庞大的常备军队，普鲁士中央还在各领地设立了"特派专员机构"和军事专署，向各城市派遣税务专员和

---

① Francis L. Carsten, *The Origins of Prussia*, Oxford: Clarendon Press, 1954, p. 253.
② Francis L. Carsten, *The Origins of Prussia*, p. 255.
③ 徐健：《近代普鲁士官僚制度研究》，第 21 页。

军事专员。这些专员逐渐成为市长级的地方行政长官,控制了包括城市治安、经济和市政等在内的城市行政。此外,普鲁士政府还在农村设立了税务署。随着管辖范围的扩大,这些税务署逐渐发展成为县级的行政公署,并在此基础上设置了由国王直接任命和直接隶属于军事专署的县长职务。使地方一级的行政机构得以建立。由此,初步形成了普鲁士从中央到地方的政府行政体系。

此后一段时间,普鲁士政府中的财政总局和军事总署之间矛盾重重。财政总局代表的是传统王室的利益和农业利益,军事总署则试图通过重商主义的商贸政策去推动经济发展。1723年,威廉一世将二者合并,建立起统一的总理事务院,作为国家最高政府机关,统揽财政、军队等各种事务。总理事务院中设总理大臣,由国王亲自担任,并设枢密顾问三至四人。总理事务院中设有内政部、财政部、公共劳动部、粮食和交通部及军事部等。部门之下设置军事与王室领地管理委员会,作为省一级行政机构,负责各领地的财政、军事等事务。管理委员会之下成立县委员会,作为地方基层行政机构。依赖这样一套政府行政系统,普鲁士建立起近代意义的政府官僚体系,逐渐实现了中央集权。由君主专制集权取代了封建分离主义,形成以君主为核心的"独裁"、"专制主义的军事和官僚国家"[1]。

在这一过程中,伴随着政府官僚体系的发展,普鲁士的职业官僚阶层也逐渐得以发展。早在16世纪,普鲁士就已经出现了最早的职业官僚阶层。到17世纪,随着权力向中央的集中,具有一定现代性的政府官僚阶层开始出现。政府特派专员的产生和司法官员的独立形成了掌管地方财政和警察事务的新的官僚阶层,逐渐取代了地方的分离势力,成为完整的、在普鲁士范围内具有共同国家主体意识的新的社会集团[2]。"在官僚们看来,这些特权和特殊的社会地位是他们应得的,因为他们是国家的化身。"[3] 职业官僚阶层从原来作为各领地的权力支柱发展成为中央集权制国家不可或缺的行政力量。18世纪中叶,普鲁士官僚总数达到2300至

---

[1] 蒋劲松:《德国代议制 第一卷》,第184页。
[2] 徐健:《近代普鲁士官僚制度研究》,第32页。
[3] Henry Jacoby, *The Bureaucratization of the World*, p. 33.

3100人，与"臣民"的比例达到1/800①。君主通过培植新兴的官僚阶层，使之成为自己得心应手的工具，从而将国家权力掌握在自己手中。并通过一整套官僚体制去统治"臣民"，"把'官方的监督'精神强行渗入整个普鲁士的日常生活"②。

2. 普鲁士官僚制的初步规范化

早期，普鲁士官员的选拔和任命没有固定的条例，君主掌握着任命官员的绝对权力，等级观念和社会出身是君主选拔官员的主要因素。到18世纪，此种状况开始发生改变。随着普鲁士各级官僚机构的建立和新兴官僚阶层的出现，规范官僚选拔、培训、考核和身份保障等方面的法律也相继出台。

普鲁士行政官员的考试选拔制度在很大程度上借鉴了司法官员的选拔制度。1700年，普鲁士军队开始采用竞争考试的方法选拔军事法官。1713年，普鲁士政府将其适用范围扩大，规定法官、律师须经国家统一考试才能任命，没有通过国家考试者不得任用。建立起最初的文官考试制度。1723年又补充规定，应试法官者必须是大学毕业生，并须在法院工作一段时间后方可任命为法官。在推行司法官员选拔制度的基础上，进而推行类似的高级官员选拔任命制度。1727年，普鲁士王室发布命令规定，凡负责某项事务的官吏，必须具有业务上的专业知识，凡大学毕业生到政府部门工作的，须出示证书，并且需在长官的指导监督下在政府部门学习，学习期间无工资，经学习成绩优良者，可委任官职。1737年司法官吏考试制度被进一步推广，规定凡与司法行政有关的各种官吏均采取考试制度。应试者必须是大学毕业生，具有专业的法律知识，并需有一年的工龄，考试及格后可以获得任司法官吏的资格，在有相应缺额的情况下任职，任职后再逐步提升。这些法令的出台，使普鲁士初步建立起规范的职业官僚选拔制度。威廉一世也因此而被称为德国功绩制的创始人③。

弗里德里希二世统治后期进一步改革和完善官吏选拔制度。1743年

---

① Samuel E. Finer, *The History of Government From the Earliest Times*, Vol. 1: Ancient Monarchies and Empires. Oxford: Oxford University Press, 1997, p.1365.

② 丁建弘等：《德国文化：普鲁士精神和文化》，上海社会科学院出版社2003年版，第81页。

③ 李盛平：《各国公务员制度》，光明日报出版社1989年版，第46页。

颁布法令，规定凡经批准在政府学习的大学毕业生，期满一年后，须经国家考试合格，才能由政府委任官职。1770年，政府颁布法令对考试制度加以补充，设立国家最高考试委员会，对申请军事与王室领地管理委员会、城市税务官等显著职位者进行统一考核。应考高级行政人员必须是大学毕业生，初试时笔试和口试分别由行政部门和考试委员会组织进行。考试合格者须在相关机构中参加工作，接受半年以上的培训后方可参加复试。复试时，笔试内容包括法律和行政学，口试内容包括财政学和自然科学方面的知识等。考试强制实行，不参加考试者没有资格晋升职务。1794年颁布的《普鲁士国家通用法》进而明确规定："没有通过资格认证和缺乏能力证明的人，绝不能获得文官职位。无论是谁，通过行贿或以其他不正当手段获得职位者，一经发现，立即解雇。"[1]

在官员身份保障方面也逐渐通过相应制度予以规范。1794年《普鲁士国家通用法》的颁布，以法律形式确立官员与国家之间的公法关系，使原来建立在私法基础上的主仆关系被废除。该法明确规定，"任何文职官员不经过评估和法律程序不得免除其职务"[2]，从此，作为受公法管辖的国家公职人员，须经法定程序方能被解职，从而降低了官员被随意解职的可能性。

与法国相比，此时期普鲁士的官吏制度已经形成了自己鲜明的特色，显现出专业性、等级性、从属性和持续性等特点，具有了一定的现代性内涵。马克斯·韦伯指出，近代欧洲社会产生的新型的官僚制，是由具有自由身份的官吏所组成的官僚制，官吏是根据基于自由意志的契约而加以任命[3]。这一时期普鲁士的公共管理与宫廷内部服务区分开，负责管理国王家庭事务的官员和负责管理国家公共事务的官员也被区别开，官职任用方式在很大程度上摆脱了恩赐制和鬻卖制。虽然在实际官员任命中，国王的意见仍十分重要，尤其是在一些重要的职位上，任命的仍然是国王所信赖的贵族，但新的官员选拔制度逐步打破封建诸侯及大地主阶层对官职的垄断，许多中下级官吏来自中产阶级，并将其职务视为终身职业，使普鲁

---

[1] [英]约翰·洛尔：《皇帝和他的宫廷》，杨杰译，北京大学出版社2004年版，第175页。

[2] 徐健：《近代普鲁士官僚制度研究》，第69页。

[3] 黄小勇：《现代化进程中的的官僚制：韦伯官僚制理论研究》，黑龙江人民出版社2003年版，第135页。

士的吏治逐渐向职业化的方向发展。

受普鲁士的影响，普鲁士以外各邦"于行政机构及吏治施设上也有相当的建树"①。如哈布斯堡建立起统一的中央财政及预算制度，设枢密院负责全邦的行政事务。巴伐利亚设置了独立的中央财政大臣，统揽全邦的财政及行政事宜。哈斯克塞也设置了独立的财政大臣，除总管全邦的财政和行政事务外，还负责监督森林、矿山、制币和制造机器设备等事务。

总之，在绝对专制君主制时期，德意志各邦中央国家机关的设立意味着国家权力的集中。国家通过培植起一个新兴的官僚阶层、以及官僚系统的制度化和规范化，实现了自上而下的行政控制，进而统一了各领地，建立起高度集权的政治体系②。

二 普鲁士的行政改革与官僚制的发展（1806—1848）

进入19世纪，随着德意志区域社会经济的迅速发展，工业革命逐渐完成，国家层面的行政事务不断增多，政府职能日趋扩大，行政管理的内容越来越复杂，现行的行政体制和官员制度越来越不适应时代的要求。与此同时，法国大革命和人权、平等的思想冲击着德意志，大众开始对享有特权的官僚阶层表示不满。官僚体制中表现出的不负责任、以权谋私、僵化和专权等状况引起了社会的普遍不满。一些激进的思想家和政治家顺应时代的要求提出专家治国的看法，要求区分政务官和事务官，强调政府的责任不仅仅是统治人民，还在于积极地服务于社会。在此种时代背景下，普鲁士的官僚制开始了新一轮的改革。

（一）斯泰因—哈登堡改革

1806年拿破仑战争结束后，战败的普鲁士面临重重危机，以往建立在绝对专制君主制基础上的官僚体系难以为继。在这一背景下，普鲁士展开了一场行政改革，又称斯泰因—哈登堡改革，目的在于改造旧的行政体制，建立起具有现代意义的行政机构。

1807年9月，首相斯泰因在给普鲁士国王的意见书中指出，法国革命激发了法国民众的激情和创造性，德国也只有靠发扬这种精神才能战胜

---

① 张金铨：《各国人事制度》，台北三民书局1983年版，第292页。
② Henry Jacoby, *The Bureaucratization of the World*, p. 33.

法国，为此必须进行改革。他提出，要学习法国，用学习法国来对付法国[①]。斯泰因认为，普鲁士的行政制度改革首先要废除导致领导行业部门的大臣与领导省的大臣相互扯皮的混合体制。此外，由于现行中央政府机构中同时存在"内阁"和"总理事务院"两个机构，政出多头，造成政策制定和执行二者间脱节，因而主张废除由国王私人宠信所组成的内阁，限制国王权力。

斯泰因从调整中央政府机构入手加以改革。1808年，普鲁士政府发布了《组织敕令》，废除内阁制，由国务院取代总理事务院，建立起拥有最高决策权和执行权的中央权力机构。国务院由首相领导，按业务需要设立财政—警察事务部、外交部、司法部、军事委员会和各省事务部。国务院实行"合议制"，即政府决策由各部讨论后作出。这一原则旨在避免内阁秘密操控行政或独断专权，使政府决策权由内阁转移至国务院，保证了对行政执行的监督。与之同时，国务院各部大臣仍由国王任免，仍作为国王的"仆人"受命于国王，对国王负责。各部大臣定期向国王提交报告，有权直接向国王提出政策建议，拥有对国王指令副署的权力，并享有独立处理部务的权力。此种大臣负责制有利于抵制国王的独断专行，一定程度上保证了行政事务的专业性和有效运行。1810年，国务院中的军事委员会改为战争部，各省事务部改为内政部，财政部也独立出来。改革"奠定了普鲁士近代政府组织的基础"[②]。此外，斯泰因还增设了国家参议院，作为普鲁士最高立法和决策机构，负责监督和领导国家行政事务。国务院和各部只作为参议院的执行机构。由于斯泰因执政时间短暂，使参议院未能真正得以运转。

斯泰因在改革中央政府机构的同时，对省和地方行政机构也进行了大幅度的改革。1807年，普鲁士政府颁布《组织方案》，撤销原总理事务院之下的省级事务部和军事与王室领地管理委员会，在省一级行政机构中设立中央政府的监督机构和执行机构。中央政府监督机构中设有省长一职，但仅作为中央的代表监督省政府行政事务的执行，权力十分有限。省一级行政执行机构称为省政府，最高行政首长为政府主席，直属国务大臣。各省划分为大小不一的行政区，由原设立于军事与王室领地

[①] [美]科佩尔·平森：《德国近现代史》，范德一译，商务印书馆1987年版，第55页。
[②] 蒋劲松：《德国代议制 第一卷》，第184页。

管理委员会中的各委员会管理。1808年，普鲁士政府相继颁布了《乡县组织方案》和《城市条例》，这两个政府文件的发布，成为普鲁士地方自治的开端。根据《乡县组织方案》设立了县级行政机构，并成立了由选举产生的代表组成的县议会，作为县立法和行政机构，县议会协助选举产生的县长履行行政职责。《城市条例》则规定在城市中成立城市议会和市政委员会，前者由城市公民选举产生，负责城市立法和行政事务；后者由市议会选举产生，作为市议会的执行机构，负责除警察和消防以外的城市行政事务。

斯泰因下台后，继任首相哈登堡继续对普鲁士行政机构进行改革。1810年，颁布了《关于修改最高国家机关组织的法令》，在国务院设置了大权独揽的首相一职。首相作为政府首脑，统辖各部大臣，原本的"合议制"原则为首相的决策权所取代。这一时期，普鲁士政府还陆续建立了文化部、贸易部、立法部、国库管理局和王室事务部等。至1848年革命前，相继建立了内阁、邮政总局和国家银行等部门。1810年，哈登堡修改了斯泰因的参议院设置计划，扩大了参议院人员的构成范围，几乎将所有高级官员和王室成员均包含于其中，由国王担任参议院主席。参议院就立法和宪法问题、行政规范以及各部之间的纠纷等事项向国王提出建议。此种做法使参议院无法真正发挥其立法和决策功能，而"成为一个拿破仑模式的最高咨询机构"[1]，被一些学者称为"典型的开明专制制度的机关，体现着专制向官僚制度的过渡"[2]。

斯泰因—哈登堡改革初步搭建起近代普鲁士政府行政机构的框架，奠定了近代德国官僚制度的基础。

(二) 普鲁士职业官僚制的发展

在官员的选拔和任命方面，斯泰因和哈登堡在专家治国思想的影响下，以及面临外敌入侵的刺激下，开放了官员的选拔和任命渠道。1808年，政府发布公告，宣称全体公民都可以参加国家行政工作，国家公职对各等级的"优秀分子"开放，在选拔官员上规避等级特权。并对国家最高考试委员会进行了重组，使之直属国务院管辖，负责内政部和财

---

[1] 所谓"拿破仑模式"是指普鲁士参议院如同法国拿破仑独裁统治下的参议院，只是个"花瓶"摆设，不能发挥实际作用。参见徐健：《近代普鲁士官僚制度研究》，第190页。

[2] 蒋劲松：《德国代议制》（第一卷），第303页。

政部高级官员的选拔。1817年，普鲁士政府颁布《官阶条例》，将官员划分成高、低两个等级。高级官员如各部首脑、各省省长、行政区政府主席以及县、乡镇长等拥有参议衔。低级官员为负责具体行政事务的办事人员或低级别的主管，如办公处主任、秘书、办事员和档案管理员等，属于非参议衔官员。普鲁士政府通过法律规范低级官员与其他国家官员之间的等级关系。

此后于1846年，普鲁士政府颁布了《高级行政职务任职法规》，进一步规范高级官员选拔制度。最高考试委员会不再局限于在内政部和财政部中选拔高级官员，而是面向所有部门。该法规对考试选拔高级官员的流程作出规定：所有申请者须具备大学毕业生的资格，然后成为见习生。实习期满合格后，参加由各行政区政府主席组织的考试，即第一次考试。第一次考试合格后即可成为候补官员，被派往各城市、县或乡镇行政部门工作，考察培训期一般为四年；四年期满后，经培训部门负责人评估、行政区主席批准以及内政部和财政部的纪律审查通过后，方可参加国家最高考试委员会组织的考试。考试分为笔试和口试两部分，考试合格者由财政大臣和内政大臣任命为高级候补官员，视其工作表现和实际职务空缺安排职务。

官员考任制的实行，标志着普鲁士由封闭的等级社会向开放的民主社会的转型。对此，德国学者给予了很高的评价，将考试制度视为"一场避开了流血的政治革命"[1]。尽管如此，由于此时期普鲁士的官制改革并没有从根本上改变国家的权力结构，使各级政府的重要职务如大臣、省长、行政区政府主席和县长等仍由贵族把持。尤其是1848年革命后，为了维持其统治，普鲁士国王更加偏向委以贵族重要官职。此种局面一直持续到魏玛共和国建立。

在官员保障方面，1817年，普鲁士政府成立了专门处理官员解职问题的仲裁机构——国家参议院，由各部首脑和最高法院主席组成，使官员的任免进一步法律化。1822年，普鲁士政府规定，除国王亲自任命的高级官员外，其余高级官员的解职均须交由国家参议院处理，其他级别的官员则由国务院自行处理。次年进一步规定，所有官员的解职需要由国务院提交解职报告后再行决定。国王任命的高级官员的解职，则必须经国务院

---

[1] 徐健：《近代普鲁士官僚制度研究》，第124页。

向参议院通报，最后由参议院作出决定。使普鲁士官员解职权力的行使更加严格地遵循法律执行。1850年，担任国家公职的条件被明确写进普鲁士宪法，进而摧毁了贵族对政府官职、尤其是对政府高级官职的垄断。

"斯泰因—哈登堡改革"及此后官员考试及保障制度的出台，标志着近代普鲁士官僚制的最终形成。普鲁士中央行政系统的形成成为现代德国政府官僚体制的雏形，普鲁士在省和地方行政机构改革中所建立的中央监督机构，省、县政府和县、市议会等，成为此后德国中央派出机构、各州、县政府以及地方自治政府的前身。

19世纪上半叶普鲁士的政府改革，显现出国家主义和法律主义的传统，此种传统虽历经欧洲19世纪自由主义思想的洗礼，但至今仍然留存。尽管1794年颁布的《普鲁士国家通用法》首次强调了个人自由和个人权力，并以立法形式予以确定，其前提仍然是国家利益至上，即无论在个人和传统贵族之间、还是在传统贵族和国家之间，国家都始终是不可动摇的中心。尽管斯泰因和哈登堡力图通过改革塑造新的、建立在知识和财产基础上的社会阶层，力图通过培育公民的独立自主和参政意识，推动地方的自治管理。但他们在改革中所提出的"全民福利"的口号，在实质上体现的仍然是国家的"整体利益"。斯泰因—哈登堡改革还显现出行政至上的特点，即只有通过良好的行政制度设计，建立起合理的政府机构，发展地方自治，方能实现真正的宪政主义的思想。在这种思想的影响下，当代德国的国家治理理念不仅延续了集权主义传统，还发展了一种行政治国的传统，视官僚制度的理性化为实现国家机构现代化的基本前提[①]。斯泰因和哈登堡对普鲁士政府大刀阔斧的改革，显现出普鲁士政府行政体制朝着更加理性化方向发展的趋势，因而成为近代西方各国政府行政体制发展的楷模。

三 君主立宪时期德国的官僚制（1850—1918）

1848年革命[②]爆发后，德意志邦联的革命也如火如荼地展开。1849年3月，德国议会通过了《法兰克福宪法》，宣称德意志实行君主立宪的

[①] 参看黄小勇《现代化进程中的的官僚制：韦伯官僚制理论研究》，第79页。
[②] 1848年革命指1848年至1849年发生在法国、德意志、奥地利、意大利和匈牙利等欧洲国家的资产阶级民族民主革命。

联邦制，国王为世袭皇帝，拥有至高无上的权力。然而由于普鲁士和奥地利的反对，《法兰克福宪法》所确立的帝国联邦制没有实现，德国的统一也未能实现。最终德国的统一并非通过人民选举的联邦议会自下而上地得以实现，而是通过王朝战争的方式自上而下得以实现的。普鲁士经过1864年的丹麦战争①、1866年的普奥战争②和1870年的普法战争③，三次王朝战争，统一了德意志，结束了德国历史上四分五裂的状况，形成了统一的德意志"第二帝国"④。统一后的德意志由22个独立君主国、3个帝国自由城市和1个帝国辖区组成。1871年4月通过了《德意志帝国宪法》，通过这部宪法确立了君主立宪制的国家政体。俾斯麦在任期间，推崇国家权力至上的思想，沿袭斯泰因的专家治国传统，进行了一系列重大改革，加强官吏制度建设，强化政治统治。此后德国的政府体制虽然也发生了一些变动，但在基本结构和性质方面保持相对稳定，主要的变化体现于官僚的政治化和官僚职业保障制度的进一步完善两个方面。

（一）帝国时期官僚的政治化

《德意志帝国宪法》颁布后，德国的政治制度发生了重大变化，成为联邦制的君主立宪国家。普鲁士国王成为德意志帝国的世袭皇帝，是帝国的最高行政首脑和最高军队统帅，拥有对政府首相和各级官员的任免权、立法创议权和法律监督权。首相是由皇帝任命的帝国最高行政长官，依照皇帝的旨意并以皇帝的名义领导全国的行政工作。所有的官员都只对首相负责，首相则对皇帝负责。首相担任联邦议会主席，有权确定联邦议会的开会日期并监督其工作。皇帝颁布法律，由首相副署并承担责任。马克思

---

① 1864年2月，普鲁士、奥地利联军发动对丹麦的战争称丹麦战争，是一次王朝战争，是普鲁士统一德国的重要步骤。

② 普奥战争（Austro-Prussian War），又称七周战争或德意志战争，发生于1866年，是近代战争史上发生在中欧地区的一场著名战争，是普鲁士为完成统一德意志的大业并争夺领导权而与奥地利进行的战争。

③ 普法战争是普鲁士和法国为争夺欧洲霸权在1870年至1871年所进行的一场规模巨大、影响深远的战争。促使普鲁士完成了德意志统一，建立了德意志帝国。同时，在德法之间播下了仇恨的种子，在以后的半个多世纪里一直影响着两国之间的关系，并且在一定程度上影响着整个欧洲的局势。

④ 学界一般将神圣罗马帝国称为德意志第一帝国，把从1871年普鲁士统一德国到1918年霍亨索伦王朝最后一任皇帝威廉二世退位的德意志帝国称为德意志第二帝国，把后来的纳粹德国称为"第三帝国"。

对此时期德意志帝国的评价为"以议会形式粉饰门面、混杂着封建残余、同时已经受到资产阶级影响、按官僚制度组成、以警察来保护的军事专制国家"①。

德意志帝国宪政制度时期，政府的官僚体制发生了相应的变化。长期以来，由于普鲁士政党政治和社会力量的不成熟，加之政府需要通过掌控议会来争取政治提案的通过，因此普鲁士议会长期以来只是个傀儡机构，受到政府的严格操控。从19世纪50年代开始，官僚逐渐成为政府控制议会的主要手段。"普鲁士官僚的活动舞台开始从原来的行政领域搬到了议会政治中来。"② 官员参加议会活动成为必须承担的职责，或者作为"政府党"的一员参加议会选举，代表政府意志干预中央和地方的选举。相关统计表明，1848年至1867年，普鲁士议院中官员的平均比例为38%，在1855年普鲁士的议会选举中，官员获得125个席位，占总席位的55%③。虽然这一时期也出现过官员利用议员享有的豁免权与政府对抗的情况，但从总体上看，此时期普鲁士官员的政治作用凸显出来，成为捍卫君主的宪法权力和行政领导权的重要工具④。

德国宪政制度建立后，议会政治和政党政治进一步得到发展，君主对官员的控制在一定程度上有所松动。为了保证政府行政权力的正常运行，"政治官员"应运而生，成为现代德国政治官僚的前身。早期普鲁士的"政治官员"包括国务秘书、各部部长、省长、政府主席、县长、国家检察官、警察总监和外交官等。这些官员承担着特殊的政治使命，代表国王和政府履行职责，参加议会活动。对于政治官员，主要强调在政治上的忠诚可靠，他们随时可能被无条件解职，不享有身份保障。1852年，议会通过了《官员惩戒法令》，从法律上进一步约束政治官员。随着议会政治的发展，政治官员在议会中的表现更加引人关注。如果他们在选举中不与政府保持一致，将直接被勒令停职。在这种严密控制下，不仅政治官员对政府表现得越发忠诚，就连其他官员也更多地表现出对政府的顺从。1852

---

① 中央编译局编译：《马克思恩格斯选集》第3卷，人民出版社1995年版，第315页。
② 徐健：《近代普鲁士官僚制度研究》，第209页。
③ John R. Gillis, *The Prussian Bureaucracy in Crisis, 1840 – 1860: Origins of an Administrative Ethos*, Stanford, Calif: Stanford University Press, 1971, p. 174.
④ Ibid., p. 185.

年至1855年,议会中38%的政府官员完全倒向政府①。此种控制直到1862年"宪法冲突"②后才稍微得以放松,代表某政党、地区或利益集团的政治官员在一些问题上利用宪法赋予议会的豁免权,与政府进行博弈,使政府感到越来越难以控制这些政治官员,便试图改变官员参与议会政治的传统。1898年,普鲁士政府开始禁止省长和县长参加帝国议会或普鲁士邦议会。1917年,进一步提出行政"去政治化"的改革方案,但此方案还没来得及推行,战争的阴霾便已笼罩德国,致使德国行政"政治化"的传统保留至今。

(二) 官员制度日趋完善

1849年至1879年,普鲁士政府颁布了一系列法令,对官吏的选拔和培训制度进行改革。早在1846年,普鲁士政府便颁布法律,对以法律和司法经验为中心的官员考试制度加以改革,取消在立法院实习一年的做法,加强一般经济知识和工商管理技术的考试,并将文书公文的办理也纳入考试内容。此后1866年的立法调整了这一规定,要求凡要任法官及其他高级官员的大学生学业修满,经法律考试合格后再接受四年学习训练,成绩良好者才能参加国家正式考试,考试合格后方能被委任为法官或高级官员。此规定经过三年的推行,1869年进而规定,低级官员的选拔考试也照此办理,从而统一了普鲁士官员的选任制。1873年,统一后的德国颁布了《帝国官员法》,为各邦制定官员法奠定了法律基础。

《帝国官员法》颁布后,基于经济和社会的迅速发展,以往官员选拔考试只注重法律知识的状况已不能适应时代的要求,德国政府多次通过立法程序对考试的方法和内容加以改革。1874年,德意志帝国政府递交议会的一份官吏改革议案,要求高级官员接受政治、经济、行政和财政等广泛训练。此项提案经过6年的酝酿,于1879年正式通过。这部法律对统一考试的标准作出规定,要求凡准备任政府高级行政人员者至少要在大学

---

① John R. Gillis, *The Prussian Bureaucracy in Crisis*, 1840 - 1860: Origins of an Administrative Ethos, p.176.

② 1862年"宪法冲突"是指普鲁士国王与议会的冲突引发的宪法危机。受1848年欧洲革命和法国建立共和国的影响,德意志知识分子和平民也发动了革命。普鲁士国王威廉四世为缓和群众的反抗情绪,同意制定宪法和成立议会,使运动暂时得以平息,但国王和议会之间就宪法制定问题的分歧日益加深。1862年,威廉二世与议会的斗争日益激烈并引发了军事变革,俾斯麦凭借此危机上台。

修业三年，学习法律、政治、经济和行政等课程，并通过大学考试和国家考试委员会组织的两次考试，内容包括公法、私法、经济学和财政学。1879 年改革对德国的官制建设具有重要意义，开始对行政人员和司法人员的考试加以区别，前者重政治、经济和行政，后者则重法律知识。此后，传统的以法律知识为中心的能力考试，转变为社会科学和行政知识并重的考试，改变了以往官员以法律和司法经验去应付政府行政工作的状况①。

1906 年，政府对官吏的考试和录用作出新规定，将原来在法院实习的期限由 2 年减少到 1 年，最少为 9 个月，增加在其他政府机关实习的时间。同时增加了考试科目，将公法、私法和法制史等纳入考试科目。此外还设置了专业性很强的考试科目，以考查应试者的专业能力。使德国的文官考试制度日趋完善。

19 世纪下半叶，德国在官员保障制度方面也取得了关键性的进步。1848 年革命后、特别是 1850 年宪法的颁布，对官员的解职问题加以法律规范。《宪法》第 98 条规定，国家行政官员的法律地位应通过立法予以确定，要避免他们被无辜地解除职务。1852 的法令进一步详细规定了行政官员被调离和强制退休的具体条件。该法令的有效性一直延续到 1937 年，使德国政府官员的身份保障在法律上得以确认。

"君主立宪时期"（1850—1918），德意志帝国建立起君主立宪政体，伴随着对君主立法权的限制、立法的程序化和司法审判的相对独立，德国逐渐发展成为一个"法制国家"。但它并不等同于英美自由主义意义上的"法治国家"，不是对国家权力加以限制，而是"一种看待旧国家的新方式"②。在承认"公民自由"的基础上保留了君主和国家的权威性地位，容克地主的利益最大限度地得以保留，君主制与具有一定现代性意义的政治制度和平共处。这一时期的德国，与法国第三、第四共和国相类似，政府行政体制的稳定一定程度上弥补了国家体制的"天然缺陷"，保证了整个国家机器的正常运转。此时期德国官僚制的发展，使其政府管理体制日趋统一规范，稳定性日益增强。

---

① 李盛平、季晓煜：《各国公务员制度》，光明日报出版社 1989 年版，第 185 页。
② 徐健：《近代普鲁士官僚制度研究》，第 9 页。

四 两次世界大战期间德国的官僚制（1919—1945）

（一） 魏玛共和国时期的官僚制

1919年德国的魏玛宪法是统一主义原则与国民主权原则相结合的产物。该宪法规定，联邦领土由德意志各邦组成，德意志共和国实行内阁联邦制共和政体，并将"主权在民"的资产阶级宪法原则首次写入宪法，开创了德国共和政体的历史。魏玛共和国时期民选总统取代了世袭君主，政党代议政治取代了君主的个人统治，然而以往稳固的官僚制却并未受到冲击，传统的官僚体制在新的政治体制下按部就班地运转着，并进一步得以发展。魏玛共和国时期德国的政府体制表现出以下特征。

1. 建立起复合联邦制

魏玛共和国时期，宪法对联邦国家机关的设立做出规定，对各国家机关所行使的职权以及联邦和州之间权力的划分等问题作出规定。根据魏玛宪法建立中央集权下的联邦制，各邦宪法和法律均不得与联邦宪法和法律相违背，如若各邦的宪法和法律与联邦宪法和法律相违背，则由联邦最高法院依照联邦法律予以裁决。立法权主要集中于联邦，各州只在少数政策领域拥有立法权。德国的中央集权联邦制给其官僚制打上了烙印，即中央政府的官僚负责制定政策，州和地方政府的官僚负责政策的执行。此种联邦制又被称为"复合联邦制"[①]。

2. 议会与政府间的抗衡

魏玛共和国终结了德国的君主立宪政体。根据宪法规定，德意志共和国的内阁是一个合议机构，总理由总统任命，总统必须选择议会中超过半数的多数党领袖组阁。德国为多党制，议会中很难形成单一的多数党，这就使总统任命总理时有较大自由。同样，总理在组阁时也需根据各政党在议会中所占议席分配阁席，使魏玛共和国的总理较之俾斯麦时代拥有更大的权力。

魏玛共和国的议会实行两院制，由联邦议院和联邦参议院组成。联邦议院的议员由选民选举产生，实行比例代表制，任期4年。联邦参议院由各邦代表组成，各邦代表由各邦政府任命政府官员充任，名额视各邦大小和人口多少而定。议会是德国的立法机关，有权制定联邦法律，并拥有提出修宪案的权力。议会有监督政府的权力，包括质询权，以及在必要时通

[①] 童建挺：《德国联邦制的演变》，中央编译出版社2010年版，第154页。

过不信任案迫使内阁辞职的权力。当议会提出对内阁不信任时，内阁也可提请总统解散议会。魏玛共和国后期，德国政局动荡，议会中多党角逐，致使联邦议会频繁对内阁提出不信任案，行政首脑也频繁使用紧急命令权予以抗衡，最终导致希特勒独裁统治的出现。

3. 改革文官职业保障制度

魏玛共和国时期，在政党政治下，国家一部分高级官员，如总理、部长和部分政府高级官员由总统任命，并与内阁共进退，政务官员的角色特征日益显现。早在君主专制时期，德国的官僚制便已有保持政治中立的传统，《魏玛宪法》进一步强调这一原则，称"官吏为全国之公仆，而不是一党一派之佣役"[①]，规定文官不从属于政党，以便其超然、公平地履行行政职责。并在文官考任制的基础上，进一步区分政务官和事务官，建立起德国的文官制。

1920年7月，魏玛共和国以法律形式对考任制加以完善。规定官僚的实习期为3年，其中法院实习只限于最初的6个月。文官初试分笔试和口试两种，宪法和行政法须占笔试时间的四分之一。

1927年，魏玛共和国发布文官薪金法，将中央一级的文官区分为两类：一类是正式文官，分为三种，其中部长等最高级官员领取固定薪金；其他文官属于不固定薪金类型。此外，文官还享有各种津贴，包括生活津贴、子女津贴和额外工作津贴等。如果文官身兼数职，则按级别最高的职位付给薪水。根据魏玛宪法的规定，德国的文官终身任职，并有权享受退休金。官吏任职满10年以上，丧失工作能力者均可享受退休金，其他则一般男性65岁、女性60岁开始领取退休金，退休金的最高额度为原工资的80%。

为了培训文官，魏玛共和国还创办了许多官吏补习学校，第一所补习学校设在柏林，以后许多城市相继设立。补习学校的主要任务是给未经过大学教育但有一定工作经验的文官补习大学知识，使之具备被提升的资格；给已受过大学教育的文官进一步研究专门问题的机会；给一般官吏补习有关社会、公民和经济等方面的知识。魏玛宪法还首次提出，文官可以有自己的组织，以保护文官权利。文官可以在全德文官联合会下分设职业工会，但每人只许参加其中一个组织。

[①] 谭健主编：《二十国人事制度》，辽宁人民出版社1987年版，第274页。

尽管魏玛共和国存在时间短暂，但此期间国家的官僚体制却发生了重要变化，开始在联邦制下运作，中央和各邦之间的关系深刻地影响着官僚体系内部的权力关系。此时期德国政务官和事务官的区分，标志着现代德国政府官僚制的形成。魏玛共和国时期的职业官僚们对政治表现出冷漠的态度。既不反对民主也不支持民主[①]。当他们觉得国家的民主政治导向威胁到他们的生存时，便起而反对这种制度，希望政府垮台[②]，成为魏玛共和国走向失败的重要原因之一。

（二）德意志第三帝国时期的官僚制

德意志第三帝国，又称纳粹德国，指1933年至1945年间的德国，处于希特勒独裁和国家社会主义意识形态的统治之下。此时期，德国官僚制附庸于纳粹一党专制的统治之下。

1933年，纳粹政府颁布了"授权法"，即《消除民族和国家危机法》。根据这部法律，希特勒取消了联邦参议院，将魏玛宪法赋予联邦议会的立法权转移到政府手中，使政府拥有立法、批准国家预算和批准与外国缔结的条约等多项权力，使作为魏玛宪法基本制度的议会民主制名存实亡。12月1日，希特勒颁布了《关于党和国家保障的法令》，规定德国国家社会主义工人党的指导思想法西斯主义是德国国家的指导思想，规定纳粹党是德国唯一的政党，与国家具有不可分离的关系，党的领袖即国家最高领导，党的机构是人民权力的一部分，应与国家机关实行最紧密的合作。由此确立了党国一体和党政一体的制度，纳粹党开始对国家和社会生活进行全面的渗透、干预和控制。

希特勒上台后，实行法西斯专政，要求全体政府公职人员对他宣誓效忠。他在将领袖独裁原则从纳粹党一直贯彻到国家、政府和军队的同时，还提出了"一体化"的口号，对整个德国的政治制度、乃至经济和思想文化进行法西斯化的改造。早在1933年4月7日，希特勒就曾通过颁布《文官任用法》，对传统的德国官僚制进行法西斯化改造。该法令规定，总统根据总理的要求任命各邦摄政，摄政负责监督各邦对总理规定的方针政策的执行情况，并有权任命和撤换各邦政府官员和法官，有权解散各邦议会，有权起草和公布法律。新任各邦摄政必须由纳粹党的领导担任，并

[①] Henry, Jacoby, *The Bureaucratization of the World*, p. 161.

[②] Ibid., p. 164.

须对希特勒宣誓效忠。纳粹党人在实践中借此法令对国家机关工作人员进行了清洗，以非日耳曼人、不称职和缺乏必要的教育和训练为由，解雇了大批公职人员，国家机关及国家管辖的企事业单位的一切重要职位，完全由纳粹分子控制。

1934年，纳粹政府颁布了《德国改造法》，废除了各邦的议会制，使邦政府隶属于中央政府，各邦摄政则隶属于内政部，由此使各邦政府在实际上成为联邦政府的下属行政机关。并进而通过法令撤销各邦的参政院。1937年1月颁布的《文职人员法》进一步规定，所有政府官员和一切文职人员都必须由纳粹党员担任，并必须加入纳粹党的附属组织"德国公务员联合会"，各级普通法院的法官和律师，则必须加入"国家社会主义法律工作者协会"[1]。

希特勒的一党专政使魏玛宪法名存实亡，也使传统的普鲁士式的官僚制受到摧残。法西斯执政后，公务员的竞争考试录用制度被废除，公务员、特别是高级公务员完全由忠实于元首的纳粹分子充任。各级政府行政机构成为法西斯统治的工具，以往的文官制变成了国家社会党的一党专制，德国的官僚制进入了历史上最黑暗的时期。

总之，德国具有悠久的行政发展的历史，形成了一个基于职业品质和对国家高度忠诚的政府官僚体系。它发端于早期的德意志帝国时期，发展于普鲁士王国时期，魏玛共和国时期得以进一步发展完善，此后在纳粹帝国的统治下处于风雨飘摇的状况，在战后德国的重建中得以重生。美国学者彼得斯认为："自霍亨索伦王朝以来，德国经历了无数的政治变迁，但官僚体制的性质却没有太大改变。"[2] 尽管经历了历史的多次洗礼，德国的官僚制仍顽强地生存于具有深厚传统的德国土壤中，并在现代政府的改革中焕发出新的生命力。

第二节 德国政府官僚系统的组织结构与官员类型

政府行政体制是政治体制的组成部分，因此一个国家的政治体制决

---

[1] ［美］科佩尔·平森：《德国近现代史——它的历史和文化》（下册），第682页。

[2] ［美］B. 盖伊·彼得斯：《官僚政治》，聂露、李姿姿译，中国人民大学出版社2006年版，第141页。

定着这个国家的政府行政体制。德国的议会内阁制政体、联邦制国家结构形式以及法律主义传统这三大特点决定了德国官僚制的结构特征与功能①。

在德国的议会内阁制下,议会多数党组阁,以联邦总理为首的内阁政府掌有行政权力。基于德国的联邦制,使其政府行政机构区分为联邦政府行政机构和州政府行政机构(包括地方政府行政机构)两大层级,随之政府的官僚系统也划分为联邦和州两大层级。联邦政府只在较小范围内通过自身的行政机构去执行联邦法律,国家大部分政策通过联邦机构颁布法规和行政规章、经联邦参议院批准后由各州予以实施。德国《基本法》将行政权(Exekutive)称为执行权(ausführende)②,执行立法机关所通过的法律属于行政权范畴,而行政权则严格受法律约束,必须在法律的框架内行使,表现出浓厚的法律主义传统。因此,德国联邦政府机构及其功能设置,均严格按照《基本法》、《联邦政府工作条例》和《联邦各部联合工作条例》等法律规定进行。

依据联邦制原则,德国政府的官僚体系也区分为中央和州两个层次。德国州政府行政机关和中央政府行政机关之间的关系,不同于单一制国家中央集权垂直结构中的领导和被领导关系,更多地体现为一种合作关系。各州不仅执行自己的法律,而且负责大部分联邦法律的执行,联邦政府在整个国家的行政过程中居于主导地位。此种宪政安排,将联邦的立法即政策制定功能与州政府的行政执行功能加以区分,使州政府成为一种"代理机制"③。州以下的地方政府非属中央政府行政组织根据需要设在地方的行政机关,与州政府共同承担国家任务和自治事务。

德国政府官僚系统中的官僚依据不同标准,区分为不同类型。按照其职能范围,可将之区分为政治官僚和职业官僚两大类别;根据其级别及其职责重要性的不同又可将职业官僚区分为高级文官和中下层文官;此外依据法律地位和职位等级的不同,还可将职业文官区分为见习公务员、试用公务员、临时公务员、普通职位公务员和特殊职位

---

① See Krishna K. Tummala, *Comparative Bureaucratic Systems*, New York: Lexington Books, 2005, p. 97.

② 陈志斌:《德国政体教程》,华东师范出版社2007年版,第387页。

③ [德]赫尔穆特·沃尔曼:《德国地方政府》,陈伟等译,北京大学出版社2005年版,第16页。

公务员等。

一 德国政府官僚系统的组织结构与功能

(一) 联邦行政机构及其功能

德国联邦政府具有政治与行政双重职能。首先是掌控国家政治局势的职能，体现为积极参与联邦立法，将议会多数党的政治意志转化为具体的立法提案，制定出行之有效的方针政策，并使之成为法律。其次是对议会通过的法律，通过颁布实施细则、相关法规法令以及配套的组织与人事措施予以落实，最终实现多数党的意志。克劳斯·弗里德里希·阿恩特（Klaus Friedrich Arndt）提出所谓"要务理论"（Priority Theory），意即联邦政府的主要任务为治理国家、制定国家大政方针、对重大问题作出决策。海因茨·劳施（Heinz Rausch）将德国联邦政府的任务概括为"通过方向性的正确决策去实现消除社会紧张关系的目标"[1]。

根据德国《基本法》第62条的规定，德国政府是以联邦总理为首的领导集体和政府最高行政机关，由联邦总理和联邦部长组成，拥有《基本法》赋予的广泛权力，负责处理国家各类行政事务，执行联邦议院和联邦参议院通过的各项法律和决议[2]。与英国中央政府中有入阁大臣和非入阁大臣的情况不同，德国联邦政府中所有部长均为内阁成员。根据《基本法》第62条的规定："联邦政府由联邦总理和联邦各部部长组成"[3]，联邦总理作为政府首脑掌握行政权力。根据性质和分工的不同，德国联邦政府行政机构可分为三种类型：联邦部级行政机构、部级以下联邦执行机构和联邦特设机构。

1. 联邦部级行政机构及其功能

德国联邦政府部级行政机构主要包括：

（1）部长。部长是德国联邦政府各部的行政首长，属于特殊职位的公务员，负责领导所属部门的工作，并在全国范围管辖某一方面的行政事务。德国《基本法》第64条规定："联邦部长由联邦总统根据联邦总理

---

[1] 陈志斌：《德国政体教程》，华东师范大学出版社2007年版，第389页。

[2] 《德意志联邦共和国基本法》，载吴志成《当代各国政治体制：联邦德国和瑞士》，兰州大学出版社1998年版，附录：第317页。

[3] 《德意志联邦共和国基本法》，载吴志成《当代各国政治体制：联邦德国和瑞士》，附录：第317页。

的提名予以任免。"[1] 实行部长负责制，即在联邦总理所确定的路线方针和内阁决议的框架内，独立领导所辖部门且自行负责的原则[2]。根据这一原则，联邦总理不得绕过部长直接插手联邦各部的事务。部长同时也是内阁成员，参与联邦政府重大问题的讨论、审议和决策，并对其所辖事务承担政治责任。联邦部长对联邦总理负责，听从总理的指示，无须直接对议会负责。这一规定一方面强化了联邦政府首脑的地位；另一方面也有利于联邦政府的稳定。

根据《联邦政府工作条例》第15条的规定，联邦内阁的重大决定包括制定国内外政策、拟定立法草案和法规法令等。当联邦部长之间出现意见分歧时，须通过投票表决的方式由内阁集体做出决议。此种由联邦内阁集体负责的原则不涉及由联邦总理所确定的路线方针，仅涉及联邦各部之间的相互关系问题。然而实际操作中，究竟哪些问题属路线方针问题，哪些问题涉及联邦各部的管辖权问题，常常难以有明确的界限，导致操作上的困难。

在理论上，当联邦内阁集体投票表决时，每一票的分量相同，然而事实上联邦副总理、外交部长、内务部长、司法部长、财政部长和经济部长的意见相对更加重要，影响也更大。学者们称此类强势部长为"地位突出的部长"[3]。

基于德国是个多党制的国家，在一般情况下，联邦总理常常留出一些部，由其执政联盟的伙伴提出部长人选[4]。为了不招致党内反对，总理在选择部长时还需考虑到本党内的不同派别。此外，总理还通过国务秘书一类职位去照顾地区和妇女等诸种关系。与英国首相在撤换内阁成员和各部大臣方面有较大权力不同，德国的联邦总理在撤换政府部长方面比较谨慎。与法国相类似，德国联邦各部部长的身份具有双重性，既是联邦内阁成员，又是某部的行政首长，承担政治与部门业务管理的双重职责，所发

---

[1] 《德意志联邦共和国基本法》，载吴志成《当代各国政治体制：联邦德国和瑞士》，附录：第317页。

[2] ［德］康拉德·黑塞：《联邦德国宪法纲要》，李辉译，商务印书馆2007年版，第489页。

[3] 陈志斌：《德国政体教程》，第396页。

[4] ［德］沃尔夫冈·鲁茨欧：《德国政府与政治》，熊炜、王健等译，北京大学出版社2010年版，第204页。

挥的功能具有政治与行政双重属性。联邦各部部长职位成为德国政治与行政领域的交叉地带，也是研究政府高级文官与政治系统、职业官僚与政治官僚之间关系的焦点。

（2）联邦政府各部。德国联邦政府各部是在部长领导下，为完成既定行政目标而设立的联邦级常设行政机构，分别负责国家某一方面的行政事务。在德国，联邦政府各部是根据《联邦各部联合工作条例》所设立的[1]。1963年，西德联邦各部共设有213个科，如今已发展为1800多个科。尽管如今联邦政府机构的设置发生了巨大变化，但联邦政府各部的数量基本上保持在12~17个[2]。现今的默克尔政府，有15个联邦部，包括联邦劳动与社会福利部、外交部、联邦内务部、联邦司法部、联邦财政部、联邦经济和技术部、联邦粮农和消费者保护部、联邦国防部、联邦家庭、老人、妇女和青年部、联邦卫生部、联邦交通、建筑和城市发展部、联邦环境、自然保护和核安全部、联邦教育和研究部、联邦经济合作和发展部以及联邦特殊任务部（见表5—1）。此外还设有联邦总理府、联邦新闻局和三个情报机构。

由于在多数情况下政府政策的执行依赖于各州，因此与其他西方发达国家相比，德国联邦政府各部的规模相对较小，各部雇员人数为300~1800人。有学者指出："大多数联邦政府工作部门，基本上应该被看作是制定相对重要政策的参谋机构，而不应该被看作是直线型的管理执行机构。"[3]

每个联邦部的组织结构和基本建制大体相同。联邦部下设司/局（Abteilung）、处（Unterabteilung）和科（Referat）三级行政机构，分别由司/局长（Ministerialdirektor）、处长（Ministerialdirigent）和科长（Ministerialrat）领导。[4] 每个部中科室的设置由部长自行决定，但原则上至少有5个科才能设一个处；至少有4名工作人员才能设一个科。科是联邦部的最基层单位，各部的报告，均由相关科起草某项政策，然后送交上级机关

---

[1] 在法国，政府成员和机构的设置并不通过宪法和法律做出规定，而是由总统和总理根据需要自行审定。因此变化频繁。在这方面与德国有所不同。

[2] 陈志斌：《德国政体教程》，第403页。

[3] [美]费德勒·海迪：《比较公共行政（第六版）》，刘俊生译，中国人民大学出版社2006年版，第229页。

[4] 陈志斌：《德国政体教程》，第402页。

审议。除此之外，部长和国务秘书还直接领导一些办公室和部门。

表 5—1　　　　　　　　德国联邦政府各部（2005）

联邦劳动与社会福利部	外交部	联邦总理府
联邦内务部	联邦司法部	联邦新闻局
联邦财政部	联邦经济和技术部	联邦情报局
联邦粮农和消费者保护部	联邦国防部	联邦宪法保卫局
联邦家庭、老人、妇女和青年部	联邦卫生部	联邦军事情报局
联邦交通、建筑和城市发展部	联邦环境、自然保护和核安全部	
联邦教育和研究部	联邦经济合作和发展部	
联邦特殊任务部		

资料来源：[德] 沃尔夫冈·鲁茨欧：《德国政府与政治》，第 214 页。

每个联邦部中均设有中心局即行政局、部长办公室、计划处和组织科。中心局主管人事、预算、组织事务和部内行政事务；部长办公室负责联邦部的内部事务；计划处负责制订相关计划；组织科分管所属部门的组织事务。此外，联邦各部还设有一些辅助性机构为部领导提供相关服务，如为各部部长和国务秘书配备私人秘书、设置内阁事务科、议会事务科、新闻科和公关科等。在德国，政府不同组织机构之间的合作传统上遵循两个原则：每个单位都有具体负责的领域，上级机构负责综合性领域；组织机构之间的来往遵守"公事程序"，相互交往原则上通过上级机关①。

德国联邦各部在组织机构的设置上强调层级权威，在运转中注意一定程度的分权。每个部分别配备议会国务秘书和公务员身份的国务秘书 1～2 名，协助联邦部长履行其职责。联邦部长和议会国务秘书构成各部的政治领导，公务员身份的国务秘书主管各部的行政事务。

（3）联邦总理府和联邦政府新闻信息局。在德国，总理除有副总理（通常由外交部长担任）协助其工作外，还设两名总理国务秘书，又称国

---

① [德] 沃尔夫冈·鲁茨欧：《德国政府与政治》，第 222 页。

务部长,一名负责欧洲联盟问题和情报协调工作,一名负责联邦与各州之间的合作与文化事务。为了便于联邦总理行使权力、提高其决策和行政效率,德国联邦政府设有联邦总理府①作为总理的办事机构,领导和协调政府各部门的工作,并成为沟通联邦总理与议会、各社会团体和利益集团之间关系的桥梁。联邦总理府由一名专门的联邦部长负责,约有直属工作人员500名,其中包括近百名高级官员。联邦总理府中下设五个司,分别为:司法与行政司、对外关系与外部安全司、内部事务司、计划司、经济、财政和社会福利政策司。

联邦总理府的具体任务为,遵循联邦总理所确定的路线方针,对联邦各部的工作实行监督;为联邦总理撰写发言稿和演讲稿,草拟政府的各种决定和命令,为联邦内阁会议和会议决议做准备,行使联邦政府秘书处的职能;随时向联邦总理报告日常的政治动态和联邦各部的工作;协调联邦各部事务,监督和协调联邦情报局、宪法保卫局(安全局)和国防部安全局等部门的工作。

值得注意的是,德国的《基本法》并没有对联邦总理府的设立作出规定,而是通过《联邦政府工作条例》和《联邦各部联合工作条例》作出规定。联邦总理府的设置和发展,与德国的政治发展紧密联系。联邦总理府设立初期,仅由一名国务秘书负责,后来才升格为由一名联邦部长领导,从一个侧面反映出联邦总理权力不断扩大的事实②。

联邦政府新闻信息局简称联邦新闻局,成立于1949年,1950年成为隶属于西德联邦总理府的一个部门,1958年作为主管联邦政府新闻事务的最高机关独立出来,直属联邦总理。该局由一名国务秘书担任局长,约有直属工作人员700人。联邦新闻局局长同时是联邦政府法定新闻发言人,有权直接向联邦总理和总统报告情况,定期参加联邦内阁会议,且有权获得内阁会议记录的副本③。

联邦新闻局是联邦政府负责新闻宣传、与各个新闻媒体和舆论机构建立联系、开辟政府与公众对话渠道的部门。主要包括三个职能:一是收集

---

① 陈志斌:《德国政体教程》,第414页。
② Wolfgang Seibel, "Beyond Bureaucracy: Public Administration as Integrator and Non-Weberian Thought in Germany," *Public Administration Review*, volume 70, Issue 5, 2010, p. 727.
③ 陈志斌:《德国政体教程》,第417页。

舆情的职能，即通过收集和分析研究各大新闻媒体的信息和公众舆论的反应、研究各民意调查机构的调查结果，将研究报告呈递给联邦政府、联邦议院和总统，作为这些机构制定政策的参考依据。二是交流沟通的职能。联邦新闻局通过定期举行记者招待会、定期出版物、制作记录影像材料、新闻通气会等多种形式，将联邦政府各项重大政策以及国内外重大事件向各新闻媒体和公众进行通报，以影响大众传媒和公众舆论。三是协调各部新闻机构，在业务上给予指导。

（4）联邦辅助机构。德国联邦政府设立了一些辅助性机构，为部级领导提供服务。如为各部部长和国务秘书配备私人秘书、设置内阁事务科、议会事务科、新闻科和公关科等。联邦辅助机构的职能是在将问题提交内阁审议之前，对各类问题进行分类筛选，提出初步意见，作为内阁决策的依据。对于有争论的问题，也先行在辅助机构中解决，再提交内阁做最后决策。故而德国学者雷纳特·梅恩兹（Renate Mayntz）和弗里茨·沙普夫（Fritz W. Scharpf）称为"先行澄清"和对议案做"初步决定"的机构[1]。

德国联邦政府的辅助机构主要有：

内阁委员会。内阁委员会的主要职能是为内阁决策提供咨询，为内阁决议做准备。内阁委员会由联邦总理担任主席，但联邦总理往往任命一名副主席负责处理日常事务，成员一般包括主管相关业务的联邦部长和国务秘书。

部际委员会。部际委员会大多根据内阁会议决议或相关的联邦各部之间达成的协议而建立。当一个法律草案的内容涉及多个部门时，由部际委员会从中协调，以保证立法标准的同一性和立法内容的一致性。部际委员会审议各类草案，在联邦各部之间交换情况、沟通信息，只有建议权，没有决策权。部际委员会一般由一个牵头的联邦部主持工作，并由该部一名高级公务员担任主席[2]。

国务秘书委员会。国务秘书委员会是较部级委员会更高一级的跨部门协调机构，通常由各部的国务秘书组成，负责审议政治类事务或应对一些重大事件，以求在最短的时间里提出相应的决策性意见，作为联邦内阁最

---

[1] Renate Mayntz & Fritz W. Scharpf, *Policy Making in the German Federal Bureaucracy*, Amsterdam: Eisevier, 1975, p. 120.

[2] 陈志斌：《德国政体教程》，第418页。

终决策的参考依据①。

联邦记者招待会。联邦记者招待会是在波恩注册的社团法人,拥有成员 400 多人。该团体的职能是举行记者招待会,成为向公众通报情况、宣传国内外重大政策以及获取公众舆论信息的平台。

咨询委员会。咨询委员会是为了给某些特定的专业领域提供咨询而由联邦各部或联邦机构所设置的常设机构,其成员非属联邦行政编制,主要聘用一些大的利益集团或专业协会的独立人士和知名专家、学者担任。德国联邦各部有各类咨询委员会 400 多个,大致可分为科学咨询委员会、专业咨询委员会、行政管理咨询委员会、利益集团咨询委员会、特别咨询委员会和非官方的咨询委员会六类。

(5) 议会国务秘书与国务秘书。德国联邦政府各部不设副部长,只分别设 1—2 名议会国务秘书和公务员身份的国务秘书。议会国务秘书是部长处理有关议会事务的助理,随联邦议院的改选而更换。这一职务的设置是参考了英国议会秘书的模式,于 1967 年 4 月 6 日通过颁布法律开始实行,目的在于加强联邦内阁的力量②。议会国务秘书不是内阁成员,但必须是联邦议院议员。主要有两方面职责:一是承担联邦政府各部的工作任务,履行某些特殊职能,协助联邦部长的工作;二是作为联邦部长政治上的代表,同其他机构或人员联系,尤其是在与联邦议院的交往中作为联邦部长的全权代表,执行联邦部长的指示,并向联邦部长报告联邦议院的情况。

具有公务员身份的国务秘书属副部长级德国联邦高级公务员,根据《联邦公务员法》,国务秘书必须是某个领域或学科的杰出专家或学者,在行政上代表联邦部长,作为本部的行政领导和部长的助手负责本部的常务工作,并于部长不在时代行部长职务。具有公务员身份的国务秘书的具体职责为:制订计划、向联邦部长提供咨询、人事安排、监督本部门的工作效率、不断提高本部工作人员的专业素质等。此外在对外联系中,在同联邦各部、各团体组织和利益集团的交往中进行协调,充当联络人的角

---

① 陈志斌:《德国政体教程》,第 418 页。
② Frederick F. Ridley, "Re-inventing British Government," *Parliamentary Affairs*, vol. 48, 1995, p. 395.

色，在跨部门的内阁委员会中发挥"桥梁"作用①。

2. 部级以下联邦执行机构、特设机构及其功能

德国联邦各部均设有各自的下属机构，这些下属机构被分为联邦高级官署、联邦中级官署和联邦低级官署三级。联邦高级官署在联邦各部之下设置，包括隶属于联邦内务部的联邦行政事务管理局、隶属于联邦内务部的联邦统计局、隶属于联邦财政部的联邦财政局、联邦保险局和联邦债务管理局等（15个），承担所辖范围的特定任务。根据《基本法》第87条第1款和第87b条的规定，在必要的情况下，经联邦参议院和联邦议院半数以上同意，联邦政府各部和联邦高级官署可以自设下属机构，即设置联邦中级官署和低级官署②。联邦中级官署包括高级财政管理委员会（由联邦和州共管）、联邦铁路管理局、高级邮政管理局、水路航运管理局、国防军防区管理局和边防管理局（6个）。联邦低级官署包括联邦铁路运营处、邮政局、电信局、联邦航空管理局、水路航运管理处、海关总署及其分署、海关侦查处、联邦资产管理处、联邦林业局、地区征兵办公室和边防处（11个）。联邦中级官署、联邦低级官署及其分支机构均为联邦政府的行政执行机构。

根据德国《基本法》第87条第3款的规定，联邦可以通过立法设立联邦特设机构，包括设立独立的联邦高级官署和间接联邦管理机构（联邦直属的公法性质的社团法人、研究机构或基金会），对社会实施间接管理。此类机构包括：联邦自我保护联合会、联邦农业市场秩序管理所、德国图书馆联邦管理委员会和普鲁士文化遗产基金会等，原则上受其主管的联邦部的监督。此外依据《基本法》第87条第2款的规定，建立公法性质的社会保险机构和行政机关，如联邦职员保险管理局、联邦劳动局和联邦银行等③。

---

① Jon Pierre, ed., *Bureaucracy in the Modern State: An Introduction to Comparative Public Administration*, Aldershot: Edward Elgar Publishing, 1994, p. 72.

② 陈志斌：《德国政体教程》，第424页。

③ ［德］汉斯·沃尔夫等：《行政法》（第三卷），高家伟译，商务印书馆2002年版，第71页。

3. 联邦人事行政机构及其功能

根据德国《官员法》的规定,联邦政府设立"联邦人事委员会",负责制定人事法规,裁决人事纠纷,对政府部门的人事工作进行指导和监督。具体包括:(1)参与制定官员权利的一般规则;(2)参与制定官员培训与考核的条例;(3)决定考试的认可事项;(4)决定对求职者的申诉的态度;(5)核定任用与晋升事项;(6)确认考试结果;(7)提议改进官员法规;(8)核定缺员的公告;(9)向联邦政府提出人事行政的报告;(10)联邦政府委托执行的事项。

联邦人事委员会由7名正委员和7名副委员组成,均经内政部长提名总统任命,享有身份保障。委员会主席由联邦审计院主席担任,常任正委员由内政部中主管人事行政工作的负责人担任,常任副委员由其他政府部门的人事行政负责人和官员担任。"联邦人事委员会"拥有裁决权,其决议对各部门具有约束力。受联邦政府委托,内政部部长负责监督"联邦人事委员会"的工作[①]。

(二)州政府的权力结构、行政关系与行政机构

1. 州政府的权力结构及与联邦政府的行政关系

在德国,州政府行政机构的组织结构及其功能,由各州宪法和法律作出规定并具体调节。传统上为三重结构[②],包括州政府、行政专区政府和州级管理机构。在德国,依据《基本法》,立法权主要掌握在联邦政府手中,各州政府的职能主要是执行法律和实施管理[③],因此大部分行政管辖权为各州所掌有。基于德国联邦制的特征,有些职责仅由联邦政府承担,有些职责仅由各成员单位承担;有些职责则由联邦政府承担一部分,由各成员单位承担一部分。在总体上,联邦政府主要负责外交、国防、联邦边防军、水路与内河航运、航空交通、铁路、邮政电信、海关、货币政策、联邦财政和农业、能源等领域的事务[④]。州级政府主要负责文化、教育、卫生、社会保障、警察事务、社会治安、环境保护和乡镇事务等[⑤]。州政

---

① 谭健:《二十国人事制度》,辽宁人民出版社1987年版,第291—292页。
② [德]赫尔穆特·沃尔曼:《德国地方政府》,陈伟、段敏德译,北京大学出版社2005年版,第19页。
③ [德]康拉德·黑塞著:《联邦德国宪法纲要》,第186页。
④ 同上书,第194页。
⑤ 童建挺:《德国联邦制的演变》,第71页。

府行政机构的功能主要包括三个方面：第一是执行州法律，即完成各州自己的任务。第二是执行联邦法律，即作为联邦政府的代理人，实施联邦法律中属于各州行政事务的部分。第三是完成联邦政府委托的任务。

根据《基本法》，各州政府行政机构要在一定程度上接受联邦主管部门的相应指令，双方形成一种相互协调和相互合作的关系。基于德国大部分行政工作由各州承担，因此，州政府行政机构构筑了德国政府行政体系的核心，成为真正意义上国家任务的执行者。各州各自独立，表现出德国公共行政系统高度分权和在政治上"去中心化"的特征[①]。

2. 州政府的行政机构

德国州政府的行政机构主要由以下几个部分组成。

（1）州政府。州政府由州长和各部部长组成，柏林、汉堡和不莱梅三个城市州政府（stadtstaat）则由市长和市政府委员组成[②]。各州议会的议员由选民直接选举产生，州长则由州议会选举产生。州长是州政府的首脑，主持州内阁并决定本州的大政方针。在柏林、汉堡和不来梅三个城市州，市长和其他州政府成员均由州议会选举产生。柏林市长在决定大政方针时需征得州政府的同意，汉堡和不来梅两个城市的决策权则属于州政府。和联邦部长一样，德国各州政府的部长同样具有双重功能：一方面是州内阁的成员，参与州政府的领导工作；另一方面作为主管部门的行政首脑，独立领导所辖部门及下属机构，承担政治责任。

（2）行政专区政府。德国的政府行政系统分为联邦、州和地方三级，在州和地方之间设有行政专区[③]。行政专区政府不是自治单位，不属于一级政府机构，只是州政府的派出机构，负责对各县实施法律监督，协调各地区之间的合作，以实施部门政策和项目。作为州政府派出的代表，行政专区的首脑行政专区主席和专员，均由州政府任命[④]。

（3）州级管理机构。州级管理机构指隶属于州政府各部的管理机构，与联邦政府一样，包括州高级官署、州中级官署和州低级官署。州高级官署负责全州的事务，包括州统计局、州青年事务管理局、州社会福利局、

[①] ［德］赫尔穆特·沃尔曼：《德国地方政府》，第20页。
[②] 陈志斌：《德国政体教程》，第445页。
[③] 与其他州不同，柏林、汉堡和不莱梅三个城市州以及萨尔州、石荷州、勃兰登堡州和梅前州不设专区。
[④] 图林根州与其他州有所不同，称为州行政管理局，而非行政专区政府。

州刑侦局、州测绘局和州宪法保卫局（6个）；州中级官署包括县长办公室、县政府高级主任、县政府各委员会、财政处、林业处、教育处和卫生局（7个）。州低级官署包括乡镇一级的办公室、财政办公室和征兵处等。这三种机构均隶属于州政府的某个部，由主管部对其下达指令，并实施法律和业务监督。一般而言，德国的州级管理机构数量少、规模小，州政府将大部分行政执行功能授权给地方政府。

如同联邦政府，州级政府除设置直属州政府行政机构外，还通过公法性质的社团法人、研究机构或基金会对社会实施间接管理，包括高等院校、律师协会、医师协会、牙医协会、手工业者协会、工商会、公共广播电视台等。此外，州审计署作为独立的州最高审计机关，负责对各行政机构的财政预算和执行情况进行审计。

（三）地方政府的行政体系及其功能

1. 地方政府的行政体系

传统上德国的地方政府由两个层面所构成，一是居于最基层的行政自治单位乡镇，① 成为德国联邦结构的基础；二是县级地方政府，又被视为乡镇的联合体，负责对各乡镇实施法律和业务监督，处理超出乡镇范围的地方性事务。

在德国，乡镇一级不存在真正意义上的议会制。乡镇议会的工作程序与议会制相似，但乡镇议会既是立法机关，颁布乡镇法令，对乡镇的行政部门实施监督，同时又是行政机关，所有重大决定都由它做出。德国学者视为同时拥有立法权和行政权的机关，称为"行政管理机构"②。乡镇行政首长的职责是为议会决议做准备，并在议会的监督下执行其决议。在县一级，议会由选民选举产生，县议会制定县级一切重大决策，并对行政部门实施监督。县长由选民直接选举产生，作为县的最高行政首长，同时担任县议会主席。德国目前有323个县。柏林、汉堡和不来梅三个城市州的情况比较特殊，其州议会同时也是乡镇议会，还需行使乡镇议会职能。

德国地方政府的行政组织通过州立法作出规定，原则上乡镇和县在组织建设上有很大自主性。近年来各乡镇和县政府组织的发展，深受地方政府联合咨询机构（KGSt）专家意见的影响，表现出较大的一致性。大多

---

① ［德］赫尔穆特·沃尔曼：《德国地方政府》，第21页。
② 同上书，第52页。

数乡镇和县采取三级管理模式：最高一级为乡镇（议）长和县长，全面领导地方政府；乡镇和县行政首长之下设若干局，通常由议会选举产生的副市长领导；局之下设若干处，由地方议会或地方行政首长任命的处长领导。

2. 地方政府的功能

在整个近代史上，德国地方政府一向以"双重功能"模式为特征[1]，即地方政府除完成地方自治的相关事务外，还需履行国家和州委托给它们的任务和职责。据统计，地方政府每年要承担全部公共投资的三分之一，联邦法和州法中80%的任务由地方政府完成[2]。由此，地方政府的任务分为两类：一类是自身的任务，即自治任务；另一类是受联邦或州委托的任务，即委托事务。人们习惯性地将地方事务划分为非指令性任务和指令性任务两种。非指令性任务包括自愿承担的任务和非指令性责任任务。前者指完全由乡镇自行决定的任务，如修建博物馆、礼堂、剧院、公园或游泳池等。至于是否修建或如何修建，完全由乡镇自己决定，州政府不得干涉。后者指乡镇有义务履行的任务，但无须州政府下达如何完成的指令。如乡镇有责任修建足够的学校以满足学生就学的需求，有关修建的具体事宜，州政府不得干预。指令性任务包括指令性责任任务和公共任务。前者指乡镇必须按照州政府所规定的办法去执行和完成的任务，如社会福利救济、乡镇选举等。后者指乡镇作为最基层的行政自治单位履行其执行国家任务的职责，如为了公共安全而履行警察的职责等。在履行职责方面，一些学者认为，与县的自治相比，乡镇更加具有自主性，"乡镇自治更引人关注"[3]。

二 德国政府官僚系统的官员类型与特点

在广义上，德国公务员指在联邦、州和地方三级政府机构以及在其他公法单位、公法性质的科研院所、基金会、公营企业或在某些私法单位的行政管理机构中工作的工作人员。本文研究的对象仅指在各级政府行政机构中任职、非经选举产生的官员或公务员。截至2005年的统计，德国联

---

[1] ［德］赫尔穆特·沃尔曼：《德国地方政府》，第90页。
[2] 陈志斌：《德国政体教程》，第531页。
[3] 董琦：《德国的地方自治与新建州的地区改革》，《联邦德国研究》1992年第4期。

邦和州两级政府共有公务人员 460 万人，大约相当于全国 8200 万人口的 5%、全国 3000 万就业人口的 15%①，其中联邦政府公务员为 50 多万人，约占公务员总数的 10%②。由于德国政府的行政职能主要由州和地方政府履行，教育和警察等管理工作也主要在地方，所以全国约 90% 的公务员分布于州和地方政府中。

根据不同的划分标准，德国的政府官僚大致可分为以下几类。（1）依据其功能、即从是否决定方针政策的角度，区分为政务类和事务类公务员。（2）依据任职政府层级的不同，可区分为联邦公务员、州公务员和地方公务员。（3）依据法律地位的不同，可区分为见习公务员、试用公务员、临时公务员、任期制公务员、终身公务员和名誉公务员。（4）依据学历和资历的不同，可区分为简单级公务员、中级公务员、次高级公务员和高级公务员。（5）依据职位的不同，可区分为普通职公务员和特殊职公务员。前者适用于《联邦公务员法》，后者包括联邦总统、联邦总理、联邦议院议长、联邦部长、国务秘书和州长等，均不适用于《联邦公务员法》。本文依据德国政府行政部门官员任用方式的不同，将其官僚区分为政治官僚和职业官僚两种类型。以下分述这两类官僚及其特点。

（一）政治官僚及其特点

政治官僚也称政务类公务员，在德国联邦政府中包括联邦总理、联邦政府各部部长、联邦各部的国务秘书、司/局长、警察局长、联邦总检察长、联邦新闻局正副局长以及外交界、联邦宪法保卫局和联邦情报局 A16 等级的所有高级官员。在州一级，除巴伐利亚、巴符州和汉萨城市以外，其他各州均含有政务类公务员。以黑森州为例，该州的政务类公务员包括州长、州政府部长、州务秘书、州行政专区主席、州政治教育中心主任、州警察局局长、总检察长、新闻处处长、部长办公室主任及私人秘书。其中州长助理、包括幕僚长和秘书长的主要职责是把党派意见和专家意见进行结合，成为政务类公务员与其他公务员联结的中介和枢纽③。

早在普鲁士王国时期，就有国王任命政治公务员的做法，目的为在关

---

① Krishna K. Tummala, *Comparative Bureaucratic Systems*, New York: Lexington Books, 2005, p. 101.
② ［美］B. 盖伊·彼得斯：《官僚政治》，第 141 页。
③ 张志成：《德国公务员制度概揽》，北大法律信息网：http://article.chinalawinfo.com/article_print.asp?articleid=52277。

键职位上给国王安排忠实的臣仆[1]。联邦的政务类公务员不适用于《联邦公务员法》，依照基本法和其他相关法律进行管理。州的政务类公务员则由各州的《州公务员法》进行管理。政务类公务员一般都是高级公务员，从A16级入职，由总理或部长任命，非经由竞争性考试，政治因素是任命时的主要考虑因素，实行任期制，与政党共进退，随政府更迭而更迭，不享有职业保障，接受社会的公开监督。政务类公务员的职责是与现任政府的政治路线和政治目标保持一致。在政府中贯彻政党政策，如若不能与执政党即现任政府在政治上保持一致，则随时有被解职、或在不讲明任何理由的情况下被安排提前退休的可能性[2]。

在德国，政务类公务员的任职主要通过选任和委任两种形式。选任按照联邦《基本法》、《联邦选举法》和各级地方选举法的规定进行，又分为直接选任和间接选任两种情况。联邦总理、联邦政府各部部长、各部国务秘书、各州州长、各州政府部长和各级地方行政首长均采用选任制。委任是指由机关首长根据下属的忠诚程度和工作能力将某人任命为自己的部属，一般适用于首长秘书和助手等辅助性职务。

（二）职业官僚及其特点

德国的职业官僚主要指通过公开竞争考试择优录用、按照《联邦公务员法》进行管理的公务员，实行常任制。职业官僚体系非属决策体系，是负责履行联邦、州和地方政府行政工作的公务员[3]。德国的职业官僚区分为简单级职类、中级职类、次高级职类和高级职类四种类型。任高级职类的官员为高级文官，其余为中下层文官。每个职类的任职要求相应业务方向的学历、培训经历、见习期和试用期等。升职一般只能在同一职类中进行，在极少数且具有某些特别前提条件的情况下，职业官僚方可变换职类或晋升至另一职类。依据各职类中职位所隶属的专业体系，职业官僚被纳入若干性质不同的职系。如中级非技术性行政职位、次高级警事执行性职位、高级技术性职位等。在职系之下，设有五个职级，直接与薪俸挂钩，同一职级的职业官僚享有同等薪金待遇。通过对职业官僚的分类分

---

[1] Walter L. Dorn, "The Prussian Bureaucracy in the Eighteenth Century," *Political Science Quarterly*, Vol. 46, No. 3, 1931, p. 413.

[2] Krishna K. Tummala, *Comparative Bureaucratic Systems*, p. 111.

[3] 陈志斌：《德国政体教程》，第326页。

级，德国政府建立起一个自上而下的层级制官僚体系。

德国职业官员的录用强调两个方面的标推：一是政治道德状况，二是业务水准。政治标准是忠于《基本法》，"保证在任何时候，根据基本法的精神，坚持自由、民主的基本制度"[1]。业务水准包括才干、能力和专业知识等。

1. 高级文官及其选拔任用

德国的高级文官即高级职类的官员包括 A13 至 A16 级别的职业官员，是指那些承担领导、计划、决策和管理性工作的职业官僚[2]。高级文官担任领导工作、协调和做出重要的法律性决策或起草新的法律规定。依据其职业特点和业务性质高级文官又可区分为非技术性高级文官和技术性高级文官两种类型。非技术性高级文官中的联邦高级官僚主要集中于总理府、联邦各部及其联邦辅助机构中，职责是协助总理处理行政事务，推动政府一般命令的实施，拟定法律、规章或政府决定的草稿、负责联邦政府各部的日常工作等，享有发布训令，协调各方工作和配备人事等权力。各州高级官僚的职责为协助州长进行各项行政工作，在州级政府中行使与联邦高级官僚相类似的职能。高级技术人员主要负责政府行政部门的科技行政工作，管理国有企业、公共事业以及国家计划内的科研工作。

德国进入高级文官的门槛相对较高，一般必须在学术性大学学习过三年以上并通过考试正常毕业，具有三年以上的实习期经历，经过三年的试用期并通过高级公务员的录用考试，即第一次国家法学考试，才能被正式任命。高级文官的录用考试较之中下层文官的录用考试竞争更加激烈，考试内容难度更大。通过录用考试被选拔出来的人员，一般先作为临时公务员受聘在有关职类见习，最短为 2 年，又称"候补高级公务员"。临时公务员见习内容包括本职类所需的知识和业务，目的在于使学员获得从事本职类工作必要的职业能力。在德国联邦政府和州政府中，高级职类多为政府行政部门中的法律工作职类和高级行政职类，凡谋求此种职类的人员，须通过国家统一的法律知识考试，即第一次国家法学考试。高级职类的临时公务员在顺利通过见习后还须参加本职类的任用考试，即第二次国家考

---

[1] Wolfgang Seibel, "Administrative Science as Reform: German Public Administration," *Public Administration Review*, Vol. 56, No. 1, 1996, p. 78.

[2] 倪越：《西方文官制度》，劳动人事出版社 1990 年版，第 109 页。

试，考查临时公务员在见习后是否达到所要求的培训水平，符合要求者方能转正。考试分口试和笔试两部分，考试后依照分数级别评定考试成绩，评出综合分和名次。

德国高级文官的流动仍呈现为三种渠道，即通过委任制流向政治官僚体系；通过委任进入公共企业或个人选择流向私人部门；通过参加选举流向政治系统。首先，联邦总理或部长、州长根据高级文官的效忠程度和工作能力，可以直接将之委任为自己的部属，在下属部门参与决策性或辅助性工作，由此而使之转换为政治官僚。其次，高级文官通过政府委任的方式进入公共企业的董事会，担任董事长或董事职务；或高级文官自身以自发流动的方式进入私人企业，担任企业中的重要职务。由于德国人通常以进入公务员队伍为自豪，他们的终身愿望就是进入高级文官行列[1]，因此高级文官向私人企业流动的人数相对较少。再次，由于在德国，政治职业生涯和行政职业生涯被明显区分开，因此，官员个人从政治系统到行政系统或者从行政系统到政治系统的职业转换十分罕见[2]。诚然，德国文官若经选举进入议会成为议员，可以临时辞去文官职位、离开行政机关，待议员卸任后再返回行政机关继续其行政官僚的职业生涯[3]。尽管如此，在总体上，德国的高级文官并不具有很强的流动性。

德国的高级文官介于政治官僚与中下层文官之间，承担领导中下层文官的职责，在整个行政系统中发挥着十分重要的作用。尽管德国的高级文官不具有很高的流动性，且秉承文官中立的传统，但依然与政治系统保持着密切的联系，一定程度上呈现为"被政治化"的趋势。

2. 中下层文官及其选拔任用

德国职业官僚中的中下层文官主要包括简单级、中级和次高级三个职类的职业文官。简单级职类包括 A1 至 A5 级公务员，此类官员的学历要求是五年制普通中学毕业生或具有同等学历者。年龄在 35 岁以下，有一年的实习期，实习内容包括理论学习和实践培训两部分。再经过半年的试用期后，方能被正式任用。被任用的简单级职类公务员一般从 A2 级开

---

[1] [美] 费勒尔·海迪：《比较公共行政》，第 234 页。
[2] 同上书，第 237 页。
[3] [美] B. 盖伊·彼得斯《官僚政治》，第 143 页。

始，少数公务员从 A1 级开始①。简单级职类公务员一般从事辅助性工作，如办公楼管理员、传递员、文件分拣员和打字员等。

中级职类包括 A5 至 A9 级公务员，如主任秘书、办事人员等。此类官员的学历要求是五年制普通中学毕业后，经两年的职业技术培训或公告法律事务方面的培训，持有技术职务考试证书；年龄在 35 岁以下，有两年的实习期，此期间使用"候补人员"的工作称号。中级非技术性职类的见习内容包括专业理论培训和职业实践培训。专业理论培训一般为 6 个月，职业实践培训（边工作边上课）一般为 18 个月。专业理论培训科目包括普通法知识、国家学、普通行政法、财政管理、公务员法和薪俸法、建筑法以及安全和警察法等。专业理论中级技术性职类的见习期可缩短为 1 年，前提是在同一业务方向的手工行业中通过了师傅资格考试或通过了满师考试，并具备 5 年的职业经验。完成见习期的人员再经过一年的试用期并通过中级公务员录用考试后，方能被正式录用。该职类的公务员协助次高级和高级职类公务员工作，一般从事无需专门应用法律知识的重复性工作。

次高级职类包括 A9 至 A13 级高级公务员，如检察官、使领馆一等秘书、科长等。此类官僚的学历要求是取得进入高等专科学校学习资格者或高等专科学校毕业生。年龄在 35 岁以下，有两年半以上的实习期，此期间使用"候补人员"称号。次高级非技术性职类人员的见习是在各州的公务员高等专科学校参加为期 18 个月的专业知识学习和参加为期 18 个月的职业实践。专业理论培训的科目包括法律、经济和财政学、行政学以及其他基础科目。其职业实践主要为：学员在部门中了解行政管理行为及行政管理在国家和社会中的作用，独立处理本领域工作中的具体事务。次高级非技术性职类人员通过一所行政系统外的高等专科学校或大学相应专业方向的毕业考试的，可将见习期缩短至 1 年。见习期后再经过三年试用期，并通过次高级公务员录用考试，方能被正式任用。试用期期间，还需在高等学校接受至少一年半的理论培训，学习科学管理知识和方法，再进行至少一年的实践锻炼，成绩合格者方可获得次高级公务员资格。次高级职类公务员须具有决断力，即按现行法律独立处理重要事件的能力。

在德国，不同层级的公务员存在于联邦政府、州政府和地方政府中，

---

① 陈志斌：《德国政体教程》，第 441 页。

但各类公务员所占比例有所不同。如地方政府中中级公务员占40%以上，高级公务员的比例仅占6%左右[1]。而州政府中高级公务员的比例则占25%[2]，联邦政府中高级公务员所占的比例更高。在不同层级和不同性质的部门中，不同职类的公务员任职于普通行政管理、财政、法律、安全与秩序、文教、公益与卫生、建筑、公共设施以及经济和交通等各个领域。公务员可从事技术性或非技术性的工作，也可从事劳工管理或税务管理等方面的工作[3]。

德国中下级文官（简单级职类文官除外）的录用有考任制和聘任制两种。考任制即通过竞争性考试择优录用，录用考试的主管机关一般为州和地方政府人事机关[4]。考任制适用范围较广，由主管机关根据行政部门的职务要求，向社会提供报考信息、公开招考。同时组成公务员调配委员会，根据匿名的申请人档案按比例挑选出一定数量的候选人，再对候选人进行测试。考试分笔试和口试，笔试一般按1/10的比例选拔。笔试后，胜出者要参加大约半小时的口试。口试需另组委员会，一般由人事处长和各用人单位的代表组成。口试入选后，便进入试用期。报考专业技术类部门的考生，除入门考试外，还要接受培训，培训结束时再进行一次考试，合格者才能进入试用期。次高级职类官员的选拔，除考试外，还需考虑在校时一些科目的成绩。

聘任制是由政府机关通过契约定期聘用专门人员的一种制度，适用于招聘在社会上有一定名望的专家、学者和科技工作者。联邦高级官员一般不采用聘任制，如国务秘书、联邦各部的司局长、联邦各部直属机构的领导人以及联邦直属的法定团体、机构和基金会的领导人等，其他不适用于公开招聘的职位由联邦人事委员会作出规定[5]。

各职类的公务员（简单级职类公务员除外）在见习结束后一般还须参加本职类的任用考试，以考查见习人员是否达到所要求的培训水平。中

---

[1] ［德］赫尔穆特·沃尔曼：《德国地方政府》，第125页。
[2] 同上书，第125页。
[3] 杭州大学德汉翻译和信息中心编：《联邦德国 普通行政管理及教育行政管理》，杭州大学出版社1994年版，第46页。
[4] 秦宣：《世界主要国家公务员制度》，中国大百科全书出版社1995年版，第289页。
[5] 杭州大学德汉翻译和信息中心编：《联邦德国 普通行政管理及教育行政管理》，第41页。

级职类公务员在行政学校接受培训并参加任用考试。考试分口试和笔试两部分，按分数级别评定成绩，并评出综合分和名次。次高级非技术性行政管理职类人员在公务员高等专科学校的"普通内部行政管理"专业学习，并按有关规定参加由联邦或州内政部举办的任用考试。考试分口试和笔试两部分，按分数级别评定成绩，并评出综合分和名次。通过该职类任用考试的人员，均获得大学学士即行政管理高专学位。

凡通过某一职类任用考试的人员，若具备公务员法所规定的条件，便可成为试用公务员，但任用考试合格并不意味着一定能够成为试用公务员。一般而言，在德国，试用公务员的法律地位相对稳固，试用公务员除非存在公务员法中所提及的特殊原因方可被终止试用[1]。公务员试用关系满5年，年满27周岁，并且在试用期期间证明了自己的素质、能力和业务水平，便可转为终身公务员。

在德国的公务员体系中，显现出明显的注重法律教育背景的特点。除一些专业和技术性职业文官拥有经济或理工学位外，大部分文官拥有法学学士学位，法学专业出身的公务员占了很大比例[2]。强调公务员法学教育背景的重要性，体现了德国人法律主义的公共行政观。德国的《基本法》、《联邦公务员法》和《州公务员法》中分别对公务员的级别划分作出严格的规定，不同层级公务员的资格与其受教育程度相关联，不同的"教育出身"决定着人们进入政府官僚系统起点的不同。这在德国公务员的管理中，也在一定程度上显现出某种相对固化的特点。

（三）职业官僚系统的制度规范

在德国，政府官僚体系中的法制化传统使之十分注重公务员管理的法律化和制度化。对联邦公务员而言，除适用于专门的《联邦公务员法》、《联邦职类条例》和《联邦法律条例》外，还要遵循所有其他联邦公务员法规和制度，包括对公务员实行功绩制和常任制、实施职位分类、选拔任用、考试考核、监督与升降奖惩、薪资、培训、调动和退休以及义务与权利等一系列管理事项在内公务员法规和管理制度。

基于德国的联邦制结构，联邦公务员的法规不适用于各州。各州对本

---

[1] 杭州大学德汉翻译和信息中心编：《联邦德国 普通行政管理及教育行政管理》，第54页。

[2] ［美］B.盖伊·彼得斯：《官僚政治》，第143页。

州公务员有关法律关系和管理的规定，属于州公务员法的范畴。各州在自身管辖范围内就本州、市镇、联合市镇和其他受本州监督的公法团体、机构和各基金会的公务员的法律关系和管理制度作出规定。

1. 雇用形式

在德国，公务员的法律关系属公法性质，联邦政府、州政府和地方政府是政府行政官僚的雇主，政府行政官僚在公法的基础上以公共工作关系及其忠诚性隶属于政府[①]。德国的政府公务员没有雇用合同，其权利和责任通过法令形式作出规定。事业单位公务员一般会得到一份聘书，聘书上写明根据联邦或州法令获得聘任资格以及职位待遇等。事业单位公务员的劳动时间要经过讨论，根据合同予以确定。

2. 工资制度

德国政府公务员实行职级工资制，表现为行政级别加职务档次的工资结构。行政级别根据所任职务确定，职务档次则根据所任职务时间的长短确定。根据有关法律规定，德国公务员的工资区分为三大系列：行政公务员和军人工资系列；教授和助教工资系列；法官和检察官工资系列。并划分为 A、B、R、C 四个等级（即四级工资标准）。其中，行政人员和军人适用于 A、B 两个等级。A 级属于变动工资标准系列，共分为 16 个工资等级，适用于从低级到高级的所有公务员，可定期升级。其中又区分为一般（科级以下，5 等以下）、中等（科级，9 等以下，要求初中会考以上文凭）、高等（处级以上，13 等以下）、特级（局级，16 级以下）和服务事业等级。各级公务员的工资两至三年调整一次[②]。B 级是一种固定工资标准系列，共分为 11 级，每级不分等，主要适用于各部国务秘书、驻外大使等职位。

3. 考核制度

德国公务员每年进行一次评估考核，考核中政府人事部门负责考核政策的制定及考核的规划和组织，具体工作由各部门负责。德国公务员的考核采取领导考核和人事委员会评价相结合的办法，工作表现以人事委员会

[①] 参见杭州大学德汉翻译和信息中心编：《联邦德国 普通行政管理及教育行政管理》，第 34 页。

[②] 参见国家机关事务管理局网站：《德国公务员的工资福利与住房政策》，http://www.ggj.gov.cn/bgs/bgswxzl/200611/t20061120_6266.htm.

的评价为主。德国公务员的考核评估机制体现出职位管理的特点：由部门主管对其下属工作人员进行考核，采用掌握平时情况、与当事人沟通如谈话等方法；年终考核对完成工作总量、质量及工作方式等方面分五级加以综合评价，其中突出对业绩和能力的评估，不同等级的公务员有不同的能力评价标准。这种主管负责制的考核管理体制，增加了考核的准确性，减少了推诿扯皮，提高了工作效率。考核中各单位还成立鉴定委员会，根据部门主管的考核意见，对本单位的公务员进行考核评分。

4. 晋升制度

德国公务员的晋升制度包括职务晋升和薪俸晋升两种情况。职务晋升主要包括首长任命制和竞争上岗制两种类型，以首长任命制为主。所谓首长任命是指公务员达到一定任职年限，按照公务员管理权限，由主管领导根据本人表现给予晋升任命。所谓竞争上岗是指当领导职位出现空缺时，经过公开考试的办法，由主管领导择优提拔任命的制度。

德国的薪俸晋升制度比较完善，不仅有一整套薪俸增长办法，而且制定了《联邦薪俸法》，使公务员的薪俸晋升制度具有法律依据。各个级别的公务员开始工作时从相对应的最低级别开始，级别的确定与其学历相关。公务员若不晋升职务，薪俸中的纵向级别是相对稳定的，随任职年限加薪。为缓解新老公务员之间的矛盾，调动各年龄段公务员的积极性，德国还实行高额工龄补贴制度作为补充，老公务员每人每年每级工龄的补贴额相对较高。

5. 退休制度

根据法律规定，德国一般公务员的退休年龄男性65周岁，女性60周岁，但如已满63周岁，且本人自愿申请退休，可以提前退休。在个别情况下，鉴于行政工作的需要，联邦政府应最高行政机关的要求，并征得联邦人事委员会的同意，可以将年满65岁公务员的退休时间推迟，每次办理的推迟时间不得超过一年，总体上不得超过70周岁。女性公务员推迟后的退休年龄总体上不得超过65周岁。选举任命的各级行政首长，如联邦总理、各部部长和各州州长等，不受法定退休年龄的限制。

值得注意的是，在德国公务员的退休制度中，有一种"暂时退休"制度。所谓"暂时退休"是指终身公务员可以奉联邦总统的命令"暂时退休"。根据德国《联邦公务员法》的规定，联邦总统可以随时让具有终身公务员身份的下列公务员"暂时退休"，包括：国务秘书和各部的司长；担任外事高级职务的公务员如大使和公使等；联邦政府新闻局和情报局局长和副局长、联邦政府发言人；联邦法庭的首席联邦律师和联邦行政法院的首席联邦律师；联邦民防专员等。这些高级官员在履行其职务时，必须与时任政府在政治上保持一致。如若不能在政治上保持一致，便随时可能在不讲明任何理由的情况下被安排"暂时退休"。被"暂时退休"的官员无实际职位，处于闲置状态，只能等待机遇。"暂时退休"的公务员有可能在退休前被重新任命为终身公务员，表明"暂时退休"结束。"暂时退休"的公务员年满65周岁时，便被视为终身退休[1]。据统计，至1968年，德国联邦政府中有51位高级公务员经历了"暂时退休"；1969年至1973年的政府更迭中，有129名高级文官经历了"暂时退休"；1982年至1983年间，有48名高级公务员在新政府上台后以"暂时退休"的名义被赶走；1998年政府换届时有65名高级公务员被要求"暂时退休"。如果加上提前退休和调动，人数更多：1967年至1970年，33%的国务秘书和司长发生职务变动；1982年至1983年这一比例为37.5%；1998年至1999年达52.2%[2]。政府行政部门中显现出明显的"政党政治"趋势[3]。"暂时退休"制度也成为德国联邦政府官僚系统中政治与行政关系的重要体现。

第三节　德国政府官僚系统的权力关系

德国政府是一个多层次的权力控制体系，政府中各层次间权力相互分享[4]。联邦政府负责制定法律、作出决策，州政府和地方政府作为执行体系负责履行大量的政府行政事务。作为政府的行政功能系统，德国的政府官僚系统显现出高度的稳定性和鲜明的特色。德国政府行政组织的关系结构相互交织并充满矛盾。一方面，文官系统要遵循法律主义原则，文官行为受法律法规的严格限制；另一方面，行政官僚大量介入政治，政治也介

---

[1] Krishna K. Tummala, *Comparative Bureaucratic Systems*, p. 111；杨柏华、仝志敏：《外国政治制度》，劳动人事出版社1987年版，第259页。
[2] ［德］沃尔夫冈·鲁茨欧：《德国政府与政治》，第223页。
[3] Krishna K. Tummala, *Comparative Bureaucratic Systems*, p. 111.
[4] ［德］沃尔夫冈·鲁茨欧：《德国政府与政治》，第204页。

入和干预行政事务①。1969年以来②，政府行政系统公务员视自己为政治中立的"传统官僚"的观点发生了变化，高级文官开始接受政治指令，不再坚持超党派的立场，呈现出一定程度的政治化倾向，成为当代德国政府官僚系统发展的一个重要趋势。

一　德国政府官僚系统与政治系统的关系

在德国，政府官僚系统与政治系统之间的关系主要体现与议会、总统和总理间的关系。

（一）政府官僚系统与议会的关系

德国政府官僚系统与政治系统之间的关系首先体现为与议会之间的关系，主要体现于立法过程中政府与议会的关系、议会对政府行政系统的监督以及政府行政官僚与议员之间的关系几个方面。

1. 联邦政府与议会在立法过程中的关系

作为国家的重要权力机构，德国的联邦议院拥有立法权。然而与欧洲其他议会制国家一样，如今德国政府的立法权已逐渐转移至行政部门，联邦政府拥有广泛的立法创议权和立法最后审批权。20世纪40年代后期以来，立法提案中有59%是由政府内阁所提出，其中76%的提案最终形成为法律③。政府各部也经常提出政策和规划，其中大部分最终也都形成为法律。议会通过的法案最后经联邦总统签署正式公布时，须经联邦总理或有关部长副署方能生效，以防止议会"越轨"。可见联邦政府推动着立法，联邦政府的草案在联邦议院通过的成功率要远高于联邦议院自己提出的草案或由联邦参议员提出的草案。因此，克里希纳·K. 图马拉（Krishna K. Tummala）认为，德国的立法机构与其说是一个立法提案的中心，不如说是一个政府的行政分支④。由于德国实行议会内阁制政体，联邦政府由议会多数党组成，在政党政府下，提案由议会提出还是由联邦政府提出就变得不那么重要了。

尽管如此，并不意味着议会在立法过程中不起作用，立法过程中，一

---

① 参看［美］B. 盖伊·彼得斯：《官僚政治》，第143页。
② 1969年德国政坛传统的竞争对手联盟党和社民党首次联合组阁，德国政坛发生较大变化。
③ Renate Mayntz & Fritz W. Scharpf, *Policy Making in the German Federal Bureaucracy*, p. 178.
④ Krishna K. Tummala, *Comparative Bureaucratic Systems*, p. 110.

部分提案由联邦议院所提出，即使是联邦政府提出的提案也要顾及多数党议会党团的意愿。此外，联邦政府在提出立法提案时还须顾及联邦参议院的态度。在德国，联邦参议院代表各州利益①，享有保护联邦制度完整性的宪法权力。在立法过程中，首先，所有宪法修正案都需经联邦参议院批准；其次，"普通"立法的通过也要受到联邦参议院有限否决权的制约。立法案被联邦参议院否决，联邦议院须在获得对等多数同意的情况下才能驳回联邦参议院的否决。如：若联邦参议院以 3/4 多数反对某个立法提案，则联邦议院也须以 3/4 多数的支持使此项立法案最终得以通过。这一规定使联邦政府在提出立法提案时必须充分考虑到联邦参议院否决权的因素。联邦参议院也因此而成为立法过程中与联邦政府保持权力平衡关系的重要力量。

在立法过程中，议会需要大量信息，这些信息在很大程度上靠政府行政部门提供。政府行政机构因而成为议会立法过程中的重要信息源②。作为立法的必要补充和实施法律的需要，政府行政部门在实践中拥有立法解释权和行政立法权，表现为德国联邦政府拥有广泛的委托立法权，有权发布命令、指示和决定等，成为与议会关系结构另一个层面的表现。

2. 议会对政府行政部门的监督

德国议会对政府行政部门的监督主要表现在三个方面。一是在政治方面的监督，体现为议会多数党的议会党团、议会中的反对党对政府行政部门政治目标的监督，看是否与自身所倡导的政治目标相一致。二是对政府行政部门工作效率的监督，看是否根据政策目标采取有效措施。三是法律监督，监察政府行政部门的活动是否在法律允许的范围内进行。议会拥有财政权，对政府预算进行决议，并对预算的实施予以监督。此外，德国联邦和州议会还通过质询、询问和调查等手段对政府行政部门加以监督。在这一过程中，议会中的反对党发挥着重要作用。

---

① 根据《基本法》的规定，联邦参议员不由选民选举产生，而是由各州政府成员组成，由各州政府直接任命。各州参议院代表名额按人口比例分配，一般为 3 至 6 人。依据不成文的规定，各州州长和各城市州的市长为联邦参议院"天生的成员"，其余联邦参议院议员多由各州政府中的部长担任，因此联邦参议院有"部长委员会"（Minister gremium）之称，成为各州政府的议事委员会。在巴登—符腾堡和巴伐利亚两个州，国务秘书和国务委员均属于州政府成员，也有可能被任命为联邦参议院议员。

② Henry Jacoby, *The Bureaucratization of the World*, 1976, p. 162.

（1）质询。德国联邦议院的质询包括重要质询和简单质询两种情况。按照《联邦议院工作条例》第100—103条的规定，重要质询由一个议会党团或5%以上的联邦议院议员联名以书面的形式通过联邦议院议长向联邦政府提出。一般涉及政府政策的原则性问题，要求政府就某个重大问题所作出的决策和采取的措施给予回答。联邦政府及各部在接到重要质询的要求后，要及时给予详尽的回复。简单质询由一个议会党团或5%以上的联邦议院议员联名以书面的形式提出，一般涉及某个领域或某一具体时期的问题，属于了解情况性质，不涉及政府的大政方针。

除上述两种较为正式的质询外，德国联邦议院还有"质询一小时"和"现实问题一小时"两种质询方式①。"质询一小时"在每个会议周举行，每次60分钟，最多一周3次，总体时间不超过3个小时。每位议员均可向联邦政府口头提两个问题，然后由相关部长、议会国务秘书或国务秘书作口头回答。"现实问题一小时"由一个议会党团或5%以上的联邦议院议员联名以书面形式提出，一般紧接着"质询一小时"后进行，仅涉及公众关注的热门话题和社会舆论所注意的重大议题，并就此进行辩论。这两种质询方式因其便捷和及时而受到反对党的欢迎，成为议会监督政府行政的重要手段。

（2）询问。20世纪60年末，德国联邦议院便开始采用自由询问方式对政府行政系统予以监督。询问安排在每个会议周的星期三中午13时，在联邦内阁会议结束后紧跟着进行。询问的内容限于与时势密切相关的话题或与刚结束的内阁会议有关的话题。询问一般进行30分钟，每个议员都可以对联邦政府的成员进行自由询问。

（3）调查。议会的调查权包括对联邦政府各级行政机构及其工作人员违法行为的调查，以及涉及各级政府行政部门及其工作人员侵犯公民权利的调查②。一般由议会组成调查委员会进行。调查委员会的成立需要由1/4以上的联邦议院议员联名提出，主要任务为调查关于特定案件的必要证据，对政府实施监督，揭露政府行政部门的各种弊端，查清事实，澄清真相。除了设立调查某个具体案件的调查委员会外，联邦议院还设立调查工作委员会，任务是对一些涉及面大且影响广泛的问题进行独立调查研

---

① 陈志斌：《德国政体教程》，第316页。
② 杭州大学德汉翻译和信息中心编：《联邦德国普通行政管理及教育行政管理》，第24页。

究，以获取有效信息，为议会是否对该项事务立法做前期准备，为联邦议院的决议提供依据。

（4）公民请愿。公民请愿是指公民就某事项向国家机关提出请求，要求议会、政府或某行政主管部门满足其意愿或改变某些措施[1]。联邦议院一旦接到公民的请愿书，须立即交由联邦议院请愿委员会处理。请愿委员会有权到联邦各级政府有关部门查阅卷宗，并要求该部门提供必要的材料和相关信息。联邦政府相关部门有义务积极配合并提供便利。通过公民情愿的方式，议会对政府实际政策实施过程进行监督。在德国，州议会更多接受此种诉愿，仅巴伐利亚州议会每月就收到约380份请愿书[2]。

3. 政府行政官僚与议会的关系

根据1997年制定的《议员法》，议会议员代表公民行使其职权，议员必须全职工作，原则上不得从事另外一种公务职业，不得成为政府公务员。一旦公务员当选为联邦议员，须停止其公务员职务，并停发工资。一旦议员任期结束，可立即恢复原来所从事的职业，并领取相应工资。德国有一半以上的联邦议员来自政府部门，使议会呈现出公务员化的趋势，因此一些人又称德国联邦议会为"官吏议会"[3]。这种双重成员资格的状况有助于缓解议会和政府行政系统之间的紧张关系。

德国政府行政官僚与联邦议会之间的关系还体现于议会国务秘书和国务秘书二者的角色及其相互关系。在德国，议会国务秘书不是内阁成员，但是联邦议院议员，其职责主要体现为两个方面：一是在联邦政府各部履行某些特殊职能，协助联邦部长工作，以减轻联邦部长的工作负担和压力。二是作为联邦部长在政治上的代表，同其他机构或人员联系，尤其是在与联邦议院的交往中，议会国务秘书全权代表联邦部长，在议会中贯彻联邦部长的指示，并随时向部长汇报联邦议院的情况。成为沟通议会和联邦政府各部的桥梁。

国务秘书是联邦各部最高级别的常任公务员，相当于副部长级。根据《联邦公务员法》，享有公务员身份的国务秘书必须是某个领域的杰出专家或学者。作为行政领导代表部长领导本部。国务秘书的职责是制订计

---

[1] 陈志斌：《德国政体教程》，第320页。
[2] 杭州大学德汉翻译和信息中心编：《联邦德国普通行政管理及教育行政管理》，第24页。
[3] 甘超英：《德国议会》，华夏出版社2002年版，第78页。

划、向联邦部长提供咨询、负责本部的人事安排、推进本部门的行政工作效率、提高本部工作人员的专业素质等。此外，在对外联系中，国务秘书侧重于协调与联邦各部、各团体组织和利益集团的关系，充当联络人的角色，在跨部门的内阁委员会中发挥作用[①]。在实践中，议会国务秘书和国务秘书在职责上有所冲突。具有公务员身份的国务秘书反对议会国务秘书干预政府部门的事务。大部分议会国务秘书在政府部门中没有明确职责，只是以其政治身份作为部长的继任者进行锻炼，以某种"闲职"的身份参与政府行政部门的工作。

（二）政府官僚系统与总统的关系

魏玛共和国时期，德国总统拥有很大权力。根据《魏玛共和国宪法》的规定，"魏玛共和国总统享有某种类似皇帝替代者的地位"[②]。总统每隔7年由人民直接选举产生，具有不依赖于议会的民主合法性，享有对军队的最高指挥权，有权任命和解除公务员职务，特别是有权任命和解除总理职务，并在总理的建议下任命政府部长。此外，总统还拥有解散议会和宣布进入紧急状态的权力。强总统的政治设计未能保证魏玛共和国的民主制和政治稳定，最终导致希特勒的上台，给后来的制宪者以沉痛的教训。因此战后联邦德国修改宪法，削弱国家元首的权力，使之不致于有战前那样大甚至难以控制的权力。

根据德国的《基本法》，战后联邦德国总统几乎降至虚权的地位，地位大大降低，不再由人民直接选举产生，而是由联邦议院和联邦参议院选举产生，任期5年。联邦总统既没有对军队的最高指挥权，也没有宣布进入紧急状态的权力，其余权力也被尽可能地削减。在联邦共和国的议会内阁政府体制框架中，联邦总统扮演着"备用功能"的角色，具有代表国家的象征性作用，在联邦政府和联邦议院之间、各党派之间、联邦政府与州政府之间起协调作用[③]。承担一些礼仪上的职责，只有在其他宪法机制功能失灵或发生政治危机的时候才发挥重要作用。此种情况意味着权力重心转移到联邦内阁手中，尤其是转移到联邦总理手中[④]。

---

① Jon Pierre, ed., *Bureaucracy in the Modern State: an Introduction to Comparative Public Administration.*, p. 72.
② 蒋劲松：《德国代议制 第一卷》，第169页。
③ ［德］沃尔夫冈·鲁茨欧：《德国政府与政治》，第250页。
④ ［德］康拉德·黑塞著：《联邦德国宪法纲要》，第497页。

德国联邦《基本法》保留了总统在行政领域的一些传统权限。根据《基本法》的规定，联邦总统有权任命和免除联邦法官、联邦公务员（包括政治官僚和行政官僚）、军官和下级士官，以及行使一定的联邦赦免权。联邦总统在行使这些权限时所涉及的所有命令与处分，都需要由联邦总理或具有相应管辖权限的联邦部长联署后，方能发生实际效力[1]。这一规定表明，联邦总统在行使行政权力时要受到联邦政府的约束。联邦总理及联邦部长由此而承担对议会的政治责任。

此外，虽然联邦总统享有一定的官员任命的审查权限，可以审查委任和罢免是否存在法律障碍，但联邦总统此种法律形式上的拒绝权不具有最终效力，需经联邦宪法法院加以裁决，表明联邦政府的人事权仍主要掌握在联邦政府手中。

（三）政府官僚系统与总理的关系

根据德国宪法，联邦总理是拥有强大权力的政府首脑，由联邦议院选举产生。在德国联邦政府中，仅联邦总理经由选举产生，因而在政治上独享因选举产生所获得的合法地位。根据《基本法》的规定，不仅联邦总理由联邦议院选举产生，而且在只有经联邦议员选出继任者时，联邦议院才能对总理表示不信任而终止其职务[2]。反之，总理也可依据《基本法》，在他认为适当的任何时候请求联邦议会对他投信任票，如果他的建议受阻，便可请求总统解散联邦议会，或者宣布进入紧急立法状态。

从《基本法》的规定和联邦总理的实际权力运行机制看，德国联邦总理作为国家政治权力的中心控制着政府的行政权力。其表现为：首先，联邦总理承担着组建政府的职责。根据《基本法》，联邦部长的任命由联邦总理提出建议，联邦总统任命和解除部长职务只能根据联邦总理的选择。其次，联邦总理确定政治方针并承担相应责任。《基本法》第65条规定，联邦总理在联邦政府内阁成员多数同意的基础上确定联邦政府的方针[3]；联邦总理领导联邦政府，有权根据联邦政府的任务，确定联邦政府部长的人数和所管辖的领域，有权听取部长的汇报，并采取一切相关措

---

[1] ［德］康拉德·黑塞著：《联邦德国宪法纲要》，第501页。
[2] 《德意志联邦共和国基本法》，载吴志成《当代各国政治体制：联邦德国和瑞士》，附录：第317页。
[3] 同上书，第317页。

施。联邦总理负责原则有助于加强德国联邦政府的凝聚力和行动能力。诚然，联邦总理权力的实现还要取决于政治环境，包括联邦总理在本党内的地位、政府联盟的格局、联邦总理个人处理政治事务的技巧①以及联邦总理与其政府官僚之间的关系等。

一般而言，德国联邦总理组阁时，须留出一些部，由其执政联盟的伙伴出任部长。此外，联邦总理在选择部长的时候还需考虑本党内部的不同派别，不致因此使自己在党内招致反对。联邦总理一般通过国务秘书的职位来平衡各种势力，照顾不同政党、不同地区和妇女的利益。与英国首相不同，德国的联邦总理在撤换政府部长时常常比较谨慎，若遇到强势部长或与总理意见分歧的部长，总理通常通过内阁多数使之在内阁中孤立，从而促使其提出辞呈②。

按照德国《基本法》的规定，在联邦总理的领导下，每位政府部长在其负责的领域独立工作并承担责任，联邦总理不得越过部长直接干预各部的管理，而是通过总理府和内阁委员会进行协调，体现出德国联邦总理与联邦政府官僚体系之间特有的关系模式。

德国联邦总理无论是行使其行政决策权，还是实施其政策，都离不开政府官僚的支持。总理府作为总理的办事机构，成为政府官僚辅助总理的主要场所。正如德国学者沃尔夫冈·鲁茨欧（Wolfgang Rudzio）所言："如果没有总理府的话，联邦总理就可能成为强势政府部门背景下的令人遗憾的'残疾者'。"③ 总理府的规模较大，大约由100名高级文官组成，并配备有300多名服务型职员。其中设部长一名，由国务秘书或部长级别的官员担任，拥有仅次于总理的权力。自阿登纳政府时期（1949—1963）开始，联邦德国的总理府便通过国务秘书会议及其运行机制，发挥它对联邦政府的协调与控制作用④。

1. 总理府及其相应关系

总理府中设有与联邦各部相对应的机构，以帮助总理了解各部的工作

---

① [德] 沃尔夫冈·鲁茨欧：《德国政府与政治》，第204页。

② Edward C. Page, *Bureaucratic Authority and Political Power*, Brighton: Wheatsheaf, 1992, p. 128.

③ [德] 沃尔夫冈·鲁茨欧：《德国政府与政治》，第206页。

④ Elisabetta Gualmini, "Restructuring Weberian bureaucracy: comparing managerial reforms in Europe and the United States," *Public Administration* Vol. 86, No. 1, 2008.

情况，协调联邦各部事务。具体而言，总理府协调与控制联邦各部的功能主要通过6个机构去实现。其中4个机构涵盖主要联邦部的工作领域，1个负责政策和基础性问题的分析，1个负责协调情报部门的工作。这些机构中设有46个处，各处的领导均为高级公务员，处之间以小组的形式合作。此外，还设有很多专门的工作办公室，如新联邦州事务办公室和德法关系办公室等。通过这些机构及其高级公务员的工作，协调联邦各部之间的关系和内阁秘书处的工作，同时为总理提供相关信息。此外，总理府还定期召开国务秘书会议，通过加强对国务秘书的控制，保持与各部行政官僚之间的沟通和交流。

作为协助联邦总理工作的机构，总理委任自己的亲信、自己信任的专家和密友等承担总理府中一些特定的职位，这些成员通常从中央政府行政机关的高级文官中"选拔"而来，其他能够进入总理府的高级文官也在不同程度上带有政治色彩。由于联邦总理试图使总理府成为强势的领导中心，进入总理府的高级官员也因而获得了与其他各部相比更高的地位和更大的影响力，使"各部中的'领导'不得不试图与那些固执己见的政治支持者们和睦相处"[1]，使联邦政府中的行政官僚特别是高级职业官僚发生了某种改变，出现一种政治化的趋势，"从行政政策的制定者逐渐演变为政治上高度敏感的政策协调者"[2]。诚然，此种情况同时也受到联邦各部行政官僚的抵制，使总理府仅成为"一个聚焦网而非一个金字塔"[3]，无法在整个政府行政体系中完全凌驾于其他各部之上。

2. 内阁委员会及其相应关系

在德国，联邦内阁作为一个整体，由联邦总理和联邦各部部长组成。然而由于各部部长公务繁杂，无法频繁地召开内阁会议，因此，在内阁之下建立起跨部的内阁委员会，以协商各类事务。内阁委员会一般由部长、国务秘书和其他政府行政官僚组成，后两者代表各部出席。安全委员会、经济内阁委员会和财政内阁委员会仅限于内阁成员参加。为了减轻负担，内阁政府有时还将工作分配给政府部门中的职业官僚去做，使各部的职业

---

[1] Edward C. Page, and Vincent Wright, *Bureaucratic Elites in Western European States*, Oxford: Oxford University Press, 1999, p. 149.

[2] Edward C. Page, and Vincent Wright, *Bureaucratic Elites in Western European States*, p. 149.

[3] [美] 费德勒·海迪：《比较公共行政》，第229页。

官僚对一些跨部事务乃至对内阁委员会的议事有一定的发言权。

二 德国政府官僚系统的内部关系

在德国的政府官僚系统中，职业官僚与总理、部长之间有明确的法律关系。职业官僚只在所属部门承担具体职责，为部长决策提供政策建议，并执行决策。政治责任由民选或任命的政治官员承担，并由之向议会或选民负责。然而在实践中，职业官僚与政治系统的关系却很微妙，职业官僚体系即文官系统作为政府系统的效能部分，是政府工作的保障，职业官僚、尤其是高级文官的行为与政府系统中政治官僚责任的实现有密切的联系，职业官僚的法制观念、政策水平、管理能力和办事效率成为实现政府职能的关键[1]。

（一）政治官僚与职业官僚的关系

1. 职业官僚的政治化趋势

德国政府行政部门中政治官僚与职业官僚之间的关系包括两方面内容，一是政治官僚与职业官僚之间呈现为领导和被领导关系，职业官僚在决策过程中发挥一定的作用。二是职业官僚呈现出政治化的趋向。

在德国的政府行政部门中，政治官僚是各级政府行政部门的行政首长，职业官僚在其领导下负责法律、法规和政策的执行，协助行政首长处理行政事务，起草相关法律、规章和政府决定。在履行政府行政职能的过程中，职业官僚实际上在一定程度上履行着某种政治功能。如同韦伯所言："政策专家（知识来自于书本）和官僚（知识来自于实践）之间信息不平等会导致内阁官僚系统在制定政策上出现问题。"[2] 虽然最终决策由部长、内阁或议会作出，但决策的内容并非仅由政治因素所决定，包括职业官僚面对社会需求、向政治官僚提供信息和设定目标的因素。职业官僚长期在一个领域中任职，比政治官僚更加熟知本部门事务，掌有制定政策的丰富资源，因而在政策选择中发挥着重要作用，对任职短暂的政治官僚具有很大的制约力。克里希纳·K. 图马拉将此种现象称为"功能性的政

---

[1] Brian Chapman, *The Profession of Government: the Public Service in Europe*, London: Allen & Unwin, 1959, p. 78.

[2] Krishna K. Tummala, *Comparative Bureaucratic Systems*, p. 108.

治化"①，意即政府部门中的职业官僚如同政治家那样工作，表现出一种职业官僚自我领导、部分地履行着政治功能的现象和趋势。职业官僚积极、广泛地参与政策制订，"朝着成为更具回应性的组织迈进，至少在高级文官范围内会是这样"，显现为一种"规范和价值功能"。但这些职业官僚"并没有设法主动绕开政治首脑的控制，也没有试图将他们根据自己的偏好发展起来的行动方针强加给政治首脑"②。从自身利益的角度，高级文官也要尊重政治官僚，如果政治官僚被追究政治责任，高级文官也会受到某种牵连。政府的运行要求政治官僚与职业官僚之间保持某种平衡关系。高级文官如若不与政治官僚合作，部门工作便寸步难行，文官自身的生存也会受到影响。双方的合作既是政府良性运转的保证，也符合高级文官自身的利益。

　　近几十年来，德国政府行政部门在官员的党派构成上也发生一些变化，从一个侧面显现出政府"行政政治化"的趋势。联邦政府处长以上的官员中无党派人士的比例有所下降，在各州政府的部级领导中无党派人士的比例更小③。联邦政府官僚中管理精英的比例也呈下降趋势，1987年占官僚总数的86.3%，到1999年时仅占41.1%④。联邦政府中的管理精英们越来越感受到所负责领域的政治化趋势，与政党有联系的公务员得到更多的支持和机会，71%的受访公务员抱怨政府中的政党政治趋势⑤。与之相伴的是，德国政府中高级文官群体的自我认知也发生着相应变化。20世纪60年代末以来，德国政府部门中高级文官视自己为政治中立的"传统官僚"的观点发生了变化⑥，他们开始接受政治命令，不再坚持自己超党派的立场。行政官僚政治化的目的在于"激发高级官僚更加积极努力地工作"，"接受政治约束"，以"避免与处在高级战略职位上的官员发生冲突和对抗"⑦。

---

① Krishna K. Tummala, *Comparative Bureaucratic Systems*, p. 110.
② ［美］费德勒·海迪：《比较公共行政》，第235页。
③ ［德］沃尔夫冈·鲁茨欧：《德国政府与政治》，第223页。联邦政府中无党派人士的比例由1970年的72%持续下降，至1987年时为42.7%。
④ Wolfgang Seibel, "Beyond Bureaucracy: Public Administration as Integrator and Non-Weberian Thought in Germany," p. 729.
⑤ Renate Mayntz & Fritz W. Scharpf, *Policy Making in the German Federal Bureaucracy*, p. 134.
⑥ ［德］沃尔夫冈·鲁茨欧：《德国政府与政治》，第223页。
⑦ ［美］费德勒·海迪：《比较公共行政》，第238页。

总之，与其他发达国家一样，当代德国的政府行政部门出现了权力的二次转移，即权力从立法机关转移到行政首长手中，又从行政首长转移到高级职业官僚手中，海迪称这些高级职业官僚为"西方的九品高官"①。权力的转移表现为政府高级文官职业活动中政治权力与行政行为的部分融合，但这并不意味着职业官僚有可能取代政治官僚。从政府功能的角度，职业官僚在政策实施方面发挥主要作用，在政策制定方面则发挥次要作用，在利益整合方面，作用受到限制。

2. 联邦高级公务员与部长的关系

德国联邦部长是联邦政府各部的行政首长，在其领导的部门中配备一名私人助理、一名新闻助理或公共关系助理，管理日常文书和处理行政事务的办公室。此类人员均由部长亲自挑选，与部长同进退。选择的重要原则之一是其政治性，尤其是对部长的忠诚状况。此外，如前所述，每个部还分别配备议会国会秘书和拥有公务员身份的国务秘书各 1~2 名。联邦部长和议会国务秘书构成部级的政治系统；国务秘书相当于为副部级，属高级文官，长期任职，其职责是协助部长完成本部门的任务，主管部级行政事务。具体职责为制订计划、向部长提供咨询、进行人事安排、促进本部门的工作效率、提高本部门工作人员的专业素质等。在对外联系中，国务秘书与联邦各部、各种团体组织和利益集团进行交往，并加以协调，充当联络人的角色；在跨部的内阁委员会中起"桥梁"作用，"构成了政府工作连续性的最重要基础"②。

为了动员庞大的政府行政机构去实现执政党的政治意愿，联邦部长须处理好与本部门中职业官僚的关系。由于"政治家们的工作负担过重"③，各部部长在拟定相关立法草案时不得不依赖职业官僚，致使职业官僚在这一过程中发挥着重要作用。相关部门的处长在其主管领导的指示下准备法律草案的过程中，要征求其他各部、相关处室和利益集团的意见。司长、国务秘书和部长均要对所拟定的立法草案发表意见。部长在经司法部对草案的法律正确性进行检查后向内阁报告草案内容，某些议题还需经内阁委

---

① ［美］费德勒·海迪：《比较公共行政》，第 212 页。
② 同上书，第 230 页。
③ Peter M. Blau, and Marshall W. Meyer, *Bureaucracy in Modern Society*, New York: Random House, 1987, p. 98.

员会（即多个部长）讨论，经内阁批准后成为政府法律草案。

职业官僚享有公务员身份，为长期雇员，部长既不能使他们降级也无法解雇他们，使职业官僚出现了相对自主性和自我领导的可能性。尽管如此，相对于中下层文官而言，部长对高级文官的控制力更大。正如海迪所言，"德国联邦政府的高级文官在政策发展和政策规划中扮演着重要角色，但不能说他们在这样做的时候已经摆脱了政治控制"[①]。各联邦部长可以在任何时间、无需阐明任何理由让国务秘书、司长以及新闻和人事处长等高级文官"暂时退休"。显示出部长对政府高级文官的强势地位。

（二）联邦高级公务员与中下层公务员之间的关系

在德国，高级公务员主要集中于联邦政府，中下层公务员则多集中于州政府和地方政府。在联邦政府各部中，国务秘书为最高级公务员；各部之下设司（局），司（局）长均为高级公务员；司（局）内设处，作为该部的基本工作单位。各部在政策制定过程中，往往将具体任务分散于各处，使处级机构成为"组织机构中的承担单位"，上级领导机关的功能仅为协调和控制，部级领导很少下达具有明确内容的工作指示，使处长扮演着重要角色，并成为连接高级公务员和中下层公务员的媒介。正如一个局外人担任国务秘书后吃惊地发现，想要反对处长们特别困难，因为"处长们扮演着非常重要的角色"[②]。

联邦政府各部中的诸种机构负责各自领域的事务，相互间奉行"公事程序"进行交往，它们之间的相互合作原则上通过上级机关进行。伴随着联邦各部中处级机构数量的增加[③]，处级单位间的分工越来越细化，使多数处级机构的规模都很小。在现实行政工作的运行过程中，联邦政府各部的大多数工作由处级机构承担，然而单个或几个处室常常很难处理某些事务，需要由不同部门的处室通力合作方能完成。如果严格遵循部门之间的正式交流方式，处级机构处理事务的程序会十分繁琐，导致效率低下。因此，尽管在理论上没有部级负责人的同意一般不可以发生机构间的直接联系，但在实际工作中各处室中下级官员之间常常采用缩短"公事

---

① ［美］费德勒·海迪：《比较公共行政》，第238页。
② ［德］沃尔夫冈·鲁茨欧：《德国政府与政治》，第222—223页。
③ 1963年德国联邦政府中处级机构为213个，2005年增加到1800个。

程序"和非正式"横向联系"的方式进行交流①。不同处室中负责处理具体事务的中下级文官还组成一般性工作组共同处理跨部门的交叉性问题。

在德国，政府官僚体系中不同等级间的流动性较差。职业官僚的职业生涯在很大程度上取决于其教育背景，获得相应职类资格的人员被录用为文官后，一般从该职类的最低等级做起。文官在各职类间的水平流动十分罕见，向上一层级职类发展的机会更是微乎其微。在德国较为森严的等级体系中，中下级文官很难晋升为高级文官。一名中级官员要想升为高级官员，首先须在中级官员的岗位上工作8—10年，再由本人提出申请，继而参加联邦政府考试委员会组织的考试。通过考试后，还要对申请人的"资格、才能和专业技能"、组织领导能力、功绩及人际关系等方面的情况加以考察，包括考察其党派关系和政治忠诚度等，最后方能决定是否能够晋升为高级公务员。申请人不仅要具有杰出的专业才能，还需达到一定的政治标准。在现实中，中下级文官进入高级文官集团的渠道十分狭窄。一名中级官员要想晋升为高级公务员，至少要花费十几年的时间，晋升之路十分漫长，显现出德国政府行政系统较强的封闭性。

海迪认为："虽然当今常任高级文官，已经不再拥有以社会来源、选拔和职业声望为基础的特殊精英地位"，德国文官之间的流动状况仍然"对于构建灵活的人事管理制度可能会形成某些严重障碍"②。

（三）联邦、州和地方政府官僚系统之间的功能划分与合作

1. 联邦和州政府官僚系统的功能划分

一些学者认为，与美国、加拿大相比，德国的联邦制有所不同，美国和加拿大属于典型的"二元联邦制"，意即联邦和州的纵向二元性，而德国则属于功能性的联邦制或称"行政联邦制"。认为"在德国联邦制中……产生了一种功能性的分离，即联邦享有立法权，而州则行使大部分行政管理权（联邦各州保留行政权）"③。此种宪政安排将联邦的立法/政策制定功能与州政府的行政/执行功能区分开来，构成一种"代理机

---

① Jon Pierre, ed., *Bureaucracy in the Modern State: An Introduction to Comparative Public Administration*, p. 136.
② ［美］费德勒·海迪：《比较公共行政》，第232页。
③ Arnold J. Heidenheimer, *The Governments of Germany*, New York: Crowell, 1975, p. 172.

制"①，克里希纳·K·图马拉将之称为行政联邦主义。② 意即各州主要履行行政执行功能，各州不仅执行自己的法律，还负责大多数联邦法律的执行，在整个国家的行政执行中居于主导地位。联邦政府除若干直属机关、如联邦劳工署、联邦金融管理局和联邦刑事局外，仅在对外事务、联邦国防和联邦边防军、联邦水路和空中交通管制等少数领域拥有自己的执行机构。

2. 联邦、州和地方政府官僚系统之间的合作

德国的政府行政系统实行联邦、州和地方（包括乡镇）三级制，在州和地方政府之间还有一个中间单位——行政区，所以又可视德国的政府行政系统为五个层级：联邦、州、行政区、地方政府和乡镇，其中最为重要的是联邦、州和地方三个层级。其中，联邦政府和州政府之间更多地呈现为一种合作的关系结构，主要体现为以下方面：

（1）通过联邦参议院和柏林州代表机构（类似州驻联邦的公使馆）进行协调和沟通。通过这种方式，各州不仅参与联邦立法和管理，还在联邦财政援助计划的拟订和联邦财政预算的协调方面予以协作。

（2）通过联邦和州的政府首脑会议和业务主管部长协商会议加以协商。此种协商会议非属定期的正式会晤，且协商一般在联邦政府和州政府总体意见一致的情况下进行，经协商所达成的决议具有实质性效力。

（3）通过部长级以下官僚参加的联邦和州协商委员会加以协商。此种协商形式十分常见，协商内容多样，且涉及范围广泛，包括从法律、条例草案的拟定到法律、法规的实施各个方面，协商机构的名称也各不相同。

（4）通过联邦和州的规划委员会加以协商。此类委员会有一定特色，属第三方机构，如极具代表性的"科学委员会"，任务是制订促进经济发展的计划。委员会成员包括联邦政府、州政府、大学和其他学术组织以及工业和公共事务部门的代表。基于其功能，"科学委员会"仅秘书处的成员就达30人之多，可见作用之重要③。

（5）上级行政机构通过借用下级行政机构去加以沟通和协商的方式，

---

① ［德］赫尔穆特·沃尔曼：《德国地方政府》，第16页。
② Krishna K. Tummala, *Comparative Bureaucratic Systems*, p. 97.
③ 参见［德］沃尔夫冈·鲁茨欧《德国政府与政治》，第268页。

又称"借他行政（Fremdverwaltung）"①。具体表现为联邦政府、州政府和乡镇政府以委托或指令的方式，通过另外一个行政主体或其他机关去执行其任务。表现为三种形式：一是特定的受指令约束的借他行政，指下级行政机构，如乡镇政府接受上级行政机构、如联邦或州政府机构的委托，根据其指令，独立执行具体任务；二是一般的受指令约束的借他行政，指两个平行的或有上下级关系的行政机构共同执行被委托的任务；三是机构委托性的借他行政，主要指特定的行政机关，如市、县、乡镇政府以及其他一些特定机构，以国家行政机关的名义去执行委托性任务。

3. 各州政府行政系统之间的协商与合作

德国的合作式联邦制不仅造成了联邦和州之间的"政治上"的"交织（纠缠）"，还形成了一种州与州之间的"自我调节模式"。各州针对一些领域的事务相互协调②，避免出现矛盾和冲突。一些州在州际会谈之前预先讨论，尤其是当参加会谈的两个州分别为不同政党所控制、政见分歧较大时更是如此。

各州在自我调节的过程中，常常借助于联邦和州的规划委员会。最终使政府协调机构"联邦—州—委员会"的意见与规划委员会的决定达成一致。在各州的"自我调节模式"中，政府行政系统的最高决策机关部长级会议发挥着重要作用。部长级会议依据下一级政府机关预先提供的咨询，拟定重要的管理规定，并通过专业部长级会议和"联邦—州—委员会"等加以协调。各州的政府高级官员在此类组织中相互合作与协商，在所涉及的问题上达成一致。如内务部长会议涉及各州统一警察装备问题，卫生部长会议涉及各州相互承认专业医生培训资格问题等。其中文化部长会议特别引人关注，该会议作为中央调节教育领域事务的部门，机构庞大、人员众多，其最终决议以法律文集的形式出版。2002年，文化部长会议基于某些州不承认其他州教育文凭的缘故，通过强硬手段对德国的统一教育标准作出规定。

此外，一些西部联邦州和东部新联邦州之间也结成一种特殊的合作关系，如北莱茵—威斯特法伦州与勃兰登堡州、下萨克森州与萨克森—安哈

---

① ［德］汉斯·沃尔夫等：《行政法》（第一卷），高家伟译，商务印书馆2002年版，第56页。

② ［德］沃尔夫冈·鲁茨欧：《德国政府与政治》，第269页。

特州、黑森州与图林根州以及巴伐利亚州与萨克森州均结成"伙伴州",相互支援,共同合作①。

三 德国政府官僚系统与社会的关系

(一) 政府官僚系统与社会利益集团的联系

在德国,利益团体对联邦政府各部的影响清晰可见。20世纪40年代后期到50年代后期,在德国联邦工业协会向政府提交的各种申请中,向政府各部、局提交的申请占82.8%,向联邦议院和联邦参议院提交的申请仅占7%。1985年至1986年间,德国联邦工业协会所提交的232份申请中提交给政府的占67.2%,提给欧共体委员会的占8.2%,提交给联邦议院及其委员会以及议会党团的占15.5%②。这种情况的出现是由于大多数法律草案由政府部门拟定,各利益团体试图在政府制定规章、规则和拟定法律草案的过程中施加影响,因而与联邦官僚系统发生直接的联系。

利益集团与德国政府官僚系统之间的联系具体表现为以下方面。

1. 利益集团直接参与政府决策

在政府法律草案拟定过程中,政府中的职业官僚常常吸纳利益集团参与。德国联邦政府各部共同工作规章规定:"在准备法律草案的过程中,专业领域的代表或是利益集团代表可以提供咨询和文件以供讨论,他们应有表达态度和立场的机会。若无特殊规定,在时间、范围允许并允许选择的情况下,可以让他们进行评估。应该注意以可信的方式对法律草案加以讨论。"③ 为避免对政府部门中的职业官僚失去政治上的控制,共同工作规章还规定,政府部门与利益集团进行讨论时,必须同步向议会党团通报情况。通过此种方式,一方面,使政府对相关的利益诉求有所了解,得知拟推行的政策措施可能带来的影响;另一方面,也使利益集团的利益诉求有可能在政府的政策和相关法律草案中得到反映。

2. 利益集团间接参与政府决策

利益集团还利用在政府部门中工作的"咨询委员",间接对联邦行政系统中的职业官僚施加影响。在德国,总理和各部设立了大量咨询委员会

---

① Arnold J. Heidenheimer, *The Governments of Germany*, p. 190.
② [德] 沃尔夫冈·鲁茨欧:《德国政府与政治》,第57页。
③ Arnold J. Heidenheimer, *The Governments of Germany*, p. 272.

为之提供政策咨询。这些咨询委员会的主要任务是提供有效信息和政策选择，为重大政治问题提出解决方案。咨询委员会的建议具有专业知识依据和明确的政治取向，具有较强的操作性，因而政府和议会将一些重要事务交给咨询委员会研究审议。据统计，德国联邦政府各部和总理府办公厅中设有 100 多个重要的咨询委员会[①]。咨询委员会中的"咨询委员"一职原本专门为专家所设置，然而一项对经济、财政和劳动部门的调查表明，利益团体的代表占了"咨询委员"中很大一部分[②]。一些学者认为，大量咨询委员会的建立，显现出"去议会化"的现象，或者称之为"逃离议会机制"[③]。一些重要的利益集团的领导人还通过与总理的所谓"平房对话"（Bungalow Gespraechen）参与政府决策[④]。

3. 利益集团隐性参与政府决策

利益集团不仅通过政府的制度化结构，直接或间接地影响政府决策，还通过与政府部门之间的隐性联系，对政府决策施加影响。主要通过利益集团和政府部门之间的"联系人"去实现。此种"联系人"主要有四种情况：（1）通过与政府官员相同的出身和教育背景所建立的情谊。"联系人"往往曾与某个政府官员为同乡、同事或同学关系，通过打"人情牌"来对部门决策施加影响。（2）政府官员本身就是利益集团的成员，这些官员多为国务秘书或政府司局级官员。具有双重身份使之能够对政府决策施加更大的影响。（3）退休政府官员成为利益集团的院外游说者。（4）现任政府官员曾经是利益集团的领袖。

通过"联系人"的牵线搭桥，使利益集团与政府各部门之间建立起长期的联系，形成"政府部门的专家和利益团体之间的某种伙伴关系"，双方"相互熟识，给对方出主意和提建议"[⑤]，此种现象又被称作"利益团体的公爵领地"[⑥]。政府官僚系统与利益集团的紧密联系成为德国政治

---

① Jon Pierre, ed., *Bureaucracy in the Modern State: An Introduction to Comparative Public Administration*, p. 236.
② ［德］沃尔夫冈·鲁茨欧：《德国政府与政治》，第 57 页。
③ 同上书，第 221 页。
④ 所谓"平房对话"是指总理与平民间的平等对话，意指在平房之中，双方的站立高度相同，平民无需仰望总理。See Jon Pierre, ed., *Bureaucracy in the Modern State: An Introduction to Comparative Public Administration*, p. 226.
⑤ ［德］沃尔夫冈·鲁茨欧：《德国政府与政治》，第 58 页。
⑥ Krishna k. Tummala, *Comparative Bureaucratic Systems*, p. 121.

过程中的一大特色，德国学者雷纳特·梅恩兹和弗里兹·沙普夫因此称德国为善于"协调各种利益立场的国家"①。

（二）政府官僚系统与社会之间的双向流动

德国的公共服务部门分布广泛，因此作为国家雇员的工作人员的数量也相对较大。德国的政府官僚系统与社会之间处于一种半封闭的双向流动状态，相对于法国而言，德国政府选拔官员、尤其是选拔中下层公务员的渠道更为开放，但进入政府高层的途径狭窄，呈现出较大的封闭性。就德国政府官僚个人而言，他们通常能够较为自由地进入私人领域，并在其中担任重要职务，在客观上加强了政府行政系统与私人部门之间的联系。近年来，职业官僚在社会其他专业部门或私人部门获得有利机会选择离开政府机关的情形不断增加，尽管其流动程度上还无法与法国相比。

第四节　德国官僚制的理论模型与文化渊源

一　德国的"混合型"官僚制

纵观德国官僚制的历史演进、组织结构功能以及诸种权力关系，可以看出，德国政府官僚体系既区别于美国的分权型，也不同于法国的集权型，属于集权与分权的混合型。德国官僚制的集权性，起源于普鲁士的官僚制，体现为政府官僚系统的行政集权、行政组织的精英化和严密的等级制；德国官僚制的分权性则主要体现于中央政府官僚系统与州和地方政府官僚系统之间纵向权力的划分。

（一）德国官僚制的集权性

受历史上封建专制集权的影响，德国官僚制的前身普鲁士官僚制作为中央统一地方的工具，从建立之初就带有集权性的特征。当代德国官僚制的集权性特征主要表现为以下两个方面。

首先表现于政府的行政集权体制。尽管德国是议会共和制国家，遵循分权原则，但德国的《基本法》中并没有明确阐述如何进行权力的分割与均衡②。基于德国的议会内阁制，联邦总理产生于议会多数党或多数党联盟，因此，在实质上联邦总理与议会紧密结合为一体，成为德国宪制中

---

① Renate Mayntz & Fritz W. Scharpf, *Policy Making in the German Federal Bureaucracy*, p. 234.
② ［德］康拉德·黑塞：《联邦德国宪法纲要》，第376页。

拥有强大权力的行政首脑，联邦政府也由此而成为推动立法的强有力的机关。负责起草法律草案或提出政策建议的政府职业官僚长期任职，并掌有专业资源和业务能力，在国家行政系统的决策过程中发挥重要作用，从而进一步提升了政府行政系统的整体能力和决策的集权性。

其次表现于官僚系统中严密的等级制。德国政府官僚的等级系统呈现为相对的封闭性，不同的"教育出身"决定了政府官僚职业生涯起点的不同。一般情况下，官员升职只能在同一职类中进行，在极少数情况下，职业官僚方可变换职类或晋升至另一职类。职类中依据职位所属专业系统区分为若干职系，进而设置5个职级，与薪俸挂钩，由此而形成一个自上而下、相对僵硬的官僚体系。此种严格的等级划分保证了上级政府对下级政府的权威和控制、以及下级官僚对上级官僚的服从，因而保证了国家行政系统的整体性和集权性。

（二）德国官僚制的分权性

如前所述，德国的政治与行政传统中具有集权性特征。历史上，为了抵御分离主义和地方主义势力，德意志曾经建立起高度集权的国家。也正是由于历史的缘故，德国又不可能成为一个如同法国般的纯粹的集权性国家，长期分离的传统和地方权力的诉求，使德国最终呈现为实行中央与地方分权的联邦制国家，因而使德国的官僚制显现出纵向分权的特征。表现为在联邦、州和地方政府的权力关系上，政策制定权集中于联邦政府，政策的执行权则分散于州和地方政府。

德国政府的分权性还体现为联邦参议院的构成与权力地位上。由各州政府代表组成的联邦参议院在政策制定过程中居于强有力的地位，显现了各州政府及其行政官僚在联邦政治中的地位，成为州权与联邦权力相抗衡的重要平台，表现出各州政府对联邦政府权力的制约。德国的联邦宪法法院和联邦银行等机构，也在立法过程中发挥着重要作用，使政府的决策过程呈现出权力分制的境况，从而使联邦官僚系统在政策制定过程中必须有所顾忌，而不能独断专行。

此外，德国官僚制的分权性还体现于政府官僚系统的管理制度上。德国实行统一领导、分权管理的公务员管理体制。根据《德国联邦公务员法》，联邦人事委员会行使联邦公务员的管理权，但它并不直接处理公务员管理业务，只是对各机关的公务员管理事务进行统筹、监督、协调、提供咨询和建议、或裁定有关申诉案件。联邦政府各部和各州政府设有执性人事机构，负责政府各部门和各级政府的人事行政工作。

二 德国"混合型"官僚制的特征

德国的官僚制显现出"混合型"的特征，除集权与分权的"混合"外，还表现为以下方面。

（一）封闭性与流动性的混合

德国的政府官僚系统与社会之间处于一种相对双向流动的半封闭状态。所谓半封闭是指政府官僚系统内部流动的封闭性和外部进入的相对封闭性。德国官僚系统各层级间缺乏畅通的流动渠道，不同等级之间的流动性较差，中下级公务员很难通过晋升程序进入高级公务员系统。高级公务员的入门门槛高，考试难度大，竞争激烈，普通公民很难进入。其他层级的公务员要想进入高级公务员系统，往往要经过很多年，很多人熬到40多岁才能成为高级官僚。

德国政府官僚体制的流动性还体现为社会普通公民向政府行政官僚系统的流动，主要体现为各级政府的考试选拔机制。与高级公务员系统的封闭状况不同，德国政府官僚系统中的中下级公务员职位在较大程度上向社会普通公民开放，并且呈现出利益集团领导人向政府官僚系统流动的状况。利益集团领导人进入政府部门后，常常利用其特有身份，成为利益集团与政府间的"联系人"，在政府决策过程中反映利益集团的诉求。此外，德国政府中的官僚，通常能够较为自由地进入私人部门，并在其中担任重要职务，在客观上加强了政府行政系统与私人部门之间的交流。

（二）中立性与行政政治化的混合

德国的官僚制在一定程度上奉行职业文官中立的原则，强调行政官员是"国家的仆人"，而非"政治家的仆人"[1]。德国政府官僚要向宪法宣誓，表示效忠于国家，并受法律和政治道德的约束，体现出一定程度的自主性和独立性。然而一些学者认为，德国行政官僚和政治家之间的区别其实没有那么明确，二者日益变得相类似，两种功能结合而非分离的趋势日益明显。"行政首脑大量干预政治，政治也干预行政。"[2] 正如马克斯·韦

---

[1] 张金鉴：《各国人事制度》，台北三民书局1983年版，第287页。
[2] ［美］B. 盖伊·彼得斯彼得斯：《官僚政治》，第143页。

伯所说：行政官僚"与其说是远离政治还不如说是为政治而存在"[1]。行政官僚积极、广泛地参与政策制定，官僚组织"朝着成为更具回应性的组织迈进，至少在高级文官范围内会是这样"[2]。同时政党大量干预政府官员的任免，"党证似乎成为了官员升迁的保证"[3]。如今，德国联邦行政官僚在积极参与决策的过程中，并没有试图绕开政治首脑的控制，也不试图将他们根据自己偏好所发展起来的行动方针强加给政治首脑[4]。国家政治系统与职业官僚在总体上保持着一种相对平衡的关系，即在职业官僚秉承文官中立原则的同时，呈现出行政政治化的趋势。

（三）法团主义与职业主义的结合

在德国，官僚系统与利益集团不仅能够共存，还能够有效合作。杰里米·理查德森（Jeremy Richardson）认为："比起公务员观念相对消极的国家，德国更能成功地把压力集团的角色融入到政策制定过程中。"[5] 利益集团涉入公共机构不仅是合法的，还几乎是必须的[6]。利益团体不仅从外部对国家政治舆论施加影响，还直接参与政府政策的制定与实施过程，与政府官僚系统保持着密切的联系，成为德国政治中的一大特色。此种利益集团与政府间的合作共生关系又被称为"法团主义"[7]。

在与利益集团的合法互动关系过程中，德国的政府官僚系统同时显现出一种很强的职业主义精神，即政府行政系统在与利益集团的接触中，秉承职业操守，不跨越职业许可的边缘。一方面，政府行政系统需要从利益集团那里获取信息和支持；另一方面，还要维护政府行政部门的自主性，保持"忠诚"、"廉洁"、"纪律"、"服从"以及"恪尽职守"、"公正、奉献和牺牲"的职业精神。表现出法团主义与职业主义相结合的特点。

---

[1] See Krishna K. Tummala, *Comparative Bureaucratic Systems*, p. 110.

[2] ［美］费德勒·海迪：《比较公共行政》，第235页。

[3] Jon Pierre, ed., *Bureaucracy in the Modern State: An Introduction to Comparative Public Administration*, p. 138.

[4] ［美］费德勒·海迪：《比较公共行政》，第235页。

[5] Jeremy Richardson, ed., *Policy Styles in Western Europe*, London: George Allen and Unwin, 1992, p. 89.

[6] ［美］B. 盖伊·彼得斯：《官僚政治》，第194页。

[7] Phillipe C. Schmitter, "Still A Century of Corporatism?" *Review of Politics*, Vol. 36, 1974, p. 93.

三 德国官僚制的文化渊源

德国官僚制的形成有其历史文化传统和地缘政治等诸方面原因,具体体现为以下方面。

(一) 德国特殊道路和地缘政治的影响

德意志民族在发展形成的过程中有别于其他西方国家,带有明显的独特性,又被称为德国特殊道路(Sonderweg)[①]。德国学界对此有诸多讨论。在德国的历史过程中,长期的封建采邑制使德国人产生了对自由和法制的追求,同时形成了对权威和秩序的敬畏。长期分裂割据的局面使德国人产生了对国家的高度尊崇。对大多数德国人而言,统一比自由更重要,建立一个具有权威性的国家比实现政治民主更重要,导致了德国人国家至上的思想意识[②]。德国统一后建立的二元君主立宪制,以君主为国家权力的中心,进而形成了德国中央集权的传统。

在地理环境上,德国有欧洲大陆的"十字路口"之称,中世纪以来就经常引发战争和争端,导致疆界变动频繁,国家振荡。自然地理条件和经济发展水平的限制,加上传统等级势力等因素,使德国各种社会力量发育缓慢,缺乏凝聚力,新兴阶级难以对传统权贵形成挑战。此种情况使人们将目光转向国家,寄希望于依靠国家的力量去改变现状。由此而大大提升了国家的地位和作用,深刻影响了德国政治的发展[③]。

17世纪以后普鲁士以"整体利益"的名义,由国家主导推动社会、经济各方面的发展,形成了以国家为核心的"普鲁士性"和普鲁士官僚制,显现了德国人长期以来寻求统一和稳定的强烈诉求,为当代德国的官僚制打下了深刻的烙印。

(二) 德国的"行政国家"传统和政治"犬儒主义"

德国的政治思想来源于根植于罗马法传统的大陆法系思想,"国家"作为独立的法律实体代表公共利益。此种国家观自19世纪以来得到德国民众的极大认同,资产阶级自由派更是期望在公共法律框架内赋予国家特定权力和责任。此种以正式法律规范来界定国家行为的偏好一直延续到

[①] 徐健:《近代普鲁士官僚制度研究》,第5页。

[②] 张沛:《德意志特殊道路及其终结》,《华东师范大学学报》(哲学社会科学版)2004年第4期。

[③] Fritz M. Marx, "German Bureaucracy in Transition," *The American Political Science Review*, Vol. 28, No. 3, 1934.

现代。

第二次世界大战后，西德成为联邦制国家，但传统的"国家"理念并没有被抛弃，德国宪政设计中依然显现出国家集权主义的特征。国家被确认为负有规范市场规则和提供稳定的秩序框架的义务，承担起扶助社会经济活动和刺激社会发展的职责。在一些重要领域，国家甚至拥有垄断控制权，社会服务领域也成为国家支出的重要组成部分。公共职能的扩大，使政府开支大大膨胀，进一步强化了德国"行政国家"的传统。在当代的德国联邦制下，国家责任由各州政府共同分担，州级政府提供了诸多社会服务项目，承载着众多的行政职能。

德国是一个有着悠久"行政国家"传统的国家，它有别于英美国家，在民主制度没有建立起来之前，便建立起行政制度，德国人因此称自己的国家为"连续的行政管理的创造物"[1]。尽管历经魏玛共和国、两次世界大战和战后德国的分裂和统一，迄今为止德国的行政国家传统并没有改变，行政的稳定性始终是德国政府的标志性特征[2]。正如沃尔夫冈·塞贝尔（Wolfgang Seibel）所说，"政府更替频繁，官僚组织却坚若磐石"[3]。德国政治长期不稳定的历史，培养了政府官僚系统自我调节和自我管理的功能。政府官僚系统以其忠实于国家、秉承自身职责和具有高度专业素质的职业精神在公众中享有声望。此种职业主义精神保留至今，成为德国行政国家的坚实基础。

反观德国历史，"德国的每种政体制度都要求有足够忠诚的政府"。海迪认为，在过去的20世纪中，恰恰是"行政作用的衰弱导致政治制度的崩溃"[4]。然而事实是，在长期的历史过程中，德国的政府官僚系统始终附属于国家的政治系统，始终在政治体系的控制之下，而非真正独立自主的体系。[5] 纳粹政权时期德国政府官僚系统的表现便是一典型例证。在纳粹政府面前，政府行政官僚亦步亦趋，成为没有灵魂的躯壳。海迪说，

---

[1] ［德］赫尔穆特·沃尔曼、埃克哈特·施罗德：《比较英德公共部门改革》，第44页。

[2] Jon Pierre, ed., *Bureaucracy in the Modern State: An Introduction to Comparative Public Administration*, p. 126.

[3] Wolfgang Seibel, "Beyond Bureaucracy: Public Administration as Integrator and Non-Weberian Thought in Germany," p. 229.

[4] ［美］费德勒·海迪：《比较公共行政》，第236页。

[5] Arnold J. Heidenheimer, *The Governments of Germany*, p. 90.

在德国,"令人惊讶的是,无论哪种政权,只要掌握了权力,文官都会认同并为其卖命"①。此种境况不得不令人感到遗憾。

(三)德国的法律主义和理性主义传统

18世纪后期以来,德国深受法国启蒙思想运动的影响,开始编纂法典,建构自身的法律体系,通过"法典化"的法律体系去保障公民的基本权利,构建"法治国家"。此后,资产阶级自由派进而通过议会制定法律,对国家官僚机构加以控制,保护公民权利免受侵害。在这一过程中,受法国的影响,德国行政领域的法律体系逐渐建立起来,形成相对独立的行政法律体系,指导和约束政府行政机器,规范公民与国家之间的关系,使普鲁士国家逐渐成为"法制国家"。然而此种"法制"并非英美自由主义原则基础上的"法治",不是对国家权力的限制,是在承认"公民自由"的基础上保留君主和国家的权威。19世纪末,伴随对公共行政加以规制的"法律主义"的发展,德国政府对受过法律专业训练和具有法律专业技能的官员的需要剧增,使政府的行政官僚队伍由法律界人士所垄断。第二次世界大战结束后,在对法西斯独裁痛定思痛的情况下,德国重建"法治国",使原有的法律主义也具有更强的规范性内涵。

当代德国的官僚制深受法律主义传统的影响,强调行政权力严格受法律的限制,在法律的框架内行使。公共行政行为须为法律所约束,政府行政机构和功能的设置,要严格遵循《基本法》、《联邦政府工作条例》以及《联邦各部联合工作条例》等法律规章的规定进行。由此德国的政府官僚体系形成了一种以法律主义和理性主义为特征的权力与行为模式。法律主义赋予政府官僚系统以权威性和合法性,理性主义则体现为服从合法权威所发布的命令。

在德国的政府官僚体系中,职业官僚为终身职业,享有薪俸和职业方面的法律保障;同时要求他们在确定范围内承担行政责任,依照程序服从纪律和调配。德国的政府对不同角色的专业分工、不同等级之间的关系以及不同等级所应具备的能力等均有详细规定,并通过法律法规等形式予以确认。

总之,德国的官僚制是一种"混合型"的政府形态,它区别于美国开放与分权的官僚制,区别于英国中央政府行政的一体化形态,也不同于

---

① [美]费德勒·海迪:《比较公共行政》,第236页。

法国高度集权和精英一体化的官僚制模式。表现为中央政府决策性集权与州和地方政府执行性分权相结合的特点。德国长期分离主义的历史导致了其国家主义传统的发展，政治的动荡促成了具有自我调适能力的行政系统，同时营造了行政国家的传统。与之同时，受罗马法和大陆法系的影响，德国的官僚制还显现出法律主义和职业主义的特点，在一定程度上呈现出马克斯·韦伯所崇尚的理性官僚制的样式，形成了一个对国家高度忠诚、基于道德与专业品质的政府官僚系统，因而被誉为世界各国官僚制的楷模。

第 六 章

普鲁士的官僚制

普鲁士官僚制是韦伯眼中理想的官僚制类型，包含了法律主义和职业主义等现代元素，对西方各国、尤其是欧洲大陆国家的官僚制乃至对地处东方的日本的官僚制产生了深刻的影响。普鲁士官僚制的形成深受普鲁士历史文化的影响，始终处于君主专制的羽翼之下，虽几经改革，终未能转化为资产阶级宪政制度的理性工具。

第一节 普鲁士官僚制的历史演进

18世纪初，当普鲁士形成为一个国家的时候，还是一个四分五裂的政治集合体，经过一系列征战[①]，力量逐渐壮大，推动了普鲁士国家的民族融合，使普鲁士成为真正意义上的民族国家。长年征战使普鲁士国家形成浓厚的军事主义色彩，并产生了一种"普鲁士性"，即强烈的国家主义传统，强调国家的权威。18世纪中期，受启蒙思想影响的弗里德里希二世实施开明专制，标榜"理性"和"法制"，以国家的名义进行统治，演变为以理性和法制为特征的专制王权[②]。普鲁士官僚制便是在王权确立、集中和转化的过程中建立和发展起来的。在历史的进程中，普鲁士的"专制王权不仅有助于民族统一，还有助于近代国家机构的确立"[③]，推动了普鲁士官僚制的发展。

---

① 1701年，勃兰登堡大选候腓特烈三世获得国王称号。此后加冕为普鲁士国王腓特烈一世。历经1740—1760年西里西亚战争、1772—1795年三度瓜分波兰、以及1848—1871年统一战争等。

② 徐健：《近代普鲁士官僚制度研究》，北京大学出版社2005年版，第7—9页。

③ 曹沛霖：《西方政治制度》，高等教育出版社2000年版，第45页。

普鲁士官僚制的历史演进大致经历了以下几个阶段。

一　绝对君主制时期的普鲁士官僚制（1701—1806）

18 世纪普鲁士官僚制最显著的特征在于其王权掌控一切的绝对主义（absolutism）。从腓特烈一世开始，所有行政官员的任命都以皇家命令的形式发布，而决策者则是国王本人。当时盛行这样一个观点：普鲁士只有在君主专制的政体下才能得到发展，君主专制意味着国王在外交、军事、财政和日常行政事务等方面必须亲力亲为，这样才能有效地集中王国的所有资源，并使之运用于最亟需的领域①。国王们认为，像法国那种十分独立的体制完全不适用于普鲁士。在法国官僚体制中，从中央到地方的大小官员都拥有不同程度的行政裁量权，且都是独立的行政主体。而在普鲁士，所有的行政活动都是通过"合议制"（collegiate system）作出决定，也就是说，官员们必须服从集体纪律并承担集体责任，不允许有任何的行政自主权。

事实是，建邦之初，分散弱小的普鲁士只有通过强有力的中央集权才有可能得到发展，国力的弱小使普鲁士不得不持续强化军队的实力，一切活动都以服务于军队为目的，支撑日益增长的军费开支成为普鲁士官僚制的核心功能。尽管如此，行政任务还是被分配给不同的部门去执行，始建于 1723 年的中央委员会（General Directory）作为全国最高的行政机构，统领着全国 17 个省的事务以及各部门的具体工作②。中央委员会由 4 名委员组成，委员们享有平等权力，每周碰面两至三次，讨论具体的行政事务。4 名委员之间相互间没有明确分工，每人掌管 4—5 个省份的工作，管辖着各辖区内的行政事务。中央委员会实行"合议制"（collegiate principal），所有呈送国王审阅的政策和下发给下级机构执行的措施，都以中央委员会的名义送出，并署以 4 名委员的签名。除了四名委员以外，还有直接受国王领导的国事秘书，一般为 5 名，与国王一起构成皇室内阁的主体。

---

① Hans Rosenberg, *Bureaucracy, Aristocracy And Autocracy, The Prussian Experience 1660 – 1815*, Boston: Harvard University Press, 1966, p. 23.

② Walter L. Dorn, "The Prussian Bureaucracy in the Eighteenth Century", *Political Science Quarterly*, Vol. 46, No. 3, 1931, pp. 403—423, p. 417.

早期普鲁士中央委员会处理的事务繁杂，除外交和司法事务外，几乎涵盖现代官僚机构的所有事务。国王与中央委员会功能混杂，中央委员会并无任何独立性可言，实际上只是国王意志的执行者。18 世纪的普鲁士，国王与大臣们的交流较少，除每年 6 月中旬举行的"年度工作回顾会议"上，国王会与大臣们商讨预算及各部门的具体事务，其余时间大臣们很少能见到国王，一切工作均通过公文来解决。柏林的大臣们用奏折的方式向君主提交报告、记录和请求，君主则在波茨坦的宫殿中用书面形式予以回复。每天晚上，当柏林来的信使到皇宫之后，五个秘书便将所有信件加以分类，并分别放入密封好的文件夹，以便第二天早晨国王批阅。早期普鲁士国王的秘书门肯（Mencken）曾这样描述弗里德里希大帝工作的情况①：

> 国王每天清晨的工作从处理外交事务开始，他已经阅读了大臣们和使者们传来的急件。现在正在吩咐秘书对每一份急件予以一一回复，无论重要与否，他都会从头审阅到尾；随即，他又吩咐另一个秘书处理国内事务，例如来自于财政部的经济事务，以及来自于军事观察员的军情报道等等，其中一些他已经做了批注；当这些事务都处理完毕后，另一个秘书将会呈上一些不那么重要的书信，或者是来自个人的请愿，这些将会被编成摘要，国王对每件事做出简单的批复。

这些都做完后，秘书们将所有指令记录下来，等到下午，再将所有纪要反馈给国王审阅，并最后签署。这些纪要都十分简明扼要，没有多余的词语，与官员们最初呈上来的冗长的奏折大相径庭。这一体系最大的优点便在于其快捷，只要是毋须进行特殊调查的事务，都能得到及时处理，这得益于君主的勤勉和极强的行政能力②。早期绝对君主统治下的官僚们表现出了极高的工作效率，并在国王的带领下创造了普鲁士的经济奇迹。然而这一体系的缺点也很明显，官员缺乏自主性，一切权力都掌握在君主手中，官员仅为执行君主意志的工具。

早期普鲁士各省分设省长和各级地方官员，均接受分管委员的领导，

---

① Walter L. Dorn, "The Prussian Bureaucracy in the Eighteenth Century", *Political Science Quarterly*, Vol. 46, No. 3, 1931, p. 421.

② 程广中：《论弗里德里希二世的改革》，《求是学刊》1991 年第 5 期。

对中央委员会负责，同时与国王保持着直接联系。各省除省长外还设两名副省长，15—20 名常设委员和大量的副官、秘书、书记员、记录员、会计员等低级行政人员①。

1756 年至 1763 年"七年战争"②之后，普鲁士公共事务的数量较之以往剧增，国王不可能凭一己之力处理所有事务，却依然坚持国王的绝对控制权，且禁止地方自主权。此时，以往中央委员会仅处理综合性事务而不处理专业性事务的状况已不能适应变化了的形势，许多重要事务得不到及时处理，妨碍了行政系统的正常运转。由于数据和资料的传递常常需要大量时间，且处理得不甚妥当，使国王对委员会的工作感到不满，经常谴责委员会的低效率和责怪官员们的懒散。并且发现委员会的"合议制"是低效率的根源，它使官员们对责任互相推诿。

"七年战争"之后的十年中，国王对委员会的不满达到顶点，普鲁士的财政和行政系统也在战争中暴露出一系列问题。在内忧外患的情景下，国王弗里德里希二世下决心实施改革，使普鲁士走上行政机构专业化的道路。1741 年，国王成立了独立的商务委员会，管理全普鲁士的商业及经济事务。此期间还曾成立西里西亚办事处，专门负责处理西里西亚的事务。这两个部门独立于中央委员会，直接受国王领导。1763 年之后，普鲁士行政机构专业化的步伐大大加快。1766 年，普鲁士国家银行和烟草专卖局成立；1768 年，煤矿管委会成立；1770 年，森林事务委员会成立；1771 年，铸币职能也从中央委员会独立出来，由专门机构管理③。至此，普鲁士行政机构全面呈现出按职能划分的态势。这一改变一方面提高了行政效率，另一方面也为普鲁士官僚系统培养了大量专业人才。新兴部门的主管大臣们逐渐侵蚀中央委员会的权力，使普鲁士行政系统的中心不再是

---

① Richard Gawthrop, *Pietism and the making of eighteenth-century Prussia*, NY: Cambridge University Press, 1993, p. 157.

② "七年战争"（1756—1763）是指 18 世纪中期欧洲两大军事集团即英国—普鲁士同盟与法国—奥地利—俄国同盟之间为争夺殖民地和霸权而进行的一场大规模的战争，其中普奥之间的战争又称为第三次西里西亚战争。这次战争对 18 世纪后半期各国实力和国际战略格局产生了深远影响。战后普奥签订了《胡贝尔图斯堡和约》，奥地利承认西里西亚归普鲁士所有。七年战争使普鲁士得以崛起，正式成为除英、法、俄、奥外的欧洲列强之一。弗里德里希二世因此役被冠以"军事天才"和"腓特烈大帝"的称号。

③ Walter L. Dorn, "The Prussian Bureaucracy in the Eighteenth Century II," *Political Science Quarterly*, Vol. 47, No. 1, Mar., 1932, pp. 75—94, p. 80.

以区域划分的"合议制",逐渐演变成法国式独裁君主领导下的"部委制"(Ministries System)。此时期,整个普鲁士官僚系统非常混乱:外交部、司法部和西里西亚办事处等完全独立于中央委员会;中央委员会内则分裂成许多小单元,由不同的大臣负责;还有一些事务仍按区域进行管辖;缺少有效的协调机制;国王忙于处理眼前的紧急事务,无暇顾及官僚机构的整顿。

尽管如此,18世纪40年代以来弗里德里希二世的改革促进了普鲁士政治、经济、社会等各方面的发展,推进了普鲁士机构专业化的步伐,使官员的地位有所提升。但此时期普鲁士的官僚本质上仍然是国王的附庸和君主实行专制统治的工具。

二 改革时期的普鲁士官僚制(1806—1848)

1806年,拿破仑军队沉重打击了普鲁士霍亨索伦家族的统治。战前,普鲁士被认为是欧洲实力强健的几个国家和地区之一,然而战后,普鲁士的边防被摧毁、经济遭遇沉重打击、银行破产,政府也处于混乱之中,甚至被占领了将近1/2的国土。在法国经历了变革而逐渐强大起来时,普鲁士社会却处于相对停滞的状况。

严峻的现实使普鲁士君王不得不接受改革,数月前,国王还因卡尔·冯·斯泰因极力倡导改革而将之免职。于是,弗里德里希·威廉三世任命斯泰因于危难之中,希望他能力挽狂澜,提升普鲁士的整体实力。由此,从1807年10月至1808年11月,普鲁士掀起了一场官方所倡导的自上而下的改革。以斯泰因为首的自由派官僚倡导用宪政体制取代绝对君主制,以提高官僚系统的效率,在改革中发挥了重要作用。

在经济上,官僚们试图放宽对农民的限制,加速城乡地区资本的流动,开放行会制度,试图在普鲁士构建起一个英国式的流动社会[①]。1807年10月9日普鲁士颁布《十月敕令》,宣布取消全部普鲁士农民的人身依附关系,废除等级限制,农民可以自由获得地产、离开土地自由选择职业和结婚等。1808年11月19日的《城市法规》规定实施城市自治,建

---

① Marion W. Gray, "Prussia in Transition: Society and Politics under the Stein Reform Ministry of 1808", *Transactions of the American Philosophical Society*, New Series, Vol. 76, No. 1, 1986, pp. 1—175, p. 23.

立市参议会和市政府，从而使城市获得完全的财政管理权。1808年11月24日的敕令宣布建立近代君主立宪制政府——国务院，下设内政、外交、财政、军事和司法5个部，统一领导国家事务；军事改革方面则设想实行义务兵役制，组织地方武装，革新军官团和废除贵族特权①。1809年，时任普鲁士最高教育长官的洪堡（Wilhem Von Humboldt）开始改革教育制度，并于1810年成立柏林大学，这不仅是普鲁士第一所新制学堂，为日后的普鲁士和德意志培养了大量人才，更成为西方国家近代高等教育的开端，影响了19世纪世界各国高等教育的发展。

在政治领域，斯泰因在改革伊始便将矛头直指中央政府。指出旧的中央体制中"内阁制"和"中央委员会制"并存的制度造成了政策制定和执行程序间的严重脱节。1808年，政府发布《组织饬令》，废除中央委员会制度，削弱了内阁权力，建立了国务院，掌有最高决策权和执行权。国务院不设委员，而是按业务范围划分行政部门，各部大臣直接受命于国王，定期向国王汇报，拥有对国王指令副署签名的权力。在本部门内实行行政首长负责制，享有独立管辖权。各部门内部的决策遵循"集体讨论"原则，在做出正式决定之前，部门成员之间进行充分讨论②。

1810年至1822年哈登堡执掌内阁期间，在普鲁士进行了更为大刀阔斧的改革，他推崇法国的行政体制，建立了更为专制的中央集权政府，并设置了"首相"一职，以之为政府首脑，取代了行政首长负责制，各部大臣为首相的下属。

斯泰因—哈登堡改革最具特色的地方在于进行了公民参政和地方自治的尝试。公民参政和地方自治依据"等级代表制"推行。等级代表包括省、地区、县三级，代表由地方选举产生，除了享有立法职能，还有权参与执行和监督所在级别政府的行政指令。代表主要由社会有名望的人士、某些专业人士、普通市民乃至农民组成，他们不属于正式的政府官员，不享有薪水。公民参政和地方自治改革成为普鲁士宪政改革和行政制度改革的重要方面。

---

① ［德］维纳·洛赫：《德国史》（中），北京大学历史系世界近代现代史教研室译，三联书店1976年版，第45—48页。

② Marion W. Gray, "Prussia in Transition：Society and Politics under the Stein Reform Ministry of 1808", p. 55.

虽然18世纪以来普鲁士改革最主要的目的是强化国家实力，抵抗拿破仑的统治，然而大刀阔斧的改革难免会触动贵族的利益，使改革遭到容克地主们的竭力反对。他们设置圈套，使施泰因的一封信件落在拿破仑一世手里，信件充满了爱国思想、痛恨异族统治和抨击拿破仑一世的言论[1]。1808年11月24日，在拿破仑一世的压力下，施泰因被解职，使斯泰因的改革仅仅维持了13个月。改革者被迫放弃了许多计划，遗留了许多未执行的政策。在此后的十年中，后继者们虽然依然坚持改革，在许多领域尤其是经济领域践行了施泰因的改革思想，但不得不顾及容克地主们施加的巨大压力。1810年出任普鲁士首相的哈登堡继续实施改革，但尽量使改革有利于容克贵族。到1815年，欧洲国家的反法同盟击败了拿破仑，为普鲁士的发展消除了后患。1820年，君主势力再一次反扑，普鲁士恢复了封建君主的统治。自由派官僚的统治犹如昙花一现，改革的呼声渐稀渐弱，此种情况一直持续到1848年革命前夕。

此时期普鲁士改革失败有很多原因，首先，在改革派们看来，以容克贵族为代表的势力的干扰是导致改革失败的主要原因，其次则是拿破仑的反对[2]。在汉斯·罗森伯格看来，不改革18世纪遗留下来的畸形的社会形态而盲目照搬英法等国现代官僚机构改革的经验，其结果必然是失败[3]。稚嫩的改革派官员并没有充分看清普鲁士的社会状况，也不具备熟练的改革技巧，使他们的做法与其长远目标相冲突，如他们计划推行代表制，目的是为了削弱贵族阶层的力量，但却没有考虑到当时的社会情况不可能真正实现各阶层代表的平等对话，反而让贵族操纵了国民议会，重拾统治权。

斯泰因—哈登堡的改革在德国历史上被给予极高的评价，斯泰因被视为"自由"、"民主"和"宪政"的象征。斯泰因及其同僚宣扬的个人自由、个人主义、社会平等、经济自由和自治等价值，与现代西方社会的主流价值是一样的[4]。改革者们还与独裁统治和等级特权抗争，这些都具有

---

[1] 孙炳辉：《论普鲁士道路产生的历史条件及其历史正当性》，《史林》1996年第3期。

[2] Marion W. Gray, "Prussia in Transition: Society and Politics under the Stein Reform Ministry of 1808", p. 56.

[3] Hans Rosenberg, *Bureaucracy, Aristocracy and Autocracy, The Prussian Experience* 1660 - 1815, p. 224.

[4] 任国强：《对普鲁士历史评价中主流观点的反思》，《德国研究》2006年第1期。

积极的进步意义。但斯泰因—哈登堡的改革终究还是失败了，它未能推翻君主和贵族阶级的统治，未能建立起名副其实的、能够真正发挥作用的英法式的国民议会，未能从根本上改变普鲁士的封建社会形态。尽管如此，这一时期在普鲁士，官僚的作用比 18 世纪有了较大的改观，官僚们挣脱了君主的束缚，开始在普鲁士的历史舞台上发挥作用。在改革的过程中，一开始君主的统治退居幕后，但时间很短暂，很快君主和容克贵族势力便进行反扑，从改革派官僚手中夺回了统治权。19 世纪上半叶，君主和官僚二者间进一步相互夺权，这种状况一直延续到 1848 年革命前夕。

三　1848 年革命时期的普鲁士官僚制（1848—1850）

1848 年，自由主义和民族主义浪潮席卷整个欧洲，法国、德意志、意大利等国先后爆发了资产阶级民族、民主革命。革命前夕的德意志社会已成为各种矛盾的集合点，民族矛盾和阶级矛盾交织在一起[①]。1848 年 2 月法国人推翻七月王朝、建立共和国的消息传到德意志后，推动了德意志各邦的革命运动。德意志人要求废除一切封建特权，平均分摊捐税，并要求在普选的基础上召开全德议会。3 月 1 日，巴登政府被迫宣布废除封建义务，取消书报检查制度，并吸收了一些资产阶级自由派官僚进入内阁，许多邦国开始进行自上而下的改革。在普鲁士，威廉四世在镇压群众无果的情况下只得下令废除新闻检查制度，召开议会，制定宪法。1848 年，普鲁士也首次进行了资产阶级宪政的尝试。当时除了社会各阶层对现存制度普遍不满，普鲁士官僚阶层内部也萌发了进行政治变革的要求。从某种意义上说，1848 年普鲁士的革命是官僚制度恶性膨胀的结果，同时官僚也成为影响推动革命进程和建立普鲁士君主立宪制度的主要力量，使普鲁士官僚制经历了狂风暴雨式的自我反省和重建[②]。

早在 1820 年，根据普鲁士《国家债务法》的规定，在国家财政拨款等重大问题上必须由"帝国等级"来做决定，于是当时的联合委员会便提出了建立国民代表制度的建议。但一直到 1844 年 12 月，国王才接受了建立三级代表制度的建议，但回避了制宪和民选等事项。1847 年 4 月，

[①] 华中师范学院历史系：《1848 年德国革命》，商务印书馆 1975 年版，第 15 页。

[②] William J. Orr, "East Prussia and the Revolution of 1848", *Central European History*, Vol. 13, No. 4, 1980, pp. 303—331, p. 310.

普鲁士联合省议会得以召开，各省代表组成了成为议会议员，共613名①。尽管代表不是通过直接选举产生，但这个毕竟是普鲁士历史上第一个资产阶级的议会。议会中相当多的代表是国家官员，这些既得利益者一开始并不都支持宪法政治，其中既有顽固的保守派、激进的改革派，也有观望的中立派，各自持不同意见。革命发生后，除官僚中的保守派，那些经历过自由思想洗礼的官员，无论原本是中立者还是宪政支持者，都不同程度地卷入了政治改革的浪潮，成为争取自由、民主、宪政和推动革命的力量。

1848年，普鲁士政治制度的全面改革终于在三月起义的压力下展开。4月，普鲁士召开了第二次联合省议会，威廉四世向联合省议会妥协，答应建立君主立宪政体，并同意拟定新宪法和颁布选举法。新选举法规定了间接选举的原则，全国分为400多个选区，每个选区选一名代表参加全国议会②。虽然名义上各阶级都有参加议会选举的权力，但在实际操作中，由于并未组织起有力的政党，使官僚在选举中占据了上风，人们由于没有自己政党归属而转向官僚，希望官僚能够代表他们的利益。此次选举并未提出"不相容"原则，国家官员同时可以成为议会议员，因此，在选出来的402名代表中，官员占近50%，其中法官和各级行政官员各占一半③。事实上，国民议会并不能真正表达民意，相反，成为官员政治活动的场所，打上了行政和司法的烙印。

革命期间，议会主要以民主派的思想为指导思想，资产阶级在此基础上成立了自由派内阁。在君权与官僚权力角逐中，议会加强了在对外政策上的权力，使国王对议会立法的否决权降为普通搁置权，成为官员权力的一大进步。尽管如此，从三月革命到十一月的反革命政变，仅仅经历了短短八个月的时间，革命形势便急转直下。12月5日，国王宣布解散议会，刚刚成立的普鲁士国民议会被强行解散，自由派官僚自下而上以代议制方式制宪的努力宣告失败。此次革命失败的原因在于：首先是保守派的官僚坚持维护君主专制政体，不断伺机反扑；其次是参加革命的自由派官僚立

---

① 徐健：《近代普鲁士官僚制度研究》，第202页。
② 华中师范大学历史系：《1848年德国革命》，第45页。
③ John R. Gillis, *The Prussian Bureaucracy in Crisis*, 1840–1860: *Origins of an Administrative Ethos*, CA: Stanford University Press, 1971, p.161.

场不坚定,不能从根本上触动原有的封建专制政体,并且在压力下很快向军队和政府屈服;再次是革命后行政权仍掌握在君主手中,官僚的任命和调动仍需听从君主的命令,致使革命无法最终取得成功。

然而,尽管1848年革命终告失败,但宪政制度却保留了下来。为了防止革命的再度发生,威廉四世于1849年钦定了新宪法,宪法虽然包含不少自由主义的内容,但却充满了保守色彩。根据宪法,国王保留行政权,有权决定内阁大臣的去留。议会实行两院制,上院由世袭贵族和授爵贵族组成,成员有较高的财产限制;下院实行普选,通过根据纳税数额确定的三级选举制选出。下院的主要职责为参与国家经济生活,如监督国家财政开支和批准新的赋税等。立法法案可由两院中的任何一院提出,财政法案则必须先由下院提出,法案最终须经两院一致通过方能成为法律。国王对法案享有否决权,政府对国王负责而不是对议会负责[①]。1850年宪法生效,普鲁士正式成为君主立宪制国家。此后的二三十年间,普鲁士政权虽然还是由容克贵族把持,但通过议会参与,资产阶级的部分利益得以反映,牵制了国家的行政权力。官僚这一时期发生分化,自由派官僚继续争取实现民主宪政;保守派官僚则加入容克贵族阵营,成为革命成果的获利者和政权的实际把持者;其他一些官僚在激烈的政治角逐中退化为麻木不仁的工具。

四 君主立宪时期的普鲁士官僚制(1850—1918)

19世纪下半期,普鲁士和其他西欧国家一样,建立起宪政制度。从形式上看,普鲁士的宪政有崇尚"自由"的新宪法、民主的议会制,与其他国家没什么差别,仿佛资产阶级民主政治在这个古老的封建帝国中赢得了一席之地。在新宪法之下,国王想绕过议会由政府或国王自身单独立法已不可能,许多政府官员和政治家的观念都发生了转变。就连以保守而闻名的俾斯麦,也曾在他的回忆录中声称:"应该让议会和报纸有公开批评政府的可能,以便保护君主,……我一直认为君主权力在一定程度上应受到一种独立的(依我之见应为等级的或行业的)全国性代表机构的监

[①] 彭有祥:《西方主要国家政治制度与经济模式》,云南大学出版社2007年版,第65—68页。

督",表明他接受议会制,并且赞同实行君主立宪制①。尽管如此,俾斯麦本人很快成为操控议会政治的能手,通过复杂的三级选举制,保证资产阶级化的容克代表占据议会多数,使普选流于形式。通过"用议会来扼杀议会制度"的办法②,使普鲁士议会成为受政府操控的机器,使官员成为政府掌控议会的工具,最终使议会民主名存实亡。

可见,19世纪中期,在普鲁士推行宪政制度存在着诸多障碍。首先,普鲁士党派政治严重发育不良,保守党、自由党和天主教中央党(保皇右派党)等政党萌芽于1848年的革命中,缺乏明确的政治纲领,群众基础薄弱,更谈不上有竞选策略,力量弱小③。其次,宪法中规定的三级选举、间接选举、口头表决等原则限制了选举结果的民主性;选举还受到人为的干扰,选区分配明显不合理。再次,革命结束初期,普通民众无心参与政治,参与投票的比例很低,使得在数量上居于少数的官员成为议会政治中的主要力量。在这种情况下,软弱的官员为国王和贵族势力所操纵,主动或被动地参与到议会政治中。1848年至1867年间,普鲁士下议院中国家官员的平均比例为38%,最高时达55%,最低时为29%④。参加议会的官员中,法官的比例最高,其次是行政机构中的高级官员。官员参加议会活动成为其公职之一,大量官员兼任议员,享受国家的各种津贴。政府渐渐地不再满足于官员们单调的顺从和配合,而要求他们与保守党及其政府积极合作。政府运用一些手段使政治上忠于国家的官员进入议会,表达国家意志,必要时甚至直接干预议会选举,以防止激进事件的再次发生。

在新的形势下,在普鲁士,一种新的职业——政治官员——应运而生,成为普鲁士宪政体制的特殊产物。普鲁士的政治官员主要指那些特殊岗位上的官员,如国事秘书、各部首脑、省长、合议制政府中的政府主

---

① [德]奥托·冯·俾斯麦:《思考与回忆——俾斯麦回忆录》,杨德友等译,生活·读书·新知三联书店2006年版,第135页。

② 张芬梅:"试论俾斯麦的君主观——剖析《思考与回忆》中的自白",《徐州师范大学学报》1993年第3期。

③ 符松涛:《论普鲁士"宪法纠纷"之实质》,《青海师专学报》(社会科学版)2002年第3期。

④ John R. Gillis, *The Prussian Bureaucracy in Crisis*, 1840–1860: *Origins of an Administrative Ethos*, p. 221.

席、检察官、县长和外交官等①。政治官员的出现，意味着普鲁士的政治与行政不再是简单的操纵与被操纵的关系，政治官员以行政官员的身份出现，代表国王和政府参与议会活动，承担特殊的政治使命。他们由国王任命，在事实上不具有政治独立性。如若政治官员在选举中不站在政府一边，将受到解雇处分，由此而在政治上表现得越来越温顺和忠诚。

虽然国王和容克贵族们利用官员来达到政治目的的游戏玩得淋漓尽致，然而此种行为一直遭到非议。官员渐渐失去了普鲁士100多年来所形成的独立形象，政府官员的"公正性"受到质疑。参与议会的官员们不得不周旋于行政职位和政治身份之间，工作效率受到极大影响。政治与行政的高度结合导致腐败，不少官员利用手中的政治和行政权力谋取私利，甚至形成了一些利益集团。

官员与议会政治的过度融合甚至引起了首相的反对。1862年，在政府和议会关于军费问题上争执不断的境况下，俾斯麦被普鲁士国王威廉一世任命为宰相兼外交大臣，以图挽救危机。俾斯麦始终坚持君主制，但他在某种程度上赞同现代君主立宪的思想，显现为从封建王权绝对主义向现代君主立宪制过渡的思想和君主观②。俾斯麦不欣赏在普鲁士议会中建立"政府党"的做法，他上台后，逐渐将官员从议会中排挤出去。诚然，他的出发点并不是要实现政治与行政的分离，而是他没有耐性通过建立"政府党"的方式去控制议会。这位铁血宰相企图以自己强硬的军事和外交政策去赢得议会的支持，并取得了成功。1871年，他先后打败丹麦、奥地利和法国，统一了德意志，建立起德意志第二帝国。

俾斯麦时期所建立的政治体制，与其说是君主立宪制，不如说是实现俾斯麦的个人统治。1871年的帝国议会选举中，支持俾斯麦的民族自由党获得最多席位。宪法规定联邦议会的权力远大于帝国议会，其代表由各邦君主任命而非经选举产生，均由贵族和大资产阶级出任，普鲁士容克的代表占1/3③。作为上院的联邦议会足以控制作为下院的帝国议会（见表6—1）。此时期，新的帝国宪法所规定的德国议会的权力远小于英法等民主国家，它无权使政府倒台，一切法律和决议均须经由两院通过、皇帝同

---

① 徐健：《近代普鲁士官僚制度研究》，第213页。
② 张芬梅：《试论俾斯麦的君主观——剖析〈思考与回忆〉中的自白》。
③ 杨菁：《从等级制到代议制——德国议会制度的转变》，《德国研究》2003年第1期。

意方能生效。帝国议会唯一能行使的权力是批准或否决政府预算。俾斯麦还通过玩弄政党政治运用多党制操纵议会，他有权在议会两院发言、发起辩论和提出议案，议案被否决也不能迫使首相辞职。因此，俾斯麦毋须依靠某一大党，而可以根据形势需要时而依靠民族自由党，时而拉拢中央党，时而搞政党联盟，以使他的施政方针能够获得议会多数通过[①]。帝国建立初期，议会成为德国君主制的地地道道的遮羞布。

此时期德国的根本性变革发生在俾斯麦下台之后。1891年，新上任的普鲁士首相卡普里维发出指令，任何在帝国中央部门任职的官员，不得享有参加帝国议会选举的权利。1898年选举结束后，普鲁士政府进一步禁止省长和县长参加普鲁士邦议会和帝国议会。至此，"不相容"的原则真正在普鲁士和德意志得以贯彻，从此行政官员在议会中的比例大大下降。

表6—1　　　德意志第一帝国议会的构成及其与普鲁士的关系

德意志第一帝国议会	上院	下院
名称	联邦参议院 （bundesrat）	帝国议会 （reichstag）
选举方式	代表由各邦君主 直接任命	按普遍、直接、秘密的选举产生；有的邦实行普选制，有的邦实行等级选举制（如普鲁士的三级选举制），有的邦保留封建等级会议选举的形式
与普鲁士的关系	普鲁士国王是帝国皇帝，也是联邦参议院主席，普鲁士首相是帝国宰相，控制帝国议会，普鲁士在联邦参议院有否决权	

资料来源：杨菁：《从等级制到代议制——德国议会制度的转变》，《德国研究》2003年第1期。

普鲁士的统治者终于从政治与行政混乱不堪的境况中挣扎出来。1900年，有学者提出废止"政治官员"的看法；1917年，普鲁士政府最后一位内务大臣，德鲁斯（Bill. Drews）提出行政改革方案，要求实现行政的

---

① 张芬梅：《试论俾斯麦的君主观——剖析〈思考与回忆〉中的自白》。

"去政治化"①。帝国的政治与行政关系似乎迎来了春天,然而可惜的是,全面的行政改革尚未展开,德意志第二帝国便在第一次世界大战中坍塌。

综上可见,普鲁士官僚制伴随普鲁士国家的发展而逐渐建立,从一开始便是王权绝对主义战胜封建割据和等级制的武器,后来又寄托了资产阶级民主政治的思想,为民族统一和国家发展作出了重要贡献。普鲁士君主制时期,官僚机构在中央和地方得以发展,到19世纪,建立起了较为合理的行政机构,形成为韦伯眼中典型的官僚制。司法机构也在这个过程中逐渐与君权和行政权分离,获得独立。普鲁士的官僚阶层伴随着官僚机构的建立和发展逐步形成,资产阶级官僚的力量逐渐壮大并参与了19世纪的若干次改革和革命。然而由于封建势力的强大和官僚的软弱性,普鲁士官僚自身未能在改革中获得实质性的进展。尽管如此,官僚的势力依然在行政权力的扩张中渗入普鲁士社会的各个领域,形成官僚统治的局面。

第二节 普鲁士官僚的构成、制度规范和官僚统治

普鲁士官僚阶层的构成及所遵循的制度规范是普鲁士官僚制研究的重要内容。官僚阶层构成的变化反映了不同时期普鲁士官僚制的发展和变化,官僚所遵循的制度规范则带有很强的时代元素。因此,有必要对普鲁士官僚的构成及其制度规范进行探析,由此而进一步理解最终在普鲁士所形成的"官僚统治"。

一 普鲁士官僚阶层的形成和社会构成

(一)普鲁士官僚阶层的形成

汉斯·罗森伯格说:"不管我们是处在绝对专制的统治下还是处在完全民主的社会中,都不可避免地被官僚支配,只是程度有所不同而已。"②在各国中,官僚伴随着官僚机构而出现,甚至此种角色在正式官僚机构出现之前就已经在发挥作用。早在中世纪的普鲁士宫廷中,就已经出现了一

---

① Elke Frank, "The Role of Bureaucracy in Transition", *The Journal of Politics*, Vol. 8, No. 4, 1966, pp. 725—753; p. 734.

② Hans Rosenberg, *Bureaucracy, Aristocracy and Autocracy, The Prussian Experience* 1660—1815, p. 2.

些辅助国王的大臣或仆人,他们既掌管宫廷事务,也参与邦国行政事务。他们与国王的关系更像是主仆关系而非君臣关系,因此还不是真正意义上的官僚。到16世纪,随着各邦国的扩张和行政事务的增多,正式的官僚机构逐渐形成,官僚也成为一种终身职业,普鲁士早期的官僚阶层也在这一时期开始出现。这一时期,官僚作为一个阶层的提法只是针对一种固定性职业而言,官僚并没有独立的社会地位,也没有成文法律或相应规范去明确其任用条件和福利待遇。官员的聘用具有很强的随意性,很多规定都是君主的个人偏好,或是对贵族的妥协。在统一的中央集权国家出现之前,并没有真正的官僚阶层的存在。

到18世纪普鲁士绝对专制王权时期,权力开始由地方向中央集中,并建立了近代意义上的官僚机构,此时真正的官僚阶层才开始出现。最早的普鲁士官僚是国王派驻到各地方的税务专员,主要负责征收地方税务,帮助国王牵制地方贵族势力[①]。渐渐的,这些专员与地方贵族官员相融合,共同执掌地方行政和司法大权,成为专制君主国家中不可或缺的力量。贵族进入官僚系统,一方面配合君主加以统治,另一方面又成为对君主在地方权力的牵制,成为君主实行中央集权的一种障碍。此时期司法官员也经国家颁布统一法律而归于国家统一管理。1784年颁布的《普鲁士国家通用法》,建立起全国性的法院体系,司法官员从地方等级的管辖中解脱出来,开始接受国家的统一领导。所有司法官员的录用都必须经过国家统一考试和专门化训练,由国家统一发放俸禄,成为官僚阶层的重要组成部分。

随着行政和司法机构专业化程度的加强,分工越来越细,行政事务日益增多,司法人员也不断增加,使官僚队伍的规模越来越庞大。根据冯德的统计,19世纪初,普鲁士国家各类机构中的高级官员共3000多人,此后的一百年中大幅度增加。国家官员数量增多主要有三个原因:一是19世纪几次大的行政和司法改革导致官员尤其是低级官员的增多;二是在国家动荡时期人们的看法发生变化,稳定的文官职业成为收入和地位的保障,使选择进入政府工作的人数逐年增加;三是领土的扩张需要更多的官员,西里西亚地区、莱茵和威斯特伐伦等省的建立直接导致了官员数量的

---

① Edgar Kiser and Joachim Schneider, "Bureaucracy and Efficiency: An Analysis of Taxation in Early Modern Prussia", *American Sociological Review*, Vol. 59, No. 2, 1994, pp. 187—204, p. 198.

增多。到 20 世纪初，整个德国的行政和司法官员高达 39 万，占总人口的比例为 1∶25，这一比例在 18 世纪的普鲁士仅为 1∶450①！其中行政官员的数量要大大高于司法官员。

由此，近代意义的官僚阶层在普鲁士诞生，成为君主巩固中央集权的生力军，并在普鲁士历史上创造了非凡的成就，正如罗森伯格所说，"正是在日益壮大的普鲁士王国中逐渐成长的官僚精英们，使绝对君主制的建立成为可能，并造就了政治和行政集权在大范围内的持久胜利。"②

（二）普鲁士官僚阶层的社会构成

18 世纪及以前时期，普鲁士一直奉行森严的等级制度，官员主要由贵族和中产阶级所占据。所谓的中产阶级是指具有一定资产的有钱人，凭借自身在经济活动中的能力而获得较高的社会地位，他们中的一些人进入政府，成为官僚机构的文职官员。此时期，贵族和中产阶级二者的势力和地位受不同国王观念的影响呈此消彼长的态势。在 1701 年至 1739 年腓特烈一世统治期间，由于国王与贵族的权力斗争异常激烈，为了强化中央集权，国王任命了一大批中产阶级出身的官员担任内阁及各部的高级职务，大大削弱了贵族势力。弗里德里希二世统治时期，这位君主持有深深的特权观念，任命了大量贵族担任官僚机构中的高级职务，使贵族势力再次抬头。贵族和中产阶级势力的此消彼长是有原因的，君主通过任用中产阶级来控制贵族势力，而又不过度削弱贵族的力量，目的是使二者相互牵制，最终实现绝对的王权的统治。尽管如此，任用受过良好教育的中产阶级担任国家公职，已成为了 18 世纪不可阻挡的趋势。

1784 年普鲁士颁布《普鲁士国家通用法》，明确规定考试入仕，说明"普鲁士不再像法国那样通过购买或继承的方式担任文官"③。法国大革命后，来自法国的狂风暴雨式的思想和军事入侵，进而使普鲁士的等级制度遭到冲击。19 世纪初，改革者们着力改变官员的选拔和任命方式，依照"人人生而平等"的思想，国家在选拔任用官员时力图避开等级制，并宣称国家公职向一切优秀的人才开放，使资产阶级和其他社会阶层的人们得

---

① Walter L. Dorn, "The Prussian Bureaucracy in the Eighteenth Century II", p. 80.
② Hans Rosenberg, *Bureaucracy, Aristocracy and Autocracy, The Prussian Experience* 1660 - 1815, p. 1.
③ Walter L. Dorn, "The Prussian Bureaucracy in the Eighteenth Century", p. 411.

以进入政治领域，打破了以往社会上层阶级对高级官员职位的垄断。改革的先驱斯泰因和哈登堡都赞成开放官僚系统而反对贵族垄断。到1820年前后，资产阶级已经占据总体文职官员的3/4。虽然在人员总量上，资产阶级已经取得了绝对优势，但并不代表他们在高层职位上居于优势以及在社会和政治领域获得了话语权。1842年一份《莱茵报》上关于国家行政机构中贵族和资产阶级的职位人员构成情况表说明了当时的情况（见表6—2）。

可见，此时期国家重要官位依然主要掌握在贵族手中，争取自由和民主的资产阶级在此后的改革中屡屡失败，这也是为什么普鲁士始终没有走上资本主义民主道路的重要原因之一。此时期，其他社会成分如来自手工业者家庭甚至农民家庭的人们随着考试入仕制度和教育制度的发展也逐渐得以进入官僚系统。这些人竞争官职的主要目的在于获得一份稳定的工作，不少家庭因此而改变了命运，入仕为官成为社会下层人向上流动，提高其社会地位的途径之一。此外，这一时期，大学教育也成为官僚的源泉之一。1815年，刚成立不久的柏林大学对学生进行文官教育，接受此种教育的学生中有一半以上出自官僚家庭[1]。

表6—2　　　　1842年《莱茵报》关于政府官职人员来源状况

总数（单位：名）	资产阶级	贵族
大臣　12	3	9
各部部长　9	3	6
各省省长　8	1	7
国务参议　49	22	27
枢密参议　24	4	20
行政区正副主席　28	8	20
高级法院正副院长　48	29	19
县长　306	72	234

资料来源：Elke Frank, "The Role of Bureaucracy in Transition", p. 749.

---

[1] John R. Gillis, *The Prussian Bureaucracy in crisis, 1840 – 1860: origins of an administrative ethos*, p. 26.

总之，在普鲁士，官僚是一个令人们向往的职业，传统贵族可以通过担任官职来保障自己的等级特权，资产阶级也可通过获得官职去获取话语权，其他社会阶层的人们更希望通过进入文官系统去改善生存状况，提高社会地位。18 至 19 世纪普鲁士官僚阶层社会构成的变化，也反映了普鲁士社会的发展趋势。

二　普鲁士官僚体系的制度规范

与近代其他一些国家相比，普鲁士官僚制建立的时间要早得多，其官僚制也一度较之英法等国更加规范。英国的官僚制度建立于 19 世纪 50 至 70 年代；法国的官僚制则建立于 19 世纪初拿破仑当政时期。然而 19 世纪这两个国家都没有建立起像普鲁士那样的明确的官僚体系规范制度，更没有成文法律对官僚的权利义务及法律地位作出规定。19 世纪普鲁士的官僚制度在制度水平和规范性上远远超过其他国家。究其原因，既与普鲁士特殊的社会历史状况相关联，又与其政治文化传统相联系。这一历史时期普鲁士官僚制也随着时代变迁不断做出相应调整，其制度规范不断发展完善。

（一）普鲁士官僚的权利义务

1. 普鲁士官僚的权利

普鲁士官僚的特权在获得法律地位之前就已存在，随着行政改革的进程，官僚们所享有的职位待遇和诸种权利也逐步系统化和法制化。具体内容包括：

（1）身份特权、司法特权和纳税特权。在普鲁士，不同时期的君主，无论实行什么样的制度，在对待官僚的态度上均持有相同的原则：即"官员攸关普鲁士国家的生死"[①]。官员被视为国家实施统治的重要基础，因此，维护官僚的基本权利，稳定其社会地位，成为巩固国家统治的重要举措。普鲁士国王希望他的官员们受到应有的尊重，除了国王自己之外，作为国家和君主代表的官员不容许遭受任何人的侮辱和蔑视。弗里德里希二世在位期间，"侮辱官员罪"是很大的罪名，必须受到严厉的惩罚，以

[①] See Deborah Hertz, "The Genealogy Bureaucracy in the Third Reich", *Jewish History*, Vol. 1, No. 2, 1997, pp. 53—79, p. 55.

此保障官僚的社会地位①。在后来的《普鲁士国家通用法》中，进而对这一点作出规定，这一传统一直延续到魏玛共和国时期。

在司法方面，国王赋予官员"司法特权"，即如若官员犯罪，只能由国王加以处置，而不受任何城市法庭或地方法庭的判决。当然，这也并不意味着官员犯罪能够逃脱制裁，来自国王的惩罚并不一定比法庭的惩罚轻，此种做法的目的是为了对官员加以保护并保证对之的控制，而国王则是既能够给予官僚提供保护又能直接惩治官僚的人。

此外，官僚在纳税上享有一定特权。早期普鲁士的官僚免交等级税，此项特权于1820年的一项政府法令中被废除。1822年法令规定，官员交纳国债和收入税的税额按其收入的一半计算，退休官员免缴一切乡镇债务。

（2）工资和福利待遇。早期普鲁士并没有固定的工资制度，除了货币报酬外，实物工资也是一种重要形式。在绝对专制君主制时期，官员的整体收入水平虽然不是很高，但相对于其他社会阶层来说比较稳定。1825年，固定的等级工资制在整个普鲁士推行。工资的划定基本上根据职位类别、级别和工龄确定，中央官员的工资高于地方官员。工资不仅要满足官员的基本生活需求，还应保障官员家人的开支需求，因此孩子多的官员能拿到相对更多的俸禄。官员们的工资存在一定的地域差异，但在总体上处于不断增长的状况。尽管如此，普鲁士官僚的薪水与其他国家相比，还是少得可怜，正如多恩所说，"普鲁士官僚的报酬与这个国家的行政开支一样少得可怜，为普鲁士国王效命成为了欧洲的一个笑柄"②。

退休金制度也是对官员经济生活的有力保障。1825年4月，普鲁士继《工资条令》后又颁布了《养老金条例》，以法律形式对退休金制度作出规定。该条例规定除教师、神职人员和临时杂役外，所有工作年限满15年的国家公职人员在丧失工作能力后均可领取国家养老金。1872年，新的《养老金法案》出台，将领取养老金的工作资格年限由15年减为10年，使官僚退休后的基本生活进一步得到保障。此外，官员还享有职务补贴、工作地点补贴、人事补贴和住房补贴等福利津贴，这些均因官员的职

---

① 陆世澄：《弗里德里希二世的开明专制》，《历史教学》1987年第5期。
② Walter L. Dorn, "The Prussian Bureaucracy in the Eighteenth Century II", pp. 83—85.

位和个人情况而有所差别①。一般情况下，高级官员能获得比低级官员更多的津贴②。

（3）奖励机制。普鲁士国王对官僚的奖励包括物质奖励和精神奖励。在等级制盛行的官僚体制中，最重要的奖励便是职位的升迁，它意味着能够享有更高的工资、更丰厚的待遇以及更高的社会地位。与之同时，对于崇尚荣耀的普鲁士人来说，没有什么比获得头衔更加激励人心。对出身于中产阶级的普鲁士官僚而言，真正的荣耀是被授予贵族的封号和头衔。此种册封的做法在威廉一世统治时期就已存在，弗里德里希二世也常将此举作为激励官员的重要举措，此后的君主都乐此不疲地进行着这项工作。它一方面可以鼓励出身于中产阶级的官员，另一方面又可以牵制贵族的势力。大名鼎鼎的"黑鹰令"（the order of the Black Eagle）③，被看作贵族阶层身份的象征，在19世纪之前只对贵族开放，而到了1847年，因册封而加入"黑鹰令"的中产阶层出身的官僚占到总人数的一半左右，可见官僚贵族化的步伐进一步加大④。对于贵族官员来说，则没有什么比保证他们在社会中的优势地位更为重要，因而这也成为国王激励此类官僚的重要手段。

2. 普鲁士官僚的义务

在普鲁士，要求官员履行的义务较之其享受的权利要沉重得多，体现在诸多方面，有基于法律法规的，也有关于道德规范的，还有来自国王直接命令的。不能正确履行义务的官僚将受到不同程度的惩罚。普鲁士有严格的官员惩治法，《普鲁士国家通用法》中有关于"国家公职人员犯法"的明文规定，此举既强化了对官员履行义务的要求，也将国王与官员的私法关系转化为法律和官员的公法关系，是绝对专制主义后期普鲁士国家法制化的重要表现。

---

① Marion W. Gray, "Prussia in Transition: Society and Politics under the Stein Reform Ministry of 1808," p. 102.

② 徐健：《近代普鲁士行政官员选拔与培训制度的形成和发展》，《北京大学学报》2002年第2期。

③ "黑鹰令"于1701年由勃兰登堡大选侯弗里德里希三世（即后来的普鲁士国王弗里德里希一世）所创立，用于奖励立下战功或作出特殊贡献的骑士，是普鲁士骑士制度中的最高荣誉，19世纪前仅授予贵族，以后渐渐对其他阶层开放。

④ Lamar Cecil, "The Creation of Nobles in Prussia, 1871—1918", *The American Historical Review*, Vol. 75, No. 3, 1970, pp. 757—795, p. 768.

普鲁士官员所承担的义务主要表现为以下方面：

（1）职责义务。普鲁士时期，官员的工作行为受到严格的规范和监督，各种法律条令从各方面对官僚的工作加以约束，各级官员的具体职责、工作表现、工作效率、执行任务情况、官员品行和财产账目等，都有成文或不成文的规定。不同时期对官员考察的侧重也有所不同。在绝对专制君主制时期，威廉一世和弗里德里希二世对官员的品行和忠诚度有较高的要求；斯泰因执政时期，由于他非常痛恨官僚主义和文牍主义作风，因此特别看重对官员工作效率的考察；君主立宪制时期，政治官员的大量存在，使腐败现象比以往任何时期都更加严重，因而对官员的财产状况给予了更多的关注。

（2）道德约束。仅仅靠外在的法律手段或奖惩制度去对官员加以约束远远不够，普鲁士的国王们意识到这一点，因此十分注重对官员职业道德和个人素质的培养和渗透。普鲁士是个军事主义至上的国家，政治、经济都为国家军事提供服务，因而官僚系统也带有军事主义的色彩。在200多年中，普鲁士国王有意识地将训练军队的办法运用到官僚系统中来，培养官僚服从、守时、尽职、自律、节俭的作风，使之成为官僚系统和全体官僚的行为准则，并进而推广到全社会①。现今闻名于世界的德国官僚的严谨、高效、忠于职守的职业精神源于普鲁士。此外，普鲁士对进入官僚系统的准官员们的个人道德也有较高的要求，在笔试和面试的过程中都涉及对官员个人道德的考察，官员的家庭背景也为重要的参考依据。

（3）对国家和君主负责。在普鲁士，国家具有压倒一切的重要性。作为国家机构重要组成部分官僚系统中的官僚，首先须对国家负责，在1794年《普鲁士通用国家法》关于官员义务的规定中，第一条便是"官员必须竭尽全力维护和促进国家的安全、秩序和繁荣"。对国家负责的具体表现体现为对君主负责，官员在接受任命时，须向国王宣誓效忠。而对君主负责具体表现为听从国王的指令、效忠于国王。在普鲁士宪法颁布之前，国王在官僚任命和及提升等事务上有不可撼动的决定权。1850年后，普鲁士成为君主立宪国家，官员在对国王宣誓的同时还要对宪法宣誓。宣誓词为："我，向全能的上帝宣誓，我属于我的恩主、普鲁士国王陛下，

---

① 王丽娟、刁炜：《弗里德里希二世"先军政治"探微》，《社会科学论坛》2006年第9期。

忠诚、服从；以我的知识和良心履行我的职责和义务，尊重宪法。请上帝保佑。"① 从誓词上不难看出，对君主忠诚排在第一位，其后才是尊重宪法。

(二) 普鲁士官僚的选拔和培训

官员的选拔和培训制度是普鲁士官僚制的重要组成部分，普鲁士18世纪逐渐发展起来的官僚考试选拔制度和系统培训制度在当时走在世界各国的前列，给各国提供了很好的借鉴，至今为世人所称道。

1. 普鲁士官僚的选拔

早期普鲁士官僚的选拔和任用并没有明确的规章条例，君主掌握着官员任用的绝对权力。在绝对专制主义社会中，等级地位和出身门第是君主选拔官员时考虑的最主要的因素。通常君主倾向于选用官僚家庭和贵族出身的子弟进入政府部门任职，这些人较之来自于中产阶级的官员更容易得到提拔。在国民受教育程度普遍偏低的情况下，这些人相对而言受过良好教育，也能够从父辈那里习得一些经验。诚然，并非所有贵族和官僚子弟都能进入官僚系统，君主在任命前还会对候选人的聪明才智、宗教信仰、荣誉感以至身体素质加以考察，择优录用。由于国家经济处于快速上升期，那些懂得税收财政等经济知识的人更容易获得君主的青睐②。

普鲁士早期的官员选拔较少营私舞弊现象。腓特烈一世统治期间，曾短暂实施卖官鬻爵，以弥补财政亏空。弗里德里希二世登基后，立即废止了此种做法。当时的普鲁士，通过行贿去谋取官职被严令禁止，通过此种方式去谋得官职一经发现会被立刻开除并遭到处罚。而同期英法等国以及德意志其他邦国，卖官鬻爵的制度却屡见不鲜③。弗里德里希二世还继承了腓特烈一世期间的见习生制度，以为官僚系统培养有潜力的行政人员。

1769 年，弗里德里希二世委托时任中央委员会首席大臣的路德维格·哈根（Ludwig von Hagen）起草一份关于"推荐各地优秀县长及其

---

① Hermann Beck, "The Social Policies of Prussian Officials: The Bureaucracy in a New Light", *The Journal of Modern History*, Vol. 64, No. 2, 1992, pp. 263—298, p. 274.

② See Tom Burns, "Sovereignty, Interests and Bureaucracy in the Modern State", *The British Journal of Sociology*, Vol. 31, No. 4, 1980, pp. 491—506, p. 501.

③ Walter L. Dorn, "The Prussian Bureaucracy in the Eighteenth Century", p. 408.

他官员到中央委员会任职"的决议，哈根就此推出了一项更为广泛的改革，即建议国王建立和完善官员的选拔和培训制度①。新的官员选拔制度的核心在于引入考试制度，由此，普鲁士成立了"国家考试委员会"，对申请进入官僚系统的见习生和希求升迁的官员加以考核。"国家考试委员会"由中央委员会直接领导，成员主要为中央委员会委员和下属官员。见习生须参加"国家考试委员会"统一组织的笔试和面试，才有可能成为高一级的候补官员，之后才能被安排具体的行政职务，不参加考试者没有晋升高级职务的机会。笔试的具体内容十分广泛，既有法律、财政、税务等专业知识，又有历史、哲学、地理等人文知识。面试主要考察官员的道德素质和忠诚度等。18世纪末，学历成为考试制度的考查范围，大学学历成为官员晋升高级职务的前提条件，普通行政人员也必须拥有中学以上学历。19世纪初普鲁士改革期间，官员考试制度得到进一步推广。哈登堡尤为强调考试的公平性和公正性，要求在选拔国家高级官员时不照顾特权等级，而是根据业绩和能力对一切等级平等开放。1848年革命前夕，考试制度迅速推广，成为选拔官员的有效手段，吸引了许多向往国家公职的有志青年。而在司法领域，早在1755年，普鲁士建立了考试选拔制度，建立"国家司法考试委员会"管理司法人员的考试录用。考试制度作为普鲁士各国家机构选拔官员的通用制度被一直沿袭下来。

2. 普鲁士官僚的培训

在普鲁士，对官僚进行培训的思想是随官员考试选拔制度的确立而逐渐发展起来的。普鲁士国家承担着对官僚进行培训的责任，这一传统早在绝对专制君主制时期就已存在，系统培训内容和方法的建立则是在19世纪初。普鲁士对官僚的培训分为职前培训和职位培训，职前培训主要涉及通用性知识，如财政学、法律、警察学和人文教育等方面内容，主要针对见习生；职位培训则是针对不同职位进行的专业知识培训，目的在于提高官僚的专业水平和行政能力，同时注意培养官僚们的实践能力。19世纪时，普鲁士培养一名高级官员除了要有15个月的见习期，还要有至少4年的候补官员预备期，通过考试后，还要继续接受培训。可见普鲁士官僚

---

① 徐健：《近代普鲁士行政官员选拔与培训制度的形成和发展》。

培训制度的严格①。普鲁士时期的法兰克福大学、柯尼斯堡大学和哥廷根大学等均专门设立了官员培训课程，包括财政学、法学和哲学等②。诚然，此类严格的培训和复杂的程序主要是面向那些准高级官员，普通行政人员只需要具备基本的职业技能并遵守命令便可。

在普鲁士，不同时期官员培训的内容侧重不同，但法律知识培训则是共有的内容。根据1817年的一项法令，意图申请国家高级职位的官员必须具备丰富的法律知识，并安排一段时间在法庭实习；到1846年，国家高级职位的申请人必须出示高级法院的实习证明被写入法规③。伴随着第二次工业革命浪潮的到来，普鲁士由传统农业社会向现代工业社会过渡，国家功能逐渐从家长制形态转变为"守夜人"，执行法律以维护安全和秩序成为国家的基本职能，因此需要大量的接受过法律教育和培训的官员来履行国家行政职能。19世纪后期，普鲁士几乎所有高级官员——从国务院各部长到各省、地区乃至县级的主要官员——都算得上是"法学家"或至少是受过法律教育的人。

总之，普鲁士国家的官员考试和培训制度体现民主的用人原则和优化国家统治的思想，在打破社会等级制度、实现机会平等方面具有革命性的意义，有的学者甚至称之为德意志的"法国平等革命"④。对官员法律素养的重视则体现了普鲁士法制国家的传统。尽管如此，在实际操作过程中，实际情况并不么如意。首先，考试制度使考生们将注意力集中于考试，盲目追求通过考试的方法，在某种程度上忽略了考试制度的初衷是提高官员素质。其次，过度强调法律知识使对官员的培训变成了单纯的法律培训，而忽视了其他方面的培训，尤其是在普鲁士国家后期更是如此。再次，社会背景、出身和关系事实上仍然是君主选拔人才时考虑的因素，尤其是在君主立宪时期，君主为了加强对议会的控制而大量培养政治官员，使公开平等和择优录用原则渐渐流于形式。

---

① Roger Michael Michalski, *Creon's Secretaries*: *Theories Of Bureaucracy and Social Order in 18th and Early 19th Century Prussia*, A dissertation submitted in partial fulfillment of the requirements for the degree of Doctor of Philosophy (Political Science) in The University of Michigan, 2009, pp. 1—2.

② Tom Burns, "Sovereignty, Interests and Bureaucracy in the Modern State", p. 496.

③ 徐健：《近代普鲁士行政官员选拔与培训制度的形成和发展》。

④ Gladden Roger, "A History of Public Administration", *The Journal of Modern History*, Vol. II., pp. 163—185, p. 165.

三 普鲁士官僚贵族的形成和"官僚统治"

（一）普鲁士官僚贵族的形成

经过上百年的发展，普鲁士逐渐建立起完整的官僚体系及其制度规范，官员也逐渐拥有独立的法律地位和较高的社会地位。在这一过程中，逐渐形成了一种新的官僚贵族，与昔日的贵族官员一起，构成了普鲁士官僚阶层的主体，对普鲁士国家乃至整个社会产生了重要影响。所谓官僚贵族是指除以往贵族阶层外的其他社会阶层人士，通过担任官职接受君主的册封，从而形成为一种新的贵族阶层。

在普鲁士，官员贵族化的情况早在大选侯威廉一世时期便已经出现，早期此类经册封成为贵族的官僚多数担任法官、参议（courtiers）、军官或贴身侍从（plain squires）等高级职位，低级职位的官员如书记员、征税员、出纳等则难以进入这一行列[①]。随着考试制度的建立，等级限制逐渐削弱，官员贵族化的步伐有所加快。1767年普鲁士全国23个参议中，有5个是从低等级职位中升上来的；到18世纪末，共有150名官员被册封为贵族[②]，显现出普鲁士官僚系统的开放性。尽管历任君主都不同程度地担心这些新晋贵族（the evolving elites）会损害土地贵族的利益，但都继续进行着此类册封。新的官僚贵族通过联姻、政治联合和内部势力繁衍，与以往的贵族官僚联起手来，形成庞大的势力，成为牵制君权和制约资产阶级的一股力量。他们中的一部分人受启蒙思想的影响，在改革年代倡导资产阶级式的变革，逐渐发展成为自由派官僚，如斯泰因、哈登堡和阿尔滕斯坦[③]等便是其中的突出代表。更多的人则发展成为保守派官僚，无视民众意愿，抵制资产阶级势力，捍卫君主权力和贵族特权，成为封建等级制度的坚决拥护者和推行君主立宪制的强大障碍。

（二）普鲁士的"官僚统治"

如若说以往在普鲁士，君主独裁、传统贵族和现代官僚形成了普鲁士

[①] Hans Rosenberg, *Bureaucracy, Aristocracy and Autocracy, the Prussian Experience* 1660–1815, pp. 60—61.

[②] Ibid., p. 64.

[③] 阿尔滕斯坦（K. S. F. Freiherrvon Stein zum Altenstein, 1770—1840）普鲁士文化教育卫生大臣。

国家权力的三角关系①，官僚与贵族的联合则打破了这种平衡。在普鲁士，君主与贵族的关系十分微妙，一方面，君主力求在政治上削弱地方贵族的势力，加强中央集权；另一方面，君主在行政上又不得不依靠贵族官员来维护君主的权威，遏制资产阶级官员的势力。在此种情况下，官僚成为君主牵制贵族的有力武器，而官僚与贵族的结合形成了一种新的统治力量和统治形态，即"官僚统治"。

所谓"官僚统治"是指官僚在处理国家事务过程中所显现出的权力地位，在普鲁士，"官僚统治"存在于国家官僚阶层产生和发展过程中，不同历史时期国家官僚权力地位的程度和实施方式有所不同。绝对专制君主制时期，所谓"官僚统治"不过是君主意志的体现。"君主—官僚绝对主义时期"，由于国家的危机和君权的放松，使"官僚统治"具有某种宪法性内涵，国家官僚的权力范围有所扩大。1848年革命中，部分官僚代表新兴资产阶级的力量，要求民主，与旧制度相抗争，但革命后却快速妥协。君主立宪时期，官僚与君主和宪法间的关系变得更加微妙和复杂，其表现时而温顺，时而反叛，既受到君权的压制，又在各领域拥有很大权力。

普鲁士的"官僚统治"在两个时期表现得尤为突出。一是在19世纪初，在政治改革中以用行政改革代替宪政改革。尽管改革者的初衷是在普鲁士构建公民自治的宪政体制，但在具体操作中，通过民主选举产生的城市议会和通过议会产生的市政委员会二者间没有明确的立法权和行政权的区分，市议会统一执掌立法和行政权，市政委员会则是纯粹的执行机构②。与英国的自治政府不同的是，英国自治体制的基石是议会制度，而普鲁士的自治却仅限于行政领域，确切地说是在行政制度中加入了议会政治的因素。普鲁士改革者所倡导的宪政改革主要强调的是对行政体制的优化，所建立的等级议会制也没有真正让公民参与。行政权力的加强强化了"官僚统治"。

二是在君主立宪时期，1848年革命后，君主出于对再次爆发革命的

---

① Stephen Brooks, *Nineteenth Century Europe*, Hong Kong: Macmillan Education Limited Press, 1984, p.7.

② 徐健：《近代普鲁士官僚制度研究》，北京大学出版社2005年版，第147页。

恐惧和对资产阶级势力的忌惮，出台了新的宪法，实行君主立宪制。① 然而在下议院的选举中，大量的政府官员被安排进议会，行政官员转化为政治官员，变相操纵下议院，更不用说上议院。这一时期普鲁士的宪政改革在官僚的干预下再次宣告失败，行政官员摇身一变成为政治官员，议会政治让位于官僚统治。

在普鲁士的发展历程中可以看到，虽然在本质上，官僚统治服务于君主统治，但在国家政治与行政的实际运行中，国家官僚掌握着一定的实际权力，在一定程度上成为影响19世纪普鲁士政治发展道路的重要力量。官僚统治具有明显的两面性。在政治方面，普鲁士官僚制阻碍普鲁士走上民主政治的发展道路；然而不能否认，也正是普鲁士官僚制创造了一个高效的国家行政体系，培养了大批高素质的行政官员，为普鲁士国家营造了一个相对稳定的国内环境，这一点令其他欧洲国家难以望其项背。在经济、文化、社会等领域，普鲁士官僚制也创造了惊人的成就。通过"官僚统治"，普鲁士由18世纪的绝对君主专制主义（Dynastic Absolutism）转变成19世纪的绝对官僚专制主义（Bureaucratic Absolutism）。

普鲁士的"官僚统治"是德国行政体制史上独具特色的现象，它的出现既与普鲁士国家历史传统相关联，又与普鲁士18、19世纪的社会政治背景相关联，是普鲁士专制君主制和国家官僚制二者结合的产物。

第三节　普鲁士官僚制的现代性和落后性

综上所述，普鲁士官僚制从普鲁士建国到终结的200多年间，表现出了鲜明的两面性。一方面，普鲁士官僚制建立在君主专制统治的基础之上，在本质上代表君主和容克地主的利益，是君主制国家的政治工具；另一方面，在社会、经济的变革期，普鲁士官僚制又在一定程度上顺应历史潮流，推动了普鲁士社会、经济的发展，由此而壮大了普鲁士国家的实力，体现出一定的进步性。此外，普鲁士官僚制中还包含许多符合现代民主精神的制度建构和实质性内涵，如建立起考试选拔制度、奉行法律主义原则和精神等。诚然，在普鲁士特有的政治体制和文化背

---

① William J. Orr, "East Prussia and the Revolution of 1848", *Central European History*, Vol. 13, No. 4, 1980, pp. 303—331, p. 309.

景下，普鲁士官僚制除显现出效率低下和惰性等官僚主义通病外，还表现出特有的官僚专制主义，形成世界行政体制史上极具特色的"官僚统治"现象。

一　二元性君主制下的普鲁士官僚制

普鲁士官僚制的两面性与其二元性君主制相联系。在18世纪的专制君主制下，普鲁士官僚制在开明君主的统治下发挥了一定的积极作用，促进了普鲁士经济的发展，推动了普鲁士民族的融合，壮大了普鲁士国家的整体实力。19世纪，随着资本主义经济的发展，普鲁士社会提出推进资产阶级民主政治的要求。普鲁士上层官僚几经尝试，从19世纪初的斯泰因—哈登堡改革，到1848年革命后的宪政尝试，再到1871年建立起以君主权力为中心的君主立宪制，普鲁士国家的政权始终掌握在君主手中，国家官僚也始终是普鲁士君主统治的代理人，并不能使普鲁士走上民主化的道路。

所谓二元君主制是指由封建主义向资本主义过渡的国家中，以世袭君主（国王）为国家元首，由君主和选举产生的议会共同执掌国家政权、但君主的权力地位高于议会的一种政体形式，在本质上属于君主制政体而非议会制政体。在二元权力结构中，君主是国家的权力中心。尽管君主的权力会受到议会和宪法的一些限制，但限制范围十分有限。君主掌有行政权，最高军事权和外事权。内阁首相由君主任命，作为最高行政机构的内阁对君主而非对议会负责。在此种政体形态下，议会上院一般由世袭或君主任命的议员组成；下议院虽由民选议员组成，但仅仅拥有一些形式上的权力。

19世纪的普鲁士处于由封建社会向资本主义社会过渡的时期，改革派官僚几经尝试，先后建立起内阁制度、民选的议会制度，并颁布了资产阶级性质的宪法，甚至在统一后的德意志第二帝国建立起二元性君主立宪制。但这些制度都没有真正打破君主的至高权力。如斯泰因政府时期内阁中贵族占据绝大多数；1850年的宪法仍赋予国王至高权力；1871年建立的两院制，联邦议会（上议院）比帝国议会（下议院）拥有大得多的权力，后期的帝国议会中充斥着国王安插的政治官僚，等等。

造成此种局面的原因在于：尽管普鲁士资本主义发展迅速但并不充

分，国内以君主为代表的封建势力力量强大，使改革派官僚的宪政尝试不可能真正触动强大的封建势力。尽管官僚的权力不断上升，但无法撼动君主的专制统治。正是在此种境况下，普鲁士官僚的两面性暴露无遗。一方面，他们受过良好教育，并深深地为自由主义思潮所触动，向往民主、自由、理性的资本主义民主政治，并积极借鉴他国的经验并不断加以尝试；然而另一方面，他们又习惯于听从国王的命令和安排，对旧制度和惯例怀着深深的敬畏，于是在关键时刻向封建势力妥协，甘愿为君主的统治工具。

二 普鲁士官僚制的现代性

18—19世纪，普鲁士官僚制对普鲁士社会的发展具有一定的积极推动作用，普鲁士官僚制成长过程中所体现出的现代性及其影响不容忽视。普鲁士官僚制的现代性体现于奉行法律主义传统、遵循职业主义精神等方面，并推动了代议制原则和人民主权原则在普鲁士的初步实现。

（一）奉行法律主义传统

法律主义（legalism）又称法律至上主义，并非法律科学和法理论研究中十分严谨的概念，也缺乏准确、客观的含义。在西方国家中，法律主义更像是一个约定俗成的概念，指一切行为严格依据法律规定进行，令行禁止，强调"依据法律"、"合乎法律"、"法律至上"和"在法律文本之下"等基本法治信念和法律思维立场，在大陆法系国家中广为应用[1]。

普鲁士具有法制国家的传统，"法治国"一词即来源于德文的 rechtsstaat，诚然，法制不同于法治，前者仅指依据法律进行统治，后者则被赋予了更多民主的内涵。普鲁士很早就开始了立法进程，第一部正式的全国性法律《普鲁士国家通用法》颁布于1784年普鲁士君主专制主义时期。《通用法》具有一定的宪法性质，是普鲁士法制发展史上的里程碑。此后的改革年代，各种法律法规相继出台，如1807年的《十月敕令》、1808年的《普鲁士王国各城市法规》、1808年的《改善国家最高行政管理机构的规章》等，从经济、政治、社会等各方面加强法制建设。1848

---

[1] 王国龙：《捍卫法条主义》，《法律科学》（西北政法大学学报）2011年第4期。

年革命后，国王迫于革命的压力于 1849 年颁布了《普鲁士宪法》，这部宪法带有某种自由主义色彩，此后于 1850 年予以修正。1851 年，普鲁士开始实行《官员法》，全面规范官员的选拔、录用、培训、权利和义务等相关事宜。1870 年，《刑法典》颁布。1871 年，新成立的德意志第二帝国颁布了全国性的《德意志第二帝国宪法》。除此之外，18 世纪上半叶，普鲁士的司法系统基本实现独立。在短短 200 多年间，普鲁士建立起了大到国家宪法，小到部门规章和行业法规等方方面面的较为完备的法律体系。

普鲁士法制精神的实质是用法来规范国家统治，即不仅通过法律的规范性和强制性来指导和强制规范人们的行为，而且强调政府没有自外于法律的特权，政府同样受法律约束，法律高于一切[1]。在官僚制的运行中，官僚的行为严格受法律约束，令行禁止，塑造了普鲁士官僚系统的军事作风；而官僚触犯法律要受到严厉的惩罚；官僚机构的整体运行以基本规章制度予以规范，并使之逐渐合理化。此种法制精神虽然与现代依法治国的内在质有所区别，但与封建时代的人治已有本质区别。当然，普鲁士官僚制中的法律至上主义贯彻得并不那么完美，显现为君主凌驾于法律和立法机关之上，尽管君权几经限制，但依然拥有至高无上的地位，可以轻易干预立法进程和法律的执行，这也使人们称普鲁士自诩为法制国为最大的笑话。然而不可否认的是，崇尚法律至上主义，成为无论是普鲁士官僚还是普鲁士民众的深厚传统，这一点对于 18 世纪、19 世纪的君主国家而言是难能可贵的。

(二) 遵循职业主义精神

在英国学者 E. W. 莫尔看来，职业主义（professionalism）具有六大特征：(1) 是一种全职的工作而非打工性质的工作；(2) 具有一种行为的伦理规范；(3) 具有提升和维护职业水准的专业组织；(4) 专业的知识乃透过教育、训练的过程而产生；(5) 与以服务为导向相关，其绩效表现与顾客的需求有直接的关系；(6) 由于具有专业的知识和道德，职业人员在决策时享有一定程度的自主权，但这种自主权必须受到责任感的限制[2]。简言之，一方面，职业主义意味着以科学化的知识体系为基础，

---

[1] 曹沛霖、陈明明：《比较政治制度》，高等教育出版社 2005 年版，第 120 页。
[2] 张成福：《公共管理的职业主义与职业伦理》，《新视野》2003 年第 3 期。

发展出一套理性的技术、方法，以解决问题、达成目标；另一方面，职业主义又是一种职业所具有的内在价值，这种内在价值是透过职业教育和社会化过程所形塑出来的，它所关注的不仅仅是专业技术，更是职业精神和责任[①]。官僚作为一种专门的职业始于18世纪的普鲁士，普鲁士官僚和官僚制的发展表现出了很明显的现代职业主义精神。

在官僚成为一种正式职业之后，普鲁士统治者开始关注官僚的选拔、录用、培训和奖惩等相关制度和规范问题。首先，建立了统一的道德规范要求，官僚被要求忠于国王和宪法，必须具备廉洁、勤俭等道德品质，并享有较高的社会地位和明确的工资福利待遇。其次，建立了严格的考试选拔制度，官僚的选拔要经过严格的笔试和口试，不仅要有较高的学历，还必须具备良好的实践能力。再次，普鲁士官僚享有一定的自主权，并且随君权的放松而不断扩大。普鲁士的官僚制度具有开创性和独特性，在当时的西方国家中处于前列，体现了现代意义上的职业主义精神。这些选拔和培训方式、履行的责任和义务、乃至工资和退休金制度等，曾为欧洲各国所采纳，也为日本近代官制改革所效仿，对于当今中国的公务员制度建设也具有一定的参考价值。

（三）推动代议制原则和人民主权原则的初步实现

普鲁士官僚制发展过程中还体现出一些现代民主元素。普鲁士国王很早就意识到人民权力的重要性，在弗里德里希二世登基之初，便曾提出："君主不应该是绝对专制的主人，而应是国家第一仆人。"[②] 这位开明君主深受启蒙思想影响，尤其崇拜伏尔泰。伏尔泰提倡卢梭所倡导的"天赋人权"思想，认为人生来就是自由和平等的，所有人都有追求生存和幸福的权利，这种权利是天赋予的，不能被剥夺。这一思想深深地影响了弗里德里希二世，使他的改革措施带有鲜明的人权色彩。如废除严刑峻法，颁布《普鲁士民法典》，并宣布"所有权是人的最重要的和绝对的财产权"，等等。在1808年1月颁布的一项政府事务令中，明确表示"任何人在法律的框架内都享有财产权、公民权和自由权不受限制"。19世纪中期普鲁士的等级议会制一定程度上体现了人民主权原则。1850年后，普鲁士实行普选制，使三个等级的民众都享有投票权，议会由三个等级选出

[①] 张成福：《公共管理的职业主义与职业伦理》。
[②] 李兰琴：《普鲁士国王弗里德里希二世》，商务印书馆1985年版，第25页。

的代表组成。1855年的议会选举中，300万选民中有471710人行使了投票权。19世纪70年代后，工商业资产者和工人代表在议会中的席位逐渐增加[①]。无论这些措施实现的程度如何，代议思想和人民主权思想在普鲁士初步得以实现。

三 普鲁士官僚制的落后性

普鲁士官僚制在历史上获得的评价向来毁誉参半，既有人对它的独特性和开创性予以高度赞美，也有人对它的弊病和历史作用进行了猛烈抨击。对普鲁士官僚及官僚制的批评主要体现在两个方面：一是关于普鲁士官僚制存在的弊病，包括官僚系统的无效性和官员的惰性等因素；二是关于普鲁士官僚制对当时的普鲁士社会和后世德国造成的影响，主要指官僚专制主义局面的形成和对德国民主制建设的阻碍。

（一）普鲁士官僚系统的无效性和惰性

正如阿尔蒙德所言："官僚制的弊病，包括无效和惰性，是普遍存在的"[②]，以高效、廉洁闻名的普鲁士官僚制也不例外。普鲁士官僚制建立初期，虽然有许多不完善的地方，但在总体上还是向上的。在专制君主的军队式管理下，普鲁士官僚表现出高效、服从、忠诚、廉洁的良好品质，官僚系统也能保证较高的行政效率。当时虽然偶有官员欺上瞒下或徇私舞弊，但都是极个别的现象，事后也会受到君主的严厉惩罚。而到18世纪后期，由于中央缺乏合理的行政机构设置，出现了行政职责交叉的状况，并且由于君主的专断和文书传递制度，弗里德里希二世统治后期文牍之风盛行，成为普鲁士专制君主制时期官僚制的两大弊病。

官僚制的积弊和普鲁士国家所遭受的军事上的打击直接催生了19世纪初普鲁士自由派官僚的改革，改革使行政制度更加合理化，行政权力也一定程度上从君主手中转移到官僚手中，为此后普鲁士的官僚专制主义局面埋下隐患。不可否认，改革之后普鲁士官僚制焕发了新的生机，在三四十年代，官僚的统治和影响无处不在，渗透到普鲁士社会、政治、经济各

---

① 赵星铁、孙炳辉、郑寅达：《德国史纲》，华东师范大学出版社1995年版，第67页。
② ［美］阿尔蒙德等：《当代比较政治学：世界视野》（第8版），杨红伟等译，上海人民出版社2009年版，第142页。

个层面。然而当官僚和官僚系统的权力地位达到极致时，由它引发的问题也愈益严重。官僚与贵族阶层牵扯不清，日益脱离广大民众；官僚阶层特权加大，依仗手中的权力骄横跋扈；官僚主义作风盛行，官员固步自封，思想僵化；腐败横行，司法不公正现象频发，等等。1848年革命的爆发便是由此时期官僚制度恶性膨胀和民众民主意识日益觉醒所引发[①]。当官员势力膨胀甚至形成官僚统治局面之时，便给国家政治带来了极为不良的后果，使官僚制自身走向腐朽。

（二）普鲁士官僚的腐败问题

关于普鲁士官僚制的弊端，普鲁士官僚腐败是一个严重问题，普鲁士官僚腐败的状况成为对普鲁士官僚制发展变化评价的一个重要尺度。在普鲁士，无论是1784年的《普鲁士国家通用法》还是1873年的《帝国官员法》，都明确规定了关于官员犯法的惩治办法，然而法律的效力却随着时间的流逝而被减弱。早期普鲁士官僚的廉洁在整个欧洲都享有盛名，随着官员权力的扩张，腐败和寻租现象逐渐增多。俾斯麦在位期间，曾"威胁甚至购买报纸为他说话，引入审查制度却对法官和文官的任用大肆干预，运用内部消息使财政为自身牟利，擅用未经授权的军费开支，操纵报社及其幕僚为其子拉选票"等[②]。正如内德所说："尽管俾斯麦的军事外交天分无人能敌，尽管他为统一德意志和国家发展贡献巨大，但他却是全普鲁士最腐败的人。"[③]

（三）普鲁士的官僚专制主义局面

官僚专制与官僚统治并不完全相同。官僚统治有明显的两面性，且贯穿于普鲁士历史的始终，只是在不同时期作用强度的大小不同。而官僚专制主义则是官僚统治的极端化，与君主专制有一定的相似性，基本上起着消极的作用。尽管官僚专制将官僚统治推向极致，但仍不能取代君主专制。在特定时期中，普鲁士官僚利用其职位和手中的权力，垄断普鲁士国家的政治与行政，成为维系君主专制的工具。

在普鲁士，官僚统治强化的步伐从斯泰因—哈登堡改革时期开始，时

[①] Jurgen Kocka, "Capitalism and Bureaucracy in German Industrialization before 1914", *The Economic History Review*, New Series, Vol. 34, No. 3, 1981, pp. 453—468, p. 466.

[②] Bobert Neild, *The Dark Side of Social Evolution*, London: Anthem Press, 2002, p. 98.

[③] Ibid., p. 101.

任国王的威廉三世赋予改革的倡导者——政府高层官僚——以前所未有的权力，使政府高层官僚的权力大大得以提升，官僚一改君主专制主义时期唯唯诺诺的形象，在社会各领域发起轰轰烈烈的改革，并在很大程度上影响着国王权力的行使，使普鲁士的政体转向一种"官僚君主制"（bureaucratic monarchy）政体[①]。伴随着行政权力的扩张，官僚的权力地位大大提高，兼有国家代表和社会管理者两种身份。在与贵族阶层相互融合的过程中，部分官僚的特权意识被强化，权力欲日益膨胀。整个19世纪，官僚积极活动于社会的各个领域，掌控着普鲁士发展的方向和进程。"到1848年，无论是军队事务还是外交事务，无论是法官甚或是土地贵族，只要期望对实际政治产生影响，都不可能绕过文官系统去实现。"[②] 到了宪政时期，由于政治官员的大量存在，官僚对帝国社会的控制更是变本加厉，政治与行政的高度融合产生了诸多不良影响。首先是君主通过官僚操纵了议会选举，使宪政制度徒有其表，广大民众的政治权利无法得到保证，官僚系统成为君主在国家走向资本主义路途中维护封建统治所依靠的工具和手段；其次是导致官僚系统内部的分化，主张政治变革的官员与保守派官员相互对立，最终导致征服机构中人浮于事，官僚主义作风盛行；再次是官僚作用的提升导致政治改革在普鲁士不断受挫，以行政现代化代替政治现代化的做法最终只能是换汤不换药，无法使政治改革获得根本性突破，最终阻碍了资产阶级民主政治在整个德意志的实现。直至德国统一后，统治者们似乎终于意识到官僚专制主义的弊端。1898年后，行政官员被明令禁止不得参与各级议会的活动。第一次世界大战后魏玛共和国终于建立起共和体制。从弗里德里希二世的改革开始，普鲁士及德意志帝国经历了200多年的风风雨雨和政治改革，在这样曲折的发展的过程中，普鲁士官僚制和官僚的作用是不言而喻的。

总之，普鲁士官僚制是在普鲁士独特的历史文化背景下产生和发展起来的。普鲁士起初并不是一个统一的民族国家，而是一个四分五裂的政治集合体，经过长年征战，形成为一个强盛的封建专制国家，使这一国家带有强烈的国家主义和军事主义的色彩。普鲁士官僚制深受这两个特征的

---

① Hans Rosenberg, *Bureaucracy, Aristocracy and Autocracy, The Prussian Experience* 1660 - 1815, p. 203.

② Ibid., p. 205.

影响。

在普鲁士，国家被赋予至高地位，个人利益必须无条件地让位于国家利益。官僚作为国家的代表，享有很高的地位。在专制王权时期，官僚受到君主的绝对控制，几乎不具有自主性。随着资本主义的发展，行政事务日益增多，官僚的作用也日益上升，使君主无法维系对行政系统的绝对控制权，行政权力因而被部分转移到官僚手中，使官僚的权力有所增强。19世纪，在欧洲启蒙思想的影响下，普鲁士受过良好教育的自由派官僚进行宪政改革的尝试，但由于官僚自身的先天不足和封建势力的强大，导致19世纪初的宪政改革很快便告失败。但宪政改革的失败并没有使行政改革的步伐停止，普鲁士行政机构逐渐趋于合理化，官僚权力也进一步增强。尽管如此，以行政改革替代宪政改革的做法也为普鲁士官僚专制主义埋下了隐患。1848年，普鲁士爆发革命，它是官僚制恶性膨胀和民众意识日益觉醒的结果。革命后虽然在名义上建立起君主立宪制度，但依然保持了以君主为权力中心的政治体制。官僚在此时期分化为不同的派别：一部分为自由派官僚，代表新兴资产阶级的利益，支持自由、民主的宪政制度；另一部分为保守派官僚，与贵族阶层相融合，维护封建特权；还有一部分官僚则麻木不仁，成为扮演纯粹被动性工具的角色。俾斯麦上台后的德意志第二帝国时期，议会被操控，为其铁血政策服务，官僚的角色发生变化，不仅在行政领域活动，更是以政治官员的身份进入议会，成为统治者操控议会的工具。此时期官僚统治渗透到社会的各个领域，形成官僚专制的局面。官僚专制统治给普鲁士带来种种弊端，阻碍了民主政治的发展，使宪政制度终究未能在普鲁士建立起来。

基于历史的原因，军事主义渗透于普鲁士官僚制。奉行军事主义的普鲁士国王及其官僚成为理性主义和法制主义的的崇尚者。200多年间，普鲁士逐渐建立起完整的法律法规体系，规范官僚系统的运作。官僚须严格遵守法律法规和各项规章制度，有明确的权利义务规范，也享有独立的社会地位。19世纪，普鲁士建立起官僚考试选拔制度和培训制度，成为当时欧洲国家乃至世界各国的楷模。官僚成为一种专门的职业，并被赋予一种特有的职业主义精神，享有忠诚、廉洁、高效、恪尽职守的美誉，诚然，也不可避免地存在死板、教条、迂腐的官僚主义作风。普鲁士官僚制的制度建构上在世界上赢得了广泛的赞誉，被马克斯·韦伯视为理想官僚制的结构类型。

总之，普鲁士官僚制既具有现代性，也具有落后性。它既推动了普鲁士经济的发展，又遏制了民众对自由的呼唤，成为封建专制主义的工具，最终阻碍了民主政治的实现。

结　语

关于西方国家官僚制问题的几点思考

综合前面各章对英、美、法、德各国官僚制的研究，笔者对西方国家官僚制的类型、改革和未来走向有以下几点思考。

一　关于英、美、法、德官僚制的类型

对英、美、法、德官僚制的比较研究，是一个颇具难度的论题，对其研究视角和方法，学者们有诸多思考和探讨。所提出和采用的方法之一是跨国的比较研究方法，美国比较公共行政学家费勒尔·海迪所采用的即为此种研究方法，他将法、德国家的官僚制归于"古典"官僚制，而将英、美国家的官僚制称为"公民文化"背景下的官僚制，在两个不同的框架下去分析法、德和英、美国家官僚制的文化基础和特征。

海迪认为，一些欧洲大陆国家的官僚制大体上属于马克斯·韦伯所描绘的"古典"官僚制，以法国和德国最为典型。在一些重要方面，这两个国家的政治文化具有相同点，具体表现为：首先，在过去两个世纪里，这两个国家在政治上都经历了持续的不稳定，呈现出政治变革突发性、激烈性和频繁性的特点。与之相对应的是，在此种极度动荡和不稳定的状况下，"法国和德国的行政制度和官僚制度都具有良好的连续性"[①]。19世纪形成的普鲁士官僚制成为统一后德国政府的核心制度，此种政府行政模式被一直保留下来。同样，法国在大革命前就创立起一套庞大的政府行政系统，服务于法国的政治和社会。大革命后这一政府行政系统得以延续，并进而发展完善，保持着效忠于国家的特性。法国和德国政府官僚体系的稳定性和有效性，如同这两个国家历史上政治的不稳定性，"成为法国和

[①] [美]费勒尔·海迪：《比较公共行政》，第214—215页。

德国共有的一种标志性现象"①。此外，海迪还提出法德两国官僚系统"强调理性、非人格性和绝对性的基本品质特性"②，认为此类特性恰与马克斯·韦伯所描绘的现代官僚制的特性相吻合。具体体现为：第一，通过专门训练来实现专业化公共服务；第二，承认官僚机构在政治领域中阐释法律的合宪性③。在此种理论框架下，一方面，官僚精英主动涉足政府事务，包括参与政策制定和项目规划；另一方面，具有在法律意义上的合法性。

与法、德国家相对应，海迪将英、美国家称之为"公民文化"背景中的官僚制，将之视为"行政制度的变异形式"。意即与马克斯·韦伯所描绘的官僚制不同的官僚制类型。此种类型的官僚制在政治文化方面强调多元主体参与，强调一致性与差异性并存，允许变革但强调温和的变革④。与法、德国家相比，英、美两国在历史上政治相对稳定，此种特有的环境允许它们在政治上采取循序渐进的方式去发展变革其制度结构，也极少发生剧烈的政治动荡导致政治进程中断和改革发展方向突发性的改变。此种环境有利于这两个国家建立起稳定的民主制，并得以长期保持。在此种平稳的政治环境中，英、美两国的政府官僚系统得以发展，并在总体上保持着与其政治发展的协调一致。也正是基于这样的发展历程，英、美国家政府行政专业体系的形成明显晚于本国宪政体制的建立，从而也大大晚于法、德国家政府官僚系统的形成。在高度发达的多元参与政治文化和民主政治体制下，长期以来，英、美国家更多强调文官的中立性和政府官僚系统的代表性和渗透性。

诚然，尽管海迪将法、德和英、美国家的政府官僚制归为两大类型，但这并不意味着每种类型国家的政府行政制度完全一致。事实上，不同类型国家中每个国家的政府行政制度都有其独有的特点。以致有的美国学者认为可以将这四个国家作为四种不同类型加以分析比较。

除了以政治体制和各国总的历史文化为背景进行国别比较外，还可以对不同国家官僚体系的形成和发展进行跨时段的比较，了解不同时期各国

---

① [美] 费勒尔·海迪：《比较公共行政》，第 214—215 页。
② 同上书，第 221 页。
③ Heinrich Siedentopf, "A Comparative Overview," in Donald C. Rowat, ed., *Public Administration in Developed Democracies*, New York: Marcel Dekker, 1988, pp. 340—343.
④ [美] 费勒尔·海迪：《比较公共行政》，第 246—247 页。

官僚制的发展以及与该国政治体系发展之间的关系。此种比较研究通过各国不同时期的历史资料搭建起研究框架加以研究。一些学者还对一个国家或若干国家的政府官僚系统进行跨层级的比较研究,以了解一个国家或多个国家的纵向政府行政体制和地方政府的情况。

如今在西方发达国家,履行社会职能已成为国家的职责,政府官僚制也早已不可或缺。研究西方国家的官僚制有必要了解西方国家官僚制发展的历史及影响因素、了解官僚制存在的必要性、分析西方国家政府官僚制与民主和市场间的关系等。

二 关于当代西方各国官僚制的改革

当今世界处于西方各国官僚制的变革期,政府官僚制的内涵、角色、关系结构和人们的期望都发生了相应变化。一些国家如英国、美国等英语国家试图将私人部门的经验引入政府部门,在私人部门管理的框架下去改革政府官僚体制。另一些国家如法国、德国等欧洲大陆国家,尽管也进行了适度的改革,但在总体上延续了以往的国家主义传统,而非如同英、美国家那样在政府体制的改革中走"市场化"的道路。从20世纪后期以来西方各国政府官僚制的改革发展中可以看到,西方各发达国家政府官僚体制的变革,一方面是追求更好的政府治理方式的结果,另一方面则是民众追求更加美好的生活而对政府提出更多要求的结果。

在诸种改革中,伴随着西方各国政府官僚体系日益政治化的趋势,政府高层职业官僚的非职业化趋势日益显著,正如苏莱曼所言:"专业化的公务员已成为20世纪政治变革的受害者。"使以往民主社会所依赖的路径受到一定程度的损害。以往的民主通过发展一种政府治理的职业性工具,去维持国家政治与社会经济的同步发展。而如今,这些民主国家似乎忽视了他们以往的历史经验,去鼓励和创造不同的发展路径。一方面,他们将民主的概念仅限定于竞争性选举和一定程度的自由,忽视了国家合法性的重要性;另一方面,强调经济发展的重要性,在资源分配上极力赞扬市场化,以之作为唯一的向导①。

20世纪后期以来西方国家的政府行政体制改革和当今西方各国公共官僚制的转型可以引发我们思考以下问题:第一,公共官僚的传统目标是

---

① Ezra Suleiman, *Dismantling Democratic States*, p. 18.

什么？公共官僚的传统目标如今是否已经过时？第二，政府再造是要转变公共官僚的传统目标？还是要对实现其目标的工具公共官僚制度加以改革？第三，以英、美国家为主导的政府再造和市场化政府改革对社会的影响是什么？基于政府官僚制本身是国家政治制度的组成部分，因此，阿伯巴奇（Joel D. Aberbach）和罗克曼（Bert A. Rockman）等在研究美国联邦官僚制的过程中提出，政府官僚制问题"不仅包括美国联邦行政制度是怎样变革的，还包括美国政治是怎样变革的。有必要……了解联邦行政部门以怎样的方式去适应政治制度的变革，以及政治环境中什么力量在改变政府的性质——它的运行、范围和活动"[1]。

　　当今几乎西方各民主国家的官僚制都显现出文官职业地位下降和政府职业官僚系统日益政治化的特点。西方各民主国家政府官僚体系日益政治化的趋势，对各国政府官僚制的发展有显著和长久的影响。此种趋势影响着政府官僚系统的专业性、职业素养和行动能力，最终导致政府官僚系统在社会中角色的变化。使政府中的文官职业不像以往那样有吸引力，这已成为目前西方各民主国家中的现实情况。诚然，此种现象的出现有许多原因，包括在经济增长过程中，人们选择性的增多、公私部门薪酬的巨大差异、在行业内跳槽的可能性、私人部门有更多工作经历的机会，等等。如今，政府官僚系统的日益政治化趋势不仅严重侵蚀了职业文官的职业性，也降低了职业文官的形象，使官僚更趋于执政，而减少了其职业发展的兴趣和追求。伴随着一些国家部门转变为私人部门，政府官僚职业发展的可能性进一步削减，政府高层文官也不像以往那样去领导下属和发挥作用。诸方面的改革使私有部门与公共部门之间的薪酬差距变得如此之大，以至于资深的高级职业官僚难免不倾向于收入更高的职业选择。种种因素的后果导致人们在进行职业选择时需早作打算，与其将来离开政府部门，不如从一开始就迈向私人部门。保罗·莱特（Paul Light）在政府研究中提出："到 20 世纪 80 年代末，联邦和私营机构的薪酬差距变大，媒体和政治候选人对政府的攻击一直很强烈，由于政府部门中的主管相信平庸对政府就已足够好，使政府人事管理办公室变得很脆弱。公众对选举和委任的领导人都失去了信心。与之同时，美国最有天赋的公民对任何一种公共服务都

---

[1] Joel D. Aberbach and Bert A. Rockman, *In the Web of Politics: Three Decades of the U. S. Federal Executive*, Washington, D. C.: Brookings Institution, 2000, p. 4.

失去了兴趣，文官的士气也很低。"[1] 可见政府体制出现了问题。

如今，政府官僚究竟应该成为政府工具、成为具备专业技能的职业性官僚，还是成为与政治系统保持密切联系的政治人的问题，成为一个非常重要的问题。这是无论早期还是当代的政治学家和公共行政学家一直关注的问题。第二次世界大战结束后，人们曾一度认为从此政治家不再把控公共政策，因为他们既不能获取信息也不能准确地评价他们所获得的信息，使政府职业官僚和专业人士一度在公共政策领域发挥重要作用。功绩录用、雇用保障、职业化、专业化和政治中立等被认为是民主治理的基础。然而如今在政府的公共政策领域，一些人认为，此种由专家把控公共政策过程的现象是对民主最大的威胁；而另一些人则认为，这是新时代使然，因为这一时代要求公共决策基于更加"理性的"基础之上[2]。看法并不一致。

事实上在欧洲大陆国家，试图对公共官僚加以改革是一件非常艰难的事情。正如人们所看到的，历史上，欧洲大陆建立起强国家，目的在于确保国家的统一。此类欧洲大陆国家的共和体制模式将集体主义置于首位，反对单个群体的自由整合，与美国那种分散化的联邦制民主模式形成对比。在此类国家中，社会集体的概念对于阻止强官僚传统的衰退发挥着重要作用，因此也解释了法国官僚制改革之所以十分艰难的原因。

一些学者通过对公众舆论的研究得出结论：在西欧国家中，对政治家和政治制度的不信任没有美国那么强烈，尽管一些研究表明对国家的不信任在增加。拉塞尔·道尔顿（Russel J. Dalton）说："支持政府行动以解决社会需要是欧洲政治文化的核心成分。"[3] 苏莱曼则认为，公众信任危机的数据不能充分解释为什么一些国家的改革较之其他国家更容易被接受。他提出，对政府的不满意度，美国比英国要高，但英国的一些改革措施比在美国更容易为人们所接受。此外，尽管在法国，公众舆论看上去很支持改革，但却看不见像英国、美国那样全面行政改革的尝试。此外，公众信任危机的数据也未能很好地解释不同国家改革的时机，如为什么里根

---

[1] Ezra Suleiman, *Dismantling Democratic States*, p. 204.
[2] Ibid., pp. 210—211.
[3] Russel J. Dalton, *Citizen Politics: Public Opinion and Political Parties in Advanced Industrial Democracies*, 2nd. N. J, Chatham: Chatham House, 1996, p. 115.

20世纪80年代初期的改革会如此受欢迎；也未能解释改革为什么会在某些地方发生，而在其他地方却没有发生。认为行政改革由多种因素所导致，包括公众对政府的评价以及经济环境和特殊事件等①。

一些学者将进行了意义深远的改革和较少对本国官僚制进行改革之间的情况称为"修补型"，并将法国归为此种类型。提出，此类国家认为新公共管理运动所呼吁的改革既不必要也不可行，违反了国家和公民社会已经建立的平衡关系。法国政府官僚对国家机关的改革十分敏感，无论是在提高效率还是在增进民主方面都不积极，行动缓慢，被称为"不情愿的改革者"②。此种改革的障碍既包括来自政治和官僚系统的障碍，也包括文化和价值偏好方面的障碍。

法国是一个秉承团结一致及社会内聚共和原则的国家，在法国人的心目中，法国是一个"不可分割的整体"，平等主义（egalitarianism）是所有民主政府的核心哲学，共和主义（republicanism）具有国家对待公民一律平等的含义，承认公民之间没有差别，所有公民拥有平等享受国家提供的服务和接受国家保护的权利。在此类国家中，官僚系统被视为实现共和主义的工具。在此种共和国模式中，国家不仅是仲裁者，还保持着政治的"中立性"，代表"公共意志"或"一般利益"。由于国家的超脱性，使之超越于社会冲突之上，从而确保平等性的实现。可见，"国家的平等性和中立性是法国共和国传统的重要组成部分。国家作为为法国公民提供公共服务的工具、经济发展的代理人和平等的保证人，具有广泛积极的内涵"③。此种共和模式，与盎格鲁—撒克逊的民主模式有所不同，更多地强调"公共性"和"统一性"，而非"民主性"和"多元性"。为了实现"统一性"和"平等性"，便需要依赖国家庞大的政府官僚机器去拟定诸种规章，并在国家提供公共服务的过程中加以控制。如今，在法国一类国家中，"已经建立起牢固的大厦，并为此类原则所支持，由此而具有合法化地位。此类原则成为反对改革官僚工作方法的防线，并成为阻止对官僚发展的限制以及维持官僚浪费和特权的堡垒"④。

---

① Ezra Suleiman, *Dismantling Democratic States*, p. 88.
② Ibid., p. 169.
③ Alistair Cole, "The Service Public under Stress," *West European Politics* 22, No. 4., October 1999, p. 168.
④ Ezra Suleiman, *Dismantling Democratic States*, p. 175.

此种共和意识与国家理性经济服务观不相一致，持有强烈的"公共性"意识的国家与持理性公共管理观的国家对于诸如国家是否应该向边远的农村地区提供邮政服务、火车是否应该在已经被大部分乘客遗弃的车站继续保留、学校是否应该在大部分家庭离开这个城市后继续为许多孩子提供住处一类问题的看法和做法不尽相同。尽管迄今为止，法国在人口减少的地区关闭一些设施方面已做了很多努力，但它依然是反对新公共管理基本理念的国家之一，其重要原因之一在于其基本价值的保持。

在法国，一些学者们坚持认为，国家是一个独立和自治的实体，能够独立地反映社会利益，他们既不赞成马克思主义，也不接受多元主义。在民主政体的演变过程中，他们十分重视制度所具有的重要性。此类学者依据国家抵抗社会压力的能力将国家区分为"强"国家和"弱"国家。"强"国家能够有力地决定资源的分配，政府在制定政策的过程中不易受到社会强势群体压力的过多影响。基于法国国家政府的一体化和集权化状况、以及法国拥有一个训练有素的官僚机器去有力地实施国家的决定，因此被认为是"强"国家。相反，美国属于分权化的国家，权力分散，国家决策的制定和实施受到过多权力主体和社会利益集团的干预，便无法称之为"强"国家。苏莱曼提出了不同的看法，他认为，"一个国家所拥有的官僚机器的种类对一个民主政体管理自身的方式相当重要"。他避开对"强"国家和"弱"国家的分类去对政府官僚制加以分析，提出，"一个国家依赖于其官僚机器去发展和实施其政治，然而即使最为集中的官僚制也会因内部冲突、辖区重叠、人事和预算竞争而四分五裂。一个国家不能因其组织图而认为是强还是弱。事实上，行政集权看上去最强的国家可能最容易受到外部压力的影响，而因国家结构分化而看上去较弱的国家则可能更能抵抗强大的利益集团"[①]。

三 关于西方国家高级文官的角色定位

在世界日益官僚化的趋势中，政府精英即高级文官的地位日益显著，获得越来越多的权力，成为西方各国政府官僚制中的共同特征。目前，西

---

① See Ezra Suleima, "Self-Image, Legistimacy and the Stability of Elits: The Case of France," *British Journal of Political Science* 7, April 1977, pp. 191—215; Ezra Suleiman, *Dismantling Democratic States*, Princeton: Princeton University Press, 2003. p. 32.

方学者对西方各国高级文官的权力地位看法不一。一些学者认为,很难准确估量高级文官的权力地位。戴蒙特(A. Diamant)认为,法国第四共和国政治的不稳定导致其官僚制的发展极其脆弱,缺乏强有力的政治领袖的引领和掌控[1]。其他学者提出,政治的不稳定导致高级官僚毫无疑问地会受到强有力的政治领袖的把控。近年来还有一种观点,认为随着政府的发展和日益复杂化,发达国家高级文官的作用在日益衰退。如韦勒(P. Weller)认为,如今中央政府的权力已被转移到私营公司或跨国机构等非国家机构,因此中央政府其中包括高级官僚的权力已被架空[2]。

对现代西方国家高级文官的研究可以从高级文官的政治地位和政治角色两方面入手。政治地位是从政府官僚精英的特征以及在政府中所处的位置的角度去加以研究;政治角色则是从政府高级行政人员所承担的职责、如充当政府政策的协调者或利益集团间的仲裁者的角度去加以研究。近几十年来,在西方各发达国家中,人们较多关注利益集团和游说组织的发展以及政党政治的发展对政府职业官僚地位和作用的影响,认为利益集团和政党政治的发展一定程度地侵入和削弱了政府高级官员的专门知识和技术领域。与之同时,各国出现了政府权力下放和权力分散等多种改革,使原本掌握在高级文官手中的一些权力发生分离,由此而削弱了政府高级官僚在政策制订过程中的作用。欧洲一体化过程也影响着一些国家高级官员的角色和地位,使国家的一些重要权力从国家官僚精英手中转移到跨国家官僚精英手中。

对西方国家政府高级文官的研究需要回答这样的问题:各国政府高级文官在政治系统中居于何种地位?高级文官是否属于政治体系范畴?探讨高级文官的政治地位事实上是在探讨作为一种社会或政治集团的政府高级文官体系的内在特征和影响因素、探讨政府职业官僚系统与政治系统之间的关系结构以及政府中的政治系统对职业官僚系统的控制程度等一系列问题。

一般而言,西方国家的高级文官在其国家的政府行政系统中,仅占一

---

[1] A. Diamant, "Tradition and Innovation in French Administration," *Comparative Political Studies*, 1 (2), 1968, pp. 251—274; Edward·C. Page and Vincent Wright, *Bureaucratic Elites in Western European States*, p. 3.

[2] Edward·C. Page and Vincent Wright, *Bureaucratic Elites in Western European States*, p. 4.

个很小的比例。根据马太·多甘（Mattei Dogan）的描述，在英国大约有50万文官居于政府"行政阶层"，仅有2800人居于高级文官的位置。在法国，大约有2000名到3000名高级文官处于国家政府行政部门的上层，居于"计划、监管和控制"职位。其中包括几百名各部门主管，分别担任内阁成员、国家顾问、财政监管、审计长、国企经理、经济机构的策划者、各部门行政长官、高级军官及驻外大使等[1]。这些高级文官具有很强的政治敏感性，并掌有专门技术。他们区别于那些仅履行专业行政职能的职业文官。依据西方各国的情况，在不同政治体制和不同政治文化背景下，各国政府高级文官的职能和与政治系统的关系结构有所不同，但下层文官所履行的职能和所呈现的特征大体相同。

高级文官在其特有位置上，常常须权衡政治与行政之间的关系，权衡其"技术行政"决策的政治意义。他们是具有两面性的行政官员，履行着一种混合性的职能："一半是政治职能；一半是行政职能。"[2] 马太·多甘在对西欧政府官僚制的研究中，通过对高级文官的关注提出，"在中央公共行政领域，政治和行政的分离只是虚假的表象"，基于现代国家政府干预范围的拓宽和议会的衰落，高级文官的政治影响日益上升，"政治与行政两种职能几乎在每个欧洲国家的高层统治集团中融合为一体"[3]。

现代国家中高层官僚的这种混合性特征为许多研究政府行政体制的学者所认可。苏莱曼认为："我们不可能将技术与政治相分离，因为技术专家的任务是为部长的决策做准备。"[4] 约瑟夫·拉帕罗姆巴拉（Joseph Lapalombara）提出："高层官僚总是深深地卷入政治过程中，他们不可能在结构上处于分化的政治体系中孤立地履行其行政职能。"[5] 帕特曼说，"在现代政府的现实面前，二者的分离是不现实的。"查普曼也提出："部长的职位跨越政治和行政领域，因此职位的拥有者理应属于这两个领域。"

---

[1] Mattei Dogan, *The Mandarins of Western Europe: The Political Role of Top Civil Servants*. p. 3.

[2] Ibid., p. 4.

[3] Ibid., p. 3.

[4] Ezra Suleima, "The French Bureaucracy and Its Students: Toward the Desantification of the State," *World Politics* 23, Oct. 1970, p. 149.

[5] Joseph Lapalombara, "An Overview of Bureaucracy and Political Development," in Joseph Lapalombara, ed., *Bureaucracy and Political Development*, Princeton: Princeton University Press, 1963, p. 14.

克里斯托弗在研究中概括了英国高级文官的五种政治角色,分别为:政策制定者、政策执行者、彼此的政治庇护者、提出诉讼主张者和政治冲突的协调与管理者①。可见在现实政府过程中,政府的高级行政职位、尤其是高级文官处于一种极为特殊的地位,并在事实上同时承担着政治与行政两种职能。

在西方各国的官僚制中,"法治国"是一个重要理念和原则,影响着各国官僚制的形成和发展。尤其是在欧洲大陆国家,此种思想受到黑格尔和韦伯等理论家国家观的影响和支配。作为国家合法秩序的重要组成部分,政府官僚代表着公共利益。在此种思想的影响下,国家赋予高级文官以重要的权力地位,使高级文官处于政府行政组织上层,得以与政府中的政治系统相联系,上通下达,与政治官僚分享政府的决策权和政府行政组织的命令权。训练有素、拥有专业知识和长期任职等因素使之在与政治系统和政治官僚的关系结构中不可或缺,处于十分重要的地位。

在法国的政治与行政过程中,仔细观察高级文官与政治的关系,可以看到,高级文官与政治系统之间的关系常常是个人联系的结果,而非制度化政治参与的结果。高级文官并不需要展示他对于政治系统的积极参与,他所需要做的是参与某些圈子。为了晋级,要与其政治同僚保持友好的关系。他们不被要求分享同样的观点和政治洞察力,还需要展现忠诚和能力。高级文官更多地是把自己托付给政治领导人(或朋友),而不是基于党派或其他特殊原因②。

20世纪70年代以来,法国政府高级官僚系统中通往政治或高级行政岗位的路线有所变化,但与政治系统保持着密切联系的高级文官的数量持续稳定,没有太大的变化。20世纪80年代末以来,一些高级文官变得不大愿意表明他们的政治偏好,反而希望表明他们的政治参与属于工具性,而非政治性。此种趋势从高级文官的参与取向和培养个人关系的方向上可以看出。这在一定程度上有助于其行政事业的发展或在私人部门中得到帮助。此种倾向与20世纪后期西方国家的公共管理运动和政府管理的"市场化"趋势相关联。法国的政治与行政历程表明,在法国,个人与政治很容易结合在一起,是法国长期的历史文化传统使然。

---

① Mattei Dogan, *The Mandarins of Western Europe: The Political Role of Top Civil Servants*, p. 5.
② Ezra Suleiman, *Dismantling Democratic States*, p. 238.

四 关于西方国家职业官僚的政治化

（一）关于西方各国职业官僚政治化的趋势

在西方世界中，以政治去控制政府官僚系统的运动是由美国引领的。在美国，此种变革在实践中获得了很强的动力，并寻找到了理论依据。苏莱曼说，在美国之外"没有其他国家实施如此雄心勃勃的、选择一条更加保守和温和的路径来进行他们的公共部门的改革，政府试图为其政治化的优势进行辩护。信赖性，责任性和回应性均被用为改革依据。需要创新、活力和回应顾客（即公民）的要求也引起一致响应。然而，所有这一切都能通过有能力的职业官僚去完成，而不需要为政治化的官僚机器所取代"。苏莱曼认为，称此种现象是合理的并没有合理的证据，也不应终止对此种现象的讨论。他讽刺地说，似乎应当在公共行政专家和社会科学家等范围中重新展开一场对"政党分赃制优点"的讨论[1]。

在西方国家，政府职业官僚体系的政治化导致政府文官集团士气低落，尤其是在英美国家更是如此。查尔斯·利文（Charles Levine）对政府职业官僚体系的政治化导致政府文官集团士气低落的现象加以分析，认为：美国政府文官士气低落和离职是由于"高级文官的政治化以及行政管理和预算局（OMB）的控制，行政管理和预算局通过预算和监管审查过程来形成主要部会的政策议题"[2]。美国政府官僚制的政治化体现为"增加政务官的数量和白宫的管理，使文官在其部门中的重要性降低"[3]。企业管理理念的引进，使保持政治中立不再是一个为人赞许的价值。当官僚的使命不再是服务于共同利益，而仅仅是提供服务的组织时，保持政治中立的问题就变得不那么重要了。在美国政府崇尚理性主义和企业主义管理的背后，存在着的是"政府重新建立对文官的控制的渴望，行政部门的日益制度化大大剥夺了文官的权力"[4]。

---

[1] Ezra Suleiman, *Dismantling Democratic States*, p. 241.

[2] Charles R. Levine, "The Federal Government in the Year 2000: Administrative Legacies of the Reagan Years," in Patricia W. Ingraham and Donald F Kettle, ed., *Agenda for Excellence*, Chatham, NJ: Chatham House, 1970, p. 174.

[3] Charles R. Levine, "The Federal Government in the Year 2000: Administrative Legacies of the Reagan Years," in Patricia W. Ingraham and Donald F Kettle, ed., *Agenda for Excellence*. p. 174.

[4] Ezra Suleiman, *Dismantling Democratic States*, p. 227.

基于理性治理的看法，一些人提出，职业官僚要处理许多民主治理方面的事情，此类事务并不比官僚基于其专业所处理的事务少。研究美国官僚制的学者能够发现政府官僚机构对行政政治化的恐惧。莫伊说："个别总统的政治利益和总统的制度性利益未必一致。"① 20世纪后期以来，美国总统花费了很大的精力试图通过控制官僚系统去寻求短期利益。就像莫伊所说："从尼克松总统开始，便故意选择忽视政体和政府管理的公共法基础，取而代之的是试图通过行政命令来控制行政部门，此种做法削弱了总统的制度能力和合法性。"②

20世纪后期以来，美国政府打破了以往文官垄断政府行政专业体系的局面，努力寻求有利于政治系统的非文官人员，以之为政府经纪人，并创造了一种新的任命形式，目的在于能够更有效地利用政府职业官僚系统。更为重要的是试图使政府职业官僚系统能够保持与政治系统的一致性，更好地回应政府的要求。此种设想对历来感到难以把控行政官僚系统的美国总统具有极大的吸引力。在此种新的政府体制下，高级文官失去了以往政策创议者的地位，在更多时候被要求去对政策中的漏洞加以修补，导致了一些高级职业官僚的抱怨。表明在"重塑政府"和"市场化"的改革中，这些高级职业官僚的职责和职务地位都发生了变化。20世纪七八十年代以来的新公共管理运动，私有化、管制的后退和大量代理机构的出现导致公共服务质量下降的趋势。公共服务质量的下降与公共服务的非职业化实践相关联，进而导致了人们对公共功能的质疑和不满。

迄今为止，美国的新公共管理运动与政府官僚政治化二者间的关系还不是十分清楚，但可以看到的是，政府的新公共管理运动为削弱传统的文官制提供了理论基础和理由，使政治化的过程变得容易。它认可从政府以外雇用"企业的经纪人"，此种情况超越了以往对美国联邦文官的限制。政府中职业官僚的缺失看似能够给政府带来一些利益，然而在政府行政系统的实际运行中，它使行政部门难以各司其职。当民主国家不能有效地运行时，民主制度也就不可避免地变得日益碎片化。

一些分析家评价英国撒切尔政府改革的后果，认为，英国1980年以

---

① Ronald C. Moe, "The Reinventing Government' Exercise: Misinterpreting the Problem, Misjudging the Consequences," *Public Administration Review* 54, no. 2, March-April 1994, p. 118.

② Ibid.

来的文官改革创造了英国"文官的碎片化和政治化"① 双重困境。权力的分散化导致政府部门内和跨部门间责任的分散；权力下放则导致政府行政难以协调。文官政治化所造成的困境导致"调解常任、自治、中立的官僚与政治任命官员之间关系的压力"、以及"政治任命的人是否能够实现政府的期望"的问题②。英国虽然也是欧洲国家，但与美国一样，长期以来，英国一直是一个具有自由主义传统的国家，而非如同法国、德国等欧洲大陆国家那样具有浓厚的"国家主义"传统。因此，英国的官僚政治化路径和表现形态也就必然与欧洲大陆国家有所不同。英国长期以来政治体制中的"政党政府"特征、尤其是"一党政府"的特征，使强势的撒切尔政府大刀阔斧地进行政府官僚政治化改革时得心应手，使这个自19世纪中期文官改革以来就具有鲜明的文官中立传统的国家的政府官僚系统同样出现了官僚政治化的趋向。诚然，基于政府职业官僚的专家地位，他们并不那么容易被取代，如今在英国，各部门中的常任行政秘书长也依然由文官担任，但改革有效地打破了原有的文官在政府行政部门中的地位。

同一时期，欧洲大陆国家政府试图追随英美国家行政改革的步伐，导致以往已具有的较高的政府官僚制政治化的程度进一步提高，在选举官员和职业官僚之间出现了一种"在法律上无合法身份的人员"。在欧洲大陆国家中，由于政府的高级职业官僚原本就与政治系统保持着密切的联系，政治官僚们遵从以往的传统，依然依赖以往与他们合作的专家，甚至为了保护政府中的职业化专家而更换政治化的官僚。但此种状况不可能阻挡和抵御官僚政治化的趋势和文官中立传统继续受到侵蚀。

在德国，传统上政府中的职业官僚不像英国文官那么中立，允许文官成为政党成员。文官成为政治官员，再返回成为文官，都被接受甚至受到鼓励。法律也允许部长以政治标准在本部门雇用或解雇限定数量的高级职位的官员。但与美国的情况不同，20世纪80年代以来，德国并没有经历如同美国那样大刀阔斧的政府官僚系统的改革过程。尽管德国的政府官僚制并非如马克斯·韦伯所设想的那么理性，但德国传统上政府官僚基于职

---

① R. A. W. Rhodes, "United Kingdom: 'Everybody But Us!'", in R. A. W. Rhodes and Patrick Weller, ed., *The Changing World of Top Officials*, Buckingham: Open University Press, 2001, p. 149.

② Ibid.

业性体制，有稳固的晋升机制，20世纪后期以来也没有大量外部人员涌入政府职业官僚阶层的情况。

一些人称德国的政府文官体制为"有漏洞的职业体制"[1]，具体表现为：第一，如今政治家正在不断利用德国文官职业体制中的漏洞，让职业精英官僚临时退职，以推动政治联盟，并希图依据"庇护圈子"（patronage cycles）[2]去延续和强化这一趋势。这种情况在各州和联邦同时存在。第二，从德国官僚升迁的分析中可以看到，在德国存在着高级职业精英政治化所引发的"烟囱效应"（chimney-effect）[3]，意即在政府职业官僚系统级别相对较低的文官中，有着强烈地强调他们所归属的政党优先性的动机，并努力发展他们的政治技能，由此而谋求升迁的机会，而非体制中那些始终保持中立的文官得以晋升到更高的职位。第三，德国官僚政治化趋势源于20世纪90年代后的10年中，联邦和各州的政治家不断依赖网络信息去发展政策，而不是听取传统官僚的意见。由此而导致20世纪后期以来，德国联邦官僚的两个精英阶层——政治精英阶层和职业精英阶层——都变得更加政治化了。

关于德国政府政治系统和职业官僚关系的问题可以从两个方面加以分析：第一，是什么因素导致了德国职业官僚关系模式的变化？第二，这是政治系统与职业官僚体系二者混合的结果吗？是两种职业模式的混合，还是两种角色的趋同？西方学者研究的结果表明，与美国政府官僚相比，德国官僚的政治倾向更加明显，专家倾向相对较弱。汉斯—乌里齐·德林（Hans-Ulrich Derlien）对德国政府"带有漏洞的职业体制"的分析提出，此种体制以职业为基础，支持那些遵循传统路径的职业官僚。此类官僚系统中较少录用外部人员，其中的高级文官具有相对稳定的教育与社会背景。然而政治家却不断利用体制中的漏洞来安排临时雇员，由此而获取优势地位。高级文官在政党中的身份、通过工作去表明对议会的忠诚、以及

---

[1] Hans Ulrich Derlien, "Repercussions of Government Change on the Career Civil Service in West Germany: The Cases of 1969 and 1982," *Governance* 1, No.1, 1998, p.55.

[2] Renate Mayntz and Hans-Ulrich Derlien, "Party Patronage and Politicization of the West German Administrative Elite 1970 – 1987 - Toward Hybridization?" *Governance* 2, No.4, 1989, p.400.

[3] "烟囱效应"直意为烟往上升，意即通过政治追寻去谋求升迁。Hans Ulrich Derlien, "Repercussions of Government Change on the Career Civil Service in West Germany: The Cases of 1969 and 1982," p.55.

在联邦政府中发展其政治技能等,都促进了职业官僚政治化的过程。德林认为,尽管官僚政治化在德国不是一个新现象,但在过去 20 年中有新的发展,而且官僚政治化有发生在政府中相对较低层次的迹象[1]。在此种官僚政治化的过程中,政治的"庇护圈"发生着作用,此种"庇护圈"使高级文官职位的内涵发生变化,使德国文官体制的漏洞进一步加大。尽管在德国,政府官僚政治化的趋势受到一定的限制,但至今尚不能表明这一趋势会有所改变。

在西方国家,不同历史时期政府官僚政治化的内涵有所不同。如在法国,关于政府官僚政治化的争论主要集中于 20 世纪 50 年代末,即第五共和国建立时期。在法国第五共和国建立的过程中,政府高级文官在政治中发挥了特殊的作用。从法国第三共和国开始,法国政府中的政治行政关系经历了四个发展阶段:第一阶段从 1875 年至 1940 年第三共和国时期,此时期法国政府基本上如同马克斯·韦伯所描绘的,显现为行政与政治二者的分离。第二阶段从 1945 年至 1958 年第四共和国时期,显现为政治领域与行政领域二者的特点有所不同。第三阶段从 1958 年至 20 世纪 90 年代初,此时期为政治与行政关系的演变期,出现政治职位专家化和高级行政职位政治化双重特征。第四个阶段从 20 世纪 90 年代至今,此时期人们关注和讨论行政政治化现象,但最终仍趋向于国家危机论。

在西方国家中,一种传统的看法认为,政府中专业化的官僚的价值在于他们与政治相分离,在此种理念下的政府专业官僚较之服务于"国家理性主义"的官僚的作用更为突出。但第五共和国时期,事实上戴高乐(General De Gaulle, 1890—1970)和米歇尔·德勃雷(Michel Debré, 1912—1996)[2]的战略则是要创造一种"新贵族",旨在使文官忠实于执掌政治权力的政治家,为法国国家的行政再政治化创造条件。[3] 正如拉·芬·罗本(La Fin Rouban)所言:"政治已成为晋级的工具,正在取代职业规则。大部分文官被培养成政治化的行政人员。所以,公共服务世界和

---

[1] Hans Ulrich Derlien, "Public Administration in Germany: Political and Social Relations," in Jon Pierre, ed., *Bureaucracy and the Modern State: An Introduction to Comparative Administration*, Brookfield, Vt,: Edward Elgar, 1995, p. 89.

[2] 米歇尔·德勃雷(Michel Debré, 1912—1996),法国政治人物,被誉为法国现行宪法之父。法国第五共和国首任总理(1959—1962)。

[3] Ezra Suleiman, *Dismantling Democratic States*, p. 231.

政治世界的界限模糊不清。"①

一些西方学者认为,在欧洲国家如英国、法国和德国,并没有看到大幅度的实现官僚政治化的改革和尝试,只有以尼克松和里根政府为代表的美国政府对政府行政系统进行了激烈的抨击和大刀阔斧的改革。在世界范围内,其他一些国家如日本、中国都打破传统,进行了类似的尝试和较为迅速的改革。此类改革加速了政府官僚政治化的趋势。笔者的看法是,事实上,在欧洲大陆国家尤其是法国,长期以往,政府高级职业官僚与政治系统的联系就较为密切,文官中立原则在法国类型的国家中并没有得到严格的贯彻。因此其官僚系统政治化的现象原本就存在,也就谈不上进行大刀阔斧的改革。20世纪后期以来,尽管以法国为代表的欧洲大陆国家也随着英美国家所掀起的新公共管理运动在本国进行了相应的改革,但基于长期以来的"国家主义"传统,英美国家所提出的政府"再造"和"市场化"的改革理念并不能在很大程度上为此类欧洲大陆国家所接受。因此,尽管20世纪后期以来政府官僚政治化的趋势成为西方国家的共同趋势,但欧洲大陆国家的表现形态与英美国家有所不同。

(二) 关于西方国家职业官僚政治化的争论和思考

以上探讨了当代西方各发达国家政府职业官僚的政治化问题。关于职业官僚政治化有各种界定和解释。一般而言,所谓职业官僚的政治化是指在文官的选拔、任用、晋升和奖惩过程中,以政治标准取代绩效标准。在当代西方发达国家中,职业官僚的政治化意味着国家政治系统控制着政策的制定和实施过程,而非仅仅涉及人事方面的问题。对于西方发达国家政治与公共行政过程中政府职业官僚的政治化问题,可以从几个方面去加以考虑。

第一,在实践中,在几乎所有的政府官僚体系中,文官都进行着不同程度的政治参与。在美国的政府官僚体系中,政治性任命的官员具有明显的党派性,文官系统原则上属于常任、中立性的职业官僚系统。但这并不意味着政府中的文官与政治系统完全处于隔离状态。而在德国,则允许文官有明确的党派性,政府的行政体系给文官的政治参与提供了方便。

第二,随着当代西方国家公共服务的政治化,政治标准的性质发生了相应变化。通常人们所理解的文官政治化反映于党派性和政治忠诚度方

---

① Ezra Suleiman, *Dismantling Democratic States*, p. 233.

面,然而伴随着公共政策与公共服务的发展,政府官僚的政治化同时反映于公共政策和公共事务方面。

第三,在政府的行政效能方面,采用政治性标准去加以衡量。如在政府职业官僚体系中,通常采用绩效标准去衡量文官的工作状况,并以之决定选拔和晋升。文官的政治化趋势使政府中出现采用政治标准去决定高级文官的任用的状况,尤其在政府发生更迭时更是如此。此种做法在很大程度上迎合了政治系统的考虑和政治性需要,不利于政府的行政效能和文官的绩效。

第四,政府官僚的政治化意味着一些文官开始承担政治性的职务。在一些部门中,部长们发现越来越难以区分一些官员所扮演的是政治性角色还是职业性角色,因为一些文官同时承担着政治辅助性的工作。

第五,在西方国家中,一些文官在党派层面上日趋政治化,但在其他层面上仍显现为非政治化。一些国家之所以趋于行政官僚政治化,是希望在社会、经济利益集团、部长和文官之间建立起一种合作关系,此种合作关系在一定程度上取代了党派关系和政治忠诚。从这一层面理解的职业文官政治化表现出政府职业官僚与社会其他方面的连接,具有某种积极内涵,体现出政府和政治系统对社会需求敏感性和回应性的提高。

在当代西方国家的政治与行政体制改革中,人们再次提出了应如何看待政府文官"政治中立"的问题。在当今时代,"政治中立"是否还是衡量政府职业官僚的最为重要的尺度?文官"政治中立"对于政府职业官僚的社会"回应能力"有怎样的影响?美国学者盖伊·彼得斯(B. Guy Peters)和乔恩·皮埃尔(Jon Pierre)认为,西方民主国家的文官中立原则并不适合中欧和东欧国家,因为这些国家正在奋力克服近几十年来经济与公共服务方面的问题。在此种情况下,要求政府保持对社会问题和民众需求高度的敏感性,而非使官员固守自身看法,对政治领袖的要求和社会需求麻木不仁。

实践表明,当代西方各发达国家的政府体系中,行政结构与政治结构之间并非似人们想象的那么相互隔离。英国是典型的政治与行政两分的范例,美国并不存在欧洲国家概念上的高级文官精英,然而依然存在政治官僚与职业官僚间功能交织的状况。法国包括职业文官在内的政府精英集团可以在行政职位和政治职位之间自由流动,同时承担着法国社会（包括公共部门和私人部门在内）的多种职能。同样，德国的政治官僚与职业文官间也存在相互转换和流通的情况。事实上，从各国政府的政治与公共行政实践中可以看出，政治职业结构与行政职业结构间的区别是很明显的，但如今一些政府官僚在不同舞台上同时履行着两种功能。

如今，西方各国民众一方面要求政府要更加高效、包括高效率和高效益；另一方面，要求政府要更加负责任。这二者间存在一定的矛盾。对政府实现高效的要求使西方各国政府行政首脑和政治系统希望强化对政府行政系统的政治控制，由此推进了政府行政职业系统政治化的进程，打破了一些国家行政职业体系保持政治中立的传统。然而现实是，在政治与行政的实践中，实现政治效益的高效要比实现经济效益的高效困难得多。社会的发展一方面要求经济的快速发展；另一方面要求保持社会的公平性和公正性。只有保持在政治上和经济上平稳、平衡的发展，才能真正实现长治久安。急功近利的改革只能使社会失去平衡，最终导致政治上更大的困境。

在一些西方国家中，长期存在着政治系统通过政党或其他政治力量对政府官僚体系加以控制的现象，力图通过政治手段去塑造政府官僚系统。当代西方国家管理主义的改革给此种政治控制提供了可能性，导致了政府行政系统的进一步政治化，使政治系统获得了更大的对于政府行政职业体系的控制权。使传统的政府职业文官体系被削弱，其后果是使政府行政体系丧失了已有的制度化结构，削弱了政府专业性官僚体系的价值，为政治的腐化和政党分赃埋下了新的隐患。

弗莱德里奇认为：政治发展的有效性，既需要满足技术标准，又需要满足政治标准。然而二者常常难以得到很好的协调①。帕特曼认为官僚趋于政治化的潜在危险在于：在政府官僚系统中实施政党恩惠或文官的党派性任免降低了政府行政精英的竞争性和技术能力，使职业官员越来越服从于政治官员，在面对重要问题时无法作出准确、合理的回应。党派偏见影响国家的政策和行政行为，妨碍了政府行政行为的客观性标准。政府高级文官的政治化同时导致了政府行政的分散化和非道德化，进而降低了政府

---

① Mattei Dogan, *The Mandarins of Western Europe: The Politic al Role of Top Civil Servants*, p. 122.

行政效力①。西方各国政府官僚制的实践表明,政府官僚体系的政治化程度越高,政府官僚的创新能力便会进一步下降,对不断变化着的政治化需求也就无法做出更富有创造性的回应,政治系统控制政府官僚的能力也终将会被削弱。

关于政府官僚职业化与政治化问题的讨论涉及政治与行政二者间关系问题,也是长期以来政治学和公共行政学界一直争论不休的问题。在马克斯·韦伯看来,政府的职业性官僚,因其掌有专业知识,因而有可能帮助政府将公共政策和公共行政建立在理性主义而非利益驱动的基础之上。此种职业主义尽管未必能够保证始终达到较高标准的中立性和公正性,但也是保持民主政府持久性的力量。在西方的传统理念中,保持中立性的政府官僚体制可以摆脱党派纷争和利益追逐,对服务于大众利益更加有利,在两党和多党竞争的体制下,对保持民主秩序更加有效。20世纪七八十年代以来,基于一些政治家和学者对政府职业官僚中立性的批判,使保持中立性政府官僚体制的理念遭遇危机和挑战。一些人如罗纳德·莫伊(Ronald Moe)和罗伯特·默兰多(Robert Maranto)等甚至认为中立本身并没有价值。他们认为,从当权者的角度看,他们所需要的是效率和回应,而不是中立②。

熊彼特则认为,专业性和非政治化官僚制的存在是民主政体的基础之一。政治化的官僚制,无论给政府提供了怎样的有利条件,都给民主政体带来了严重的威胁③。如阿伯巴奇和罗克曼所言:"任何注重于政治领导人回应的改革都有比较大的危险。如果文官不能以独立和负责任的意识去支持合法的机构和程序,政治对官僚的控制便很容易走得很远。执行性的单一交付④很可能会导致权力的滥用。"⑤ 如今看上去有利于实施统治的事物不一定是有利于长期加强民主基础的事物。

---

① Mattei Dogan, *The Mandarins of Western Europe: The Politic al Role of Top Civil Servants*, p. 122.

② Robert Maranto, "Thinking the Unthinkable in Public Administration: A Case for Spoils in the Federal Bureaucracy," *Administration and Society* 29, No. 6, Jan. 1988, p. 623.

③ Kenneth J. Meier, "Bureaucracy and Democracy: The Case for More Bureaucracy and Less Democracy," *Public Administration Review* 57, No. 3, May-June 1997, p. 196.

④ 在这里,"执行性的单一交付"意指由政治系统直接指派。

⑤ Kenneth J. Meier, "Bureaucracy and Democracy: The Case for More Bureaucracy and Less Democracy," *Public Administration Review* 57, No. 3, May-June 1997, p. 196.

如今，我们大概陷入了一个无法自圆其说的理论困境：一方面，在党派角逐和轮流执政的政党体制下，政府职业官僚的相对独立性和中立性有助于政府政策的理性发展，有助于政府政策的连续性和合理性，以防止由于党派的纷争和利益间的角逐而使政府行为有所偏颇。另一方面，各国政治与行政的实践表明，一个国家的政府行政系统，一旦失去这一理性、中立，趋于公正性的功能系统，便有可能导致政党分赃和政治腐败现象的泛滥、乃至政府人事的腐化，使功绩制受到冲击。一种不合乎民意的利益取向有可能弥漫于政府行政系统和人事过程。然而，政府的功能系统说到底是一个理性化、专业化的职业工具体系，需要由政治系统把控方向，防止政府行政官僚系统为了部门和自身利益而扭曲政府政策的公共利益取向。

因此，说到底，这依然是政府行政过程中的政治与行政关系问题，需要对这一问题加以认真研究和深入分析。如同早期政治学与公共行政学家弗兰克·古德诺（Frank J. Goodnow，1859—1939）在其《政治与行政》一书中所进行过的探讨，需要搞清在国家行政和政策过程中，政治系统在哪些方面应当对行政系统和行政行为加以干预和控制，如若不加以控制，便会使民意发生扭曲，不能真正服务于公共利益。在哪些方面不得加以干预和控制，如若加以干预和控制，便会使公共政策发生扭曲，从而妨碍公共行政和公共政策过程中的公平性和公正性。虽然这是一个比较难以区分清楚的问题，但也是一个必须加以区分和搞清的问题。同理，政府的行政系统中，哪些职位应由政治性官员担任，政治官员职责的边界在哪里？哪些职位只能由职业性官僚去承担，他们与政治系统相连接的边界又应限定在哪里？都是值得深入探讨的问题。

随着当代各国政治与公共行政的发展，此类问题不可避免地会凸显出来，也会不断地给各国的政治家、政治学家和公共行政学家以及其他领域的学者提出诸种新的问题。相信通过深入的研究和探讨，能够对此类问题有新的解释，并提出解决此类问题的新的准则。从而使各国的政治与公共行政得到更好的发展，使民众的利益得到更好的保障，使社会得以在更加公平和公正的前提下去体现效率。

五　官僚制的发展趋势和人类所共同面临的两难困境

总之，如今无论在发达国家还是发展中国家，政府官僚制均不可或缺。马克斯·韦伯称这一趋势为人类事务中的形式理性（formal rationality）部分，是世界非神秘化趋势（demystification of the world）的反映，是西方国家现代化进程不可避免的结果[①]。但在任何社会中，人们都不断对这一系统提出改革要求，要求它为社会提供应有的服务、发展符合社会需求的管理技术、适应社会变革的需要，等等。政府官僚系统属国家财政供养体系，由纳税人所提供的资金供养，因此民众有权利要求它负责任并运行有效，同时还要节约开支。问题在于：国家的官僚体系应该以怎样的方式去服务于民众？国家官僚体系的改革应该向何处去？怎样的改革能够使政府的官僚系统既具有有效性，又不破坏民主的核心制度？

20世纪后期西方国家政府官僚制所存在的问题，主要在于政府官僚机器的功能存在问题，需通过改革去完善政府功能，改变政府组织结构与功能方面的缺陷，以为社会提供更加有效和更令人满意的公共性服务，而非摧毁政府官僚机器本身。在对政府官僚系统加以改革的过程中，切中其弊害，保证政府官僚系统的公共性、防止官僚组织的自利性是个重要问题，也是各国政治家、政治学家和公共行政学家需要认真思考和解决的问题。而非将社会中存在的各种弊病一股脑地扔在政府官僚系统身上，导致政府官僚系统的改革出现偏差。

任何一个国家、无论是发达国家还是发展中国家，要保持政治经济的稳定发展，都需要一个稳定康健的政府系统，西方发达国家的发展历程证明了这一点。迄今为止，人们对于政府在一个国家的发展中究竟应该发挥何种作用的问题依然争论不休。事实是，各国发展的历程表明，一个国家的发展，政府功能系统不可或缺。政府功能的缺失或失效将导致国家发展中的严重问题。苏莱曼说，一些国家试图通过"必要的"改革运动去削弱政府官僚体制，此类政治运动的目的在于从总体上削弱政治权力。然而"削弱政治权力对民主的健康构成了严重的威胁"[②]。如今在西方国家中，有两种截然相反的理论观点：一种观点认为，在构建国家和民主的过程中，政府官僚不可或缺；而市场理论则认为，只有在权力受到削减的市场经济下，国家方能得到更好的发展。如今一些西方国家、尤其是美国倡导新兴的民主国家抛弃其权力机构，依赖市场和公民社会。然而市场理论可

---

① From Edward C. Page and Vincent Wright, *Bureaucratic Elites in Western European States*, p. 3.
② Ezra Suleiman, *Dismantling Democratic States*, p. 315.

能更适合于强有力的、巩固的民主国家,而不适合于新兴的民主国家。苏莱曼说:"美国、英国,法国、日本、普鲁士和近代韩国、中国台湾和印度的历史发展表明,官僚权力的发展补充便利了国家的发展和此后民主的发展。那么,为什么要向新兴的民主国家推荐一种不能巩固民主发展的路径呢?"这也可能是在民主发展不同阶段人们对是否需要政府职业官僚的困惑。然而,苏莱曼说,"如果政治发展需要职业民主,那么设想一个没有韦伯官僚制的民主会是合理的吗?"由此而得出结论:"很显然,我们不能放弃对职业官僚机器的需要和对一个可信、有限、负责和强有力的国家权力的需要。历史表明这一结论是毋庸置疑的。""伴随着民主不可阻挡的趋势,国家仍然是秩序、安全、社会和谐和信任源泉的保护者。毫无疑问,这些功能的实现需要更精干、更高效和花费更少的官僚机器。相信政治权力的职业主义——此种官僚权力具有马克斯·韦伯所说的'不受个人感情影响的'一面——仍然是民主秩序的构成要素。"①

20世纪中期以来,官僚制问题已成为世界范围内人们关注的一个核心问题,人们发现,在现代社会的发展中,每个社会成员都成为社会庞大聚合体中的一个分子,人们很难掌控自己的命运,唯有政府的官僚体系方能通过其政策及其管理手段将这个庞大的社会聚合体整合在一起。在这样的一个庞大的聚合体中,人们感觉到,个人的存在受到国家机器的支配和控制,为一个庞大、复杂的政府机器所左右。个人不仅不能逃脱国家机器的管理和控制,相反还对这部机器有所依赖,尽管人们对这部机器的不满与日俱增。在此种巨大、无形的政府官僚体制的控制下,人们的自主性、自由思想的表达和个人对社会的影响受到抑制。然而,尽管人们的抱怨越来越多,人们对政府官僚机器的需求却不断增长,希望国家政府加以管理、提供更多服务并予以保障的愿望不断提升。一些学者提出,"现代社会的公民丧失了自给自足的能力,由于对社会和他人有益的机构稀少,人们不得不诉诸于专业化机构"②。正如埃尔弗雷德·韦伯(Alfred Weber,1868—1958)所说:"古埃及和古巴比伦都拥有掌握在官僚手中的灌溉系统,而现代人的生活则被合理的网络系统环绕着,如铁路、邮政、电力等。这些部门伴随着人们的一生,它们的

---

① Ezra Suleiman, *Dismantling Democratic States*, p. 316.
② Henry Jacoby, *The Bureaucratization of the World*, p. 1.

重要性犹如灌溉系统对于古人一样。这些系统与中央行政的合理结构和给予人们的指令相类似。"①

亨利·雅各比（Henry Jacoby）说："我们时代面临的真正问题好比一个封闭的圈，圈内聚集着国家机构的功能和权力，圈外则是个人的孤立和无助。这两个对立面互相影响，相互促进。因此在西方，个人之间的关系越松散，他们对官僚机构的依赖就越强。随着具有稳固性和保障性的封建秩序的消失，人们日益需要供职于政府部门的专业人员的指引和保障。社会越趋向于个人主义，个人越需要承担社会责任，此时个人就越需要安全感，也就越需要一个强有力的政府。随着人们越来越崇尚个人主义，即人人各扫门前雪时，人们便发现需要一种具有全面指导意义的对公共街道进行专业清扫的制度。换句话说，社会变得越现代化——工业化、复杂化和科技化——就越需要官僚制。"② 亨利·雅各比说："我们这个时代的特征就是强有力的、合理的管理转化为不合理的权力的运用，对权力缺乏明确的限制；个别国家日益趋于对独立性的侵蚀。""我们越来越意识到，与文明的理性选择相比，这种包揽独立性的国家权力更喜欢建立在神话的基础上，此种神话给在大众社会中饱受惊恐的个人提供了一种可靠的、令人欣慰的信念。一群无社会组织的、孤立的民众对权威极其渴望。以往的社会关系被打破后，人们趋于寻找安全感和保障。"③

在所有大国中，国家机器都足够强大，以至于在发生危机时能够承担起职责。当一个国家没有充分完备的国家机器时（如在经济欠发达国家或非工业国家中），社会与经济发展便只能靠中央政府的统一权威去得以实现。然而官僚制的出现便意味着对社会的控制，因此不可避免地会引发社会的不满。人们抱怨国家机器的权力运用到了极致，一些社会上层阶级认为由于国家的干预，国家中所出现的新兴力量侵害到了他们的利益，削弱了他们的社会权力和地位，等等。种种不满和非议使当今各国的政府官僚制遭遇到前所未有的挑战。当今西方各国官僚制所面临的这一两难的困境也恰恰是马克斯·韦伯曾经的困惑：面对越来越不可或缺、权力地位日

---

① Henry Jacoby, *The Bureaucratization of the World*, p. 2.
② Ibid., pp. 1—2.
③ Ibid., p. 2.

增的庞然大物政府官僚体制，究竟什么力量能够抑制它？怎样能够在限制官僚制的基础上使民主继续生存发展？当今世界，各国的政府官僚系统已日益成为整个社会的总代表，人们越来越为政府的官僚体系所束缚。一方面，现代理性使人们日益个性化；另一方面，国家的官僚化又使人们变得越来越非个性化。人们至今尚未找出解决这一矛盾和两难问题的良方。

参考文献

一 中文

(一) 中文著作

1. 曹沛霖、徐宗士：《比较政府体制》，复旦大学出版社1993年版。
2. 曹沛霖：《西方政治制度》，高等教育出版社2000年版。
3. 曹沛霖、陈明明：《比较政治制度》，高等教育出版社2005年版。
4. 曹文振等：《比较宪政制度》，中国海洋大学出版社2005年版。
5. 陈志斌：《德国政体教程》，华东师范出版社2007年版。
6. 程汉大：《世界文化史知识·第七卷·文化传统与政治变革——英国议会制度》，辽宁大学出版社1996年版。
7. 程汉大：《英国政治制度史》，中国社会科学出版社1995年版。
8. 池忠军：《官僚制的伦理困境及其重构》，知识产权出版社2004年版。
9. 丁煌：《西方行政学说史》（第2版修订版），武汉大学出版社2004年版。
10. 丁建弘、李霞：《普鲁士的精神和文化》，上海社会科学院出版社2003年版。
11. 丁建弘等：《德国文化：普鲁士精神和文化》，上海社会科学院出版社2003年版。
12. 董秀丽编著：《美国政治基础》，北京大学出版社2010年版。
13. 《法国政府机构》编写组：《法国政府机构》，上海人民出版社1978年版。
14. 范逢春：《比较行政学》，四川人民出版社2003年版。

15. 甘超英：《德国议会》，华夏出版社 2002 年版。

16. 龚祥瑞：《英国行政机构和文官制度》，人民出版社 1983 年版。

17. 龚祥瑞：《文官制度》，人民出版社 1985 年版。

18. 古莉亚：《西方行政制度》，南开大学出版社 2008 年版。

19. 顾俊礼：《西欧政治》，经济科学出版社 2001 年版。

20. 郭成伟：《外国政体概要》，江苏人民出版社 2001 年版。

21. 郭华榕：《法国政治制度史》，人民出版社 2005 年版。

22. 郭绍棠：《权力与自由德国现代化新论》，华东师范大学出版社 2002 年版。

23. 国际关系研究所：《戴高乐言论集》，世界知识出版社 1964 年版。

24. 杭州大学德汉翻译和信息中心编：《联邦德国 普通行政管理及教育行政管理》，杭州大学出版社 1994 年版。

25. 何俊志：《结构、历史与行为——历史制度主义对政治科学的重构》，复旦大学出版社 2004 年版。

26. 洪波：《法国政治制度变迁——从大革命到第五共和国》，中国社会科学文献出版社 1993 年版。

27. 胡康大：《英国的政治制度》，社会科学文献出版社 1993 年版。

28. 胡绍元：《政治制度比较分析》，四川大学出版社 2006 年版。

29. 华中师范大学历史系：《1848 年德国革命》，商务印书馆 1975 年版。

30. 黄荣源：《英国政府治理：历史制度的分析》，台北：韦伯文化国际出版有限公司 2009 年版。

31. 黄小勇：《现代化进程中的的官僚制：韦伯官僚制理论研究》，黑龙江人民出版社 2003 年版。

32. 蒋劲松：《德国代议制》第一、二、三卷，中国社会科学出版社 1997 年版。

33. 蒋劲松：《议会之母》，中国民主法制出版社 1998 年版。

34. 蒋孟引：《英国史》，中国社会科学出版社 1988 年版。

35. 李晨茱，谭融：《外国政治制度》，南开大学出版社 1998 年版。

36. 李道揆：《美国政府和美国政治》，商务印书馆 1999 年版。

37. 李道揆：《美国政府与美国政治》，中国社会科学出版社 1990 年版。

38. 李工真：《德意志现代化进程与德意志知识界》，商务印书馆 2010 年版。

39. 李广训：《各国人事制度》，台北五南图书出版公司 1983 年版。

40. 李和中，陈广胜：《西方国家行政机构与人事制度改革》，社会科学文献出版社 2005 年版。

41. 李和中：《比较公务员制度》，中共中央党校出版社 2003 年版。

42. 李季山：《走向民主——英国第一次宪政改革》，南京大学出版社 2001 年版。

43. 李兰琴：《普鲁士国王弗里德里希二世》，商务印书馆 1985 年版。

44. 李鹏：《新公共管理及应用》，社会科学文献出版社 2004 年版。

45. 李普者：《当代国外行政制度》，云南科技出版社 2005 年版。

46. 李盛平、季晓煜：《各国公务员制度》，光明日报出版社 1989 年版。

47. 李盛平：《各国公务员制度》，光明日报出版 1989 年版。

48. 李文良：《美国政府运行机制》，吉林大学出版社 2008 年版。

49. 理查德·J. 斯蒂尔曼二世编著：《公共行政学：概念与案例》，竺乾威等译，中国人民大学出版社 2004 年版。

50. 林勋健：《西方政党是如何执政的》，中共中央党校出版社 2001 年版。

51. 刘峰、舒绍福：《中外行政决策体制比较》，国家行政学院出版社 2008 年版。

52. 刘建飞：《英国政党制度与主要政党研究》，中国审计出版社 1995 年版。

53. 刘守恒等：《比较人事行政》，湖南科学技术出版社 1992 年版。

54. 马骏、刘亚平主编：《美国进步时代的政府改革及其对中国的启示》，上海人民出版社 2010 年版。

55. 马啸原：《西方政治制度史》，高等教育出版社 2000 年版。

56. 迈克尔·罗斯金等著：《政治科学》，林震等译，华夏出版社 2001 年版。

57. 毛寿龙、李梅、陈幽泓：《西方政府的治道变革》，中国人民大学出版社 1998 年版。

58. 倪越：《西方文官制度》，劳动人事出版社 1990 年版。

59. 潘小娟：《法国行政体制》，中国法制出版社 1997 年版。

60. 潘小娟：《埃纳与法国行政：法国国立行政学校》，中国法制出版社 2000 年版。

62. 彭家和等编译：《国外公共行政理论精选》，中共中央党校出版社 1997 年版。

63. 彭献成：《英国政体与官制史》，湖南师范大学出版社 1999 年版。

64. 彭有祥：《西方主要国家政治制度与经济模式》，云南大学出版社 2007 年版。

65. 钱乘旦、陈晓律：《在传统与变革之间：英国文化模式溯源》，浙江人民出版社 1991 年版。

66. 钱乘旦、许洁明：《英国通史》，上海社会科学院出版社 2007 年版。

67. 秦宣：《世界主要国家公务员制度》，中国大百科全书出版社 1995 年版。

68. 任进：《比较地方政府与制度》，北京大学出版社 2008 年版。

69. 任爽、石庆环：《科举制度与公务员制度：中西官僚政治比较研究》，海潮出版社 2001 年版。

70. 沈汉：《英国议会政治史》，南京大学出版社 1991 年版。

71. 沈亚平、吴志成：《当代西方公共行政》，天津大学出版社 2004 年版。

72. 施雪华：《当代各国政治体制——英国》，兰州大学出版社 1998 年版。

73. 石庆环：《20 世纪美国文官制度与官僚政治》，东北师范大学出版社 2003 年版。

74. 宋世明：《美国行政改革研究》，国家行政学院出版社 1999 年版。

75. 宋玉波：《比较政治制度》，法律出版社 2001 年版。

76. 谭健主编：《二十国人事制度》，辽宁人民出版社 1987 年版。

77. 谭融：《权力的分配与权力的角逐—美国分权体制研究》，天津大学出版社 1994 年版。

78. 谭融：《美国利益集团政治研究》，中国社会科学出版社 2002 年版。

79. 谭融：《公共部门人力资源管理》，天津大学出版社 2006 年第

2 版。

80. 谭融：《比较政治与比较公共行政》，南开大学出版社 2008 年版。

81. 田为民、张桂琳：《外国政治制度理论与实践》，中国政法大学出版社 1996 年版。

82. 田为民、张桂琳：《比较政治制度》，新华出版社 2004 年版。

83. 童建挺：《德国联邦制的演变》，中央编译出版社 2010 年版。

84. 王觉非：《近代英国史》，南京大学出版社 1997 年版。

85. 王乐理：《政治文化导论》，中国人民大学出版社 2000 年版。

86. 王名扬：《法国行政法》，北京大学出版社 2007 年版。

87. 王名扬：《英国行政法》，北京大学出版社 2007 年版。

88. 王铭：《法国大革命与拿破仑帝国》，辽宁教育出版社 1991 年版。

89. 王义：《西方新公共管理概论》，中国海洋大学出版社 2006 年版。

90. 王振华：《变革中的英国》，中国社会科学文献出版社 1997 年版。

91. 王振华：《解析英国：中国欧洲学会英国研究分会年会论文集》，中国社会科学出版社 2003 年版。

92. 吴大英、沈蕴芳：《西方国家政府制度比较研究》，社会科学文献出版社 1996 年版。

93. 吴大英：《西方国家政治制度剖析》，经济管理出版社 1996 年版。

94. 吴国庆：《法国政府机构与公务员制度》，人民出版社 1982 年版。

95. 吴国庆：《当代法国政治制度研究》，社会科学文献出版社 1993 年版。

96. 吴国庆：《当代各国政治体制——法国》，兰州大学出版社 1998 年版。

97. 吴国庆：《战后法国政治史 1945—2002》（第二版），社会科学文献出版社 2004 年版。

98. 吴志成：《当代各国政治体制：联邦德国和瑞士》，兰州大学出版社 1998 年版。

99. 吴志华：《美国公务员制度的改革与转型》，上海交通大学出版社 2006 年版。

100. 徐波：《法兰西印象：一个中国外交官眼中的法国》，文汇出版社 2005 年版。

101. 徐健：《近代普鲁士官僚制度研究》，北京大学出版社 2005

年版。

102. 徐振寰：《他山之石——政府、企业人事系统国外培训报告集1》，人民出版社 1995 年版。

103. 阎洪琴、翁毅：《公共行政组织》，团结出版社 2000 年版。

104. 阎照祥：《英国政党政治史》，中国社会科学出版社 1993 年版。

105. 阎照祥：《英国政治制度史》，人民出版社 1999 年版。

106. 阎照祥：《英国贵族史》，人民出版社 2000 年版。

107. 阎照祥：《英国史》，人民出版社 2003 年版。

108. 阎照祥：《英国近代贵族体制研究》，人民出版社 2006 年版。

109. 杨百揆：《现代西方国家政治体制研究》，春秋出版社 1988 年版。

110. 杨柏华、仝志敏：《外国人事制度》，劳动人民出版社 1987 年版。

111. 杨幼炯：《各国政府与政治》，台北：台湾中华书局 1982 年版。

112. 杨祖功：《西方政治制度比较》，世界知识出版社 1992 年版。

113. 姚尚建：《责任政党政府研究》，中央编译出版社 2009 年版。

114. 余潇枫：《比较行政体制：政治学理论应用》，浙江大学出版社 1999 年版。

115. 袁晖、曹现强：《当代西方行政管理体制》，山东人民出版社 2000 年版。

116. 张定河：《美国政治制度的起源与演变》，中国社会科学出版社 1998 年版。

117. 张杰：《西方分权理论与实践研究：以英美法三国为例》，中央民族大学出版社 2009 年版。

118. 张金鉴：《西欧各国政府》，台北三民书局 1975 年版。

119. 张金铨：《各国人事制度》，台北三民书局 1983 年版。

120. 张康之：《寻找公共行政的伦理视角》，中国人民大学出版社 2002 年版。

121. 张立荣：《中外行政制度比较》，商务印书馆 2002 年版。

122. 张芝联：《法国通史》，辽宁大学出版社 2000 年版。

123. 张台麟：《法国政府与政治》，台北：五南图书出版有限公司 1995 年版。

124. 赵星铁、孙炳辉、郑寅达：《德国史纲》，华东师范大学出版社1995年版。

125. 郑楚宣等：《当代中西政治制度比较》，广东人民出版社2002年版。

126. 中共中央马克思、恩格斯、列宁、斯大林著作编译局编：《马克思恩格斯选集》第四卷，人民出版社1995年版。

127. 中华人民共和国人事部国际交流与合作司：《外国公务员制度》，中国人事出版社1995年版。

128. 周敏凯：《比较公务员制度》，复旦大学出版社2006年版。

129. 周志忍：《当代国外行政改革比较研究》，国家行政学院出版社1999年版。

130. 卓越：《比较政府与政治》，中国人民大学出版社2004年版。

131. 邹文海：《各国政府及政治》，台北：正中书局1960年版。

132. ［英］A. W. 布拉德利、K. D. 尤因：《宪法与行政法》，刘刚、江菁等译，商务印书馆2008年版。

133. ［英］安德鲁·海伍德：《政治学》，张立鹏译，中国人民大学出版社2006年版。

134. ［英］彼得·拉斯曼、罗纳德·斯佩尔斯编，阎克文译，东方出版社2009年版。

135. ［英］比尔·考克瑟等：《当代英国政治》（第四版），孔新峰、蒋鲲译，北京大学出版社2009年版。

136. ［英］大卫·马什、格里斯·托克：《政治科学的理论与方法》，景跃进等译，中国人民大学出版社2006年版。

137. ［英］戴维·毕瑟姆：《官僚制》，韩志明、张毅译，吉林人民出版社2005年版。

138. ［英］戴维·米勒、韦农·波格丹诺编：《布莱克维尔政治学百科全书》，邓正来等译，中国政法大学出版社2002年版。

139. ［英］戴维·比瑟姆：《官僚制》，韩志明、张毅译，吉林人民出版社2005年版。

140. ［英］戴维·赫尔德：《民主的模式》，燕继荣等译，中央编译出版社2004年版。

141. ［英］昆廷·斯金纳、［瑞典］博·斯特拉思：《国家与公民：

历史、理论、展望》，彭利平译，华东师范大学出版社 2005 年版。

142. ［英］李约翰·丁·爱德华兹：《英国总检察长政治与公共权利的代表》，中国检察出版社 1991 年版。

143. ［英］罗威尔：《英国政府·政党制度之部》，上海人民出版社 1959 年版。

144. ［英］罗威尔：《英国政府·中央政府之部》，上海人民出版社 1959 年版。

145. ［英］马丁·阿尔布罗：《官僚制》，阎布克译，知识出版社 1990 年版。

146. ［英］特伦斯·丹提斯、阿兰·佩兹：《宪制中的行政机关：结构、自治与内部控制》，刘刚等译，高等教育出版社 2006 年版。

147. ［英］沃尔特·白芝浩：《英国宪法》，夏彦才译，商务印书馆 2005 年版。

148. ［英］伊夫·梅尼等：《西欧国家中央与地方的关系》，朱建军等译，春秋出版社 1989 年版。

149. ［英］约翰·格林伍德等：《英国行政管理》，汪淑钧译，商务印书馆 1991 年版。

150. ［英］约翰·洛尔著，杨杰译：《皇帝和他的宫廷》，北京大学出版社 2004 年版。

151. ［英］约翰·密尔：《论自由》，程崇华译，商务印书馆 1996 年版。

152. ［英］约翰·密尔：《代议制政府》，王瑄译，商务印书馆 1997 年版。

153. ［美］B. 盖伊·彼得斯：《官僚政治（第五版）》，聂露、李姿姿译，中国人民大学出版社 2001 年版。

154. ［美］F. J. 古德诺：《政治与行政》，王元译，华夏出版社 1987 年版。

155. ［美］W. 理查德·斯格特：《组织理论》，黄洋等译，华夏出版社 2002 年版。

156. ［美］阿尔蒙德等：《公民文化——五个国家的政治态度和民主制》，徐湘林等译，东方出版社 2008 年版。

157. ［美］阿尔蒙德等：《当代比较政治学：世界视野》（第 8 版），

杨红伟等译，上海人民出版社2009年版。

158. ［美］阿塞林等：《解读法国人》，王颖等译，中国水利水电出版社2004年版。

159. ［美］艾尔·巴比：《社会研究方法》，邱泽奇译，华夏出版社2005年版。

160. ［美］安德鲁·海伍德：《政治学新论》，张立鹏译，中国人民大学出版社2006年版。

161. ［美］安德鲁·海伍德：《政治学核心概念》，吴勇译，天津人民出版社2008年版。

162. ［美］彼得斯：《官僚政治》（第五版），聂露等译，中国人民大学出版社2006年版。

163. ［美］查尔斯·葛德塞尔：《为官僚制正名——一场公共行政的辩论》，张怡译，复旦大学出版社2007年版。

164. ［美］戴维·奥斯本、特德·盖布勒：《改革政府——企业家精神如何改革着公共部门》，周敦仁等译，上海译文出版社2008年版。

165. ［美］戴维·伊斯顿：《政治体系——政治学状况研究》，马清槐译，商务印书馆1992年版。

166. ［美］费德勒·海迪：《比较公共行政》（第六版），刘俊生译，中国人民大学出版社2006年版。

167. ［美］古德诺：《政治与行政》，王元、杨百朋译，华夏出版社1987年版。

168. ［美］赫伯特·马尔库塞：《理性和革命——黑格尔和社会理论的兴起》，程志民等译，上海人民出版社2005年版。

169. ［美］霍华德·威亚尔达：《新兴国家的政治发展：第三世界还存在吗？》，刘青、牛可译，北京大学出版社2005年版。

170. ［美］加布里埃尔·A. 阿尔蒙德、小G. 宾厄姆·鲍威尔：《比较政治学：体系、过程和政策》，曹沛霖等译，东方出版社2007年版。

171. ［美］加布里埃尔·A. 阿尔蒙德、西德尼·维巴：《公民文化：五国的政治态度和民主》，马殿军等译，浙江人民出版社1989年版。

172. ［美］加布里埃尔·A. 阿尔蒙德等：《当代比较政治学：世界视野》，杨红伟等译，上海人民出版社2010年版。

173. ［美］科佩尔·平森：《德国近现代史》，范德一译，商务印书馆 1987 年版。

174. ［美］蓝志勇:《行政官僚与现代社会》,中山大学出版社 2003 年版。

175. ［美］劳伦斯·迈耶等:《比较政治学:变化世界中的国家和理论》,华夏出版社 2001 年版。

176. ［美］理查德·J. 斯蒂尔曼二世编著:《公共行政学:概念与案例》,竺乾威等译,中国人民大学出版社 2004 年版。

177. ［美］利普哈特:《民主的模式:36 个国家的政府形式和政府绩效》,陈崎译,北京大学出版社 2006 年版。

178. ［美］罗伯特·达尔:《论民主》,李柏光、林猛译,商务印书馆 1999 年版。

179. ［美］罗伯特·达尔:《民主及其批评者》,曹海军、佟德志译,吉林人民出版社 2006 年版。

180. ［美］罗伯特·丹哈特:《公共组织理论》,项龙等译,华夏出版社 2002 年版。

181. ［美］马克·I. 利希巴赫、阿兰·S. 朱克曼:《比较政治:理性、文化和结构》,储建国等译,中国人民大学出版社 2008 年版。

182. ［美］迈耶等:《比较政治学:变化世界中的国家和理论》,罗飞等译,华夏出版社 2001 年版。

183. ［美］梅里亚姆—韦伯斯特公司:《韦氏案头词典》,世界图书出版公司 1996 年版。

184. ［美］乔尔·阿伯巴奇等:《两种人:官僚与政客》,陶远华等译,求实出版社 1990 年版。

185. ［美］施密特、谢利、巴迪斯:《美国政府与政治》,北京大学出版社 2005 年版。

186. ［美］威廉·F. 韦斯特:《控制官僚》,张定淮、白锐译,重庆出版社 2001 年版。

187. ［美］小威廉姆·格姆雷、斯蒂芬·巴拉:《官僚机构与民主——责任与绩效》,俞沂暄译,复旦大学出版社 2007 年版。

188. ［美］约翰·G. 冈内尔:《政治理论:传统与阐释》,王小山等译,浙江人民出版社 1988 年版。

189. ［美］约翰·金登:《议程、备选方案与公共政策》,丁煌译,中国人民大学出版社 2004 年版。

190. ［美］詹姆斯·M. 伯恩斯等：《美国式民主》，中国社会科学出版社 1993 年版。

191. ［美］詹姆斯·Q. 威尔逊：《美国官僚政治》，张海涛等译，中国社会科学出版社 1995 年版。

192. ［美］詹姆斯·麦格雷戈·伯恩斯等著：《民治政府——美国政府与政治》，吴爱明等译，中国人民大学出版社 2007 年版。

193. ［美］珍妮·V. 登哈特、罗伯特·B. 登哈特：《新公共服务：服务，而不是掌舵》，丁煌译，中国人民大学出版社 2004 年版。

194. ［法］阿兰·佩雷菲特：《官僚主义的弊害》，孟鞠如等译，商务印书馆 1981 年版。

195. ［法］戴高乐：《希望回忆录》（第 1 卷），翻译组译，上海人民出版社 1973 年版。

196. ［法］卢梭：《社会契约论》，徐强译，九州出版社 2006 年版。

197. ［法］米歇尔·克罗齐埃：《论法国变革之路——法令改变不了社会》，程小林等译，上海译文出版社 1986 年版。

198. ［法］米歇尔·克罗齐埃：《被封锁的社会》，狄玉明、刘培龙译，商务印书馆 1989 年版。

199. ［法］米歇尔·克罗齐埃：《科层现象》，刘汉全译，上海人民出版社 2002 年版。

200. ［法］莫里斯·迪韦尔热著：《政治社会学——政治学要素》，杨祖功等译，东方出版社 2007 年版。

201. ［法］皮埃尔·米盖尔：《法国史》，蔡鸿滨译，商务印书馆 1985 年版。

202. ［法］乔治·勒费弗尔：《拿破仑时代》（上卷），河北师大外语系《拿破仑时代》翻译组译，商务印书馆 1978 年版。

203. ［法］让·布隆代尔：《政党与政府：自由民主国家的政府与支持性政党关系探析》，北京大学出版社 2006 年版。

204. ［法］让·布隆代尔：《政党政府的性质：一种比较性的欧洲视角》，林德山译，北京大学出版社 2006 年版。

205. ［法］托克维尔：《旧制度与大革命》，冯棠、桂裕芳译，商务印书馆出版社 1992 年版。

206. ［法］托克维尔：《论美国的民主》（下册），商务印书馆2004年版。

207. ［法］西耶斯：《论特权：第三等级是什么？》，冯棠译，商务印书馆1990年版。

208. ［法］夏普萨尔等：《1940年以来的法国政治生活》，全康康译，上海译文出版社1981年版。

209. ［德］赫尔穆特·沃尔曼：《德国地方政府》，陈伟、段敏德译，北京大学出版社2005年版。

210. ［德］奥托·冯·俾斯麦：《思考与回忆——俾斯麦回忆录》，杨德友、同鸿印等译，生活·读书·新知三联书店2006年版。

211. ［德］迪尔克·克斯勒：《马克斯·韦伯的生平、著述及影响》，郭锋译，法律出版社2000年版。

212. ［德］汉·诺·福根：《马克斯·韦伯》，刘建军译，河北教育出版社2001年版。

213. ［德］汉斯·沃尔夫等：《行政法》（第一、二、三卷），高家伟译，商务印书馆2002年版。

214. ［德］赫尔穆特·沃尔曼、埃克哈特·施罗德编：《比较英德公共部门改革》，王锋等译，北京大学出版社2004年版。

215. ［德］康拉德·黑塞著：《联邦德国宪法纲要》，李辉译，商务印书馆2007年版。

216. ［德］克劳斯·冯·柏伊姆：《当代政治理论》，李黎译，商务印书馆1990年版。

217. ［德］马克斯·布劳巴赫：《德意志史》第二卷，陆世澄等译，商务印书馆1990年版。

218. ［德］马克思·韦伯：《新教伦理与资本主义精神》，黄晓京、彭强译，四川人民出版社1986年版。

219. ［德］马克斯·韦伯：《新教伦理与资本主义精神》，于晓等译，生活·读书·新知三联书店1987年版。

220. ［德］马克斯·韦伯：《经济与社会》，林荣远译，商务印书馆1997年版。

221. ［德］马克斯·韦伯：《学术与政治》，冯克利译，生活·读书·新知三联书店1998年版。

222. ［德］马克斯·韦伯：《韦伯文集》，韩水法译，中国广播电视出版社 1999 年版。

223. ［德］维纳·洛赫：《德国史》（中），北京大学历史系世界近代现代史教研室译，生活·读书·新知三联书店 1976 年版。

224. ［德］维纳·洛赫：《德国史》，北京大学世界近现代史教研室译，生活·读书·新知三联书店 1959 年版。

225. ［德］沃尔夫冈·鲁茨欧：《德国政府与政治》，熊炜、王健等译，北京大学出版社 2010 年版。

226. ［日］佐藤功：《比较政治制度》，刘庆林、张光博译，法律出版社 1984 年版。

227. ［日］佐藤功：《比较政治制度》，许介麟译，法律出版社 1984 年版。

228. ［日］佐藤庆幸：《官僚制社会学》，林玉、苏东花、金洪云译，生活·读书·新知三联书店 2009 年版。

229. ［意］加埃塔诺·莫斯卡：《政治科学要义》，任军锋译，上海人民出版社 2005 年版。

230. ［意］罗伯特·米歇尔斯：《寡头统治铁律——现代民主制度中的政党社会学》，任军锋等译，天津人民出版社 2004 年版。

（二）中文论文

1. ［法］保罗·贝尔纳：《法国的行政管理组织》，《中国行政管理》1996 年第 10 期。

2. 蔡拓：《全球主义与国家主义》，《中国社会科学》2000 年第 3 期。

3. 陈付娟：《浅谈马克斯·韦伯对中国宗教特征的分析》，《法制与社会》2007 年第 8 期。

4. 陈家浩：《官僚制批判研究的新视角》，《公共管理学报》2010 年第 1 期。

5. 陈珮婷：《英国高级文官制度之研究——考选与任用之观点》，台湾大学，硕士学位论文，2007 年。

6. 陈学明：《法国公务员制度的发展》，《中国公务员》1999 年第 9 期。

7. 陈学明：《法国公务员制度及其给我们的启示》，《中共四川省委省级机关党校学报》1998 年第 3 期。

8. 陈怡如：《英国文官长制度》，《行政管理学报》2003 年第 4 期。

9. 程广中：《论弗里德里希二世的改革》，《求是学刊》1991 年第 5 期。

10. 戴桂英、刘学新：《法国政府对国有企业的管理与监督》，《宏观经济研究》1992 年第 5 期。

11. 邓龙：《法国的行政组织结构分析》，《科教文汇（上半月）》2006 年第 12 期。

12. 丁煌：《法国政府的地方分权改革及其对我国政府的启示》，《法国研究》2002 年第 1 期。

13. 丁建弘：《俾斯麦》，《世界历史》1982 年第 2 期。

14. 丁平：《试论普鲁士的改革道路》，《内蒙古大学学报》（人文社会科学版）2000 年第 6 期。

15. 董琦：《德国的地方自治与新建州的地区改革》，《联邦德国研究》1992 年第 4 期。

16. 冯川：《黑格尔法哲学再诠释》，《南京社会科学》2006 年第 11 期。

17. 符松涛：《论普鲁士"宪法纠纷"之实质，《青海师专学报》（社会科学版）2002 年第 3 期。

18. 龚廷泰：《官僚主义的体制原因及其消解手段》，《江苏社会科学》1998 年第 5 期。

19. 巩建华：《传统官僚制的现代遗存与中国政府的现实应对》，《北京理工大学学报》（社会科学版）2009 年第 2 期。

20. 郭沛：《美、英两国公务员分类管理制度的演变及其启示》，《中国行政管理》2009 年第 1 期。

21. 韩昕：《日耳曼人、条顿人、德意志人、普鲁士人、雅利安人》，《世界知识》1992 年第 14 期。

22. 胡治岩：《法国政府如何控管国有企业》，《中国行政管理》1997 年第 10 期。

23. 黄丽菁：《若干海外国家的政府体制：英国》，香港立法会秘书处资料研究及图书馆服务部研究报告，2000 年。

24. 焦冠军：《西方文官制度概要》，《理论前沿》1987 年第 5 期。

25. 金波：《官僚主义若干问题的政治学考察》，《国际关系学院学报》1998 年第 3 期。

26. 金太军：《新公共管理：当代西方公共行政的新趋势》，《国外社会科学》1997 年第 5 期。

27. 靳铭：《ENA 高级公务员培训中值得借鉴的几点做法》，《中国延安干部学院学报》2008 年第 3 期。

28. 靳永翥：《西方官僚制发展历程与后官僚制改革》，《西南民族大学学报》2004 年第 10 期。

29. ［德］卡尔·马克思：《路易·波拿马的雾月十八日》，载于中共中央马克思、恩格斯、列宁、斯大林著作编译局编：《马克思恩格斯选集》（第一卷），人民出版社 1972 年版（1976 年印刷）。

30. 康菁洋、李红丽：《论英国宪法的形成》，《法制与社会》2008 年第 10 期。

31. 李承、王运生：《当代公共行政的民主范式》，《政治学研究》2000 年第 4 期。

32. 李工真：《普鲁士的启蒙运动》，《武汉大学学报》（人文科学版）2001 年第 7 期。

33. 李和中：《论法国公务员制度的现代化改革》，《法国研究》2001 年第 1 期。

34. 李景平、许苏嘉：《法国政府体制改革及其对我国的启示》，《西安交通大学学报》（社会科学版）2000 年第 4 期。

35. 李兰琴：《论弗里德里希二世的政绩》，《世界历史》1986 年第 12 期。

36. 李玲玲：《法国公务员的录用与晋级》，《中国人才》1997 年第 2 期。

37. 立世：《法国政府管理国有企业的重大政策措施》，《中外企业家》1997 年第 11 期。

38. 林小禅：《英、美、法的公务员录用制度》，《人才瞭望》2003 年第 8 期。

39. 刘鼟：《英国式政治民主的发展特点及其所受文化影响》，《华中师范大学研究生学报》2005 年第 4 期。

40. 刘金源：《论近代英国政党政治的兴起》，《史学月刊》2009 年第 11 期。

41. 刘立华、张智胜：《论美国行政改革市场化取向》，《行政论坛》2002 年第 6 期。

42. 刘素梅：《论美国行政内向监督及其对我国的启示》，《扬州大学学报》（人文社会科学版）2006 年第 2 期。

43. 刘显娅：《从行政法角度质疑英国政府的三权分立》，《甘肃社会科学》2009 年第 4 期。

44. 刘又源：《法国地方政府分权改革及启示》，《金卡工程（经济与法）》2008 年第 9 期。

45. 刘哲：《从行政文化的视角解析法国政府行为》，《浙江万里学院学报》2007 年第 4 期。

46. 楼均信：《法国大革命反思》，《浙江大学学报》（人文社会科学版）1999 年第 2 期。

47. 卢胜：《试论维系法国政治结构与行政管理体制的思想基础及其对我国的启示》，《中共四川省委党校学报》2003 年第 3 期。

48. 鲁彦平：《美国行政改革的价值取向及其启示》，《行政与法》2004 年第 4 期。

49. 陆世澄：《弗里德里希二世的开明专制》，《历史教学》1987 年第 5 期。

50. 纳麒、何军：《目标：培养高素质的国家公务员——法国公务员培训制度探析》，《云南行政学院学报》1999 年第 6 期。

51. 倪星：《法国地方政府的职能与机构设置》，《地方政府管理》1997 年第 8 期。

52. ［英］欧文·莱尔格勋爵：《主权的比较视野：宪政在英国和美国》，《行政法研究》2006 年第 3 期。

53. 潘兴明：《英国文官制度及其改革》，《欧洲研究》2004 年第 6 期。

54. 彭锦鹏：《高级文官团制度之聚合趋势》，《欧美研究》2007 年第 4 期。

55. 彭锦鹏：《高级文官甄补和培训模式》，《政治科学论丛》1998 年第 9 期。

56. 祁建平：《英国议会制度的变迁：从"议会主权"到"行政集权"》，《人大研究》2006 年第 11 期。

57. 邱晓万等：《从精英主义看法国高级公务员制度》，《党政论坛》2008 年第 2 期。

58. 冉隆勃：《文官制度在英国政治中的特殊作用》，《欧洲研究》1986 年第 6 期。

59. 任国强：《关于普鲁士历史评价的重新思考——对盟国管制委员会第 46 号令的驳正》，《德国研究》2004 年第 3 期。

60. 任强：《对普鲁士历史评价中主流观点的反思》，《德国研究》2006 年第 1 期。

61. 任宣：《法国公务员制度改革分析》，《中国公务员》2003 年第 6 期。

62. 任志强：《历史文化地理视角下的德国国民特征研究》，《德国研究》2010 年第 2 期。

63. 石庆环：《试论第二次世界大战后法国文官制度的发展》，《求是学刊》1991 年第 3 期。

64. 石庆环：《20 世纪美国文官制度的历史回顾》，《美国研究》2001 年第 2 期。

65. 石庆环：《英美文官制度的模式差异及其历史影响》，《世界历史》2001 年第 6 期。

66. 石庆环、高岳：《从艾森豪威尔到卡特：美国文官"高级行政职位"的建立》，《求是学刊》2002 年第 6 期。

67. 石庆环：《行政集权：现代美国官僚政治研究》，东北师范大学博士学位论文，2004 年。

68. 石庆环：《论美国文官群体的历史演变》，《史学月刊》2007 年第 7 期。

69. 石庆环：《20 世纪美国联邦政府行政改革的历史考察》，《史学集刊》2008 年第 6 期。

70. 石庆环：《论美国联邦文官管理机构的历史演变》，《社会科学阵线》2009 年第 12 期。

71. 石庆环：《美国利益集团"游说"高级职业文官现象的历史考察》，《辽宁大学学报》2009 年第 5 期。

72. 石庆环：《文官群体地位的提升与战后美国中产阶级构成的变化》，《史学理论研究》2009 年第 3 期。

73. 宋世明等：《当代西方公共行政决策体制及其借鉴价值》，《国家行政学院学报》2001年第3期。

74. 宋雄伟：《重新建构的"西斯敏斯特模型"——论新工党时期英国的国家治理模式》，《社会科学家》2009年第9期。

75. 孙炳辉：《论普鲁士道路产生的历史条件及其历史正当性》，《史林》1996年第3期。

76. 谭融、高华柯：《法国政治中的权威主义与反权威主义》，《河北大学学报》2004年第3期。

77. 汤大华：《世界上还有几个君主国》，《党政干部文摘》2002年第4期。

78. 佟延春：《试论普鲁士王国的崛起及其对世界的影响》，《绥化师专学报》2002年第6期。

79. 王皑霞、任吉悌：《论黑格尔哲学是普鲁士王国的国家哲学》，《学术界》1997年第5期。

80. 王晨：《英、美文官制度之比较》，《法制与社会》2009年第22期。

81. 王国龙：《捍卫法条主义》，《法律科学（西北政法大学学报）》2011年第4期。

82. 王敬尧、贾鹏举：《西方官僚体系的权力扩张与民主政治的矛盾》，《社会主义研究》2000年第4期。

83. 王丽娟、刁炜：《弗里德里希二世"先军政治"探微》，《社会科学论坛》2006年第9期。

84. 王莉：《英国政治文化对其政治体系的影响》，《边疆经济与文化》2005年第11期。

85. 王明芳：《普鲁士军国主义的形成及其影响》，《兰州学刊》2005年第6期。

86. 王世雄：《克林顿治下美国联邦政府改革述评》，《广东行政学院学报》2003年第5期。

87. 王蔚、施雪华：《美国"行政单头制"政府领导体制的特点及其成因》，《中国行政管理》2006年第6期。

88. 王小波：《英国压力集团与政府决策》，《历史教学问题》1997年第2期。

89. 王亚平:《论普鲁士向资本主义过渡的道路》,《东北师大学报》(哲学社会科学版) 2000 年第 3 期。

90. [美] 威廉·安东尼·黑尔:《还记得普鲁士吗?》,瑞升译,《国家利益》2007 年第 5 期。

91. 文克勤等:《法国政府与国有企业关系及我们的思考和建议》,《中国人才》1995 年第 8 期。

92. 文玉、彭飞武:《英美行政监督制度比较探析》,《华北水利水电学院学报》(社科版) 2009 年第 6 期。

93. 吴兴智:《美国政府结果导向行政改革评析——一种权力分析学的视角》,《云南行政学院学报》2007 年第 6 期。

94. [美] 伍德罗·威尔逊:《行政学研究》,《国外政治学》1987 年第 6 期。

95. 肖俊:《渐进的制度文明:英国文官制度的历史与贡献》,《中国行政管理》2005 年第 1 期。

96. 邢来顺:《论普鲁士统一德国的经济前提》,《高等函授学报》(哲学社会科学版) 2001 年第 1 期。

97. 徐健:《"行政自由"和"宪政自由"——19 世纪上半叶普鲁士自由派官僚的政治思想及其实践》,《北大史学辑刊》2005 年第 11 期。

98. 徐健:《近代普鲁士行政官员选拔与培训制度的形成和发展》,《北京大学学报》(哲学社会科学版) 2002 年第 2 期。

99. 徐健:《转型时期普鲁士官僚的经济改革思想和国家企业促进政策》,《史学月刊》2002 年第 4 期。

100. 徐健:《普鲁士改革中的乡镇自治与市民社会的培育》,《史学月刊》2008 年第 1 期。

101. 徐晓媛:《法国公务员及行政管理制度——中法地方行政管理研讨会综述》,《大连干部学刊》2001 年第 5 期。

102. 杨德山:《法国地方行政——层级设置·分权改革·效果评估》,《北京行政学院学报》2000 年第 4、5 期。

103. 杨菁:《从等级制到代议制——德国议会制度的转变》,《德国研究》2003 年第 1 期。

104. 殷惠林:《谈谈法国的"半总统制"》,《世界知识》1988 年第 12 期。

105. 尹振环：《虚君制与"无为论"》，《博览群书》2007 年第 7 期。

106. 郁建兴、吴国骅：《新公共管理运动与官僚制》，《教学与研究》2003 年第 9 期。

107. 翟东升：《普鲁士传统（上）》，《IT 经理世界》2004 年第 8 期上。

108. 翟东升：《普鲁士传统（下）》，《IT 经理世界》2004 年第 8 期下。

109. 张帆：《法国高级文官与"埃纳克"》，《世界知识》1979 年第 18 期。

110. 张芬梅：《试论俾斯麦的君主观——剖析〈思考与回忆〉中的自白》，《徐州师范大学学报》1993 年第 3 期。

111. 张国庆：《公共行政的典范革命及其启示》，《北京大学学报》2000 年第 5 期。

112. 张康之：《论统治视角中的官僚制》，《北京行政学院学报》2002 年第 1 期。

113. 张康之：《论官僚制组织的等级控制及其终结》，《四川大学学报》2008 年第 3 期。

114. 张沛：《德意志特殊道路及其终结》，《华东师范大学学报》（哲学社会科学版）2004 年第 4 期。

115. 张千帆：《行政权力的政治监督——以美国行政法为视角》，《当代法学》2007 年第 5 期。

116. 张帅：《美国行政权扩张问题研究》，山东大学博士论文，2010 年。

117. 张新光：《关于"普鲁士式道路"的典型性问题再认识》，《甘肃理论学刊》2009 年第 1 期。

118. 张志泽、王丽：《美国重塑政府运动对我国行政改革的启示》，《学术界》2007 年第 3 期。

119. 朱立言、龙宁丽：《美国高级文官制度与政府回应性》，《中国人民大学学报》2010 年第 1 期。

120. 朱立言、卢丹、龙宁丽：《美国文官制度的变革与思考》，《公共管理学报》2010 年第 1 期。

121. 竺乾威、吴春成：《公共行政的后官僚模式分析》，《公共行政与人力资源》2003 年第 4 期。

122. 宗良瑶：《独具特色的法国国家公职及公务员培训制度》，《党政干部论坛》1998 年第 9 期。

二　英文

（一）英文著作

1. Aberbach, Joel D. and Bert A. Rockman, *In the Web of Politics: Three Decades of the U. S. Federal Executive*, Washington, D. C.: Brookings Institution, 2000.

2. Aberbach, Joel D., et al., *Bureaucrats and Politicians in Western Democracies*, Cambridge: Harvard University Press, 1981.

3. Aberbach, Joel D., *Keeping Watchful Eye: The Politics of Congressional Oversight*, Washington, D. C.: The Brookings Institution, 1990.

4. Almond, G. A. et al., *Comparative Politics Today* (7th. ed.), New York: Longman, 2000.

5. Anderson, James, *Public Policymaking: An Introduction*, (3rd, ed.), New York: Houghton Mifflin Co., 1990.

6. Anheier, Helmut K., ed., *In When Things Go Wrong: Organizational Failures and Breakdowns*, Thousand Oaks, CA: SAGE Publications. 1999.

7. Arnold, R. Douglas, *Congress and the Bureaucracy: A Theory of Influence*, New Haven: Yale University Press, 1979.

8. Arora, Ramesh K., *Comparative Public Administration (An ecological perspective)*, New Delhi – 5: Associated Publishing House, 1972.

9. Ashford, Douglas E., *Policy and Politics in France*, Philadelphia: Temple University Press, 1982.

10. Bekke, Hans A. G. M., et al., ed., *Civil Service Systems in Comparative Perspective*, Indianapolis: Indiana University Press, 1996.

11. Bendix, Reinhard, *Max Weber: An Intellectual Portrait*, Garden City, New York: Doubleday, 1962.

12. Blau, Peter M. and Marshall W. Meyer, *Bureaucracy in Modern Society*, (3th. ed.), NY: Random House, Inc., 1987.

13. Blumberg, Alan, *The School Superintendent: Living with Conflict*,

New York: Teachers College Press, Columbia University, 1985.

14. Brehm, John and Scott Gates, *Working, Shirking and Sabotage: Bureaucratic Response to a Democratic Public*, Ann Arbor: University Michigan Press, 1997.

15. Breton, Preston P. Le, ed. , *Comparative Administrative Theory*, Seattle: University of Washington, 1968.

16. Brooks, Stephen, *Nineteenth Century Europe*, Hong Kong: Macmillan Education Limited Press, 1984.

17. Carsten, Francis L. , *the Origins of Prussia*, Oxford: Clarendon Press, 1954.

18. Chapman, Brian, the *Profession of Government: the public service in Europe*, London: Allen & Unwin, 1959.

19. Chapman, Richard A. , *The Higher Civil Service in Britain*, London: Constable, 1970.

20. Chubb, John E. , *Interest Groups and the Bureaucracy: the Politics of Energy*, Stanford: Stanford University Press, 1983.

21. Commission, Civil Service, *Appointments in Administration*, 1981, London: HMSO, 1980.

22. Council of Europe, *Structure and Operation of Local and Regional Democracy: France Situation in* 1997, Strasbourg Cedex: Council of Europe Publishing, 1998.

23. Crozier, Michel, *the Bureaucratic Phenomenon*, Chicago: The University of Chicago Press, 1964.

24. Daalder, Hans, *Comparative European Politics: the Story of a Profession*, London: Pinter, 1997.

25. Dahrendorf, Ralf, *Society and Democracy in Germany*, New York: Doubleday and Co. , 1967.

26. Dalton, Russel J. , *Citizen Politics: Public Opinion and Political Parties in Advanced Industrial Democracies*, 2nd. N. J, Chatham: Chatham House, 1996.

27. Delli Carpini, Michael X. , and Scott Keeter, *What Americans Know about Politics and Why it Matters*, New Haven: Yale University Press, 1996.

28. Dogan, Mattei, *The Mandarins of Western Europe: the Political Role of Top Civil Servants*, New York: Sage Publications Inc., 1975.

29. Dowding, Keith, *The Civil Service*, London: Routledge, 1995.

30. Downs, Anthony, *Inside Bureaucracy*, Boston: Little-Brown, 1967.

31. Dunleavy, Patrick, *Developments in British Politics 8*, Basingstoke [UK], New York: Palgrave Macmillan, 2006.

32. Dunning, William A., *A History of Political Theories from Rousseau to Spencer*, New York: Macmillam, 1920.

33. Dunsire, A., and Christopher Hood, *Cutback Management in Public Bureaucracies*, Cambridge: University of Cambridge Press, 1989.

34. Easton, David, *A Systems Analysis of Political Life*, New York: Wiley, 1965.

35. Elgie, Robert, *the Changing French Political System*, London: Frank Cass Publishers, 2000.

36. Emden, Cecil S. et. al., *The People and the Constitution: Being a History of the Development of the People's Influence in British Government*, (2nd. ed.), London: Oxford University Press, 1962.

37. Epstein, David and Sharyn O'Halloran, *Delegating Powers: A Transactions Cost Politics Approach to Policy Making Under Separate Powers*, New York: Cambridge University Press, 1999.

38. Farazmand, Ali, *Handbook of Comparative and Development Public Administration*, NY: Marcel Dekker, 2001.

39. Fenno, Richard F., Jr. *Home Style: House Members and Their Districts*, Boston: Little, Brown, 1978.

40. Fenno, Richard F., Jr. *Congressmen in Committees*, Boston: Little Brown, 1973.

41. Figgis, John Neville, *Studies of Political Thought from Gerson to Grotius, 1414—1625*, Cambridge: Cambridge University Press, 1907.

42. Finer, Samuel E., *the History of Government From the Earliest Times. Vol. 1 Ancient Monarchies and Empires*, Oxford: Oxford University Press, 1997.

43. Freidrich, Carl J., and Taylor Cole*Responsible Bureaucracy*, Cam-

bridge: Harvard University Press, 1932.

44. Friedrich, Carl J., *Constitutional Government and Democracy: Theory and practice in Europe and America*, Boston: Ginn and Company, 1946.

45. Friedrich, Carl J., *Constitutional Government and Democracy: Theory and Practice in Europe and America*, Waltham, Massachusetts: Blaisdell Publishing Company, 1968.

46. Gawthorp, Louis C., *Public Service and Democracy: Ethical Imperatives for the Twenty-first Century*, NY: Chatham House, 1998.

47. Gawthrop, Richard, *Pietism and the making of eighteenth-century Prussia*, NY: Cambridge University Press, 1993.

48. Geertz, Clifford, *The Interpretation of Cultures*, New York: Basic Books, Harper Torchbooks, 1973.

49. Gerth, H. H. and C. Wright Mills, tr. and ed., *Max Weber: Essays in Sociology*, New York: Oxford University Press, 1946.

50. Gerth, H. H., tr. and ed., *The Religion of China*, New York: Collier and Macemillan, 1964.

51. Gibbs, N. H., *The British Cabinet System*, 2nd. ed., Westport, Conn: Greenwood Press, 1978.

52. Gillis, John R., *The Prussian Bureaucracy in Crisis*, 1840 – 1860: *Origins of an Administrative Ethos*, Stanford, Calif: Stanford University Press, 1971.

53. Girling, John, *France: Political and Social Change*, New York: Routledge, 1998.

54. Gormley, William. *Taming the Bureaucracy*, Princeton: Princeton University Press, 1989.

55. Greenwood, John, etc., *New Public Administration in Britain*, (3rd. ed.), London: Rutledge, 2002.

56. Gruber, Judith E. *Controlling Bureaucracies: Dilemmas in Democratic Governance*, Berkeley and Los Angelos: University of California Press, 1987.

57. Hague, Rod, et al., *Comparative Government and Politics: An Introduction*, London: Macmillan Press Ltd., 1998.

58. Hamerow, Theodore S., *Otto von Bismarck and Imperial Germany: a*

Historical Assessment, Toronto: D. C. Heath, 1994.

59. Hauss, Charles, *Comparative Politics: Domestic Responses to Global Challenges*, New York: West Publishing Company, 1994.

60. Headey, Bruce W. , *British Cabinet Ministers: the Roles of Politicians in Executive Office*, London: Allen & Unwin, 1974.

61. Heady, Ferrel and Sybil L. Stokes, *Papers In Comparative Public Administration*, Ann Arbor, Michigan: Institute of Public Administration, The University of Michigan, 1962.

62. Heady, Ferrel, *Public Administration: A Comparative Perspective*, N. J. : Prentice-Hall, 1966.

63. Heidenheimer, Arnold J. , *The Governments of Germany*, New York: Crowell, 1975.

64. Heper, Metin, *The State and Public Bureaucracies: A Comparative Perspective*, Westport, CT: Greenwood Press, 1987.

65. Holmes, Stephen and Cass Sunstein, *The Cost of Rights: Why Liberty Depends on Taxes*, NY: W. W. Norton, 1999.

66. Horton, Sylvia, etc. , *Competency management in the public sector: European variations on a theme*, Amsterdam: IOS Press, 2002.

67. Huber, John D. , and Charles R. Shipan, *Deliberate Discretion? The Institutional Foundations of Bureaucratic Autonomy*, Cambridge: Cambridge University Press, 2002.

68. Humes, Samuel, *Local Governance and National Power: A Worldwide Comparison of Tradition and Change in Local Government*, London: Harvester Wheatsheaf, 1991.

69. Ingraham, Patricia W. and Donald F Kettle, ed. , *Agenda for Excellence*, Chatham, NJ: Chatham House, 1970.

70. Jacoby, Henry, *The Bureaucratization of the World*, California: University of California Press, 1976.

71. Johnson, Ronald, et al, *The Federal Civil Service System and the Problem of Bureaucracy: The Economics and Politics of Institutional Change*, Chicago: The University of Chicago Press, 1994.

72. Karnig, Albert K. , and Susan Welch, *Black Representation and Ur-*

ban Policy, Chicago: University of Chicago Press, 1980.

73. Kavanagh, Dennis, *British Politics: Continuities and Change.* (4th. ed.) London: Oxford

74. Kavanagh, Dennis, *Thatcherism and British Politics: the End of Consensus?* London: Oxford University Press, 1987.

75. Kettl, Donald F. and John J. Dilulio, ed., *Inside the Reinvention Machine: Appraising Governmental Reforms*, Washington D. C.: Brookings Institution, 1995.

76. Kettl, Donald F., *Reinventing Government: Appraising the National Performance Review*, Washington D. C.: The Brookings Institution, 1994.

77. King, Anthony Stephen, *British Politics: People, Parties, and Parliament*, Lexington.

78. Knapp, Andrew and Vincent Wright, *the Government and Politics of France*, New York: Routledge, 2001.

79. Knezevich, S. *Administration of Public Education*, New York: Harper and Row, 1975.

80. Lapalombara, Joseph, ed., *Bureaucracy and Political Development*, Princeton: Princeton University Press, 1963.

81. Lassman, Peter and Ronald Speirs, ed., *Weber Political Writings*, Cambridge: Cambridge University Press, 1994.

82. Lewis, David, *Presidents and the Politics of Agency Design*, Stanford: Stanford University Press, 2003.

83. Lipset, Seymour Martin and William Schneider, *The Confidence Gap: Business, Labor, and Government in the Public Mind*, NY: Free Press, 1983.

84. Lipsky, Michael, *Street Level Bureaucracy*, New York: Russell Sage Foundation, 1980.

85. Lowell, Abbott L., *Government and Parties in Continental Europe*, London: Kibgnabs Green and Co., 1896.

86. Luiz Carlos Bresser-Pereira, *Democracy and Public Management Reform: Building the Republican State.* London: Oxford University Press, 2004.

87. Lynn, Laurence E., Carolyn J. Heinrich, and Carolyn J. Hill. Improving

Governance: *A New Logic for Empirical Research*, Washington D. C.: Georgetown University Press, 2001.

88. Mackintosh, John P., *British Prime Ministers in the Twentieth Century*, Don: Weidenfeld and Nicolson, 1978.

89. Mannheim, Karl, *Ideology and Utopia*, NY: Harcourt, Brace, 1946.

90. Maranto, Robert, *Politics and Bureaucracy in the Modern Presidency: Careerists and Appointees in the Reagan Administration*, Connecticut: Greenwood Press, 1993.

91. Marx, Fritz Morstein, *The Administrative State: An Introduction to Bureaucracy*, Chicago, Illinois: The University of Chicago Press, 1957.

92. Mayer, Lawrence C. and John H. Burnett, *Nations and Theories in a Changing World*, New Jersey: Prentice-Hall, Inc, 1996.

93. Mayhew, David R. *Congress: The Electoral Connection*, New Haven: Yale University Press, 1974.

94. Mayntz Renate and Scharpf, Fritz W., *Policy Making in the German Federal Bureaucracy*, Amsterdam: Eisevier, 1975.

95. Meier, Kenneth J. and Joseph Stewart, Jr. *The Politics of Hispanic Education*, Albany: SUNY Press, 1991.

96. Meier, Kenneth J. and Laurence J. O'Toole Jr., *Bureaucracy in a Democratic State a Governance Perspective*, Baltimore: the Johns Hopkins University Press, 2006.

97. Meier, Kenneth J., *Politics and the Bureaucracy: Policymaking in the Fourth Branch of Government*, (4th. ed.) Ft. Worth: Harcourt Brace, 2000.

98. Meny, Yves and Anderw Knapp, *Government and Politics in Western Europe: Britain, France, Italy, Germany (third edition)*, Oxford: Oxford University Press, 1998.

99. Merton, Robert K., et al., ed., *Reader in Bureaucracy*, Illinois, Glencoe: The Free Press, 1952.

100. Chubb, John E. and Paul E. Peterson, eds, *Can the Government Govern?* Washington, D. C.: Brookings, 1989. California Press, 1967.

101. Morris, Peter, *French Political Today*, Manchester: Manchester University Press, 1922.

102. Mosca, Gaetano, *Ruling Class*, NY: McGraw-Hill, 1939.

103. Mosher, Frederick C., *Democracy and the Public Service*, NY: Oxford University Press, 1982.

104. Neild, Bobert, *The Dark Side of Social Evolution*, London: Anthem Press, 2002.

105. Nye, Joseph S., Philip Zelikow and David C. King, *Why People Don't Trust Government*, Cambridge: Harvard University Press, 1997.

106. Olsen, J. P., *Organized Democracy*, Oslo: Universitersforlaget, 1983.

107. Olsen, Johan P. and B. Guy Peters, *Lesson from Experience*, Oslo: Scandinavian University Press, 1996.

108. Osborne, David and Ted Gaebler, *Reinventing Government: How the Entrepreneurial Spirit is Transforming the Public Sector*, Mass: Addison-Wesley, 1992.

109. Otenyo, Eric E. and Nancy S. Lind, *Comparative Public Administration: the Essential Readings*, Oxford: Elsevier Ltd., 2006.

110. Page, Edward C., *Bureaucratic Authority and Political Power*, Brighton: Wheatsheaf, 1992.

111. Page, Edward C., *Political Authority and Bureaucratic Power: A Comparative Analysis*, 2nd. ed., Hertfordshire: Harvester Wheatsheaf, 1992.

112. Page, Edward C. and Vincent Wright, *Bureaucratic Elites in Western European States*, Oxford: Oxford University Press, 1999.

113. Parris, Henry, *Constitutional Bureaucracy: the Development of British Central Administration Since the Eighteenth Century*, London: George Allen& Unwin Ltd., 1969.

114. Perry, James L., *Civil Service Systems in Comparative Perspective*. Bloomington & Indianapolis: Indiana University Press, 1996.

115. Peters, B. Guy, *Comparing Public Bureaucracies: Problems of Theory and Method*, AL, Tuscaloosa: The University of Alabama Press, 1988.

116. Peters, B. Guy and Christian Hunold, *European Politics Reconsidered*, NY: Holmes Meier Publishers, 1989.

117. Peters, B. Buy and Jon Pierre, *Politicians, Bureaucrats and Administrative Reform*, London: Routledge, 2001.

118. Peters, B. Guy and Jon Pierre, *Politicization of the Civil Service in Comparative Perspective: the quest for control*, London: Routledge, 2004.

119. Peters, B·Guy and Jon Pierre, ed., *Politicization of the Civil Service in Comparative Perspective: The Quest for Control*, 2004.

120. Pflanze, Otto, *Bismarck and the Development of Germany*, New Jersey: Princeton University Press, 1990.

121. Pierre, Jon, ed., *Bureaucracy in the Modern State: An Introduction to Comparative Public Administration*, Hants: Edward Elgar Publishing Limited, 1995.

122. Pirenne, Henri, *Economic and Social History of Medieval Europe*, NY: Harcourt, Brace and Co., 1937.

123. Pitt, Douglas C. *Government Departments: An Organizational Perspective*, London: Routledge & K. Paul, 1981.

124. Pollitt, Christopher, *Managerialism and the Pulibc Services: Cuts or Cultural Change in the 1990s?* Cambridge, Mass: Blackwell Business, 1993.

125. Pratt, John W. and Richard J. Zeckhauser, eds. *Principals and Agents: The Structure of Business*, Boston: Harvard Business School Press, 1985.

126. Pye, Lucian W. and Sidney Verba, *Political Culture and Political Development*, Princeton, NJ: Princeton University Press, 1965.

127. Rhodes, R. A. W. and Patrick Weller, ed., *The Changing World of Top Officials*, Buckingham: Open University Press, 2001.

128. Richardson Jeremy, ed., *Policy Styles in Western Europe*, London: George Allen and Unwin, 1992.

129. Ridley, Frederick. F. ed., *Government and Administration in Western Europe*, Oxford: Martin Robertson & Co Ltd, 1979.

130. Riggs, Fred W., Administration in Developing Countries: The Theory of Prismatic Society, Boston: Houghton Mifflin Co., 1964.

131. Riggs, Fred W., *The Ecology of Public Administration*, Bombay: Asia Publishing House, 1961.

132. Ripley, Randall B., and Grace A. Franklin, *Congress, the Bureaucracy, and Pubic Policy*, Homewood, Ill.: Dorsey Press., 1991.

133. Rose, Richard and Ezra N. Suleiman, *Presidents and Prime Ministers*, Washington D. C. : the American Enterprise Institute for Public Policy Research, 1980.

134. Rosebloom, David H. , *Centenary Issues of The Pendleton Act of 1883: The Problematic Legacy of Civil Service Reform*, NY: Marcel Dekker, 1982.

135. Rosenberg, Hans, *Bureaucracy, Aristocracy And Autocracy, The Prussian Experience 1660—1815*, Boston: Harvard University Press, 1966.

136. Rothan Scarrow and Schain Hargens, *European Society and Politics*, NY: NYU Press, 1990.

137. Rothman, Stanley, *European Society and Politics*, Indianapolis: The Bobbs-Merrill Company, 1970.

138. Rourke, Francis E. *Bureaucracy, Politics, and Public Policy*, Boston: Little, Brown, 1984.

139. Rousseau, Jean-Jacques, *The Social Contract*, New York: Penguin Classics, 1968.

140. Rowat, Donald C. , *Public Administration in Developed Democracies: A Comparative Study*, New York: Marcel Dekker, Inc. , 1988.

141. Sandel, Michael J. , *Democracy's Discontent: America in Search of a Public Philosophy*, Cambridge: Harvard University Press, 1996.

142. Schumpeter, Joseph, *Capitalism, Socialism, and Democracy*, NY: Harper, 1949.

143. Schumpeter, Joseph, *Imperialism and Social Classes*, New York: Meridian Books, 1971.

144. Selden, Sally C. *The Promise of Representative Bureaucracy*, New York: M. E. Sharpe Publishers, 1997.

145. Selltiz, Claire, et al. , eds. , *Research Methods in Social Relations*, NY: Holt, Renehart, and Winston, 1959.

146. Sharp, Walter R. , *The French civil service: bureaucracy in transition*, New York: The Macmillan company, 1931.

147. Siedentopf, Heinrich, " A Comparative Overview ", in Donald C. Rowat, ed. , *Public Administration in Developed Democracies*, New York:

Marcel Dekker, 1988.

148. Sisson, Charles H., *The spirit of British Administration*, London: Oxford University Press, 1966.

149. Speier, Hans and W. Phillips Davison, eds., *West German Leadership and Foreign Policy*, Evanston, Ill.: Row, Peterson, 1957.

150. Stepan, Alfred, Arguing Comparative Politics, NY: Oxford University Press, 2001.

151. Suleiman, Ezra N., *Bureaucrats and Policy Making: A Comparative Overview*, New York: Holmes & Meier Publishers, 1984.

152. Suleiman, Ezra N., *Dismantling Democratic States*, Princeton: Princeton University Press, 2005.

153. Suleiman, Ezra N., *The Elite in French Society: the Politics of Survival*, New Jersey: Princeton University Press, 1978.

154. Suleiman, Ezra N., *Politics, Power and Bureaucracy in France: The Administrative Elite*, Princeton: Princeton University Press, 1974.

155. Swain, Carol M., *Black Faces, Black Interests: The Representation of African Americans in Congress*, Cambridge: Harvard University Press, 1993.

156. Tate, Katherine, *Black Faces in the Mirror: African Americans and Their Representatives in the U.S. Congress*, Princeton: Princeton University Press, 2003.

157. Thompson, James D., ed., *Comparative Studies in Administration*, Pittsburgh: University of Pittsburgh Press, 1959.

158. Tuchman, Barbara Wertheim, *A Distant Mirror: the Calamitous 14th Century*, New York: Ballantine Books, 1987.

159. Tummala, Krishna K., ed., *Comparative Bureaucratic Systems*, Maryland, Lanham: Lexington Books, 2003.

160. Waldo, Dwight, ed. *Public Administration in a Time of Turbulence*, Scranton, PA: Chandler, 1971.

161. Waldo, Dwight, *The Administrative State: A study of The Political Theory of American Public Administration*, New York: Holmes & Meier Publishers, Inc., 1984.

162. Walker, K. Winmer, *Government in Britain and the New Common-*

wealth, London: George G. Harrap, 1965.

163. Weber, Max, "Bureaucracy", inHans H. Gerth and Charles W. Mills, *From Max Weber: Essays in Sociology*, NY: Oxford University Press, 1962.

164. Weber, Max, Essays in Economic Sociology, ed., Richard Swedberg, Princeton: Princeton University Press, 1999.

165. Weber, Max, *Essays in Sociology*, tr. and ed. by H. H. Gerth and C. Wright Mills, London: Routledge and Regan Paul, 1948.

166. Weber, Max, *The Theory of Social and Economic Organization*, New York: The Free Press, 1947.

167. Weber, Max, *The Theory of Social and Economic Organization*, New York: The Free Press, 1965.

168. Wilson, James Q. , *Bureaucracy: What Government Agencies Do and Why They Do It*, New York: Basic Books, 1989.

169. Woll, Peter, *American Bureaucracy*, New York: W. W. Norton & Company, Inc. , 1977.

170. Wood, B. Dan, and Richard W. Waterman. *Bureaucratic Dynamics: The Role of Bureaucracy in a Democracy*, Boulder, CO: Westview Press, 1994.

171. 171. Wright, David E. , III, Michael W. Hirlinger, and Robert E. England, *The Politics of Second Generation Discrimination in American Indian Education: Incidence, Explanation, and Mitigating Strategies*, Westport, CT: Bergin and Garvey, 1998.

(二) 英文论文

1. Almond, Gabriel A. , "The Return to the State," *American Political Science Review* 82, No. 3, 1988, pp. 853—874.

2. Arnold, R. Douglas, "Political Control of Administrative Officials," *Journal of Law, Economics, and Organization*, Vol. 3, No. 2, 1987.

3. Ashford, Douglas E. , "British Philosophy of Administration," *Public Administration Review*, Vol. 50, No. 3, 1990, pp. 395—396.

4. Balla, Steven J. , "Administrative Procedures and Political Control of the Bureaucracy", *American Political Science Review*, Vol. 92, September, 1998.

5. Balla, Steven J. , and John R. Wright, "Interest Groups, Advisory

Committees and Congressional Control of the Bureaucracy," *American Journal of Political Science*, Vol. 45, October, 2001.

6. Balniel, Lord, "The Upper Classes," *The Twentieth Century*, No. 999, 1960.

7. Bawn, Kathleen, "Bureaucratic Accountability for Regulatory Decisions: Comment on Lupia and McCubbins," *Law and Contemporary Problems*, Vol. 57, 1994.

8. Bawn, Kathleen, "Choosing Strategies to Control the Bureaucracy: Statutory Constraints, Oversight, and the Committee System", *Journal of Law, Economics, and Organization*, Vol. 13, No. 1, 1997.

9. Bawn, Kathleen, "Political Control Versus Expertise: Congressional Choices about Administrative Procedures," *American Political Science Review*, Vol. 89, March, 1995.

10. Beach, John C. et al., "State Administration and the Founding Fathers during the Critical Period," *Administration and Society*, Vol. 28, No. 4, 1997.

11. Beck, Hermann, "The Social Policies of Prussian Officials: The Bureaucracy in a New Light," *The Journal of Modern History*, Vol. 64, No. 2, 1992, pp. 263—298.

12. Bendor, Jonathan, Serge Taylor and Roland Van Gaalen, "Politicians, Bureaucrats, and Asymmetric Information," *American Journal of Political Science*, Vol. 31, November, 1987.

13. Bernstein, Mary, "Identity Politics," *Annual Review of Sociology*, Vol. 31, No. 1, 2005.

14. Bevir, Mark and Rhodes, R. A. W., "Studying British Government: Reconstructing the Research Agenda," *British Journal of Politics and International Relations*, Vol. 1, No. 2, 1999, pp. 215—239.

15. Bibby, John F. "Committee Characteristics and Legislative Oversight of Administration," *Midwest Journal of Political Science*, Vol. 10, February, 1966.

16. Bibby, John F., "Congress' Neglected Function," In Melvin R. Laird, *The Republican Papers*, New York: Anchor, pp. 477—488, 1968.

17. Bodiguel, L. , "Political andAdministrative Traditions and the French Senior Civil Service," *International Journal of Public Administration*, Vol. 13, No. 5, 1990.

18. Bodiguel, Jean-Luc, "Political and administrative traditions and the French senior civil service", *International Journal of Public Administration*, 1990, Vol. 13, No. 5.

19. Brambor, Thomas, William R. Clark, and Matt Golder, "Understanding Interaction Models: Improving Empirical Analyses," *Political Analysis*, Vol. 14, 2006.

20. Bratton, Kathleen A. and Kerry L. Haynie, "Agenda Setting and Legislative Success in State Legislatures: The Effects of Race and Gender," *Journal of Politics*, Vol. 61, 1999.

21. Brown, Bernard E., "Elite Attitudes and Political Legitimacy in France," *The Journal of Politics*, Vol. 31, No. 2, 1969.

22. Brown, Bernard E., et. al., "A Statement by the Editors," *Comparative Politics* 1, 1968, pp. 1—2.

23. Burns, Tom, "Sovereignty, Interests and Bureaucracy in the Modern State," *The British Journal of Sociology*, Vol. 31, No. 4, 1980, pp. 491—506.

24. Caiden, Gerald E. "What Really Is Public Maladministration?" *Public Administration Review*, Vol. 51, No. 6, 1991.

25. Calvert, Randall L., Mathew D. McCubbins, and Barry R. Weingast, "A Theory of Political Control and Agency Discretion," *American Journal of Political Science*, Vol. 33, 1989.

26. Cecil, Lamar, "The Creation of Nobles in Prussia, 1871—1918," *The American Historical Review*, Vol. 75, No. 3, 1970, pp. 757—795.

27. Chevaillier, Thierry, "French Academics: Between the Professions and the Civil Service," *Higher Education*, Vol. 41, No. 1/2, 2001.

28. Church, Clive H., "The Social Basis of the French Central Bureaucracy under the Directory 1795—1799," *Past & Present*, No. 36, 1967.

29. Clark, David, "The Modernization of the French Civil Service: Crisis, Change and Continuity," *Public Administration*, Vol. 76, No. 1, 1998.

30. Cobban, Alfred, "The Napoleonic system of Administration in France," *The Modern Law Review*, Vol. 9, No. 1, 1946.

31. Cole, Alistair, "The Service Public under Stress," *West European Politics* 22, No. 4, October 1999.

32. Comaroff, John L. and Paul C. Stern, "New Perspectives on Nationalism and War," *Theory and Society*, Vol. 23, No. 1, 1994.

33. Cook, Brian, and B. Dan Wood, "Principal-Agent Models of Political Control of the Bureaucracy," *American Political Science Review*, Vol. 83, 1989.

34. Dahl, Robert A., "The Science of Public Administration: Three Problems," *Public Administration Review* 7, No. 1, 1947, pp. 1—11.

35. Derlien, Hans Ulrich, "Repercussions of Government Change on the Career Civil Service in West Germany: The Cases of 1969 and 1982," *Governance* 1, No. 1, 1998.

36. Deutsch, Karl, "On Communication Models in the Social Sciences," *Public Opinion Quaterly*, XVI, 1952.

37. Diamant, Alfred, "The Relevance of Comparative Politics to the Study of Comparative Administrative," *Administration Science Quarterly* 5, No. 1, 1960, pp. 87—112.

38. Diamant, Alfred, "Tradition and Innovation in French Administration," *Comparative Political Studies*, 1 (2), 1968, pp. 251—274.

39. Diamant, Alfred, "Antibureaucratic Utopias in Highly Industrialized Societies," *Journal of Comparative Administration*, May, 1972.

40. Dillman, David, "British Civil Service", *Public Administration Review*, Vol. 50, No. 3, 1990, pp. 396—397.

41. Dorn, Walter L., "The Prussian Bureaucracy in the Eighteenth Century," *Political Science Quarterly*, Vol. 46, No. 3, 1931, pp. 403—423.

42. Dorn, Walter L, "The Prussian Bureaucracy in the Eighteenth Century II," *Political Science Quarterly*, Vol. 47, No. 1 (Mar., 1932), pp. 75—94.

43. Downs, Anthony, "A Theory of Bureaucracy," *The American Economic Review*, Vol. 55, 1965.

44. Dunleavy, Patrick, etc. ,"Leaders, Politics and Institutional Change: The Decline of Prime Ministerial Accountability to the House of Commons, 1868—1990," *British Journal of Political Science*, Vol. 23, No. 3, 1993, pp. 267—298.

45. Edwards, George C, III, William Mitchell and Reed Welch, "Explaining Presidential Approval: The Significance of Issue Salience," *American Journal of Political Science*, Vol. 39, No. 1, 1995.

46. Ehrmann, Henry W. , "French Bureaucracy and Organized Interests," *Administrative Science Quarterly*, Vol. 5, No. 4, 1961.

47. Elgie, Robert, "The Prime Minister's Office in France: A Changing Role in a Semi-presidential System," *Governance*, Vol. 5, No. 1, 1992.

48. Fenno, Richard F. , Jr. " U. S. House Members in Their Constituencies," *American Political Science Review*, Vol. 71, Sept. , 1977.

49. Finer, Herman, "Administrative Responsibility in Democratic Government," *Public Administration Review*, Vol. 1, 1941.

50. Fiorina, Morris P. "Legislator Uncertainty, Legislative Control, and the Delegation of Legislative Power," *Journal of Law, Economics, and Organization*, Vol. 2, No. 1, 1986.

51. Foreman, Christopher H. , Jr. , "Reinventing Capital Hill," *The Brookings Review* (Winter), 1995.

52. Fraga, Luis Ricardo, et. al. , "Hispanic Americans and Educational Policy: Limits to Equal Access," *Journal of Politics*, Vol. 48, 1986.

53. Frank, Elke, "The Role of Bureaucracy in Transition," *The Journal of Politics*, Vol. 28, No. 4, 1966, pp. 725—753.

54. Frederickson, H. George, "Comparing the Reinventing of Government with the New Public Administration," *Public Administration Review* 56, No. 3, May-June, 1996.

55. Furlong, Scott R, "Political Influence on the Bureaucracy: The Bureaucracy Speaks," *Journal of Public Administration Research and Theory*, Vol. 8, No. 1, 1998.

56. Gay, Claudine, "The Effect of Black Congressional Representation on Political Participation," *American Political Science Review*, Vol. 95,

No. 3, 2001.

57. Goerdel, H. T., "Taking Initiative: Proactive Management and Organizational Performance in Networked Environments," *Journal of Public Administration Research and Theory*, Vol. 16, No. 3, 2006.

58. Goldsmith, Michael, "Central Control over Local Government: A Western European Comparison," *Local Government Studies*, Vol. 28, No. 3, 2002.

59. Goquel, Francois, "Political Instability in France," *Foreign Affairs*, Vol. 33, No. 1, 1954.

60. Gordon, Michael R., "Civil Servants, Politicians, and Parties: Shortcomings in the British Policy Process," *Comparative Politics*, Vol. 4, No. 1, 1971, pp. 29—58.

61. Gorski, Philip S., "The Protestant Ethic and the Spirit of Bureaucracy," *American Sociological Review*, Vol. 60, No. 5, 1995.

62. Gray, Marion W, "Prussia in Transition: Society and Politics under the Stein Reform Ministry of 1808," *Transactions of the American Philosophical Society*, New Series, Vol. 76, No. 1, 1986, pp. 1—175.

63. Grove, J. W., "Cabinet, Ministers, and Civil Service," *Public Administration Review*, Vol. 14, No. 4, 1954, pp. 285—289.

64. Gualmini, Elisabetta, "Restructuring Weberian Bureaucracy: Comparing Managerial Reforms in Europe and the United States," *Public Administration* Vol. 86, No. 1, 2008.

65. Gutheim, Frederick, "Civil Service Reform in France," *Public Administration Review*, Vol. 5, No. 4, 1945.

66. Hagen, William W., "The Partitions of Poland and the Crisis of the Old Regime in Prussia 1772—1806," *Central European History*, Vol. 9, No. 2, 1976, pp. 115—128.

67. Hagen, William W., "Descent of the Sonderweg: Hans Rosenberg's History of Old-Regime Prussia," *Central European History*, Vol. 24, No. 1, 1991, pp. 24—50.

68. Hammond, Thomas H. and Jack H. Knott, "Who Controls the Bureaucracy?: Presidential Power, Congressional Dominance, Legal Constraints,

and Bureaucratic Autonomy in a Model of Multi-institutional Policy-making," *Journal of Law, Economics, and Organization*, Vol. 12, No. 1, 1996.

69. Hanushek, Erik A, "Conclusions and Controversies About the Effectiveness of School Resources," *Economic Policy Review*, Vol. 4, No. 1, 1998.

70. Harris, John S. and Garcia, Thomas V., "The Permanent Secretaries: Britain's Top Administrators," *Public Administration Review*, Vol. 26, No. 1, 1966, pp. 31—44.

71. Heady, Ferrel, "Recent Literature on Comparative Public Administration," *Administrative Science Quarterly*, Vol. 5, No. 1, 1960.

72. Hennessy, Peter, "Secrecy Shrouds No. 10 Directive on Open Government," *The Times*, 27 November, 1979.

73. Hennessy, Peter, "Civil Servants given guide on what not to say and to whom," *The Times*, 22 May, 1980.

74. Hennessy, Peter, "The Blair Style of Government: An Historical Perspective and an Interim Audit," *Government and Opposition* 33, 1, 1998, pp. 3—20.

75. Hertz, Deborah, "The Genealogy Bureaucracy in the Third Reich," *Jewish History*, Vol. 11, No. 2, 1997, pp. 53—79.

76. Hesse, John. J, "A Stable System Turning Rigid: Public Sector Reform in Germany," *International Review of Public Administration*, Vol. 6, No. 2, 2001.

77. Holmes, Stephen, "What Russia Teaches US Now; How Weak States Threaten Freedom," *American Prospect*, July-August, 1997.

78. Holye, John R., and Linda Skrla, "The Politics of Superintendent Evaluation," *Journal of Personnel Evaluation in Education*, Vol. 13, No. 4, 1999.

79. Hood, Christopher, "A Public Management for All Seasons?", *Public Administration*, 69 (1), 1991, pp. 3—19.

80. Johnson, Nevil, "Some Remarks on the Political Role of the Bureaucracy in Britain and Western Germany," paper presented at a panel of the European consortium for Political Research, University of Mannheim, 1973.

81. Jumper, Roy, "Recruitment Problems of the French Higher Civil

Service: an American Appraisal," *Political Research Quarterly*, Vol. 10, No. 1, 1957, pp. 38—48.

82. Keiser, Lael R., Vicky M. Wilkins, Kenneth J. Meier, and Catherine Holland, "Lipstick or Logarithms: Gender, Identity, Institutions and Representative Bureaucracy," *American Political Science Review*, Vol. 96, No. 3, 2002.

83. Kerr, Brinck, and Kenneth R. Mladenka, "Does Policy Matter? A Time-Series Analysis of Minority Employment Patterns," *American Journal of Political Science*, Vol. 38, 1994.

84. Kettl, Donald F., "The Global Revolution in Public Management: Driving Themes, Missing Links," *Journal of Policy Analysis and Management* 16, No. 3, 1997.

85. Kiser, Edgar and Joachim Schneider, "Bureaucracy and Efficiency: An Analysis of Taxation in Early Modern Prussia," *American Sociological Review*, Vol. 59, No. 2, 1994, pp. 187—204.

86. Knight, K. W., "Administrative Secrecy and Ministerial Responsibility," *The Canadian Journal of Economics and Political Science*, Vol. 32, No. 1, 1966, pp. 77—84.

87. Kocka, Jurgen, "Capitalism and Bureaucracy in German Industrialization before 1914," *The Economic History Review*, New Series, Vol. 34, No. 3, 1981, pp. 453—468.

88. Kocka, Jurgen, "Capitalism and Bureaucracy in German Industrialization before 1914," *The Economic History Review*, 2nd ser. 33, 1981.

89. Kohn, Hans, "Napoleon and the Age of Nationalism," *The Journal of Modern History*, Vol. 22, No. 1, 1950.

90. La Vopa, Anthony, "Isabel V. Hull, Sexuality, State, and Civil Society in Germany, 1700—1815," *The Journal of Modern History*, Vol. 70, No. 3, 1998, pp. 727—730.

91. Landau, Martin, "On the Use of Functional Analysis in American Political Science," *Social Research* 35, No. 1, 1968, pp. 48—75.

92. Ledford, Kenneth F., "Judicial Independence and Political Representation: Prussian Judges as Parliamentary, Deputies, 1849—1913," *Law &*

Social Inquiry, Vol. 25, No. 4, 2000, pp. 1049 – 1075.

93. Leiserson, Avery, "Politics in Administration In Modern Dress," *Public Administration Review*, Vol. 5, No. 2, 1945, pp. 168—172.

94. Livingston, William S., "Britain and America: The Institutionalization of Accountability," *The Journal of Politics*, Vol. 38, No. 4, 1976, pp. 879—894.

95. Lüdtke, Alf, "The Role of State Violence in the Period of Transition to Industrial Capitalism: The Example of Prussia from 1815 to 1848," *Social History*, Vol. 4, No. 2, 1979, pp. 175—221.

96. Maranto, Robert, "Thinking the Unthinkable in Public Administration: A Case for Spoils in the Federal Bureaucracy," *Administration and Society* 29, No. 6, Jan. 1988.

97. March, James G.. and Johan P. Olsen, "The New Institutionalism: Organizational Factors in Political Life," *American Political Science Review*, 78, 1984, pp. 734—749.

98. Marsh, David, "Understanding British Government: Analyzing Competing Models", *British Journal of Politics and International Relations*, Vol. 10, 2008, pp. 251—268.

99. Marx, Fritz M., "German Bureaucracy in Transition," *The American Political Science Review*, Vol. 28, No. 3, 1934.

100. Mayntz, Renate and Hans-Ulrich Derlien, "Party Patronage and Politicization of the West German Administrative Elite 1970—1987—Toward Hybridization?" *Governance* 2, No. 4, 1989.

101. McCubbins, Matthew D., and Thomas Schwartz, "Congressional Oversight Overlooked: Police Patrols versus Fire Alarms," *American Journal of Political Science*, Vol. 28, February, 1984.

102. McCubbins, Matthew D., Roger Noll, and Barry Weingast, "Administrative Procedures as Instruments of Popular Control," *Journal of Law, Economics, and Organization*, Vol. 3, 1987.

103. McCubbins, Matthew D., Roger G. Noll, and Berry R. Weingast, "Structure and Process, Politics and Policy: Administrative Arrangements and the Political Control of Agencies," *Virginia Law Review*, Vol. 75,

No. 2, 1989.

104. Meier, Kenneth J., "Representative Bureaucracy: A Theoretical and Empirical Exposition," *Research in Public Administration*, Vol. 2, 1993.

105. Meier, Kenneth J., "Bureaucracy and Democracy: The Case for More Bureaucracy and Less Democracy," *Public Administration Review* 57, No. 3, May-June 1997.

106. Meier, Kenneth J., and Laurence J. O'Toole, Jr., "Managerial Networking: Issues of Measurement and Research Design," *Administration and Society*, Vol. 37, No. 5, 2005.

107. Meier, Kenneth J., and Laurence J. O'Toole, Jr., "Managerial Strategies and Behavior in Networks: A Model with Evidence from U. S. Public Education," *Journal of Public Administration Research and Theory*, Vol. 11, July, 2001.

108. Meier, Kenneth J., and Laurence J. O'Toole, Jr., "Public Management and Educational Performance: The Impact of Managerial Networking," *Public Administration Review*, Vol. 63, November/December, 2003.

109. Meier, Kenneth J., and Lawrence J. O'Toole Jr., "Unsung Impossible Jobs: The Politics of Public Management," Presented at the 2004 Annual Meeting of the American Political Science Association Meeting, Chicago, IL 2004.

110. Meier, Kenneth J., J. L. Polinard, and Robert Wrinkle, "Politics, Bureaucracy, and Farm Credit," *Public Administration Review*, Vol. 59, July/August, 1999.

111. Meier, Kenneth J., Laurence J. O'Toole, Jr., and Daniel P. Hawes, "Testing the Theoretical Determinants of Political Control over the Bureaucracy: Taking Wood and Waterman Seriously," Presented at the annual meeting of the American Political Science Association, August 31, 2007, Chicago, IL.

112. Meier, Kenneth J., Laurence J. O'Toole, Jr., and Sean Nicholson-Crott, "Multilevel Governance and Organizational Performance: Investigating the Political-Bureaucratic Labyrinth," *Journal of Policy Analysis and Management*, Vol. 23, Winter, 2004.

113. Meyer, Heinz-Dieter, "Organizational Environments and Organizational Discourse: Bureaucracy between Two Worlds," *Organization Science*, Vol. 6, No. 1, 1995, pp. 32—43.

114. Michalski, Michael R., Creon's Secretaries: *Theories Of Bureaucracy and Social Order in 18th and Early 19th Century Prussia*, A dissertation submitted in partial fulfillment of the requirements for the degree of Doctor of Philosophy (Political Science) in The University of Michigan, 2009.

115. Miewald, Robert D., "Weberian Bureaucracy and the Military Model," *Public Administration Review*, Vol. 30, No. 2, 1970.

116. Miller, Gary J, "The Political Evolution of Principal-Agent Models," *Annual Review of Political Science*, Vol. 8, 2005.

117. Moe, Ronald C., "The Reinventing Government' Exercise: Misinterpreting the Problem, Misjudging the Consequences," *Public Administration Review* 54, No. 2, March-April 1994.

118. Moe, Terry M, "Control and Feedback in Economics Regulation: The Case of the NLRB," *American Political Science Review*, Vol. 79, December, 1985.

119. Moe, Terry M, "The New Economics of Organization," *American Journal of Political Science*, Vol. 28, November, 1984.

120. Neunreither, Karlheinz, "Politics and Bureaucracy in the West German Bundesrat," *American Political Science Review*, Vol. 53, No. 3, 1959.

121. Nicholson-Crotty, Sean, and Lawrence J. O'Toole, Jr., "Public Management and Organizational Performance: The Case of Law Enforcement Agencies," *Journal of Public Administration Research and Theory*, Vol. 14, No. 1, 2004.

122. O'Toole, Laurence J., Jr., and Kenneth J. Meier, "Modeling the Impact of Public Management: The Implications of Structural Context," *Journal of Public Administration Research and Theory*, Vol. 9, October, 1999.

123. O'Toole, Laurence J., Jr., and Kenneth J. Meier, "Plus ça Change: Public Management, Personnel Stability, and Organizational Performance," *Journal of Public Administration Research and Theory*, Vol. 13, No. 1, 2003.

124. O'Toole, Laurence J., Jr. and Kenneth J. Meier, "Desperately Seeking Selznick: Cooptation and the Dark Side of Public Management in Networks," *Public Administration Review*, Vol. 64, No. 6, 2004.

125. O'Toole, Laurence J., Jr. and Kenneth J. Meier, "Public Management in Intergovernmental Networks: Matching Structural Networks and Managerial Networking," *Journal of Public Administration, Research and Theory*, Vol. 14, No. 4, 2004.

126. O'Boyle, Lenore, "Conference Group for Central European History of the American Historical Association," *Central European History*, No. 4, 1986, pp. 386—408.

127. Otoole, Barry J., "T. H. Green and the Ethics of Senior Officials in British Central Government," *Public Administration*, Vol. 68, 1990, pp. 337—352.

128. Page, Benjamin I. and Robert Y. Shapiro, "Effects of Public Opinion on Policy," *American Political Science Review*, Vol. 77, No. 1, 1983.

129. Pearson, James, "Oversight: A Vital Yet Neglected Congressional Function," *Kansas Law Review*, Vol. 23, 1975.

130. Paul Singer, "Administration by the Horns," *National Journal*, March 25, 2005.

131. Pierce, Bassie Louise, "The School and the Spirit of Nationalism," *Annals of the American Academy of Political and Social Science*, Vol. 175, 1934.

132. Pinney, Edward L., "Latent and Manifest Bureaucracy in the West German Parliament: The Case of the Bundesrat," *Midwest Journal of Political Science*, Vol. 6, No. 2, 1962.

133. Polinard, Jerry L., et. al., "Education and Governance: Representational Links to Second Generation Discrimination," *The Western Political Quarterly*, Vol. 43, Sept., 1990.

134. Quermonne, Jean-Louis and Luc Rouban, "French Public Administration and Policy Evaluation: The Quest for Accountability," *Public Administration Review*, Vol. 46, No. 5, 1986.

135. Ray, Lee Ann and Robert L. Marshall, "The Aftershock of Superin-

tendent Buyouts: An Analysis of the Effects on School Finance, School Climate, Student Achievement and Community Relations," *National Forum of Educational, Administration and Supervision Journal*, Vol. 23, No. 4E, 2006.

136. Rhodes, R. A. W. , "From Institutions to Dogma: Tradition, Eclecticism, and Ideology in the Study of British Public Administration," *Public Administration Review*, Vol. 56, No. 6, 1996, pp. 507—516.

137. Ridley, Frederick F. , "Re-inventing British Government," *Parliamentary Affairs*, Vol. 48, 1995.

138. Riggs, Fred W. , "The 'Sala' Model: An Ecological Approach to the Study of Comparative Administration," *Philippins Journal of Public Administration*, VI, 1962.

139. Riggs, Fred W. , "Trends in the Comparative Study of Public Administration," In *International Review of Administrative Sciences*, Vol. 28, No. 1. Jan. 1, 1962, pp. 9—15.

140. Ringquist, Evan, Jeff Worsham and Marc Allen Eisner, "Salience, Complexity, and the Legislative Direction of Regulatory Agencies," *Journal of Public Administration Research and Theory*, Vol. 13, 2003.

141. Robinson, Scott E, "Rules, Roles, and Minority Representation: The Dynamics of Budgeting for Bilingual Education Programs in Texas," *State Politics and Policy Quarterly*, Vol. 2, 2002.

142. Rocha, Rene R, "Black/Brown Cooperation and Conflict in the Education Policymaking Process," Unpublished PhD Dissertation, Department of Political Science, Texas A&M University, 2006.

143. Rockman, Bert A. , "Legislative-Executive Relations and Legislative Oversight," *Legislative Studies Quarterly*, Vol. 9, No. 3, 1984.

144. Roger, Gladden, A History of Public Administration, *The Journal of Modern History*, Vol. II, pp. 163—185.

145. Rubin, Edward, "The Myth of Accountability and the Anti-Administrative Impulse", *Michigan Law Review*, Vol. 103, No. 8, 2005, pp. 2073—2136.

146. Scheinman, Lawrence, "The Politics of Nationalism in Contemporary France", International Organization, Vol. 23, No. 4, 1969.

147. Schmitter, Phillipe C. , "Still A Century of Corporatism?" *Review of*

Politics, Vol. 36, 1974.

148. Scholz, John and B. Dan Wood, "Controlling the IRS: Principals, Principles, and Public Administration", *American Journal of Political Science*, Vol. 42, January, 1998.

149. Seibel, Wolfgang, "Beyond Bureaucracy: Public Administration as Integrator and Non-Weberian Thought in Germany," *Public Administration Review*, Vol. 70, Issue 5, 2010.

150. Seibel, Wolfgang, "Administrative Science as Reform: German Public Administration," *Public Administration Review*, Vol. 56, No. 1, 1996.

151. Sharp, Walter R., "The Political Bureaucracy of France Since the War," *The American Political Science Review*, Vol. 22, No. 2, 1928.

152. Simon, Herbert, "Why Public Administration?" *Journal of Public Administration Research and Theory*, Vol. 8, January, 1998.

153. Smith, Martin J., "Re-centering British Government: Beliefs, Traditions and Dilemmas in Political Science," *Political Studies Review*, Vol. 6, 2008, pp. 143—154.

154. Spence, David, "Administrative Law and Agency Policy-Making: Rethinking the Positive Theory of Political Control," *Yale Journal on Regulation*, Vol. 14, No. 2, 1997.

155. Spence, Michael and Richard Zeckhauser, "Insurance, Information, and Individual Action," *American Economic Review*, Vol. 61, 1971.

156. Sperber, Jonathan, "State and Civil Society in Prussia: Thoughts on a New Edition of Reinhart Koselleck's", *The Journal of Modern History*, Vol. 57, No. 2, 1985, pp. 278—296.

157. Spitzer, Alan B., "The Bureaucrat as Proconsul: the Restoration Prefect and the Police Générale," *Comparative Studies in Society and History*, VII, No. 4, 1965.

158. Stein, Harold, "The British Administrator's World," *Public Administration Review*, Vol. 22, No. 4, 1962, pp. 221—230.

159. Stern, Eric and Verbeek, Bertjan, "Conclusions: Toward a Neo-pluralist Approach to Bureau-Governmental Politics," *Mershon International Studies Review*, Vol. 42, No. 2, 1998, pp. 240—255.

160. Sternhell, Zeev, "Paul Deroulede and the Origins of Modern French Nationalism," *Journal of Contemporary History*, Vol. 6, No. 4, 1971.

161. Suleima, Ezra, "Self-Image, Legistimacy and the Stability of Elits: The Case of France," *British Journal of Political Science* 7, April 1977, pp. 191—215.

162. Suleima, Ezra, "The French Bureaucracy and Its Students: Toward the Desantificationof the State," *World Politics* 23, Oct. 1970.

163. Suleiman, Ezra N., "Higher Education in France: a two-track system," *West European Politics*, Vol. 1, No. 3, 1978.

164. Tant, A. P., "Leaks and the Nature of British Government," *Political Quarterly*, Vol. 66, No. 2, 1995, pp. 197—209.

165. Tucker, Harvey J. and Harmon Zeigler, "Responsiveness in Public School Districts: A Comparative Analysis of Boards of Education," *Legislative Studies Quarterly*, Vol. 3, No. 2, 1978.

166. Vaucher, Paul, "A Reform in the French Civil Service", *Public Administration*, Vol. 20, No. 3, 1942.

167. Vernardakis, George, "The National School of Administration: Training for the Higher Levels of the French Civil Service," *International Journal of Public Administration*, Vol. 12, No. 3, 1989.

168. Vogel, Barbara and Hermann Beck, "The Origins of the Authoritarian Welfare State in Prussia: Conservatives, Bureaucracy, and the Social Question, 1815—1870," *The Journal of Modern History*, Vol. 71, No. 1, 1999, pp. 246—249.

169. Wart, Montgomery Van and N. Joseph Cayer, "Comparative Public Administration Defunct, Dispersed or Redefined," *PAR* 50, No. 2, March-April 1990, pp. 238—248.

170. Waterman, Richard and B. Dan Wood, "Policy Monitoring and Policy Analysis", *Journal of Policy Analysis and Management*, Vol. 12, No. 4, 1993.

171. Waterman, Richard and Kenneth J. Meier, "Principal-Agent Models: An Expansion?" *Journal of Public Administration Research and Theory*, Vol. 8, 1998.

172. Weingast, Barry, "The Congressional-Bureaucratic System: A Principal-Agent Perspective with Applications to the SEC," *Public Choice* Vol. 44, No. 2, 1984.

173. Weingast, Barry, and Mark Moran, "Bureaucratic Discretion or Congressional Control? Regulatory Policymaking by the Federal Trade Commission," *Journal of Political Economy*, Vol. 91, October, 1983.

174. Weissberg, Robert, "Collective vs. Dyadic Representation in Congress," *American Political Science Review*, Vol. 72, June, 1978.

175. Whitford, Andrew B., "Bureaucratic Discretion, Agency Structure, and Democratic Responsiveness: The Case of the United States Attorneys," *Journal of Public Administration Research and Theory*, Vol. 12, 2002.

176. Whitford, Andrew B., "Decentralization and Political Control of the Bureaucracy," *Journal of Theoretical Politics*, Vol. 14, No. 2, 2002.

177. Wood, B. Dan, "Principals, Bureaucrats and Responsiveness in Clean Air Enforcements," *American Political Science Review*, Vol. 82, March, 1988.

178. Wood, B. Dan and Richard W. Waterman, "The Dynamics of Political Control of the Bureaucracy," *American Political Science Review*, Vol. 85, Sept., 1991.

179. Wood, B. Dan, "Modeling Federal Implementation as a System," *American Journal of Political Science*, Vol. 36, February, 1992.

180. Wood, B. Dan and Richard W. Waterman, "The Dynamics of Political-Bureaucratic Adaptation," *American Journal of Political Science*, Vol. 37, May, 1993.

181. Wood, B. Dan, "Presidential Rhetoric and Economic Leadership," *Presidential Studies Quarterly*, Vol. 34, Sept., 2004.

182. Zweynert, Joachim, "Shock Therapy and the Transfer of Institutions: the New Debate and Some Lessons from the Post – 1806 Reforms in Prussia and in Southwestern Germany," *Const Polit Econ*, Vol. 10, No. 22, 2011, pp. 122—140.

三 其他

1. Cm 2627, *The Civil Service: Continuity and Change*, London: HMSO, 1994.

2. Cm 2627, *The Civil Service: Continuity and Change*, London: HMSO, 1994.

3. Cm 2748, *The Civil Service: Taking Forward Continuity and Change*, London, HMSO, 1995.

4. Cm 2748, The Civil Service: Taking Forward Continuity and Change, London, HMSO, 1997.

5. *Report on the Organization of the Permanent Civil Service*, 1854, Reprinted in the Fulton Report, Cmnd. 3638, Vol. 1, 1968.

6. Cabinet Office: *Executive Agencies: A Guide For Departments*, 2006, http://www.civilservice.gov.uk/wp-content/uploads/2011/09/exec_agencies_guidance_oct06_tcm6-2464.pdf.

7. Cabinet office: Government Structure, http://www.cabinetoffice.gov.uk/content/government-structure/.

8. Cabinet Office: *List of Ministerial Responsibilities: including Executive Agencies and Non-Ministerial Departments*, July 2010, http://webarchive.nationalarchives.gov.uk/20101201150033/http://www.cabinetoffice.gov.uk/media/416777/lmr100701.pdf.

9. "Executive Agency: Issues and Reports," from Wikipedia, *The Free Encyclopedia*, http://en.wikipedia.org/wiki/Executive_agency: issues and reports.

10. Jann, Werner and Sylvia Veit, "Politicisation of Administration or Bureaucratisation of Politics? The case of Germany," opus.kobv.de/ubp/volltexte/2010/4516/pdf/pdpvw06.pdf.

11. National Drinking Water Advisory Council, "National Drinking Water Advisory Council 2012 Roster," http://water.epa.gov/drink/ndwac/member.cfm.

12. Negotiated Rulemaking Act, §564, §565, http://www.archives.gov/federal-register/laws/negotiated-rulemaking/.

13. U. S. General Accounting Office,"Federal Rulemaking," http：//www. gao. gov/assets/120/112501. pdf.

14. Wollmann, Hellmut, "GermanLocal Government under the Impact of NPM Modernization and New Direct Democratic Citizen Rights," www. uni-stuttgart. de/soz/avps/rlg/papers/Germany-Wollmann. pdf.

15. 张志成：《德国公务员制度概揽》，北大法律信息网：http：//article. chinalawinfo. com/article_ print. asp? articleid = 52277.